ANTON HYKISCH
ES LEBE DIE KÖNIGIN

ANTON HYKISCH

ES LEBE DIE KÖNIGIN

EIN MARIA-THERESIA-ROMAN

DEUTSCH
VON GUSTAV JUST

AUFBAU-VERLAG

Titel der slowakischen Originalausgabe
Milujte kráľovnú . . .

EPILOG
(statt eines Prologs)

Ich bin also tot. Es ist Mittwoch, der 29. November 1780, zwei Minuten nach neun Uhr abends. Feuchtes Dunkel legt sich auf die kalten Fensterscheiben. Das Glas verhindert, daß ich mich in der Finsternis der Straßen verliere, ich höre nicht mehr, wie Doktor Störck das Fenster schließt, denn in der Ecke zittern zarte Mädchen, und ich wollte es offen haben, weil ich nicht genug Luft bekam. In den letzten Jahren haßte ich geschlossene Fenster, mich verlangte es, zu atmen und die Gewißheit zu haben, daß ich in den unsichtbaren Kammern, Lappen und feinen Kapillaren meiner Lungen Sauerstoff auffange. In den letzten Minuten preßte mir der Schmerz die Lungen zusammen wie die Luft die riesigen Halbkugeln des Herrn von Guericke in Magdeburg (eine Erinnerung an die naturwissenschaftlichen Experimente des lieben Franz), dann wieder war es, als vergrößerten sich diese metallenen Glocken, und eine der Halbkugeln legte sich auf das dunkle Wien, und die zweite deckte diesen Saal zu. Langsam senkte sie sich auf den Marmorfußboden nieder, unsichtbare Maschinen, Pumpen und weitere wunderliche Instrumente aus den verschiedenen Ecken des Reiches begannen zu arbeiten und unter der kalten Halbkugel allen Sauerstoff, alle Luft herauszusaugen, das ganze unwiederholbare Leben. Als gäbe es keinen allmächtigen Gott mehr, als hätten die im Halbdunkel an allen Höfen Europas wartenden Philosophen recht, diese Verdammten wie Voltaire und Lamettrie, als wäre der Mensch wirklich nur eine Maschine. Ich rang nach Atem und drohte in Krämpfen zu ersticken. Ich versuchte auszurechnen, wie lange ich noch aushalten werde, schaute mich im Saal um und suchte nach Spuren der schrecklichen metallenen Halbkugel, die mich erdrückte. In den Lungen röchelte es, in mir arbeiteten alle noch nicht erfundenen Maschinen und trieben mir das Leben aus dem Leibe. Von meinem Sessel aus sah ich den Tisch mit den schlanken Beinen, an ihm lehnt mein bestürzter Sohn Maximilian, über den Tisch beugt sich der Hofrat Störck, vom Rande des Teppichs nähert sich der Herzog Albert von Sachsen-Teschen, der Statthalter Ungarns in Preßburg, und in der Ecke zittern meine Mädchen. Da ist meine liebe Marie Christine, die Gemahlin des Herzogs, der gute Geist der Preßburger Burg, meine unvernichtbare Liebe, meine Replik, meine Weiblichkeit, meine Jugend in ihrer Zartheit und Freundlichkeit. Sie weint. Neben Christine steht Marianne, das Gesicht züchtig abgewandt, damit ich ihr nicht in die Augen sehen kann. Ein Gesicht von steinerner Sicherheit, nicht der Sicherheit Christi, sondern der Sicherheit unbekannter Kräfte, aller möglichen Gesteine und Mineralien, in denen sie wühlt, die sie streichelt und mit denen sie sich paart, der Sicherheit von Münzen, die sie so ausdauernd sammelt, der Sicherheit des Freimaurers Ignaz Born.

Mein Tod ist schon wissenschaftlich beschrieben und gezeichnet worden. Alles hat sich so abgespielt, wie es soll. Wie es sich für einen wohldurchdachten und gekrönten, wahrhaft kaiserlichen und königlichen Tod geziemt. Würde ich noch einmal den Kopf heben, dann sähe ich, wie links von meinem Sessel mein Beichtvater, Pater Ignaz Müller von Sankt Dorotheen, schwerfällig auf die Knie sinkt, der Mensch mit dem Privileg, zu erfahren, was niemand sonst erfuhr, weder der Kaiser noch die Erzherzoginnen und Erzherzöge. Es stimmt, ich bin wirklich unmodern, am Ende des achtzehnten Jahrhunderts stirbt man in der Regel nicht mehr in Gesellschaft seines Beichtvaters, und wenn ja, dann mit der Absicht der Rückversicherung, in furchtbarer Not, nur dann wird nach Pascals Kalkulation der Beichtvater gerufen. (Was ist, wenn zufällig doch ein höchstes Wesen existiert und sogar über unsere Taten richtet?) Ich sterbe so und nicht anders, den Prälaten brauche ich neben mir, aber in einem gewissen Sinne ist es schon zu spät. Ich hatte von Gott noch einige Minuten erhofft, vielleicht Stunden, dieses Sterben im Sessel könnte sich durch ein offenes Zwiegespräch verlängern. Es ist schon zu spät, alle ringsum sehen, wie ich mich quäle, wie ich zu ersticken drohe, ich bin in Schweiß gebadet, mich verlangt es nach der Kühle der Alpenbäche. Gern würde ich aus dem Wasser der March oder der Ybbs trinken (die der Meister Donner in der Doppelstatue der Fontäne auf dem Neumarkt als zauberhafte Frauen dargestellt hat), wie gern würde ich daraus trinken! Am liebsten würde ich mich der Traun nähern. Donner hat sie als wunderschönen Jüngling mit üppigem Haar gestaltet. Der Jüngling neigt sich über eine Quelle, seine Muskeln glänzen von Schweiß, er trägt ein Fäßchen aus Eichenholz am Gürtel, das das Wasser frisch erhält. Niemals mehr werde ich den Neumarkt mit Donners Figuren sehen, niemals mehr werde ich sein Atelier betreten, niemals mehr werde ich mich selber auf Bildern und Medaillen sehen, hochaufgerichtet, noch nicht gealtert, mit schönem Körper, mit stolzgeschwellten Brüsten, sie waren schöner als die von Donners Nymphen. Niemals mehr werde ich jemandem gehören. Ich bin nicht mehr, ich bleibe nur.

Neben mir an der Sessellehne kniet reglos der Kaiser. Er atmet nervös und erschöpft, rot im Gesicht. Ich leide seine Sorgen mit. In dieser Stunde nehmen meine Sorgen ab und seine zu. Vor kurzem habe ich mich noch um mich gesorgt, habe gehofft, mir einige Minuten von der Zeit stehlen zu können, damit die Waagschale nicht allzutief auf die Seite des Bösen sinke, aber jetzt ist es schon zu spät. Die Dinge sind versteinert. Das hohe französische Fenster ist geschlossen. Ich fühle nicht mehr, wie eine andere Tochter meinen Rücken streichelt. Elisabeth hat sich hinter dem Sessel versteckt, so wie sie schon seit Jahrzehnten ihr einst so schönes und dann durch die Blattern entstelltes Gesicht versteckt. Verbitterung und Müßiggang haben ihre Spuren dareingezeichnet. Elisabeth steht hinter mir mit gebauschter Krinoline, ihre bleiche Hand stützt sich auf die hohe Lehne. Ich küsse dich auf dein wunderschönes Antlitz, Elisabeth, einst meine schönste Tochter, Gottes Finger hat dich verunstaltet, niemals hast du im Schoß einen Mann gespürt. Wir haben dich zur Einsamkeit des Hofes verurteilt, ich weiß, fortan wirst du noch stärker den Haß des Kaisers und die Verachtung von Kaunitz fühlen. Meine Familie nennt man ein Panoptikum. Ich wollte noch viele Dinge ordnen, viele regeln, so viele Ratschläge erteilen und eine Menge Briefe schreiben, aber die Zeit dazu war mir nicht vergönnt. Ich bin tot.

Zwei Minuten nach neun Uhr fühlt Kaiser Joseph II., wie meine Schulter sich versteift und mein Gesicht erstarrt. Das Röcheln verstummt, der letzte Krampf löst sich.

Die Kerzen neben dem hohen französischen Fenster brennen ruhig weiter. Ich atme nicht mehr.

Noch vor einigen Stunden konnte ich der Angst vor dem Unbekannten entrinnen. Jetzt ist es schon zu spät. Ich werde andere Sorgen haben, als ein pompöses barokkes Begräbnis anzuordnen und Tanzvergnügungen, Theatervorstellungen und Konzerte zu verbieten. Mein Tod, das Jüngste Gericht, dem ich dreiundsechzig Jahre lang entgangen bin, hat mich eingeholt.

In ein paar Stunden, wenn das Entsetzen über mein Hinscheiden vorüber ist, werden sich die jetzt um mich Stehenden Vorwürfe machen, warum sie mich vor elf Tagen zur Fasanenjagd fahren ließen (heftiger Dauerregen, Kälte in den Wäldern, ich war bis ins Mark erschöpft), aber ich wollte meine liebsten Kinder sehen, Marie Christine und ihren Albert. Nun, in der Stunde des Todes, stehen die beiden jungen Leute aus Preßburg im Hintergrund des Saales, als fühlten sie sich schuldig. Meine Kinder und die Hofschranzen werden sich morgen streiten, wer schuld daran ist, daß ich mich erkältet habe, warum man mich nicht rechtzeitig ins Jagdschlößchen oder zurück nach Wien gebracht hat. Vielleicht werden sie darüber rätseln, warum ich zu Allerheiligen in die eiskalte Kapuzinergruft gegangen bin. Hätte ich denn in diesem Jahr eine Ausnahme machen sollen? Hätte ich nicht ein Weilchen bei meinem geliebten Gemahl Franz Stephan verweilen, nicht am Ende meines Lebens ein Stündchen mit den Toten unserer Familie plaudern sollen? Seit dem Tode meines Gatten wurde die Krypta mein Tanzsaal, der Vorsaal der Vorbereitung auf den Tod, sein Dom, der sichtbare Beweis für nicht nachweisbare Erscheinungen, die Erinnerung an die Unvergessenen. Ich fürchtete meine Vorfahren nicht, ich fürchtete nur um mich, um meine letzte Ruhe.

Sie streiten sich, seit diese dumme Erkältung begann. Anfangs hatte ich nicht einmal Fieber. Der Kaiser glaubte wohl, ich würde ewig leben. Er herrscht schon längere Zeit ohne mein Eingreifen, meine Krankheit kam ihm in gewissem Sinne gelegen. Ich schloß mich in meine Gemächer ein, verbrachte schlaflose Tage und Nächte, schrieb Dutzende Briefe an meine Kinder und meine Freundinnen in ganz Europa. Nur Christine in Preßburg war beunruhigt, und vor einer Woche reiste sie eilig mit Albert an. „Mutter ist in einem jammervollen Zustand, sehen Sie das nicht, Majestät?“ hielt sie dem Bruder vor. Kaiser Joseph winkte nur ab. Ich schien ihm unvernichtbar. Sie herrschten den Doktor Störck an, den Schüler des berühmten van Swieten, daß er mich nicht richtig behandle. (Van Swieten, Donner, Khevenhüller, viele andere meiner Räte und Generale sind schon tot, nur ich bin übriggeblieben.) Zwei Tage darauf verlangte ich nach den Sakramenten. Joseph wurde von sichtlicher Unruhe ergriffen. Der arme Störck. Unter Eid hatte ich ihn verpflichtet, mir mitzuteilen, wenn der

Todestag heranrücke. Unbarmherzig und klar. Gestern sagte er mir, Majestät, ja, man muß sich vorbereiten.

Ich quälte mich zwei Tage. „Sind das schon die letzten Krämpfe?" – „Noch nicht", stammelte Doktor Störck. „Also habe ich das Schlimmste noch vor mir." Er nickte. Wollte mir Beruhigungsmittel verabreichen. Ich lehnte ab. Die Kaiserinmutter, Königin von Ungarn und Böhmen, Erzherzogin von Österreich, wird nicht im Schlaf sterben. Nein, ich muß von allem wissen. Von Kindheit an hat mich der Tod verfolgt. Ich wuchs in der Atmosphäre von Krypten und schweren Portieren auf; auf der Hochzeitsreise in Italien, als ich am verliebtesten war, sah ich Katafalke und Trauerportale von barocker Monstrosität. Dazwischen Tänze, Jagd und Kartenspiel. Aber jeden Abend die Mahnung, den Tod nicht zu vergessen. Ich weigerte mich zu glauben, daß der Tod eine langwährende Festlichkeit sei. Er muß etwas Einfaches und Faßbares sein, eine Kugel, ein Schwertstreich, ein Lanzenstoß, ein Messerstich. In unserem Jahrhundert sterben die Herrscher nicht mehr auf Schlachtfeldern (das Gewissen, das Gewissen), sondern verröcheln in weitläufigen Palästen, Nachbildungen von Versailles. Könige sterben an lächerlichen Bagatellen, so wie auch ich sterbe. Sagen wir an Erkältung. Mein geliebter Vater ist auch nach einer Jagd gestorben, der verfluchte Herbst Mitteleuropas war schuld, ohne Frost, glitschig wie die Kröten fauliger Tümpel, stinkig wie verdorbener Fisch in den Küchen der Armen. Mein Gemahl Kaiser Franz ist in Innsbruck plötzlich umgefallen. Ich sah ihn nur noch auf dem Katafalk. Das Herz bleibt aus unbekannten Ursachen stehen, die zu erforschen van Swieten und seinen Professoren nicht gelungen ist.

Heute nachmittag und abends wünschten alle rings um mich, ich solle für ein Weilchen schlummern. Das regte mich auf. Der Schöpfer kann mich jeden Augenblick zu sich rufen, ich fürchte mich, auch nur für eine Minute einzuschlafen. Ich will nicht, daß der Tod mich unverhofft überrascht. Ich will sehen, wie der Tod kommt. Etwas anderes interessiert mich nicht mehr. Gestern und heute habe ich alle meine Töchter weggeschickt, sie brauchen nicht zu sehen, wie sich die einst schönste Herrscherin Europas quält, wie sie sich in Krämpfen windet und am Husten fast erstickt, wie ihr fetter Leib in schwarzen Stoffen zittert, wie sie ungeschminkt, erschöpft, mit Doppelkinn, ausgefallenen Haaren, geschwollenen Lidern daliegt. Nur Joseph II., mein Sohn und Mitregent, von der Stunde meines Todes an der einzige Souverän des riesigen Reiches, das von Eger bis Krakau, von Triest bis Kaschau, von Mailand bis Belgrad, von Brüssel bis Temesvar reicht, kann und muß sich anhören, was seine Mutter und Widersacherin ihm zu sagen hat. Uns sind nur noch zwei Tage geblieben, nach Gottes Ratschluß und der Menschen Urteil meine letzten, in denen wir zwischen Erstickungsanfällen, bei offenen Fenstern, alles durchgehen, was mich beunruhigt. Nur wir zwei. Wir erledigten viele Akten, ich fügte dem Testament einen Nachsatz hinzu, vermachte einigen hundert Schulen, die ich gegründet habe, Geld. Wir nannten Dutzende Namen von Freunden und Feinden, werteten die Haltung eines jeden, sprachen über gekrönte Häupter, über Ludwig XVI., den Gatten meiner leichtsinnigen Marie Antoinette, über den Papst und die russische Zarin, den englischen König, den bayrischen Kurfürsten, den preußischen König Friedrich (er überlebt mich um sechs Jahre), über die Masse der Bauern, über die Juden und die Freimaurer, die Jesuiten und die Jansenisten, den toten Voltaire (sein Sterben war entsetzlich, ich freue mich, daß er anders starb als ich), über den Kardinal Migazzi, die Esterházys, die Pálffys, die Kinskýs, die Harrachs, die Nostitz' – über alle, die nach meinem Tode zittern werden, wie Joseph II. mit ihnen verfahren wird, denn dann hat er die Hände frei, gebunden hatte ich sie ihm, mit meinen dikken Fingern. Von morgen, Donnerstag, an wird in den Ländern unserer Monarchie ein neues Zeitalter beginnen, und eröffnen wird es mein gieriger und unzufriedener Sohn. (Noch bin ich nur Joseph II., doch ich will, daß man mich den Großen nennt.) Die russische Zarin Katharina heißt angeblich schon „die Große". Der gottlose Voltaire nannte sie liebedienerisch die Semiramis des Nordens. Mir wird die Geschichte diesen Beinamen nicht verleihen. Ich habe mich nicht mit Höflingen ins Bett gelegt und nicht meinen Mann ermordet. Ich war und bin und werde sein nur Maria Theresia, vielleicht eine gute Mutter. Ich werde auf Medaillen bleiben, und man wird mich in der Kapuzinergruft begraben. Werde ich noch irgendwo anders bleiben?

Ich will sehen, wie der Tod kommt. (Maria Theresia wollte atmen, sie dachte, die Fenster seien geschlossen, obwohl sie weit offenstanden. Schwerfällig erhob sie sich aus ihrem Sessel und schwankte zum Diwan. Als sie darauf niedersank, versuchte Joseph ihr zu helfen. „Majestät, Sie liegen schlecht." – „Nein", erwiderte sie, „gut genug, um zu sterben.") Ich hörte mich selber sprechen. Nach einer Weile bedeckte man mich mit weißen Laken. Die kristallisch weißen Wände der Gruft.

Ich bin also tot, und gekommen ist die Zeit der Abrechnung. Wer hat sich was bewahrt, und was bleibt mir selber? Denn Herrscher sind nie allein, auch wenn sie einsam sind. Die von ihnen Beherrschten lasten auf ihnen. Die Herrscher haben zumeist nicht ihren eigenen Tod zu verantworten, wohl aber den ihrer Bürger.

Volle vierzig Jahre und einen Monat herrschte ich über Millionen. Jetzt ist Schluß.

Ich bin tot. Das ist nur eine Variation des Satzes: Ich werde gerichtet. Wie werde ich bestehen?

I
DIE REIZE DER JUGEND

1

„Ich bitt dich, leiser!" Sie hielt ihm mit der Hand den Mund zu. Die Hand duftete, aber sie war groß. Zorica hatte große Hände. Richtige Bauernhände, dachte der Dragoner, aber eine zarte Haut hat sie. Ich arbeite schon ein paar Jahre nicht, Liebster, Selim läßt mich nicht arbeiten.

„Ich kann nicht leiser", stöhnte er und roch Zoricas Brüste, er wälzte sie über sich. „Zorica, du gehst mit mir. Morgen gehen wir fort."

Zorica hielt inne, hörte auf, hin und her zu rutschen, und lachte leise. Dann richtete sie sich zum Sitzen auf und trommelte mit den Fäusten auf seine Brust.

„Du bist stark, Ignac. Mein starker Soldat." Sie küßte ihn auf die schweißnassen Haare, und Ignac war, als müßte er gleich das Bewußtsein verlieren, er spürte sie über sich. „Was bist du eigentlich, Ignac? Fußsoldat oder Reiter? Na, sag schon, Liebster." Sie lachte wollüstig. „Läufst du lieber oder sitzt du lieber?" Sie lag auf ihm mit ihrem weißen Körper, sie roch nicht nach Ruß, sondern nach Parfüm, das sie bestimmt ihrem Mann, dem bosnischen Kaufmann, abgeluchst hatte. „Kannst du nicht reden? Bist ein schwacher Reiter, mein Ignac. Und ein noch schwächerer Fußsoldat. Schwach seid ihr Krieger, kein Wunder, daß der Türke euch von Donau und Save verjagt hat. Kannst nicht einmal mich besiegen, du Dragoner."

Der Dragoner bäumte sich auf, die Kränkung schmerzte, die große weiße Zorica über ihm ergrimmte ihn. Er riß den Mund auf, wollte schreien, aber wieder verschloß sie ihm die Lippen mit den ihren. Er war ganz feucht, der Atem der Frau hüllte ihn ein, kraftlos sank er zurück auf den Strohsack, Zorica mit ihm, an ihm festgesogen. Er hörte, wie die Frauenhaare sich an der Zeltleinwand rieben, ein Geräusch, das ihn an sein Zuhause erinnerte, ein sonnenheißer Mittag vor der väterlichen Hütte, die Mutter spannt zusammen mit seinem Bruder Adam das gewebte Linnen und klammert es fest, damit es trocknet. Zorica kennt wohl nicht das Geräusch gespannter Leinwand, ihr Mann Selim hüllt sie nur in Batist, damit er sich beim Entkleiden nicht anzustrengen braucht (wie lange habe ich nicht geliebt, hat sie gesagt, Selim ist dauernd auf Reisen, mein lieber Dragoner, mein teurer Slowake). Die Leineweber aus Oberungarn können sich in den südlichen Militärbezirken an der Grenze nicht durchsetzen, hier gibt's genug Armenier, Juden und Bosniaken.

„Du willst mir also nicht verraten, wer du bist? Bist du nicht vielleicht ein Feldscher, den's mit den Österreichern bis zu uns verschlagen hat? Oder bist du so ein Tunichtgut, der ins Grenzgebiet gekommen ist, um am Türkenkrieg zu verdienen?"

„Zorica, ich . . ."

Zorica hielt seinen Kopf zwischen den Händen und küßte ihn wie von Sinnen; er versuchte sich den Speichel von Gesicht und Bart zu wischen. Er wollte seine Hände frei machen, sich bis zum Gesicht der Frau vorarbeiten, doch Zorica erstarrte. Ihre Brustwarzen spannten sich, und Ignac spürte in den Händen ihren üppigen Leib. Er legte nicht den langen Weg von den Schenkeln bis zum Mund zurück, hielt auf den Hüften inne, und die Frau des Kaufmanns kniff die Augen zu.

„Du willst mich nicht, Dragoner? Morgen gehst du nicht, merk dir das! Ich bezwinge dich, wirst schon sehen! Ich sauge mich an dir fest, und du wirst mir gehorchen, einen Knecht mach ich aus dir, dienen wirst du mir, ich bin eine rechtgläubige freie Frau, ehemalige Bäuerin, Gattin des reichsten Kaufmanns im Banat. Wenn ich es will, läßt dich der Oberst Graf Landau Spießruten laufen. Wenn dir das nicht reicht, laß ich dich vom General Neipperg bestrafen. Oder willst du, daß dich der Erzherzog Franz Stephan von Lothringen selber auspeitschen läßt, der Oberbefehlshaber der kaiserlichen Truppen? Ich brauche nur mit den Hüften zu wackeln, und Selim beschafft zweitausend Taler für die Ausrüstung eurer Regimenter, und die Herren Obristen und Generale erfüllen mir jeden Wunsch, jeden, verstehst du? Ich bin mächtig, Ignac, aber du bist nur ein gemeiner Dragoner aus dem Norden. Warum hast du aufgehört, mich zu streicheln? Du spielst mit dem Feuer, slowakischer Dragoner. Zum Glück ähneln sich unsere Sprachen, und ich versteh fast jedes Wort, das du sprichst. Sag mir, wie sehr du mich liebst!"

„Sehr. Du bist das größte Teufelsweib, das ich je hatte."

„Das gefällt mir. Aber es ist nicht alles. Sag mir noch, um wieviel schöner ich bin als diese dreckige Desanka, die dir gestern vor dem Zelt die Hosen geflickt hat und dabei ihre kümmerlichen Brüstchen aus dem Kittel hängen ließ. Sie sehen aus wie verfaulte, überreife Birnen." Sie fuhr dem Dragoner in die Haare. „Was hattest du mit ihr, du Spitzbub du, du ungarisch-slowakischer Galgenstrick?"

„Laß mich los, Zorica, um der Gottesmutter willen laß los, reißt mir ja die Haare aus, du Nimmersatt. Ich bin kein Offizier, auch kein Herr General, der die ausgerissenen Haare mit einer gepuderten Perücke verdecken kann!"

„Das Stroh ist deine Perücke, du Knirps aus den Karpaten, du Tunichtgut, du Gockel. Dein einziger Schmuck ist dein Haar, mein allerliebster und fester Schopf. Auf geht's, zu den Waffen, mein Dragoner. Was spür ich da? Fast nichts. Schärf deine Waffe, spann den Hahn, und auf die Knie vor mir, du Teufel ... Warte, hast du mir schon gesagt, wie das war mit dieser Desanka?“

„Desanka hat mir nur die Hosen ... Du glaubst es nicht? Desanka ist nicht zu mir gekommen, sondern zu Fero. Der war scharf auf sie. Ich schwöre, sie saß vor unserem Zelt, erst hat sie ihm alles gestopft und geflickt, dann hat sie meinen weißen Waffenrock verlangt, auch das Wams hab ich ihr gebracht ...“

„Gebracht? Gestohlen hast du's aus dem Magazin, du Stromer. Ich kenne diese Pelzwämser. Vorgestern hat Selim eurem Oberst fünf Dutzend solcher Wämser geliefert, ich hab sie selber mit dem Knecht in den Speicher gebracht, wo euer Regimentsmagazin ist.“

„Stimmt, bist eine Teufelin, eine Hexe, vor dir kann man nichts verbergen. Na ja, Desanka ist bei Fero geblieben, hat sich erboten ... sie will uns die Sachen flicken. Weißt ja, wie heiß es war, alles sprang ihr von selber unterm Kleid hervor.“ Ignac winkte ab. „Als ob ich nicht wüßte, daß die Desanka nur so eine ... ein freigebiges Mädchen ist. Bei uns zu Hause gibt's über solche ein Liedchen:

Womit ich geboren bin,
davon muß ich leben.
Würd ich's den Männern nicht geben,
wär ich wohl gleich hin.
Geben tät ich's dir, nur ist kein Platz ...“

Zorica zog Ignac am Ohr, daß er aufschrie.

„Ich zeig dir dein freigebiges Mädchen, bis du voll blauer Flecke bist! Du gemeiner Schuft!“ Sie drehte sein Ohr um und warf sich dann über ihn. „Der Desanka ist also alles von selber rausgesprungen! Na gut. Deinem Fero wird sie wohl genügen.“

„Du bist hundertmal schöner als Desanka.“

„Sprich mir nach, Ignac. Woher stammst du eigentlich?“

„Aus Terchová. Trenčíner Stuhlschaft.“

„Also sprich mir nach: Ich, Ignac Kollár aus Terchová in Oberungarn, Dragoner des kaiserlich-königlichen Regiments, erkläre hiermit feierlich, daß Desanka, Pflegetochter des Kaufmanns Vutić, nur eine erbärmliche Dirne ist, ohne nichts und ohne alles, und daß Frau Zorica, die Gattin des Kaufmanns Selim, meine Liebste, hundertmal schöner, reizender und begehrenswerter ist ..."

„Und daß Frau Zorica, die Gattin des Kaufmanns Selim, mein geliebtes, närrisches und hinreißendes Liebchen, tausendmal schöner ist als alle Engel und Teufel ..."

Ihre Gesichter trafen sich, ihre Leiber berührten sich, sie konnten es nicht länger aushalten.

„Nur nicht schreien, um Himmels willen", flüsterten sie einander in die Ohren. Alles um sie drehte sich, das Soldatenzelt verwandelte sich um zwei Uhr nachts in einen Palast geheimer Glückseligkeit. „Mach mir ein Kind, mein Herzallerliebster, mach es mir", stöhnte sie. „Es wird nach dir geraten. Ich werde es niemals verlassen. Mein unglaublich Starker. Du verläßt mich auch nie, nicht wahr? Lauf weg vom Regiment, drück dich noch mehr an mich. Ich verstecke dich wie jetzt. In mir."

„Du hast geschlafen. Ich hab dich zugedeckt."

„Aber du wirst dich erkälten."

„Du mußt dich an mich schmiegen. Noch enger. Nachts ist es kalt."

„Es geht auf den Morgen. Bald fängt Fero zu trommeln an."

„Wie wenig uns bleibt." Sie streichelte ihn. „Ich wärme dich, mein Schöpfchen. Am Nachmittag bring ich dir eine Wolldecke. Mein Mann hat sie mir einmal ..."

„Ich will nichts von ihm."

„Mich hast du von ihm."

„Du, Zorica, bist du selber."

„Auf den langen Wanderungen wird sie dir zupaß

kommen. Wochenlang werdet ihr durch Ungarn ziehen. Kommst deiner Heimat näher. Freust du dich nicht?“

Ignac Kollár gab keine Antwort. Er zog den Kopf zurück, Zoricas Haare kitzelten ihn. Er betrachtete die schwarzen Nähte des Zeltes, sie bildeten auf der grauen Leinwand ein dunkles Kreuz.

„Ich weiß nicht“, murmelte er. „Ich freu mich auf die Mutter, aber du weißt selber, welche Not der Bauer leidet. Das Elend ist zu groß. Meine Eltern hab ich nur nachts gesehen, sie sanken müde wie die Tiere auf die Strohsäcke. Die Hütte ist verwahrlost, es war keine Zeit zu säen, auch keine Zeit, den Kartoffelacker hinterm Haus zu hacken. Während Mutter der Herrschaft alle Hühner ins Schloß schleppte, haben wir das ganze lange Jahr keinen Fatz Fleisch gesehen.“

„Deshalb bist du weggelaufen?“

Ignac nickte.

„Die ganze Familie ist weggelaufen. Vater hat in Bystrice im Pfarrhaus ein Unterkommen gefunden, dadurch ging es ihnen ein bißchen besser.“

Zorica streichelte ihn gedankenverloren.

„Ich dachte, nur bei uns herrschte solche Not. Du wunderst dich, daß ich mich Selim hingegeben und ihm die Füße geküßt habe, als er um mich freien kam? Meine Eltern schauten Selim an wie einen Boten Gottes, denn er wird aus ihrer Tochter eine Herrin machen. Verstehst du? Manchmal ist mir traurig zumute, und ich weine die ganze Nacht, aber nach Hause geh ich nicht. Das Herz würde mir brechen.“ Sie wandte sich Ignac zu und küßte ihn still. „Der verfluchte Krieg, der verfluchte Türke. Hab so eine Angst um dich, mein kleiner Soldat. Alle vergießt ihr hier euer Blut, vergeudet eure Jugend. Vergeblich versucht ihr uns zu helfen. Das hier ist ein verhexter Landstrich. Seit ich zurückdenken kann, hat der Großvater und dessen Vater nur vom Türken erzählt. Wir sind hier so eine Art verfluchtes Niemandsland. Nur die Soldaten kommen und gehen, die plündern und ziehen wieder ab, aber hinter der Donau steht seit Menschengedenken ständig der Türke. Unter dem Prinzen Eugen schien es, als sei es aus mit dem Türken. Doch Prinz Eugen ist tot, und eure Generale sind nur unfähige Pfuscher. Weißt es selber am besten. Der Türke ist nicht zu besiegen, ums Verrecken nicht, er steht mit dem Satan im Bunde, vielleicht ist sein Allah mächtiger als unser Gott. Ich weiß es nicht, bin nur ein dummes Bauernmädchen."

„Ich weiß auch nicht, Zorica, ob nur der Krieg und der Türke schuld sind. Bei uns gibt's seit Menschengedenken keine Türken, und doch veröden unsere Hütten, ganze Dörfer flüchten hinunter nach Ungarn, her zu euch. Hier finden sie wenigstens verwaiste Felder, unbestellt und ohne Grafen. Seid glücklich, daß ihr keine Herren auf dem Halse habt."

„Was heißt keine Herren? Es gibt keine Welt ohne Herren. Hier sind eure österreichischen Offiziere, die türkischen Heiduckenhauptleute strömen herein, uns überfallen Panduren. Und jeder von ihnen rafft und nimmt nur. Von hier ist das Bauernvolk schon vor Jahren geflüchtet, hier ernährt sich nur der Kaufmann, der von euch lebt, vom Militär."

„Bei uns oben herrscht gottlob schon ein halbes Jahrhundert Frieden. Die großen ungarischen Herren haben sich mit dem Kaiser geeinigt, kein Krieg richtet uns zugrunde. Aber was hast du davon, wenn dich statt dessen die Fron zugrunde richtet? Es gab Leute, die sich dagegen auflehnten, die in die Berge und Wälder gingen. Weißt du, Zorica, was für schöne Wälder wir haben? Ich führ dich einmal hin, meiner Seel. In den Bergen und Wäldern lebten sie frei und überfielen die Schlösser. Ihr Anführer war einer von uns. Hast du nicht von ihm gehört? Juro Jánošík hieß er. In jedem Dorf bei uns haben die armen Leute für ihn gebetet, obwohl er zum Räuber erklärt wurde. Und was hat er erreicht? Die Kaiserlichen haben ihn gefangen, die Obrigkeit hat ihn verurteilt, sie haben ihn an einer Rippe aufgehängt. Unsere Leute gedenken seiner, sie erzählen von ihm, vor zwanzig Jahren ist das geschehen. Aber was hat sich geändert? Nichts. Alles ist beim alten geblieben." Ignac Kollár streckte sich auf dem Lager aus und hielt Zoricas große Hand fest. „Tag und Nacht die Ochsen und Pferde einspannen für die herrschaftlichen Felder, allwöchentlich alles, was du hast, für die Tische der Herren aus dem Hause tragen. Wenn du diese Festmähler sähest, die Vorspeisen und Nachspeisen, die Pasteten und Soßen, gebratenes und gesottenes Fleisch! Nach allen Rezepten der Welt arbeiten Köche aus Italien und Frankreich. Und das alles müssen sich die armen Leute vom Munde absparen. Die hochgeborenen Herren verteidigen angeblich das Vaterland. Daß ich nicht lache! Ich kämpfe hier, aber nicht mein Herr. Der hat sich den Oberst Graf Landau gemietet, mein Grundherr hockt irgendwo in Wien oder Preßburg, steigt Gräfinnen, Schauspielerinnen und Dirnen nach."

„Leiser, Ignac, Liebster. Umarme mich noch einmal. Es beginnt schon zu tagen, alles ist für uns zu Ende."

Ignac Kollár nahm die Frau neben sich nicht mehr wahr, er starrte auf die Leinwand über sich, hinter der das Licht zunahm, Grau in Blau überging. Warum quälen wir uns sogar beim Lieben? Kann man dem Schicksal nicht entrinnen?

„Vater ist ein Sklave des Vorspanns. Du kannst ein bißchen deutsch und weißt, was das ist – Gespanndienste. Und alles jammert wegen der Abgaben, die uns die Obrigkeit vorgeschrieben hat. Weißt du, bei uns hat mal jemand ein Liedchen mitgebracht und es uns abends vorm Haus vorgesungen. Niemand hat ihn zurechtgewiesen. Vielleicht war er betrunken, aber das Lied geht so:

Zwei Gauner sind in unserem Land bekannt,
Peter Abgab und Paul Vorspann genannt,
Abgab nimmt alles ohne Erbarmen,
Vorspann die Pferde und Ochsen uns Armen.
Für Abgab hab ich alles zu Gelde gemacht,

und mein Hab und Gut dem Grundherrn gebracht.
Geblieben sind mir nur löchrige Schuh
und sieben hungrige Kinder dazu."

Zorica entwand sich seinen Armen.

„Du sagst, eure Leute flüchten zu uns herunter? Ganze Dörfer sind entvölkert? Na, dann komm doch auch du. Schau her, unsere Sprache verstehst du schon, sie ähnelt der euren dort oben. Land ist hier genug, komm her, wir werden uns sehen."

„Nein, Zorica, mich kriegt niemand auf der Welt mehr auf den Acker, nicht mal die Jungfrau Maria. Ich hab mich anwerben lassen, hab schon mein lebenslängliches Kreuz. Mein Bruder Adam ist auch von zu Hause weggegangen. Der Pfarrer hat ihn den Jesuiten empfohlen. Jetzt studiert er bei ihnen in Štiavnica. Wenn ich heimkomme, besuche ich ihn dort. Aber ins alte Dorf geh ich nie mehr. Damit sie mich dort schnappen? Nein. Bruder Adam studiert, glaub ich, auf Pfarrer, oder er wird Mönch, dann geht's ihm gut, denen geben sie alles. Mir aber widerstrebt es, andere um etwas zu bitten. Und ich bin auch ziemlich sündig, Zorica."

„Wenn wir beisammen sind, ist es keine Sünde."

„Wieso nicht?"

„Wenn du mit aufrichtigem Herzen, mit Liebe liebst, nicht für Taler, dann ist das vor dem Herrgott keine Sünde."

„Wer hat dir denn das beigebracht?"

„Unser Pope. Als Mädchen hab ich bei ihm gedient. Zuerst hab ich geheult wie ein Schloßhund. Dumm war ich, heute weiß ich, daß er mich benutzt hat, aber ich hatte Angst vor ihm, dann gewöhnte ich mich dran. Er war ganz hübsch – seine Frau hatte die Schwindsucht, sie lag viele Monate lang in einer stinkigen Stube, die niemand betreten durfte. Der Pope schickte nur den Diener zu ihr, um den Kehricht rauszutragen."

Ist sie vielleicht schon von Kindheit an eine Hure? fragte sich Ignac Kollár aus Terchová betroffen. Natürlich, würde sie sich sonst mit uns Dragonern herumsielen?

„Den Jungfernkranz hast du nicht mit in die Ehe gebracht, Zorica."

„Selim hat mich zuerst geprügelt, gleich in der Hochzeitsnacht, aber dann gegen Morgen hab ich ihn umarmt, und es hat ihn nicht gereut. Ich dachte, er wird's schon vergessen. Auch ich wußte, daß ich nicht in feinen Händen war, aber ich war wenigstens der Bauernsklaverei entronnen. Mir gefiel es, die Mägde anzufahren und den jungen Knechten zu drohen." Sie lachte. „Ich hab sie verführt, hab mit ihnen gespielt, so wie einst auf dem Dorf der Pope mit mir gespielt hat. Schlecht bin ich, mein lieber Dragoner, verdorben. Aber ich kann nicht anders. Wenn ich was tue, dann richtig, mit ganzer Seele und von ganzem Herzen. Wenn ich von dir ein Kind kriege, werd ich's nach dir nennen. Obzwar ich nicht weiß, ob sie es hier auf einen so komischen Namen taufen werden. Was für ein Gottesmann war dieser Ignac?"

„Ein Heiliger aus Spanien, angeblich der Gründer der Gesellschaft Jesu."

„Was ist das?"

„Hast du noch nie von den Jesuiten gehört? Das sind Gelehrte, hundertmal klüger als die anderen Mönche, die verkommenen Dorfpfarrer und eure Popen. Sie lehren an den Universitäten, erziehen den Nachwuchs. Kommen ins Dorf und suchen sich die gescheitesten Jungen aus. Stecken sie in ihre Schulen. So ist auch unser Adam in die weite Welt gelangt. Sie wirken an allen Herrscherhöfen. Sie ziehen überall die Drähte. Hast du schon mal ein Puppentheater gesehen? Bei uns war mal eins, aus Böhmen. Schöne Sachen haben sie gespielt, die Puppen waren wie lebendig und prächtig gekleidet. Aber von oben haben unsichtbare Leute sie an Fäden gezogen."

„Wie gern würde ich mal ein Puppentheater sehen!"

Zorica schob die Soldatendecke weg, ihr weißer Leib

schimmerte vor dem Hintergrund der Zeltleinwand. Obwohl Ignac die Augen vor Müdigkeit zufallen wollten, schwindelte ihm, es überlief ihn heiß, und er griff kühn nach den Spitzen der Brüste, die sich ihm zureckten. Muß ich sie wirklich hier zurücklassen? Mit wem wird sie morgen so liegen, solange der Kaufmann Selim auf Reisen ist?

„Zorica, ich . . . ich kann nicht ohne dich sein. Ich komme wieder, das schwöre ich. Ich komm noch mal ins Unterland, um meine Kameraden zu rächen. Im Türkenlager bei Kornie haben wir eintausendzweihundert abgehauene Köpfe unserer Soldaten gefunden. Das kann man nicht vergessen. Wir kommen wieder, Zorica. Wenn neue Regimenter aufgestellt werden, melde ich mich hierher." Er stockte. Wollte ihr anvertrauen, daß er dereinst an der Spitze eines Fähnleins oder einer Schwadron stehen würde. Lesen und schreiben hatte er schon gelernt. Es kommt vielleicht die Zeit, da wird Ignac Kollár, obwohl er nicht aus adligem Hause stammt, als tapferer Soldat Vertrauen genießen, und man wird ihm wenigstens das Kommando über ein paar Mann geben. „Dann komm ich bestimmt und nehm dich zur Frau, Zorica. Bis dahin ist Selim tot."

„Sprich nicht so. Du kennst ihn nicht. Er ist fett wie eine Sau, unerschrocken wie ein Bulle und dabei durchtrieben wie eine Viper. Der rutscht dir aus der Hand. Damals in der Hochzeitsnacht hab ich erkannt, daß ich ihn im guten nicht loswerde. Nur durch List. Als er feststellte, daß ich keine Jungfrau mehr war, tobte er wie ein Keiler, trat und drosch mich bis aufs Blut. So war wenigstens das Laken blutig, mein Lieber, so daß die Dienerschaft nichts merkte. In meiner Verzweiflung schrie ich heraus, wer mich um die Ehre gebracht hatte. Ein halbes Jahr darauf fanden sie den Popen in unserem Dorf nach einer furchtbaren Schlägerei, er lag tot im Garten des Pfarrhauses unter einem abgebrochenen Ast. Nein, mein lieber Dragoner, solange mein gesetzmäßiger Mann Selim lebt, kriegst du mich nicht. Nur heimlich. Wenn ich es will. Er würde dich persönlich totschlagen. Oder würde Panduren mieten, die dich nachts umbringen. Da reiß ich lieber mit dir aus."

„Du wirst nicht ausreißen, Zorica. Solange ich nur ein gewöhnlicher kaiserlicher Dragoner bin, wirst du nicht mit mir gehen. Und ob ich mal etwas Höheres sein werde, das kann ich dir heute wirklich nicht sagen. Laß uns Abschied nehmen, meine Zorica ... Was ist, du weinst?"

Er küßte sie auf die nassen Augen und umschlang sie mit beiden Armen.

Sie griffen nach einander und erregten sich von neuem. Der Trommler des kaiserlichen Dragonerregiments des Grafen Landau meldete sich nach ein paar Minuten. Die beiden Liebesleute lachten, das dumpfe Getrommel erhitzte sie noch mehr. Sie fanden Erlösung in dem rhythmischen Dröhnen, das wie zu ihren Ehren und als Ansporn ertönte.

Fortan rief lange Jahre hindurch der unheilverkündende Klang der Kriegstrommeln in beiden nicht Furcht, sondern die Erinnerung an die gemeinsamen Stunden wach. Die Gefahren der Welt schienen ihnen überwindbar zu sein.

2

„Also, Bruder, wie fühlst du dich in der Rolle des Großherzogs von Toskana?" In der Stimme Karls von Lothringen schwang Ironie, die er auch gar nicht verbarg. „All die Festlichkeiten, die dein treues und dir bislang unbekanntes Volk für dich veranstaltet, werden dir helfen, das Tohuwabohu zu vergessen, das wir am anderen Ende Europas hinterlassen haben. Gleich beginnt das Feuerwerk, die reizenden Italienerinnen warten schon. Das Fest zu deinen Ehren wird ihre wunderschönen Brüste schwellen lassen. Eure Hoheit, die Stadt Livorno liegt Euch zu Füßen." Prinz Karl von Lothringen richtete sich die Perücke und schwang galant die Hand vor seinem Bruder.

Franz Stephan von Lothringen, für den man in Toskana und besonders in der Hauptstadt Florenz eilig Triumphbögen errichtet hatte, hieß nun Franz III., Großherzog von Toskana. Er stand am Fenster des königlichen Palastes in Livorno und sah hinab auf den langgestreckten Marktplatz, den zweistöckige Bürgerhäuser mit flachen Dächern einrahmten. Aus den Fenstern hingen bunte Fahnen, Wappen, ja auch Laken und Vorhänge, alles zu Ehren des Großherzogs, der nach zwei Jahren endlich gekommen war, um sein neues, ihm bisher unbekanntes Land in Augenschein zu nehmen. Franzens Blick wich geflissentlich der monströsen Pyramide aus, die genau gegenüber den Fenstern des Palastes, mitten auf dem Platz, hoch aufragte, fast bis zur Höhe der Kirchtürme. Die Spitze der Pyramide bildete die Statue (aus Gips?) eines Engels mit großer Trompete. Er verkündete dem Land, daß unter ihm die Pyramide des Märchenreichs der Fülle sei. Unerfindlich, wie es die Juden von Livorno fertigbekommen hatten, daß der Engel bislang noch nicht aus seiner schwindelnden Höhe herabgestürzt war. Die Pyramide, dieser babylonische Turm der Fülle, stand gemäß den Vorstellungen der jüdischen Kaufleute unerschütterlich vor dem Frühlingshimmel, Krähenschwärme umkreisten ihn, und an seinem Fuß sangen angeheiterte Bürger von Livorno, tollten Kinder, stolzierten junge Männer und hopsten mit Tanzschritten ungeduldige Mädchen. Dann und wann warfen sie verstohlene Blicke auf die Stufenterrassen des Märchenturms, wo auf den einzelnen Etagen angebundene Rehe blökten, Wildschweine und Hasen quiekten, wo kunstvoll mit den Füßen an Holzrahmen festgebundene Hähne krähten. Auf den höheren Terrassen hingen Schinken, Würste, Käselaibe, Reihen von Eiern, kurzum alles, was die emsigen Kaufleute zu Ehren des neuen Herrschers gespendet hatten.

„Ich habe schon manches gesehen, aber so etwas Geschmackloses noch nicht", murmelte der frischgebackene Großherzog. „Aber man muß sich über Banalitäten erheben. Toskana ist das Vaterland der Bankiers und das Eldorado der Kaufleute. Das ist nicht zu verachten. Warum also nicht die Untertanen für dieses Monstrum loben?"

„Nun ja, in Florenz haben sie dich geschmackvoller begrüßt. Jadot ist ein geschickter Architekt, man sollte ihn auch in Wien beschäftigen. Hast du bemerkt, wie sie dich auf dem Triumphbogen vor dem Tor San Gallo in voller Bewaffnung überlebensgroß abgebildet haben, als Held im Kampf gegen die Türken? Hätten die Baumeister gewußt, wie es in Serbien und im Banat wirklich zugegangen ist . . ."

„Hör auf, Karl!"

„Sei nicht überempfindlich, Bruder! Gewöhn dich dran. Der Wiener Hof, besonders dein erlauchter Schwiegervater, wird dir noch oft unter die Nase reiben, was für ein Held und Heerführer du bist."

„Warum sprichst du nicht in der Mehrzahl? Der Kaiser hat uns beide mit dem Kommando im Türkenfeldzug betraut. Beide stecken wir drin."

„Wenn es dich beruhigt, bitte sehr. Ich trete immer nur als dein Bruder auf. Du aber bist der Gatte der Thronfolgerin, der künftigen Herrscherin des Habsburgerreiches, Pardon, der Begründer einer neuen Dynastie, des Hauses Habsburg-Lothringen."

Franz öffnete das hohe dreiteilige Fenster. In den Saal drang der Lärm vom Marktplatz. In der Menge fiel ihm das weiße Gesicht einer Frau mit hoher Frisur und großen Augen auf. Ihr trauriges Gesicht war reglos wie das einer Statue, Marmor inmitten der künstlichen Narretei. Das ist meine eigene Seele, dachte er. Die Frau mit dem weißen Gesicht schien den Blick auf sein Fenster zu richten. Rasch zog er sich zurück und ließ den reichverzierten Vorhang fallen. Ich bin hinter Gittern. Ich bin dreißig Jahre alt und bin ein Sklave. Ein Gefangener dynastischer Interessen.

Er wandte sich dem Bruder zu.

„Mir wird ganz übel. Kommt dir nicht auch alles so erniedrigend vor? Eine neue Dynastie. Auf dem Papier vertrete ich das Haus Lothringen. In Wirklichkeit mußte ich schriftlich auf Lothringen verzichten, auf unsere Heimat, diesen wunderschönen Winkel Europas, der den Reiz deutscher Landschaft und die Leichtigkeit französischen Geistes vereint. Was sind alle diese Maskeraden gegen unser Heimatland?"

„Du weißt sehr wohl, daß das eine Bedingung Frankreichs für die Anerkennung der Pragmatischen Sanktion war. Lothringen in der Hand Frankreichs, das ist der Preis, den die Habsburger gezahlt haben, damit sich deine Gattin ohne Furcht auf den Thron der unteilbaren habsburgischen Erblande setzen kann. Für das kleine Lothringen bekommst du halb Europa. Das ist dir zu wenig? Und obendrein als Souvenir des Schwiegervaters zum persönlichen Eigentum das Großherzogtum Toskana, voll wunderbarer Gaben der Natur, wie es die italienischen Schönen und die jüdischen Bankiers sind."

„Ja, ja. So versucht mich auch meine geliebte Frau zu überzeugen. Vom Verstand her ist alles in Ordnung." Er wandte sich vom Fenster ab. „Aber kommt es dir nicht auch verdächtig vor, wie sie uns mit Schimpf und Schande vom türkischen Kriegsschauplatz abberufen haben? Ist diese Reise nach Toskana nicht nur eine Finte, um uns in Wien loszuwerden? Das dürfte das Werk der kaiserlichen Räte in der Hofburg gewesen sein, vor allem dieses widerlichen Bartenstein. Verdrießt es dich nicht auch, daß wir als Heerführer dort unten versagt haben, Karl?"

Karl von Lothringen richtete sich auf.

„Ich halte mich keinesfalls für einen schlechten Soldaten."

„Ich halte mich für keinen guten, Karl. Ich bin vielleicht ein guter Finanzmann, mir macht es Spaß, Werkstätten und Manufakturen zu gründen, die Wirtschaft unserer Länder zu verbessern, nicht aber in Zelten zu schnarchen und dumme Bauern anzubrüllen, die die Werber in die weißen Waffenröcke der österreichischen Dragoner, Grenadiere und Kanoniere gezwungen haben. Mir macht es keinen Spaß, über Landkarten zu brüten und die Pfeile der Regimenter, Kompanien und Bataillone einzuzeichnen. Zu erwägen, ob die schiefe, die gerade oder die umfassende Schlachtordnung vorteilhafter ist, wie viele Soldaten man im zweiten Glied lassen muß und wie viele in Reserve. Ich hasse es, Befehle zu geben, Deserteure einzufangen, und noch weniger sehne ich mich ...", er schluckte, denn bei der Erinnerung überkam ihn ein Brechreiz, „... sehne ich mich nach dem Kampf und nach dem, was abends immer folgte, das Stöhnen der Verwundeten und dergleichen. So etwas kann man niemandem beschreiben. Und schon gar nicht meinem schönen Blondkopf. Maria Theresia zuliebe habe ich dem Befehl des Kaisers gehorcht, aber hier sage ich dir, Prinz Karl von Lothringen, daß mir die anderthalb Jahre auf dem Balkan gereicht haben. Nie mehr werde ich Soldat spielen. Lieber lasse ich mich in Florenz nieder, wir holen unsere Töchter nach und werden hier leben und regieren, so gut wir es verstehen. In Toskana werde ich versuchen, etwas von mir zu hinterlassen. Etwas anderes als Bäche von Blut."

Karl von Lothringen lächelte geringschätzig.

„Dein Traum vom achtzehnten Jahrhundert als einem Zeitalter des aufgeklärten Friedens stammt offenbar aus Frankreich. Die Welt von Versailles, die Welt Ludwigs XV., der es sich in der Mitte Westeuropas fern von potentiellen Gegnern wohl ergehen läßt, ist gewiß eine glückliche Welt für Menschen unseres Standes. Bei Ludwig und zu Füßen der Madame Pompadour würde auch ich es akzeptieren, nicht mehr als ein Höfling zu sein. Aber die Habsburger Besitzungen, dieses Konglomerat von Königreichen, Fürstentümern, Herzogtümern und allen möglichen Provinzen in der Mitte und im Süden Europas, hältst du kein Jahr mit den wohlmeinenden Betrachtungen der französischen Enzyklopädisten zusammen, sondern nur mit Armeen, mit Waffen. Andernfalls kann es dir leicht passieren, daß du mit deiner Friedensliebe und der reizenden Maria Theresia lediglich der Großherzog von Toskana bleibst und nicht mehr."

„Das würde mich überhaupt nicht stören, mein Bruder. Ich habe eine andere Vorstellung von der Welt und unserem Jahrhundert." Franz Stephan schluckte. Widerstand der Versuchung, dem Bruder von einem Erlebnis auf einer Reise nach London zu berichten, die er vor einigen Jahren, noch zu Lebzeiten ihres Vaters, unternommen hatte. Die Reise mit Lord Chesterfield (eine Londoner Nacht, eine abgelegene Gasse, eine bescheidene Räumlichkeit, verbundene Augen und dann helles Kerzenlicht, der Schlüssel der Verschwiegenheit, die Freimaurerkelle, die Handschuhe für die Reinheit der Absichten, das Gelöbnis vor der Loge, ich werde ein bescheidener Baumeister einer schöneren und gerechteren Welt sein). Er betrachtete das gröbere Gesicht des Bruders und bezwang sich. Ich muß mich beruhigen. Das Geheimnis wahren. Bis die Zeit kommt und die gekrönten Häupter Europas, alle heutigen Thronfolger (die Erinnerung an den feinsinnigen und witzigen preußischen Kronprinzen Friedrich, seine Hochzeit, Friedrich spielt auf der Flöte) im Geiste der geheimen Gelöbnisse ihren Ländern das neue aufgeklärte Zeitalter bescheren und das Jahrhundert der Freiheit errichten werden, in dem man Arbeit und Unternehmungsgeist höher schätzt als Waffengeklirr und Despotismus.

„Ich glaube, wir haben unterschiedliche Ansichten über den Sinn der Herrschaft und des Lebens überhaupt, Karl. Die Welt wird von Gesetzen beherrscht. Niemand kann sie ungestraft brechen, nur entdecken und ausnutzen. Ich meine nicht die Gesetze der Päpste und Kardinäle, auch nicht die Gesetze eines Luther, eines Calvin, eines Ignatius von Loyola und anderer Fanatiker. Ich meine die Naturgesetze." Franz von Lothringen trat an eine hohe Kommode und entnahm ihr ein Buch. Er zeigte es dem Bruder.

„‚Vom Geist der Gesetze‘? Das klingt schön.“

„Ja, Montesquieu. Lies es. Ich lese gerade seine Persischen Briefe wieder. Hier hast du ein Zitat, wie auf dich gemünzt. Brief 122: ‚Es ist der Helden Los, sich mit der Eroberung von Ländern, die sie plötzlich wieder verlieren, oder mit der Unterwerfung von Nationen, die sie selbst verderben müssen, aufzureiben. Sie machen es wie jener Narr, der seine Habe daransetzte, Statuen zu kaufen, die er ins Meer stürzte, und Spiegel, die er alsbald in Trümmer schlug.‘ Sind wir nicht auch solche Narren?“ Er klappte das Buch zu. „Ich lasse mir jeden Morgen Montesquieu vorlesen, während man mich ankleidet, die Perücke vorbereitet und pudert.“

„Es scheint, Kaiser Karl VI. richtet sich nach französischen Schriftstellern, wenn er sich nicht allzusehr um seine Besitzungen kümmert, sondern lieber Opern komponiert, sie selber dirigiert und ganze Tage auf Wildentenjagd zwischen Donau und March verbringt. Danach ist die heutige Welt auf dem besten Wege zum aufgeklärten Zeitalter. Nur schade, daß der türkische Sultan nicht Montesquieu liest. Obwohl die Persischen Briefe vielleicht gerade an ihn adressiert waren.“

„Es kommt eine andere Welt. Man muß etwas anderes erobern. Schau dich bloß um. Wie viele unbekannte Dinge umgeben uns! Die Menschen kommen darauf, daß man durch die Entdeckung der Naturgesetze, durch Erfindungen, durch Arbeit reich werden kann, nicht nur durch Raub und Kontributionen. Unser ganzes vergangenes Denken, gerichtet nur auf zweifelhafte und von Menschen ausgedachte Moralgesetze, muß man revidieren. Über den Moralgesetzen, die sich Priester, Sektierer und Fanatiker passend zurechtgeschnitten haben, walten die Naturgesetze.“

„Schlau ausgedacht, Großherzog von Toskana. Und diese Ansichten vertraust du auch deiner zarten Gemahlin an? Mit einem Wort, es verlangt dich danach, eine schöne Bürgersfrau zu lieben, und du läßt sie dir von der Straße holen. Wenn dir eine Hofdame der Großherzogin nicht widersteht, bewegt sich das im Rahmen eines Naturgesetzes. Das sind die Gesetze des französischen Hofes in Versailles, des Stuttgarter Hofes, des bayrischen Nymphenburg, der Sommerresidenz Peterhof, des Warschauer Łazienki-Palais, des Dresdener Hofes. Mit einem Wort, das ganze gebildete Europa ist bereits auf dem besten Wege, die erhabenen Naturgesetze anzuwenden. Also wo ist der Fehler? Gut ausgedacht, sozusagen für den Beichtstuhl."

„Mit Spötteleien wirst du mich nicht überzeugen. Auf der Welt gibt es interessantere Dinge als Schlachten auf Kriegsschauplätzen oder in seidenen Betten. Hat sich schon einer der bisherigen Philosophen und Moralisten darüber Gedanken gemacht, wieviel die Gehirne aller Menschen wiegen, die jetzt die Erdkugel bevölkern? Hat schon einer gemessen, wieviel Wasser es in einem Jahr auf die Erde regnet und woher dieses Wasser kommt?" Der Großherzog wedelte mit den Persischen Briefen, den Finger zwischen die Lieblingsseiten gesteckt, und paraphrasierte frei: „‚Da würden wohl alle päpstlichen Gelehrten weidlich schwitzen, ehe sie uns verrieten, wieviel Meilen der Schall in einer Stunde fliegt oder wie lange es dauert, bis uns ein Strahl von der Sonne erreicht, oder wieviel Klafter uns von dem Planeten Saturn trennen.' Das, Bruderherz, das sind die Fragen des Herrn Montesquieu. Weißt du, mit welcher Krümmung man ein Schiff bauen muß, damit es ein gutes Segelschiff wird? Diese Gesetze erschrecken durchaus nicht durch falsche Erhabenheit; ihre Einfachheit war die Ursache, daß man sie lange mißachtet hat, und erst durch vieles Nachdenken hat man ihre volle Bedeutung erkannt. Nach dem ersten dieser Gesetze strebt jeder Körper, eine gerade Linie zu beschreiben, falls er nicht auf ein Hindernis trifft, welches ihn davon ablenkt!" Er klappte das Büchlein zu. „Das wird die Bilanz von morgen sein. Und ich will sie als erster lesen. Auch als Herrscher."

Karl von Lothringen lächelte.

„Es scheint, meine Überzeugung von der Schönheit

einer Geraden ist leicht zu erschüttern. Lieber schwöre ich auf die Schönheit weiblicher Rundungen. Schau hin, was verrät der Ausschnitt dieser rotblonden Livornerin, die sich über ihr Balg beugt? Ich werde mich eben doch mit diesem Toskana statt des heimatlichen Lothringen abfinden."

Seine Worte gingen im plötzlichen Fanfarengeschmetter unter. Die Fensterscheiben erzitterten beim Schall des blitzenden Metalls. Die Brüder eilten an die Fenster. Vor dem ultramarinblauen Firmament stand die Pyramide der paradiesischen Glückseligkeit unheilverkündend wie ein himmelaufragendes aztekisches Heiligtum da. Dahinter flammte ein Feuerwerk auf. Zugleich klommen auf den vier Kanten der stufenförmigen Konstruktion vier anmutige Jünglinge in enganliegenden fleischfarbenen Trikots (sie sehen aus, als seien sie nackt, dachte Karl betroffen) empor bis zur vorletzten Terrasse, wo silberne Käfige mit Kanarienvögeln und buntfarbigen Sittichen hingen. Die Jungen trippelten in atemberaubendem Tempo am Rande der Terrasse entlang und öffneten einen Käfig nach dem anderen, bis jeder das Ende seiner Kante erreicht hatte. An den vier Ecken entzündeten sie Fackeln und stiegen eine Terrasse tiefer. Die Pyramide der Fülle leuchtete so von der Spitze herunter nach und nach auf, zum italienischen Himmel flatterten Dutzende aufgeschreckter Vögel empor, kreisten unschlüssig über der Engelstatue und flogen dann zum Meer, der untergehenden Sonne entgegen. Die vier mutigen Jünglinge, alle wunderschön, apollgleich, hatten ihre Aufgabe erfüllt und stellten sich vor den Fenstern des Großherzogs in einer Reihe auf. Es erschallten Hochrufe, die Fanfaren verklangen. Vom Hafen her donnerte der erste Salutschuß.

Franz von Lothringen blickte auf die Kommode. Die Uhr mit dem hochspringenden Hirsch (ein Geschenk der Pálffys aus Preßburg, als er dort Statthalter von Ungarn gewesen war) zeigte soeben die sechste Stunde an. Bei dem Treiben auf dem Marktplatz hatte er nicht bemerkt, daß vor ihm ein Kammerdiener aufgetaucht war, der jetzt ehrerbietig auf die zweiflügelige Tür an der Längsseite des Saales zeigte. Eine unsichtbare Hand, Engelsflügeln gleich, öffnete die weiße Tür, und darin erschien eine hohe, schlanke Blondine in blauem Kleid mit rundem Dekolleté.

„Serenissima Maria Theresia, Archiduchessa d'Austria e Gran Duchessa di Toscana*", rief heiser der Kammerdiener.

Sie schritt den Brüdern mit ausgebreiteten Armen entgegen.

„Das Fest hat pünktlich begonnen, meine Herren", sagte sie lächelnd. Sie wartete, bis die beiden ihr die Hand geküßt hatten, dann umarmte sie leicht ihren Gatten. Im Hintergrund stand die alte Gräfin Fuchs, ihre einstige Erzieherin, ihre Begleitdame auf ihrer italienischen Reise.

Die jungen Herrscher von Toskana traten an das offene Fenster. Sie hielten sich bei der Hand und lächelten auf den Platz hinunter. Über dem Hafen krachte ein Feuerwerk. Hoch zum Himmel stiegen und nieder ins Meer fielen Variationen der Buchstaben F und MT. Aus dem anderen Fenster betrachtete Karl von Lothringen das Schauspiel.

Die griechischen Feuer hinter der Pyramide der Fülle waren heruntergebrannt, nur die Fackeln an den vier Kanten der Pyramide flackerten noch. Einige angesengte Kanarienvögel fielen tot aufs Pflaster. Der Großherzog bemerkte, daß sich ein paar Kinder sogleich auf die exotischen Vogelleichen stürzten und sich um sie stritten. Das Feuerwerk über der Stadt knatterte noch in neuen Kaskaden, aber die Pyramide der Fülle wurde dunkel. Auf der rechten Seite prasselte Holz, die Konstruktion hatte von einer Fackel Feuer gefangen. In das Krachen des Feuerwerks hinein blökten kläglich die noch nicht getöteten Tiere.

* (ital.) Erlauchte Maria Theresia, Erzherzogin von Österreich und Großherzogin von Toscana.

Da spürte Franz, wie die Hand seiner Frau erstarrte und ihre Nägel sich in seine Hand bohrten. Maria Theresia stand wie versteinert, denn ihr Blick war vom Feuerwerk zum Fuß der Pyramide gewandert. Die ersten Mutigen kletterten auf das Postament und die unterste Terrasse. Sie hielten Messer in den Händen, und mit gut geführten Stößen stachen sie den Hirsch und die zwei Rehe ab, die noch über dem Marktplatz zappelten. Ihnen folgten Frauen und Kinder. Die geschickten Hausfrauen drehten mit geübten Griffen Hühnern und Hähnen den Hals um. Zum Himmel stiegen nur noch Reste des Feuerwerks, aber über dem Platz knackten die Knorpel der Tiere, spritzte Blut, flogen Federn. Über den Platz hallten Schreie, die zu einem einzigen Gebrüll verschmolzen. Vereinzelte Raketen über dem Hafen beschrieben die letzten Bogen und sanken ins Unbekannte.

„Finito, finito!"* rief heiser der Kammerdiener und versuchte das Herrscherpaar vom Fenster wegzukomplimentieren.

„Das Abendessen steht bereit, der Bürgermeister wartet", versuchte Gräfin Fuchs ihre Schutzbefohlene zu erinnern.

Der Kammerdiener wollte mit einer resoluten Bewegung den Vorhang vor den Fenstern zuziehen. Maria Theresias Augen blitzten, mit einer herrischen Geste gebot sie ihm Einhalt.

Die Pyramide der Fülle brannte bereits auf der einen Seite, und im gespenstischen Schein eines prasselnden Balkens und glimmender Lappen kletterten rasch kleine Gestalten auf die Pyramide hoch. Dutzende von Livorner Bürgern (so viele Arme?) verteilten sich auf dem Postament, streckten die Arme zu den höhergelegenen Terrassen empor, wo lange Schnüre von Würsten und Rauchfleisch hingen und gelbe Käselaibe baumelten. Die ersten Räuber auf dem Postament waren unschlüssig, ob sie die noch nicht eingefangenen Hühner

* (ital.) Schluß, Schluß!

schlachten, die getöteten Rehe tranchieren, das Wildschwein zerteilen oder noch höher klimmen sollten, wo jemand schon den Strick durchgeschnitten hatte, so daß Bockwürste, Würstchen und Salami auf die Köpfe der Stadtarmut niederregneten wie die Früchte nie gesehener Paradiesbäume. Die Frauen stopften sich Schürzen und Mieder mit Käsestücken voll, andere schlangen sich Kränze von Räucherwürsten um die Taille oder den Hals, sie erstickten fast am Rauch und den schmorenden Stoffen, rutschten aus in den Blutlachen und den Pfützen heißen Talgs des geschlachteten Wildbrets, das einige Ungeduldige zu zerstückeln begonnen hatten. Eine Frau riß sich die Kleider herunter und rannte, fast nackt, mit schwabbelnden Brüsten über die Terrasse, benutzte ihr Kleid als Sack und warf Fleischstücke, Käse und Würste hinein. Vor ihr liefen zwei Einsammler her, ihre (oder fremde?) Kinder. Endlich blieb sie stehen und versuchte das unförmige Bündel zu ordnen. Die Tochter wollte ihr die Brust mit einem Tuch umwickeln, sie bekam eine Ohrfeige und mußte das Bündel zuknoten, und unten wartete die wütende und erregte Menge gespannt, wer die traurige Beute ergattern würde. Der verarbeitete Körper mit den hängenden Brüsten war keine Attraktion, aber das Bündel war ein Schatz. Die frischgebackene Großherzogin von Toskana umklammerte die Hand ihres Mannes, beide standen wie versteinert an diesem Märzabend des Jahres 1739 über dem Marktplatz von Livorno, unfähig, sich auch nur einen Schritt vom Fenster weg zu bewegen.

Wohin schauen, wenn alles ringsum außer Rand und Band war? Die zum Himmel strebende Pyramide war übersät von schwarzen und roten Menschenameisen; sie rafften ihre Beute trotz Feuer und Dunkelheit zusammen. Über der höchsten Terrasse erblickte Maria Theresia einen der schönen Jünglinge, sein Körper in dem fleischfarbenen Trikot leuchtete im Dunkel, er versuchte die Plattform zu erklimmen, die Spitze der Pyramide, wo die Statue des Engels mit der Trompete aufragte. Was hat er dort entdeckt? Immer wieder schnellte der gertenschlanke Körper hoch, versuchte sich auf die hölzernen Zierzinnen hinaufzuziehen, die offenbar nur grob behobelt waren, denn in die Hände des Apolls bohrten sich Splitter, die eine Hand rutschte ab, schon sah es aus, als würde er aus Kirchturmshöhe abstürzen. Was haben die Livorner Juden zu Füßen des Engels versteckt? Ein gebratenes Schwein, Schüsseln mit den zartesten Pasteten, Hasen in Burgundersauce, Schalen aus Sèvres-Porzellan mit halbmeterhohen Torten und Schlagsahnestatuen des großherzoglichen Paares, die aus Eis in allen Farben, von Himbeer bis Pistazie, gebildeten Porträts Franz' III. und Maria Theresias?

Die Großherzogin am Fenster wird das nie erfahren, denn so hoch kann sie nicht sehen. Auf der Pyramidenspitze lodern keine Flammen mehr, sie verzehren den unteren Teil, schmoren die verstümmelten Tierkadaver. Zwischen ihnen läuft ein Mann herum, ein langes Fleischermesser zwischen den Zähnen. Er kriecht auf allen vieren, dann richtet er sich auf und spießt alles auf das Messer, was er rings um sich erblickt, er ergattert ein paar Würste, doch die übrigen Stücke des mit Talg, Galle, Haaren, Federn, halbverbrannten Stoffen bepappten Fleisches fallen ihm herunter, hungrige Kinder stürzen sich darauf, und auf diese wieder schreien Frauen ein.

Wieder ergriff sie Entsetzen. Der Jüngling im Trikot verfing sich zwischen den Beinen des drei Meter hohen Gipsengels, die Pyramide der Fülle ächzte, neigte sich in die Richtung des Palastes (die Holzkonstruktion des Turmes war auf dieser Seite völlig verbrannt), die ersten Männer mit Löscheimern eilten herbei. Lebendes und totes Fleisch zischte und brutzelte, der Jüngling im fleischfarbenen Trikot hielt sich an einem geschnitzten Balken fest, dann fiel er unversehrt in das Chaos auf dem Postament herab. Neben dem rosigen Apoll bohrte der Kerl mit dem Fleischermesser die Klinge brüllend in das

Wildschwein, und heraus quollen die Innereien, dem Jüngling fast ins Gesicht ...

Maria Theresia fiel in Ohnmacht, Franz fing sie über dem Fensterbrett auf, das goldene, mit Diamanten besetzte Diadem glitt ihr vom Kopf, der Kammerdiener hob es auf, und das Haupt mit den blonden Locken blieb für eine Weile erschreckend wehrlos.

3

Wenn Toskana die erste Prüfung meiner Fähigkeiten sein soll, dann muß ich gestehen, daß ich mir außer Repräsentation nichts zutraue. Schließlich hat mein geliebter Vater, Kaiser Karl, das Großherzogtum Toskana meinem Mann geschenkt, und ihm obliegt es, sich mit Regieren abzuplagen.

Die Reise nach Italien war für mich recht anstrengend. Kaum hatte ich in Wien die Strapazen der Niederkunft überstanden (unsere zweite Tochter Marianne ist im Oktober zur Welt gekommen), kaum hatte ich mich ein bißchen erholt, da reisten wir schon, noch vor Weihnachten, nach Italien. Vater bestand auf dieser Reise. Wir durften Europa nicht im Zweifel lassen, wie sehr unserem Hause an den italienischen Besitzungen gelegen ist. Seit dem Tode des letzten Großherzogs von Toskana Giano Gaston I. waren bereits zwei Jahre verflossen, und mein Gemahl sollte nach dem Aussterben der Medici baldmöglichst die Herrschaft übernehmen. Das ist eine Verpflichtung und eine Aufgabe, für die man die Mühen einer Reise wohl auf sich nehmen muß.

Weihnachten verbrachten wir in stiller Fröhlichkeit in Bozen. Ich freute mich, die beiden Brüder bei bester Laune zu erleben. Niedergeschlagen waren sie aus dem Türkenkrieg heimgekehrt. Mein Geliebter, so scheint's, taugt nicht für eine militärische Karriere. Nach dem Tode des Prinzen Eugen von Savoyen sind die österreichischen Armeen nicht mehr das, was sie einst waren.

Wäre ich ein Mann, so würde ich mich bereitwillig der Kriegswissenschaft widmen, um Vater helfen zu können.

Ende des Jahres 1738 hingen wir auf dem Gebiet der Venetianischen Republik in der Quarantäne fest, da unsere Behörden in ihrem Schlendrian den Dispensantrag für die Venetianer verschlampt hatten. So verbrachten wir Silvester gezwungenermaßen im Palast des Grafen Buri in Verona. Ich bezauberte die adligen Herren, sie flüsterten mir beim Tanz zu, sie seien meinen goldenen Haaren zuliebe bereit, sich das Leben zu nehmen, ich brauchte es nur zu befehlen. Natürlich nahm sich keiner das Leben, nur einer verstauchte sich beim Tanz den Knöchel, er rutschte auf einer heruntergefallenen Perücke aus, zu der sich niemand bekennen wollte. Es ging lustig zu. Das war auf einem Ball in Bologna. Tagelang saßen wir in den Kutschen und kamen in der verschneiten Landschaft nur mühsam voran, die Räder rutschten auf den vereisten Straßen, und an einer Stelle mußte man Ochsen vorspannen, um unsere Karossen aus den Schneewehen herauszuziehen. Mit um so größerer Freude erwärmte ich mich dann abends bei Tanz und Gesang. Ich trat auch als Opernsängerin in einem Duett mit dem berühmten Tenor Senismo auf. Er sagte mir, mit meiner Stimme würde ich selbst in den größten italienischen Opernensembles bestehen. Ich sei eine virtuosa europäischen Formats, und wenn mich nicht eine andere Karriere erwartete, würde ich die europäischen Bühnen erobern.

Seit Ende Januar weilten wir in Florenz, und Franz trat sein Amt an. Ich hoffe, diesmal werden wir keine Enttäuschung erleben. Meinen Mann, so scheint's, interessieren die Verwaltung und wirtschaftliche Angelegenheiten. Ich muß von ihm lernen, daß man die Probleme der Länder nicht durch diplomatischen Tratsch und zielloses Geschwätz über Landkarten zu lösen beginnen darf, sondern von der wirtschaftlichen Kraft des Staates und dem Stand der Hofkasse her. Ich hoffe fest, daß

Franz sich hier bewähren und daß die oppositionelle Stimmung gegen die Lothringer in Wien verschwinden wird. Das ist für mich eine Prestigefrage. Vor drei Jahren habe ich mir die Ehe mit dem geliebten und bewunderten Mann gegen den Willen des ganzen Hofes erkämpft; jetzt müssen wir beweisen, daß unsere Verbindung auch den dynastischen Interessen voll und ganz entspricht.

Viele glauben, meine ersten Ehejahre seien Honigjahre gewesen. Ja, ich habe zwei Töchter geboren und liebe meinen Mann über alles. Er ist aufmerksam, liebevoll, hat Verständnis für meine Eigenart, wir verstehen uns uneingeschränkt in den persönlichsten Fragen. Im dritten Jahr unseres Zusammenlebens kenne ich aber auch seine Fehler, ich bemühe mich, sie zu verstehen, doch ich muß auf sie achten, und ich versuche sie auszugleichen. Ich weiß nicht, ob mir das gelingen wird. Inzwischen hat Franz meinen Vater für sich gewonnen. Er begleitet ihn auf Jagden, der Kaiser bewundert seine Geschicklichkeit bei der Falkenbeize, im Reiten und Fechten. Franz ist weich und formbar. Er gibt sich gern dem Müßiggang hin. Darin wittere ich eine Gefahr für unsere Familie, für unsere Zukunft. Er paßt sich meinem Vater an, statt ihn in der gewünschten Richtung zu beeinflussen. Er verhält sich respektvoll gegenüber den alten Hofräten, aber niemals äußert er seine eigene Meinung. Anfangs schien das diplomatisch, doch jetzt reden sie ihm schon nach, hinter seinem Schweigen verberge sich der Mangel an eigenem politischem Urteil. Gott sei Dank, mein Vater ist noch bei guter Gesundheit und im besten Mannesalter, so daß wir die Sorgen um die Zukunft vorläufig vertagen können.

Nachträglich mache ich mir Vorwürfe, weil ich nicht verhindert habe, daß Franz als Generalissimus unserer Armee auf dem Balkan debütierte. Die knappen zwei Jahre seiner militärischen Mißerfolge haben seinem Ruf fühlbar geschadet. Man begann über den unfähigen Ausländer zu tratschen. Der Hof hält ihn für einen leichtsinnigen Kavalier, der aus der Ehe mit mir Nutzen ziehen will, aber bislang nichts zum Ruhm unseres Hauses beigetragen hat.

Leider weiß ich nicht, mit wem ich mich über so delikate Fragen beraten könnte. Ich bin nur eine unerfahrene Frau von zweiundzwanzig Jahren, eine gute Mutter und willkommene Gesellschafterin bei heiteren Vergnügungen, das Objekt galanter Komplimente und leerer Höflingsphrasen. Aber dereinst – ich weiß nicht, wann – wird die Bürde der Herrschaft auf mir lasten, und schon heute fürchte ich, daß ich sie nicht ertragen und schlimm enden werde. Ich habe oft versucht, über dieses Thema ein Gespräch mit dem Geliebten zu führen, doch gewöhnlich weist er mich lachend ab und lenkt meine Aufmerksamkeit auf weltliche Freuden, denen ich mich nur zu gern überlasse. Ich beobachte in mir eine besondere Neigung zu Abenteuern und plötzlichen Entscheidungen, ich liebe Hasardspiele. Karten spiele ich mit einem solchen inneren Beben, als koste ich mit meinem Liebsten. Ich sollte mich da wohl mehr bezähmen.

Mit Bitterkeit muß ich gestehen, daß man mich nur unzureichend auf all das vorbereitet hat, was mich erwartet. Wenn ich einmal entscheiden kann, werde ich wohl mit dem Erziehungswesen beginnen. Ich erinnere mich an meine Kindheit mit den beiden Schwestern. Eine starb bald, und ich blieb mit Marianne allein. Das Hofleben gab uns nicht viel Gelegenheit, mit unserer Mutter zusammenzusein. Solange ich zurückdenken kann, lebte sie zurückgezogen in ihren Gemächern, versunken in Erinnerungen an ihre Jugend in Spanien. Sie fühlte die Vorwürfe der Hofgesellschaft und meines Vaters, daß sie nur zwei Töchter hatte und daß ihr einziger Sohn so jung gestorben war. Vater widmete sich uns mehr, doch seine Erziehung hatte etwas Weibisches. Wir spielten mit ihm Klavier. Noch immer halte ich mich für eine hervorragende Pianistin. Dieses Instrument ermöglicht es mir, mich rasch in Raum und Zeit zu bewegen, es kommt meinem dynamischen Charakter entgegen. Es lehrt mich, Harmonien aus zehn Tönen zu bilden, mich rasch zu entscheiden und nicht untätig zu bleiben.

Meine Studien? Lange Stunden Religion, Französisch, Latein. Ich gebe zu, daß ich kein Sprachtalent bin, am besten beherrsche ich das Französische. Philosophische Spekulationen haben mich nie interessiert. Man lehrte mich allerlei Nützliches, für eine junge Adlige wohl ausreichend, aber für die künftige österreichische Herrscherin wohl zu wenig. Unterrichtet haben mich gute und freundliche Männer, vorbildliche Pädagogen, Vaters Jesuiten. Aber sie taten es nach der „Ratio studiorum"*, die zweihundert Jahre alt ist! Da liegt wohl der schreckliche Irrtum. Mit einem System von Fragen und Antworten haben sie mich lange Tage, endlose Stunden gequält. Draußen vor den Fenstern des Schlosses La Favorita flatterten bunte Schmetterlinge, auf die Fensterbrüstungen setzten sich Meisen, die Bauern auf den Gütern pflügten und säten, aber ich wußte nichts und weiß eigentlich bis heute fast nichts von den Dingen der Umwelt, von der Natur. Ich habe nur Antworten auf Fragen gebüffelt wie: Wo kann man eine Beschreibung des Palastes der Dido in Karthago finden? Um wieviel Jahre ist Methusalem älter als der Urvater Adam? Wer ist Doktor Angelicus? Welche Patriarchen haben vor der Sintflut gelebt und welche nach ihr? Welches ist die heilige Bedeutung der Zahl Sieben?

Ich habe mit neunzehn geheiratet, und wären nicht meine Erzieherinnen gewesen, so hätte ich nicht gewußt, wie sich die Hochzeitsnacht abspielt. Man hielt mich in Isolation, in Angst vor der Sünde, ich ahnte nichts von dem raffinierten Leben an anderen Herrscherhöfen. Von den lockeren Sitten in Versailles, in Petersburg oder London habe ich nur heimlich durch Hofdamen erfahren, durch die Tratschereien unserer Gesandten und die Erzählungen meines Franz, der eine Zeitlang am englischen Hof zugebracht hatte. Nein, um mich braucht sich keiner zu ängstigen. Der Glaube hat sich in mich eingefressen wie Rost und wird mit den

* (lat.) Studienordnung.

Jahren immer fester. Mich bringen keine Frivolitäten aus dem Gleichgewicht. Ich brauche sie nicht. Eine gute Ehe und viel tägliche Liebe, das ist die beste Arznei gegen moralischen Leichtsinn. Darin schätze ich meinen Geliebten ungemein, und ich würde auch meiner Schwester eine so gute Ehe wünschen.

Ich muß mich beraten lassen, wie ich die Bildung verbessern könnte. Zunächst die des Adels, aber nach und nach auch die der niederen Schichten, der Bürger und des Bauernvolks. Was nützt es, wenn die Besten unseres Reiches gebildet sind, während das einfache Volk an Märchen und Hexerei glaubt und auf einfältige Sonntagspredigten angewiesen ist? Was nützt das Aufblühen der Wissenschaft, wovon mein Franz träumt, wenn der Großteil unserer Untertanen weder lesen noch schreiben kann? Wie können sie mit Maschinen umgehen und komplizierte Arbeiten in Werkstätten verrichten, wenn sie die Grundbegriffe nicht verstehen?

Unseren Völkern das Licht der Bildung zu geben, ist das große Ziel unseres Zeitalters, es wird auch unser gemeinsames Herrschaftsziel sein.

– – –

(In Geheimschrift:)

(Ich war bei meinem Liebsten. Nichts konnte ich fragen, er war außerordentlich zärtlich zu mir. Er ist dann zu mir gekommen, und wir haben uns sehr lange geliebt. Ich bin glücklich. Ich glaube, ich bin wieder schwanger.)

4

„So, jetzt müßt Ihr absteigen, Herr Soldat“, sagte in Antol bei Banská Štiavnica der alte Macháč, ein Bauer aus Prenčov. „Zur Stadt ist es nicht mehr weit, und ich muß in die Hütte zum Fuhrdienst.“

Ignac Kollár nahm seinen Rucksack, setzte sich den Dreispitz auf und klopfte sich das Stroh von dem weißen Rock. Er sprang vom Leiterwagen ab und reckte sich. Wie gut, daß die Leute aus Prenčov, Krupina und anderen Orten bei Štiavnica nicht ins Unterland, in die Batschka oder ins Banat geflüchtet sind! Ich weiß nicht, wie ich mich dann bis hierher geschleppt hätte. Das Pferd hatte er schon bei Budín verkauft, in einer Pußtaschenke war er auf den Gutsverwalter eines Grafen gestoßen. Der hatte die Taschen voller Taler, sagte, er stehe in den Diensten der Grassalkovichs. Er hatte das herrschaftliche Korn günstig verkauft und handelte ihm dankbar den wohlabgerichteten Soldatengaul ab. Dadurch war Ignac Kollár eine Zeitlang reich. Er brauchte Geld, um während des Urlaubs vom Militär leben zu können. Das Regiment Landau zog sich auf Befehl aus Wien in den Norden zurück. Die Generale haben mit den Türken Frieden geschlossen. Ein schlechter Frieden nach all der Dresche, aber eben doch Frieden. Vor Oktober werden sie ihn nicht zum Regiment rufen. Bis dahin wird er es sich in Štiavnica gut gehen lassen, oder in Bystrica, wo nach den letzten Nachrichten die Eltern sein sollen. Woher er dann ein neues Pferd nehmen wird, dies Problem quält ihn einstweilen nicht.

Der alte Macháč hatte die Augen weit aufgerissen, als ihm der Dragoner ohne ein Wort die verlangte Summe zahlte. Ignac Kollár schüttete die Münzen aus einem herrschaftlichen Ledertäschchen, das mit sonderbaren goldenen und roten Ornamenten verziert war (ein Geschenk der Frau Zorica), ja er gab ihm sogar noch eine Handvoll echten türkischen Knaster dazu. Wenn du wüßtest, Alterchen, aus welchen Taschen der Tabak stammt, du würdest dir keinen einzigen Zug genehmigen. Der Dragoner Ignac Kollár war gemeinsam mit den anderen Soldaten abends übers Schlachtfeld gestreift; auf Befehl des Obersten sammelten sie alles Wertvolle ein, holten aus den Taschen der gefallenen Türken alles, was zu gebrauchen war. Die Abgestumpfteren zogen die Leichen aus wie echte Totengräber, sie nahmen ihnen nicht nur die Waffen ab, sondern zerrten die weichen Stiefel von den erstarrten Beinen, schnallten ihnen die gefüllten Leibgurte ab. Zu zweit zumeist drehten sie die Toten um, beraubten sie der Kleidung, oft mußten sie sich Mund und Nase zuhalten. Ignac band sich einen Lappen vor den Mund, denn tagsüber hatte eine brütende Hitze geherrscht, einige Leichen waren bereits aufgedunsen und stanken nach Verwesung. Häufig hatten sie sich über den Toten gestritten, besonders wenn zwei Männer gleichzeitig auf die ziselierte silberne Tabakdose eines türkischen Offiziers stießen. Die erste und reichste Beute brachten natürlich die kaiserlichen Offiziere ein; sie schwärmten gleich nach dem Kampf auf dem Schlachtfeld aus. Für die Soldaten blieben zum Plündern nur die Armen oder jene Leichen übrig, die in Blut und Exkrementen dalagen und an denen die Offiziere sich nicht die Hände beschmutzen wollten.

„Ergebenster Diener, Herr Offizier", sagte Janko Macháč aus Prenčov unter vielen Verbeugungen. „Geht mit Gott. Der Allmächtige schenke Euch ein langes Leben."

Der Alte kletterte auf den Bock und trieb die Ochsen mit der Peitsche an. Er fühlte sich doppelt erleichtert. Er hatte gutes Geld bekommen, wie man es Soldaten zahlt, und obendrein war er den Burschen los, denn in unseren Zeiten einen Soldaten bei sich zu haben ist niemals ungefährlich. Man weiß nie, was einem der Soldat antut, wozu er einen zwingt. Wenn er den Wunsch äußert, in deinem Haus einzukehren, dann gnade Gott der Frau, dem Geflügel, der Braut, dem Speck auf dem Dachboden und dem Schnaps in der Kammer. Und da weißt du immer noch nicht, ob dir so ein Herrchen nicht die Werber auf den Hals schickt, dich, den Sohn, den Bruder oder den Nachbarn in die Liste einträgt, und das Unglück ist fertig. Dann, du Gottesgeschöpf, nimm Abschied von daheim für ewige Zeiten. Der Tod trifft den Soldaten wie den Bauern ein Sommergewitter vor der Ernte. Der Tod ist das Handwerk des Soldaten.

Der Dragoner Ignac Kollár wanderte immer geradeaus und immer bergauf, er marschierte wacker, bis er vor sich auf den Hängen eines Tals eine Stadt wie aus Tausendundeiner Nacht erblickte. Stolze Türme erhoben sich links und rechts vor dem grünen Hintergrund der Tannenwälder, unter dem höchsten Gipfel ragte eine mächtige Burg auf. Ihr gegenüber lag eine Festung mit vier Eckbastionen, aus der plötzlich Trompeten schmetterten. Ignac fuhr zusammen; er dachte an Fero im Lager, fragte sich, ob da nicht zum Wecken geblasen wurde. Das Trompetenkonzert erschien Ignac Kollár lächerlich, tausend Meilen nördlich von Belgrad, der blutigen unteren Donau und der Save. Im Tal von Štiavnica herrschten Ruhe und Frieden. Die Sonne des Spätsommers schien auf die Dächer ungezählter Häuser. In den Kupferdächern der reichverzierten Türme spiegelte sich blitzend die tiefstehende Sonne. Vor den Stadttoren am unteren Ende klapperten die Göpel und rumpelten die Aufzüge neben der Halde tauben Gesteins. In Banská Štiavnica gab es anscheinend genug Arbeit, die Fördertürme und die Kirchtürme lebten hier einträchtig nebeneinander nach der alten Regel: Ora et labora.*

Nun ja, in diesem großen friedlichen Ameisenhaufen soll also mein Brüderchen bei den Jesuitenpatres studieren. Werde ich ihn nach so vielen Jahren wiedererkennen? Hat er sich einen Bart wachsen lassen, oder läuft er wie ein Studiosus herum, streng geschoren und rasiert, wie es ihm die Herren Professoren befehlen?

Das untere Stadttor passierte Ignac glatt mit dem Urlaubsschein vom kaiserlich-königlichen Regiment des Grafen Landau, ja der mickrige Heiduck verbeugte sich respektvoll vor ihm, so daß der Kropf an seinem Hals wackelte. Ignac Kollár ging an der Kirche der heiligen Elisabeth vorbei und schritt durch die Hauptstraße, immer bergauf bis in die Mitte der Stadt. Rechts die wuchtige deutsche Kirche, links die strengen Mauern des Kammerhofes, Sitz der Kammergrafen, die die staatlichen Bergwerke unter Wiener Aufsicht verwalteten. Auf

* (lat.) Bete und arbeite.

der Straße lebhaftes Treiben, buntes Menschengewimmel: Bürger und ihre Frauen und Töchter beim Einkauf oder auf dem Weg zur Abendmesse, Studenten und Mägde, wohin das Auge blickte. Nur Bergleute und Hüttenwerker waren nicht zu sehen. Paßten sie vielleicht nicht in diesen Nachmittag, oder waren sie noch unter Tage, oder hatten sie sich schon in ihre armseligen Hütten außerhalb der Stadtmauern verkrochen? Ignac wußte nicht, worauf er zuerst achten sollte. Aufgeputzte Bürgertöchter mit wunderlichen Schnüren auf dem Kopf und mit weiten Röcken (sie wollten die Krinolinen nachahmen, die nur adligen Damen erlaubt waren) fegten den Schmutz von den Gehsteigen. Sie hüpften dabei, so daß ihre Rocksäume an hervorstehenden Pflastersteinen zerrissen. In hochhackigen Schühchen hopsten sie wie die Ziegen über die Katzenköpfe des Pflasters. Sie wollten würdevoll aussehen, doch in ihrem Rücken kicherten die Studenten und pfiffen hinter ihnen her. Einige ahmten lachend den Gang der Jungfern nach, ihren Kampf ums Gleichgewicht und die Schererei mit den Röcken.

Um so lebhafter und natürlicher erschienen Ignac die Mägde. Ganze Regimenter von ihnen waren aufgeboten. Rotbäckig und gesund, mit vollen Gesichtern, prallen Brüsten und Hinterteilen, ohne Polster und heimliche Krinolinen. Die Studenten verfolgten die Dorfmädchen unablässig, kniffen sie in die Wangen, klatschten ihnen auf den Hintern, warfen ihnen Pfefferminzbonbons, gerösteten Mais, aber auch Steinchen in die Leibchen. Sie gehörten zueinander, waren sich gegenseitig ewige Nahrung. Tagsüber befruchteten sie einander durch Geplänkel und in den Nächten durch leichte Liebe, zogen Gewinn aus dem anderen und verfluchten die Folgen ihrer Beziehungen. Die jungen Burschen erinnerten sich bei den Mägden an ihre Dörfer, an die Heimat, während die Mädchen zwischen den Liebkosungen Kenntnisse aus einer anderen Welt erwarben, da und dort einen lateinischen Satz, eine juristische Formel, den deutschen Namen einer Bergbaumaschine oder Klatsch und Tratsch aus der Welt aufschnappten.

Ignac Kollár stockte angesichts dieser Flut von Weiblichkeit der Atem. Allesamt waren sie reizend, diese armen Mädchen aus den umliegenden Dörfern, die das Glück hatten, in der freien königlichen Stadt Banská Štiavnica dienen zu dürfen, einer der Schatzkammern der Monarchie. Wäre diese Stadt nicht und ihr unersättlicher Appetit, könnten die Ackerflecken die Dörfler nicht ernähren in einer Gegend, die aussah wie zerknülltes Papier, in der man kein Stück waagerechte Bodenfläche fand. Schon der alte Janko Macháč hatte Ignac beim Rumpeln des Leiterwagens erzählt, was die Dörfler vor allem plagte: die Gefräßigkeit der Abteien. Manche Dörfer müssen für Sväty Kríž fronen, andere für Sväty Beňadik, wieder andere für die Familie Koháry, und ein Teil der Dörfer ist der Stadt fronpflichtig. Ein Mädchen, das in der Stadt dient, bedeutet einen hungrigen Hals weniger im Dorf. Sie kann in der Stadt eine bessere Bekanntschaft machen und entgeht der Leibeigenenfron, bringt Kunde über Verdienstmöglichkeiten nach Hause. Vielleicht ergattert sie Arbeit bei einem Handwerker, zumindest eine Hilfsarbeit. Andere schwärmen von den Werkstätten, den Kattunmanufakturen, deren Zahl ständig wächst. Wieder andere machen Heimarbeit für Zwischenmeister und erwarten jeden Monat voller Hoffnung deren Besuch.

An diesem warmen Septemberabend schien es jedoch in Štiavnica weder Wolken noch Sorgen zu geben. Ignac Kollár drängte sich heiteren Gemüts bis zum Rathaus durch. An der slowakischen Kirche bog er auf den Ring ab, wo sich das Kollegium der Jesuitenpatres befand. Nervös schaute er sich um, bis ihm der Kopf weh tat. Gespannt blickte er in Jünglingsgesichter, suchte das seines Bruders. Ein paarmal zuckte er zusammen, zögerte, aber seine Augen erhielten keine Antwort. Die Gesichter waren blaß, sahen angegriffen aus vom unablässigen Studieren. Das angestrengte Lesen bei Kerzenlicht hatte ihre Augen stumpf und leblos gemacht wie die Augen von Statuen. Nur zögernd füllten sie sich mit dem Glanz der Straße.

Als Ignac Adam nicht fand, erfaßte ihn Trauer. Ihn ärgerten die aufgerissenen Münder der jungen Herren, deren einzige Qual das Bauchgrimmen dank der mageren Kost der Schulküche oder das Memorieren von drei Seiten lateinischem Text war oder auch ein Korb vom Fräulein Amalie beim Tanz auf dem letzten Maifest. Man sollte euch scheuchen und in Reih und Glied stellen, eine Flinte mit Bajonett in die Hand drücken oder eine Reiterpistole, aus der ihr ums Verrecken nicht auf Befehl schießen könnt, weil das Pulver auf der Pfanne feucht geworden ist, und dann haut dir der Offizier eine runter, daß du mit dem Gesicht in den Dreck fällst. Euch sollte man in Doppelreihe aufstellen, und auf das Kommando kniet die erste Reihe nieder, und über'n Kopf zischt dir die Kugel des Kameraden hinter dir, und dann ins Gefecht, und du gehst wie ein Hammel im Schritt vor, Schulter an Schulter, auf eine ebensolche Reihe zu, die sich vom Hügel gegenüber nähert, du rechnest dir aus, wann ihr aufeinanderprallt und was dann sein wird . . .

„Womit kann ich dienen?"

Der alte Pedell in seiner schmutzigen Kutte sieht aus wie ein Mensch, der auf alle Fragen die Antwort kennt. Seine Augen sind wachsam und stechend, die Pupillen verengt, als hätte er in seinem Leben noch nie ein Buch gelesen.

„Ich suche meinen Bruder Adam František Kollár, gebürtig aus Terchová, Trenčíner Stuhlschaft", erwiderte Ignac. Wenn Adam nicht hier ist, was tue ich dann? Ich muß hier übernachten.

„Der junge Herr Adam František Kollár ist nicht im Studierzimmer. Am ehesten findet Ihr ihn mit dem jungen Herrn Maximilian Hell bei dem Herrn Professor Mikovíny."

„Langt nur zu, Herr Soldat", forderte ihn die Haushälterin der Mikovínys auf. Ignac schnitt sich von dem durchwachsenen Speck ab und aß gesalzene Zwiebeln dazu. Adam brachte sogleich eine Halbe Wein, natürlich auf Kosten des Herrn Mikovíny. Man hatte ihn sehr gastfreundlich und herzlich aufgenommen, wie es im slowakischen Land Brauch ist.

„Du schläfst in meinem Stübchen auf der Steingrube", flüsterte ihm der Bruder zu. „Dort plaudern wir miteinander."

Adam Kollár war breiter geworden, aber das jungenhafte Gesicht war geblieben. Ein energisches Kinn, ein hübscher Mund wie alle Kollárs, schwarze Brauen und hoch eingesetzte, fest blickende Augen. Ja, mein lieber Adam, an dir haben die schönen Mädchen von Štiavnica bestimmt ihre Freude. Ignac kaute und konnte den Blick nicht von dem Bruder wenden. Adam verleugnete nicht den Bauernjungen, er war groß und robust, bewegte sich ein wenig plump. Er ist jetzt zweiundzwanzig, und soweit Ignac verstanden hat, wird er das Kollegium gemeinsam mit Max Hell beenden, er ist bereits Novize der Gesellschaft Jesu, und beide wollen, wie es scheint, weiterstudieren. Die Professoren empfehlen sie dankbar.

Ignac Kollár beendete in der Küche sein Nachtmahl. Mit einemmal bekam er Angst vor dem Gespräch mit Adam. Adam war gegen ihn ein Rotzbub, er war acht Jahre jünger. Doch es gab ihm einen Stich, wenn er die ernsten, bedächtigen Stimmen seines Bruders und des jungen Hell hörte und merkte, wie aufmerksam Mikovíny die Deduktionen der beiden Studenten verfolgte und an ihre Denkanstöße anknüpfte. Das Gespräch wechselte von einem Thema zum nächsten. Ignac fand sich in einer anderen Welt wieder. Keine Stunde war vergangen, und seine Seele hatte sich aufgetan, sein Gehirn war durchlüftet, ungeahnte Weiten taten sich vor ihm auf. Die im Arbeitszimmer hatten bei ihren Debatten sowohl die Zeit wie die Tagespflichten vergessen.

Adam vertraute später dem Bruder an, daß er wegen dieser Nachmittage und Abende das neue Leben so liebe. In diesen Gesprächen konnten die jungen Leute alles loswerden, was sie in den Schulstunden und beim Büffeln von Fragen und Antworten quälte.

Ignac war fertig mit Essen; er schob den Teller beiseite und wickelte sorgfältig das Brot in die Serviette. Er stand vom Tisch auf und ging zur halboffenen Tür des Studierzimmers. Er war allein in der Küche, die Haushälterin war auf den Hof gelaufen. An der Tür hielt er inne. Er hörte die Stimme seines Bruders, eine schrille, ein wenig unangenehme Stimme. Bestürzung überkam ihn. Er grübelte. Was bin ich? Ein kleiner Soldat von dreißig Jahren, in fünf Jahren vollgültiger Dragoner, Soldat erster Klasse, wie der Oberst Graf Landau donnerte, wie seine deutschen und ungarischen adligen Offiziere schrien. Ich habe ein Stück Welt durchwandert, und wenn mir das Schicksal hold ist, werde ich noch ein weiteres Stück Welt durchstreifen. Ich habe viele Städte und Dörfer gesehen, habe mit vielen Frauen geschlafen und ein paar Menschen ins Jenseits befördert. Genug Menschen. Nie habe ich sie gezählt, aber so viel wie die Finger an beiden Händen waren es bestimmt. Immer hatte ich gedacht (so hatte man es mir auch beigebracht), daß die kaiserliche Armee, in glorreichen Traditionen erzogen von Helden, wie der Prinz Eugen von Savoyen einer war, eine der besten Europas und also der Welt ist. Und ich, der Bauernjunge Ignac Kollár, bin ein Rädchen in dieser wunderbaren Maschine. Ich sollte dafür dankbar sein. Die Offiziere haben mich lesen und schreiben gelehrt. Das Militär hat aus mir einen Menschen gemacht, ich stehe auf einer höheren Stufe der Leiter als mein Vater, meine Mutter und mein Dorf, höher als mein heimatliches Tal. Das also bin ich, Ignac Kollár. Dragoner im kaiserlich-königlichen Regiment des Grafen Landau. Kein Leibeigener, sondern Angehöriger der Armee. Arm und geschlagen, aber eben doch etwas mehr als viele andere.

Aber hinter der Tür da redet mein Bruder Adam František, Blut von unserem Blut, Sohn derselben Mutter. Zurückgelassen habe ich ihn als kleinen Rotzjungen, da besuchte er die einklassige Schule im Pfarrhaus von Banská Bystrica. Er ist nicht weiter in der Welt herumgekommen als mit den Eltern von Terchová nach Banská Bystrica ins Pfarrhaus und von dort aufs Kollegium nach Štiavnica. Und doch weiß er mehr von der Welt als ich. Sein Geist bewegt sich mit Leichtigkeit auf mir unbekannten Bahnen. Obwohl er so viel jünger ist als ich, überragt er mich doch bei weitem. In ein paar Jahren wird er vielleicht an der Universität studieren, und von Jahr zu Jahr werden sein Wissen und seine Bedeutung zunehmen. Schon längst ist auch er kein Leibeigener mehr, er ist freier als ich, wird mich wohl bald überholen.

Ignac Kollár mit dem vorzeitig gefurchten Gesicht des Soldaten stand beschämt vor der Tür, die ins Zimmer der Erkenntnis führte. Er hatte etwas begriffen, aber es war schon zu spät.

Er entschloß sich einzutreten, und nach einer Weile hatte er seine Hemmungen verloren. Die Anwesenden lauschten interessiert seinem Bericht aus dem Süden. Sie fragten ihn aus, wie das Unterland aussah, wie die ungarischen Bauern die riesigen Felder bestellten, was in den Grenzgebieten vorging, im Banat, in der Batschka, in Serbien. Wie dort die Ansiedler aus dem Oberland vorankämen, auch die von hier. Wie es ihnen gehe. Er berichtete, mit welcher Katastrophe der dreijährige Feldzug gegen die Türken unter der Führung der lothringischen Prinzen geendet hatte, wie man sie nach Wien abberufen habe und so die Generale ohne Instruktionen geblieben seien.

„Wißt Ihr, daß der Kaiser den General Wallis auf dem Spielberg in Brünn hat einkerkern lassen? Er hat Belgrad verloren, das ist doch wirklich ein Verbrechen", sagte Professor Mikovíny.

Ignac Kollár nickte. Voriges Jahr hatte im Regiment große Aufregung geherrscht, als die Soldaten erfuhren, daß General Neipperg ebenfalls verhaftet und auf den Spielberg gebracht worden war.

„Am glimpflichsten ist der Marschall Seckendorf davongekommen. Prinz Eugen selbst hatte ihn zu seinem Nachfolger bestimmt. Den verhören sie in Steirisch Graz."

„Das verdienen sie", rief Adam Kollár. „Haben alles vertan, was Prinz Eugen in den vorangegangenen Jahren vom Osmanischen Reich freigekämpft hat. Ohne Wissen des Hofes haben sie den Belgrader Frieden unterzeichnet."

„Was meint Ihr dazu? Haben sie das wirklich verdient?" wandte sich Maximilian Hell an Ignac.

Ignac versuchte die Probleme der österreichischen Armee zu erklären, wie er sie aus eigener Erfahrung kannte. Er wußte jedoch selber nicht, ob er die fragwürdige Ehre der Armee verteidigen und sich für die Generale einsetzen oder ob er auf den Wiener Hof schimpfen sollte, wo Dilettanten zu entscheiden hatten. Aber reden wir darüber lieber nicht zu laut.

Auf dem Tisch lagen Landkarten und geographische Bücher verstreut. Mikovíny bereitete neue Karten für ein Buch vor.

„Trägheit und Schwerfälligkeit, das sind die Krankheiten unserer Länder", sagte er. „Und dabei haben wir so viele begabte Köpfe und arbeitsame Hände. Hier der ehrenwerte Samuel Timon. Ein slowakischer Landedelmann. Unlängst ist er in Košice gestorben. Was für eine Arbeit: Ortsbeschreibung der bedeutendsten Städte und Marktflecken Ungarns. Kartieren, beschreiben müssen wir unsere Länder, unser Vaterland. Eine Inventur der Fundamente machen und dann kühn mit dem Bauen beginnen. Auch Ihr könntet da helfen, Herr Ignac. Alles aufschreiben, zeichnen, notieren, wo immer Ihr geht und steht, welche Städte und Ortschaften Ihr auch immer durchwandert. Wir müssen wissen, wer wie spricht, was für Bräuche er pflegt. Nach der Befreiung der südlichen Gebiete vom Türkenjoch verändert sich das Gesicht ganz Ungarns. Der ehrenwerte Matej Bel in Preßburg hat darauf aufmerksam gemacht. Welches sind Eure Erfahrungen, Herr Kollár?“

Ignac fühlte sich geschmeichelt. Er begann von den Menschen zu erzählen, denen er im Süden begegnet war, und welche Sprache sie sprachen (schmerzliche Erinnerungen an Zorica).

„Du sagst, du hast fast alles verstanden?“ rief Adam begeistert. „Also sind die Mundarten der Südslawen für uns leicht verständlich. Welch eine Freude, das aus dem Munde des eigenen Bruders bestätigt zu hören!“

„Unser lieber Adam ist ein Sprachphänomen“, sagte Hell lachend. „Der wird Euch gleich in die Mangel nehmen. Ihr werdet ihm alle Wörter aufschreiben müssen, die Ihr Euch gemerkt habt. Daraus wird er nicht nur ein Wörterbuch zusammenstellen, sondern auch gleich eine Grammatik ableiten.“

„Aber ist das nicht wirklich eine große Freude? Überlegt doch nur, ihr Herren: Mit der ungarisch-slowakischen Mundart kann man sich im polnischen Königreich verständigen bis hoch hinauf zum Nordmeer, in den fernsten Winkeln des russischen Reiches, fast in allen habsburgischen Landen, ob nun in den Ländern der böhmischen Krone oder in Schlesien oder im Süden. Von Meer zu Meer. Zeigt mal die Karte her. Hier, hier ist die Adria, dort leben die kroatischen und slawonischen Stämme, dann Bosnien, das schwergeprüfte Serbien und schließlich ganz unten, unter dem türkischen Joch, die Montenegriner, die bulgarischen Brüder bis hin nach Konstantinopel. Was für ein mächtiger Ring slawischer Sprachen! Das ist doch ein zweites Latein oder Französisch! Wie wenig wissen wir von uns!“

Der Wein war fast ausgetrunken, und draußen dämmerte es. Professor Mikovíny zeigte Spuren von Ermüdung. Maximilian Hell wies auf die praktische Notwendigkeit der deutschen Sprache hin. Ignac stimmte ihm zu. Wie sollte man sonst in der kaiserlichen Armee kommandieren? Befehlen tun die Offiziere, und sie sprechen deutsch. Über das Gefühl siegt der Pragmatismus, begründete Hell seine Meinung. Sich für die slawischen Sprachen begeistern hilft nicht.

„Und welches Gewicht haben heute die slawischen Stämme?“ fuhr er fort. „Einzig das Zarenreich zählt. Das polnische Königreich ist im Zerfall begriffen, hat mit Sachsen die Dynastie gemeinsam. Die meisten gebildeten slawischen Völker leben in den habsburgischen Landen. Hier das böhmische Königreich, dort Kroatien-Slawonien. Österreich ist im Begriff, weitere slawische Stämme im Süden zu befreien. Wir bilden ein gemeinsames Vaterland mit gemeinsamen Interessen.“

„Nicht alle Völker des Habsburgerreichs sind dieser Meinung“, widersprach Adam Kollár. „Nimm bloß die Ansichten einiger ungarischer Professoren. Dieser Bencsik zum Beispiel. Der sieht im Habsburgerreich nicht sein Vaterland, und die Slawen mag er nicht. Solche Leute begreifen das nicht.“

„Wenn sie es nicht begreifen, wird Wien es sie lehren.“

„Dieses Wien wohl schwerlich“, meinte Mikovíny mit einem Seufzer. „Auch dort wartet man auf frischen Wind. Auch dort muß man umfassender denken, nicht nur vom Gesichtspunkt der Dynastie aus.“ Er wandte sich den beiden Kollárs zu. „Damit ihr mich nicht falsch versteht, ihr Herren ungarisch-slowakische Brüder. Ich halte nicht die Sprache für das Hauptproblem des Habsburgerreichs. Wir brauchen freien Handel. Das Handwerk muß sich entwickeln. Wir brauchen neue Werkstätten, damit wir nicht alle Waren für teures Geld einführen müssen. Den Luxus sollte man verbieten, die Einfuhr von Kinkerlitzchen und Spielereien für den Adel, von Parfüms und ausgefallenen Stoffen, all diesen Putz für Frauenzimmer. Die Mittel des Landes nicht für Schmuck vergeuden, für Zieruhren mit beweglichen Püppchen und all solchen Tand, sondern das Kapital in neue Handwerksbetriebe investieren. In Böhmen und in Schlesien werden bereits große Manufakturen nach englischem Muster gegründet. In so einer Manufaktur werden mehr Schuhe, Geschirr, Porzellan oder Stoffe hergestellt, als früher unsere Zunfthandwerker in einer ganzen Provinz erzeugt haben. Einige der hohen Herren scheinen das schon begriffen zu haben. Ihr kennt die Tuchmanufaktur in Bystrica? Ich höre, daß sich besonders der Herr Großherzog Franz von Lothringen um solche Manufakturen bemüht. Auf den kaiserlichen Besitzungen gibt er den Leuten Arbeit, dadurch lernt das Volk auch die neuen Maschinen kennen. In Šaštín prosperiert die kaiserliche Kattunfabrik bereits das vierte Jahr." Mikovíny breitete die Arme aus und deutete auf die Stadt, in der die ersten Lichter entzündet wurden. „Welchen Reichtum fördern unsere Bergleute hier zutage! In diesem Jahr ist das Ergebnis besonders gut. Ich habe mich mit dem Kammergrafen unterhalten. Nach den Vorausberechnungen erhält der Wiener Hof aus den staatlichen Gruben in Banská Štiavnica und Kremnica zweieinhalbtausend Mark reines Gold und mehr als zweiundneunzigtausend Mark in Silber!"

„Das ist doch fast die Hälfte aller Einnahmen des Hofes!" rief Maximilian Hell.

„Fast drei Viertel der Einnahmen aus der Münzprägung im Habsburgerreich kommen aus den ungarisch-slowakischen Gruben, mein Junge. Überleg doch: Was wäre, wenn man einen Teil dieses Geldes für neue Maschinen, für Schulen, für Experimente verwendete, ganz zu schweigen von der Förderung des Bergmannsstandes, denn von den Hungerlöhnen können viele Bergleute ihren Lebensunterhalt nicht bestreiten. Ihre Bruderkassen organisieren für die Frauen und Kinder die Hausspinnerei."

Wie gebannt starrte Ignac Kollár Mikovíny an. Mein Gott, niemals habe ich darüber nachgedacht, woher die Gelder für Waffen, Monturen, Schießpulver, Kanonen, Pferde und Fuhrwerke kommen!

„Welch ein Reichtum fließt aus den slowakischen Stuhlschaften, und wir sind uns nicht bewußt, wer wir eigentlich sind", rief Adam. „Als würden die Völker des Habsburgerreichs schlafen, eingeschlossen in der Armut und Not ihrer Bergtäler, und nicht den Ruf des neuen Zeitalters hören! Nur dann und wann meldet sich einer zu Wort, macht sich Gedanken, aus welchen Wurzeln er hervorgegangen ist. Ganz gleich, ob nun Ungar, Deutscher, Slawe. Er schreibt ein Buch in lateinischer Sprache und löst einen Proteststurm bei den anderen aus. Einer läßt sich mit einer Schrift vernehmen, aber drei andere ringsherum sind beleidigt. Jeder forscht in der Geschichte seines Stammes und entdeckt dabei, wieviel älter der ist als alle anderen."

„Samuel Timon, Gott hab ihn selig, ein Bruder der Gesellschaft Jesu aus Košice, würde selbst Jupiter zum Slowaken stempeln", meinte Mikovíny lachend. „Habt ihr sein ‚Imago antiquae Hungariae' gelesen? Das Wort Pannonia soll von dem slowakischen Wort pán, der Herr, stammen!"

Adam Kollár lief rot an.

„Pater Timon hat vielleicht im polemischen Eifer übers Ziel hinausgeschossen, aber sein Buch ‚Bild des alten Ungarn' ist für uns ungarische Slowaken unschätzbar, Herr Professor! Ich zweifle selbst an Timons Behauptung, die Slowaken seien Nachkommen der Quaden und hätten unter der Oberherrschaft von Mojmír und Svätopluk gestanden, die unser Volk bis heute im Gedächtnis bewahrt. Dennoch lese ich mit Bewegung Timons Zeilen über den Beitrag der Slowaken zum ungarischen Staat. Wieviel Selbstbewußtsein gibt uns das doch! Unsere Menschen sind hier nicht Gäste, sondern Erbauer des gemeinsamen Vaterlands. Darin sehe ich das Verdienst des gelehrten Paters Timon, deshalb schätze ich den mir unbekannten mutigen Mann aus slowakischem Geschlecht mit seiner brillanten Apologie, deshalb verneige ich mich vor der Zierde Ungarns, vor Matej Bel, obwohl er Protestant ist."

Bencsik, Timon, Bel. In Ignac Kollárs Kopf wirbelten unbekannte Namen durcheinander. Bis jetzt hatte er keinen von ihnen gehört; doch sie verkörperten die Unruhe, deren Zeuge unser Dragoner in den verschiedenen Winkeln der Länder Karls VI. gewesen war. Jahre hindurch hatte er beobachtet, wie sich im Habsburgerreich die Völker wie in einem großen Kupferkessel mischten. Sie sprechen ihre jeweilige Sprache, lernen aber auch die der Nachbarn. Und wenn sie sich überhaupt nicht verstehen, behelfen sie sich mit einem deutschen oder lateinischen Wort. Das tun alle. Und besonders die Soldaten, zusammengetrieben aus allen Ecken und aus den ärmlichsten Verhältnissen. Sie lernen die Sprache der Herren, um sich über Wasser zu halten. Nur im Zorn, im Streit, im Rausch, bei offensichtlicher Ungerechtigkeit und wenn man ihn beleidigt, besinnt sich der Soldat auf seine Muttersprache. Da erwacht in seiner Brust ein sonderbares Bewußtsein, unvereinbar mit dem Dienst für den Offizier, den Oberst, den Kaiser. In seiner Sprache widerspricht er und schimpft, verflucht die Sprache seines Kameraden oder die seines Offiziers. Erst wenn ihm das Unrecht fünfmal, zehnmal zugefügt wird, beginnt er zu verallgemeinern. Vorigen Herbst ließ der Oberst den wieder eingefangenen Deserteur Branko Lukić Spießruten laufen. Sie hatten ihn in seinem Heimatdorf geschnappt. Ignac Kollár war in der Eskorte, die den braun und blau geschlagenen Kroaten in den Arrest führte. Lukić wurde unterwegs ohnmächtig. Sie mußten ihn auf einen Strohsack legen und mit einem Eimer Wasser übergießen, damit er wieder zu sich kam. Er nahm nichts wahr, nicht einmal den eigenen, in blutige Streifen zerrissenen Körper. Er spuckte Blut und Schleim und stöhnte: „Dieser verfluchte deutsche Hund! Dieser deutsche Hurensohn!“ Bis zu seinem Tode wird er die Deutschen und Österreicher hassen. Interessant. Obwohl wir ihn doch alle geschlagen haben.

Ignac wollte diese Geschichte erzählen, ließ es aber

lieber sein. Die Štiavnicer Herren sprachen deutsch, vielleicht wären sie beleidigt gewesen.

„Genehmigen wir uns noch einen Krug Wein?"

Ignac hätte gern etwas getrunken, er hatte auch Geld, doch Adam lehnte ab: „Auf keinen Fall. Wir danken höflich, Herr Professor."

„Sparen die Herren Studenten für den Salamander-Umzug?"

Maximilian Hell lächelte. „Den hätten wir fast vergessen. So eine hübsche Studentenmaskerade, alljährlich freuen sich alle darauf. Bloß die Einfälle wiederholen sich zu oft."

„Ihr nehmt euren zukünftigen geistlichen Stand zu ernst, meine Herren. Ihr seid noch jung und solltet die Augen nicht vor den Freuden des Lebens verschließen."

Ignac Kollár stimmte ihm begeistert zu, aber die beiden blassen Studenten machten saure Gesichter.

Dann beugte sich Adam zu seinem Bruder und flüsterte ihm zu: „Komm, wir müssen noch ausgiebig miteinander plaudern."

Auf der engen Holztreppe prallte ihnen die scharfe Luft entgegen. Der Himmel war voller Sterne. Maximilian Hell rieb sich die Augen und hob den Kopf.

„Ich sehe, ich werde heute nicht schlafen", murmelte er. „Die Kassiopeia erwartet mich."

„Max hat zu Hause ein Fernrohr. Möchtest du dir die Sterne von nahem anschauen?"

„Sehr gern."

„Wir kommen morgen zu dir, Max."

„Hoffen wir, daß es sich nicht bewölkt. Geht mit Gott, ihr beiden."

5

Ich habe in deinen müden Augen eine Frage gelesen, Ignac. Du hast sie mir nicht in unseren wichtigen und vertrauten Gesprächen gestellt, wie sie nur Brüdern vergönnt sind, die verbunden sind durch die gemeinsame

Kindheit und die Schuld, die Heimat verlassen zu haben. Flüsternd unterhielten wir uns über der still gewordenen goldenen Stadt. Du warst berauscht vom Klang der Muttersprache, ein paar Worte genügten, und du erfaßtest den singenden Tonfall, deine Zunge fand die alten Wörter wieder. Du fingst zu sprechen an, um dich zu hören, die schönste Belohnung für den unbekannten Gott der Völker. Wir kosteten unsere Muttersprache aus wie den köstlichsten Wein, schmeckten sie auf der Zunge und atmeten ihren Reiz ein, entdeckten ihre uralten Gesetze, geschaffen von tausend Mündern. Der Inhalt unserer Gespräche schien dagegen unwichtig. In dem Augenblick, da es uns vorkam, als lauschten wir nur, hörten wir im Hintergrund die Stimmen der Eltern. Die dünne, hohe Stimme der Mutter, die gedehnte, belegte Stimme des Vaters. Wir scheuten uns zu verstummen, um nicht den Rhythmus der gemeinsamen Jugend zu verlieren und nicht das heimatliche Tal im Nebel versinken zu sehen, in dem wir niemals mehr auf Lebende stoßen würden. Eine Rückkehr, bewirkt durch die Sprache, aber beide wissen wir, daß wir in Wahrheit nie mehr zurückkehren werden.

Jetzt werde ich deine unausgesprochene Frage beantworten, mein kluger älterer Bruder. Seit dem Tage, da du erfahren hast, daß ich der Gesellschaft Jesu angehöre, ist zwischen uns ein unsichtbarer Vorhang niedergegangen. Gewebt hat ihn deine Furcht (ich zögere, sie Hochachtung zu nennen) vor dem unbekannten Stand, der deiner Meinung nach nur Menschen von höherer Geburt vorbehalten ist. Gewebt haben ihn ferner deine Kenntnisse des Lebens, wo man keine schmeichelhaften Attribute an den Orden verschwendet, in dem ich gemeinsam mit Maximilian bereits Novize bin. Gewebt hat ihn der Zweifel, ob dein Bruder aus dem bettelarmen slowakischen Terchová, das nur durch einen Räuber berühmt ist (unser Vater hat zugesehen, wie man ihn an einer Rippe aufgehängt hat), fähig und würdig sein wird, im Dienst höherer Kräfte zu stehen. Und obendrein ist da deine natürliche Abneigung gegen meinen Aufstieg, denn du bist viel älter und erfahrener. Du bist Soldat, was bedeutet, daß du in einem begrenzten Maße auch ein Gehilfe Gottes bist, denn wem ist das Recht gegeben, straflos über Leben und Tod anderer zu entscheiden, wenn nicht dem Soldaten? Seit den Zeiten des antiken Sparta und Alexanders des Großen bis zur Zeit des Prinzen Eugen macht ihr von eurem Recht Gebrauch, und bis heute hat euch dafür noch keine irdische Macht gerichtet und verurteilt. Euch richtet nur ein zufälliger Tod, unser großer Herr, der Garant aller Gerechtigkeit, allgegenwärtig in den neuen Barock- und Rokokokirchen und den Kreuzgängen der Klöster.

Vor allem muß ich dir erklären, daß mein jetziger Stand und der Weg, den ich beschritten habe, nur eine Form unseres Auswegs, der Flucht ist, unserer ursprünglichen Entscheidung. Ja, ich sage dir offen, dein Fortgehen von daheim hat mir das Beispiel gegeben und die Lösung gezeigt. Ignac, du hast dich ohne Klagen anwerben lassen und bist mit einem Lächeln in das gewiß nicht leichte Abenteuer des Krieges gezogen. Indem du dich an eine breitere Gemeinschaft bandest, hast du dich befreit. Du mußt wissen, daß auch ich nicht anders gehandelt habe. Beide haben wir aus Verzweiflung die elterliche Hütte verlassen und bewußt statt dem Dienst für die Thurzas einen größeren Dienst gewählt, der uns an den Fuß der Berge führen wird, nach denen wir uns sehnen, denn in uns ist das menschliche Streben nach Höherem noch nicht abgestorben.

In unserem Jahrhundert ziehen zweierlei Werber durch Dörfer und Städte. Die einen suchen neue Fußsoldaten, Grenadiere, Wagenführer, Troßknechte, Kavalleristen, Dragoner, Cheveaulegers, Husaren oder Ulanen. Die Kandidaten müssen gesund sein und die erforderliche Größe haben. Aber es gehen auch andere Werber durch die Dörfer, Marktflecken und Weiler. Sie achten auf Kurzsichtige, Stille, interessieren sich sogar für Krüppel und solche, die für den Soldatendienst untauglich sind. Sie fragen den Pfarrer oder den Kaplan, der zugleich der Lehrer ist, und nach deren Empfehlungen werben sie ihre Leute an. Die werden keine Stütze der kaiserlichen Armee sein, werden nicht das Schwert schwingen, nicht mit Kartaunen schießen. Sie werden sich nicht der Leiber, sondern der Seelen bemächtigen. Die Werber der Gesellschaft Jesu wirken in der ganzen Welt, sogar in China und Indien. Für sie ist der Glaube kein Eiapopeia für alte Betschwestern, sondern ein Mittel zur Eroberung der Welt. Falls du es nicht weißt – der Gründer der Gesellschaft Jesu war Edelmann und Soldat, nach ihm trägst du deinen Namen. In den Statuten des Jesuitenordens rangieren militärische Disziplin und absoluter Gehorsam an erster Stelle. Es stimmt, seit seiner Gründung sind schon zwei Jahrhunderte vergangen, und die Gesellschaft Jesu war und ist nicht immer ein Muster an Tugend, aber sie ist mächtig, einflußreich und bietet ihren Reichtum allen an, die sich nicht fürchten, nach Erkenntnis zu streben. Bruder, von heute an wird es dich nicht mehr überraschen, daß der strebsame Maximilian Hell, ein Liebhaber der Astronomie und Physik, wie durch Zufall auch Jesuit ist, so wie es viele Baumeister, Mathematiker und Ärzte sind und wie auch ich es bin. Der Orden ist heute so frei und verfügt über so große weltliche Besitztümer, Schulen, Kollegien und Universitäten, daß es unvernünftig wäre, die gebotenen Möglichkeiten nicht zu nutzen. Unter uns gesagt – andere Möglichkeiten hat man eigentlich nicht. Du weißt sehr wohl, in welche Bedrängnis unsere protestantischen Freunde geraten sind, und die Ausnahmen unter ihnen, wie der bereits erwähnte Matej Bel, müssen sich das Recht auf Wissen im Habsburgerreich schwer erkämpfen. Bei uns in Ungarn schützen sie wenigstens die in Rakoczis Aufständen errungenen ständischen Freiheiten.

So steht es also, Bruder. Sie angeln uns wie Fische, schöpfen aus unseren reinen Flüssen und murmelnden Bächen, werfen die Netze in unsere Seen, sie wissen, daß wir von zum Himmel ragenden Bergen umgeben sind. Sie lauern, bis einer von uns aus dem Wasser schnellt, um ein bißchen Luft zu schnappen für das Vegetieren in den Tiefen des unmenschlichen Elends und der Leibeigenschaft. Hopp, und schon zappelst du im Netz. Und bist froh, daß sie dich gefangen haben. Sie bringen dich in andere Gewässer, füttern dich und fahren dich in silbernen Bassins buchstäblich durch die ganze Welt. Vor uns werden keine weiß und goldenen zweiflügeligen Türen mehr verschlossen sein, keine mit kunstvollen Ornamenten verzierten schmiedeeisernen Tore, keine englischen und französischen Parks, keine Marmorsäle, auch keine künstlichen Seen mit Schwänen darauf. Montesquieu (frei lesen nur wir ihn, die Jesuiten) hat einmal geschrieben, daß man den Charakter unserer Könige nicht erkennen kann, solange sie nicht zwei schwere Prüfungen bestanden haben: die Mätresse und den Beichtvater. Beide sind bemüht, sich ihres Geistes zu bemächtigen, und der Kampf ist hart. Du weißt sicher, daß viele Beichtväter von Königen Jesuiten sind.

Nein, Ignac, ich will nicht der Beichtvater eines Königs werden, ich hoffe nicht einmal im Traum darauf, in die Nähe von Thronen zu gelangen. Mir genügten die Jahre der Jugend, ich roch den Duft der Erkenntnis. Mit nie erlahmender Ausdauer nähere ich mich ihr. Ich irre mich wohl nicht, wenn ich sage, daß ich ihre ersten Früchte bereits gekostet habe. Mein Bruder, du hast ein Stück Welt durchwandert, und Gott weiß, wohin sie dich in einem Monat rufen, in welchen Winkel Europas sie dich kommandieren werden. Das Habsburgerreich muß von den belgischen Niederlanden und den schönsten Gegenden Italiens bis zu dem träumerischen Prag und dem dir bekannten Banat verteidigt werden. Wir schlagen uns mit christlichen Völkern Europas herum, aber auch mit Muselmanen. Du triffst auf Türken, Araber, Armenier oder Griechen. Wirst du nicht dem dankbar sein, der dich lehrt, die Sprache des griechischen Kaufmanns, des persischen Gesandten zu verstehen?

Gibt es eine größere Wonne, als den inneren Bau einer dir bislang unbekannten Sprache zu erforschen? Das ist mehr als die Kunst der Anatomie. Die Sprachwissenschaft ist das Skalpell für die Anatomie der Seele. Sie ist die Kunst der Navigation des Geistes, das Ausprobieren von Segeln und Klüvern, die das große Segelschiff des menschlichen Denkens vorantreiben.

Die Bücher haben mich bereits angesteckt, Ignac. Haben mich verzaubert, ähnlich wie dich vielleicht die Geheimnisse der Verschlüsse von Gewehren und Pistolen und ihre verschiedenen Arten verzaubert haben. Ich habe von einem französischen und einem spanischen Zündschloß gelesen, auch davon, wie man das Pulver trocken hält. Das alles ist eine Kunst, die dich vielleicht begeistert hat, und ebenso die Märsche in andere Länder, die Eroberung reicher Städte oder schöner Frauen, die faszinierende Nähe des Todes. Ignac, ich bin ein Gefangener der Bücher, ich habe ihre Süße gekostet, mich berauscht der Geruch von Druckerschwärze, und mich befruchtet der Staub der noch nicht umgeblätterten Seiten. Ich habe die Süße einer Welt geschmeckt, die in den Büchern verborgen ist. Alle sind wir nicht nur von Gott besessen, sondern auch von Hells Schöpfmaschinen, von Mikovinys Karten und dem System von Wasserbecken rings um Štiavnica. Uns werden sie nicht mehr aus den Städten vertreiben, Ignac. Niemals mehr machen sie aus mir einen schwitzenden Sklaven des erbarmungslosen Bodens. Ich gelobe in dieser kalten Štiavnicer Nacht, da uns der Wind von den Bergen die Lungen füllt und unsere Köpfe reinfegt, daß ich nicht mehr haltmachen werde. Ich werde weitergehen. Werde den Widerstand meines Kopfes brechen, der ohne Training zu natürlicher Faulheit neigt. Ich werde mir Hunderte von Buchseiten einbleuen, nur um weiterzukommen. Ich habe schon die Zusage, an der Universität in Trnava studieren zu dürfen, und wer weiß, ob ich mich nicht dereinst im Ausland niederlasse. Alle wichtigen Männer unseres Reiches kennen mich. Sie kommen her, um uns zu besichtigen, uns schüchterne Burschen aus allen Ecken des Habsburgerreiches, sie wollen sich weiden an dem, was sie da herangezogen haben. Ich habe den Umgang mit ihnen schon gelernt. Ich weiß, wann ich hart sein und dem Besucher fest ins Auge blicken muß. Ich weiß schon, daß es manchmal nicht zweckmäßig ist, sich zu ducken und sich zu fürchten. Da muß der Blick auch fest auf den Grafen Imrich Esterházy gerichtet sein, den Primas von Esztergom. Wenn du ihm gefällst, hängt er dir vielleicht eine goldene Kette mit Diamanten um den Hals. (So lauten die Gerüchte. Wenn unermeßlicher Reichtum den Edelmut eines Menschen nicht erschlägt, bewegt er ihn zu Taten, die allen nützen, und zu großer Güte.) Ich weiß aber auch, wann ich die Augen niederschlagen, mit fester Stimme eine nicht begangene Schuld gestehen, einen Satz des Bedauerns aussprechen und bescheidene Hoffnung über mir leuchten lassen muß.

Deshalb bitte ich dich weder um Verzeihung noch um Nachsicht, mein lieber Bruder. In einigen Tagen oder Wochen trennen wir uns wieder. So Gott will, werden wir uns wiedersehen, obwohl uns unser Dienst unterschiedliche Wege führt. Ich werde beten, daß wir uns wenigstens in einigen Jahren so gesund wie heute wiedersehen. Um eines bitte ich dich: Betrachte mich als dein Spiegelbild. Du hast dich befreit, indem du von zu Hause fortgegangen bist, befrei dich auch durch dein weiteres Leben. Steig immer höher. Nach zehn Jahren Dienst kannst du eine Kompanie oder gar ein Bataillon befehligen. Nichts bleibt uns mehr verschlossen, wenn wir einmal über die Wasserfläche hochgeschnellt sind. Wenn du dich aber fürchtest, werden die Tore vor dir zufallen, und du sinkst auf den Grund. Bruder, lerne denken, auch wenn es dir ganz schlecht geht. Ich schreibe dir ein paar Sätze auf, die trage ich bei mir Tag und Nacht. Geschrieben hat sie ein französischer Schriftsteller vor nicht ganz hundert Jahren:

„Der Mensch ist nur ein Schilfrohr, das schwächste der Natur; aber es ist ein denkendes Schilfrohr. Es ist nicht nötig, daß das ganze Weltall sich waffne, ihn zu zermalmen: ein Dampf, ein Wassertropfen genügen, um ihn zu töten. Aber wenn das Weltall ihn zermalmte, so wäre der Mensch noch edler als das, was ihn tötet, denn er weiß, daß er stirbt, und kennt die Überlegenheit, die das Weltall über ihn hat; das Weltall weiß nichts davon."

Ignac Kollár jedoch war eingeschlafen. Sein Kopf lag verdreht auf dem Strohsack, der Mund war kraftlos geöffnet, er sah aus wie ein Toter. Als Adam seine Hand vom Fußboden hob, zuckte er zusammen und begann zu schnarchen.

Adam seufzte nur und legte die Feder beiseite. Leise zog er sich aus und schloß die Fensterläden.

6

Der Frühling des Jahres 1740 hielt spät Einzug in Europa. Das schuf Unruhe in den Hütten, denn die Wintervorräte gingen zur Neige, die herrschaftlichen Speicher wurden eiligst geschlossen. Die Bewohner der Schlösser hingegen regten sich darüber nicht auf. Die reichverzierten Kachelöfen mußten eben einen Monat länger geheizt werden. Es blieb mehr Zeit für Faschingsfeste, für Theatervorstellungen, für das Sitzen am Fenster mit einem Buch in der Hand.

Der kalte April beunruhigte auch nicht den Herrn auf Schloß Rheinsberg an einem der märkischen Seen. Mit seinen blauen kurzsichtigen Augen sah er zum Fenster hinaus auf die Wasserfläche, beobachtete, wie der Nordwind das Schilf am anderen Ufer peitschte und wie zwischen den Weiden Bauern herumwerkten.

Das Schloß Rheinsberg hielten einige für reizvoll, und der brandenburgisch-preußische Kronprinz war in

Rheinsberg verliebt. Hier hatte er die schönsten Jahre seines jungen Lebens verbracht. Der zweigeschossige Dreiflügelbau wird an den Ecken von Rundtürmen abgeschlossen. Die beiden Seitenflügel schützen den Hof vor den Winden. Der Hof wird kühn durch eine Kolonnade begrenzt. Die Kolonnade schmücken Statuen und Vasen. Elegante Treppen überwölben den Hof über dem niedriger gelegenen äußeren Terrain. Vor dem Schloß erstreckt sich eine kreisrunde, sorgfältig geschorene Rasenfläche mit einer Fontäne. Dahinter schimmert das Wasser. Unmittelbar vom Schloß aus können die Herrschaften in die Boote steigen und dem Geplätscher der Ruder lauschen.

Aus der Ferne sieht das Schloß Rheinsberg noch reizvoller aus. Als schwämme es sorglos auf dem reglosen See und mit ihm ein Stück des Städtchens Rheinsberg. Das flache Ufer wird auf beiden Seiten von mächtigen Eichen begrenzt. Der Kronprinz hatte sich in das Werk des kühnen Baumeisters Knobelsdorff verliebt, was von großer Bedeutung war für die Zukunft des jungen Freundes, ebenso aber auch für die Zukunft Berlins und Potsdams, der Residenzen der brandenburgisch-preußischen Herrscher.

Kronprinz Friedrich verbrachte in Rheinsberg, an die siebzig Meilen von Berlin entfernt, bereits den vierten Frühling. Der Vater hatte ihm das Schloß geschenkt, damit er sich hier mit seiner Gemahlin, einer Prinzessin von Braunschweig, ein Heim schaffe. Ganz Berlin und Potsdam tratschte über die Aussprüche des Prinzen, er werde, wenn man ihn zu dieser Heirat zwinge, die ihm aufgenötigte Prinzessin davonjagen. „Ich will keine Gans zur Frau haben", hatte er angeblich seinem Freund Grumbkow geschrieben. „Kurz, lieber will ich sterben als wider Willen heiraten."

Friedrich war natürlich nicht gestorben, er hatte geheiratet und gewissermaßen als Schmerzensgeld Rheinsberg bekommen. Von dem brutalen Vater hatte er es erdulden müssen. Die Berliner wunderten sich nicht über

Friedrich. Sie hatten die gleichen Erfahrungen mit dem wohlgenährten König von Gottes Gnaden Friedrich Wilhelm I. gemacht. Der verbissene Calvinist mit dem feisten, geröteten Gesicht hatte eine einzige und liebste Unterhaltung: Er verbrachte die Abende im Tabakgestank zwischen den rauhen Kommandeuren der Berliner Garnison und zwischen königlichen Grenadieren, wo er sich schlüpfrige Witze anhörte, wo alle wie besessen Pfeife pafften und wiehernd lachten. Das war das berühmte „Tabakskollegium" des preußischen Königs, zu dem kein Unberufener Zutritt hatte.

Für den Kronprinzen Friedrich, den feinsinnigen Flötenspieler und begeisterten Liebhaber der Literatur, war Rheinsberg eine Oase der Freude, wo er die harte Hand des Vaters nicht spürte. Sein dem Vater gegebenes Versprechen erfüllte er zumindest in einem Punkt: er machte sich aus der ihm aufgezwungenen Gemahlin nichts, ließ sie ihr Leben leben und umgab sich in Rheinsberg mit seinen Freunden. Sonderbar waren die Verhältnisse am Hof des preußischen Königs, sie unterschieden sich gründlich von der familiären Behaglichkeit, wie sie in Wien bei dem gutherzigen Karl VI. herrschte, wo der Kaiser mit seinen Töchtern Klavier spielte, sie zu Jagden mitnahm und mit ihnen selbstkomponierte Opernarien sang.

Es war ein öffentliches Geheimnis, daß die Kinder des preußischen Königs für ihren Vater tiefe Verachtung hegten. Friedrich liebte innigst seine Schwester Wilhelmine, beide Geschwister sprachen sich gegenseitig Mut zu im Schatten des gewalttätigen Vaters. Als der König in ähnlicher Weise wie Friedrich auch Wilhelmine zwang, gegen ihren Willen zu heiraten, wanderten zwischen Bayreuth und Rheinsberg endlose französisch geschriebene Briefe hin und her, in denen Bruder und Schwester einander ihre geheimsten Sehnsüchte anvertrauten, über neue Bücher, die Existenz Gottes und die Liebe diskutierten. Über den Vater schrieben sie nur voll Furcht oder Verachtung. Friedrich verbarg seinen Haß nicht, und alle wußten, warum er den Vater so haßte. Er war jedoch machtlos. Ihm blieb nur Schwärmerei. Einstweilen.

Schon zweimal hatte der brandenburgisch-preußische Herrscher an der Schwelle des Todes gestanden, aber beide Male hatte er sich wieder erholt. Jetzt, seit November, kränkelte er erneut, klagte über Koliken, Hämorrhoiden, wand sich in Magenkrämpfen und hatte Verdauungsbeschwerden. Schwerin, Hacke, Derschau, die Offiziere der Berliner Garnison, alle Mitglieder des Tabakskollegiums, litten mit dem König. Die Ungewißheit, was weiter würde, quälte sie; sie bereiteten sich vielleicht schon darauf vor, den Thronfolger, diesen verträumten Flötenspieler, übers Ohr zu hauen.

Bereiten sie sich darauf vor? Friedrich schaut jeden Morgen auf den Grinerick-See, beobachtet, wie das Wasser seine Farbe wechselte ... Es kommen Tage, da es sich blau färbt und über dem flachen Land die Frühlingssonne strahlt.

Der Kronprinz bereitet sich ebenfalls vor. Während der unfreiwilligen Gefangenschaft in Küstrin hatte er Zeit genug, sich mit dem Funktionieren der Verwaltung in der brandenburgischen Markgrafschaft bekannt zu machen, er hatte Soldaten und Beamte aus Pommern und Ostpreußen kennengelernt. Der Staat Brandenburg-Preußen ist klein, es sind nur zwei Fleckchen auf der Karte Mitteleuropas um Berlin, Stettin und Königsberg, voneinander getrennt durch Gebiete des polnischen Königreichs. Preußen hat an die zwei Millionen Untertanen, zumeist Bauern auf den endlosen Fluren der Güter und Großgüter. Der Rest sind Sümpfe, Mücken und Kiefernwälder. Brandenburg-Preußen ist nicht größer als Böhmen und Mähren. Rußland, Frankreich, Österreich, auch Polen sind, was Ausdehnung und Bedeutung betrifft, europäische Mächte ersten Ranges.

Und doch ist trotz Friedrich Wilhelms Despotismus (oder gerade dank ihm) Preußen ein geordneter Kleinstaat. Es besitzt eine der bestausgebildeten Armeen Europas, die Offiziere haben bei den Österreichern gelernt. Der junge Kronprinz hatte die Möglichkeit, bei Eugen von Savoyen in die Lehre zu gehen, und er hat sich Dinge gemerkt, die er später brauchen wird. Die Finanzen des preußischen Staates sind geordnet, denn der puritanische König baut keine prunkvollen Paläste, verschwendet nichts für teure Mätressen (er findet leicht willfährige Frauen, läßt sie sich von den Berliner Straßen holen), das Tabakskollegium kostet nur den Preis des Tabaks und des Biers. Was dem brandenburgisch-preußischen Königreich fehlt, ist ein Hauch von Geist und Freiheit. Die englischen, französischen und österreichischen Gesandten schreiben spöttisch aus Berlin, die ganze Hauptstadt mitsamt dem Königreich komme ihnen wie eine öde Kaserne vor.

Der achtundzwanzigjährige Kronprinz Friedrich kennt den Zustand seines zukünftigen Reiches. Obwohl ihn der Vater in Rheinsberg isoliert und ihm nicht erlaubt, sich in Staatsangelegenheiten einzumischen, lernt Friedrich angestrengt.

In seiner halben Verbannung gewährt er dem sechsunddreißigjährigen Hugenotten Charles Etienne Jordan im Schloß Zuflucht. Er beschäftigt ihn als Bibliothekar und Vorleser. Jordan liest ihm aus Büchern vor. Aus welchen? In erster Linie aus den Schriften des deutschen Mathematikers und Aufklärers Christian Wolff, gebürtig aus Breslau, eines Verehrers von Leibniz. Wolffs Schrift „Vernünftige Gedanken von Gott, der Welt und der Seele des Menschen" weckt das Interesse des Kronprinzen und zwingt ihn, über die Grundfragen der Philosophie nachzudenken. Allerdings muß zuerst jemand Wolffs deutsch geschriebenes Buch ins Französische übersetzen, denn der preußische Kronprinz Friedrich beherrscht auf deutsch nur ein paar unerläßliche Befehle für Lakaien und Kammerdiener. Um die Übersetzung bittet er seinen Freund, den sächsischen Gesandten Suhm.

In dem großen Salon, unter der Decke mit den reizenden Fresken des Freundes Antoine Pesne, die veranschaulichen, wie die Göttin der Liebe den Kriegsgott Mars entwaffnet, unter dem forschend blickenden Doppelporträt seiner Eltern läßt sich Friedrich die Gedanken des Philosophen vorlesen, die mit dem verbohrten Puritanismus des Vaters so gar nicht im Einklang stehen.

Mit Wolff beginnt es jedoch nur. Der hugenottische Exprediger Monsieur Jordan, Bewohner des einen Turms von Rheinsberg, in dem Friedrichs Bibliothek untergebracht ist, versäumt nicht, die Regale mit neuen Werken seiner Landsleute aufzufüllen. Hier stehen die Bücher des Barons Montesquieu, aber auch die Schriften des Herrn François Marie Arouet, der sich überall als Monsieur de Voltaire unterschreibt. Der streitsüchtige Sohn eines Pariser Notars gibt den europäischen Salons schon mehr als fünfzehn Jahre lang Gesprächsstoff. Für den preußischen Prinzen ist jede Zeile Voltaires ein erregendes Streicheln, ihn begeistert seine Ironie, sie ruft bei ihm ein angenehmes Beben hervor. In Europa gibt es keinen anderen Menschen, der selbst scheinbar unerschütterliche Prinzipien anzweifelt, wie das Voltaire getan hat. In Schriften und im Leben. Wie befreiend ist es für den jungen Prinzen, Voltaire zu lesen! Noch als siebzehnjährigen Jüngling überschüttete ihn der Vater tagtäglich im Arbeitszimmer mit Beleidigungen, ja noch mehr, er traktierte ihn mit Schlägen, ohrfeigte ihn und sprang schlimmer mit ihm um als mit den Pferden aus den königlichen Ställen. „Ich bin in der äußersten Verzweiflung“, schrieb Friedrich einmal seiner Mutter. „Was ich immer gefürchtet, hat mich endlich getroffen. Der König hat gänzlich vergessen, daß ich sein Sohn bin. Heute früh kam ich wie gewöhnlich in sein Zimmer; sowie er mich sah, erwischte er mich beim Kragen und schlug mich auf das grausamste mit seinem Stock. Vergebens suchte ich mich zu decken; seine Wut war so fürchterlich, daß er seiner nicht mächtig war, und nur seine Ermüdung bewirkte, daß er nachließ. Ich bin zum Äußersten getrieben ...“

Um wieviel freier ist da der Monsieur de Voltaire. Er hat ein Jahr in der Bastille abgesessen, und dennoch fand schon im folgenden Jahre die Premiere eines seiner Stücke statt. Ihn prügeln die Lakaien des Herrn Rohan, aber sie brechen ihn nicht. Er flieht nach England, auf die Insel der Freiheit. Dort verfaßt er die „Philosophischen Briefe"; mit beißender Ironie und in geschliffenem Französisch schleudert er dem despotischen Europa alles ins Gesicht, was am alten Kontinent schlecht und verrottet ist. Schließlich kehrt Voltaire nach Paris zurück und arbeitet sich zur triumphalen Premiere der „Zaïre" vor. „Zaïre", das ist ein Drama! In der schwülen Luft eines Jerusalemer Harems während der Kreuzzüge kämpft die wunderschöne Zaïre für ihr Glück und treibt am Ende den grausamen Sultan Orosman zum Selbstmord. Während die Damen über den muskulösen Sultan und die eleganten gefangenen französischen Ritter seufzen und die Herren die Körper von Zaïre und Fatima unter dem durchsichtigen Musselin prüfen, lächelt Voltaire in der Proszeniumsloge. Wer achtet schon auf den Satz des Sultans Orosman am Ende des dritten Akts: „Die Dirnen des Westens herrschen über Könige. Sollen sie das bloß bei uns versuchen! Da würden sie was erleben!" Wird das nicht den Zorn des französischen Königs und seiner mächtigen Mätressen erregen? Das ist Mut, Prinz Friedrich, solche Sätze öffentlich Königen zu sagen!

Versailles klatscht und tratscht, aber Voltaire kommt mit heiler Haut davon. Er ist ein Affärenmacher und harmloser Narr. Sie reichen sich den kleinen Mann mit dem ausgemergelten Gesicht in den Salons von Hand zu Hand wie eine häßliche Puppe. Zuerst im Gespräch, dann auch in den Betten. Als ihm vom Hof Gefahr droht, verbirgt ihn seine Geliebte, Madame Emilie du Châtelet, auf dem Gut ihres Gatten in Lothringen. Im Schloß Cirey schlafen sie fast täglich vor den Augen des Marquis miteinander. Wenigstens wird der Marquis dereinst seinen Platz in der Geschichte der französischen Literatur erhalten.

„Was wissen wir noch von dem Herrn Voltaire, lieber Jordan?“ fragte der Kronprinz Friedrich lächelnd. Im stillen beneidete er Voltaire. Freiheit. Liberté.

„Dann und wann zankt er sich mit der Marquise du Châtelet, um sich nach einer Weile wieder mit ihr zu versöhnen.“

„Die Nymphe empört sich?“ meinte Friedrich schmunzelnd. „Ist sie auf mich eifersüchtig? Ich sage Ihnen, Jordan, eines Tages entlocken wir ihr den Gott, und diese Zeit ist nahe.“

„Sie reisen gemeinsam. Haben ein paar Tage in Paris verbracht und ein, zwei Wochen in Brüssel. Dort hat man dem Herrn Voltaire größere Ovationen bereitet als dem Herrn Rousseau.“

„Bei mir wird er noch größere Ovationen erhalten. Wenn die Zeit gekommen ist. So eine Schande! Das offizielle Frankreich lehnt den Autor der ‚Elemente der Philosophie Newtons‘ ab. Schon mit dieser Schrift hat sich Voltaire unter die Unsterblichen eingereiht. Vergeblich weisen ihn die Akademie der Wissenschaften und die Sorbonne zurück.“

„Bisher haben Newton nur ein paar Wissenschaftler gekannt. Seit dem Erscheinen von Voltaires Buch buchstabiert ganz Paris und damit auch die ganze Welt den Namen Newton.“

„Voltaire ist ein Genie und ein Teufel zugleich.“ Der Kronprinz seufzte. „Höchste Zeit, ihn persönlich kennenzulernen. Apropos – haben wir der Marquise du Châtelet das Bernsteintintenfaß mit einem Verschen geschickt?“

„Jawohl, Hoheit. Die Nymphe bewahrt das Geschenk in ihrem gelben Arbeitszimmer auf.“

Friedrich setzte sich an das Marmortischchen, auf dem ein dünnes Buch mit dem Titel „Voltairomanie“ lag.

„Hoheit sind vielleicht der erste Leser dieses Pamphlets.“

Friedrich klappte das Büchlein auf.

„Großartig. So viele entzückende Gemeinheiten über unseren Voltaire. Ich kann mir vorstellen, welcher Skandal im Liebesnest des Gottes und der Nymphe in Cirey ausgebrochen ist."

„Die Marquise hat Desfontaines Schmähschrift vor dem Herrn Voltaire versteckt, denn er war krank."

„Und dabei hat Voltaire das Pamphlet vor der Nymphe versteckt! Amüsant. Am Ende waren beide krank. Reizende Bêtisen. Wenn sie mir nur hülfen, daß der liebe Voltaire die Nerven verliert und mir zuliebe die Nymphe verläßt. In der Tat, diesen Theriot, der uns so ausführlich über den Pariser Klatsch informiert, werden wir nicht so leicht aufgeben. Auch nicht wegen Madame du Châtelet. Lieber Jordan, mich amüsiert es, diese menschlichen Infamien zu beobachten. Sie erheben mich."

„Man sagt, der Abbé Desfontaines habe beim Abfassen der Schmähschrift einen Kompagnon gehabt."

„Wer kann das sein?"

„Monsieur Rousseau."

Friedrich lächelte.

„Monsieur Rousseau ist unbelehrbar. Schon einmal hat er unserem lieben Voltaire geschrieben, seine Ode sei nicht so gelungen, daß sie zu einer Versöhnung führen könnte. Reizend beleidigen sich unsere Franzosen gegenseitig. Gerade deshalb liebe ich sie. Wollen wir nicht zu Abend speisen, lieber Jordan?"

Der Prinz ließ in seinem Salon decken. Flackernde Kerzen beleuchteten das feiste Gesicht seines Vaters. Seit November ist er krank, und bald wird er sterben, der Prinz war davon überzeugt und langte nach dem Spargel.

„Ist Algarotti da?"

Es kam auch Algarotti. Heiter und beschwingt. Genauso alt wie Friedrich, Sohn eines reichen venezianischen Kaufmanns, einer der angenehmen jungen Männer, mit denen sich der Kronprinz in Rheinsberg umgab. Algarotti hatte er vor einem Jahr kennengelernt, als der

Italiener mit Lord Baltimore aus Petersburg nach England zurückreiste. Algarotti war wortgewandt und witzig, auch er widmete sich der Literatur, wie jeder in dem aufgeklärten Jahrhundert. Er hatte ein Traktat über die Oper verfaßt, in dem er der Oper eine moralische Mission zuschrieb. Nach Studien in Bologna das erste Büchlein mit Gedichten, dann ein wenig Paris, die Bekanntschaft mit Voltaire, mit der Marquise du Châtelet und so weiter. Einer von denen, die Europa auf ihre Art aufklären wollten.

„Algarotti ißt nur gebratenen Fasan ... Nimm dir, mein Freund. Du hast dir die besten Stücke verdient. Der ‚Neutonianismo per la Donne' hat deine Kräfte erschöpft. Gütiger Apoll, schon dieser Titel!" Der Prinz lächelte süffisant und goß sich Burgundersauce auf den Tellerrand. „Newtonismus für die Dame. Welcher Dame bringst du an den Abenden die Astronomie bei, Algarotti?"

„Ich bin Ihnen treu, Hoheit. Wir sind doch die Eremiten von Rheinsberg, oder nicht?"

Friedrich spießte einen Fasanenschenkel auf die Gabel, legte ihn aber appetitlos wieder hin.

„Du verlierst deinen Kopf, lieber Schwan, wenn du mich betrügst. Oder wir stecken dich ins Regiment Goltz. Was meinen Sie, meine Herren Offiziere?"

Von Chasot, Wylich, Buddenbrock und die übrigen am anderen Tischende lachten. Es waren allesamt junge Leutnants und Hauptleute. Sie hatten beim jungen Thronfolger den angenehmsten Militärdienst, den man sich nur wünschen konnte.

Friedrich beugte sich wieder zu dem Italiener.

„Mich verdrießt der Zirkus um den Anti-Machiavelli. So viele unterschiedliche Versionen sind erschienen, daß ich weinen könnte."

„Quälen Sie sich nicht, mein Prinz. Je mehr Aufregung, um so größer der literarische Erfolg."

„Ich habe schon die Übersicht verloren. Voltaire hat es in Amsterdam mit dem Buchdrucker van Duren verpatzt. Der allein hat schon zwei Versionen herausgegeben. Welche ist nun eigentlich die richtige?“

„Das fragt der Autor?“ Algarotti kicherte.

„Ich weiß es wirklich nicht. Voltaire hat mir seine Gedanken hineingeschrieben, was nicht von Schaden sein kann. Aber wo sind die Grenzen zwischen meinem und Voltaires Geist?“

„Solche Grenzen gibt es nicht!“ rief Monsieur Jordan.

„Ich glaube, wir werden den Anti-Machiavelli zurückziehen“, murmelte Friedrich und wischte sich nachdenklich den Mund.

Den Rest des Abends nahm eine Debatte über die Herrschaftsprinzipien ein. Die Anwesenden versicherten dem Prinzen, sein erstes Buch sei ein würdiger Einstieg in die Literatur. Ja noch mehr, in die Geschichte. Zum ersten Mal besteige ein Mann den Thron, der die perfiden Ansichten des Renaissancepolitikers mit aller Entschiedenheit verworfen habe. Nicht Machiavelli, sondern der Anti-Machiavelli wird die Richtschnur der Herrscher von morgen sein. Aller jungen Herrscher Europas.

Dann kamen sie auf das Prinzip der Gleichheit und den Ursprung der Herrschaft zu sprechen. Sie stimmten dahingehend überein, daß der göttliche Ursprung der Herrschaft Unsinn sei. Der Herrscher wird fortan der erste Diener seines Staates sein. Die Millionen armer und entmündigter Untertanen muß man leben lehren. Man muß sie zu Bürgern erziehen. Wir werden sie leben lehren, wir, die Weisesten, die Blüte dieser Welt.

Über der Tür von Friedrichs Salon schauten aus dem Halbdunkel des Maienabends die Reliefs von Hannibal, Pompejus, Scipio und Caesar auf die prächtige Tafel.

Als Friedrich aufstand, erhob sich Monsieur Jordan ebenfalls rasch. Der Prinz jedoch winkte ab.

„Der heutige Spaziergang entfällt. Vorlesen wird mir Algarotti. Nicht wahr, mein Freund?“

Im Schlafzimmer mußte Algarotti das Fenster öffnen.

Herein strömte die Maienluft und der feuchte Dunst vom See.

„Wie berauschend das ist“, seufzte der Venezianer.

„Meinst du?“

Friedrich klingelte nach dem Kammerdiener.

„Zieh mich aus“, befahl er in seinem holprigen Deutsch. „Es ist gut“, sagte er nach einer Weile. „Hast du nicht gehört? Abtreten!“

„Ich glaube, wir setzen uns auf den Balkon und spielen Flöte. Reichst du mir die Flöte, Algarotti?“

„Mit Freuden, mein Prinz.“

Beide lachten.

„Seien wir nicht ungeduldig“, sagte Friedrich. „Maiennächte sind lang. Du wirst mir aus Voltaire vorlesen, diesem Wilden. Ich weiß, dein Französisch ist schwach, aber du wirst etwas lernen, Dichter. Verse kann man nur auf französisch schreiben.“

„Aber was werden Ihre treuen Untertanen dazu sagen, Prinz? Gibt es denn nicht Dichter, die in deutscher Sprache dichten? Ihre Werke werden vielleicht in Ihrer künftigen glorreichen Regierungszeit erscheinen.“

Friedrich hob überrascht den Kopf.

„Sorge dich nicht um die deutschen Dichter. Die einzige Gefälligkeit, die ich ihnen erweisen kann, ist die Tatsache, daß ich sie existieren lasse. Mögen sie für sich selber sorgen.“

„Sie sind weise wie Salomon“, flüsterte der Italiener.

„Das hast nicht du gesagt, sondern Voltaire. Zum Teufel, wann fängst du endlich mit Vorlesen an? Schlag die Gedanken über die Herrschaft auf.“

„‚Römisch acht. Bei uns wird eine Zeit anbrechen, da ein Herrscher, fähiger als die übrigen, den Menschen, die den Boden bearbeiten, erklärt, daß derjenige, der ihnen gegenüber im Vorteil ist, weil er ein Pferd oder mehrere Pferde besitzt, anders gesagt, der Adlige, den Bauern totschlagen kann, wenn er an seinem Grab zehn Dukaten bezahlt. Zehn Dukaten sind zwar genug für einen Menschen aus einem bestimmten Land, aber auch der kommt nach Jahrhunderten dahinter, daß es für einen Toten recht wenig ist. Dann kann es passieren, daß das Volk sich an der Regierung zu beteiligen beginnt und daß die englische und schwedische Herrschaftsform auch dort Fuß faßt, von wo es nicht weit in die Türkei ist.' Ist Ihnen nicht kalt, Hoheit?"

„Nein, Algarotti. Ich fühle mich ausgezeichnet. Diese Worte sollten auch unsere Bauern hören."

„Die können, bitte zu bedenken, nicht französisch."

„Ohne Anmerkungen, Algarotti."

„Bitte sehr. Römisch neun. ‚Der Amsterdamer Bürger ist ein Mensch. Nur wenige Längengrade weiter ist der Bürger ein Zugtier.'" Algarotti räusperte sich.

„Was ist, mein Lieber?"

„Nichts, Hoheit. Haben wir nicht eine Landkarte hier? Welche Längengrade hatte unser lieber Voltaire im Sinn?"

„Und wenn er vielleicht an Preußen dachte – mich kränkt das nicht. Noch nicht. Und hat vielleicht unser Voltaire nicht recht?"

„Er hat recht."

„Dann lies weiter. Römisch zehn."

„‚Alle Menschen sind als Gleiche geboren, aber der marokkanische Untertan ahnt von der Existenz dieser Wahrheit überhaupt nichts.'"

„Gut, was?"

„Ja, Hoheit."

„Meinst du, es bezieht sich nur auf den marokkanischen Untertan?"

„Das meine ich nicht, Prinz." Algarotti lächelte, das Lächeln machte sein Gesicht noch schöner. „Es kann auch der Untertan des Habsburgerreiches, des polnischen Königreichs und des russischen Zarenreichs sein."

„Warm, warm, Algarotti. Schon näherst du dich. Nur so weiter, keine Angst, mein Freund."

„Sie sprechen von dem preußisch-brandenburgischen Untertan, Hoheit?"

„Du hast es gesagt, Algarotti. Es ist gut, daß du keine

Angst hast, obwohl du nicht viel Wein getrunken hast. Hast du nicht Appetit auf Wein? Nein? Dann spielen wir was." Er griff nach dem Etui und entnahm ihm mit langsamen Bewegungen die Flöte, fuhr mit den Fingern über ihre Klappen, streichelte sie und bemühte sich, den Italiener nicht anzuschauen. „Leg das Buch weg, mein italienischer Schwan." Seine Stimme wurde zart, er lachte leise. „Francesco, mach das Instrument bereit. Lösch aus, bitte."

Francesco Algarotti näherte sich bebend dem Leuchter neben dem Bett des Prinzen. Vor seinen Augen tanzten die langen Wachskerzen.

Die Töne der einsamen Flöte hallten nur eine Weile über Rheinsberg. Dann breitete sich Stille aus, und der Wind hörte auf, den Wasserspiegel des Sees zu kräuseln.

7

„Es lebe der König!"

„Es lebe unser Friedrich!"

„Wir schwören dir Treue!"

Also ist es wirklich wahr! Unter meinen Fenstern brüllen die Männer vom Regiment Glasenapp, ich solle mich ihnen zeigen, sie wollen mir den Treueschwur leisten. Die erste Berliner Garnison! Gott im Himmel, wenn du existierst, dann sage mir, ob das möglich ist! Er ist tot, er ist wirklich tot. Ich springe aus dem Bett, laufe durchs Schlafzimmer, weiß nicht, ob ich mich frisieren lassen soll. Schon tritt Pöllnitz ein. Nur ruhig. Ich zwinkere, habe nicht viel geschlafen, gestern erst habe ich Potsdam verlassen und bin nach Berlin zurückgekehrt. Der neue König soll inmitten der Soldaten und des Volkes sein. Mein Gott, es ist unglaublich. Er ist tot! Bevor er jedoch seine Seele aushauchte, mußte er flüstern, was der alte General Bredow laut wiederholte, daß er zugunsten seines guten Sohnes Friedrich die Regierung niederlege, daß auswärtige Höfe davon in Kenntnis zu setzen seien,

„daß ihr alle meinem Sohn treu sein möget, wie ihr es mir waret . . .“ Zugunsten seines guten Sohnes Friedrich. Und dann stöhnte er: „Es ist des Menschen Geschick; wir müssen alle der Natur unsere Schuld bezahlen.“ Er verlangte einen Handspiegel, betrachtete darin sein flekkiges Gesicht, und dieser widerliche Pitsch, Oberchirurg seiner Potsdamer Riesen, fühlte ihm den Puls. Der Alte fragte nur: „Sag Er mir, wie lange ich noch zu leben habe.“ – „Leider ist's bald aus.“ – „Sag Er nicht leider; aber woraus schließt Er das?“ Und Pitsch schwitzte und stammelte: „Der Puls bleibt ganz zurück.“ Da winkte mich Doktor Eller schon beiseite, ich solle die Mutter wegführen. Mit Freude entfloh ich dem verstänkerten Schlafzimmer, wo nach einer Weile mein Vater verschied. Bei Gott, es ist ein widerwärtiges Spiel der Natur, wenn ein junger Mann die Chance seines Lebens um den Preis des Stöhnens und der Krämpfe seines sterbenden Vaters gewinnen soll. Gestern nachmittag fand ich überrascht auf dem Batist meines Bettes die Miniaturspur von etwas Nassem. Vielleicht war es eine Träne. Eine unglaubliche Konsistenz aus dem Leibe seines „guten Sohnes“. Vorsicht, Pöllnitz tritt bei mir ein. Gestern mittag war er gemeinsam mit Podewils bei dem Potsdamer Großsterben Zeuge der Abdankung unseres berühmten alten Königs. „Ihr möget alle meinem Sohn treu sein, wie ihr es mir waret.“ Danke schön, Papa. Aber es klingt gut. Das arme Alterchen, es fiel ihm gewiß sehr schwer, sich solche Worte abzuringen. Er ist tot. Schon einen halben Tag ist er tot. Endlich konnten wir uns alle ausschlafen. Die in Potsdam und ich im königlichen Schloß mitten in Berlin (Brief an Voltaire: Aus Berlin werde ich ein neues Athen machen.) Warum schreien die da unten so? Freuen sie sich wirklich, daß ich König geworden bin? Pöllnitz steht schon neben mir. Ich höre meine belegte Stimme: „Dieser Jubel sagt mir nur, was ich verloren habe.“

Darauf Pöllnitz, das Gesicht wie aus grauem Blech:

„Er ist von unsäglichem Leiden befreit. Es ist wahr, er litt; aber er lebte: und jetzt . . .!"

Was soll ich darauf antworten? Ich drehe mich zum Fenster um und entschließe mich, den Kopf hinauszustrecken. Ohne Perücke, mit zerzausten Haaren. Schlingel ihr, hier ist euer König. Das Gebrüll der jungen Kerle. Wieviel junge Kerle habe ich jetzt in Preußen? Aufgeregte, gierige, schwitzende junge Körper. Noch das Begräbnis überstehen, den Kopf demütig gesenkt und die Augen zusammengekniffen, jeder weiß, daß ich kurzsichtig bin. Die Diener in Potsdam rackern sich jetzt gewiß mit dem schweren Körper ab und versuchen, dem Alten die Paradeuniform anzuziehen, wie er das noch vor einer Woche wünschte. Im Leichenzug sollen seine Riesen gehen, die Potsdamer Grenadiere, drei Ehrensalven (gut gefeuert, nicht stotternd!), eine Militärkapelle soll den Choral spielen „O Haupt voll Blut und Wunden . . ." Ein perfektes calvinistisches Tabakraucherbegräbnis, rührend durch seine Geschmacklosigkeit. Soll er es haben. Jedes Gespräch mit mir, von Montag an bis gestern, unterbrach er und wandte sich stockend an die Generale: „Ich sterbe zufrieden, weil ich einen so würdigen Nachfolger habe." Gleich darauf lallte er Gebete und herrschte uns ringsum an, wir sollten ebenfalls für ihn beten. Auch ich.

Jemand kleidete mich an, und ich kann mich immer noch nicht fassen. Den Kammerdiener forderte ich auf, mich zu kneifen, und Pöllnitz muß alle Fenster öffnen, damit ich das morgendliche Berlin höre, das unten stehenbleibt, in Hochrufe ausbricht, frei atmet wie ich. Zum erstenmal spüre ich gewisse Bande zwischen mir und dem Volk, das ich seit gestern nachmittag zwei Uhr mein Volk nennen kann. Es ist, als erfaßte mich die Hoffnung der Hunderte und Tausende von Berlinern (die Residenzstadt Berlin hat einhundertzehntausend Einwohner, davon ein Viertel Frauen und Witwen, ferner zehntausend Dienstmägde und dreißigtausend Soldaten der Garnison, der Rest freie Männer), für eine

Weile ergießt sich in mich die Energie der jubelnden Menschen. Es wäre schon eine Proklamation erwünscht. Unser Wille ... Nein: Unser gemeinsamer Wille. Nein. Unsere Sorge wird es sein, zu vergrößern. Was zu vergrößern? Den Wohlstand des Vaterlandes und aller seiner Untertanen. Nicht Untertanen – Bürger. Noch das Begräbnis überstehen. Er ist wirklich tot, Berlin zeugt davon. Mein Gott, du existierst vielleicht wirklich, wir werden Voltaire fragen. Und noch während er lebte, mußte er es aussprechen: Meinen guten Sohn.

Als er mich nach meiner Flucht, von drei Mann mit aufgepflanztem Seitengewehr eskortiert, nach Berlin schaffen ließ und meine Schwester Wilhelmine ihm die Hand küssen und mit ihm sprechen wollte, haute er ihr eine herunter, daß sie ohnmächtig zu Boden fiel. Die Hofdamen erweckten sie wieder zum Leben. Davon erfuhr ich im Festungsarrest in Küstrin. Ohne Mobiliar, ohne ein Bett, das Mittagessen im Wert von sechs Groschen, Abendessen zu vier Groschen (die eingehende Instruktion Seiner Majestät), die Zelle darf nur am Morgen und zu Mittag geöffnet werden, nicht länger als vier Minuten. Das Licht abends um sieben Uhr löschen. Keine Flöte, keine Bücher, nur die Lutherbibel und das Gesangbuch. Die schöne Jugend des Kronprinzen. Knapp zehn Jahre sind seitdem vergangen, und schon ist er tot. Geflüchtet bin ich als Achtzehnjähriger, mit treuen Gehilfen, zu viert eilten wir zum Rhein, wollten uns zur französischen Grenze durchschlagen. Das erträumte Paris und London. Als uns Vaters Häscher fingen, kam er, um sich uns persönlich anzuschauen. Das Gesicht gerötet, ich erinnere mich an die Flecke, die sich über seine Wangen ausbreiteten, und Bierdunst wehte aus seinem weit aufgerissenen Mund. Er zog den Degen und stürzte sich auf mich. Ich roch nur das Bier und musterte neugierig den Wahnsinnigen vor mir, der mein König und obendrein mein Vater sein sollte. „Sire, töten Sie mich, aber schonen Sie Ihren Sohn!" Der alte General Mosel,

Kommandant von Wesel, warf sich dazwischen. Der Alte rettete mir das Leben. Man übergab uns dem Militärprokurator. Eine europäische Sensation. Der preußische König hat den Kronprinzen wegen des Verbrechens der Desertion der Militärprokuratur ausgeliefert. Noch nach so vielen Jahren hebt sich mir der Magen.

Gleich darauf versuche ich zu lachen, mich packt ein sonderbarer Krampf, dessen ich nicht Herr werde, meine Nerven versagen, in die Kehle drängen sich diese zehn Jahre (die Menschenmenge ist größer geworden, Hoheit, Sie sollten sich ihr zeigen), ich weine, und niemand ahnt, daß ich jetzt Katte sehe. Der liebe Katte. Das Ungeheuer ließ ihn am Sonntagabend von Berlin nach Küstrin überführen. Wir hausten eine Nacht unter einem Dach und wußten nicht voneinander. Am Montag früh zeigte sich, obwohl es November war, für einen Augenblick die Sonne, man führte mich in einen Raum im Erdgeschoß, und ich erblickte auf dem Hof das frisch gezimmerte Schafott. Um neun Uhr das Knallen von Türen, das Rasseln von Schlüsseln und Ketten, ich sehe Katte, zwei Kaplane stützen ihn. Da schreie ich schon und werfe mich vor dem Festungskommandanten nieder, im Namen Gottes fordere ich, haltet mit dem Vollzug inne, bis ich an den König geschrieben! Und diese verdammten Idioten, der Präsident des Tribunals und der Kommandant, stehen wortlos da und hören nichts. Katte trägt das braune Häftlingskleid, genauso wie ich. Dann erblickt er mich im Fenster. Nein, Leutnant Katte, mein teurer Katte wird mir niemals verzeihen. („Pardonnez – moi, mon cher Katte!* rief ihm der Prinz aus dem Fenster zu. Und Katte darauf: „La mort est douce pour un si aimable Prince“ – der Tod ist süß für einen so liebenswerten Prinzen.) Katte wird zum Gerüst geführt, und ich komme erst in der Zelle wieder zu mir, wo mich der Wächter aus der Ohnmacht aufweckt. Mein teurer Vater. Du bist tot. (Es war Friedrich Wilhelms ausdrücklicher Befehl: „Er soll Katte sterben sehen.“ Die Leiche

* (franz.) Verzeihen Sie mir, mein teurer Katte!

des Freundes lag den ganzen Tag auf dem Schafott im Festungshof. Nachts warfen sie sie dann in ein Massengrab.)

Dann kam die Reihe an mich. Er ließ mich als Oberst wegen Desertion zum Tode verurteilen. (Von den Mitgliedern des Militärtribunals wagten zwei Generalmajore dagegen zu stimmen.) Das braune Häftlingskleid wird mir wieder angelegt. Um mein Leben bitten alle königlichen Ratgeber. Der Dessauer, Grumbkow, Seckendorf. Euer Majestät, Friedrich ist nicht nur Oberst, sondern auch Kronprinz und Ihr Sohn! Der alte Buddenbrock: „Wenn Euer Majestät Blut verlangen, so nehmen Sie meines, jenes bekommen Sie nicht, solange ich noch sprechen darf", und er reißt weit die Weste auf. Man spielt Theater um mein Leben. Das Klagen der Mutter, der Schwester, des Bruders sind der Beachtung nicht wert. Ganz Europa interveniert: Schweden, Holland, Kaiser Karl VI. in Wien bittet in einem eigenhändigen Brief den preußischen König, seinen Sohn am Leben zu lassen. Ich weine nicht mehr, Herr Pöllnitz, gleich zeige ich mich den Berlinern in voller Pracht. Ich weine nicht mehr, denn gestern im Morgengrauen habe ich in Potsdam einen hilflosen Mann gesehen, der noch König war, der sich in seinem Rollstuhl hin und her schob wie ein Idiot, der Gebete murmelte, auf dem Kopf eine Nachtmütze. „Alles ist zu Ende", lallte er. Er weckte uns alle um vier Uhr früh, Sie, lieber Pöllnitz, eilten erst um fünf herbei, hastig und unordentlich angekleidet, die Knöpfe am Rock offen, und dieser heute schon tote König, mein Vater, starrte mit hervorquellenden Augen hinunter auf die Ställe. Begreift ihr, meine Herren, auf die Ställe! Unten mußten seine Grenadiere die Pferde herausführen und satteln, nicht die Gattin, nicht die Söhne, nein, die Pferde nahm er in der Erinnerung mit ins Jenseits (das natürlich nicht existiert, ich weiß, lieber Voltaire). „Fürst von Anhalt-Dessau, mein ältester Freund, Oberst Hacke, mein treuester Generaladjutant, wählt euch jeder ein Pferd, das beste, das ihr aussuchen könnt, es ist mein letztes Geschenk an euch." Den alten Dessauer jagte er hinaus auf den Hof, und der lief dort verwirrt umher, verbeugte sich zum Fenster hoch und nahm sich das erstbeste Pferd. „Sie nehmen gerade das schlechteste", flüsterte Friedrich Wilhelm. „Nehmen Sie doch dieses, das ist gut, ich stehe dafür."

Ich bin also am Leben geblieben, aber er hat mich für ewige Zeiten niedergetreten. Seckendorf hat es damals gut gemeint: Die Strafe des Prinzen soll reuige Buße sein. Er wird sich demütig unterordnen, wird das Verbrechen sühnen. Die Theorie von der Erziehung durch Strafe. Heil den weisen Ratgebern! Mit einem Bauern würden sie kein Federlesens machen. Zwei Wochen nach Kattes Hinrichtung führte man mich aus der Festung und fuhr mich zur Stadtkirche. Du wirst die Möglichkeit haben, zuerst vor dem strengen Gott Luthers und Calvins niederzuknien, ein Pastor in weißer Halskrause wird dir das Abendmahl reichen, und die Buße kann beginnen. Von der Kirche wird die Kutsche nicht zur Festungskaserne zurückkehren, sondern zu einem stillen Bürgerhaus fahren. Bald werden sie dich so weit bringen, daß du vor dem Ungeheuer knien wirst. Das werde ich nicht. Doch, das wirst du. Den Brief an den erlauchtesten Herrn Vater hat dir wahrscheinlich ein Beamter diktiert. Das war kein Meisterwerk Voltairescher Stilistik, und du erinnerst dich nur ungern daran.

Hundert Jahre später zitiert Carlyle den Brief:

Cüstrin, den 19. November 1730

„Allerdurchlauchtigster und Allergnädigster Vater, – Ew. königlichen Majestät, meinen Allergnädigsten Vater, habe durch meinen Ungehorsam, als Dero Unterthan und Soldat eben so sehr, als durch meine Unfolgsamkeit als Dero Sohn, Veranlassung zu einem gerechten Zorne und Widerwillen gegen mich gegeben. Mit dem allerunterthänigsten Respekt unterwerfe ich mich ganz der Gnade meines Allergnädigsten Vaters und bitte mich allergnädigst zu pardonniren, da mich nicht so sehr die Beraubung meiner Freiheit in meinem malheureusen

Arrest, als meine eigene Gedanken von meinem begangenen Fehltritte zur Raison gebracht haben. Der ich mit alleruntertänigstem Respect und Submission bis an mein Ende verharre etc. Friedrich."

Ein halbes Jahr bleibst du noch verstoßen und entbehrst den Glanz des Blickes des allergnädigsten Vaters. Du lebst im Hausarrest, man hat dir einen Miniaturhofstaat erlaubt: einen Hofmarschall und zwei Kammerjunker. Eines Tages bringt der Kammerjunker aus Berlin die „Prinzessin" mit – die geliebte Flöte.

Die Zeit ist herangereift, vor dem König zu knien, der geruht hat, in Küstrin anzureisen. Du bist ein gezähmter Sohn und fällst ihm zu Füßen. Niemand hat es gesehen, aber alle wissen es. („Hast du Katten verführt, oder hat Katte dich verführt?" – „Ich habe ihn verführt." Warum interessiert ihn dieser geheiligte Name?) O Haupt voll Blut und Wunden . . .

Der erste Junitag. In Berlin scheint die Sonne. Ich bin der junge König Friedrich II., und man kleidet mich in den blauen Rock eines preußischen Offiziers. Wie vor zehn Jahren, als mir das der Tote schriftlich erlaubte.

Lieber Voltaire, wenn Sie mich sähen! Der alte Dessauer kniet vor mir nieder, umarmt meine schlechtgeputzten Stiefel. Er kondoliert und gratuliert mir, dabei schwatzt er etwas von der Hoffnung, daß das Rudel seiner Söhne in den Hofämtern verbleibe wie unter meinem verewigten Vater. Obendrein hoffe er, unter mir dieselbe Autorität zu genießen wie unter dem seligen König. „Stehen Sie auf, Dessauer", knurre ich. „In ihren Stellen gedenke ich keine Änderung vorzunehmen, was aber die Autorität anbelangt, so weiß ich von keiner als der, die dem König als Souverän innewohnt."

Der alte Marschall reißt die Augen auf und schwankt rückwärts aus meinem Schlafzimmer. Pöllnitz lächelt.

Am Nachmittag lasen die Berliner Setzer als erste überrascht die Proklamation des neuen Königs. Am nächsten Morgen ließen sich alle Gesandten der europäischen

Höfe drei, vier Exemplare der Zeitung kaufen und packten sie eiligst in die diplomatischen Kuriertaschen. Der junge König und Philosoph gab kund:

> „Unsere größte Sorge wird dahin gerichtet sein, das Wohl des Landes zu befördern und einen jeden Unserer Untertanen vergnügt und glücklich zu machen. Wir wollen nicht, daß ihr euch bestreben sollet, Uns mit Kränkung der Untertanen zu bereichern, sondern vielmehr, daß ihr sowohl den Vorteil des Landes als Unser besonderes Interesse zu eurem Augenmerk nehmet, inmaßen Wir zwischen beiden keinen Unterschied setzen."

Am Nachmittag zogen vor den Toren der staatlichen Speicher in Berlin und Potsdam Soldaten auf, die Offiziere holten die Schlüssel hervor und sperrten in Gegenwart von Mitgliedern des Kabinetts und des Magistrats die Schlösser auf. Auf bereitgestellte Wagen wurde Getreide verladen, das man in die Läden ausfuhr. Ein Befehl des Königs, um die Folgen des langen Winters zu mildern. Weitere Militärabteilungen fingen am Abend in den Berliner Straßen Greisinnen, Bettlerinnen und verlassene Frauen und Kinder ein. Die Gassen hallten von Weinen und Wehklagen wider. Die jammernden Weiber wurden in verlassene Gebäude in den Vorstädten gebracht, dort wurden ihnen die Schlüssel ausgehändigt. Andere Fuhrwerke karrten Brennholz aus den Kasernen heran. „Das ist für uns? Ihr laßt uns wirklich hier wohnen?" Am nächsten Tag erschienen in den Vorstädten dicke Zwischenmeister, gierige Fabrikanten und Spinnmeister. Ganze Straßen verwandelten sich in Spinnereien. Die alten Frauen küßten den neuen Brotgebern die Füße, die Landstreicherinnen und Dirnen versuchten, ihre Dankbarkeit auf rasch zusammengezimmerten Betten und auf Matratzen zu bekunden. Der König-Philosoph ließ sich regelmäßig informieren, welche Löhne den ehemaligen Bettlerinnen gezahlt wurden.

Das waren in der Tat die schönsten Wochen Preußens. Am vierten Tag seiner Herrschaft rief Friedrich sein Kabinett zusammen und diktierte eine Regierungserklärung, die mit augenblicklicher Wirkung jedwede Folter in strafrechtlichen Fällen unter dem Vorwand der Untersuchung verbot. Seit dem 3. Juni 1740 durfte kein preußisches Gericht bei Verhören Gewalt anwenden. Soweit der Wunsch des Königs, aber bis zur Verwirklichung war es noch ein weiter Schritt. Die ausländischen Gesandten schickten abermals Warnschreiben an ihre Höfe.

Ich werd's euch zeigen. Der ganzen Welt. Die ehemaligen Freunde von Rheinsberg sind enttäuscht. Der junge König widmet sich ihnen nicht, hat sie auch nicht in Ämter berufen. Er genügt sich selber. Bis in die Nacht hinein schreibt und diktiert er.

Zum Beispiel an den französischen Physiker und Astronomen, das Mitglied der Pariser Akademie der Wissenschaften Maupertuis (Voltaire ist eifersüchtig auf ihn) über die Gründung einer Akademie in Berlin:

„Mein Herz und meine Neigung erweckten von dem Augenblicke an, da ich den Thron bestieg, das Verlangen in mir, Sie hier zu haben, damit Sie unsere Akademie neugestalten, wie nur Sie es können. Kommen Sie daher, kommen Sie und pfropfen Sie auf diesen wilden Holzapfelbaum das Reis der Wissenschaften, auf daß er Früchte trage."

Die letzte Woche des ersten Monats. Den König erregt ein Bericht des Kirchenamts über die schlechte Situation der katholischen Schulen in dem protestantischen brandenburgisch-preußischen Königreich. Der alte König ist tot. Diesen Dummköpfen im Kirchenamt muß man auf deutsch schreiben, worin das Problem liegt. Zum Teufel mit der Orthographie!

„Geben Sie mir eine Feder. Hören Sie nicht? Eine Feder, habe ich gesagt. Nein, ich brauche nichts. Ich werde nicht diktieren. Verschwinden Sie. Denen erkläre ich das selber."

An den Rand des Berichts kritzelt er: „Die Religionen müssen alle tolerirt werden, und muß der Fiskal nur das Auge darauf haben, daß keine der andern Abbruch tut, denn hier muß ein jeder nach seiner Façon selig werden.“

Der alte König ist tot. Es wird in Preußen keine Demütigung mehr geben, und wenn sich alle Teufel auf den Kopf stellen. Ich werde ihnen trotzen. Ich werde meine Untertanen die Freiheit lehren. Aus Frankreich treffen begeisterte Briefe ein. In meinem Lande könnte Voltaire keine solchen Briefe schreiben, wie er sie an den königlichen Zensor in Paris geschrieben hat. („Weil Sie, verehrter Herr, die Möglichkeit haben, der schönen Literatur einen Dienst zu erweisen, stutzen Sie nicht unseren Schriftstellern die Flügel so kurz und machen Sie nicht Hühner aus denen, die Adler werden könnten, wenn sie sich zum Flug aufschwingen dürften. Die Freiheit erhebt den Geist, die Sklaverei wirft ihn auf die Knie. Hätte in Rom eine literarische Inquisition existiert, dann hätten wir heute weder einen Horaz noch einen Juvenal und auch nicht Ciceros philosophische Werke ...“) Der neue König sucht und findet Leute, die die Herausgabe von zwei Tageszeitungen vorbereiten sollen, eine in französischer, die andere in deutscher Sprache. Die Pressefreiheit soll die Grundlage meiner Herrschaft sein, meine Herren. Ich werde ihnen selber sagen, was sie schreiben sollen. Ich bin bereit, mich über die gegen mich gerichteten Pamphlete zu amüsieren, wenn sie nur witzig genug sind. Andernfalls wehe!

Was habe ich Voltaire auf die Frage geantwortet, wie mir die Herrschaft der ersten Wochen bekommt? „Ich habe gleich damit begonnen, die Wehrkraft des Staates um sechzehn Bataillone, fünf Schwadronen Husaren und eine Schwadron Garde du Corps zu vermehren. „Ich habe die Grundlagen für unsere neue Akademie gelegt. Wolff, Maupertuis und Algarotti habe ich gewonnen. Von Gravesand und Euler erwarte ich Antwort. Ich habe eine neue Behörde für Handel und Industrie gegründet;

ich nehme Maler und Bildhauer in Dienst. Ich beginne eine königliche Oper zu bauen und reise nach Preußen, um mir dort huldigen zu lassen." Krönen aber lasse ich mich nicht. Da zitiere ich mich lieber selber aus meinem Anti-Machiavelli: Nichts steht einem Reich glänzender an als der Schutz der Kunst. So, mein lieber Voltaire, beginnt Ihr Schüler.

Der Sommer hatte gerade erst angefangen, und schon war er erschöpft. Und dennoch hatte er ein bisher ungekanntes Glück genossen. Er fühlte, er hatte einige Freunde verloren, aber er hatte eine Wonne entdeckt, deren Existenz er bislang nur unklar geahnt hatte: die Möglichkeit, Tausende anderer Menschen glücklich oder unglücklich zu machen.

Er hatte die Wonne des Herrschens entdeckt. In diesem Sommer war er wohl der einzige Herrscher auf der Welt, der sich dessen so klar bewußt war.

8

„Eins und zwei, rauf und runter, eins und zwei, rauf und runter! Flinker, Mädchen! Du dort mit dem roten Tuch, beug dich ein bißchen mehr vor . . . Gleichmäßig eintunken, Weiber!"

Die Meisterin in der Färberei, Frau Michlová, war eine schlanke Tschechin mit breitem Gesicht. Es ging auf den Abend zu, und die sechs Frauen in der Werkstatt freuten sich, daß bald der befreiende Feierabend eingeläutet würde. Sechs Frauen hielten, jeweils zu zweit, die Stange mit dem Gewebe an beiden Enden fest und tauchten sie in den mit Indigolösung gefüllten Eichenbottich.

„Eins und zwei, eine hoch, die andere runter!" Da mußte die Michlová husten. Den ganzen Tag in Farbdünsten. Nach einer Weile wird der Oberfärber Steiner erscheinen. Bis zum Dunkelwerden müssen noch ein paar Ellen fertig werden, man muß sie unter der Decke aufhängen, damit sie bis morgen trocknen. Steiner muß zufriedengestellt werden, sonst bekommt die Michlová nicht ihre fünfundvierzig Kreuzer, und obendrein muß sich eins der Mädchen opfern und sich von dem alten Tiroler begrapschen lassen. „Hier seid ihr nicht auf dem Acker beim Väterchen, auch nicht auf dem Gut beim Grafen. Hier seid ihr in der kaiserlich-königlichen Kattunfabrik in Šaštín. Jede Elle Kattun muß sein wie Gottes Spucke, als hätte sie Seine Kaiserlich-Königliche Majestät selber berührt!" grölte Steiner immer wieder. Als Obermeister der Färberei war er ein großer Herr. Man munkelte, er habe ein höheres Jahresgehalt als der Direktor selber. Steiner war jedoch ein Knauser; er scharrte die Gulden zusammen und schwärmte davon, dereinst eine eigene Werkstatt im heimatlichen Tirol zu gründen. Mit den Herren vom Wiener Hof stand er sich gut. Er gehörte zu den fünf Fachleuten, die die Ehre hatten, den Besitzer, Erzherzog Franz von Lothringen, durch den Betrieb zu begleiten.

Die herbstliche Dämmerung drang in die Werkstatt, ließ sich auf dem goldenen Staub nieder, der aus den Säcken mit Baumwolle aufstieg, schwebte über den Krempel- und Hechelmaschinen, entwich unter die Nägel auf den Brettern mit den schweißgetränkten ledernen Griffen. Das Dunkel erfaßte die durchgekämmten Baumwollflocken, umschloß die surrenden Spinnräder, ins Dunkel tauchten die drei Ellen großen Räder der Garnhaspeln. Schon sah man nicht mehr die nackten Füße der Frauen, die sie antrieben. Im Dunkel lebte die ganze Fabrik auf. Man hörte das geheimnisvolle Klappern und Knacken der Spinnräder und Haspeln, das vom Stimmengewirr der Frauen und Kinder übertönt wurde. Zwischen den Maschinen richteten sich die Arbeiter auf, die Kämmer, Sortierer, Färber, Weber, Reinigerinnen, Bleicherinnen, Färberinnen, Stoffdrucker, Zuschneiderinnen, Walker; sie husteten und spuckten. Mit gespitzten Ohren warteten sie auf den Gongschlag des Schichtführers vom Hof. Danach schwingen die Meister in allen

Werkstätten die Glocke, im Erdgeschoß und in den oberen Stockwerken, in der Packerei, der Expedition und in den Schreibstuben.

Um halb sechs setzte sich die Dunkelheit nicht nur auf die verschmutzten Decken und Holzträger, mit den Baumwollflocken verschluckte sie gewissermaßen auch die wie mit Mehl bestäubten Balken. Sie senkte sich tief auf die Hängewaage, auf der die Lieferungen der Zwischenmeister aus der nahen und fernen Umgebung gewogen wurden. Die Waagschalen hingen noch unter der Decke und baumelten über den Köpfen der Arbeiter. Die Kinder stießen daran und wetteiferten, wer sie am bestsen zum Schaukeln brachte. Vom Morgengrauen bis zum Dunkelwerden schwankten darin die Stoffballen der fünfhundertfünfzig Arbeiter der Šaštíner Kattunfabrik. Jetzt verschmolzen sie mit der Dunkelheit und kamen allmählich zur Ruhe. Die Fabrik verwandelte sich in ein Gespensterhaus. Im Fenster blitzten die Augen der Frauen und Kinder. Tücher, Schürzen, Kittel und Mäntel bildeten überraschende Muster. Es entstand ein schwarzes Theater zu Ehren des energischen Großherzogs von Toskana, des Gatten der Thronfolgerin, nur wußte Franz von Lothringen nichts davon, obwohl er sich im Vorderflügel des Schlosses befand und soeben zur Direktionskanzlei eilte.

In dem Gebäude durfte bei Dunkelheit nicht gearbeitet werden, denn Kerzen, Öllämpchen und andere Lichtquellen waren unzuverlässig und für die Produktion von Geweben völlig ungeeignet. Vor einem Jahr hatte eine umgefallene Kerze eine Baumwollhechel in Brand gesetzt. Die Funken waren durch die ganze Werkstatt gespritzt, von Faden zu Faden gesprungen, der Raum über den Köpfen der Arbeiter flammte auf wie ein Feuerwerk. Die Spindeln prasselten, unerträglich stank der schmorende Leim, mit dem das Garn auf dem Kettaufzug eingeschmiert wurde. Das glimmende Holz roch brenzlig, und dann schlugen die ersten hellen Flammen auf. Die äußeren Räder mit dem aufgespulten Garn fielen ab. Zum Glück gewannen die Leute in der Reinigung und der Walkerei rasch ihre Fassung wieder. Die aus der Steiermark, Tirol, Schlesien, Böhmen und Mähren stammenden Meister befahlen, das Eeuer mit dem Inhalt der großen Eichenbottiche zu löschen. Die Walker schöpften mit Eimern das Seifenwasser heraus und bekämpften damit den Brandherd. Nach einer Stunde gelang es, der Verheerung Einhalt zu gebieten. Das Schloß blieb unversehrt. Fortan arbeitete man in der Werkstatt nur bei Tageslicht. Im Sommer länger, ab Herbstende kürzer, und im Winter hofften die Leute, nur ein paar Stunden schuften zu müssen. Um so mehr wurde auf allen Faktoreien in der näheren Umgebung geschafft. Von Časta, Vrbové, Brezová, Pezinok, Trnava, Smolenice über Trenčín, Hodonín, Čachtice bis Kremnica und Banská Štiavnica wurde den ganzen Winter hindurch gearbeitet, dort beugten mehr als achttausend Spinner in Dutzenden Faktoreien in ganz Oberungarn und Mähren den Rücken für die Kattunfabrik in Šaštín.

Zorica wischte sich den Schweiß von der Stirn und rieb sich mit einem Büschel Baumwolle die Achselhöhlen trocken. Schmuck seid ihr, Mädels, wenn ihr in Hitze kommt. Fesch wie Erzherzoginnen und Gräfinnen.

Die zweiteilige Tür flog auf, und herein trat Steiner. Er streckte die behaarte Hand nach der Glocke neben der Tür aus. Im Dunkel erhob sich freudiges Stimmengewirr, weiße Kittel huschten hin und her, das Dunkel gebar Gezwitscher, der Vogelschwarm schickte sich an, in den Herbstabend zu entfliehen.

Die Michlová lief Steiner entgegen, die Aufstellung der an diesem Tag gefärbten Ellen Kattun, Halbkattun, Tuch und Zeug in der Hand. Sie stieß fast mit einem dunkelgekleideten Mann zusammen, der hinter Steiner auftauchte. Verdutzt blieb er stehen, die Tür rahmte ihn ein wie ein kostbares holländisches Porträt. Zorica schlug das Herz schneller.

„Seht mal, Mädels! Er holt schon die Seidene!“

Der Faktor Anton Hänisch, betraut mit dem Aufkauf

von Garn bei fünfhundert Spinnern der Bergmännischen Bruderkasse in Banská Štiavnica, lenkte seine Schritte zu dem mittleren Bottich. Aus dem Dunkel leuchteten Zoricas weißes Gesicht und ihre müden Augen.

Zorica schritt wie im Traum durch das verstummte Dorf. Hinter sich ließen sie das strenge Viereck des Schlosses. Zorica tanzten Ringe vor den Augen, die Kälte ließ sie zittern. An ihrem Arm spürte sie die Männerhand. Wenigstens bin ich nicht allein, wiederholte sie für sich. Sie schritten an den ebenerdigen Häuschen vorbei. Die bereits fertigen Mauern der großen zweitürmigen Kirche, deren Inneres tagsüber italienische Bildhauer und Maler ausschmückten, sahen im Dunkel ganz unwirklich aus. Die Turmspitzen ragten über der Ebene auf, ähnlich wie im Banat. Nein, man darf nicht grübeln. Heute abend werde ich nicht allein sein. Hauptsache, ich bin gesund und jung. Das übrige ist nur ein Traum. Jeden Tag rufe ich ihn mir selber herbei. Zorica fürchtete das Dunkel, und sie fürchtete das Alleinsein. Sie sehnte sich nach Feuer und wollte Wärme und Licht mit einem anderen teilen. Die Dunkelheit treibt die Menschen in die Gemeinschaft der Ruhestunden. Nur einige Raubtiere und Raubvögel brechen nachts zur Jagd auf. Ein ehrenhafter Mensch stört die Ruhe der Nacht nicht. Die Nacht gehört außerirdischen Mächten. Der einsame Mensch ist verloren, wenn er in ihre Gewalt gerät. Kann sein, er erlebt das Morgengrauen nicht. Zorica erinnerte sich, wie sie in der Kindheit am Küchenofen einschlief und sich die Großmutter über sie beugte. Sie erzählte ihr von dem Zaren Duschan. Mit zittriger Stimme sang sie ihr von den Heldentaten der Übermenschen vor, die ebenfalls vor dem Geheimnis der Nacht die Häupter neigten. Nein, kein Licht leuchtete. Da züngelten nur die Flammen der Feuerstätte. Zorica wußte nicht, ob die Großmutter sie streichelte oder ob es die heiße Hand des Feuers war.

Sie schmiegte sich an Anton Hänisch. Er kam aus

einer anderen Welt. Er konnte die dunklen Mächte der Nacht bannen. Mit sicherer Hand vertrieb er die Finsternis. Er entzündete eine Kerze und schaute die Frau an. Für ein paar Heller duldete ihn die alte Habajová bei Zorica, die bei ihr zur Untermiete wohnte. Er legte ihr die Münzen vor das bestickte Leinentuch, das im Hausflur unter dem Bild der Jungfrau Maria an der Wand befestigt war. Zorica erschrak immer aufs neue vor dieser Gottesmutter. Hier im Norden war die Gottesmutter eine andere als im Banat. Man nannte sie Jungfrau, und sie sah aus, als wäre sie aus einem gräflichen Palast oder dem Haus eines Obristen herausgetreten. Leicht und modisch gekleidet, jung und sündhaft, gestern erst gemalt und also nicht heilig. Sie hatte gesehen, wie Bilder der Jungfrau Maria auf Kirchweihfesten feilgeboten wurden, die waren nicht einmal gemalt, sondern mit Druckmaschinen vervielfältigt. Das war nicht die in das Dunkel von Jahrhunderten gehüllte Gottesgebärerin und Urmutter, die nur vor einem vergoldeten Hintergrund leuchtete. Vor unserer Gottesmutter fürchtete sich selbst der Pope. Er deckte sie mit einem Tuch zu, wenn er mich auf das weiche Bett in der hinteren Stube warf, während nebenan seine schwindsüchtige Frau röchelte und Blut spuckte. „Für uns ist jede gemeinsame Nacht eine Osternacht, merk dir das, du unerlöster Wildling. Keine Angst, ich tu dir nichts, nur so wie letztes Mal . . .“ Einmal fiel das schwarze Tuch von der Ikone zwischen sie. Zorica biß in den schwarzen Stoff, er stank nach starkem, mit Thymian gemischtem Tabak, und Übelkeit überkam sie. Sie spuckte aus, und der Speichel spritzte auf das starre Gesicht des Mannes neben ihr. „Ach, mein Täubchen, spuck mir in die Augen, spuck mich nur an, ich hab's verdient. Ich bin des Teufels und nicht Gottes Diener. Schlag mich, quäle mich! Ich werde vor dir niederknien und dich anbeten wie die Gottesmutter!“ Er rollte sich vom Bett auf den Fußboden. Der große Körper prallte dumpf auf den Dielen auf, unter der Tür hervor drang warnend das Husten der todkranken Frau. „Schlag mich, schlag zu! Ich werde vor dir auf dem Bauch kriechen." Und er kroch über den Flickenteppich, spürte nicht, wie sich Holzsplitter in seine Knie bohrten. Zorica beugte sich über ihn, und der arme Kerl streckte ihr die gefalteten Hände entgegen. „Schluß jetzt!" Sie sprang aus dem Bett, rannte halbnackt, wie sie war, barfuß durch den dunklen Flur und ward nicht mehr gesehen. Dann war nur der Kaufmann Selim, den sie im Jahr darauf heiratete.

Wenn man den Abend und die Nacht ohne die Wärme der Federbetten verbringen könnte, wenn es gelänge, die Nächte zu erhellen und sie in Tage zu verwandeln, dann wäre vielleicht die Menschheit frei und der Angst ledig. Anton hatte ihr einmal gesagt, dies werde irgendwann einmal geschehen. Kommen werde das Zeitalter der Zaubermaschinen. Wärme und Licht würden nicht mehr nur aus dem Feuer entstehen. Er konnte nur nicht sagen, wie. In Antons Gegenwart fühlte sie sich freier. Er verhielt sich in der Nacht anders, als sie bisher gewohnt war. Er empfand weder Respekt noch Demut.

Sie erwartete, eines Abends zwischen Antons Fingern ein grelles Licht hervorbrechen zu sehen, kalt wie eine Dezembernacht. Es hätte sie nicht überrascht, wenn ihr dieser Mann mit dem Finger in die Augen geleuchtet hätte. Diese Männer im Norden haben beweglichere Finger und geschmeidigere Muskeln. Unter ihrer Haut verbergen sich mächtigere Kräfte, als es das Feuer ist, das man die ganze Nacht hindurch unterhalten muß, wenn es nicht erlöschen soll. Wie sie sich abhetzen, wie eilig sie es haben! Sie leben schnell, und diese Eile begann Zorica zu gefallen. Wenn du dich beeilst, merkst du nicht, daß du alterst, und du alterst auch wirklich nicht, hatte Anton lachend gesagt. An einem Tag oder in einer Woche kannst du soviel erleben wie die bei euch da unten in einem Jahr. Aber altern dann die im Norden nicht schneller? Hänisch widersprach.

Hier oben leben die Leute nicht wie im Traum. Die Tage verschmelzen ihnen nicht zu einem unübersichtlichen endlosen Band. Sie merken sich die Tage und werten sie nach der getanen Arbeit und ihren Ergebnissen. Anton Hänisch fängt, nachdem er mich liebkost hat, plötzlich zu erzählen an, daß er mit seinem Bruder in Preßburg eine eigene Textilfabrik gründen will. Er spricht von unbekannten Gassen, Gebäuden, Treppen, Privilegien. Im Kopf hat er bereits die noch nicht existierende Werkstatt fertig. Laut rechnet er aus, wieviel Tuchweber er brauchen wird. Er fragt mich, ob sechs Frauen in der Färberei reichen, und will mir einreden, daß es einfacher wäre und schneller ginge, wenn man das Gewebe mit Hilfe zweier großer Räder in die Bottiche tauchte. Wozu schneller? Anton hört nicht zu. Er überlegt laut: Sag, Zorica, was meinst du dazu? Bist ja doch täglich in der Färberei. Ist dir so was nie eingefallen? Woran denkst du eigentlich bei der Arbeit?

Zorica denkt bei der Arbeit nicht an die Arbeit. Natürlich nicht. Das hat sie noch nicht gelernt. Sie will es auch nicht lernen. Zorica läßt sich ihren Traum nicht zerreißen. Sie läßt die Plackerei nicht ein in ihren Traum. Sie taucht die Stoffe in die Indigolösung, sieht zu, wie die dunkelblaue Farbe zurück in den Bottich tropft, und denkt an die heftigen Gewitter in den Zeiten, da sie Herrin im Hause des Kaufmanns Selim war. Sie sieht die Regentropfen am Fenster und ihre Einsamkeit. Den Knecht auf der Türschwelle. Sie stellt sich ein Gewitter vor, und wie man danach den Popen gefunden hat, erschlagen unweit des Pfarrhauses. Ob der Graf Landau wirklich blaues Blut hat, blau wie diese Farbe? Wie überzeugt man sich, wie schneidet man diesen Leuten aus dem Norden tief ins Fleisch? Oder sie stellt sich vor, wie die Magd sie in Weiß kleidet und die österreichischen Obristen ehrerbietig mit den Säbeln klirren, die ungarischen Husaren die sporenbewehrten Hacken zusammenknallen und sich vor ihr verbeugen. Einmal werde ich im Bett einen mit einer Nadel stechen und werde sehen, ob sich die Federn von seinem Blut blau färben. Ein gewöhnlicher Tropfen Indigolösung. Ignac hatte kein blaues Blut. Obwohl er genauso roch wie die ganze österreichische Armee. Nicht nach Ruß, sondern nach Leder und Schmierseife. Der Schweiß der Leute aus dem Norden wird nicht übertönt von orientalischen Duftwässerchen, die kaiserlichen Soldaten haben nicht den Geruch des Kaufmanns Selim. Sie riechen nach Natur, nach Wäldern und Himbeeren. Ihre Männlichkeit kann man an der Uniform schnuppern. O Ignac, deine Uniform!

Alles ist wegen Ignac. Wegen der neuen Erfahrung und einer anderen Welt. Wegen Ignac hätschle ich den langen Traum, hege und pflege ihn wie ein neugeborenes Kindlein. Wie lange dauert er schon? Ein halbes Jahr, ein Jahr? Zwei Jahre? Wann hat das Regiment Landau unser Städtchen verlassen? Der Dragoner Ignac ist nicht zurückgekehrt, wie er es nachts und am Morgen versprochen hatte. Feros Trompete. Zuweilen sehnt sich Zorica in der Färberei danach, statt der Glocke den Schall der Feldtrompete zu hören, die die Dragoner auf-ruft. Der Klang des Krieges fehlte ihr. Sie war dem Krieg nachgewandert bis hoch in den Norden. Über die ungarische Tiefebene in das große Budín und immer weiter am rechten Donauufer entlang. Stets zuckte sie zusammen, wenn sie auf lagernde Truppen stieß. Sie folgte den Spuren der Kriegsleute. Suchte Ignac in den Zelten der Obristen und den kleineren Zelten der Hauptleute. Ich bin die Frau des Kaufmanns Selim, eine reiche Bürgersfrau aus dem Banat, eine hochgeborene Dame, wie ihr seht. Ich hätte doch aber keine Begleitung, und wo mein Mann sei? Sie folgen mir, Herr Hauptmann, sie werden bald hiersein. Ich werde auch ohne sie erledigen, was ich will. Ich suche Ignac Kollár, Dragoner im Regiment des Grafen Landau. Aus der Trenčíner Stuhlschaft in Oberungarn. Er sagte, er sei Slowake. Gnädige Frau, hier sind wir noch nicht in Oberungarn, hier lebt ein Volk, das eine unverständliche schöne Sprache spricht: ungarisch. Die deutschen, italienischen und slawonischen Hauptleute lachten, guckten ihr in den Ausschnitt und winkten mit den glatten Händen, an denen Ringe von Goldschmieden aus Nürnberg, Smyrna oder Stambul blitzten. Die Ringe zeigten nach Norden. Das Regiment Landau habe sich aufgelöst, unbekannt wo. Oder sei abkommandiert. Herabgesetzter Mannschaftsbestand. Bleiben Sie bei mir, Madame, ich werde Sie heiraten. Der liebe Hauptmann vergaß zu sagen, nur für eine Nacht. Für eine Woche. Ohne Erlaubnis seines Obersten darf er gar nicht heiraten. Das weiß Zorica schon. Auch Ignac darf ohne Genehmigung des Regimentskommandeurs nicht heiraten. Und er muß seine Jahre haben. Das alles hat sie schon längst in den Zelten erfahren.

Jetzt schritt sie durch die Nacht, irgendwo am westlichen Rande des slowakischen Landes. Sie war bereits in der Nähe der ungarischen Krönungsstadt Preßburg herumgewandert und ebenso in der Nähe der kaiserlichen Residenzstadt Wien. Ich bin schon dicht dran, noch ein paar Tage, und ich komme dem Geheimnis auf die Spur. Ich habe weder Ignac Kollár noch seinen Bruder Adam in Banská Štiavnica gefunden, und da ist es jetzt nur noch ein Katzensprung, ungefähr ein halber Tagesmarsch (wie der ungeduldige Anton Hänisch immer sagt, bevor er anfängt, mich zu liebkosen: Keine Angst, Zorica, du schaffst es, bist jung und liebreizend) bis zu den höchsten Ämtern des Königreichs. Dort haben Herren mit Spitzenjabots und Perücken in Listen und Büchern alle Regimenter, Fähnlein und Schwadronen verzeichnet. Bald werde ich erfahren, wo sich Ignac befindet, der heißersehnte Ignac. Vielleicht lebt er nicht mehr? Du bist widerlich, Anton Hänisch, ich mag dich nicht. Warum sollte Ignac nicht leben? In den letzten Jahren war kein Krieg, keine blutige Schlacht. Ich bin nicht so unwissend, wie du denkst, Hänisch. Ein gewöhnlicher Tuchmacher, auch schon was, Zunftmeister, aber mehr nicht. Kein Adel, nur Selbstsicherheit. Aus einer großen Stadt ist er in die kaiserlich-königliche Kattunfabrik gekommen, um was dazuzulernen, und dann haut er wieder ab. Du gehst mit mir. Das sagte er aber nur in den ersten Wochen, um jede Nacht mit mir schlafen zu können. Jetzt erwähnt er die Heirat nicht mehr, nur die künftige Fabrik. Ignac lebt irgendwo. Und ich werde ihn finden.

Die unvollendete Paulinerkirche in Šaštín ragte in die Oktobernacht. Zorica Hodvábna, die Seidene (wie bin ich bloß zu diesem lächerlichen Namen gekommen?), Färberin in der Kattunfabrik, schleppte sich in die Hütte der alten Habajová, um sich im Hinterzimmer auszuziehen, sich zu waschen, und als Anton Hänisch die Kerze ausblies, legte sie sich erleichtert in das weiche Bett, um den endlosen, schon längst im Dunkel versunkenen Traum zu Ende zu träumen.

Anton Hänisch hatte sie in der Schenke „Zum goldenen Leuchter" in Štiavnica vor Einbruch der Dunkelheit gefunden. Sie suchte ein Nachtlager und wollte Gulden einwechseln. Die Schankwirtin hatte sofort Vertrauen zu ihr und machte sich daran, ihr im hinteren Gastzimmer ein Bett herzurichten. Die Frau des Kaufmanns Selim hatte im Jesuitenkollegium den Herrn Adam Kollár nicht angetroffen, er sei schon vor einem halben Jahr nach Trnava oder Trenčín verzogen. Der Pförtner des Kollegiums stank nach Apfelschnaps. Genaueres erfuhr sie von ihm nicht. Auch unterbringen wollte er sie nicht. Die Stadttore werden bald geschlossen, liebe Frau. Hinaus oder herein. Sonst schnappen Euch die Stadtbüttel. Ich habe Geld, flüsterte sie. Und meine Begleitung folgt mir.

In der Schenke bestellte sie sich ein Abendessen. An dem langen Tisch saß der blonde, hochgewachsene Faktor Hänisch, er bestellte Sankt-Georgs-Wein. Er bat sie um die Erlaubnis, auch für sie Wein bestellen zu dürfen. Hinter den Fenstern war Nacht, und Zorica rutschte auf der glattgewetzten Bank näher an den unbekannten Mann heran. Er hatte blaue Augen wie Ignac, aber das sagte sie ihm nicht. Hinter den Fenstern lärmte die Nacht, eine böse Nacht in der buckligen Stadt mit den steilen Gäßchen in dem Mäuselabyrinth. Den Ameisenhaufen umschwirrten Johanniskäfer: die Bergleute kamen von der Schicht, und einige krabbelten schon angesäuselt hoch zu ihren Frauen und Töchtern.

Zorica hatte große Angst. Nahm einen Schluck. Erzählte Anton Hänisch, daß man sie in Budín nicht Zorica nennen wollte, die Frau des Selim, sondern immer nur Zorica Selyem. Vergeblich habe sie ihnen zu erklären versucht, sie sei keine Sejem, sondern Selim. Ein Oberstleutnant schrieb ihr das Wort auf ein Blatt Papier und belehrte sie, daß sie im ungarischen Land Selyem heiße. Wissen Sie, meine Dame, was das ungarische Wort Selyem heißt? Auf deutsch Seide, auf slowakisch hodváb. Sie sind also eigentlich Frau Hodvábna, wie die Slowaken, oder die Seidene, wie die Deutschen sagen würden. Hodvábna, verstehen Sie? Sie lachten, und Zorica war glücklich.

Hier könnt Ihr nicht schlafen, sagte Anton und sah sich in der Schenke um. Eine Frau mit seidiger Haut kann hier nicht nächtigen. Ich habe im Kammerhof einen Bekannten. Dort steige ich manchmal ab, wenn ich geschäftliche Dinge erledige. Auf dem Hof steht mein Wagen, vollbeladen mit Garn. Den kann ich nicht ohne Aufsicht lassen. Ich muß in den Kammerhof. Ich lade Euch ein, kommt mit. Hier kann ich Euch nicht allein lassen. Nach einer Weile kehren hier betrunkene Bergleute und Hüttenarbeiter ein, heute war Lohntag. (Anton Hänisch log ein bißchen, die seidige Haut, die schwarzen leuchtenden Augen, macht nichts, nur zwei Glas Wein.)

Wann ist das alles gewesen? Vorgestern? Vor einer Woche? Sie fuhren gemeinsam aus Štiavnica weg, hielten in Trnava. Zorica freute sich wie ein kleines Kind, sie näherten sich Wien. Wieder einer, der ihr die Ehe versprach. Aber mich zieht es doch nur zu Ignac. Nur zu ihm. Dann ließ Hänisch sie in Šaštín mit Garn von den Bergleuten zurück, mehreren Pfund. Von der Manufaktur erhielt er einen Haufen Geld. Er kaufte Zorica ein

Kattunkleid mit roten Rosen darauf und fand für sie eine Unterkunft bei der alten Habajová. Er hörte auf, von Heirat zu sprechen, denn Zorica sei rechtgläubig. Obendrein bekam er immer häufiger Briefe von Josef aus Preßburg; Josef war bemüht, Geld zu beschaffen, das heißt Kapital für die Miete eines passenden Gebäudes. Die Fabrik wird, Bruderherz.

Abends läßt du mich allein? „Ernähren kann und werde ich dich nicht, Zorica. Als Meister brauche ich die Genehmigung der Zunft, um heiraten zu können. Und ich kann noch nicht heiraten." Unter den Mädchen in der Werkstatt gefiel es ihr anfangs. „Mach dir keine Sorgen, Hänisch. Stell mich dem Färbermeister vor. Ich brauche von niemandem eine Gnade, ich bin Zorica Selyem, in eurer Sprache Hodvábna." Den Mädchen gefiel sie, sie zeigte ihnen, wie man unten im Banat stickt. Und sie trieb mit ihnen zusammen Allotria. Ich verdiene mir mein Geld selber, und dann mache ich mich auf nach Preßburg und Wien. Hänisch, du bist nett, aber ich brauche nichts von dir. Keinen Groschen. Nur eins versprich mir: Im Dunkeln läßt du mich nicht allein. Ich weiß nicht, wie du das einrichten kannst. Denk von mir, was du willst, ich wünsche es einfach. Ich war eine Herrin, mein Tuchmacher. Eine Dame.

Jetzt stehe ich also im Kämmerchen der alten Habajová. Aus der Küche habe ich mir ein bißchen warmes Wasser geholt und das Gesicht über die zinnerne Waschschüssel gebeugt. Ich kneife die Augen zu, aufgepaßt, Zorica. Das Mieder habe ich abgelegt, die Bluse ausgezogen, das Schnürleibchen gelockert (du kleidest dich wie eine Dame, bemerkte Frau Michlová), und nun wasche ich die Baumwollflocken, den Unrat und den ganzen düsteren Tag von mir ab.

Von hinten trat der Faktor Anton Hänisch mit dem geschenkten Handtuch an sie heran, seine Lippen zitterten. Er rieb ihr den Rücken trocken. Langsam glitten seine Hände nach vorn. Er sah, nein, er spürte sie mit den Fingern, welche Schande, aber es kommt die Nacht. Seine Augen verdunkelten sich vor den gespannten Brustwarzen. Das Handtuch fiel in die Wasserlache auf dem Lehmfußboden.

9

Über den Schotter der Straße rumpelten Kutschen, erschallten deutsche Rufe. Im Flügel des Šaštíner Schlosses, wo sich die Werkstätten der Manufaktur befanden, gingen die Fenster auf. Dutzende neugieriger Gesichter spähten hinaus.

„Habt ihr noch keine Herrschaften von der Jagd heimkehren sehen?" schnauzte Steiner. Ähnlich brüllten auch die anderen Meister in den einzelnen Stockwerken. „So werdet ihr nichts verdienen. Auf die Plätze!"

Nach einer Weile Lärm auf den Fluren, Türen knallten, die Meister hasteten wie von Hunden gehetzt hin und her.

„Inspektion! Aufgepaßt! Knöpft euch zu, verdammte Frauenzimmer! Lüftet, hier muß ja die Herrschaft erstikken."

Hinten lachte eine laut auf. Soll sie doch! Steiner drohte in ihre Richtung.

„Wir werden uns auch übers Heizen beklagen", meldete sich eine Kinderstimme.

Der Meister kam nicht mehr dazu, zu antworten. Die Tür ging auf, und der Direktor trat ehrerbietig zur Seite. „Geruhen Hoheit, einzutreten!"

In die Werkstatt trat leichten Schritts Franz Stephan von Lothringen. In Reithosen, grellgrünem Anzug, die Perücke auf den verschwitzten Haaren. Ein hochgewachsener und gutgebauter Mann mit breitem Gesicht und fleischigen Lippen, angenehm müde.

„Guten Tag alle!" sagte er in gebrochenem Slowakisch.

„Guten Tag, Hoheit", antwortete es im Chor.

Der Großherzog von Toskana und Statthalter des ungarischen Königreichs lächelte. Seine Augen wanderten über die Frauen.

„Genug Farbe da?“ wandte er sich an den Direktor.

„Vorrat für zwei Monate.“

„Und sonst?“

„Alles in Ordnung, Hoheit.“

„Wir werden sehen.“

Er streichelte einen zehnjährigen Knaben. Der war von der letzten Marienwallfahrt hier geblieben. Seine Eltern hatten ihn offenbar vergessen. Die Frauen hatten ihn zu sich in die Kattunfabrik genommen.

„No, was gibt's, Bubi?“

Das Bürschlein grinste nur verlegen.

Der Blick des Statthalters ruhte für eine Weile auf einer hochgewachsenen Frau mit starken Brauen und blassem Gesicht, die in einer Ecke stand. Dann aber winkte er, und die ganze Suite marschierte weiter in den Schnittraum. In der Tür murmelte er dem Leiter der Spinnerei Périgaud etwas auf französisch zu. Der machte nur eine wegwerfende Handbewegung.

Am Ende versammelten sich alle im Arbeitszimmer des Direktors.

„Nicht schlecht, meine Herren. Nur die Weber stehen herum.“

„Ein altes Problem. Die Garnlieferungen erfolgen nicht kontinuierlich.“

Der Statthalter ließ sich aus dem anderen Flügel des Schlosses duftenden Kaffee bringen. Ein livrierter Diener schenkte ihm einen Kognak ein. Der Direktor Strasser, die Werkstattmeister, der Buchhalter und die hinzugeladenen Faktoren schluckten. Sie standen rings um den Sessel des Direktors, in dem Franz von Lothringen Platz genommen hatte. Seine kotigen Stiefel zeigten drohend zur Tür.

„Ein unbequemer Stuhl. Können Sie sich keinen besseren besorgen, Herr Strasser? Der Kastellan wird Ihnen einen aus dem Magazin geben.“

Der Direktor lächelte breit. „Lieber geh ich durch die Fabrik, Hoheit. Das ist nutzbringender."

„Bravo. Und die Herren Faktoren?" Sie schwiegen. „Wir sind nicht so reich, daß wir die Weber fürs Herumstehen bezahlen können. Wo ist das Garn?"

Eine Weile war es still. Dann aber trat Anton Hänisch vor.

„Mit uns konkurrieren andere Produktionsstätten, Hoheit. Ich habe mich um Schemnitz zu kümmern. Die Bruderkasse ist unzufrieden mit unseren Löhnen. Die Friedauer Kattunfabrik lockt uns Spinner weg. Es sieht so aus, als ob alle Bergstädte nur für sie arbeiten werden."

Franz von Lothringen machte große Augen.

„Bemerkenswert", wandte er sich an den Direktor. „Konnten Sie mich nicht darüber informieren? Das ist doch ein Verstoß gegen die Privilegien unseres Unternehmens! Davon muß ich doch wissen."

„Jawohl, Hoheit", stieß der Direktor hervor.

„Schauen Sie nicht so bedrückt drein, meine Herren. Wir werden lernen, Unternehmen zu betreiben." Er überlegte kurz. „Ich staune. Wir geben den Leuten Arbeit, haben sie von der Fron auf den Herrengütern befreit, und dennoch geht die Produktion nicht in dem erwünschten Tempo voran. Wo liegt der Fehler?"

Der Buchhalter meldete sich mit belegter Stimme zu Wort. „Wenn Eure Hoheit gestatten ... Wir können mit Recht stolz auf die Ergebnisse sein, die wir unter Ihrer weisen Leitung erzielt haben. Die Jahresproduktion ist auf eintausendfünfhundert Ballen Kattun gestiegen. Es ist uns gelungen, den Anteil der in Wien gekauften Gewebe zu senken. In diesem Jahr haben wir in unserer Werkstatt eintausendzweihundert Ballen gewebt, und nur dreihundert haben wir aus der Residenzstadt eingeführt. Übers Jahr wollen wir gar nichts mehr einführen ..."

„Wenn das so ist, dann gratuliere ich Ihnen, meine Herren. Aber bei tausendfünfhundert Ballen werden wir nicht stehenbleiben. Unter den günstigen Bedingungen, die durch mein Besitztum in Šaštín gegeben sind, mit so vielen Wasserflächen, Wiesen und fleißigen Arbeitern, muß mehr erreicht werden. In ein paar Jahren hoffentlich das Zehnfache des heutigen Ergebnisses. Denn wo ist die Grenze des Unternehmertums? Nirgends. Nur in uns." Er klopfte sich auf die Brust. „Auf Ihre Erzeugnisse warten alle österreichischen Erbländer und die ungarischen Stuhlschaften. Das ist ein riesiger Markt, meine Herren. Ich gratuliere Ihnen, in ein paar Jahren erzielen wir die ersten hunderttausend Gulden Umsatz, und dann läuft die Produktion wie geschmiert. Wir müssen lernen und dürfen nicht zagen. Wir werden die ersten hunderttausend Gulden erwirtschaften, dann eine halbe Million, und schließlich ...", der Statthalter holte tief Luft, „... schließlich wird es eine Million sein." Er hielt inne, der Mund schien ins Leere zu sprechen. Er spielte mit diesem Wort. „Eine Million Gulden. Was schauen Sie mich so an? Ist das etwa eine Utopie? Keineswegs, ihr Herren Direktoren, Meister und Faktoren. Hier neben mir stehen Fachleute aus Frankreich, Lothringen, Sachsen, Böhmen, und die werden Ihnen sagen, daß es in diesen Räumen und bei besserer Verteilung der Arbeit kein Problem ist, eine Million Umsatz zu erreichen."

Die Ausländer nickten zustimmend. Es ging auf den Mittag, und sie hatten Hunger. Im anderen Flügel des Schlosses rupften und portionierten die Köchinnen die Jagdbeute. Unter den Kesseln und in den Herden brannten bereits helle Feuer.

„Wir haben einstweilen nur einen kleinen Zipfel von Ungarn einbezogen. Als Statthalter bin ich entschlossen, noch viele Untertanen in Ungarn zu lehren, frei in Werkstätten zu arbeiten. Ich werde Hunderten, ja Tausenden von Männern und auch ihren Weibern und Kindern Arbeit geben. Wozu es verheimlichen? Viele ungarische Herren sind anderer Meinung. Sie begreifen nicht, daß ein neues Zeitalter angebrochen ist. Die Menschen werden gemeinsam die Dinge erzeugen, die sie brauchen. Sie werden sich unter der Leitung von klugen und mutigen Führern zusammenschließen, die sie unter einem Dach versammeln und ihre natürlichen Fähigkeiten bestens ausnutzen. Wir stehen im Spätherbst, der Winter naht. In der Vergangenheit war der Winter eine Zeit des Schreckens und des Hungers für Tausende Arme. Aber von nun an wird der Winter für sie eine Zeit der Freude, der Arbeit und des Verdienstes sein. Unsere Kattunfabrik hat die Jahreszeiten besiegt. Ist es nicht wunderbar, daß wir es dem armen Volk ermöglichen, wohlgeborgen vor den Unbilden der Witterung seinen Lebensunterhalt zu verdienen und sich zu entwickeln?"

Franz Stephan trank seinen Kognak und rechnete im Geiste aus, wann er eine weitere Million aus Šaštín herausschlagen könnte.

„Ich möchte Eurer Hoheit versichern", bemerkte der Direktor der kaiserlich-königlichen Kattunfabrik, „daß alle hier Anwesenden die Großherzigkeit Eurer Hoheit zu schätzen wissen. Sie haben auf einen Teil Ihres Schlosses verzichtet, um darin Werkstätten zur Freude und zum Nutzen des Volkes einzurichten."

„Mein lieber Strasser, Sie übertreiben ein bißchen." Franz von Lothringen lächelte. „Sie wissen selber, in welchem Zustand Holič und Šaštín waren, als ich sie von den vorigen Besitzern kaufte. Graf Czobor hat alles verfallen lassen. Das ist nämlich die Philosophie einiger Herren in Ungarn: Nur nehmen und nichts geben. Nur vergeuden und nichts investieren." Er winkte ab. „Meine Herren, ich habe mich entschlossen, in den nächsten Jahren die beiden Schlösser von Grund auf zu renovieren."

„Vivat!"

„Aber das ist noch nicht alles. Auf den klugen Rat meiner Lothringer Freunde und Landsleute hin werde ich in Holič eine kaiserlich-königliche Manufaktur für englisches Porzellan und Majolika gründen." Er kostete die allgemeine Überraschung aus. „Alles ist gründlich durchdacht und dabei einfach, meine Herren. Tag für Tag essen und trinken Millionen von Menschen. Was hindert uns daran, in den habsburgischen Ländern und hier auf meinem Besitztum unsere strebsamen Untertanen zu lehren, schöne Teller, Tassen und Schüsseln zu formen? Ja, noch mehr – die Meister aus Lothringen werden sie lehren, aus Porzellan auch Figuren zu schaffen. Wir werden unsere schönen Damen und die reizenden Dorfmädchen verewigen, und Gott verzeih mir, vielleicht auch einige der hübschen Gesichter, die ich bei dem Rundgang durch die Werkstätten erblickt habe. Es gibt keine Grenzen für die menschliche Rührigkeit, liebe Herren. Ich bin stolz darauf, daß es mir gelingt, den mir anvertrauten Teil des Königreichs zum Guten zu verändern. Natürlich mit Ihrer aufopfernden Hilfe, meine Herren." Der Statthalter sprang auf, seine Nüstern weiteten sich. Der Duft des Wildbratens wehte bis in das Zimmer des Direktors. „Erlauben Sie mir, Sie jetzt zu einem kleinen Mittagsmahl einzuladen. Bon appetit, messieurs!"

Der Stab der Kattunfabrik klatschte wie ein Mann Beifall, und der Buchhalter rief mit dünner Stimme: „Vivat! Vivat!" Direktor Strasser flüsterte einem Meister zu, er solle mit dem Gong in allen Werkstätten die Mittagspause anzeigen.

Kurz darauf versammelten sich die Herren in einem länglichen Raum im Erdgeschoß des Schlosses. Die Diener hatten rasch einen langen Tisch gedeckt. Auf einen Wink des Statthalters wurden die gebratenen Fasane aufgetragen. Ursprünglich hatte Franz von Lothringen so rasch wie möglich aufs Holičer Schloß verschwinden wollen, das ungezwungene Gespräch bei Tisch hielt ihn jedoch auf. Das gegenseitige Zuprosten nahm kein Ende. Die Werkstattleiter strahlten. Sie sangen Loblieder auf den neuen Herrn, der die verkrachten Besitzungen Šaštín und Holič von Jozef Czobor gekauft und alle Gläubiger bezahlt und der jetzt großherzig dem verarmten Grafen eine lebenslängliche Jahresrente von achttausend Gulden ausgesetzt hatte.

„Wenn er dieses Geld wenigstens investieren würde! Aber die ungarischen Herren sind unverbesserlich“, belehrte der Statthalter seine Tischgäste. „Graf Czobor verschwendet alles für Wein, Reisen nach Paris und für Damen.“

Alle hatten den Mund voll, waren beschwingt vom Wein, sie lachten schallend. Sie diskutierten, tauschten Klatsch über Jozef Czobor und seine Ausschweifungen aus.

„Und was ist mit seinem Eleganz-Wettbewerb auf dem Hofball in Wien? Verzeihen Sie meine Kühnheit, Hoheit“, stammelte Direktor Strasser, „aber ist das wirklich wahr?“

Franz Stephan von Lothringen stand bereits in der Tür. In Holič erwartete ihn jemand. Etwas sehr Liebes. Er war zufrieden. Sah auf die Gruppe von Fachleuten aus ganz Europa herab. Sie sind keine Herren von Adel, es schmeichelt ihnen, daß sie mit mir speisen und mich ungehindert befragen können. Es sind arme Schlucker, aber sie werden mir zu weiteren Millionen verhelfen.

„Meine Herren, ich stelle fest, Sie sind gut informiert. Nun, es muß aber unter uns bleiben. Graf Jozef Czobor hat tatsächlich neulich eine Wette auf dem Ball in der Hofburg gewonnen. Es ging darum, wer sich im elegantesten Aufzug und in der teuersten Garderobe präsentieren würde, er oder der Marquis Tarouca. Tarouca erschien in einem eleganten Anzug aus Paris. Ein Stoff wie feiner Flaum. Graf Czobor trat ihm in einem einfachen gelbseidenen Rock entgegen. Ich war in der Jury. Alle glaubten wir, daß der portugiesische Marquis Sieger sein würde. Es ging um eine große Summe.“ Er räusperte sich. „Warum soll ich es verheimlichen? Auf dem Spiel standen eintausend Gulden. Vor der Jury knöpfte Czobor den Rock auf. Und da sahen wir, was er auf dem Futter hatte . . . Das übrige wissen Sie schon. Das Histörchen ist wahr.“

„Und was hatte er auf dem Rockfutter?" fragte der Buchhalter.

„Ein Ölbild des italienischen Meisters Correggio." Der Direktor beugte sich zu ihm. „Das zurechtgeschnittene Bild im Wert von etwa hunderttausend Gulden."

„Es gibt keinen Gott, wenn er ihn dafür nicht bestraft", sagte Herr Pellet.

„Czobor geht in Budín schon am Bettelstab, es gibt einen Gott, lieber Pellet."

Gegen den in der Tür stehenden Großherzog stieß unvermittelt ein schwitzender Kavalleriehauptmann.

„Kannst du nicht aufpassen, Kerl!"

Der Hauptmann nahm die Bärenfellmütze ab und knallte die Hacken zusammen.

„Bitte um Verzeihung, Hoheit. Ich komme aus Wien."

Er reichte dem Statthalter einen versiegelten Brief. Franz von Lothringen erbleichte.

„Ist etwas passiert?"

Der Hauptmann schwieg.

„Womit soll ich das öffnen?"

Ein livrierter Diener langte in der Verlegenheit nach einem silbernen, vom Fasan fettigen Messer, wischte es an einer Batistserviette ab und schnitt auf einen Wink seines Herrn mit zitternder Hand den Brief auf. Franz von Lothringen überflog die wenigen Zeilen. Eine Frauenschrift.

„Jetzt müssen Sie mich aber wirklich entschuldigen, meine Herren. Man soll die beste Kutsche und schnelle Pferde bereitstellen! Wir fahren nicht nach Holič, sondern nach Wien. Bei Einbruch der Dunkelheit müssen wir dort sein!"

Stühle polterten, alle sprangen auf und verneigten sich tief über die halbgeleerten Teller.

Es war Dienstag, der 18. Oktober des Jahres 1740.

Die Botschaft aus Wien entsetzte den Großherzog, so wie sie in den folgenden Stunden und Tagen auch die Herrscherhöfe Europas entsetzen sollte. Würden die nächsten Stunden der Anfang vom Ende des Gleichgewichts sein, das zur Zeit in Europa herrschte?

Nach einer Serie von Kriegen zu Beginn des Jahrhunderts (dem Spanischen Erbfolgekrieg, dem Krieg im Norden, dem Aufstand Rákóczis, dem Streit um die polinische Thronfolge) hatte Europa Jahre des Friedens durchlebt. Die Herrscher saßen fest auf ihren Thronen, die Freimaurer in ihren Logen, und die Direktoren blickten zufrieden in die schwachbeleuchteten Werkhallen der Manufakturen. In den Salons wurde getanzt, getratscht, gelesen, gemalt, hier suchte man sich reizende Gräfinnen und Marquisen fürs Bett aus und umgekehrt. Wenn jedoch der Boden um den Stephansdom in Wien zu schwanken beginnt und die Herrschaftslosigkeit in den Sälen der Hofburg anbricht, dann werden die Erschütterungen auch in London, Paris, Petersburg, München, Berlin und Warschau spürbar. Das Reich der Habsburger liegt im Herzen Europas, es ist zu ausgedehnt, als daß sich jede Veränderung in ihm nicht auf der ganzen Welt auswirkte.

Franz von Lothringen in seiner Kutsche tat, als schlummere er. Vor seinen geschlossenen Augen stand die Karte Europas. Die Umrisse Europas statt der Rundungen des süßen Wesens im Holičer Schloß – wie widerlich ist es doch, sich mit Politik zu befassen! Wie absurd, sein Gehirn, das Hirn eines Geschäftsmannes, jetzt zu zwingen, von der Höhe des Stephansdoms aus Überlegungen anzustellen, wo ihn ganz in der Nähe ein menschlicherer Anblick erwartet, der eines lebendigen wunderschönen Körpers.

Wie viele Monarchen werden die Ereignisse in Wien von anderen süßen Pflichten fortreißen ... Wie wird sich Ludwig XV. in Versailles verhalten? Genauer gesagt, was wird sein allmächtiger Kanzler, der ausgemergelte Kardinal Fleury, tun? In London wird man von den Veränderungen nicht begeistert sein. Das Haus Hannover ist erst unlängst auf den britischen Thron gelangt. Wird sich Georg II., zugleich Kurfürst von Hannover, bedroht fühlen? Den Premierminister Sir Robert Walpole, einen Mann des Friedens und Pionier des Parlamentarismus, werden die Machtverschiebungen in Europa gewiß nicht erfreuen. England hat auf seine überseeischen Besitzungen gesetzt, Nordamerika und Indien stehen im Vordergrund seines Interesses. Und die übrigen gekrönten Häupter? Zwischen Dresden und Warschau treibt sich der sächsische Kurfürst und neue polnische König August III. auf Lustbarkeiten herum, ein stumpfer, liederlicher Faulpelz, König von Österreichs und Rußlands Gnaden. Polen hat faktisch keine Zentralregierung. In der Pariser Emigration wartet der Gegenkandidat Stanisław Leszczyński auf seine Chance. Furchtbar der Gedanke, welche Komplikationen auftauchen können, wenn sich Frankreich an den Habsburgern rächen will! Und dann Petersburg, wo das Mannweib Anna Iwanowna, eine Deutsche, Witwe des Prinzen von Kurland, von der nicht sehr fest im Sattel sitzenden deutschen Partei gestützt wird und die Moskauer Bojaren jeden ihrer Schritte mit Verachtung beobachten. In den schwarzen Notizbüchern der Verschwörer und Spione wird festgehalten, wie oft sich die Schlafzimmertür der Zarin ihrem Geliebten Biron öffnet. Rußland ist ein unsicherer Verbündeter. Und schließlich haben wir da noch unseren lieben Nachbarn: den Kurfürsten von Brandenburg und König von Preußen. Friedrich zeigt sich bis jetzt am sympathischsten, er widmet sich der Aufgabe, die Prinzipien der Aufklärung in seinem Miniaturstaat zu verbreiten. Ein unangenehmes Fragezeichen ist der bayrische Kurfürst. Seine Frau ist eine Tochter des verstorbenen Kaisers Joseph I., und über die Pragmatische Sanktion äußert er sich seit je wenig schmeichelhaft.

Allerdings ist da noch der Papst. Erst im August hat der Rektor der päpstlichen Universität dieses Amt angetreten, der gelehrte und gutherzige Bücherwurm Prospero Lambertini. Jetzt trägt er den Namen Benedikt IV. Ein halbes Jahr hat es gedauert, bis sich die Kardinäle einig wurden. Eines Abends sagte ihnen der Kardinal von Bologna Lambertini: „Wozu das lange Tauziehen? Wenn ihr einen Heiligen als Papst wollt, wählt Gott. Wollt ihr einen Politiker, dann ist hier Aldobrandini. Wenn ihr jedoch einen heiteren Greis wollt, dann wählt mich." Darauf erhob sich Albani, das älteste Mitglied des Kardinalskonklave, und schlug vor, sich auf die Kandidatur des alten Lambertini zu einigen. Der neue Papst kümmert sich nicht um die Außenpolitik. Er schreibt wissenschaftliche Werke über theologische Geheimnisse der heiligen Messe, über das kanonische Recht und schickt sich an, vier wissenschaftliche Gesellschaften zu gründen; für Archäologie, Kirchengeschichte, Kirchenrecht und Geschichte der Konzile. Am liebsten hält er sich in der Bibliothek des Vatikans auf. Schwierigen Problemen, wie etwa der Frage, was mit den Jesuiten wird, weicht er aus. Von den Herrscherhöfen des katholischen Europa treffen in Rom Beschwerden über die Einmischung der Jesuiten in die Politik und in andere Angelegenheiten ein, die allein Sache der Monarchen sind. Aus Wien sind bislang derartige Klagen nicht laut geworden. Der Papst hat in dieser Beziehung mit Österreich keine Sorgen. Die Jesuiten munkeln jedoch über meine Freimaurerei. Ich muß auf der Hut sein.

Die Idylle geht zu Ende. Nun denn, treib die Pferde an, wir müssen so rasch wie möglich in Wien sein!

In den Höfen der Wiener Burg herrschte Chaos. Im Leopoldflügel suchte Franz vergebens den Sterbenden. Wir sind in Versuchung, einen schweren Barocktod in den düsteren Räumen der Burg zu inszenieren, im dunklen Horst der Habsburger Adler am Rande der Wiener Altstadt in der Nähe des Festungswalls. Ein pompöses Sterben im ältesten Teil der Burg, im Schweizerhof, oder auf dem beklemmenden großen Hof inmitten der Burg, zwischen dem Amalientrakt, dem Leopoldinischen Trakt und dem Kanzleramt.

Die Diener und Kammerherren bringen Franz von Lothringen aus der Burg weg, hinter die Mauern Wiens, in das Schloß La Favorita.

La Favorita war die wirkliche Geliebte Kaiser Karls VI. Ein Schloß im Südosten Wiens, auf einer Anhöhe gelegen. Von dort hatte man einen schönen Ausblick auf das alte Wien, den Stephansdom und die Burg. Zur Rechten schimmern die zwei neuen Paläste des Belvederes, eines Meisterwerks des Lukas von Hildebrandt, erbaut für den kleinen Savoyer, den Prinzen Eugen.

Franz von Lothringen stieg aus der Kutsche und eilte durch die Allee. Er umging künstliche Grotten und Seen, auf denen der Nordwind kleine Kräuselwellen hervorrief. Alles war künstlich und kunstvoll im Familienschlößchen Karls VI. Hier stand noch unlängst eine hölzerne Bühne über einem künstlichen Kanal, die sich auf einen Wink des Kaisers als Regisseur gehorsam in zwei Teile teilte, so daß zwischen den Kulissen die Fläche eines Sees auftauchte. Von beiden Seiten näherten sich Miniaturflottillen goldener Schiffchen, um einem erlesenen Publikum Seeschlachten vorzuführen. (So berichtete Lady Mary Wortley Montague über die Theaterfestlichkeiten im Lustschloß La Favorita nach London.) Hier dirigierte der römische König und Kaiser des Heiligen Römischen Reiches deutscher Nation eigene Konzertkompositionen und ganze Opern. Bei der Komposition der einen Oper half ihm der Hofkomponist Herr Johann Fux.

Hier in der Favorita hatte Maria Theresia ihre Kindheit verbracht, hier war sie zwischen den Sträuchern herumgetollt, hatte in den künstlichen Grotten vor Angst gezittert, hier hatte sie zu singen und zu tanzen begonnen, hier hatte sie von schönen Liebhabern geträumt. Auch von mir, dachte Franz von Lothringen. Hier hat sie auf mich gewartet, der liebe, wunderschöne blonde Backfisch mit der hochgesteckten Friseur. Wo ist sie und was wird mit ihr werden? Was wird mit uns werden?

Von wegen Barocktod! Überhitzte Zimmer, Gestank, Herumgerenne auf den engen Fluren, Lamentieren. Er stürzte ins Gemach seiner Frau. Dort traf er niemanden an.

Er entdeckte sie in einer Biegung des Flurs. Ihre Augen leuchteten auf, in einer ersten Regung wollte sie auf ihren Gatten zustürzen, doch sie hielt sich zurück.

„Wie froh ich bin!" Sie atmete auf, dann faßte sie sich.

Ihre Hände berührten sich, sie waren bemüht, ohne Hast und mit Würde durch den Flur zu schreiten, unter ihren Füßen verschob sich der Teppich, die Kerzen löschten im Durchzug immer wieder aus, fielen auf den Fußboden, und das gelbe Wachs rann über das Parkett. Maria Theresia war schon im vierten Monat schwanger, doch das lose fallende Kleid und der weite Rock verrieten nichts. Nur ihre Bewegungen waren ein wenig langsamer als gewöhnlich. Franz betrachtete verstohlen seine Frau. Das gleiche scharfe Profil wie vor einer Woche, die gleichen fleischigen Lippen, die gleichen goldenen Zöpfe. Nur fehlte auf ihnen das Diadem.

Der Kammerherr schloß hinter ihnen die Tür. Maria Theresia flüsterte ihm einen Befehl zu. Der Kammerherr verbeugte sich und trat von der Tür zurück.

An dem Rokokotischchen küßte sie ihren Mann.

„Hatten Sie eine gute Reise?"

Franz antwortete nicht.

„Ich bin froh, daß Sie da sind. Eine schreckliche Woche geht zu Ende."

„Nichts geht zu Ende." Er entwand sich ihrer Umarmung.

„Es ist ein böses, ein schreckliches Jahr, Liebster."

„Beruhigen Sie sich. Es hat schön angefangen. Maria Karoline wurde uns geboren." Er stockte. „Ja, es stimmt, im Sommer haben wir die zweijährige Elisabeth begraben." Er hob die Stimme; während der Kutschfahrt nach

Wien hatte er sich auf die Rolle des großen Trösters vorbereitet. „Sie haben alle Schicksalsschläge heroisch ertragen. Sie sind eine Heldin, meine Teuerste. Sie müssen auch in diesen Stunden stark sein." Er berührte ihre Brust, seine Hände glitten langsam zu ihren Hüften. „Denken Sie an unser Kind. Das ist das wichtigste. Alles übrige ist unwesentlich."

Maria Theresia hob den Kopf, in ihren Augen stand Angst.

„Ich fürchte, Sie haben nicht recht. Wenn . . . wenn er stirbt . . ."

Er strich ihr übers Haar. Sie hat wirklich die schönsten Haare von allen Frauen, die ich kenne. Wahrhaftig.

„Aber was ist eigentlich passiert?"

„Die unglückselige Jagd. Schmerzhafte Krämpfe. Er hat sich hierher in die Favorita fahren lassen. Als letztes hat er Pilze gegessen."

„Eine Vergiftung?"

„Das glaube ich nicht. Pilze haben auch die Leute aus seiner Begleitung gegessen, und sie haben nicht die geringsten Beschwerden. Die Ärzte sagen, er habe sich den Magen verkühlt. Schon eine Woche quält er sich."

„Auf dem Flur hat jemand von Leberentzündung gesprochen."

„Die ärztliche Wissenschaft ist machtlos. Machtlos ist noch ein schwacher Ausdruck. Ich habe ihn bei einem solchen Anfall gesehen. Er hat gebrüllt wie von Sinnen." Maria Theresia erzitterte. „Hören Sie . . ." Sie ging vom Französischen zum Deutschen über. „Hörst du, Franz? So quält er sich."

Auf den Fluren Getrappel von Dutzenden von Füßen. Ein unmenschliches Aufheulen. Maria Theresia klammerte sich an ihren Gatten, fast warf sie den Schreibtisch um.

„Gehen Sie nicht, Liebster, ich bitte Sie!"

Sie stieß ihn weg und lief hinaus auf den Flur. Er eilte ihr nach.

Als der Kaiser seinen Schwiegersohn erblickte, hörte

er auf zu stöhnen. Er streckte die Hände aus, sein kantiges Gesicht blickte aus den Federbetten wie ein Porträt auf weißer Leinwand.

„Franz!" rief er und winkte ihn zu sich heran. „Schau mir in die Augen! Seh ich etwa wie ein Sterbender aus?" Franz von Lothringen hielt die Luft an und öffnete den Mund. „Wenn ihr bemerkt, daß mein Gesicht sich verdunkelt, dann laßt mir das Abendmahl reichen, ob ich es befehle oder nicht."

Die Ärzte und Räte ringsum widersprachen murmelnd. „Aber Majestät, hier stirbt niemand."

Karl VI. richtete sich schwerfällig im Bett auf und brüllte mit einer widerwärtigen Stimme, die für eine Opernarie ganz unpassend war: „Da ihr dumme Käuze seid und weder die Ursache noch die Natur meiner Krankheit kennt, so befehle ich euch, wenn ich tot bin, meine Leiche zu öffnen und zu ermitteln, was mir gefehlt hat."

Zwei Hofdamen fielen in Ohnmacht. Jemand geleitete die schwangere Maria Theresia auf den Flur.

„Also was ist? Was steht ihr hier herum und glotzt? Was hab ich gesagt?"

Er erregte sich immer mehr und verlor für eine Weile das Bewußtsein. Die kleine Schar der Ärzte brachte ihn wieder zu sich, dann schlief er ermattet ein. Franz verließ den Raum. So ging der Dienstag vorbei.

Am Mittwoch vormittag reichte der päpstliche Nuntius dem Kranken die Sakramente. Der Kaiser beruhigte sich. Er sagte zu dem dicken Sinzendorf: „Schauen Sie mich an! Wer seiner Sache so gewiß ist wie ich, der kann eine solche Reise wohl mit gutem und gelassenem Mute antreten."

Sinzendorf hätte auch gern eine Reise angetreten, eine Reise ganz anderer Art. Am liebsten wäre er aus dem Zimmer geflüchtet, aus dem Schloß Favorita, aus Wien, ja sogar aus dem Habsburgerreich, denn er ahnte die nahende Katastrophe. Er vermochte sich nur nicht zu entscheiden, in wessen Dienste er treten sollte, denn er konnte nicht wissen, wer zuerst vor den Toren Wiens erscheinen würde: die Bayern, die Franzosen oder die Preußen.

Die ausländischen Gesandten in den Wiener Palais hatten bereits ihre Eilkarossen bereitstellen und die Pferde füttern lassen. Das Haus Habsburg stirbt im Mannesstamm aus. Der letzte männliche Habsburger hat die Letzte Ölung empfangen. Binnen kurzem wird das Begräbnis stattfinden, und das wird nicht nur das Begräbnis eines sechsundfünfzigjährigen Mannes sein.

Gegen Abend ließ der Kaiser den Großherzog von Toskana rufen. Der große Baumeister, Musiker, Dirigent und Jäger befaßte sich ein paar Stunden vor seinem Tod mit staatsmännischen Problemen. Dann segnete er Maria Theresia. Die Kaiserin fiel in Ohnmacht, man trug sie in Maria Theresias Zimmer, und als sie erwachte, rief sie: „Ach, Euer Liebden verlassen mich doch nicht!"

In der Nacht vom Mittwoch auf Donnerstag, zwischen ein und zwei Uhr, verschied der Kaiser. Seine Gemahlin war bei ihm.

Bei der Obduktion stellte man fest, daß er einen taubeneigroßen Gallenstein gehabt hatte.

In dieser Nacht weilten mehr Menschen als gewöhnlich in den Mauern Wiens. Einer von ihnen war der Novize Maximilian Hell, Student am Kollegium der Gesellschaft Jesu in Trenčín. Unterkunft bot ihm die hagere Witwe Freiberg. Sie hatte ihn auf dem Kohlmarkt angesprochen. Der junge Student der Philosophie erklärte ihr, er sei nur für einen Tag in die Residenzstadt gekommen und suche das Jesuitenkollegium. Er habe eine Empfehlung an den Rektor bei sich. Im kommenden Herbst gedenke er mit Gottes Hilfe das Studium in Trenčín zu beenden und in Wien fortzusetzen. Madame Freiberg musterte den zwanzigjährigen Studenten aus Ungarn. Er sprach gut deutsch, stammte aus Banská Štiavnica. Ihr schien, sie könne sich mit ihm nicht nur den heutigen kalten Abend verschönern, sondern auch die folgenden

Abende. So oder so. Vielleicht hatte sie nicht gehört, daß er ein Novize der Jesuiten war, vielleicht war ihr das gleichgültig. Vielleicht wußte sie gar nicht, daß die Jesuitennovizen bei Strafe des Ausschlusses verpflichtet waren, sich in den Gebäuden des Ordenskollegiums einzuquartieren. Es machte ihr nichts aus, daß der junge Mann für eine Nacht gegen diese strenge Regel verstieß. „Es wird rasch dunkel, wozu sollten Sie durch die unbekannte Stadt irren und das Kollegium suchen?" Was kann mir schon passieren? sagte sich der frierende Max. Eine Nacht in einer fremden Stadt. Ja, er empfand sogar ein gewisses Gefühl des Stolzes ob der Übertretung des Gebots. Zu dieser Zeit wandten die Jesuiten die größte Mühe auf, um in alle Bereiche des komplizierten Lebens einzudringen, die Menschen zur Erkenntnis der Schlechtigkeit der Welt zu führen und so für die Ewigkeit zu gewinnen. Wie kann man die Freimaurer bekämpfen, wenn man nichts von ihnen weiß und nicht ihre geheimen Meister und Großmeister kennt, die hohen Adligen, die in ihren Reihen zu finden sind? Wie kann man der Liebesbereitschaft und dem Übermut der Straßenmädchen wehren, wenn man sie nur nach ihrem Aussehen beurteilt, nur ihre Körper sieht, aber nicht ihre Seelen kennt, nicht die Tiefe ihrer Verdorbenheit und die Gründe, warum sie in Sünde gefallen sind? Wie kann man gegen Ketzer und Protestanten aller Schattierungen kämpfen, wenn man sich nicht anhört, was sie verkünden, wenn man nicht weiß, wo sie sich treffen und wer sie am kaiserlichen Hof unterstützt? Wie kann man die Studenten von der Lektüre schädlicher Bücher abhalten, wie kann man die Zensur ausüben, wenn man nicht alles liest, von Luther, Calvin und Jansen bis zu Voltaire, Diderot und Rousseau?

Der Jesuitennovize Max Hell aus Štiavnica enttäuschte Madame Freiberg schwer. Er zog sich brav in die Stube mit dem Fenster zur Straße zurück, deren offenstehende Tür zur Küche führte, wo die Hausfrau ihr Kanapee aufgebettet hatte. Er packte seinen Ranzen aus und legte einige Bücher auf den Tisch (über Mathematik, Physik und Astronomie, wie sich später herausstellte), und als die Witwe höflich anklopfte, hob er nicht einmal den Kopf. Sie brachte ihm heißen Tee und bot ihm auch echten türkischen Kaffee an. Sie ließ sich die anrüchigen Bücher zeigen. Die Zeichnungen der Bahnen von Himmelskörpern erinnerten sie an die unerlaubten Bildchen von Quacksalbern, Abbildungen des menschlichen Körpers und seiner interessantesten Teile. Sie kicherte und bot Max ein Glas Heurigen an.

„Wissen Sie denn, daß unser Kaiser im Sterben liegt?"

„Ich weiß es, gute Frau."

„Und wissen Sie auch, daß Krieg und Unheil bevorstehen, denn wir werden ohne Kaiser und König bleiben."

„Da haben Sie wohl recht, liebe Frau."

„Sie haben leicht reden. Sie werden nicht einrücken, nach Wien aber werden bestimmt fremde Soldaten und fremde Herren kommen."

Hell hob den Kopf, musterte die rotbackige Wienerin im Nachtkittel, mit den Pantoffeln an den nackten Füßen.

„Morgen bezahle ich den Kaffee, Madame Freiberg."

„Sind Sie vielleicht ein Spion, junger Herr? Heut abend streifen zu viele Fremde durch Wien."

„Ich bin Student der Philosophie aus Oberungarn, liebe Frau. Und Sie zerknittern mir das Werk über die Himmelskörper. Gute Nacht."

Die Witwe zog die Hand von dem Buch zurück und legte sie dem jungen Mann aufs Knie.

„Ist Ihnen nicht kalt? Leider kann ich nicht stärker heizen, das Holz ist knapp. Not herrscht an allem, junger Herr. Mich ärgert es sehr, daß ich Ihnen nicht einmal ein Abendessen vorsetzen konnte. Schon einen Monat haben wir kein Fleisch gesehen, nicht mal Mehl ist da zum Brotbacken. Ich hab noch ein bißchen Mehl von der Nachbarin, sie arbeitet im Palais der Pálffys. Nur gut, daß uns noch flüssiges Brot geblieben ist."

Maximilian Hell schaute verwirrt die Dreißigerin an.

Sie schenkte sich ein und leerte rasch noch ein weiteres Glas. Ihm bot sie nichts an. Er langte nach dem Ranzen auf dem anderen Stuhl und holte ein Stück Speck hervor.

„Wenn Sie mir ein Messer leihen, gebe ich Ihnen gern etwas ab.“

Die Frau sprang auf. Sie wandte kein Auge von dem Speck, dessen rötliche Schnittfläche verlockend im Kerzenlicht schimmerte.

„Ein Messer? Selbstverständlich.“

Sie verschlang den Speck ohne Brot und schämte sich ein bißchen, daß der Schlafgast sie bewirtete.

„Nehmen Sie sich doch auch.“

„Ich würde mir Fettflecke in die Bücher machen. Und Hunger hab ich auch keinen.“

Der Witwe kollerte es im Bauch. Rasch langte sie nach dem Krug mit Wein, doch im Zimmer breitete sich Stille aus, und Madame Freiberg fürchtete, das peinliche Geräusch könnte abermals ertönen und die Zuneigung verscheuchen, die Laune trüben, den Abend verderben.

„Eine verspätete Reaktion“, murmelte der Student.

„Wie bitte? Was geruhten Sie zu sagen, junger Herr?“

Maximilian winkte ab. Da ergriff Madame Freiberg seine Hand.

„Ich habe große Angst. Der Kaiser liegt im Sterben, es gibt kein Brot, und überall wimmelt es von Spionen. Morgen kann es schon einen Umsturz geben.“ Sie drückte Maximilians Hand. „Haben *Sie* keine Angst?“

„Gott verläßt uns nicht, liebe Frau. Und jetzt zeige ich Ihnen Keplers teuren Planeten.“ Er entzog ihr seine Hand und tippte auf die Bahn der Venus. Soll er ihr von der Venus erzählen? Nein. Keine Venus. Wie gut, daß Novizen in den Räumen des Kollegiums wohnen müssen, wo es keine solchen zudringlichen dummen Puten gibt. Gleich am Morgen melde ich mich im Kollegium! Max Hell muß nicht nur Philosophie studieren, sondern sich auch alles Wissen der zeitgenössischen Mathematik,

Physik und Astronomie aneignen. Ihn kümmert nicht nur die Venus, meine Liebe.

„Nicht nur die Venus kreist um die Sonne. Auch der Mars, der Gott des Krieges, der Merkur, der Gott des Handels, der große, ferne Saturn . . .“

„Ach, die Venus. Niemand hat sie gesehen, aber alle malen sie, meißeln ihre Statuen. Jede von uns Frauen kann eine Venus sein. Glauben Sie nicht?“

„Ich glaube es.“

Im Krug war kein Wein mehr. Und mehr Wein wird sie nicht holen. Es lohnt sich nicht. Der junge Mann ist krank. Oder zu fromm. Vielleicht ein heimlicher Protestant. Wird wohl am Morgen beichten müssen. Bei den Franziskanern, den Augustinern oder den Kapuzinern, bei Sankt Dorothea, vielleicht sogar im Stephansdom. Na gut. Aber die Witwe hatte wirklich Angst.

„Ich lasse die Tür auf. Gute Nacht, lieber Herr, wie war doch gleich . . .“

„Maximilian Hell. Aus Štiavnica, wie ich Ihnen schon sagte. Gute Nacht.“

Und er ließ die ganze Nacht das Licht brennen, aber er hatte seine eigene Kerze mitgebracht.

Um drei Uhr polterte es laut auf der Straße. Jemand pochte mit einem Hammer an Türen und Tore.

„Der Kaiser ist tot. Wir haben keinen Herrn mehr!“

Schlüssel klirrten. Angeln knirschten. Schmiedeeiserne Gitter quietschten. Durch die Straßen liefen unbekannte Menschen, weckten die Leute aus dem Schlummer.

Madame Freiberg rüttelte den schlafenden Studenten. „Stehen Sie auf! Hilfe!“

Maximilian fuhr zusammen. Im ersten Augenblick wußte er nicht, wo er war. Über sich spürte er mehr, als er sah, einen weiblichen Körper. Die Mutter?

„Ich fürchte mich.“

Sie war schon fast in seinem Bett. Jäh richtete er sich auf, so daß sie taumelte, sprang mit beiden Beinen zugleich aus dem Bett.

„Du grausamer Kerl! Du ungebildeter Ungar!"

Am Ende der Straße klirrte Glas.

„Der Habsburger ist tot!"

„Wir wollen keinen Lothringer!"

„Wir wollen Brot!"

Hell zog sich die Strümpfe an und schlüpfte in die Lackschuhe. Er hastete die Treppe hinunter und riß das Tor auf.

„Seid Ihr Student?" hielt ihn ein Mann an. „Habt Ihr gehört? Dieses junge Frauenzimmer will ihren Lothringer zu unserem König und Kaiser machen! Und die Wiener sollen sich das ruhig mit anschauen! Das werden sie gewiß nicht!" Er roch nach Bier. „Kommt, schließt Euch an! Helft dem Vaterland! Wir lassen uns doch nicht von einem Weib regieren! Das Land braucht einen starken Herrscher, nicht wahr! Kommt! Wir gehen auf die Straße."

Aus den Haustüren kamen Leute gelaufen. Hier wohnten Bürger, keine Adligen. Die Menschen waren hungrig, verfroren und verschlafen.

„Am Morgen wird man sehen!"

„Wir wollen den bayrischen Kurfürsten!"

Der Aufschrei erstarb in der Herbstnacht. Er überraschte durch seine Eindeutigkeit.

„Er hat recht", knurrte ein Kaufmann. „Der bayrische Kurfürst hat ebenfalls eine Habsburgerin zur Frau. Er hat ein Recht auf den Thron des römischen Kaisers, warum soll er nicht unser neuer Herr werden? Na, was meint ihr?"

„Richtig!" rief aus dem Fenster Madame Freiberg. Dann zog sie sich rasch zurück und knallte das Fenster zu. Bis zum Morgen wird sie allein sein. Oder sie geht ebenfalls auf die Straße. In die Wiener Gassen voller Spione, heimlicher Agitatoren und Straßenmädchen. Dort herrschte wildes Durcheinander. Man sah keinen einzigen Soldaten, auch niemand von der Stadtgarde. Alle hatten sich verkrochen.

Jemand teilte mit, daß in der Favorita alle Fenster erleuchtet seien. Dort wachten die Angehörigen des Herrscherhauses, das nach jahrhundertelanger Herrschaft vor einer Stunde im Mannesstamm ausgestorben war.

Am Morgen drängten die Menschenmassen über den Kohlmarkt und den Graben zur Burg.

Maximilian Hell bezahlte die Witwe Freiberg (nur mit Geld). Er fand das Kollegium, aber es war noch geschlossen. Was war los? Eine Weile irrte er durch die von Menschen wimmelnden Straßen, hielt schließlich an der Ecke einen Fiaker an und fuhr dann mit der ersten Postkutsche nach Osten. Von Preßburg eilte er durchs Waagtal nach Trenčín. In dem stillen Kollegium unterhalb der Burgruine des Matúš Čák wird er in aller Ruhe die Bahnen der Venus berechnen.

II
STEH AUF UND HERRSCHE

1

Noch vor Tagesanbruch, gegen sechs Uhr, tauchten auf den Straßen Wiens Ausrufer auf. Sie verlasen die eilig vervielfältigte Mitteilung aus der Hofburg. Einige verteilten Traueranzeigen. Diese verkündeten den österreichischen Erbländern, daß der römisch-deutsche Kaiser Karl VI. nach dem Willen Gottes verschieden sei. Die Verlautbarung aus der Burg war kurz und klar: „Auf Grund der Pragmatischen Sanktion wird Erbin aller Länder des Souveräns die Erzherzogin von Österreich und Königin von Ungarn und Böhmen, die erlauchte Maria Theresia." Und die Ausrufer fügten von sich aus hinzu: „Um sieben Uhr hat Ihre Majestät den Treueid der Generale des Heeres und der Präsidenten der Tribunale der österreichischen Länder entgegengenommen."

Alles bleibt beim alten. Alle bleiben auf ihren Plätzen.

Trommeln wirbeln, die Proklamation wird zusammengerollt, und es geht eine Straße weiter. Stellenweise muß man sich buchstäblich durch die Menge der Wiener kämpfen. Frauen schreien, winken, drohen, Werkstätten und Läden sind halbleer. Unter dem Vorwand der Staatstrauer drängt sich das Volk in den Straßen. In der Burg, in der Favorita, im Belvedere, in den Palais der Kinskýs, Pallavicinis und Pálffys kriechen die mächtigsten Männer des Reiches aus den warmen Betten. Sie öffnen die Fenster nicht, lugen nur hinter den schweren Gardinen hervor. Die meisten haben nicht geschlafen, haben fieberhaft überlegt, was in den nächsten Tagen geschehen werde. In der Hofburg liest man bereits die Berichte der Polizeiagenten, wonach in der Hauptstadt Emissäre des bayrischen Kurfürsten Karl Albert die Leute aufwiegeln. Den Ruf nach Brot hört man auch hinter den Doppelfenstern. Was wird, wenn die Steine reden?

Die fünf Stunden bis Tagesanbruch haben aus der dreiundzwanzigjährigen reizenden, verwöhnten Gattin und Mutter eine Herrscherin gemacht. Wie kam das, was geschah in diesen nicht ganz dreihundert Minuten, wie paßten sich die Gehirnzellen, das Herz und die Nerven der jungen Frau den Ereignissen an, welche Bilder und Assoziationen stiegen vor ihr auf? Was bewirkte, daß sie durchhielt, nicht zusammenbrach, das Haupt erhob und zu handeln begann? Das weiß niemand.

Noch bei Dunkelheit ließ sie sich mit ihrem Gatten in das Stadtzentrum, in die Burg fahren. Der Horst der Habsburger Adler war auch eine Festung. Die Tore, Durchgänge und Höfe eigneten sich nicht nur für Spaziergänge und Paraden, sondern auch für den Kampf. Für die Verteidigung gegen einen Angriff. Mit rotgeweinten Augen warf sich Maria Theresia im Leopoldinischen Trakt in einen Sessel. Große Höfe und die gegenüberliegende Staatskanzlei trennten sie von der unruhigen Stadt, über die der Stephansdom aufragte. Auf den anderen Seiten blickten die Fenster des Palastes auf Gärten und auf die alten Schanzen. Hinter den Schanzen war das neue Wien des achtzehnten Jahrhunderts mit seinen Palästen emporgewachsen. In der Ferne glänzte in der Morgensonne die mächtige Barockkuppel der neuen Karl-Borromäus-Kirche. Eins der Bauwerke, die in der Epoche ihres verstorbenen Vaters entstanden waren. Den Namen des Baumeisters Johann Fischer von Erlach wird niemand mehr aus der Geschichte der Architektur streichen.

Schluß mit Tränen und Gebeten. Handeln tut not.

Hinter ihr stand mit schmerzbewegtem Gesicht Franz Stephan, in der Hand hielt er ein Papier.

„Die Pragmatische Sanktion ist unsere einzige Rettung. Schauen Sie."

Er las die Namen der Länder vor, die zu Lebzeiten Karls VI. die Rechtmäßigkeit der Pragmatischen Sanktion anerkannt hatten, die Unteilbarkeit aller habsburgischen Länder und die Thronfolge Maria Theresias: Böhmen, Ungarn, England, Holland, Spanien, Mailand, Rußland, Preußen, Sachsen, laut notarieller Beglaubigung vor fünf Jahren auch Frankreich und ein Jahr darauf Bayern. Was also war zu befürchten?

Franz las das Dokument mit den Jahreszahlen der Anerkennung vor, er hörte seine Stimme und glaubte selber nicht, daß es mehr war als eine Liste alter Versprechungen, die morgen hinfällig sein konnten.

„Und die Agenten des bayrischen Karl Albert in unseren Straßen? Die Hetze gegen den lothringischen Verräter und gegen mich als Ihre unfähige Liebste? Ein gefangengenommener französischer Spion hat beim Verhör ausgeplaudert, daß der Kardinal Fleury selber seine Finger im Spiel hat. Ich bitte Sie, öffnen Sie für eine Weile das Fenster, ich bin am Ersticken."

Der Großherzog von Toskana rief mit der Glocke einen Kammerdiener herein.

„Vergessen Sie nicht, die Perücke aufzusetzen", machte ihn Maria Theresia freundlich aufmerksam.

Beide lauschten auf das, was von den Wiener Straßen an ihr Ohr drang. Im Garten auf den Wällen riß der Wind die Blätter von den Kastanien, und man konnte die schrecklichen nächtlichen Schreie – Hunger! Verrat! Brot! – nicht mehr hören. Franz trat ans Fenster, beugte sich mit halbem Leib hinaus, spannte alle Sinne an. Sein Jägerohr vernahm Schüsse.

Da stürzte die Kaiserinwitwe in den Saal.

„Was haben Sie da angerichtet, Sie Unglückliche?"

Maria Theresia reckte den Hals und hob den Kopf, bemüht, vor der Mutter den festen Blick zu bewahren. Sie kam ihr vor wie ein plumper schwarzer Rabe.

„Da schreien doch Tiere, Wild. Es wird geschossen! Gott im Himmel!“

Franz von Lothringen wandte sich vom Fenster ab. „Sie haben ein gutes Gehör, ma sœur.“

Der dicke schwarzgewandete Leib bebte hysterisch.

„Sie haben das Andenken Ihres Vaters geschändet. Das Blut seiner liebsten Tiere kommt über Ihr Haupt, Maria Theresia!“

Maria Theresia schluckte und antwortete erst nach einer Weile.

„Ich habe den Befehl erteilt, alles Wild in den herrschaftlichen Gärten zu erlegen und das Fleisch an die Menschen in den Straßen zu verteilen. Das Blut der Tiere rettet vielleicht das unsere.“

Sie wandte sich an den Gemahl. „Und jetzt bestellen wir den Traueraltar für den geliebten Vater in der Augustinerkirche. Hier sind die Skizzen, wollen Sie sie sich anschauen, liebe Mutter?“ Sie breitete vor den beiden die Entwürfe aus. „Hier ist mein Erlaß über die Staatstrauer in den Erbländern.“ Sie las vor: „Zum Zeichen christlichen Mitgefühls werden alle Lustbarkeiten, Musikaufführungen, das Blasen von Trompeten und Jagdhörnern, Reitturniere, Tänze, Komödien und alle ähnlichen Vergnügungen verboten, ebenso Spiele und Festlichkeiten mit kleinen oder großen Gastmählern bei Tage und bei Nacht, heimlich und öffentlich. Zufrieden, liebste Mutter?“

Mit einem Wink gebot sie, das Fenster zu schließen, und forderte die beiden auf, sie allein zu lassen. Sie muß sich auf den morgigen Staatsrat, auf die Geheime Konferenz vorbereiten.

Von draußen drangen immer noch das Geknatter der Schüsse und die Schreie der sterbenden Tiere herein. Sie dachte an Toskana. Wie lange schien das her zu sein! Damals waren wir nur lächelnde Zuschauer. Hier fließt auf meinen Herrscherbefehl hin Blut. Mein Gott, schon am ersten Tag.

Das Entsetzliche meiner Lage enthüllte sich mir erst am nächsten Tag. Eine junge Frau unter Greisen. Machtlos.

Nach der Rückkehr von der Geheimen Konferenz war mein erster Gedanke, auf den Thron zu verzichten. Dann zwang ich mich zu lachen. Ich muß nicht auf den Thron verzichten. Mich werden äußere Feinde um ihn bringen, von denen ich nicht allzu genau weiß, was sie im Schilde führen. Und auch meine senilen Ratgeber, die ich von meinem seligen Vater geerbt habe.

Am Morgen ließ ich mich besonders sorgfältig frisieren. Die Kammerfrau kleidete mich prächtig an, wie es sich für eine Herrscherin ziemt. Ich soll ja doch vor meine Ratgeber treten. Die einzige Frau unter erfahrenen Männern. Ich mußte Trauer tragen, aber andererseits mußte ich als Souverän auftreten. Unter der purpurfarbenen Pelerine trug ich ein schwarzes perlenbesetztes Kleid. Die Haare ließ ich flach und glatt. Ich hasse die koketten hohen französischen Frisuren. (Später, wenn ich mich als Herrscherin behaupte, werde ich vielleicht als die schönste Frau Europas gelten.) Ich trat in den Konferenzraum. Sessel knarrten. Alle standen auf, besser gesagt, es gelang nur Bartenstein, sich zu erheben (er ist der Jüngste), während die übrigen schnauften, sich mit den fetten Fingern vergeblich am Marmortisch festzuhalten versuchten (hätte ein Tischtuch darauf gelegen, dann hätten sie es heruntergerissen), sich mühselig ein Stück aufrichteten und die verschobenen oder zerdrückten Perücken richteten. Sie sollten sich vor mir verbeugen, aber das gelang nur dem behenden Bartenstein und auch Harrach. Die übrigen brachten nur eine Andeutung zuwege. Ich konnte meine Heiterkeit nicht unterdrücken, zugleich jedoch überlief mich ein Frösteln. Sie maßen mich mit Blicken. Ihre Greisenaugen zogen mich aus, weideten sich an meinem Dekolleté, wanderten über die entblößten Arme, verfolgten jeden meiner Atemzüge. Was dachten sie in ihrem Innersten? Prüften sie meinen Bauch, und versuchten sie zu erraten, in welchem Monat ich war? Hatten sie vor meinem Eintreten Vermutungen darüber ausgetauscht, ob ich zu Beginn des nächsten Jahres wieder nur ein Mädchen zur Welt bringen würde, zur Schande unseres vom Schicksal heimgesuchten Hauses?

Ich nahm an der Stirnseite Platz, winkte ihnen, sich zu setzen. Bis sie das geschafft hatten, verstrich viel Zeit. Mir kam es vor wie eine Ewigkeit. Ich sah, wie der Sekretär der Geheimen Konferenz bereits die Überschrift aufs Papier setzte: Protokoll der ersten Sitzung der Geheimen Konferenz unter dem Vorsitz der Königin und Erzherzogin Maria Theresia und ihres Gemahls, des Großherzogs Franz Stephan. Wien, den 21. Oktober 1740. Anwesende: Erster österreichischer Hofkanzler Graf Philipp Ludwig von Sinzendorf . . .

Also die Anwesenden:

Graf Sinzendorf. Siebzig Jahre alt. Mein Vater hat ihn zum österreichischen Staatskanzler gemacht. Widerlich fett, mit einem dreifachen Kinn, schnauft wie ein Schwein, geht in einem Samtmantel herum wie ein Priester, damit man seinen gewaltigen Bauch nicht sieht. Musterte mich ironisch und schickte sich zum Reden an, das heißt zum Schwatzen. Wollte seine Weisheit in der Außenpolitik vorführen. Die ersten Minuten genügten mir, um festzustellen, daß er ein Dummkopf ist. Die Informationen bestätigten es mir. Dieser verkörperte Geiz, dieser lebende Mammon verstand in den Jahrzehnten am Hofe meines Vaters nur Intrigen zu spinnen und Finanzmanipulationen großen Stils durchzuführen. Der Apfel fällt nicht weit vom Stamm, haben mir die Hofdamen berichtet. Sinzendorfs Vater mußte auf Drängen des Prinzen Eugen unverzüglich vom Posten des Finanzministers entfernt werden. Schmutzige Geschäfte, Bestechungen von Offizieren bei Armeelieferungen. Mein gutmütiger Vater machte aus dem Sohn des Finanzbetrügers einen Ritter des Goldenen Vlieses. Heute vor der Sitzung hat mir mein geliebter Franz verraten, daß sich der gute Sinzendorf von der Lothringer Familie eine fette Provision geradezu erbettelt hat, als er sich für meine Heirat mit Franz einsetzte. Man sagt, Sinzendorf würde auch von den Preußen bezahlt. Und jetzt japst und schnauft er hier, seinen widerlichen Atem spüre ich auf der Brust, aber ich muß huldvoll großmütig lächeln und mir sein nichtiges Geschwätz anhören.

Graf Gundaker Starhemberg ist „erst" achtundsiebzig Jahre alt. Er hat die Aufsicht über die Finanzen und das Bankwesen. Die Sphäre der Finanzen kommt mir vor wie ein undurchdringlicher Wald. Vater hat Starhemberg sehr geschätzt. Offenbar hat dieser ihm seine Prunkbauten finanziert (auch die wunderschöne Hofbibliothek, deren Hauptsaal nicht seinesgleichen in der Welt hat), hat ihn in den schwierigen Fragen von Anleihen und Steuern beraten. Er war unentbehrlich für die Verwaltung unserer Erbländer. Aber ich bin schon dahintergekommen, daß der alte Starhemberg sein Pulver längst verschossen hat. Es heißt, er habe sich auch um eine gewisse Zentralisierung der Verwaltung bemüht, aber vergeblich. Jetzt ist sein Hirn schlaff und müde. Er sieht mich an, als wäre ich ein verspieltes, dümmliches Mädchen, das zu beraten sich nicht lohnt, weil es sich nur ein paar Wochen halten wird. Von diesen zwei Grafen wurde mir kein Wort der Ermunterung zuteil.

Links sitzen die finster dreinblickenden Brüder Harrach. Sie entstammen einem alten Adelsgeschlecht aus Südböhmen.

Graf Joseph Harrach, zweiundsiebzig, ist Vorsitzender des Hofkriegsrats. Vater hatte ihn anstelle des noch älteren Feldmarschalls Königsegg ernannt, des Helden der italienischen Schlachten. Ich fürchte mich vor Harrachs Augen, aus ihnen schaut mich der böhmische Adel an, der nie vergessen hat, daß mein Vater erst nach elf Jahren die Zeit fand, sich in Prag krönen zu lassen, während die Krönung in Ungarn bereits zwei Monate nach seiner Thronbesteigung stattfand. Obwohl die Harrachs, Kinskýs und andere katholische Magnaten unserem Hause treu sind, lebt doch in ihrem Unterbewußtsein der Geist des Trotzes und der furchtbaren Rebellion vor einhundertzwanzig Jahren, als meine Vorfahren auf dem Altstädter Ring in Prag den protestantischen Aufrührern die Köpfe abschlagen ließen. Die Folgezeit war für uns eine bittere Lehre, daß unsere Politik gegenüber Böhmen ungeklärt, ohne feste Prinzipien und von uralten Vorurteilen bestimmt ist. Jetzt brauche ich Harrach. Er ist ausgepumpt und müde, aber er verfügt wenigstens über die grundlegenden Informationen, was den Zustand der Armee und die Verteilung der Garnisonen betrifft.

Sein jüngerer Bruder Aloys Harrach hat Vater in der Innenpolitik beraten, faktisch macht er den böhmischen Kanzler.

Das ist meine Sammlung von Greisen. Sie sitzen da und weiden sich an meiner Verlegenheit. Weil sie aus verschiedenen Ecken des Reiches stammen, verbinden sie nur die Nähe des Todes, die Verdauungsbeschwerden und die Schlaflosigkeit. Vielleicht auch die greisenhafte Bewunderung für die junge Frau, die durch eine Schicksalsfügung in ihrer Mitte aufgetaucht ist. Sie halten mich für eine Schönheit, eine harmlose Marionette, nicht mehr. Sie sind überzeugt, daß ihr Begräbnis auch das meine sein wird. Sie irren sich. Ich weiß nicht, wie ich ihnen ihren Irrtum beweisen werde, ich weiß nur, daß sie mir durch ihre Schweigsamkeit und ihr Desinteresse mein Amt nicht verleiden können.

Zum Schluß, um den Jüngsten und Fähigsten nicht zu vergessen: Baron Johann Bartenstein, Protokollführer der Geheimen Konferenz. Er ist über fünfzig, schwarzhaarig und lächelt fortwährend. Ein Mensch aus einer anderen Welt. Sohn eines Gymnasialprofessors aus Straßburg. Ich würdige seinen Übertritt vom Protestantismus zum Katholizismus, auch wenn man tratscht, er habe das nur der Karriere am Wiener Hof zuliebe getan. Vater schätzte ihn als seinen fähigsten Ratgeber. Bartenstein half ihm sehr im Kampf um die Anerkennung der Pragmatischen Sanktion. Dieser Mann erledigt alles und führt sein Amt ordentlich. Ich kann ihm vertrauen, und dennoch hat er keine sauberen Hände. Er gefiel mir nicht bei den Verhandlungen über meine Heirat mit Franz von Lothringen. Bartenstein war ein Gegner meiner Ehe mit Franz und ist es offenbar auch geblieben. Heute, in dieser schrecklichen Luftleere der ersten Tage meiner Herrschaft, verzeihe ich Bartenstein ein wenig. Die Tochter Karls VI. war ein guter Trumpf in der internationalen Politik. Im Interesse des Reiches wollten sie mich an einen mächtigeren und einflußreicheren Mann verheiraten. Ich habe ihre Pläne durchkreuzt.

Heute fürchtet mich Bartenstein. Er ist in einer unangenehmen Situation. Am Vormittag hat er mich ersucht, ihn aus den Hofdiensten zu entlassen. Dabei wagte er nicht, mir in die Augen zu sehen. Ich sagte ihm: „Jetzt ist nicht der passende Augenblick, Bartenstein." – „Hoheit, aber ich kann nach dem, was geschehen ist, doch nicht täglich in Ihrer Nähe sein", erwiderte er. Blitzschnell überlegte ich. Dieser Mann war mein Gegner gewesen. Zum Unterschied von den alten Mumien ist er entschlossen und, wie es scheint, kühn. Ich sagte ihm: „Bemühen Sie sich fortan, Gutes zu tun; Böses zu tun, werde ich Sie zu hindern wissen." Ich hatte keine Wahl.

Also die erste Sitzung der Geheimen Konferenz. Schon diese Benennung! Wir müssen uns etwas Normaleres ausdenken, es geht ja schließlich um ein Kollegium der Ratgeber oder Minister. Die Mumien hatten sich eingebildet, es würde alles bleiben wie zu Vaters Zeiten. In Andeutungen reden, nicht zur Sache sprechen oder überhaupt nichts sagen. Den Herrscher vor fertige Tatsachen stellen. Aber nicht oft, denn wenn sich die Dinge bewegen, werden sie uns nach Ansicht dieser Greise begraben. So bewegten sie sich also nicht.

Der österreichische Kanzler stand auf und hielt eine große Rede über die „allgemeinen Prinzipien" der österreichischen Politik in der nächsten Zukunft. Er schwatzte von dem unumgänglichen Bündnis mit den Seemächten, vor allem mit England. Erbfeind des Hauses Habsburg sei das mächtige Frankreich. Wenn wir uns näher an England binden, schwächen wir damit Frankreich und bewahren in Europa das erwünschte Gleichgewicht. Das klingt schön, aber wie das in der Praxis zu verwirklichen ist, das sagte Sinzendorf nicht. Ganz einfach, er unterrichtete die neue Herrscherin. Ich zitterte vor Zorn und Verzweiflung. Kniff mich in die Schenkel, um mich zu beherrschen und den rebellierenden Magen in der Gewalt zu behalten. Zum Glück saß zu meiner Rechten Franz, dann und wann zwinkerte er mir mit einem Auge zu, aber nicht zu oft. Diese Tattergreise dürfen nicht das Gefühl haben, daß ich mir ohne meinen Gemahl keinen Rat weiß.

Jemand schlug weise vor, über die Gesandten für die einzelnen Herrscherhöfe zu entscheiden. So billigten wir also Ostein für England, Wasner für Frankreich, Hohenholz für Rußland und Wratislaw für Polen. Zumeist kannte ich sie nicht und mußte akzeptieren, wen sie mir vorschlugen. Starhemberg murmelte nur, wir müßten für lange Zeit Ruhe und Frieden bewahren. Als hinge das nur von uns ab!

Ich drang darauf, sogleich einen Kurier nach Regensburg zu schicken, um dem bayrischen Kurfürsten den Tod des römisch-deutschen Kaisers mitzuteilen. Man belehrte mich, daß bis zur Wahl des neuen Kaisers (durch die sieben Kurfürsten, zu denen auch der König von Böhmen gehört) die kaiserliche Macht in den Ländern des Heiligen Römischen Reiches durch den Reichsvikar vertreten werde. Nach Meinung dieser Wahnsinnigen ist der sächsische Kurfürst August III. der geeignetste Aspirant auf den Kaiserthron. Von ihm wußte ich damals nichts, aber die erhabene Krone Karls des Großen, das Symbol der Einheit der meisten europäischen Länder, würde dann unserem Hause verlorengehen. Die kommenden Monate zeigten, daß die Tochter Karls VI. schwerlich nach der Kaiserkrone greifen konnte, wenn die Nachbarn nur danach trachteten, sie ihres Stammlands zu berauben. Meine glorreichen Ratgeber stellten sich jedoch gelangweilt und zufrieden, als wäre alles auf der Welt in bester Ordnung. Die vergoldeten Sessel knarrten, sie wollten sich erheben und auseinandergehen. Ich nickte Bartenstein zu und hielt sie zurück. Wenn ich jetzt versage, kann ich mich niemals mehr vor sie hinstellen, da kann ich gleich das Weite suchen.

Ich verfluchte meine Unwissenheit. Hundertmal bereute ich im Geiste jede Oper, jede Jagd, jedes unnütze Musizieren, mit dem mich mein Vater bis vor kurzem beschäftigt hatte. Was die Verwaltung des Staates betrifft, so hat er mich in nichts eingeweiht. In diesen Tagen mußte ich mich aus dem Abgrund der Unwissenheit herausarbeiten. Wenn ich es nicht allein schaffe – niemand wird mir die helfende Hand reichen. Zum Regieren braucht man Soldaten und Geld, hatte mir gestern Franz wiederholt. Darüber werden wir konferieren. Ich muß die wesentlichen Dinge wissen.

Mit einem Lächeln wandte ich mich an den alten Starhemberg: „Wie steht's mit den Finanzen? Wieviel haben wir in der Staatskasse, lieber Graf?"

Der Saal erstarrte, und Graf Starhemberg, der den hochtrabenden Titel „Präsident der ministeriellen Bankdeputation" trägt, räusperte sich wichtigtuerisch. Er kramte in den Papieren, die vor ihm lagen, räusperte sich abermals und schwieg eine Weile.

„Der Etat . . . der Etat beträgt für . . . mhm . . . für das laufende Jahr vierzig Millionen Gulden."

„Und ist er ausgeglichen?" fragte heiser mein Gemahl. Alle zuckten pikiert zusammen. Graf Starhemberg schwieg.

„Bitte antworten Sie, Herr Minister!"

Starhemberg wischte sich den Schweiß von der Stirn, obwohl der Saal nur mäßig geheizt war.

„Das Defizit beträgt bis jetzt dreiundachtzig Millionen."

Beide stießen wir einen Seufzer aus, doch die Mumien blieben ruhig sitzen, als wäre das die natürlichste Sache der Welt. Bartenstein tuschelte mir zu, daß die Bautätigkeit des Kaisers Millionen verschlungen habe. Die Theatervorstellungen in der Favorita, der Bau von Schönbrunn, die Jagden und Festbanketts, das alles habe viel Geld gekostet. Das wußte ich auch von allein.

„Wir haben also Staatsschulden. Darf ich bitte die genauen Zahlen erfahren?"

Der Minister der Finanzen hob die farblosen, von weißen Brauen überwölbten Augen.

„Hundert Millionen."

„Hundert Millionen Staatsschulden?" Mein Gemahl sprang auf. „Und wo kommen die her? Zu Beginn der Regierung Seiner Kaiserlichen Majestät war es doch um die Hälfte weniger."

„Das ist möglich. Nur hatten wir seitdem den Krieg um das spanische Erbe, und für den Prinzen Eugen haben wir die beste Armee Europas aufgestellt. Das hat etwas gekostet, Herr Großherzog", zischte der Kanzler Sinzendorf. „Und Wien ist um viele prachtvolle Bauwerke reicher geworden."

Mir begann sich alles im Kopf zu drehen. Ich darf Franz nicht allein lassen in dem Geplänkel mit diesen gehässigen Greisen.

„Wieviel in bar haben wir jetzt in der Staatskasse?"

„Wie meinen Majestät?" fragte der Minister.

Ich breitete die Arme aus.

„In bar. So sagt man doch, oder nicht? In kleinen Münzen. Die man einfach nimmt und auszahlt."

Sie rechneten, raschelten mit Papieren, und schließlich sagte einer von ihnen: „Hunderttausend Gulden."

Ich fiel fast in Ohnmacht.

Ungeheuerlich! Und allein in unseren Ländern warten an die vierzigtausend Beamte auf ihr Gehalt!

„Und da haben wir die Armee noch nicht mitgerechnet", bemerkte Graf Harrach, der Vorsitzende des Hofkriegsrats.

Ausgezeichnet, jetzt kommt also die Armee dran.

„Majestät, wir hatten Seine Majestät den Kaiser darauf hingewiesen.“ Sie wollten mir Einhalt gebieten. „Auch Maßnahmen wurden ergriffen“, sagte Joseph Harrach nicht ohne Zorn. „Noch im Sommer.“

„Ich kann die Worte des Herrn Präsidenten des Hofkriegsrats nur bestätigen“, stieß Sinzendorf hervor. Er war schläfrig geworden, und er hoffte, dieser Satz werde die Sitzung zu Etatposten führen, die ihn nicht mehr betrafen. „Noch im Sommer wurde der Mannschaftsbestand der Armee herabgesetzt.“

„Mein Herz jubelt, meine Herren.“ Nicht einmal die Ironie traf sie. Harrach reichte mir ein Papier. Darin stand, daß mit Zustimmung des Kaisers zwei Infanterie-, zwei Dragoner- und drei Husarenregimenter aufgelöst worden seien. In den verbliebenen Regimentern sei die Zahl der Kompanien verringert worden. Sparmaßnahmen. Das Reich zur Liquidierung vorbereitet.

Der Finanzminister war zufrieden und erklärte: „Es ist uns gelungen, den Stand der Infanterie auf einhundertachttausend Mann und den der Kavallerie auf dreiunddreißigtausend Mann zu reduzieren.“

„Vortrefflich, wir haben also eine Armee von einhunderteinundvierzigtausend Mann. Könnten Sie mir sagen, wie groß die Armeen unserer Nachbarn sind?“

Graf Harrach wußte es.

„Die Reichsarmee hat an die vierzigtausend Mann.“

Da der Kaiser tot ist, können wir über diese Reichsarmee vorläufig nicht disponieren.

„Bayern?“

„Vierzigtausend.“

„Sachsen?“

„Etwas weniger. An die dreißigtausend.“

„Mir scheint, wir sind gut dran, nicht wahr?“

„Ja, Majestät, das heißt . . . Der preußische König hat dreiundachtzigtausend Mann unter Waffen. Das ist weniger, als wir haben, aber im Verhältnis zur Einwohnerzahl sehr viel.“

„Und sie sind gut ausgebildet", fügte Bartenstein hinzu und schrieb weiter sein Sitzungsprotokoll.

„Sie haben noch nie gekämpft. Haben keine Kampferfahrung."

„Und der französische König, unser potentieller Rivale?"

Diese Antwort fürchtete ich am meisten.

Die Mumien schwiegen wieder. Ich erhob mich aus dem Sessel und holte tief Luft. Sie glotzten mich an, und Joseph Harrach warf die Zahl hin: „Fast zweihunderttausend. Eine Übermacht an Infanterie. Kavallerie haben sie um die Hälfte weniger als wir."

Ich kniff die Augen zu und setzte mich wieder.

„Aber unser Bündnis mit England, Majestät", versuchte Sinzendorf mich zu belehren.

„Lieber Graf, ich zweifle nicht an der Stärke und am Reichtum Großbritanniens. Nur werden wir mit der englischen Flotte in den Alpen oder im böhmischen Kessel wenig anfangen können."

Franz Stephan und Bartenstein lächelten ironisch, während die Mumien erstarrten.

„Fahren wir fort. Können Sie mich darüber informieren, wo unsere Spararmee von einhundertvierzigtausend Mann stationiert ist?"

Bartenstein klingelte, ein Kammerdiener brachte einen Kartenständer, und entsprechend den Hinweisen der Brüder Harrach wurden Karten angehängt. Joseph Harrach verlangte einen Stab mit versilbertem Ende. Der Kammerdiener zog einen Stuhl zum Fenster, stützte den Minister, der mit dem Zeigestab zu fuchteln begann.

„Insgesamt sollten wir haben . . ."

„Sollten wir haben? Haben wir sie nicht?"

„Verzeihung, Majestät, ich korrigiere . . . Insgesamt haben wir achtzig Regimenter. Die eine Hälfte sind Fußregimenter, die andere Hälfte Reiter: Kürassiere, Dragoner, Husaren. An der türkischen Front haben wir siebenunddreißig Regimenter. Sie stehen in Südungarn, Kroatien, Slawonien und im Banat. Sechs Reiterregimenter sind in Siebenbürgen stationiert. Die unterstehen direkt unserem Kommando."

„Also mehr als die Hälfte des Heeres wartet auf den Türken, obwohl wir Frieden geschlossen haben ..." Jetzt begehrten sie auf. „Ich weiß, Sie wollen sagen, ein wackliger Friede ... Unsere Armee in Italien ist wie groß?"

„In der Lombardei und in Toskana haben wir zusammen dreizehn Fuß- und fünf Reiterregimenter. In den holländischen Besitzungen acht Fußregimenter."

„Und der Rest?"

„Steht in verschiedenen Teilen des Reiches, Majestät. In Böhmen fünf Regimenter, in Mähren ein Reiterregiment. In Schlesien haben wir vier Fußregimenter. Und in Niederösterreich ein Reiterregiment."

„Das ist alles?"

„Es scheint so."

„Danke. Also die Kräfte verstreut von Belgrad bis Brüssel und von Schlesien bis Triest. Ohne ausreichenden Sold und genügende Ausbildung. Habe ich nicht recht?"

Keine Antwort.

Und ohne Generale. Nach dem Tode des Prinzen Eugen von Savoyen ist unsere Armee nur noch ein Schatten. Die übriggebliebenen Generale steckte Vater nach der Katastrophe von Belgrad ins Gefängnis.

Ich ließ mir die Dinge eingehender erklären. Es kam heraus, daß von diesen einhundertvierzigtausend Soldaten auf dem Papier in Wirklichkeit vielleicht nur die Hälfte oder gar ein Drittel existierte. Die übrigen sind auf Urlaub, für die Arbeit in den Heimatdörfern freigestellt oder sind desertiert, nicht zu ihren Regimentern zurückgekehrt.

Franz Stephan erklärte mir, daß wir selbst diese Armee nicht unterhalten können, wenn kein Geld für ihre Ausrüstung und vor allem für den Sold vorhanden ist. Die große Unbekannte ist Ungarn. Von zehn Millionen Militärausgaben jährlich bringt das ungarische Königreich fast ein Drittel auf. Wenn der ungarische Landtag dem Militärbudget nicht zustimmt, können wir mit dem ganzen Hof einpacken, und ich kann ins Kloster gehen.

„Das Steuersystem muß geändert werden", bemerkte Starhemberg. „Die Steuern müssen von allen Ländern und Provinzen erhoben werden und hier in Wien zusammenlaufen."

Alle nickten. Aber wer wird das tun? Wer wird die entsprechenden Vorschläge ausarbeiten? Und wie kann man dieses Gemisch von Ländern, Herzogtümern, Königreichen vereinheitlichen, das einst vor zwei Jahrhunderten unter die Herrschaft eines gemeinsamen Monarchen geriet? Wie kann man in einem Konglomerat herrschen, wo ich für die österreichischen Länder Erzherzogin bin und wo die einen Gesetze gelten, während ich für Böhmen, Mähren und Schlesien die böhmische Königin bin und mit Landtagen zu tun habe? Für Ungarn bin ich Königin, muß auf einen mächtigen Vizekönig hören, den Palatin, dort herrschen ganz andere Gesetze und Rechte, ein streitsüchtiger Reichstag, die Stuhlschaften sind fast selbständig, an den uralten Privilegien des ungarischen Adels darf ich kein Jota verändern. Und was ist mit dem toskanischen Großherzogtum, was mit den holländischen Provinzen? Überall Herzöge, Statthalter, andere Völker, andere Sprachen und Sitten. Werden nicht alle diese locker zusammengefügten Teile beim ersten Anprall auseinanderfallen, auftrennen wie mit schlechtem Garn genähte und geflickte Kleider?

Ich weiß es nicht. Auf der ersten Sitzung des Staatsrats habe ich wohl lächerlich gewirkt. Ich war völlig erledigt, der Kopf drohte mir zu zerspringen. Ohne die Sicherheit, die mein Gemahl mir gab, der sich wenigstens in finanziellen und geschäftlichen Fragen auskennt, hätte ich den ersten Tag nicht durchgestanden. Die nächste Aufgabe wird es sein, den Großherzog zu meinem Mitregenten in den österreichischen Erbländern zu ernennen. Sonst kommen wir nicht vom Fleck. Sie sagen, das widerspreche der Pragmatischen Sanktion, ich dürfe die

Macht nicht mit jemandem teilen. Aber ich gebe nicht nach. Dann muß ich jene Leute um mich scharen, die mir helfen, das Geheimnis des Herrschens zu begreifen. Und ich muß mich mit der Krönung in Ungarn und in Böhmen beeilen.

Ich schloß die Sitzung der Geheimen Konferenz wie im Traum. Ich erinnere mich, daß ich befahl, die Ausgaben am Hofe und in den Ämtern einzuschränken, die Zahlung von veralteten und unsinnigen Apanagen zu überprüfen. Deutete den Mumien an, daß ich mich entschlossen hätte, in den nächsten Tagen die seit dem Fall Belgrads inhaftierten Generale zu amnestieren. Ich muß das Heer und das Volk für mich gewinnen. Das zustimmende Nicken der Greise allein wird mich nicht retten.

Unlängst bin ich in das neue Arbeitszimmer umgezogen. Es ist Nacht. Über die Fensterscheiben fließt heftiger Regen. Noch nicht, lieber Franz, lassen Sie mich noch, drei Tage habe ich ein Vorrecht, wie es nur Herrscherinnen zusteht: allein zu sein beim Licht kostbarer Leuchter. Allein will ich in das Geheimnis der Macht eindringen. Die Nacht scheint mir dazu am geeignetsten. Unsere Städte schlafen. In den verräucherten Schenken bewegen sich unsere Spione (auch Gräfin Elisabeth Friz, meine Hofdame), glückliche Paare lieben sich, und unglückliche sündigen in Wollust. Ich stehe über ihnen wie ein Gott. Nehme an ihren Tagen und Nächten nicht teil, aber ich wache darüber, daß niemand sie stört. Tief in mir wacht mit mir auch das empfangene Kind, es spannt mir die Haut und füllt mir die Brüste mit unendlicher Energie.

Ich sollte mich um das Morgen ängstigen. Die Verdoppelung jedoch gibt mir besondere Kühnheit. Erst in diesen spannungsgeladenen Tagen habe ich sie an mir bemerkt. Ich fühle mich gesund und frisch wie nie zuvor. Die Last ist von mir abgefallen. Hätte ich nicht für meine Länder und auch für mich strenge Trauer angeordnet (hörst du, Maria Theresia, eine dreiundzwanzigjährige Frau und ordnet schon an!), dann würde ich durch die langen Flure der Hofburg in den Ballsaal hüpfen. Würde tanzen bis zum Morgen. Ich erschrecke vor mir selber. Bin unverwüstlich. Das Leid und der mangelnde Schlaf der letzten Tage haben mich nicht geschwächt. Alle Zaghaftigkeit ist geschwunden. Ich entdecke die eigenen Möglichkeiten. In der Einsamkeit erkenne ich, daß ich nicht allein bin. Ich habe Lust, mich der ganzen Welt entgegenzustemmen. Den jungen Rükken stützt der Glaube der Welt, und mich schiebt Gott selber vorwärts.

Nachts trage ich meine Kämpfe mit mir aus. Ich kreuze die Klinge mit der eigenen Kleinheit, und ich werde einigen aufgeblasenen Gernegroßen die Brust aufreißen. Noch kennen sie mich nicht, und wenn sie mich zu kennen glauben, irren sie sich in mir. Mit dem Kind unterm Herzen steche ich zehnmal schärfer zu.

2

Er kniff die Augen zusammen, doch die schweren Pilaster wichen nicht zur Seite, die kühnen Bögen entfernten sich nicht voneinander, das Gewölbe krachte nicht zusammen, die Malereien verblichen nicht, die Statuen der Bischöfe und Prediger zerschmolzen nicht, das riesige Altarbild riß nicht entzwei. Die mächtige Universitätskirche in Trnava, ein Bau des Pietro Spazzo, stand weiterhin fest gegliedert da mit ihren wohlberechneten Proportionen, sie widerstand dem Novembernachmittag und der unbezwingbaren Schwermut, die Adam plötzlich überkommen hatte. Die zwei hochgereckten Finger der Türme überragten um das Dreifache das Meer der Bürgerhäuser und die Hütten der Armen. Das Innere der Kirche zog nicht nur das einfache Volk an, sondern insbesondere Menschen des Geistes und Wissens, die der katholischen Kirche treu waren. Ihr warm getönter

Marmor hatte Adern wie die toten Frauenleiber im Obduktionssaal. Jeden Schatten und Halbschatten, jeden Widerschein des Lichts von draußen hatte der italienische Baumeister zum höheren Ruhm Gottes in Kunst verwandelt, eine Kunst gefälliger Kurven, reicher Marmorfältelung, üppiger Seiden und Samte, Fahnen und Baldachine, gebrochener Simse und Dächlein, Vasen mit steinernen Blumen, Kartuschen mit malerischen Wappen. Alles scheinbar fein und zart, dabei gemeißelt aus unterschiedlichen Arten von Stein und Marmor, zusammengetragen aus ganz Europa. Je weniger Licht, um so wirklicher war diese Welt, um so weicher und wärmer wirkte sie. In den Seitenkapellen wiegten sich Heilige, gewannen die führenden Männer der Gesellschaft Jesu Leben, ebenso die Bischöfe, die den Orden unterstützten. Gott war weit vorn, und das rote Lämpchen vor dem Altarschrein schaffte es nicht, ihn zu erhellen. Er thronte hoch über dem dunklen Altarbild, verlor sich im Dämmerlicht, sein Glanz verblaßte hinter den goldenen und silbernen Bögen des massigen Rahmens. Die Lobpreisung war hier größer als der Gepriesene.

Ja, fuhr es Adam Kollár durch den Sinn. Das ist das Wesen der Gesellschaft Jesu, ihrer Universität, ihrer Kunst, ihrer Bilder und Statuen, Lehrbücher und Gesänge, Wörterbücher und Vorträge. So wie das Innere der Universitätskirche mit ihren riesigen Ausmaßen auf den zwanzigjährigen Theologiestudenten eindringt, ihn mit seinen Marmoradern umfängt, ihm autoritativ befiehlt, sich in die Welt der anderen hineinzudrängen, so macht es die Gesellschaft Jesu mit ihren Kämpfern Tausenden von Menschen in der ganzen Welt unmöglich, das wahre Geheimnis Gottes zu begreifen. Das Geheimnis, das einfacher sein muß als das des Gottes der Philosophen, Aristoteliker und Thomisten. Das Geheimnis, das die Mutter von Adam und Ignac Kollár in Terchová begriffen hatte, wenn sie in ihrem Holzkirchlein kniete, das nichts zu tun hatte mit der Kunst eines Pietro Spazzo, eines Pozzo, eines Fischer von Erlach, eines Hildebrandt oder Bibiena; wenn sie sich vor der unwiderstehlichen Kraft der Vergangenheit verneigte, vor dem stillen Augenblick unter dem gestirnten Himmel, vor dem gütigen Menschen von den unbekannten Ufern Palästinas und seiner armen Mutter. Der Student der Theologie erschrak über sich selber. Er konnte sich des Gefühls der Vereinsamung an diesem Novembernachmittag nicht erwehren. Die Macht des Interieurs verstärkte nur noch den Aufruhr in seinem Inneren.

Adam Kollár hatte sich in die Kirche geflüchtet, um neugierig und kritisch zu lesen. Der Bibliothekar Ján hatte ihm den „Augustinus" des Bischofs Jansen und die „Gedanken" von Pascal geliehen. Er hatte sich dabei ausbedungen, Adam müsse ihm die Bücher jeden Abend zurück in sein Arbeitszimmer im Konvikt bringen und dürfe sie nicht innerhalb der Universität aufschlagen und lesen. Niemand dürfe wissen, daß der Student Adam Kollár die Jansenisten lese und von wem er sie habe. „Verstehst du Französisch, Adam?" – „Ich beherrsche schon Deutsch, Latein und Griechisch. Jetzt lerne ich Hebräisch, Magister Ján." – „Dann gebe ich dir die deutschen Übersetzungen. Aber nichts geht über das Französische." Adam Kollár scheute sich jedoch aus einem unerfindlichen Grunde vor dem Französischen. In dieser Sprache sah er nur ein verhunztes Latein mit affektiertem weibischem Singsang, obendrein war es die Sprache des verdorbenen Hofes in Versailles, die Sprache Voltaires. Er kannte ihn nur vom Hörensagen und empfand Abscheu vor Voltaires Zynismus. Blaise Pascal zuliebe war er jedoch bereit, selbst das gallische Gesinge zu erlernen.

In der Kirche war es bereits dunkel. Zwei Kirchenweiblein traten mit Besen bewaffnet ein. Auf dem Marmor quietschte der Eimer. Vor dem Altar plätscherte Wasser, ein grauer Lappen glitt über die Stufen. Adam Kollár faßte sich an den Kopf. Auch das ist unser Orden. Äußerlichkeiten. In einer halben Stunde beginnt das

Bittgebet, gleich werden Kirchendiener hereinschlurfen und Dutzende von Kerzen entzünden. Die frömmeren Studenten werden in die Kirche treten, vor die Professoren, sie werden mit Fistelstimmen und in einem unnatürlichen, singenden Tonfall schöne Verse rezitieren, die durch unaufhörliche Wiederholung und Interpretation in der empfindsamen Seele für immer gestorben sind.

Dabei existiert irgendwo ein Mann namens Pascal, ein genialer Mathematiker von schwacher Konstitution, überfeinert und verschreckt. Er hat das Absolute in einer einzigen Nacht erlebt und verwirft seitdem den Gott der Philosophen und Wissenschaftler. Er hat begonnen, allein auf sich gestellt das zu suchen, was er Deus absconditus nennt: den sich verbergenden Gott. Auf seiner Suche wird Pascal zum Bundesgenossen einiger mutiger Geister im Kloster Port-Royal. Diese Festung des Königs hat stets gegen den König, die Verderbtheit des Hofes und gegen die Jesuiten gekämpft, die den König verteidigten. Der Streit mit Molina über die Ethik. Der Bischof der Stadt Ypern, Jansenius. Geächtet durch eine päpstliche Bulle. Er leitete von dem heiligen Augustinus das einzige ab, was sich von ihm ableiten ließ: Der Mensch als solcher ist ein Nichts, Gott muß sich ihn erwählen. Allein kann er sich nicht erlösen. Er muß tugendhaft leben, die weltliche Existenz verwerfen, von neuem beginnen. Nicht in die Welt eindringen, das Christentum nicht der verdorbenen Welt anpassen, keine Kniffe anwenden wie die Jesuiten, nicht die Eroberung der Welt vortäuschen, wo wir in Wirklichkeit längst aufgehört haben, Christen zu sein. Jansenius. Port-Royal. Die gelehrten Nonnen wurden ausgesiedelt, über ganz Frankreich verstreut. Der Sonnenkönig Ludwig XIV. ließ, so erzählt man, auf den Rat der Jesuitenpatres das Kloster dem Erdboden gleichmachen und das ganze Gelände umpflügen. Mit wem könnte ich darüber sprechen? Soll ich Mitglied einer Gemeinschaft sein, die Port-Royal vernichtet hat und die ihrerseits in den „Briefen an einen Landmann" von Pascal vernichtet wurde? (Wo kann ich ein Exemplar der „Briefe an einen Landmann" auftreiben?)

Das ist vor einem halben Jahrhundert geschehen. Heute ist vielleicht alles anders. Ein neues Jahrhundert. Ein anderes? Die Universitätskirche erdrückt mich durch ihre Höhe und ihre Ausmaße. Welche andere Sicherheit werde ich finden? Was hat Pascal gefunden? Kann man gegen die allgemeine Anschauung stehen, die von der Obrigkeit unterstützt und von der Autorität der achthundert Jahre alten Kirche untermauert wird? Haben sich die paar Nonnen in dem französischen Zisterzienserkloster nicht geirrt? Können Pascals Schwester und andere gelehrte Damen im Nonnengewand eine Autorität gegenüber den Bibliotheken des Vatikans darstellen? Werden sie die Sorbonne, Salamanca, Prag, Krakau, Wien überwinden oder auch nur dieses Trnava des Jahres 1740? Sie haben es nicht überwunden. Geblieben sind nur die Bücher, Zeugnis ihres Kampfes. Ich lege meine Hände darauf. Bücher, die verflucht wurden. Ich habe mich ihnen verschrieben. Es gibt kein Entrinnen mehr. Sie haben mir meine Ruhe genommen. Den Orden sehe ich schon mit anderen Augen an als damals, da ich Ignac von ihm erzählte. Die verbotenen Bücher bohren in mir wie Holzwürmer. Aus meinem Hirn fällt der Staub auf die Kirchenbank.

Und die Kirchenweiblein mit ihren Eimern säubern das Innere des neuen Doms.

„Kollár? Lieber Kollár! Salve, amice!*"

Adam begegnete Mikovíny auf dem Flur der Universität unweit des Katheders für Geographie. Unterm Arm trug der Professor zusammengerollte Landkarten.

„Ich fahre nach Preßburg!" Er winkte mit den Karten. „Ich bringe Bel weitere Karten für seine ‚Notitia'. Wollen Sie nicht mitkommen?"

* (lat.) Sei gegrüßt, Freund!

Adam geriet in Verlegenheit. „Wir machen morgen eine Exkursion nach Preßburg. Wir besichtigen den Martinsdom, die neuen Interieurs von Donner, die Trinitarierkirche und weitere Prunkstücke der neuen Baukunst."

„Lauter Kirchen . . ." Mikovíny verneigte sich spöttisch. „Sie wollten sich doch der Geschichte und der Sprachwissenschaft widmen? Der Besuch bei Matej Bel wird Ihnen ein Dutzend Vorträge auf diesem Gebiet ersetzen." Er beugte sich zu Adam. „Wäre das Interesse für die Naturwissenschaften nicht vorhanden – diese Bude hier würde eingehen. Es scheint jedoch, es wehen bessere Winde, und es wird uns gelingen, auch diese Lehranstalt zu modernisieren. Zum wahren Ruhm Gottes und zum Preis unseres Vaterlandes. Also was ist, Kollár? Kommen Sie mit? Sie können sich doch morgen Ihren Kirchenexkursisten anschließen."

Schickt es sich, daß ein Jesuitennovize, Student der katholischen Theologie, mit einem bekannten Protestanten, einem Pietisten aus Halle zusammentrifft?

„Ich muß den Rektor um Erlaubnis bitten, Herr Professor."

„Wozu denn das, Kollár? Für das Krügel Bier nach dem Abendessen müssen Sie auch um Erlaubnis fragen, als wär's die Frau Mutter? Wir sind seinerzeit durchs Fenster gesprungen. Na, fürchten Sie sich nicht! Ich fordere Sie für die paar Tage als Gehilfen an. Ziehen Sie sich was Wärmeres an, packen Sie Ihre Bücher weg, und ab geht's!"

Bruchstücke aus der Lektüre auf der Fahrt mit der Postkutsche von Trnava nach Preßburg:

Die Größe des Menschen besteht darin, daß er sein Elend erkennt. Ein Baum erkennt sein Elend nicht. Es heißt also unglücklich sein, wenn man sich als unglücklich erkennt. Aber es heißt groß sein, wenn man erkennt, daß man unglücklich ist.

Der Mensch ist weder Engel noch Tier, und das Unglück will es, daß, wer einen Engel aus ihm machen will, ein Tier aus ihm macht.

Der Mensch soll jetzt seinen Wert schätzen. Er soll sich lieben; denn es gibt in ihm eine des Guten fähige Natur; aber er soll darum nicht die Niedrigkeiten lieben, die in ihm sind ... Er soll sich hassen, er soll sich lieben. Er besitzt die Fähigkeit, die Wahrheit zu erkennen und glücklich zu sein; aber er hat keine Wahrheit, die beständig oder ausreichend wäre.

Das Schweigen ist die größte Verfolgung; die Heiligen schweigen nie. Dazu ist freilich eine Sendung notwendig, aber ob jemand auserwählt ist, das läßt sich nicht kraft der Entscheidung eines Rates erkennen, sondern aus der Notwendigkeit zu reden. Und als Rom sprach und die Menschen dachten, es habe die Gerechtigkeit verurteilt, da formulierten sie es schriftlich. Sie zensurierten die Bücher, die dem widersprachen. Und je ungerechter sie uns verurteilten, um so gewaltsamer wollen sie uns das Wort nehmen, um so lauter müssen wir schreien, bis ein solcher Papst kommt, der beide Seiten hört und gerecht entscheidet, der die Ansichten der alten Kirche überprüft. Deshalb werden gute Päpste immer eine diskutierende Kirche finden.

Mikovíny: „Ach, der Monsieur Pascal? Fast hundert Jahre alt. Er gefällt Ihnen? Es ziemt sich nicht für einen Jesuiten, so etwas zu lesen.“ Er kicherte. „Aber bei Matej Bel werden Sie damit gut ankommen. Sie haben etwas miteinander gemeinsam, der evangelische Pietismus und der katholische Jansenismus. Ich sage Ihnen jedoch, Kollár, mir gefällt weder der eine noch der andere. Unsere Welt hat zur Genüge über wichtigere Probleme nachzudenken. Über die braucht man nicht zu meditieren, man muß den Schleier von ihnen herabreißen, muß enthüllen, woher sie rühren und welche Auswirkungen sie haben. Pascal schreckt schon im vorhinein vor den Tiefen des Weltalls zurück, obwohl wir erst anfangen, es zu erkennen. Lieber Junge, wenn Sie schon Pascal lesen wollen, dann nicht seine zeitbedingten Ausfälle gegen Ihren Orden und seine Polemiken. Lesen Sie seine Schriften über Mathematik, studieren Sie die Geometrie. Wissen Sie, daß Pascal für seinen Vater, der Steuereinnehmer war, eine Rechenmaschine konstruiert hat? Die wäre auch heute für uns nützlich, etwa in den neuen Textilwerkstätten. Sie könnte gut die Ballen gewebter Stoffe zählen." Der Polyhistor Mikovíny klappte Kollárs Buch zu. „Sie verderben sich die Augen. Ich würde mich nicht trauen, in der Postkutsche zu lesen. Meine Augen sind mein Kapital." Er zeigte auf die fruchtbare Ebene und die lieblichen Hänge der Kleinen Karpaten mit den Weinbergen darauf. „Die Augen brauchen wir. Schärfere Augen für diese sichtbare Welt. Wir gehen über sie hinweg, mit Verlaub, wie die Kälber. Kartographisch erfassen müssen wir sie. In Wort und Bild. Das Philosophengezänk lenkt uns nur auf einen Nebenweg ab."

Adam Kollár (im Geiste): Sie haben nicht ganz recht, Herr Professor. Die Taten des Menschen beginnen in seinem Kopf. Wenn wir uns nicht auch das klarmachen, was wir nicht sehen, dann werden wir das Gesehene nicht richtig sehen. Wenn neue Kräfte antreten und wir uns anschicken, uns die Natur zu unterwerfen, dann müssen wir wissen, was miteinander zusammenhängt, denn andernfalls werden wir uns selber vernichten. Die Fragen Pascals kann man nicht leichthin abtun.

Mikovíny: „Ich stamme aus einer protestantischen Familie, Kollár. Verzeihen Sie, wenn ich voller Stolz auf die gottgefällige Tätigkeit meiner Mitbrüder hinweise. In Ungarn hinken wir vielleicht um hundert Jahre hinter der gebildeten Welt hinterher, aber was das Niveau unserer Kenntnisse betrifft, so können wir uns sehen lassen. Unsere Bergwerkstechnik ist hoch entwickelt. Wir werden eine Hochschule für Bergbau haben. Bei uns arbeiten die Maschinen eines Isaac Potter und die wunderbaren hydraulischen Maschinen von Karol Hell. Auch sein Bruder Max Hell wird ein großer Gelehrter werden, das ahne ich. Zurück bleiben wir in anderer Beziehung. In der Konzentrierung von Intelligenz, in der Organisation unseres geistigen Lebens. Die Königliche Gesellschaft in London und die Französische Akademie der Wissenschaften in Paris bestehen schon fast ein Jahrhundert. Vierzig Jahre sind seit der Gründung der Akademie der Wissenschaften in Berlin vergangen. Vor fünfzehn Jahren bereits hat die Akademie der Wissenschaften in Petersburg ihre Tätigkeit aufgenommen. Nur bei uns gibt es nichts derartiges. Vor fünf Jahren hat Matej Bel mit seinen Freunden der Statthalterei Ungarns den Vorschlag zur Gründung einer wissenschaftlichen Gesellschaft eingereicht. Vorgesehen waren eine Sektion für Literatur, Geschichte, Geographie, Heraldik und Musik, ferner eine für die Rechtswissenschaft und schließlich eine dritte, die wichtigste – eine Sektion für Naturwissenschaften und Ökonomie. Die wissenschaftlichen Themen sollten koordiniert und die Arbeiten vor dem Forum der Gesellschaft verteidigt werden. Wir wollten eine Monatszeitschrift herausgeben, der Titel stand schon fest: Observationes Posonienses.* Und das Ergebnis? Der Vorschlag ist mit Staub bedeckt. Die adligen Herren in der Statthalterei haben kein Interesse an der Entwicklung der Wissenschaften, sie denken nur an ihre Privilegien. Vielleicht werden sich die Dinge jetzt bessern, da wir eine neue Herrscherin bekommen haben. Ihr Gemahl ist ein praktischer Mensch; wie ich höre, interessiert er sich für Naturwissenschaften. Doch was soll's? Klagen werden uns nicht weiterhelfen. Wir müssen eben auf unseren Gebieten ohne wissenschaftliche Gesellschaft arbeiten. Je eher auch ihr in Trnava euch von dem unfruchtbaren Aristotelismus befreit, um so besser. Aber lassen Sie den Kopf nicht hängen, Kollár! Wenn ich nicht an Sie glaubte, säßen Sie nicht hier bei mir. Sieh da, unsere Hauptstadt!“

* (lat.) Preßburger Beobachtungen.

3

Die Tage in Preßburg beseitigten nicht die Zweifel und ließen den Widerstreit der Argumente im Kopf des jungen Theologen nicht zur Ruhe kommen. Was er sah und hörte, schuf nur neue Probleme, riß neue Abgründe auf.

Die Exkursion nach Preßburg. Veranlaßt und ermöglicht hatte sie Fürst Imrich Esterházy, der Erzbischof von Esztergom, Primas von Ungarn und Dozent für Philosophie und Glaubenslehre an der Universität. Ein Greis von dreiundsiebzig Jahren. Hat er Donner geschaffen, oder hat Donner ihn geschaffen?

Dieser Raphael Donner und sein Umbau des St.-Martins-Doms. Was ist mehr, das alte Gesicht des gotischen Doms oder das neue, Donners Gesicht? Und was ist mehr, der Künstler oder sein Werk oder der Mann, der die Kunst ermöglicht? Den die Kunst abbildet?

Die Gruppe der jungen Theologen trottete wie eine Herde durch die novemberlichen Straßen Preßburgs. Sie sollten die Räume kennenlernen, in denen sie dereinst wirken würden. Die Kirchen würden ihre Arbeitsstätten sein. Die Universität wollte, daß sie die neue Kunst begriffen.

Es begleitete sie ein kleiner vierzigjähriger Mann mit schwarzen Haaren, ohne Perücke, mit großen und unendlich traurigen Augen: der Meister Georg Raphael Donner, bis zum vorigen Jahr Angestellter des Fürsten und Erzbischofs Esterházy.

„In die Werkstatt werde ich die Herren nicht führen. Sie befindet sich im Sommerpalais des Erzbischofs. Demnächst gehe ich für immer nach Wien, deshalb herrscht eine heillose Unordnung darin. Ich führe einen Auftrag für das alte Rathaus in Wien zu Ende. Den Andromedabrunnen."

Er sprach leise und wirkte müde.

Den Studenten hatte er sich angeschlossen, als sie staunend inmitten des Domes standen und den gewaltigen Altar betrachteten. Unter den mittelalterlichen Gewölben hatte Meister Donner das zeitgenössische Interieur des triumphierenden Barock hervorgezaubert. Über dem Altar bäumte sich ein Pferd mit Reiter auf, als wollte es auf die hier Versammelten herabspringen.

„Die Legende vom Bischof Martin kennen Sie alle."

Der Mantel zerriß unter dem Schwerthieb, als wäre er nicht aus Blei gegossen.

„Wie ist Ihnen dieser Abguß gelungen? Die Technik des Bleigusses ist doch in unseren Ländern nicht entwikkelt."

Meister Donner schwieg. Dann sagte er nur knapp: „Ein Geheimnis, liebe Herren."

Das Bein des Bettlers kann sich jeden Augenblick bewegen, der Ärmste wird vom Altar herabsteigen. Seine Muskeln sind durchmodelliert, ganz und gar nicht bettlerhaft, dachte Adam Kollár. Der heilige Martin trägt eine Husarenmütze. Meister Donner hat den Auftrag getreu ausgeführt. Alles ist da, was der Primas von Ungarn gewünscht hat, aber darüber hinaus noch viel mehr. Eine wohldurchdachte Komposition. Der heilige Mann, der Helfer der Armen, wird fortan im Preßburger Krönungsdom auf die Mächtigen dieser Welt herabschauen.

„Vielleicht wird man hier unsere junge Königin krönen", bemerkte ein Novize.

„Das ist der Raum für die Krönung einer wunderschönen Frau", sagte selbstbewußt Meister Donner. „Von der Seite werden diese Engel sie bewundern und sich vor ihr verneigen." Meine Engel, dachte Donner. Zwei überlebensgroße Jünglinge, die uns Arme von oben betrachten.

„Wie lange die Arbeit gedauert hat? Zwei Jahre. Da hat natürlich die ganze Werkstatt mitgearbeitet . . . Ja, in Preßburg. Das ist meine Stadt, das sind meine elf besten Jahre."

„Warum gehen Sie dann fort?"

Donner antwortete nicht. Setzte sich in eine Bank. Er wollte ihnen noch das Werk zeigen, mit dem sein Wirken in dieser Stadt begonnen hatte. Eine völlig neue Lösung: die Einheit von Bau und Interieur. Die Kapelle des heiligen Johannes des Almoseniers. Offenbar faszinierten Donner Armut und Almosen.

„Das war ein Auftrag des Primas. Er hat mir sehr detaillierte Anweisungen gegeben."

Die Studenten wußten, daß Imrich Esterházy über diesen Heiligen ein Buch geschrieben hatte. An der Universität hatte man ihnen gesagt, der Erzbischof habe im Verlauf von zwanzig Jahren zehn Millionen Gulden für die Armen gestiftet. Er hatte Klöster und Waisenhäuser gebaut, hatte goldene Kreuze aus den Schatzkammern verteilt. Hunderte Studenten studierten für sein Geld. Internate und Mensen wurden mit seinem Geld unterhalten. Seinem Geld? Das Geld einer riesigen Erzdiözese. Die umfaßte mehr als die Hälfte aller ungarischen Komitate. Raphael Donner und die meisten Zeitgenossen waren davon überzeugt, daß der greise Primas ein guter und gelehrter Mann sei, eine Zierde der Kirche. Er hatte keine Mätressen und mischte sich nicht in die Politik wie die französischen Kardinäle.

„Den Bau hat einer der besten Baumeister unserer Epoche entworfen, der Meister Josef Fischer von Erlach. Mit meiner Hilfe, unter meiner Mitarbeit. In diesem mittelalterlichen Koloß wollten wir eine andere Welt hervorzaubern. Urteilen Sie selbst."

Sie traten in die Kapelle. Das Licht kam von links aus einem einzigen Fenster. Es beleuchtete die Zauberwelt von weißem und rotem Marmor.

„Dem Eingang gegenüber habe ich den Altar des Heiligen errichtet. In dem Schrein oben sind seine Reliquien. Rechts in der Nische verneigt sich Seine Eminenz, der Primas, vor dem Heiligen. Die Figur ist aus Carraramarmor. Der Betschemel ist aus rotem Sütto-Marmor. Stammt vielleicht jemand von dort?"

Auf Adam Kollár machte der Altar einen zwiespältigen Eindruck. Er wird von Engeln beherrscht, schönen Jünglingen. Doch die Huldigung für den Mäzen auf der rechten Seite ist ein Zweikampf zwischen Schenker und

Beschenktem. Wer ist größer? Donner hat den Primas in anmutigem barockem Schwung modelliert. Seine Adoration wirkt erhaben. Ein Asket in unserem genußsüchtigen Jahrhundert. Donner ist größer.

Sie nahmen in der Kapelle Platz, aber Donner forderte sie durch eine Geste auf, ihm wieder ins Hauptschiff zu folgen. Dann verließen sie den Dom. In der Kapitelgasse, auf halbem Weg zu der neuen Kirche der Elisabethinerinnen, begann er zu sprechen. Die zwanzig jungen Männer aus den slowakischen Komitaten hingen an den Lippen des traurigen Meisters. Von ihm ging Schwermut aus. Hatte er nicht alles im Leben geschaffen, was er schaffen konnte? Ob er sich vielleicht bewußt wurde, daß seine beispielhafte Treue den Auftraggebern gegenüber (er hatte ja doch die wunderschönen Frauenstatuen und Nymphen auf dem Wiener Neumarkt gestaltet, die Reliefs des Kaisers und seiner Generale, vielleicht wird er auch die schöne junge Königin modellieren) ihn auf einen Zickzackweg geführt hatte, der nur zufällig mit seiner erträumten Bahn zusammenlief? Hatte er nicht jeden Auftrag auf vollkommene Weise erfüllt und damit die Menschen nicht zur Demut, sondern zum Stolz auf das eigene Ich und seine schöpferische Kraft aufgerufen? Er erzählte den Novizen von seiner Kindheit. Der Vater Zimmermann in Eßlingen, einem kleinen österreichischen Dorf. Viele Geschwister. Als Elfjähriger Lehrling bei einem Goldschmied in Wien. Dann Lehrling bei dem Bildhauer Giuliani. Die Zisterzienserväter. „Kirchenfürsten haben mir zu leben ermöglicht. Der Salzburger Erzbischof Harrach und andere.“ Das Treppenhaus des Schlosses Mirabell. „Der Erzbischof starb, und ich mußte gehen. Dann nahm mich der Fürst Esterházy in Preßburg auf.“

Er stolperte auf dem holprigen Pflaster vor der Klarissinnenkirche.

„Entschuldigen Sie, ich bin müde. Und habe viel Arbeit.“

Er begleitete sie nicht mehr in die neue Kirche der

Elisabethinerinnen. Ebenfalls sein Werk. Donner. Seine Augen konnte man nicht vergessen. Die Trauer eines großen Menschen.

Vom Hause Matej Bels vor den Mauern der Stadt bot sich ein schöner Blick auf die Burg. Es dämmerte. Samuel Mikovíny breitete die Karten für das gigantische Werk Matej Bels aus.

„Die ‚Notitia Hungariae'* wird eine Enzyklopädie unseres Landes werden. Seien Sie glücklich, daß Sie sehen, wie sie geboren wird", rief Mikovíny begeistert und vergaß fast, Adam Kollár den anderen vorzustellen. „Der verehrte Herr Bel hat den grandiosen Plan, alles über Ungarn in der Vergangenheit und der Gegenwart zusammenzustellen und herauszugeben. Was für eine wunderbare Aufgabe! Wir hinterlassen unseren Nachkommen eine Chronik des gegenwärtigen politischen, wirtschaftlichen und sittlichen Lebens. Eine Beschreibung der Sprachen, der Sitten und Gebräuche aller Völker Ungarns, des mineralischen Reichtums, eine Zusammenfassung der historischen Quellen, alles nach den einzelnen Gespanschaften gegliedert. Schon sind die ersten Bände über die Gespanschaft Preßburg und die Hauptstadt selber, über Turiec, Zvolen und Liptov erschienen. In Vorbereitung befinden sich Pest und Pilis, ihm wird Novohrad folgen . . ."

„Wie schaffen Sie das alles? Eine übermenschliche Aufgabe für einen einzelnen."

Mikovíny lächelte. „Ein ganzes evangelisches Lyzeum arbeitet mit. Die Studenten erhalten vor den Ferien ihre Aufgaben und Befragungsblätter. Sie wandern den ganzen Sommer durchs Land und ermitteln die benötigten Fakten. Außerdem hat Herr Bel hervorragende Physiker und Ärzte um sich versammelt."

„Laß unseren jungen Freund fragen, Herr Bruder. Ich will mich mit ihm bekannt machen." Matej Bel. Eine kräftige slowakische Gestalt, markant geschnittener

* (lat.) Wissen über Ungarn.

Mund, tiefe Stimme, lange Perücke. Weißes Halstuch. Bis jetzt hatte er deutsch gesprochen. Jetzt wechselte er ins Tschechische über. „Willkommen bei uns."

„František Adam Kollár aus Terchová, Student der Philosophie und Theologie in Trnava", stellte sich Adam vor.

„Aus Terchová? Sieh an! Auch ein waschechter Oberländer. Was ist schöner, Terchová oder Očová?"

„Die ‚Notitia' wird das am gerechtesten beurteilen", mischte sich Mikovíny scherzhaft ein.

„Also können wir uns auf heimische Art verständigen." Matej Bel ging zur mittelslowakischen Mundart über. Adam Kollár erzitterte. Er vernahm die Stimme der Heimat. Als spräche sein Vater. Diese Weichheit und Würde!

„Lehrt bei euch noch der Pater Timon?"

„Nicht mehr, mein Herr. Er weilt schon seit ein paar Jahren im Jesuiteninstitut in Košice. Mir scheint, er hat dort für immer Wurzeln geschlagen."

„Ein anderer Wirkungskreis, andere Ziele", murmelte Bel und bat den jungen Gast in sein Arbeitszimmer. „Der Osten geht seinen Weg."

Matej Bel mochte die aus dem Osten nicht allzu gern. Er war mit dem Physiker Daniel Fischer aus Kežmarok in Streit geraten. Fischer hatte ebenfalls vorgeschlagen, eine gesamtungarische wissenschaftliche Gesellschaft zu gründen. Sie waren wohl aufeinander eifersüchtig.

„Das wertvolle Werk des Paters Timon, ‚Das Bild des alten Ungarn', haben Sie sicher gelesen. Was sage ich – studiert!"

„Ja, mein Herr."

„Und Ihr Urteil darüber?"

„Mir steht es nicht zu, es zu beurteilen. Aber ich glaube, es kann uns allen im Verein mit Ihrem Werk ein Beispiel sein."

Mikovíny und Bel lachten. „Sieh mal an, was für ein Diplomat! Ausgezeichnet, Herr Bruder!" Bel wandte sich Adam zu. „Timon ist vor allem Historiker. Darin liegt seine Größe. Er hat die Geschichte der Völker Ungarns, vor allem von uns Slowaken, auf eine höhere Stufe gehoben. Er hat die Quellenangaben gesammelt, setzt sich kritisch mit den Legenden auseinander, die uns nicht weiterbringen und nur eine Zielscheibe des Spotts bilden. Er tritt für den Frieden und für die Zusammenarbeit der Völker unseres Landes ein. Wie schön klingen doch seine Worte über unseren Beitrag für das gemeinsame Vaterland:

„So nahmen also die Magyaren unsere Slowaken, von denen wir gesprochen haben, gastfreundlich auf. Schon achthundert Jahre lang tragen sie gemeinsam alles Gute und Schlechte. Gemeinsam leben sie, gemeinsam sterben sie. Viele Söhne des slowakischen Volkes wurden in den Adelsstand erhoben; sie erwarben große Besitztümer und wurden die Stammväter zahlreicher, heute schon sehr alter Geschlechter, die vom Vaterland weniger nehmen, als sie ihm geben. Sie zeichnen sich durch Verstand und durch umfassende Rechtskenntnisse aus. Ohne sie wären die Gerichtssäle leer und verlassen. Selbst die niedrigsten Kinder dieses Volkes sind rührige Bauern, die in allem ihren Grundherren gehorchen."

Das robuste Latein verklang, Mikovíny klatschte Beifall. Adam Kollár saß vorgebeugt auf dem hohen Stuhl. Sein Blick wanderte zum Fenster. Hinter der Burg, wo der Burghauptmann und Gespan János Pálffy residierte, ging die Sonne unter. Aus der Perspektive der Burg und der Hauptstadt sah alles anders aus. Aus den Fenstern des Arbeitszimmers eines Polyhistors sah wieder alles anders aus. Ich bin jung und erinnere mich gut an meine Eltern, an ihre verrunzelten Gesichter, die Gesichter „rühriger Bauern, die in allem ihren Grundherren gehorchen". Wann ist Matej Bel je wieder in seinem heimatlichen Očová gewesen? Hier liegt das Dilemma bei den Bemühungen der Gebildeten unserer Zeit. Wenn wir emporsteigen wollen, müssen wir vergessen. Je größere Ehren uns zuteil werden, um so weniger dürfen wir die Not sehen, aus der wir hervorgegangen sind. Matej Bel beweist durch sein Leben, daß man sich hocharbeiten kann. Er ist der Sohn eines armen leibeigenen Metzgers, aber er wurde auf Adelsschulen erzogen. Hat an der Universität bei den deutschen Pietisten in Halle studiert. War Rektor des evangelischen Lyzeums in Banská Bystrica, das die Deutschen Neusohl nennen. Nach der Niederschlagung des Rakóczi-Aufstands ist er mit knapper Mühe dem Galgen entronnen. Er ist noch Protestant, aber er rebelliert nicht mehr. Die Wissenschaft ist für ihn die Erfüllung. Kaiser Karl VI. hat ihm eine jährliche Leibrente ausgesetzt. Er ist Pfarrer der deutschen evangelischen Gemeinde in Preßburg. Man überhäuft ihn mit Ehrungen. Er ist Mitglied der Londoner Königlichen Gesellschaft und der Berliner Akademie. Wird das auch mein Weg sein?

Das Läuten der Türglocke riß ihn aus seinem Grübeln. Man führte einen neuen Gast herein. Einen bedrückt aussehenden Mann in mittleren Jahren.

„Der Herr Bruder Pavol Doležal, Lehrer an der evangelischen Schule in der Jungferngasse", stellte ihn Mikovíny vor.

„Sie vergaßen hinzuzufügen – einer Mädchenschule", sagte scherzend Matej Bel. Erst als ihm Mikovíny etwas zuflüsterte, entschuldigte er sich.

„Verzeihen Sie, Herr Bruder. Mein aufrichtiges Beileid. Möge Sie der Allmächtige in Ihrem großen Leid trösten, und möge Ihre geliebte Frau die ewige Ruhe finden. Alle streben wir dahin, zu unserem Herrgott."

Adam Kollár war betroffen, nicht nur über den Tod einer ihm unbekannten Frau, sondern mehr noch über den plötzlichen Ansturm von Andersgläubigen. Sie waren von ihren Studien in Halle und Wittenberg als begeisterte Anhänger des Pietismus zurückgekehrt. Trugen in sich die brennende Sehnsucht, die ihnen Anvertrauten auf den Weg sittlicher Reinheit zu führen, sie vor den

Gefahren der Umwelt, einschließlich der offiziellen Kirche, zu schützen. Der Streit der slowakischen Pietisten mit dem Superintendenten Daniel Krman war dafür ein Beispiel. Von Doležal sagte Matej Bel voller Stolz: „Dieser Mann ist ein strenger Richter der menschlichen Sitten, und diese Strenge trägt ihm großen Haß ein."

Daraufhin holte Mikovíny die Bücher Pascals und Jansenius' aus Kollárs Tasche. Gespannt und respektvoll hörten sich die Anwesenden die Auszüge an. Es entwikkelte sich eine lange theologische Debatte. Sie drehte sich vor allem um die unlösbare Frage der Prädestination, der Gnade und des freien Willens des Menschen. Matej Bel versuchte die Diskussion zu beenden: „Wir stimmen wenigstens in einem überein: Alle sind wir Rebellen im Namen des Herrn, im Interesse der uns anvertrauten Herde."

Pavol Doležal zog Kollár in eine Ecke.

„Man hat mir gesagt, Sie seien ein Sprachphänomen."

„Das ist gewaltig übertrieben. Aber ich bemühe mich, mir außer den alten Sprachen auch alle slawischen Sprachen anzueignen."

„Das interessiert mich ungemein. Ich schreibe nämlich eine Grammatik der slowakisch-tschechischen Sprache. Damit Sie mich recht verstehen: die Grammatik der Sprache, die wir alle hier im Lande der Slowaken sprechen. Das ist nicht mehr das klassische reine Tschechisch, aber es ist auch nicht die Sprache des gemeinen Volkes, sondern nur der kultivierten Slowaken. Wenn Gott es mir vergönnt und ich die Arbeit beenden kann, wird der große Matej Bel mir die Ehre erweisen, ein Geleitwort zu meinem Buch zu schreiben. Es sollte eine Bibel unserer Gebildeten werden, ein Tor zur Sprache für unsere Menschen. Ein wichtiger Beitrag zur Entwicklung der Nation."

Sie debattierten bis in die Nacht. Doležal erklärte, wie er die slowakische Grammatik schaffen wollte, ohne das Lateinische nachzuahmen. Er stritt mit Adam Kollár, ob es vorteilhafter sei, nach dem Muster des Hebräischen die Masculina von den Feminina und Neutra zu trennen und die Deklination nach dem Stamm der Hauptwörter vorzunehmen. Hauptwörter müssen nicht auf die gleiche Art dekliniert werden, wenn sie die gleiche Form im Genitiv haben. Sie stimmten darin überein, daß man die Verben in sechs Klassen einteilen müsse, tauschten ihre Meinungen darüber aus, welche die geeignetste Transkription für die weichen slowakischen Vokale sei. Ja, ihr Herren, habt ihr denn schon vergessen, daß ihr unterschiedlichen Glaubensbekenntnissen angehört?

„Keine Angst, mein katholischer Bruder", rief Mikovíny gutgelaunt. „Unser Matej Bel, die Zierde Ungarns, hat, obwohl evangelischer Pfarrer, nach dem ersten Band der ‚Notitia' von Papst Clemens XII. eine Medaille erhalten! Mit dem Inhaber einer päpstlichen Medaille darf auch ein Novize der Gesellschaft Jesu sprechen!"

„Und mit ihm streiten!"

Inzwischen bewirtete sie der Hausherr mit jungem, noch gärigem Wein aus Modra. Dann holte er aus einer Schublade ein Manuskript.

„Bruder Pavol hat seine Grammatik noch nicht beendet. Die Arbeit kann noch Jahre dauern. Ich bin überzeugt, er wird sie erfolgreich meistern. Ich habe jedoch das Vorwort zu seinem Buch im Konzept schon fertig. Wo wir nun einmal so schön beieinander sitzen, erlaubt mir, meine Brüder, euch daraus vorzulesen: ‚Aus eigener Erfahrung – ich bin ein Liebhaber und Kenner der slowakisch-tschechischen Sprache – füge ich hinzu, daß sie mit allen europäischen Sprachen an Schönheit wetteifern kann. Sie bleibt an Ernst und Würde nicht hinter dem Spanischen zurück, an Anmut und Zartheit nicht hinter dem Französischen, kommt dem Englischen an Kraft und Pathos gleich, dem Deutschen an Reichtum des Gefühls und Ausdrucksfülle, dem Italienischen an Lieblichkeit und Süße, und sie steht schließlich auch an herrischer Strenge dem Ungarischen nicht nach. Diese hervorragenden Eigenschaften besitzt sie dann, wenn gelehrte, wortgewandte und gesellige Menschen sie gebrauchen.'"

Matej Bel setzte sich und wischte sich die Stirn. Das Manuskript legte er behutsam in die Schublade zurück. Die Anwesenden applaudierten, sie waren glücklich. Sie tranken Wein, ihre Augen hingen gerührt an dem klugen Gesicht des Gastgebers.

Doležal faßte Adam unter, begeistert, einen ebenbürtigen Partner gefunden zu haben. Er verwickelte ihn in eine Diskussion darüber, ob es richtig sei, nomen mit „Name" oder mit „Hauptwort" zu übersetzen, adjectivum mit „Beifügung", und über vieles andere. Bis zwei Uhr nachts setzten sie die Debatte fort, bis sich dann alle in der kalten Veranda zur Ruhe niederlegten. Matej Bel deckte sich mit Schaffellen zu, für Adam fand sich sogar ein dickes Bärenfell.

Über die Stadt unter der Burg wehte von den Hängen der Karpaten her ein kräftiger Nordwind. Gegen die Fenster der Veranda klatschten große Regentropfen. In der stillen Nacht hallten sie wie Gewehrschüsse.

4

„Protestieren Sie! Protestieren Sie! Der bayrische Kurfürst ist vom Protestieren besessen!" Der preußische König Friedrich wedelte mit dem Brief, den er soeben durch Eilkurier von Karl Albert bekommen hatte. Mit spöttischer Stimme las er laut vor: „Wir, Kurfürst von Bayern, protestieren feierlichst gegen die Pragmatische Sanktion und die Aneignung von Titeln seitens der Tochter des verstorbenen Kaisers. König von Böhmen und Souverän eines beträchtlichen Teils von Österreich sind nicht Sie, Madame, sondern von Rechts wegen Wir; welches Recht mit Gottes Hilfe zu behaupten Unser fester Entschluß ist." Der König reichte das Blatt seinem Außenminister Podewils. „Ziemlich großmäulig, nicht? Der Himmel wird ihm helfen, sich sein Recht zu erkämpfen." Ironisch sah er Podewils an. Die Kolonnade des Schlosses Rheinsberg verdeckte den Himmel, zwischen den Säulen sah man nur auf den See. „Dem Himmel ziehe ich gut ausgebildete Regimenter vor, stimmt's, Schwerin?"

„Der bayrische Protest ist peinlich und gehört nicht zu den Glanzstücken in der Geschichte der Diplomatie", bemerkte Podewils.

„Er schafft jedoch Aufregung und lenkt die Aufmerksamkeit auf Bayern. Und das kann für uns von Nutzen sein. Wir werden nicht protestieren. Wir werden schweigen, aber das Unsrige tun."

Der bayrische Kurfürst Karl Albert aus dem Hause Wittelsbach hatte persönliche Gründe, die Habsburger zu hassen. Sie hatten seine Jugend verdüstert. Während des Spanischen Erbfolgekrieges hatten die verbündeten kaiserlichen und englischen Armeen Bayern besetzt. Den jungen Albert und seine drei Brüder setzten sie gefangen. Er war damals erst sieben Jahre alt. Besuchte in österreichischem Gewahrsam in Klagenfurt und Graz die Schule. Nach dem Tode des Kaisers Joseph I. verlor dessen Bruder und Nachfolger Karl VI. Spanien, und nach Abschluß des Friedensvertrages entließ er die jungen Wittelsbacher nach Bayern. Maßvoll, wie er war, hielt er es nicht für klug, einen Feind zum Nachbarn zu haben, allein schon im Hinblick auf die beabsichtigte Pragmatische Sanktion. So wurde die Tochter Josephs I. mit Karl Albert verheiratet, wobei die Wittelsbacher allerdings jedwedem Anspruch auf die österreichischen Länder entsagen mußten. Maria Amalia war eine schöne Frau mit großen Augen und spanischem Temperament. Gewiß ein ansehnliches Versöhnungsgeschenk der Habsburger. Doch die zehn Jahre österreichischer Gefangenschaft – auch wenn sie eine Kavaliershaft war – kann Karl offenbar bis zu seinem Tode nicht vergessen; er wird jede passende Gelegenheit ergreifen, um sich an der Tochter des Kaisers zu rächen.

„Ich habe keine persönlichen Gründe, der wunderschönen österreichischen Erzherzogin und neuen ungarischen und böhmischen Königin zu schaden." Friedrich blieb an einer malerischen kleinen Brücke im Schloßpark stehen. Die Minister hatten nicht mit ihm Schritt halten können, er wartete auf sie. „Es wäre jedoch Sünde, die einzigartige Gelegenheit nicht zu nutzen. Meine Herren, ich habe mich entschlossen: Wir besetzen Schlesien!"

Feldmarschall Schwerin klappte der Mund auf. Beide Minister hatten geahnt, daß die zweitägige Einsamkeit des Königs in Rheinsberg in diese Worte münden würde. Als sie aber nun aus dem Mund des jungen Königs erklangen, pochten ihre Herzen schneller.

„Keine Sorge, meine Herren, wir machen uns sogleich an die Arbeit."

Erst eine Woche war seit dem Tode des Kaisers vergangen. Friedrich quälte die Grippe. Er hatte einige Tage im Bett verbracht. Hatte nicht einmal Kraft genug, die geliebte Flöte in den Händen zu halten. Vor zwei Tagen war die Nachricht vom Tode des Kaisers eingetroffen. Friedrich schnellte aus dem Bett hoch: „Der Kaiserthron ist frei!"

Das Fieber sank wie durch ein Wunder. Friedrich ließ Schwerin und Podewils rufen. Sie sollten gleich am nächsten Tage kommen. Inzwischen faßte er einen Entschluß. Alle anderen Interessen schob er beiseite. Es war nicht mehr die Zeit, sich an Voltaire zu berauschen, obwohl die Eindrücke von der persönlichen Begegnung vor einem Monat noch nicht verblaßt waren. Das Schlößchen Moyland bei Cleve. Voltaire war erst spät in der Nacht aus Brüssel eingetroffen. Eine Mondnacht. Der König hatte Fieber, aber für den Besuch des Philosophen kleidete er sich an. Bei Tisch Algarotti, Keyserling, der Bote nach Cirey, der große Wissenschaftler Maupertuis (Voltaire ist auf ihn eifersüchtig) und der preußische Gesandte in Holland. Das Abendessen. Gespräche über die Unsterblichkeit der Seele, die Freiheit, das Schicksal. Über Platons „Androgynoi", die Mannweiber in seinem

„Gastmahl". Der König spricht zu Jordan von seiner Begeisterung über Voltaire: „Er besitzt die Beredsamkeit des Cicero, die Sanftmut des Plinius, die Weisheit des Agrippa ... Sein Geist arbeitet unaufhörlich, jeder Tropfen Tinte wird unter seiner Feder zu einem geistreichen Bonmot. Er deklamierte uns seinen ‚Mahomet' ... Die du Châtelet ist eine glückliche Person, ihn zu besitzen. Besagte Minerva hat soeben ihr Werk über Physik herausgegeben; es enthält immerhin einige gute Sachen."

Jetzt liegen die Korrekturen des Anti-Machiavelli bereits unbeachtet da. Wenn ihn Algarotti drängt, entgegnet der König: „Es kommt eine für mein Buch ungeeignete Zeit, aber vielleicht wird sie mich berühmt machen."

Der Schwan von Padua ist überrascht, er versteht nicht, worum es geht. Der König jedoch schweigt. Es gibt Dinge, die man nicht einmal den liebsten Freunden anvertraut. Denen vor allem nicht. Die Freunde wissen nämlich, daß der König erst kürzlich ein Flugblatt verfaßt hat und es anonym herausgeben ließ: „Betrachtungen über den gegenwärtigen Zustand des europäischen Staatskörpers". Unter dem Pseudonym „Ein Engländer" schreibt er, daß „... der wahre Ruhm der Fürsten nicht darin besteht, ihre Nachbarn zu unterdrücken, die Zahl ihrer Sklaven zu vermehren, sondern die Pflichten ihres Amtes zu erfüllen und in allem der Absicht derer zu entsprechen, welche sie mit ihrer Macht bekleidet haben und denen sie ihre hohe Würde verdanken".

Ein paar Wochen später werden einige Freunde des aufgeklärten preußischen Königs daheim und im Ausland enttäuscht oder empört sein. Das berührt mich nicht! Sind vielleicht meine Prinzipien die dogmatische Summe einer unveränderlichen Moral? Wo habe ich je geschrieben, daß ich auf Krieg verzichte? Im Anti-Machiavelli sage ich klar und deutlich, daß der Krieg „aus einem Zwang heraus unvermeidlich sein kann". Ich führe auch die Gründe an: „Die Kriege, welche die Herrscher zur Aufrechterhaltung gewisser Rechte oder Ansprüche, die man ihnen streitig machen will, führen, sind nicht weniger gerecht (als Verteidigungskriege) . . ." Wer kann da behaupten, der preußische König weiche von seinen edlen Prinzipien ab?

Zur Sicherheit schickte er jedoch seine Freunde aus Rheinsberg nach Berlin und Potsdam.

Er blieb zwei Tage allein, bis der Entschluß endgültig gefaßt war; weitere vier Tage überprüfte er gemeinsam mit Schwerin und Podewils alle Aspekte seines Plans. Nur sie brauchte er dazu. Niemandem sonst verriet er auch nur ein Sterbenswort.

Er dachte über sich selber nach, forschte, woher sein Entschluß rührte. Vor ihm lag die Karte von Mitteleuropa. Der preußisch-brandenburgische Staat erinnerte an ein jämmerliches Hündchen mit abgehacktem Kopf und einer nach Ostpreußen ausgestreckten Zunge. Die Pfoten waren die verstreuten Besitzungen im Rheingebiet. Ein Hündchen zwischen großen Raubtieren: Frankreich und Großbritannien im Westen, Polen und Rußland im Osten; den Rest Europas im Süden nimmt das gewaltige Schwein der habsburgischen Länder ein. Ein plumpes Rechteck. Und obendrein ragt aus ihm die schlesische Faust hervor, Berlin drohend unter die Nase gereckt.

Brandenburg und Preußen kamen ihm wie verstümmelt vor. Wie ein Krüppel mit nur einem Arm. Ihm fehlte Schlesien.

Jetzt wußte er schon, daß alles mit Landkarten angefangen hatte. Gelobt sei (von vielen verflucht) der Erfinder der Karten, der Gutenberg der Großen und Mächtigen! Wie wundervoll ist es, zwischen Karten zu sitzen, ihre leuchtenden Farben einzusaugen, ihre phantastischen Formen zu studieren, die Krümmungen zu verfolgen, die unbekannte Länder, Flüsse und Straßen versinnbildlichen! Wie arm und ungebildet ist ein Mensch, der hinter den Punkten und Quadraten keine Siedlungen, Städte und Metropolen mit breiten Straßen, neuen

Palästen und schönen Frauen sieht! Welche Geheimnisse enthüllt die Karte den Lenkern menschlicher Schicksale und großer Reiche, den Verteidigern des Vaterlands, den Generalen und Eroberern! Wie hinreißend ist es, von oben auf die Welt zu blicken, von einem Punkt, höher als Schiffsmasten, Kathedralen und Dome, höher als die Alpen und die Karpaten! Aus der Höhe nicht nur der Schwalben und Möwen, sondern auch der Adler und Geier. Über Karten ganzer Kontinente und Ozeane gebeugt, kommt der Mensch Gott gleich. Er studiert die Welt aus der Höhe des Mondes und der Planeten, und dabei droht ihm nicht der Absturz des allzu kühnen Ikarus. Die Kartographie ist eine wertvolle Kunst der Abstraktion. Sucht mir rasch die Kartographen aus dem ganzen Land, aus ganz Europa. Ich werde sie kaufen, sie mir verpflichten, auf daß sie mich mit ihren Schöpfungen erfreuen. Ich werde sie in Potsdam versammeln, sie werden mir in dem neuen, noch nicht erbauten Palais (mein Plan von Sanssouci!) zwischen Spiegeln und den schönsten Marmorstatuen ihre Chiffren und Zeichen erklären. Die Apollo- und Venusstatuen werden sich vor meinen Kartographen verneigen. Erst jetzt werde ich mir bewußt, daß ein Herrscher nicht nur groß ist durch die Vielzahl reicher Bürger in seinem Land, durch die Größe der Armee, die Pracht der Paläste, durch die Porträts und Statuen, Münzen und Medaillen, sondern vor allem durch seine Taten, die sich auf Landkarten übertragen lassen. Es gibt keinen zuverlässigeren Maßstab für die Größe unserer Länder als die Umrisse unserer Territorien auf lithographischen Platten. Kein Mensch, der auf dem Gehsteig steht, in der Postkutsche fährt, auf einem Pferd galoppiert, gewinnt eine wirkliche Vorstellung von der Größe eines Staates. Er wird immer umgeben sein von Fenstern, Türen, Mitbürgern, der Blick bricht sich an dem nächsten Gebäude, der nächsten Mauer, einem Zaun, einer Baumallee, einem hochragenden Gebirge.

Nur die Karte ermöglicht es dem Menschen, seinen

Wohnsitz aus der Perspektive der Ewigkeit zu sehen. Nur die Karte befreit den Menschen und besonders einen Herrscher von der irdischen Zufriedenheit. Nur bedruckte Bogen Papier zeigen die reale Lage eines Staates in seiner Epoche und beim Aufstieg zum ewigen Ruhm. Nur aus der Karte kann man sein Elend herauslesen, die ungünstige Position, aber auch den Weg zur Erlösung, zur Korrektur, die Möglichkeit zur Veränderung des Zustands. Die Karte ist die Geliebte der großen Politik, und die Politik ist die Geliebte eines großen Herrschers. Die Politik sollten wir nicht hassen. Sie ist die Kunst menschlicher Gemeinschaften. Die Kunst der Herrschaft über Menschen, der Herrschaft von Menschen für Menschen. Die Politik muß man besser machen, ambitionöser, dann werden uns die Menschen loben und preisen wie die Erzengel. Die Politik ist die Selbstverwirklichung der Mächtigen. Ein guter Herrscher braucht keine andere Geliebte. Die Politik sollte die alltägliche Schinderei der Herrscher sein. Sie erfordert viel Kunst und zugleich viel reinen Verstand. Die Karte ist in ihrer anschaulichen Form und mit einer Fülle von Angaben über die Welt ein ideales Instrument der Politik. Ich würde sagen, sie ist die persönliche Waffe des Herrschers, des Generals, des Soldaten. Morgen wird sie die Bibel unseres Bürgers sein. Wir müssen unsere Kinder lehren, die Karte zu verstehen. Von früher Kindheit an. Vielleicht noch vor dem Alphabet und dem Einmaleins. Sie sollen ihr Vaterland betrachten, seine Lage und Form. Sie sollen sehen, wie der Verbündete aussieht und wie sich der Gegner ausbreitet. Meinen Bürgern und Soldaten soll sich das Bild Europas einprägen, so wie ich es jetzt vor mir habe und wie ich es nach meinem Willen verändern werde. Auch um den Preis von Hohn und Abneigung, von sentimentalem Greinen und dem Entsetzen von Dummköpfen, der Wut der betroffenen Feinde. Ich werde für mein Volk nicht nur Ruhm erwerben. Ich werde ihm neue Städte und Flüsse geben, neue Häuser und Dörfer, Fabriken und Speicher, Wohlstand, Kirchen und Kapellen. Es wird Abende der Ermüdung und Morgenstunden vor dem Kampf erleben, die Trauer der Sieger und die Stille der Friedhöfe, den Schrei von Neugeborenen und den Wirbel von Kommandos, Schlagzeilen in den Zeitungen und neue Grenzsteine, das Gefühl unbegrenzter Möglichkeiten und das Vertrauen auf die eigene Faust. Das wird mein eigentlicher Ruhm sein, mein Beitrag zur Geschichte.

Wenn der Lärm der Kämpfe verstummt, die Träne getrocknet und die Erinnerung verblaßt ist, dann wird das alles in glatten Stein gehauen werden. In Stein werden geduldige Kartographen mit Lupen gravieren, damit jeder heute und morgen erfährt, wie ich die Welt verändert habe. Es lohnt sich, zu leben und gesund zu werden, mein lieber junger Fritz, es lohnt sich, in dieser letzten Oktoberwoche an die aufreibende Arbeit zu gehen und das Land für den großen Marsch zu Allerseelen bereit zu machen. Auch wir werden einmal tot sein, und ich würde nur ungern mit einer einzigen Kerze brennen, ohne das Gedenken von Millionen.

„Sie fragen, warum gerade Schlesien?" Der König ließ das Frühstück abräumen und befahl, die Karten zu bringen. Er breitete sie zwischen den Tassen aus Meißner Porzellan und den Kännchen mit chinesischen Motiven aus. „Vor allem liegt Schlesien für uns offen da. Ich würde sagen: die Tür ist weit geöffnet. Ist es nicht so, Podewils?"

„Jawohl, Majestät. Die Grenzen sind offen. Kaufleute, Handwerker, Soldaten, Spione, alles strömt frei zwischen unseren Ländern hin und her."

„Uns bietet sich die einzigartige Möglichkeit, bis in den Dezember hinein auf schlesischem Gebiet geheime Proviantlager und Magazine für unsere vorrückende Armee anzulegen. Darüber reden wir später. Zunächst erlassen wir unverzüglich das Verbot, Getreide aus Brandenburg und Preußen auszuführen. Nach Schlesien sieht man wie in ein Schlafzimmer. Wieviel Soldaten hat Maria Theresia in der schlesischen Provinz?"

„Unsere Spione haben ein einziges Infanterieregiment mit vollem Mannschaftsbestand festgestellt, an die eintausendsechshundert Mann, sowie einige kleine Garnisonen", antwortete Marschall Schwerin.

„Vermutlich werden die Österreicher bis Jahresende ihre Kräfte ein wenig verstärken. Aber auch dann haben wir die zahlenmäßige Übermacht. Schlesien liegt schutzlos vor uns wie eine Jungfrau. Die österreichischen Festungen in Glogau, Brieg, Neiße, Breslau und Glatz haben nur minimale Besatzungen." Der Finger des Königs fuhr über die Karte. Von unten sickerten Teeflecke durch, eine Vorankündigung der Siege.

„Der Großteil der österreichischen Truppen steht im Süden auf Wacht gegen die Türken, ein anderer Teil in Italien und Belgien. Die österreichische Staatskasse ist leer", fuhr Marschall Schwerin fort. „Wir haben Berichte über Unruhen wegen ausbleibender Soldzahlungen. Die Obristen verringern den Mannschaftsbestand der Regimenter."

„Nur ein Dummkopf würde diese Chance nicht nutzen. Eine solche Gelegenheit bietet die Geschichte nur einmal. Im übrigen erreichen uns Berichte, wonach die deutschen Bürger in den schlesischen Städten, vor allem die Protestanten, den preußischen Einmarsch als Befreiung begrüßen werden."

Minister Podewils versuchte zu protestieren.

„Da bin ich mir nicht so sicher, Majestät. Der Reichtum Schlesiens beruht auf der entwickelten Leinen- und Tuchproduktion. Große Mengen werden über holländische Händler nach Großbritannien und Amerika exportiert. Wir sollten darauf bedacht sein, England, den traditionellen Verbündeten Österreichs, nicht zu erzürnen."

„Den schlesischen Kaufleuten wird sich der deutsche Markt öffnen. England ist eine Seemacht. Auf dem Kontinent kann es uns nicht schaden."

„Der englische König ist auch hannoverscher Kurfürst. Seine Stimme hat bei der Kaiserwahl Gewicht“, wandte der Minister ein.

„Lieber Podewils, wir können nicht auf alle alten Tanten im Hintergrund Rücksicht nehmen. Die Welt wird die Fakten anerkennen. Schlesien militärisch zu besetzen ist für uns ein Kinderspiel.“

„Ich möchte nur darauf hinweisen, Majestät, daß wir uns der Unterstützung der schlesischen Bürger nicht so sicher sein können. Außer über Holland führen sie ihre Waren auch über Österreich, über Triest aus. Sie könnten einen wichtigen Handelsweg verlieren.“

„Das überlassen wir unserer Handelskammer. Wegen einiger aufgescheuchter Großhändler werden wir doch nicht auf Schlesien verzichten! Der große Reichtum dieser arbeitsamen Werkstatt Europas macht es ja gerade empfehlenswert, diese Provinz Preußen so rasch wie möglich anzugliedern.“

Sie vertieften sich in die Karte, betrachteten das langgestreckte Land zu beiden Seiten der Oder.

„Die Oder ist ein hervorragender Versorgungsweg“, begeisterte sich Schwerin. „Wir können darauf Soldaten, Ausrüstung und Waffen transportieren. Von unserer Grenze bis nach Mähren.“ Die Karte begann ihre große Mission zu erfüllen. Das Männerspiel fing an. Die Karte beflügelte die Phantasie, sie inspirierte, sie ersetzte das Gewissen. Erregung packte die drei Männer im Speisesaal.

„Was sagen Sie zu meinem vorläufigen Plan, Schwerin?“

Der junge König zeigte seinen Entwurf der Strategie des Überfalls.

„Wir haben drei militärische Ziele. Zunächst einmal müssen wir den gesamten Lauf der Oder kontrollieren. Damit bemächtigen wir uns eigentlich ganz Schlesiens. Zugleich besetzen wir die Hauptstadt der Provinz. Psychologisch ist es sehr wichtig, daß Breslau uns huldigt. Zweitens müssen wir die böhmische Grenze erreichen und sie sperren, damit hier keine Verstärkungen für die Widerstand leistenden österreichischen Garnisonen in Schlesien durchkommen können. Und drittens müssen wir den Hauptschlag auf die Festung Glogau konzentrieren. Sie liegt uns am nächsten, man wird sie am zähesten verteidigen. Wer Herr von Glogau ist, kontrolliert die ganze Oder."

Der Feldmarschall verfolgte aufmerksam Friedrichs Ausführungen und kam aus dem Staunen nicht heraus. Sieh mal an, dieser Flötenspieler! Sein Vater hat ihn das nicht gelehrt, woher hat er es? Schwerin mußte anerkennen, daß Friedrichs Plan strategisch vollauf bestehen konnte.

„Zu den Einzelheiten, Marschall. Für den schlesischen Feldzug stellen wir zwei Armeegruppen bereit. Die erste rückt beiderseits der Oder vor, umgeht Glogau und marschiert auf Breslau. Bei Breslau teilt sie sich in zwei Kolonnen. Die eine dringt nach Süden vor und sichert die böhmische Grenze, die andere zieht längs der Oder weiter nach Südosten. Klar? Die zweite Armeegruppe schließt Glogau ein und erobert es. Ich habe mich auch um einen ungefähren Zeitplan aller Operationen bemüht. Ich schließe nicht aus, daß mir dabei einige Ungenauigkeiten unterlaufen sind. Ich bin kein Militär. Ich ersuche Sie, alles zu überprüfen und das Notwendige zu ergänzen. Die Aktion kann Anfang Januar beendet sein. Heute haben wir den achtundzwanzigsten Oktober. Die Pläne für die Konzentrierung der Truppen und für die Errichtung von Versorgungslagern an der Oder bereiten Sie binnen einer Woche vor."

Podewils schnappte nach Luft.

„Ich habe keine Zweifel, was die militärische Seite betrifft, Majestät. Wir müssen uns jedoch die politischen Folgen der schlesischen Unternehmung gut überlegen."

„Auch das habe ich versucht", erwiderte Friedrich lächelnd. „Wenn Sie meinen, ungenügend, dann ist es Ihre Pflicht, das besser zu tun. Die Einverleibung Schlesiens muß man vor allem gut begründen. Wir haben hier gewisse historische Rechte. Studieren Sie sie gründlich, dann werden wir sie in diplomatischen Noten und Erklärungen für alle europäischen Herrscherhäuser formulieren."

Heinrich von Podewils hatte schon alles vorbereitet. Er hatte die im Zickzack verlaufene Geschichte Schlesiens skizziert. Im Mittelalter stand Schlesien abwechselnd unter böhmischer und polnischer Oberhoheit. Die schlesischen Herzogtümer waren bis ins zwölfte Jahrhundert dem böhmischen König tributpflichtig. Dann wurden die meisten von den polnischen Piasten in Besitz genommen. Im Jahre 1335 verzichtete Polen im Vertrag von Trenčín zugunsten des böhmischen Königs auf Schlesien. Fortan bildeten die schlesischen Herzogtümer einen untrennbaren Bestandteil der Länder der böhmischen Krone: Böhmen, Mähren und Mährisch-Schlesien. Hundert Jahre lang gehörte auch die Lausitz zu Böhmen. Und da seit dem sechzehnten Jahrhundert die Habsburger zugleich auch böhmische Könige waren, gehörte Schlesien ihnen, und gemäß der Pragmatischen Sanktion hatte Maria Theresia sie rechtsgültig geerbt.

„Worauf können wir also unsere Ansprüche stützen?"

Der fünfundvierzigjährige Außenminister schien sich selber überzeugen zu wollen.

„Das erlauchte Haus Hohenzollern hat ältere Ansprüche auf Teile Schlesiens. Das Herzogtum Jägerndorf gehörte den Hohenzollern bis zum Jahre 1621. Da wurde es dem Markgrafen Johann Georg infolge der über ihn verhängten Reichsacht abgenommen."

Friedrich seufzte. Ein fragwürdiger Anspruch.

„Ferner existieren Erbansprüche auf die Herzogtümer Liegnitz, Brieg und Wohlau. Leider hat der Große Kurfürst am Ende des vorigen Jahrhunderts zugunsten anderer Gebiete auf sie verzichtet."

„Aber der erste preußische König Friedrich hat sich um das Erbe wieder beworben, stimmt's?"

Podewils nickte.

„Was für ein Unsinn!“ Der König winkte ab. „Es gibt kein Land, keine Provinz in Europa, auf die nicht irgendwann in der Geschichte benachbarte Herrscher Anspruch erhoben hätten. In Wirklichkeit entscheidet die reale Macht.“ Der König überlegte. „Ich sehe hier eine andere Bindung, aber die kann man nur schwer in diplomatische Depeschen kleiden: die Gemeinsamkeit der Sprache. In Schlesien sprechen doch viele Menschen deutsch.“ Für das Deutsche interessierte sich plötzlich ein König, der die ganze Zeit mit seinen Ministern nur französisch konferiert hatte.

„Majestät, dieses Argument . . .“ Podewils zögerte. „Die ursprüngliche Bevölkerung ist polnisch. Deutsch wird heute zumeist nur in den Städten gesprochen. Die übrigen Einwohner Schlesiens sprechen slawische Sprachen, vor allem Polnisch.“

„Leibeigene auf Dörfern und Gütern!“ Der König machte eine abschätzige Handbewegung.

„Es gibt auch noch Lausitzer und Tschechen.“

„Die sind unzufrieden mit den katholischen Habsburgern. Wir werden unsere künftigen Untertanen in Schlesien angemessen belehren, wie sie unsere Regimenter aus dem Norden begrüßen sollen. Ein paar Flugblätter genügen.“

Podewils stand auf und schob sachte die Karten vom König weg. Eine rollte sich rasch zusammen, die Rolle kollerte über den Tisch. Schwerin fing sie mit schlanken Fingern auf. Den ganzen weiteren Vormittag spielte er damit.

„Majestät, ich möchte mir erlauben, Ihren Plan zu korrigieren“, begann Podewils erneut. „Treten Sie der böhmischen und ungarischen Königin gegenüber nicht als Feind auf. Fordern Sie keine schlesischen Provinzen. Führen Sie eine andere Sprache.“

„Ich höre, Podewils.“

„Erklären Sie, Sie hätten als König von Preußen gewisse Interessen in Schlesien. Gute Handelsbeziehungen und derlei. Es läge Ihnen daran, daß in diesen schweren Zeiten Schlesien seinem rechtmäßigen Souverän erhalten bleibt, also Maria Theresia."

„Ich soll mit ihr verhandeln? Zeit vergeuden mit einem aufgeschreckten, unerfahrenen jungen Weib? Wozu?"

„Sie müssen mit der böhmischen und ungarischen Königin verhandeln. Denn sie befindet sich in einer ungünstigen Situation."

„Wir bieten ihr militärische und finanzielle Hilfe im Kampf gegen ihre Feinde an", sekundierte Marschall Schwerin. Er hatte Podewils' Plan begriffen. „Sie wird vielleicht zustimmen, dann können wir unsere Truppen legal nach Schlesien führen."

Der junge König schüttelte den Kopf.

„Sie wird nicht einwilligen."

„Die Sache wäre immerhin den Versuch wert."

„Wenn die Herren meinen ... Mein Befehl betreffs der militärischen Vorbereitungen bleibt aber bestehen. Beginnen Sie sogleich die beiden Armeegruppen zu formieren, Schwerin."

„Selbstverständlich, Majestät."

„Diese militärischen Vorbereitungen werden sich nicht ganz verheimlichen lassen. Die Transporte in die Magazine und Arsenale, die Truppenbewegungen, die Einberufungen in die Kasernen jetzt vor dem Winter werden auffallen. Ich schlage vor, wir schicken einen Teil unserer Truppen auch nach Westen an den Rhein. Soll das Ausland glauben, wir bereiteten eine militärische Aktion zwecks Erweiterung des Gebiets von Cleve vor."

„Wir werden Interesse für Jülich und Berg vortäuschen."

„Da sehen Sie, meine Herren! Ich freue mich über Sie."

Zu Allerseelen verdüsterte sich der Himmel über Rheinsberg. Die zwei Minister stiegen in die Kutsche und eilten nach Berlin, um alles Notwendige zu veranlassen.

In London hatte man erst am Vortag die Nachricht vom Ableben Karls VI. erhalten. In Berlin wurden bereits militärische Vorbereitungen getroffen. Über deren Ziel wußten nur drei Menschen auf der Welt Bescheid.

5

Mitte November erloschen in den Fenstern der Palais an der Straße Unter den Linden vor acht Uhr morgens die Lichter. Es begann zu tagen, aber den Himmel verdunkelten graue Wolken. Zwei Kutschen mit Königskronen an den Schlägen fuhren durch die Allee. Rechts am prächtigen Zeughaus ließ Friedrich halten. Soldaten luden von Troßwagen eisenbeschlagene Kisten ab und schleppten sie fluchend in das Gebäude. Von oben sahen auf die Soldaten die allegorischen Figuren üppiger Französinnen herab. Nach der Absicht des französischen Bildhauers Hulot veranschaulichten sie die Kunst des Feuerwerks, der Arithmetik, der Geometrie und der Mechanik.

Ein Feuerwerk ließ auch der König los: „Dummköpfe! Hab ich nicht klar befohlen, daß die Arsenale ausschließlich nachts aufgefüllt werden sollen? Verschwindet, aber augenblicklich!" rief er, sich aus dem Fenster der Kutsche beugend.

Das Häuflein neugieriger Berliner, die meisten davon Mägde bei ihren Morgeneinkäufen, erkannten ihren jungen König; sie senkten vor ihm scheu die Köpfe, knicksten oder machten einen Bückling.

Aus der zweiten Kutsche stieg ein Offizier und erteilte die entsprechenden Befehle. Die Soldaten sprangen auf die Troßwagen. Die Pferdehufe bohrten sich in den feuchten Sand, und die Wagen setzten sich in Bewegung. Aus den Nüstern der Pferde stieg Dampf. Die Leute auf dem Trottoir warteten, ob Friedrich aussteigen werde. Er tat es nicht. Im Fenster der Kutsche sahen sie sein zartes Gesicht mit den kurzsichtig zusammengekniffenen Augen und im Hintergrund die markanten Züge eines etwas älteren Mannes.

„Ich hoffe, lieber Knobelsdorff, die königliche Oper wird zumindest ebenso erhaben wirken wie das Zeughaus."

Der König sprach von Baukunst, aber mit seinen Gedanken war er noch bei den Soldaten. Seine Befehle wurden getreulich ausgeführt. Mitte November standen in den preußischen Kasernen mehr als dreißigtausend Mann in voller Bereitschaft, ausgerüstet für lange Märsche.

In den Kaffeestuben, Tanzlokalen und den „galanten Häusern" Berlins und Potsdams erfuhren die Journalisten, Agenten und Spione sowie andere Neugierige von den Berliner Dämchen, daß in den letzten zwei Wochen die Armee in bislang nie dagewesener Weise konzentriert werde. Postkutschen und Expreßkuriere mit schnellen Pferden beförderten Berichte nach London, Paris, Dresden und Wien.

„Fahren wir weiter!"

Die zwei Kutschen ruckten an. Die breite Straße Unter den Linden verschwamm im Morgennebel. Knobelsdorff lauschte begeistert den Plänen des Königs, identifizierte sich mit ihnen und ergänzte sie. Aus Berlin müssen wir ein deutsches Athen machen. Die Stadt in der Tiefebene muß ein urbanes Gesicht erhalten. Wir müssen auch ihre Lage an der Spree berücksichtigen. Sie soll durch breite Straßen wirken. Eine junge Stadt mit einer zentralen Allee. Repräsentative öffentliche Bauten, der Stolz des brandenburgisch-preußischen Staates. Das königliche Schloß, das Zeughaus und in der Mitte der Allee die alte kurfürstliche Bibliothek sind erst der Anfang. Hier müssen weitere Paläste emporwachsen, Hotels für den Adel, wir werden eine neue königliche Bibliothek bauen. Und am Ende der Allee werden wir dereinst ein Siegestor errichten. Nach den Siegen.

Die Straße Unter den Linden beginnt auf der linken Seite mit dem Kronprinzenpalais. Hier ist Friedrich aufgewachsen, hier hat er gelitten, hat über die Spree auf das Schloß der Hohenzollern geblickt. Jetzt ist er rechtmäßiger Bewohner des Schlosses, aber er liebt es nicht. Es geht nichts über Rheinsberg.

Hinter dem Kronprinzenpalais steht das erst unlängst vollendete Prinzessinnenpalais. Jetzt bewohnt es die vernachlässigte Königin. Dahinter breitet sich eine freie Fläche aus. Die Kutschen halten an.

„Majestät haben mir einen wunderschönen Platz zugewiesen", begeisterte sich der Baumeister. Er fiel fast vom Trittbrett der Kutsche. „Es wird mir eine Freude sein, hier einen würdigen Bau aufzuführen."

„Er muß alles aufweisen, was die Kunst der Thalia, vor allem die Oper, braucht. Logen so groß wie Zimmer, diskret wie Boudoirs und dabei mit tadelloser Sicht auf die Bühne. Die Bühne muß ein technisches Wunder sein. Sie muß Wasserkaskaden aushalten können, das Hufgestampf einer Schwadron echter Reiter, Feuerwerk, nicht zu vergessen die Feuerlöschgeräte."

„Majestät können sich darauf verlassen. Die Projektierung wird alles berücksichtigen."

„Hier sollen nicht nur Theatervorstellungen stattfinden, sondern auch Bälle und Ballette. Haben Sie wirklich nichts vergessen, Knobelsdorff?"

Der Baumeister lächelte. „Ich hoffe nicht. Wir haben alle Eventualitäten bedacht. Feste, Ansammlungen von Menschen . . ."

„Von gebildeten Menschen, der Blüte Europas, Herr Baumeister!"

„Keinerlei Gedränge. Ich plane fünf Eingänge. Und vor der Oper lassen wir einen freien Platz, auf dem mehr als tausend Kutschen Raum finden."

Friedrich schaute sich um und zog den Kragen fester. Ihn fröstelte.

„Tausend Kutschen. Ausgezeichnet! Wann werde ich sie sehen?"

„Wie Majestät befohlen haben. In zwei Jahren können Euer Majestät hier den Dezemberkarneval eröffnen."

Friedrich wollte ihm auf die Schulter klopfen, doch Georg Wenzeslaus von Knobelsdorff war um dreizehn Jahre älter, und der König nahm davon Abstand. Er nickte ihm nur huldvoll zu, und der Baumeister stieg als erster wieder in die Kutsche.

Auf der Rückfahrt nach Rheinsberg ließ der König fast in jedem Dorf die heißen Ziegel wechseln. Er fürchtete, sich wieder zu erkälten. Im Halbschlaf ruhte er in der gut gefederten Kutsche und freute sich auf das wohlig geheizte Schloß. Noch zwei, drei Wochen der Ruhe liegen vor mir. Dann verwandle ich mich für einige Zeit in einen Feldherrn. Der Philosoph als Heerführer.

Podewils erfreute ihn mit den neuesten Berichten aus Rußland. Aufmerksam hörte der König den Major Winterfeldt an. Wir werden ihn wieder nach Petersburg schicken. Die Ereignisse in Rußland passen ausgezeichnet in unser Spiel.

Eine Woche nach Kaiser Karl ist die russische Zarin Anna Iwanowna gestorben. Am Zarenhof herrscht Verwirrung. Der Thronfolger Iwan liegt noch in den Windeln. Für den Thron wird sich gewiß auch Elisabeth interessieren, die Tochter Peters des Großen aus seiner zweiten Ehe mit einer livländischen Bäuerin. Die letzten Nachrichten besagen, daß der offizielle Regent der Minister Biron ist, ein Deutscher aus dem Baltenland, der Günstling der verstorbenen Zarin.

Friedrich amüsierte sich königlich über den Tratsch, der über die verstorbene Zarin kursierte. Die Diplomaten nannten sie Iwan den Schrecklichen in Röcken. Sie gehörte in die Galerie der Despoten, für die im aufgeklärten Jahrhundert eines Voltaire kein Platz mehr sein sollte. Anna war die Tochter Peters des Großen, man hatte sie mit dem kurländischen Herzog Anton Ulrich verheiratet. Den Thron hatte sie als Frau von siebenunddreißig Jahren bestiegen. Ein hochgewachsenes Mannweib, einen Kopf größer als alle Männer ihrer Umgebung, ohne einen Funken Gefühl. Sie war als Waise aufgewachsen. Ihre Verbitterung kompensierte sie durch widerwärtige Abenteuer. Bald wurde sie Witwe. Als sich kein Mann fand, der bereit war, mit ihr zu schlafen, verwandelte sie die Zarenpaläste in eine Menagerie. Sie liebte Hetzjagden mit Hunden und schoß mit Vergnügen auf Singvögel. An den Ufern der Newa amüsierte sie sich auf Festen mit Possenreißern und Narren, die sie aus dem ganzen Reich zusammentreiben ließ. „Diese Kreatur hätte ich gern kennengelernt", rief Friedrich begeistert. „Ein Sujet für Voltaire", bemerkte Podewils lachend. Sie hatte Tausende Todesurteile und Zehntausende Deportationen nach Sibirien unterschrieben. Die Politik hatte sie Biron, Ostermann und anderen Baltendeutschen überlassen. Sie hatte die Gesetze über die Verschärfung der Leibeigenschaft und die Erweiterung der Adelsprivilegien gebilligt. Mit einem Wort, sie hatte alles getan, um allen zuwider zu werden.

Annas Tod ist für uns ein Glücksfall, erkannten der König und sein Minister. Rußland tritt in eine Periode innerer Unruhen und der Herrschaftslosigkeit ein. Der alte Moskauer Adel, Dolgorukij, Golizyn, wartet darauf, daß die „Birontschina" ihren Einfluß verliert. Von Rache träumen deportierte und eingekerkerte Magnaten wie Makarow, Jakuschinskij, Schafirow. Die ausländischen Gesandtschaften hören von Staatsstreich munkeln, von Plänen gegen Biron und seine deutsche Clique.

Das russische Reich, einer der Verbündeten Österreichs, ist also für geraume Zeit aus dem Spiel ausgeschieden. Friedrich rieb sich die klammen Hände.

Wie schnell es dunkel wird! Man sieht die sich kräuselnde Fläche des Sees nicht mehr. Die erleuchteten Fenster von Rheinsberg warten. Endlich.

Noch heute abend werde ich die Weisungen für den Grafen Gustav Gotter ausarbeiten. Er geht nach Wien und wird der neuen Königin meine Botschaft überbringen. Ich werde ihr den Schutz Schlesiens anbieten und dafür vier schlesische Herzogtümer verlangen. Graf Gotter muß verhandeln. Falls sich Maria Theresia sträubt und nur zwei Herzogtümer abzutreten bereit ist, werde ich Gotter bevollmächtigen, darauf einzugehen.

Wieviel Zeit brauche ich? Am besten wird es sein, Gotter zu instruieren, er soll erst in einem Monat um eine Audienz bei Maria Theresia nachsuchen. Früher nicht. Nur ich, Podewils und Schwerin wissen, daß unser Gesandter erst dann verhandeln kann, wenn unsere Regimenter die Grenze überschritten haben.

Ende November reiste ein anderer Besucher zum Landsitz des preußischen Königs. Er kam aus dem Westen, uneingeladen und unerwartet. Unlängst hatte er dem jungen König geschrieben: „Sehr geehrter Herr! Tag und Nacht denke ich an Sie. Ich träume von meinem Prinzen wie ein Liebhaber von der Geliebten.“ Friedrich hatte in ähnlichem Ton geantwortet: „Sie dürfen in mir niemand anderen sehen als einen eifrigen Bürger, einen ein wenig skeptischen Philosophen, aber einen wirklich treuen Freund. Ich beschwöre Sie, schreiben Sie mir nur als einem Menschen, verachten Sie alle Titel und allen äußeren Glanz.“

Darauf redete Monsieur Voltaire – denn er war es, der sich in einer weit unbequemeren Kutsche durchrütteln ließ – den König in seinen Briefen noch zweimal mit „Euer Majestät“ an und nannte ihn dann nach Friedrichs freundlichem Tadel „Votre Humanité“.

Mit der Einladung an den preußischen Königshof beeilte sich jedoch Seine Majestät nicht. François Marie Arouet, der jetzt vierundvierzigjährige erfolgreiche Schriftsteller und ebenso erfolgreiche Liebhaber, fühlte, daß sein Leben unerfüllt war. Er wußte von seiner Macht. Kannte den Wert seiner Improvisationen. Seine satirischen Peitschenhiebe, seine unwiderlegbaren Antworten, die Rüstkammer seines Geistes, die voller Pfeile, Hellebarden, Musketen und Pistolen aller Ausmaße und Kaliber war, all dies blieb auf dem Landschloß unausgenutzt; es war zu schade für die Marquise du Châtelet allein. Voltaire durfte Paris nicht betreten, sich in Versailles nicht blicken lassen. Wenn er sich nicht in den Kreisen der Herrschenden bewegen konnte, war er nicht zufrieden. Höchste Zeit, Europa zu erobern. Mit Literatur allein ging das nicht. Man mußte sich nach anderen Möglichkeiten umsehen. Voltaire kam ein Zufall zu Hilfe.

Unlängst war der französische Gesandte, der Herzog von Beauvau, aus Berlin nach Paris zurückgekehrt. Der erste Minister, Kardinal Fleury, war sehr enttäuscht. Von dem Gesandten erfuhr er so gut wie nichts über die Absichten des preußischen Königs, nicht das mindeste über die Zusammenziehung der preußischen Regimenter. Dort irgendwo im Osten Europas kann sich ein unbesonnener junger Fant in ein Abenteuer einlassen. Frankreich brauchte nach Fleurys Willen in Europa Ruhe, um sich auf seine überseeischen Kolonien und den Kampf mit dem Rivalen England konzentrieren zu können.

Den Tratsch vom Hof erfuhr Voltaire durch seine Marquise. Es hieß, auf Initiative der Madame Châtelet habe er einen liebenswürdigen, ehrerbietigen Brief an den Kardinal geschrieben, worin er sich auf seine „gute Bekanntschaft" mit dem preußischen König berufen und sich indirekt erboten hatte, an Ort und Stelle Friedrichs Absichten zu erkunden.

Voltaire wartete voller Ungeduld. Endlich wird er in die Weltpolitik eintreten. Er wird eine geheime Mission übernehmen.

Der Kardinal antwortete vorsichtig und ohne seiner Würde etwas zu vergeben. Er traute Voltaire nicht. Für Versailles war Voltaire lediglich ein exzentrischer Literat, ein geschmackloser Skandalmacher. In seinem Antwortbrief erwähnte der Kardinal den angebotenen Dienst überhaupt nicht. Er merkte nur als Literaturkenner an, daß Monsieur Voltaire bei einem eventuellen Privatbesuch in Preußen den jungen König auf gewisse beachtenswerte und ausgezeichnete Prinzipien in dessen Werk namens Anti-Machiavelli hinweisen könnte.

Vor allem auf die Passagen über die Einhaltung von Verträgen.

Den Brief des Kardinals hielt Voltaire für einen Wink, seine geheime Mission anzutreten. Er packte seine Sachen und eilte durchs Rheinland. Die Marquise ließ er in deren Schloß zurück. Dies hier war eine Herrenpartie. Ein Männerspiel. Hohe Diplomatie. Er traute sich zu, den zartbesaiteten Friedrich einzuwickeln. Und am Ende wird er als Sieger nach Paris zurückkehren. Versailles wird dankbar die Dienste des Sohnes eines Dorfnotars belohnen. Er wird zum Hof gehören. Sein Leben wird dem Höhepunkt zustreben.

Er näherte sich den märkischen Seen. Mit Mühe setzte er ein freundliches Gesicht auf, schüttelte Müdigkeit und Verärgerung ab. Unterwegs war ein Rad seiner Kutsche gebrochen. Er hatte alles Geld ausgegeben und war fast krank geworden, ehe er die Grenzen Brandenburgs erreichte.

„Votre Humanité" in Rheinsberg ahnte nichts. Als der König den herausstaffierten Voltaire erblickte, wie dieser aus der schäbigen Kutsche stieg, lief er ihm entgegen und umarmte ihn freundschaftlich. Aus einem Fenster lächelte Wilhelmine, Friedrichs Schwester, jetzt Markgräfin von Bayreuth. Welch ein Glück! Mit Voltaire gewann ihr Besuch an Reiz. Welch wunderbare Tage werden sie hier erleben, wie angenehm werden sie sich den November machen!

Voltaire gab vor, er sei unverhofft wegen der Korrekturen des Anti-Machiavelli vorbeigekommen. Hol der Teufel die Korrekturen! Friedrich verschwendete keinen Gedanken auf sie. Er sorgte dafür, daß der Philosoph vor lauter Vergnügungen, Tanzereien, Narreteien nicht zum Verschnaufen kam, und verwickelte ihn in endlose Debatten. Die ganze Gesellschaft amüsierte sich unter den Wandmalereien von Pesne. Friedrich wirkte glücklich wie ein Kind und komponierte neue Stücke für Flöte. Sie dichteten Verse auf einander. Besangen und tadelten einander. Spielten das törichte Spiel der Eifersucht. Einmal deutete Voltaire an, er wolle abreisen. Friedrich nannte ihn einen Verräter und warf ihm in einem Gedicht vor, er wolle ihn wegen einer koketten Frau verlassen. (Inzwischen litt die Marquise du Châtelet echte Eifersuchtsqualen. Wer weiß, was in den Gemächern von Rheinsberg vorgeht, wenn die Kerzen verlöschen!) Voltaire bezwang seine Ungeduld. Er schwadronierte und dachte sich immer neue Dinge aus. Bemühte sich, das Gespräch auf die Schicksale Europas und Preußens zu lenken, aber Friedrich entwaffnete ihn mit sarkastischen Verschen, lud ihn zum Mittagessen ein, dann spielten sie Karten, und am Ende versprach ihm der König, er werde ihn auch noch nach Berlin schicken.

Sechs närrische Tage vergingen, und Voltaire war um nichts klüger geworden. Er wurde nervös. Der König-Philosoph tat, als hätte er die Bemerkung über die großen Ausgaben für die Reise von Frankreich nach Brandenburg nicht gehört. Er ließ jedoch dem Gast eine reichliche Tagesapanage auszahlen. Voltaire legte sie sorgsam beiseite.

Während Voltaire gewöhnlich den versäumten Schlaf nachholte – die Nächte wurden mit Dichten, Geplauder und Musik verbracht –, erledigte Friedrich am frühen Morgen seine Korrespondenz und kontrollierte den Fortgang der militärischen Vorbereitungen.

An den alten Dessauer:

„Rheinsberg, 24. November 1740. – Ich habe ihren Brief gekrigt und gesehen, mit was für Inquietüde sie den bevorstehenden Marsch meiner Truppen ansehen. Ich hoffe, daß sie sich darüber beruhigen werden; und erwarten mit Geduld, zu was ich sie aestimir. Ich habe meine Dispositions alle gemacht, und werden Ihre Durchlaucht schon zeitig genug erfahren, was ich befohlen habe, ohne sich weiter darum zu inquietieren, indem nichts vergessen noch versäumt ist."

Friedrich

Mit dem senilen Dessauer gab es Schwierigkeiten. Einstweilen brauchte auch er nicht zu wissen, wohin sich die versammelten Regimenter wenden würden.

Am Ende der Woche hatte Voltaire begriffen: Er wird nichts erfahren. Der König bot ihm ein paar Tage in Berlin an, Jordan werde sich um ihn kümmern. Voltaire wurde klar, daß er sich verabschieden mußte. Zu Hause wird es einen Skandal geben. Emilie wird toben: Er hat den Auftrag aus Versailles nicht erfüllt.

Beim Abschied küßten sie sich und tauschten Verse aus. Friedrich schenkte ihm Partituren von Kompositionen für Flöte. Zur gleichen Zeit wie Voltaire reiste ein Brief des Königs an Jordan nach Berlin.

„Ruppin, 28. November. Dein Geizhals soll seiner unersättlichen Begierde, sich zu bereichern, voll Genüge tun: er soll die 3000 Taler erhalten. Er war sechs Tage bei mir: das macht täglich 150 Taler. Das heißt seinen Hanswurst teuer bezahlen (C'est bien payer un fou); niemals hat ein Hofnarr solchen Lohn erhalten."

Der König kehrte erst eine Woche später nach Berlin zurück, als schon feststand, daß Voltaire die Stadt verlassen hatte. Der Hanswurst wird beiseite getan. Die Maskerade ist zu Ende. Rasch, rasch, beeilen wir uns. Sachsen oder Bayern dürfen nicht als erste Wien angreifen. Wir haben Anfang Dezember, und die Wege sind noch trocken. Wo ist der Dessauer? Ruft ihn zu mir. Umsonst plusterst du dich auf, Alter, das Kommando des Feldzugs bekommst du nicht!

„Sie können versichert sein, daß ich Ihre Meriten und Fähigkeiten ehre, wie es einem jungen Offizier geziemt, einen alten erfahrenen zu ehren. Gern werde ich Ihren Rat einholen."

Der alte Marschall, Günstling des verstorbenen Königs, erbleichte im Sessel. Friedrich beugte sich vertraulich zu ihm.

„Ich vertraue Ihnen eine wichtige Aufgabe an." Der

alte Dessauer atmete schwer. Er wird also doch das Kommando übernehmen. Friedrich fuhr fort: „Wir kennen die Absichten unseres sächsischen Nachbarn nicht. Schauen Sie sich in dieser Richtung um. Stellen Sie fest, was nur festzustellen ist. Sie werden eine Menge Arbeit haben.“ Peinliche Stille. „Begreifen Sie, Dessauer. Die jetzige Unternehmung behalte ich mir allein vor, auf daß die Welt nicht glaube, der König von Preußen gehe mit einem Hofmeister ins Feld.“

Schweigend verließ der alte Dessauer das königliche Schloß. Die Allee Unter den Linden füllte sich mit in Pelze gehüllten Damen. Offiziere fehlten in diesen Abendstunden auf den Berliner Straßen. Das Feldheer (27 Bataillone Infanterie, 42 Schwadronen Kavallerie und 42 Kanonen mit Bedienung) in einer Stärke von mehr als siebenundzwanzigtausend Mann war schon in den letzten Nächten in südlicher Richtung aus Berlin abmarschiert und sammelte sich im Raum Crossen an der schlesischen Grenze.

6

Der vorrückende Morgen verdrängte das Halbdunkel. Auf die Wiener Altstadt schien eine karge Sonne herab. Ihr Glanz verbreiterte für eine Weile den Graben und die engen Gassen um den Stephansdom. Die goldenen Strahlen fingen sich in den Fensterscheiben des vierstökkigen Hauses mit der Apotheke Zum goldenen Hirten und in den Fenstern des Elefantenhauses. Die Fenster zum Graben hin wurden geöffnet. Die Menge auf der Straße wuchs.

Der Festzug sollte um zehn Uhr beginnen, aber schon vom frühen Morgen an waren die Straßen Wiens voller Menschen. Die neueingekleideten Stadtgardisten trieben die Kutschen, Fuhrwerke und Sänften in Nebenstraßen. Aus den Fenstern beugten sich rosige Witwen aus Kriegs- und Friedenszeiten. In Spitzen gebettete Brüste quollen über die Fensterbretter; sie riefen geradezu nach

Liebkosung. Wien lächelte und wartete neugierig auf die neue Herrscherin.

Die Grünzeughändler schoben die Karren mit den Spätäpfeln beiseite. Früchte kollerten von den kunstvoll gebauten Pyramiden, Kartoffeln polterten in Säcke, das Stimmengewirr und Geschrei verstärkte sich. Die Messerschmiede verstauten ihre Ware, Kästchen klappten zu, Schlösser knackten. Die Stadtgardisten jagten die Stromer und Bettler nun auch schon vom Petersplatz weg. Auf den Graben durften nur gutgekleidete Menschen, ehrliche Bürger. Händler mit Tuch, Kattun, Leinwand; Bürgerfräulein mit hohen Frisuren und bunten, enganliegenden Kleidern unter den Mänteln – die modischen Krinolinen waren nur adligen Damen vorbehalten –, plappernde Nonnen, erfreut über den Anblick so vielen, besonders männlichen Volks; Studenten, Soldaten, ungarische Husaren, slawonische Panduren mit blitzenden Augen und blutroten Wämsern; Handwerksmeister mit ihren Gesellen, Schmiede, Klempner, Stukkateure, Schlosser, Tischler (die Lehrbuben bewachten unterdes daheim das Feuer in den Öfen und stapelten das gesägte Holz in den Schuppen bis hoch zur Decke), Zuckerbäcker, Lebkuchenzeltner, Kerzenzieher, Gerber, Schuhmacher, Spitzenweber – alle drängten sich zur Straßenmitte.

Die Pestsäule des Kaisers Leopold I. war zu beiden Seiten von Rohren flankiert, aus denen roter und weißer Wein fließen sollte. Die junge Herrscherin hatte auf diesen alten Brauch zurückgegriffen. Die älteren Bürger versuchten sich zu entsinnen, wann sie die weinspritzenden Fontänen erlebt hatten, ob unter Karl, Joseph oder Leopold. Sie beneideten die Glücklichen, die einen Platz auf dem Brunnenrand ergattert hatten, obwohl denen auf dem eisigen Stein der Hintern fror. Doch erwärmte sie das Bewußtsein, daß sie bald den neuen Wein schlucken würden. Wird er gut gekeltert sein, oder wird eine trübe Brühe fließen? Werden wir nicht umsonst frieren?

Hier trieben sich viele Studenten herum, mager und abgerissen. Rücksichtslos drängten sie sich zu den künftigen Weinquellen durch, stießen mit den Ellbogen nach links und rechts, schubsten mit den Knien die feisten Bürger mitsamt ihren Weibern, die Dienstmädchen und Nonnen beiseite. Sie umringten die Pestsäule, pfiffen, sangen, stampften mit ihren durchlöcherten Schuhen auf das Pflaster und warteten. Sie verkürzten sich die Zeit auf ihre Art.

Zorica spürte eine Hand an ihrer Hüfte, die sie betastete, sich unter ihren Pelz schob und sie kitzelte. Sie zuckte zusammen und schaute neben sich. Dort stand ein armer Piarist mit blassem Gesicht und einer großen roten Nase. Sie schlug ihm auf die Hand, worauf die Leute rings herum in Bewegung gerieten. „Lassen S' das, junger Herr!" sagte sie auf deutsch. Die Hand erstarrte, zog sich aber nicht zurück. Das Gesicht des Burschen lief dunkelrot an, sein Mund öffnete sich halb. „Willst du mich wohl in Ruh lassen, Saukerl!?" stieß sie auf serbokroatisch hervor. Einer der umstehenden jungen Männer zuckte zusammen und blickte neugierig auf das weiße Gesicht der auffallend schönen Frau. Zorica starrte ihn mit großen Augen an. Vielleicht ein Landsmann? Ein Kind ist das noch, ein armes Studentlein, er muß gar nicht von uns daheim sein. Vielleicht ein Slowake aus Trnava oder Trenčín oder ein Tscheche oder Ruthene. Die Residenzstadt bot so vielen Völkerschaften Bildung und Nahrung, wie es Monate im Jahr gibt. Zorica entwand sich dem zudringlichen Piaristen und drängte sich zu dem etwa zwanzigjährigen Jüngling in dem strengen schwarzen Rock durch. Schüchtern lächelte er sie an. „Verzeihen Sie, gnädige Frau. Wir werden ihn mit Karzer bestrafen." Er sprach in einer Sprache ähnlich der, die in der Šaštíner Manufaktur gesprochen wurde. „Die Dame ist aus Ungarn?" Zorica seufzte: „Von ganz unten, aus dem Banat, Herr." Sie zeigte lächelnd die Zähne, glücklich, daß der junge steife Herr von ihr Notiz genommen hatte. Sieh da, sie wirkt wie eine Dame, ähnelt nicht den Dienstmädchen und Arbeiterinnen. Sie hatte sich in der Kattunfabrik erholt. Die Hälfte ihres Verdienstes hatte sie beiseite gelegt. Anton Hänisch hatte sie reich mit Kattun beschenkt, sie hatte die Stoffe unterwegs verkauft, ein paar Ellen hatte sie noch im Gasthaus, für Offiziere, Lakaien und die Pförtner der Militärbehörden. Sie wird noch viele Taler brauchen, bis sie ausgeforscht hat, wohin der Dragoner Ignac geraten ist. „Es ist mir eine Ehre, meine Dame. Ich bin in der königlichen Stadt Prag geboren." Mein Gott, überlegte Zorica, wo liegt Prag, und ist es größer als Wien? „Sind Sie wegen der Huldigung nach Wien gereist?" Wenn ich ihn nur fragen könnte, was das ist, Karzer. Die werden das Bürschlein doch nicht etwa auspeitschen, nur weil es am hellichten Tag versucht hat, eine hübsche Frau zu betatschen? „Ich habe das Studium bei den Piaristen beendet und lehre hier an ihrer Schule, gnädige Frau." Zorica wußte nicht, was Piaristen waren, ob Soldaten, Kaufleute oder Musikanten, und der junge Herr wollte ihr das bereitwillig erläutern. Er stellte sich als Bruder Gelasius vor („Diesen Ordensnamen habe ich gewählt, vorher hieß ich Job Felix Dobner. Mein Vater war Tischler in Prag, ihm gehörte das Haus Zu den fünf Kirchen auf der Kleinseite"), und dann erklärte er ihr, daß die Piaristen ein Schulorden seien, patres piarium scholarum. Ein Heiliger namens Joseph habe diesen Orden vor einhundertfünfzig Jahren gegründet, und seine Mission bestehe darin, die Kinder in den drei Grunddisziplinen zu unterrichten: Lesen, Schreiben und Rechnen. „Dort nahebei haben wir die Kirche und die Klosterschule, liebe Dame. Sollten Sie einen begabten Sohn haben, dann besuchen Sie uns, wir werden uns seiner gern annehmen." Gelasius wollte hinzufügen, daß sie auch arme Kinder aufnähmen, soweit die Spenden des Bischofs und die Zuschüsse aus den Ordenshäusern im Ausland reichten.

Zorica hörte beschämt dem gelehrten Mann zu. Er gestand ihr, daß er sich neben der Lehrtätigkeit am Gymnasium auch für die Jurisprudenz eingetragen habe. Die Geschichte der Völker interessiere ihn ebenfalls sehr. Sie standen der Apotheke zugewandt, und Zorica tat, als betrachtete sie aufmerksam den vor dem Haus aufgestellten Triumphbogen. Er trug das Porträt der jungen Monarchin, die darauf ein nachdenkliches Gesicht machte. Dann drängte die Menge sie vom Rand des Spaliers weg. Neben diesem feinen Herrn ziemte es sich nicht, sich dagegenzustemmen und zu stoßen, auch nicht, zu schimpfen und zum Schlag auszuholen. So zappelten sie also zwischen den Studenten wie Karpfen im Bottich vor Weihnachten. Mönche und Nonnen prallten gegen sie. Die weißen Schleier der Nonnen flatterten über der Menge wie Schwäne mit gestutzten Flügeln.

Der Bruder Gelasius erklärte ihr: Das da sind Ursulinerinnen, fromme Witwen, manche sogar aus Frankreich und Italien; vielleicht sind es nicht nur Wiener Nonnen, sondern auch welche aus dem nahen Preßburg oder Trnava. Was sie tun? Es ist ihre Aufgabe, Mädchen zu erziehen.

Es wimmelte auch von neugierigen Mönchen aller Orden. Sie waren aus den nahen Klöstern ausgeschwärmt und mischten sich nun unter die Menge. Sie sahen gern etwas mehr als nur den Weg vom Kloster in die Kirche und zurück. Das da sind schwarze Franziskaner, die dort sind Konventherren, die leben in Klöstern. Die in den braunen Kutten sind Minoriten, geringere, wandernde Brüder. Dort die Bärtigen in der dunkelbraunen Kutte mit der weißen Schnur sind Kapuziner, die legen ihre Kirchen im wahrsten Sinne des Wortes mit Schädeln aus. Oh, wie grausig! Und dort die in Weiß sind Schüler des gelehrten heiligen Dominikus, des Schreckens aller Ketzer. Der da in dem weißen Talar mit dem schwarzen Skapulier am Hals ist ein Zisterzienser, das heißt ein reformierter Benediktiner aus dem Kloster Cistercium in Frankreich. Zorica schwirrte der Kopf von all den Namen; Talare, Schnüre, Kutten und die sonderbaren Gesichter darin verschwammen vor ihren Augen. Zumeist waren diese Mönche untersetzt, wulstlippig, oft überaus feist, geradezu gemästet. Andere gingen mit demütig gesenktem Blick, wie beschämt ob der eigenen Existenz. Zorica begann bereits der Kopf weh zu tun. Das Gestoße, Gedränge, Geschiebe ermüdeten sie. Dabei war sie ungeheuer neugierig auf die Herrscherin. Zum erstenmal im Leben würde sie einen gottgleichen Menschen sehen, der noch dazu eine Frau war, eine Zarin, verheiratet und mit einem Kind unterm Herzen, jung und sehr hübsch. Die Neugier hielt Zorica auf den Beinen, obwohl sie am liebsten auf einen Stuhl, eine Bank, ein Sofa gesunken wäre, um das ganze Tohuwabohu zu vergessen und sich einem gesunden Schlaf hinzugeben.

In einer Seitenstraße in der Richtung zur Burg erschallten Trompeten und dröhnten Trommeln. Die Huldigung der niederösterreichischen Stände und der Stadt Wien für die neue österreichische Herrscherin begann.

Im Leopoldsflügel der Hofburg herrschte eine gespannte Stimmung. Die Stunde der Huldigung nahte, aber noch war Maria Theresia nicht erschienen. Die Hofdamen, vor allem die ehemalige Amme, die alte Gräfin Fuchs, waren bereits nervös, scheuten sich jedoch, die neue Herrscherin energischer zu drängen. Die Toilette dauerte lange. Maria Theresia war es wichtig, wie sie sich zum erstenmal der Öffentlichkeit zeigte, wie sie vor ihre Untertanen trat. Ihre Schwangerschaft war jetzt schon unübersehbar. Jeder wußte es, aber die junge Frau wollte trotz ihres Zustands und trotz der Trauer und der Aufregung der letzten Tage ihren Liebreiz bewahren. Beraten von den Hofdamen Enzensberger und Kokořová hatte sie sich für ein lose fallendes gelbes Kleid mit einem nicht zu tiefen ovalen Ausschnitt entschieden. Den Ausschnitt umrahmten zwei Reihen von Perlen. Darüber würde sie einen vorne offenen samtgefütterten Pelzmantel tragen. „Majestät, das muß ein pikantes Rot sein, leuchtend wie Blut und die Liebe", rief die Enzensberger. „Möchten Sie Rot à la vierge, à la dame oder à la religieuse?" Die Stoffe raschelten, und Maria

Theresia lachte nervös. „Eine Jungfrau bin ich nicht mehr, religieuse ist eine französische Taktlosigkeit . . . Ich nehme das Damenhafte. Ich bin doch eine Dame, oder nicht?“ Die Hofdamen kicherten, trippelten los. Maria Theresia mußte aufpassen, daß man sie nicht auf französische Art frisierte, nicht aus ihrem Kopf einen Garten machte, eine Schäferszene, einen Turm von Babel. „Nein, nein!“ Sie kreischte fast. „Einfach kämmen, Spangen, auf die Stirn ein Diadem mit Brillanten!“ Die Hofdamen widersprachen, aber sie fühlte, daß es so am besten sein würde. „Noch das Medaillon“, forderte sie. Man brachte ihr das Medaillon mit dem Porträt Franz Stephans. Sie ließ es sich auf der Brust befestigen. Unter den Perlen. „Das dürfte genügen, meine Damen . . . Gräfin Friz hat sich noch nicht sehen lassen?“

Die wahre Ursache der Verspätung war die Gräfin Elisabeth Friz. Die neue österreichische Herrscherin und noch nicht gekrönte ungarische und böhmische Königin wollte sich nicht ohne ein vorhergehendes Gespräch mit der Friz auf die Straße wagen. Die übrigen Hofdamen tuschelten, verfolgten die Zeiger der riesigen sächsischen Porzellanuhr auf dem Kaminsims, es ging auf die neunte Stunde. Sie bedauerten Elisabeth Friz. Halblaut stellten sie Vermutungen an, was ihr zugestoßen sein könnte. Vielleicht hat man sie verwundet, gefangen oder, Gott bewahre, in einer Schenke, mhm, vergewaltigt, ihr die Frauenehre geraubt (die schönen Kleider, den Schmuck und die Ringe hatte man ihr auf Geheiß Maria Theresias abgenommen, bevor sie in die Straßen Wiens aufgebrochen war). Die Damen und Kammerfrauen erröteten, ihre Herzen schlugen schneller. Hier in der Hofburg erlebten sie außer Opernvorstellungen und Bällen nicht viel. Keine solchen Abenteuer, wie sie aus Nymphenburg bei München, aus Dresden, Warschau, London, Petersburg, natürlich vor allem aus Versailles berichtet wurden. Die Beichtväter brauchten hinter den Gittern nicht zu erröten, ihnen wurde nicht schwach von den Parfüms und den ungeheuerlichen Sünden gegen das sechste und das neunte Gebot. Die reichen Bischöfe und Erzbischöfe rühmten sich hier noch nicht ihrer Geliebten und freundeten sich auch nicht mit Freimaurern an. Der Wiener Hof war ein ehrbarer und verschlafener Hof mit strenger spanischer Etikette. Der Burgkomplex war ein Teil der Stadt, zu dicht vor aller Augen. Vielleicht wird nach der Vollendung von Schönbrunn mit dieser jungen Frau ein anderes Hofleben beginnen. Dann wird Wien vielleicht ein Treffpunkt von Philosophen, Malern, Dichtern, Narren aller Art, von Abenteurern und schillernden Existenzen aus ganz Europa werden.

Inzwischen säuberte eine Kammerfrau bereits die Gräfin Friz. Voller Ekel streifte sie ihr den verschmutzten Kittel ab, nahm ihr das Kopftuch von den Haaren. Eine andere versuchte die Gräfin zu kämmen. Eine dritte bemerkte, daß sie nach Knoblauch stank, und schickte sich an, in Ohnmacht zu fallen. „Das ist Bier, meine Liebe. Bier oder Knoblauch, das ist ein Unterschied", knurrte die Gräfin Friz. Sie schüttete fast ein halbes bläuliches Flakon über sich aus. „Majestät erwartet Sie schon ungeduldig." – „Hört schon auf, Mädels, ich weiß genau, was ich zu tun habe. Wasch mir das Gesicht mit Tampons! Das ist Ruß, siehst du das nicht?"

Elisabeth Friz schminkte sich ab wie nach einem anstrengenden Bühnenauftritt. Mit dem Unterschied, Mädels, daß diesmal den Schankwirt nicht Fürst N. spielte, die käufliche Schlampe nicht die Gräfin L., den Totengräber nicht Baron de B., daß als Dieb nicht der General C. maskiert wurde und den Pferdeknecht nicht der Universitätsprofessor G. darstellte. Schankwirt, Totengräber, Schlampe, Pferdeknecht – sie alle waren echt, schmutzig, laut, stinkend. Sie belästigten mich (so drückte sie es aus, obzwar sie sagen wollte, daß sie sie begrapschten, ihr auf den Hintern klatschten und die schmutzigen Visagen in ihren Ausschnitt steckten). Ich mußte mit ihnen trinken (saufen, nippeln), mit ihnen herumtorkeln. Gräfin Friz verstummte. Sie vertraute ihnen nicht an, was danach war, wie sie sich wehrte und was sie fürchtete, als sie sich nicht wehren konnte. Sie erzählte nicht, daß man sie nicht nach der Schrift ein käufliches Weib genannt, sondern ihr Wörter wie Hure, Dirne, Metze an den Kopf geworfen hatte. An alle Ausdrücke erinnerte sie sich nicht mehr und wollte sich auch nicht erinnern. Und sie wird die Herrscherin bitten, ihr keinen solchen Auftrag mehr zu erteilen.

Endlich hatte man sie leidlich in Ordnung gebracht. Sie sah wieder anständig, sah wieder wie eine Gräfin aus. Man führte sie vor Maria Theresia. Die Herrscherin klatschte in die Hände wie ein Kind, sprang der Etikette zum Trotz auf und küßte sie.

„Das Bier dringt durch, Majestät", entschuldigte sich die Gräfin. „Da hilft auch kein französisches Duftwasser."

Maria Theresia lachte.

„Ein gutes Pilsner ist nicht zu verachten. Ich habe es auch einmal probiert, auf einer Jagd mit Vater. Nach einem Wildschweinbraten." Sie schnalzte, was ein weiterer Verstoß gegen die Etikette war. „Also berichten Sie, liebe Elisabeth ... Was gibt es? Nur keine Scheu. Wir haben nicht viel Zeit."

Die Hofdame, in letzter Zeit im Auftrag der Monarchin Stromerin durch Wiener Gassen und Kneipen, trug zögernd den nicht allzu erfreulichen Bericht vor. Franz Stephan sei ein Verräter, er habe sich in Wien eingedrängt, habe das unerfahrene Mädchen eingewickelt („Damit sind Sie gemeint, Majestät"), könne niemals Mitregent werden, das Haus Habsburg sei ausgestorben, andere Herren würden kommen, es drohe Zerfall, wir brauchen einen erfahrenen, energischen Herrscher. Wen? Zum Beispiel Karl Albert, den bayrischen Kurfürsten.

Maria Theresia zog die Stirn kraus.

„Und über mich ... Was sagt man über mich?"

„Über Sie, Majestät?" Elisabeth Friz holte tief Luft. „Das ist unterschiedlich. Die einen loben Sie, die Versorgung habe sich verbessert. Sie hätten den Nachschub an Fleisch gesichert. Sie loben Sie oder bedauern Sie.

Und auch ... sie haben Sie gern. Einige. Das hab ich herausgehört. Auf ihre Art. Sie wissen ja, wie das bei einfachen Leuten ist ..."

„Gut, gut. Flüstern Sie es mir also ins Ohr. Alles."

Die Gräfin beugte sich zu Maria Theresia, spürte das kleine Medaillon mit dem Porträt Franz Stephans. Sie tuschelten, rot wie reife Paprika, mit Pausen wie bei der Beichte. Elisabeth Friz verriet, was Schwätzer, Herumtreiber, Diebe, ungeschliffene Soldaten, Panduren, ja auch so manche Frau Bäckermeisterin über Maria Theresia von Habsburg dachten. „Die Männer würden gern ..." Sie stockte, konnte nicht mehr weiterflüstern, der Speichel lief ihr im Mund zusammen, sie schluckte.

„Was würden sie gern ... Ach so, ich verstehe. Und die Frauen? Daß ich mal so und mal anders bin? Keine Angst, Friz, zum Teufel, Sie waren eine ganze Woche unterwegs. Machen Sie endlich den Mund auf!"

„Ja, bitte sehr. Daß Sie so und auch ... anders sind."

„Ich bin jung, man beneidet mich. Und was weiter?"

„Viel wird vom preußischen König gesprochen. Er zieht eine Armee zusammen. Etwas über Schlesien. Allzuviel habe ich nicht verstanden."

Maria Theresia rief: „Also auch über Friedrich wird schon in unseren Schenken geschwatzt? Die goldenen Wiener! Nur Bartenstein glaubt es nicht." Sie schüttelte das Glöckchen. „Rufen Sie mir Bartenstein."

Der Kammerdiener erschien umgehend wieder.

„Er ist bereits auf dem Hof, Majestät."

„Dann soll er gefälligst herkommen. Sofort!"

Bartenstein war elegant gekleidet. Er schnaufte nach dem Treppensteigen. Das Jabot hatte sich verschoben, die Spitzen waren zerdrückt, die Perücke hatte er vor der zweiflügeligen Tür noch zurechtrücken können. Jetzt wischte er sich verlegen den Puder von den Händen. Der weiße Staub rieselte auf die schwarzen Lackschuhe mit den hohen Absätzen. Der Minister nahm nichts wahr außer dem Glanz seiner festlich gekleideten Herrscherin.

„Majestät", stieß er außer Atem hervor, „Wien erwartet Sie. In einer Weile will es Ihnen zu Füßen fallen. Und ich mit ihm."

Maria Theresia sprang auf. Sie wiederholte die Berichte der Hofdame. Bartenstein geriet in Verlegenheit.

„Ich schließe nicht aus, daß der preußische König Truppen konzentriert. Vielleicht bereitet er Manöver vor. Oder er will gegen Jülich und Berg ziehen."

Die junge Frau stampfte mit dem Fuß auf. Das Medaillon auf ihrer Brust hüpfte bedrohlich. Das schwere Diadem auf dem blonden Haar verrutschte. Sie griff sich an die Stirn und rief nach der Kammerfrau.

„In den Meldungen aus Breslau wird von der Möglichkeit eines Angriffs auf Schlesien gesprochen. Das gleiche tratscht man in den Wiener Schenken."

„Ich bitte, Besonnenheit zu wahren, Majestät. Uns ziemt es nicht, gerade jetzt, da die ganze Hauptstadt und Niederösterreich ..."

„Bartenstein, über die anderen wundere ich mich nicht. Diese Mumien sind für mich keine Überraschung. Warum aber verlieren *Sie* die Urteilskraft, *Sie,* dem ich am meisten vertrauen muß?"

„Ich, bitte?" Er breitete die Arme aus. „Es gibt Naturgesetze."

„Von welchen Gesetzen reden Sie ..."

„Von den Naturgesetzen, bitte sehr. Frühling, Sommer, Herbst und Winter. Friedrich kann eine Armee zusammenziehen. Er kann alles in die Kasernen einberufen. Aber wir haben jetzt Ende Herbst. Vorgestern, am Martinstag, hat es zum erstenmal geschneit."

„Was soll dieser Vortrag über Meteorologie, Bartenstein?"

„Die Straßen weichen auf, überall nur Matsch. Ganz gleich, ob im Westen oder in unserem Schlesien. Kein vernünftiger Heerführer wird zu Beginn des Winters einen Krieg anfangen. Und der preußische König ist ein vernünftiger Mann, Majestät. Sehr vernünftig."

„So daß ich mir keine Sorgen zu machen brauche? Das wollten Sie doch sagen?“

Bartenstein stimmte unsicher zu.

„Es ist drei Viertel zehn, Majestät.“ Die alte Fuchs kam hereingestürzt. „Wir verspäten uns, meine Teure.“

Maria Theresia warf ihrer alten Amme einen scharfen Blick zu, und diese verschwand ohne ein weiteres Wort.

„Schlimmer ist, daß die Generale ...“

„Also ist es doch wahr!“

„Leider Gottes, Majestät. Schlecht haben sie Ihnen Ihre Großmut gedankt. Nach der Amnestie hat Wallis es abgelehnt, in die Armee zurückzukehren; er hat sich auf seine Güter begeben. Schmettau hat sich zwar zur Armee gemeldet ... aber zum preußischen Friedrich!“ Er hüstelte trocken.

„Ich weiß. Seckendorf hat sein Herz gen Westen gezogen, zu unserem überaus lieben Karl Albert. Treu ist uns als einziger Marschall Neipperg geblieben. Nun, wir werden darüber nicht den Kopf verlieren. Kommen Sie, Bartenstein, kommen Sie, meine Damen!“

7

Trompeten gellten, Trommeln dröhnten. Noch immer strahlte die schräge Sonne. Ein durchsichtiger blauer Himmel, ungewöhnlich für Ende November.

Die Menge trat auseinander. Der Zug der Erzherzogin von Österreich, der Königin von Ungarn und Böhmen näherte sich dem Graben. Den Beginn des Zuges bilden zwei Jünglinge in Landestrachten, dahinter tragen Offiziere die Wappen. Zuvorderst das Wappen der Habsburger, den doppelköpfigen schwarzen Adler mit den Symbolen aller österreichischen Erbländer auf der Brust, dem böhmischen Löwen, dem mährischen und dem schlesischen Adler, dem Doppelkreuz und den geteilten Streifen Ungarns, dem Schachbrett Kroatiens, den sieben Burgen Siebenbürgens, den drei gekrönten

Löwen Dalmatiens, den Kreuzen der italienischen Besitzungen. Adler, Löwen, Kreuze, Streifen. Hinter dem Herrscherwappen wird das Wappen Niederösterreichs getragen, fünf goldene Adler auf blauem Grund, sowie das Wappen der Stadt Wien: das weiße Kreuz auf rotem Schild auf der Brust des Habsburger Adlers. Dann folgen die königlichen Heiducken, hochgewachsen und mit strengen Gesichtern, die Lakaien aus der Hofburg, die verschiedenen Gehilfen und Beamten; keiner außer der Hofkammer, die sie entlohnt, kennt sich mit ihnen aus. Darauf Züge von Trompetern und das Trommlerkorps, dahinter die völlig betäubten Beamten Niederösterreichs; ihnen folgen die Vertreter der achtzehn Freien Städte und dann, allein, der Bürgermeister von Wien. Hinter ihm die Sekretäre der einzelnen österreichischen Bezirke. Und schließlich eine reichgeschmückte Sänfte mit hohen Fenstern, aus denen die junge Herrscherin abwechselnd nach beiden Seiten des Grabens grüßt. Sie sitzt allein in der Sänfte. Durch die Menge geht ein Raunen, Beifall brandet auf. Die Studenten schreien als erste, sie rufen Vivat! Und: Sie lebe hoch! Auf deutsch und in slawischen Sprachen. Aus den Fenstern der Häuser schallt es einige Male: Eljen!

Das ist sie also, ohne Trauer, lächelnd und glücklich, sie streckt die Hände aus den Fenstern der Sänfte, dreht sich und neigt die mächtige, schöne Brust. Zum Teufel, wunderschön ist diese junge Frau, werden sich die Tausende bewußt. Die Männer lassen kein Auge von ihr, besichtigen sie von beiden Seiten der Straße, schnalzen, pfeifen, brüllen. Die ist kein Zärtling, beileibe nicht! Keine Zimperliese. Eine Frau wie eine saftgeschwellte Weintraube, zwei Locken fallen ihr auf die Schultern und bieten sich geradezu an, gestreichelt und in die richtige Richtung gelegt zu werden. Das Diadem über ihrer Stirn glitzert, und die goldblonden Haare leuchten im Novemberlicht. Auch die Frauen und Mädchen stellen sich auf die Zehenspitzen, adlige und bürgerliche, Herumtreiberinnen und Dienstmädchen. So also sieht unsere Neue aus. Fesch ist das Biest, das muß man anerkennen. Armes Kind, dir muß doch kalt sein, über die Dächer pfeift der Nordwind, springt in die Gassen und zaust die Haare, wirst dich noch erkälten, Mädchen, wirst das Kind nicht austragen, Trauer wird sein. Ja, dieses junge Ding hat die ganze Menagerie ihres Vaters abschießen lassen, hat auch Mehl in die Stadt schaffen lassen, man kann wieder Brot backen. Den Winter werden wir irgendwie überstehen. Nur – wie wirst du dich wehren, du unsere Herrscherin? So viele lauern dir auf. Und dein Lothringer, der will uns nicht recht gefallen. Halt die Zügel fest. Zeig, was du kannst. Laß dich bloß nicht von den Greisen und dem ganzen ausgekochten Pack übers Ohr hauen. Alle diese Schwarzenbergs, Lobkowitz', Esterházys, Pálffys, Grassalkovichs, Kinskýs, Harrachs mit ihren Spitzenjabots und Spitzenmanschetten, die ihre Palais in die engen Wiener Gassen gezwängt, die das Burgenland und die Wälder zwischen uns und Ungarn mit Lust- und Jagdschlössern verschandelt haben, alle sind sie nach Wien geeilt, haben die Stadt wie ein Schwarm alles fressender Heuschrecken überfallen. Jetzt gaffen sie hinter Gardinen und schweren Portieren, nach einer Weile werden sie anfangen, dich zu beschwatzen, dich auf ihre Wege und Schleichpfade umzulenken, dich auf ihre Schlösser und ihre Jagden zu schleppen. Sie werden sich dir zu Füßen werfen, um nichts an dich und uns abgeben zu müssen, um Hunderttausende Gulden für ihre Söhne und Töchter beiseite schaffen zu können, für ihre Favoriten und Mätressen. Wenn du auch nur ein bißchen klug bist – und du siehst meiner Seel nicht aus, als wärst du auf den Kopf gefallen –, dann kommst du ihnen auf die Schliche. Zählst ihnen ihre Gaunereien auf. Hast ein Auge darauf, woher sie sich die Steine, den Marmor, das Holz und den Kalk für ihre Paläste, ihre Kirchen und prunkvollen Kapellen, in die sie sich nach durchzechten Nächten flüchten, haben ankarren lassen. Fährst auf ihre fernen Besitzungen und Güter, in die ungarischen Ebenen zwischen Donau und

Theiß, auf die Korninsel, ins Tal der March und in den böhmischen Kessel. Schaust den Bauern unter den Strohdächern in die Augen, jenen, die gemeinsam mit Vater, Mutter, der Kuh, der Ziege und dem Kalb, den Kindern und Geschwistern an einem Ofen in Qualm und Mief schlafen. Wirst die Kinder küssen, die niemals eine Schule oder eine Stadt gesehen haben, die sich vor Hexen fürchten und sich vom zwölften Lebensjahr an paaren wie die Tiere. Wirst den Burschen helfen, die ihre Jugend beim Militär verbringen – fünf oder zehn Jahre zu dienen, ist bei uns ganz natürlich –, unter dem Kommando deiner Offiziere, ohne die Möglichkeit zu heiraten. Wirst an alle Soldaten denken, an diese verdreckten und sozusagen kastrierten armen Teufel, die sich mit von der Lustseuche befallenen Frauen in Straßengräben und Scheunen deines ausgedehnten Reiches begnügen müssen ... Mit deinen schönen blauen Augen wirst du streng auf die Landesbeamten blicken, auf all diese Gespane, Vizegespane, Richter und Vizerichter, Büttel und Stadtgardisten, damit sie aufhören, die Verdächtigen zu zwacken, zu stoßen und zu schlagen, beim Verhör auf die Folter zu spannen, sie in den Block zu schließen, ohne Gericht und Verteidigung ins Loch zu stecken, mit der Peitsche ins Gesicht zu schlagen, die glatten jungen Hintern oder die schrumpligen Arschbakken der Greise mit Stöcken zu traktieren. Du allein wirst das Handwerk und den Handel befreien, wirst die unerträglichen beschränkten Zunftmeister mit ihren zweihundert Jahre alten Regeln zum Teufel jagen. Du wirst alle Zöllner und Mautner von den Wegen und Straßen, von den Stadttoren abberufen. Wirst dafür sorgen, daß die Ergebnisse der Arbeit von Menschenhänden frei und ungehindert in deinem Reich zirkulieren. Du bist klug und fein. Hast Verständnis für Gelehrte ohne erlauchten Stammbaum, für Bauernsöhne, für die Kinder eines Bergmanns, Müllers oder Wagners, schickst sie auf die Schule, und sie werden dereinst die Sterne jenseits des Polarkreises erforschen, werden neue Maschinen erfinden, unbekannte Metalle schmelzen, Kanäle graben und Schleusen errichten, werden Häuser für Siedler bauen.

Du wirst alles sein. Du könntest alles sein, unser Täubchen.

Das Rattern von Rädern und das Hufgestampf von sechs Paaren herausgeputzter Pferde unterbrechen den Traum des Volkes. Die Pferde ziehen die einstige kaiserliche Kutsche. Die Gesichter in der Runde spiegeln sich in den geschlossenen Fenstern wider. Die Kutsche ist leer, über sie zieht sich eine lange schwarze Schleife.

Am Schluß des Zuges rumpelt nur noch die Kutsche mit der Gräfin Fuchs und den Hofdamen. (Elisabeth Friz versteckt sich vorsorglich in der Tiefe der Kutsche und zieht den Vorhang vor.) Ganz am Ende marschiert langsam und schwerfällig eine Hundertschaft der Stadtgarde.

Trompeten gellen, Trommeln dröhnen dumpf wie Gewitterdonner. Der Zug biegt auf den Stephansplatz ab, unter den Schutz des Doms. Hunderte von Menschen, vor allem Halbwüchsige und Kinder, laufen um die Ecke zum Dom. Die Menge auf dem Graben bewegt sich unschlüssig, ihre Ränder fallen ab wie Blätter im Herbst und verlieren sich in den Seitengassen.

Da hört man ein Pfeifen, in den metallenen Röhren des Springbrunnens dröhnt und zischt es. Das Volk lauscht und schnuppert. In den Fontänen zu beiden Seiten der Pestsäule gluckert und plätschert es. Die Menge auf dem Graben wird durch die Schneide eines unsichtbaren Schwerts in zwei Teile geteilt. Aus der Josephsfontäne spritzt weißer, aus der Leopoldsfontäne roter Wein. Die zwei Menschenhaufen vereint ein gemeinsamer Aufschrei des Staunens.

„So begreifen Sie doch, ich bin nicht müde. Ich habe noch zu tun. Rufen Sie bitte Seine Hoheit den Großherzog und den Grafen Bartenstein."

Im Festgewand, aber ohne den Mantel, begrüßt Maria Theresia ihren Gemahl und den Sekretär der Geheimen Konferenz.

„Ich bin beunruhigt. Der Erfolg auf der Straße bedeutet nichts. Ich fühle mich bedroht. Bartenstein, was tut sich in unseren Ämtern? Von welchen Dekreten aus Bayern höre ich da?"

„Wir wollten Majestät nicht vor der Huldigungsfestlichkeit beunruhigen. Die Sache ist eigentlich ganz lächerlich. Der bayrische Gesandte Graf Törring-Jettenbach hat an alle Hofämter in Wien Dekrete versandt, in denen Kurfürst Karl Albert sie zu einer Audienz nach München ruft." Aus einer roten Mappe zog er ein Blatt. „Darauf ist das Siegel von Österreich und Bayern."

Eine peinliche Stille trat ein.

„Witzig", murmelte Franz von Lothringen.

Maria Theresia erbleichte.

„Das ist nicht witzig, mein Liebster, das ist eine Beleidigung!" rief sie. „Und das teilen Sie mir erst jetzt mit?" Sie sprang auf, voller Zorn auf Bartenstein. Dann ließ sie sich wieder in den Sessel fallen. „Karl Albert von Wittelsbach. Welch ein schrecklicher Haß in ihm schlummert! Nichts hat er vergessen. Mein katholischer bayrischer Nachbar. Was nützt der Festzug durch die Straßen Wiens, wenn der bayrische Kurfürst, einer der sieben Wahlherren des deutschen Kaisers, mich gleich im ersten Monat um den Thron bringen will? Karl Albert. Und an seiner Seite diese Natter: Maria Amalia von Habsburg, Blut von unserem Blut. In ihrem Namen schickt er geschmacklose Proteste gegen die Pragmatische Sanktion an alle Herrscherhöfe. Er giert danach, auch auf der anderen Seite der Alpen zu herrschen, hier in Wien, in Böhmen, in Mähren und Gott weiß wo noch! Er fühlt sich erniedrigt, weil mich mein Vater nicht seinem Söhnchen zur Braut gegeben hat! Als er einen Korb bekam, hielt er um meine Schwester an. Aber uns stehen diese famosen Wittelsbacher Nachbarn schon bis zum Halse!"

Sie richtete sich auf und schaute um sich. Dann fragte sie: „Was werden wir tun, meine Herren?"

„Es ist schon getan, Majestät." Bartenstein reckte sich. „Unsere höchsten Würdenträger haben die bayrischen Dekrete nicht einmal entsiegelt, sondern haben sie, einer wie der andere, ungeöffnet Törring zurückgeschickt. Der Herr Staatskanzler Sinzendorf hat dem bayrischen Gesandten mitgeteilt, daß er des Landes verwiesen sei. Eine Abteilung von Kürassieren des Fürsten Lobkowitz hat den lieben Törring bereits hinter die Grenze komplimentiert!"

Maria Theresia klatschte in die Hände und lachte wie ein Kind. „Bravo, die Herren! Wir lernen, richtig mit ihnen umzugehen." Sie überlegte kurz. „Ich möchte Ihnen mitteilen, daß ich meinen persönlichen Bevollmächtigten, den Marquis Botta, nach Berlin entsandt habe. Der preußische König veranstaltet in Rheinsberg ein Theaterfest, und in drei Wochen wird in Berlin der Karneval eröffnet. Botta wird sich diesen militärischen Karneval anschauen. Er muß um jeden Preis herauskriegen, was unser junger Freund im Schilde führt."

„Wir beunruhigen uns wohl umsonst. Der Brief, den mir der König geschickt hat, zeugt nicht von bösen Absichten", ließ sich Franz Stephan vernehmen.

„Apropos, der Brief. Darf ich ihn mit Ihrer Erlaubnis sehen, mein Lieber?"

Franz Stephan zögerte einen Augenblick, dann nahm er ihn aus der versilberten Mappe und reichte ihn seiner Gattin. „Sieht aus wie ein Kondolenzschreiben."

„So sieht es nur aus. Ich traue Friedrich nicht." Sie las laut: „Ich habe aufrichtig Anteil genommen an dem Verlust, den Eure Königliche Hoheit durch den Tod des Kaisers erlitten haben. Es ist ein Ereignis, das ganz Europa in Bewegung setzen und furchtbare Folgen nach sich ziehen wird, um so mehr, als es ein unvorhergesehener Fall ist. Sie kennen meine Wertschätzung und Freundschaft, die ich immer für Sie empfunden habe, und mit diesen Gefühlen bitte ich Eure Königliche Hoheit, mich als Ihren guten und sehr zärtlichen Vetter zu betrachten. Frédéric."

Maria Theresia biß sich auf die Lippen, schmerzhaft und kräftig, ihr schien, es müßte sogleich das blasse Blut hervorspritzen. Alle drei dachten sie das gleiche, nur sprach niemand diesen Gedanken aus. Eure Königliche Hoheit ... Franz Stephan war Herzog von Lothringen, jetzt ist er Großherzog von Toskana. Zum Mitregenten hat ihn Maria Theresia erst vor einigen Tagen ernannt. Friedrichs Brief ist früheren Datums. So ist das. Der gute und zärtliche Vetter Friedrich hat meinen lieben Mausi befördert. Ich würde es ihm gönnen, aber unter anderen Umständen. Nicht um den Preis meiner Herabsetzung. Franz ist doch nicht vielleicht gerührt? Welchen Keil will der „zärtliche Vetter" zwischen uns treiben? Gott im Himmel, erleuchte mich, auf daß ich alle Winkelzüge der Politik begreife und um mich Menschen finde, auf die ich mich stützen kann! Sie gab Franz den Brief zurück.

„Ein sehr zärtlicher Vetter kondoliert Ihnen. Er droht nicht. Wie wohlerzogen und höflich er doch ist! Ein gutes Gefühl, nicht wahr?" Sie wandte sich wieder Bartenstein zu. „Und was schreibt uns der sächsische Kurfürst und polnische König, unser lieber August, dieses Muster an Ordnung und staatsmännischer Weisheit? Stimmt er nicht zu? Auch ihm gefalle ich nicht?"

„Er stimmt nicht zu." Bartenstein seufzte. „Er macht darauf aufmerksam, daß er keinerlei Mitregentschaft Seiner Hoheit anerkennt" – er warf einen Blick auf Franz von Lothringen –, „weil das bedeuten würde, daß eine unberechtigte Person die Kurstimme des böhmischen Königs gewänne. Darüber hinaus bestreitet er auch die Thronfolge Eurer Majestät, denn der sächsische Kurfürst und polnische König ist der Gemahl Maria Josephas, der ältesten Tochter des Kaisers Joseph I."

Die Herrscherin unterbrach ihn.

„Kennen wir. Das alte Lied. Na schön, sollen sie sich beide ausstopfen lassen. Mit Sachsen brechen wir die Beziehungen ab. Unser armes Haus hat wahrlich wohlwollende Nachbarn."

„Ich möchte mir die Bemerkung erlauben, daß das Wichtigste jetzt die beschleunigte Einberufung des ungarischen Reichstags ist. Eure Majestät muß sich in Preßburg krönen lassen."

„Und von den ungarischen Ständen eine beträchtliche Militärkontribution herausschlagen. Die Regimenter ergänzen. Die Kasse auffüllen. Ja, ich weiß. Aber das alles schaffen wir bis Weihnachten nicht. Und mir persönlich fällt es immer schwerer." Sie strich sich über den Leib. „Wann könnte Botta in Berlin sein?"

„Frühestens am 1. Dezember."

„Bis Weihnachten werden wir erfahren, worüber sich unser zärtlicher Vetter in Berlin den Kopf zerbricht." Sie lächelte Franz zu. Bartenstein verließ den Raum. Maria Theresia fiel ihrem Mann um den Hals, riß ihm die Perücke herunter und kraulte ihm erregt mit den Fingern die dunklen, lockigen Haare.

8

In dem mittäglichen Trubel verschwand Bruder Gelasius Zorica aus den Augen. Sicherlich hatte er seine Schützlinge zurück ins Piaristengymnasium beordert, und die Scholaren konnten von dem ungewöhnlichen Inhalt der Leopolds- und Josephsfontäne nicht kosten. Besorgte Mütter jagten ihre Kinder von dem steinernen Geländer weg, um selber unbeobachtet den kühlen Wein schlürfen zu können. Am anderen Ende des Platzes erschallte Gesang, und in einem Fenster kratzte jemand auf der Geige.

Einige Leute schnappten sich Zorica und zogen sie zum Brunnen: „Trinken Sie mit uns, schöne Frau!"

„Wir bewirten Sie mit erzherzoglichem Wein", riefen lachend Studenten.

An den Springbrunnen Geschrei und Gelächter. Die

Kälte ließ nach, die Gesichter röteten sich. Wein ergoß sich auf das Pflaster unter den Schuhen, sein Dunst schwebte über dem Graben. Die Pfiffigeren zogen Becher und Tassen aus Mänteln und Rucksäcken. Eine vollbusige Frau warf einem Mann im roten Husarenrock aus dem Fenster eine Porzellantasse zu.

„Schöpf was ein für mich, Husar, sei nicht knausrig. Und komm zu mir, bedien mich!"

„Und wir dürfen nicht, liebe Frau?" brüllten ein paar Kroaten. „Hast du nicht 'ne Tochter oder wenigstens 'ne Schwester?"

Zorica widerstrebte es, den Wein mit der hohlen Hand aus der Fontäne zu schöpfen. Irgend jemand reichte ihr einen Becher. Als sie den ersten Schluck in der Kehle spürte, wurde ihr unverhofft warm, sie nahm den Weindunst nicht mehr wahr.

„Sieh an, Christoph, eine Landsmännin! Schmeckt's, serenissima signora?"

Zorica drehte den Kopf herum, vorsichtig, damit die Frisur nicht auseinanderfiel.

„Una bella ragazza italiana!"* Der Italiener nahm ihr den Becher aus der Hand und gab ihn ihr gleich darauf frisch gefüllt zurück.

„Nein, nein!"

„Siehst du, sie ist keine Italienerin!"

„Belissima!"**

„Zum Wohl!" sagte Zorica auf deutsch und leerte rasch den zweiten Becher.

„Uns täuschen Sie nicht, meine Dame. Sie sind keine Österreicherin." Vor ihr verbeugte sich ein großer, ziemlich beleibter Mann, mit breitem, von den Blattern verunstaltetem Gesicht. Die grauen Augen musterten sie neugierig. „Die reinste Aspasia", murmelte er seinem Begleiter zu. „Für so eine Geliebte würde Dareios selbst an seinen Vater Hand anlegen." Seine Stimme klang heiser. Zorica hielt seinem Blick stand.

* (ital.) Ein schönes italienisches Mädchen!

** (ital.) Wunderschön!

„Gehen wir in die Naglergasse in eine Schenke, Christoph."

„Die Aspasia nehmen wir mit, oder?" Der Blatternarbige nahm Zoricas Arm. „Kommen Sie, Teuerste, fürchten Sie sich nicht. Wir sind nur harmlose Künstler, zwei von denen, die die Könige überragen." Er brach in lautes Lachen aus. „Wenn bloß das Volk nicht so brüllen wollte! Kommt, gehen wir!" Ungeduldig drängte er von der Fontäne weg und zog Zorica in die Straßenmitte. Plötzlich blieb er stehen. „Hören Sie, Signor Metastasio. Dieses Menschengeschrei übertönt die Klänge des Festmarschs. Der große Artaxerxes defiliert vor der persischen Armee. Ruhe, zum Donnerwetter!" schrie er. Die Leute ringsum drehten sich zu ihm herum. „Los, nur keine Angst!" Wieder nahm er Zoricas Arm. „Ich bin kein Narr. Nur vom Theater besessen. Ich wollte den Festzug der Herrscherin sehen, um etwas über den Ruhm und das Elend eines ganz anderen schreiben zu können. Haben Sie schon einmal von Artaxerxes gehört? Nein? Da sehen Sie, was von gekröntem Ruhm übrigbleibt. Von den alten Persern gibt es keine Spur mehr. Das Grab des Kyros ist mit Gras bewachsen. Nur wir, Pietro, wir reißen das Unkraut heraus, und auf der Bühne gewinnt Leben, was vor zwei Jahrtausenden geschah. Sie glauben es nicht? Dieser Herr ist ein Zauberer. Er dichtet, und ich komponiere die Musik dazu. Also was sagen Sie, teure Aspasia?" Er begann mit heiserer Stimme zu singen. „Könnte das nicht eine Arie sein, Pietro?" Er wechselte zwischen dem Italienischen und dem Deutschen hin und her. Gestikulierte wild. „Sie zittern, Signora? Keine Angst, wir verlassen Sie nicht."

Der Graben, diese breite Straße, endete, und die beiden Männer bogen mit Zorica in eine schmale Gasse ein. Metastasio zog die Stirn kraus und sagte auf italienisch zu seinem Begleiter: „Diese Frau willst du zwischen nackte Dirnen führen?"

„Na und? Soll sie sehen, wie die Welt ist. Die Dame

ist aus einem fernen Winkel unseres heiteren Reiches, soll sie was dazulernen."

Pietro Metastasio blieb stehen.

„Ich geh nicht mit, Christoph. Wir hatten uns vorgenommen zu arbeiten."

„Die Stunde, die du mit einer hübschen Frau verbringst, ist nie verloren, mein lieber Hofdichter."

„Jemand wird uns sehen."

„Hast du Angst vor der neuen Herrscherin, Pietro? Sie ist jung und schön und voller Leidenschaft. Sie wird uns nichts tun. Sie wird diese eingeschüchterte Stadt leben lehren." Er lachte und streichelte Zorica die Wange. „Ich habe nichts zu befürchten. Mein Herr ist der Graf Melzi in Mailand. Der sieht nicht bis hierher."

„Sei vernünftig, Christoph. Bald wird es dunkel, und in den Fenstern erscheinen die Vestalinnen im Evaskostüm. Die Ärmste da wird noch in Ohnmacht fallen."

„Fürchte dich nicht vorzeitig. Für Frauen hab ich eine Nase. Warum bist du so grausam zu mir, mein Dichter? In Mailand rackere ich unablässig, schinde mich mit deinem verdammten Libretto ab. Hier in Wien will ich frei sein." Er ging zum Deutschen über. „Haben Sie Angst vor Schenken, Aspasia? Vor Geschrei, Gesang und Gestank? Ich nicht. Jahrelang habe ich an den Samstagen und Sonntagen bei Dorfhochzeiten in der Umgebung von Prag aufgespielt. Der Sohn eines herrschaftlichen Försters hat keine Angst vor Schenken. Wahrhaftig, Pietro, weißt du, daß mein Vater eine eigene Schenke aufmachen konnte?"

„So gut zahlt der Fürst Lobkowitz?"

„Auf den Lobkowitz laß ich nichts kommen. Wäre der Fürst nicht gewesen, hätte ich nie in Mailand bei dem berühmten Sammartini studieren können." Er klopfte dem Dichter auf die Schulter. „Und hätte dich nie kennengelernt, großer Pietro Bonaventura Metastasio."

„Ich bin alt und müde, Christoph. Ich komme nicht mit. Mir tun die Füße weh, und frieren tu ich auch."

„Haben Sie das gehört, Signora? Vierzig Jahre alt

und müde! Wer wartet auf dich zu Hause? Welches Püppchen, welche Schauspielerin? Oder die Fürstin Althan?"

„Hör auf, Christoph!"

„Schon gut, Bruderherz. Ich übernachte im Lobkowitz-Palais. Dort findest du mich, teurer Freund. *Wenn* ich übernachte . . ." Er zwinkerte Zorica zu.

„Paßt gut auf euch auf!" Metastasio winkte ihnen an der Straßenecke nach. „Und denk an die Termine, Christoph – wenn schon nicht an die Ehre."

Christoph lud die neue Bekannte zu einem weiteren Wein ein. Er wählte das „Goldene Schiff", dessen Besitzer die Mädchen erst spät am Abend zu den Gästen ließ, so daß man bis dahin ungestört sitzen konnte.

„Vor drei Jahren war ich jeden Nachmittag hier. Nur Mut, Aspasia. Ihre Schönheit öffnet jede Tür und erwärmt jeden Raum."

Der Wirt kam angelaufen. Struppige, fettige Haare, tiefliegende Augen.

„Wenn ich nicht irre – der Herr Gluck beehrt uns mit seinem Besuch . . . Seien Sie willkommen. Küß die Händchen, Gnädigste."

„Was ist los, Herr Held? Sie sehen nicht gerade heldisch aus." Gluck reichte dem Wirt seinen Mantel und zeigte mit dem Kopf auf Zorica. Der Wirt half ihr aus dem Umhang.

„Herr Gluck, so ist nun mal das Leben. Meine Tochter hat unvermutet geheiratet."

„Das hat Sie so ruiniert? Mich muntert eine gute Hochzeit immer auf. Ich hoffe, Sie haben auch was Gutes zu essen da. Sie wissen, daß ich früher gespeist habe wie ein echter Prasser. Einen stillen Tisch", flüsterte er dem Wirt zu. „Ohne Püppchen, klar?"

„Ich empfehle Grieben als Vorspeise. Ganz frisch ausgelassen. Noch warm." Der Wirt schnalzte mit der Zunge. „Dann ein Weinchen, der etwas süßere Jahrgang siebenunddreißig."

Gluck faßte Zorica unter und führte sie zu dem Tisch.

„Keinen alten Wein, Herr Held. Wir Waldmenschen brauchen nur jungen."

Der Wirt verschwand, und Zorica fühlte sich wie im siebenten Himmel. Der Traum ging weiter.

„Mir fehlt Metastasio", sagte der Komponist, als er von dem jungen Wein nippte. „Wissen Sie, was für ein berühmter Mann das ist? Der Hofdichter Seiner Kaiserlich-Königlichen Majestät. Ich hoffe, Maria Theresia wird ihn in diesem Amt belassen. Einmal werden wir ihn bitten, Ihnen ein Sonett zu rezitieren. Für hübsche Damen ... Aber ich ... Ich bin nur so ein närrischer Kauz. Bin aus den bayrischen und böhmischen Wäldern gekommen, und plötzlich lauschen mir Grafen und Fürsten, bezahlen mich, und bald werde ich ihnen mein Theater vorführen. Ein Theater, an das alle denken werden." Er schaute über Zorica hinweg in das Dämmerlicht der Schenke. „Manchmal scheint's mir, alles Wirkliche um uns sei nur Trug und Täuschung. Ein Traum. Meinen Sie nicht auch, Aspasia?"

„Ich heiße Zorica, Herr Gluck."

„Liebe Frau, erlauben Sie mir, Sie Aspasia zu nennen. Das brauche ich zum Artaxerxes. Sie fragen gar nicht, wer das war?"

Sie sah ihn nur bewundernd an.

„Auch eine Antwort."

„Jetzt glaube *ich,* ich träume."

„Wo habe ich aufgehört? Das Leben um mich scheint mir unwirklich und flüchtig. Die Menschen sind dumm und nichts wert. Mit Ausnahme schöner Frauen." Er räusperte sich. „Ein gutes Essen und guter Wein." Er schob die Grieben vor Zorica. „Die einzige Wirklichkeit scheint mir das Theater zu sein. Die Welt, die ich geschaffen habe. Wo ich diktieren kann. Wo ich mir Geschichten von Liebe, Heldentum, Haß und Opferbereitschaft ausdenken kann. Die Musiker im Orchestergraben spielen das alles, und die Sänger singen es." Er trank von dem Wein. „Das ist viel Macht. Sie wundern sich, mein Mädchen? Wie alt sind Sie?"

„Fünfundzwanzig, Herr."

Er umarmte sie. „Bravo, Signora! Ein Jahr jünger als ich. Trinken wir darauf. Auf Ihre Schönheit! Auf die Schönheit unserer Herrscherin!"

„Auf Sie, Herr!"

„Ja, auch auf mich. Warum nicht? Auf daß ich bald zum Herrscher der Bühne werde. Ich werde Sie einladen." Er stockte. „Schon wieder schwatze ich. Wie im Komotauer Gasthaus. Die Premiere wird übers Jahr in Mailand sein. Mailand ist nicht weit. Sind Sie an Wien gebunden?"

„Wie soll ich es Ihnen sagen, Herr? Ich bin nicht an Wien gebunden, aber ich bin auch nicht frei."

Er hob das Glas.

„Das können Sie mir später erzählen. Wenn der Mensch seine Trauer beim Wein verströmt, verwandelt er sie in Freude. Haben Sie das noch nie versucht?"

„Nein."

Sie wunderte sich selber darüber, wie ihr Selbstbewußtsein wuchs. Sie war in die obere Klasse der großen Schule des Alleinseins aufgestiegen.

„Ich brauche nicht mehr viel Zeit, Aspasia. Höchstens noch ein paar Monate. Ich weiß, ich habe die geheime Tür des Zimmers entdeckt. Was ich von Kindheit an in den böhmischen Dörfern, auf den Gütern der Kinskýs und Lobkowitz' gelernt habe, Geige, Cello, dann die sechs zermürbenden Jahre auf dem Gymnasium in Komotau, das göttliche Klavier, die Orgel, Philosophie in Prag, das alles verdünnen mir jetzt die Italiener mit leichtem Wein. Das vermischt sich mir schon im Kopf, gewinnt Weite, Sonne, Leichtigkeit. Wird reicher durch unbeschwerte Liebe und Schalkhaftigkeit, wie ich sie in Ihren Augen lese."

„Herr, ich bin nicht so eine, wie Sie denken."

„Schweigen Sie, Signora. Ob wir beisammensein werden oder nicht, das hängt von uns beiden ab. Nicht deshalb sitze ich hier. Mich verlangt es einfach danach, mit einer Frau zu plaudern, wie Sie es sind. Aus einer anderen Welt. Ich sehe, Sie sind nie im Theater gewesen. Sie leben gefährlich. Wollen alles erleben. Sie werden sich vernichten. Etwas müssen wir den Sittenlosen, den Narren und den Dieben auf der Bühne überlassen. Sie lieben und quälen sich für uns. An unserer Stelle. Uns tut das nicht weh. Ist das nicht wunderbar? Wären Sie eine geistvolle Salondame, dann würde ich jetzt gelehrten Unsinn hören und müßte jedes Wort auf die Goldwaage legen. Aber ich bin nur ein verwilderter, aus dem Wald hervorgegangener Bursche, der Sohn eines armen herrschaftlichen Försters. Ich habe in der Teinkirche gesungen, bei den Kreuzherren, in der St.-Agnes-Kirche. Prager Grafen, Bürgersfrauen, Äbte, Seine Eminenz Johann Fürst von Lobkowitz, der Gouverneur von Mailand, alle waren plötzlich hingerissen. Begreifen Sie das? Mit einemmal entdecken Sie etwas in sich. Es gehört Ihnen, aber zugleich erfreuen sich auch andere daran. Man bietet Ihnen dafür Geld ... Warum trinken Sie nicht? Sie sind einsam und verlassen, das ist mir klar. Vor mir brauchen Sie keine Angst zu haben. Ich denke nur an den Artaxerxes. Die erste Oper darf nicht durchfallen, denn dann würde ich auf dem Kehrichthaufen landen und müßte wieder auf Hochzeiten und bei Begräbnissen spielen. Alle unsere Fähigkeiten beginnt man mit Geld einzuschätzen. Die Herren oben schätzen sich mit Grafen- und Fürstenkronen ein, mit Lehensbriefen und Wappen. Uns anderen geben sie fürs Füßewaschen, für eine Liebesstunde, für ein Glas Wein, ein Pfund Baumwolle, die Komposition einer Oper nur eins: Geld. Mit einem Male sollen wir die Schönheit mit Geld würdigen. Bald werden neue Münzen in Umlauf kommen, geschaffen von den führenden Bildhauern und Graveuren, darauf wird die imposante Büste unserer jungen Herrscherin prangen. Göttinnen und die schönsten Frauen sollen das Geld erträglich machen, den Schmutz, die Anonymität und die allgemeine Geringschätzung von ihm abwaschen. Mir scheint, man will in diesem Jahrhundert, daß wir das Geld zu lieben beginnen, uns vor ihm demütigen, uns bemühen, es anhäufen. Aber ich bin ein junger Narr und sträube mich immer noch dagegen, daß man mir mein Theater mit Geld bezahlt. Wollen Sie noch ein Glas Wein? Oder lieber ein ordentliches Abendessen? Ich esse sehr gern. Metastasio sagt immer, ich würde mich überfressen. Die Jugend im Forsthaus. In den Wäldern kriegt man Hunger. Da drückt einem der Speck nicht im Magen wie unseren Gräfinnen. Nur keine Scheu, mein Brotgeber bezahlt mich freigebig. Er will sich bald mit meiner Oper brüsten. Er ahnt nicht, daß ich mich selber damit brüsten will. Ich schwatze Ihnen was vor, meine Teure . . . Sind Sie nicht aus Siebenbürgen? Ich hab's erraten, daß Sie von weit her sind. Ich bin für jedes Gesicht aus unbekannter Ferne dankbar. Sie können sich nicht vorstellen, was es in mir erweckt. Ebenso geht's mir mit unbekanntem Wein oder unbekannten Speisen. Ich bin einfach ein Narr. Aber das kann ich mir schon erlauben, und das ist gut so."

Er betrachtete die schöne Fremde und fühlte, wie ihre gleichgültige Ruhe seine feurige Ungeduld anfachte. Der Kontrast zwischen ihrer vollkommenen Frauenschönheit und ihren schläfrigen Augen erregte ihn immer mehr. Im Lärm der Schenke, die sich mit Besuchern füllte, in die bereits die ersten Freudenspenderinnen mit hervorquellenden Brüsten und gereizten Schimpfworten eindrangen, hörte er die hochgewachsene Schwarzhaarige vor dem Perserkönig singen. Er nahm die Melodie auf und summte sie heiser vor sich hin.

Zoricas Kopf sank an die Schulter des Herrn Gluck.

Als er sie weckte, blieb ihre Hand ohne Gegenwehr in der seinen. Er zwang sie zu nichts, soll sie nur erzählen! Er führte Zorica an die frische Luft, nur schnell weg aus der Naglergasse, er gestikulierte, damit sie die nackten Weiber in den Fenstern nicht sah. Sie bogen auf den Kohlmarkt ab. Vom Michaelerplatz aus zeigte er Zorica die kaiserliche Burg, und sie versuchte zu erraten, wer hinter den erleuchteten Fenstern weilte. „Bei Lobkowitz werden Sie Leute kennenlernen, Aspasia. Da können Sie ganze Regimenter ausforschen."

Er führte sie an den kaiserlichen Marställen vorüber, machte sie auf die majestätische Fassade der neuen Hofbibliothek aufmerksam. „Da geh ich immer mit Metastasio hin. Alles ist dort. Die ganze Welt, schöne Frau." Am Augustinerkloster vorbei gelangten sie zum Lobkowitz-Palais. Hier werde ich also mein Glück versuchen. Was wird aus mir, wenn wir feststellen, wo mein unbekannter großer Dragoner ist? Herr Gluck ist gegen ihn ein Jüngelchen. Ob ich Kammerfrau, Einkäuferin, Hauptköchin, Sticklehrerin werde? Oder nur Geschirrwäscherin oder Pflegerin der fürstlichen Katzen?

„Das hier war vor drei Jahren mein Heim", sagte Gluck und zog an einer vergoldeten Kordel. Weit hinten ertönte eine Glocke. „Ich halte mich noch zwei Tage hier auf, dann eile ich zurück nach Mailand."

Das Tor öffnete sich, Lakaien grüßten sie höflich. Marmortreppen, üppige Marmorleiber an der Brüstung.

Gluck sorgte dafür, daß Zorica im Palais bleiben durfte. Es schien ihm geschmacklos, ihre Hilflosigkeit und Einsamkeit auszunutzen.

9

Es war ein Advent der jungen Monarchen. Ein paar Wochen vor dem Ende des Jahres 1740 vertrauten die beiden neuen Herrscher den weiteren Verlauf der Dinge ihren Diplomaten an. Jeder entsandte seinen besten: Maria Theresia den Marquis di Botta und Friedrich II. den Grafen Gotter. In diesen Tagen kreuzten sich ihre Wege irgendwo zwischen Berlin und Wien.

Der persönliche Bevollmächtigte der ungarischen und böhmischen Königin schlug sich fluchend auf den verschlammten schlesischen Straßen nach Preußen durch. Je mehr er sich beeilte, um so mehr rutschten die Räder seiner Kutsche. Die Hufe der zwei Paar Pferde kämpften mit Steinen und Morast. Bottas Freude, als er bei Crossen die brandenburgisch-preußische Grenze erreichte, verwandelte sich in der nächsten Stunde in eine Schimpfkanonade, wie sie nur ein mit den saftigen Flüchen der Seeleute aufgewachsener Genueser hervorbringt. Die Straße von der Grenze bis nach Berlin war von Kavallerie und Troßeinheiten verstopft, die den österreichischen Gesandten ungeachtet seiner diplomatischen Immunität immer wieder in den Straßengraben drängten.

In Berlin langte er am 1. Dezember an. Er nahm ein heißes Bad und lehnte alle Einladungen ins Theater ab. Er drängte auf eine Audienz beim preußischen König. Ohne Erfolg. Seine Majestät waren beschäftigt. „Der Herr Marquis möge sich nach Rheinsberg begeben ... Seine Exzellenz möge sich nach Potsdam bemühen, vielleicht dort ...“ Selbst ein so durchtriebener Diplomat und Intrigant wie Botta wurde nervös. Mitten in der Nacht schreckte er schweißgebadet hoch, und auf der Stuckdecke erschienen ihm die verschwommenen Bilder der preußischen Truppen, die auf Schlesien zuströmten. Jeder versäumte Tag, jede versäumte Stunde bedeutete eine Katastrophe.

Endlich, am Abend des 5. Dezember, ließ sich der König auf einem Spaziergang im Park des Potsdamer Schlosses sehen. Botta flog herbei wie ein losgeschossener Pfeil. Er begann im Konversationston: „Die schlesischen Straßen sind abscheulich, Euer Majestät.“

„Hm.“ Der König nickte. „Das Schlimmste, was dem Reisenden da zustoßen kann, ist, daß er beschmutzt ankommt.“

Den König umringten junge Schauspieler, er setzte seine Unterhaltung über den morgigen Nikolausabend fort, und Botta kam nicht dazu, auszusprechen, daß er der persönliche Bevollmächtigte der böhmischen und ungarischen Königin war. Friedrich verschwand auf einer Biegung des Parkwegs.

Am nächsten Tag verteilten Kuriere aus dem königlichen Schloß im Zentrum Berlins an die Gesandten der europäischen Staaten befremdliche Nikolausgrüße: „Euer Exzellenz! Seine Königliche Majestät, unser Allergnädigster Herr, hat den Entschluß gefaßt, ein Armeekorps in Schlesien einrücken zu lassen, zur vorläufigen Sicherung aller Gerechtsamen, als Ausdruck freundschaftlicher Hilfe und nicht in feindseliger Absicht gegen Österreich, wessen die Herren Gesandten ihre respektiven Höfe versichern mögen."

Eine Stunde darauf stürzte der britische Gesandte Guy Dickens ins Schloß. Er erwirkte eine Audienz beim König. Dickens war puterrot.

„Sire, die österreichische Monarchie ist unteilbar!"

„Unteilbar? Was verstehen Sie darunter?"

„Die Aufrechterhaltung der Pragmatischen Sanktion."

Der König beherrschte sich: „Gedenken Sie die aufrechtzuerhalten? Ich hoffe es nicht; denn meine Absicht ist das keineswegs."

„England und Holland werden sich sehr über die Maßnahmen wundern, die Euer Majestät in demselben Augenblick getroffen haben, da Euer Majestät vorschlugen, mit ihnen zusammenzugehen, und sie Ihrer Freundschaft versicherten. Was soll ich nach England berichten?"

Der König wurde rot wie Paprika, seine Augen sprühten Feuer.

„Sie können keine Instruktionen haben, diese Frage zu stellen! Und hätten Sie sie, so würde meine Antwort lauten: England hat kein Recht, sich nach meinen Plänen zu erkundigen. Ich habe niemals wegen Ihrer großen Rüstungen zu Lande und zur See angefragt und wünsche nur, Sie mögen nicht von den Spaniern geschlagen werden."

Nach einigen besänftigenden Worten des Gesandten kehrte des Königs natürliche Farbe zurück, und er fuhr fort: „Österreichs Macht ist notwendig gegen die Türken. Aber bedarf es in Deutschland einer so gewaltigen Übermacht Österreichs? Monsieur, ich finde, man ist bei euch in England ebenso wie in Frankreich geneigt, andere Souveräne unter Vormundschaft zu halten und sie am Gängelband zu führen; ich will mich aber von keinem der beiden gängeln lassen." Er lachte kurz auf. „Ihr Engländer kommt mir vor wie die Athener, die, als Philipp von Makedonien im Begriff stand, in ihr Land einzufallen, ihre Zeit mit Redenhalten verbrachten."

Dickens stellte sich dumm. „Und wenn wir Garantien für Berg und Jülich geben?"

Der König spielte die Komödie weiter. „Hm, mir liegt nicht so viel an den Rheinlanden, wie Sie glauben. Die Holländer sind eifersüchtig. Aber an der anderen Grenze, da können weder England noch Holland Anstoß nehmen." Eine dramatische Pause. „Ich denke an Schlesien, Euer Exzellenz!"

Dickens erhob sich und ging ohne ein weiteres Wort. Also doch Schlesien! Er blieb jedoch in Berlin.

Vier Tage später bat der französische Gesandte, der Marquis de Beauvau, um Audienz. Es war Samstag, der 10. Dezember. Der Marquis gedachte binnen kurzem nach Paris zurückzukehren.

„Adieu denn, Monsieur le Marquis. Ich hoffe, Ihr französisches Spiel zu spielen. Wenn mir die Asse zufallen, wollen wir teilen", sagte ihm der König zum Abschied.

An diesem Samstag lud das Königspaar in Charlottenburg zu einer musikalischen Soirée ein. Eine Einladung erhielt auch der österreichische Bevollmächtigte Graf Botta. Er wußte bereits, daß es nicht mehr nur um den Schlamm auf den schlesischen Straßen ging, sondern um viel mehr. Es wurde ein bitterer Abend für ihn. Die Musikdarbietungen klangen ihm wie sinnloses Gefiedel über dem Höllenschlund in den Ohren. Friedrich II. war zu keiner Unterredung mit dem Abgesandten Maria Theresias bereit. In der Nacht, die er schlaflos verbrachte, faßte der Genueser einen Entschluß. Er hatte seine Mission erfüllt, hatte erfahren, daß der Krieg unvermeidlich war. Er wird also umgehend nach Wien zurückkehren.

Der nächste Tag war ein Sonntag. Botta bat um eine Abschiedsaudienz. Die konnte ihm der König nicht abschlagen.

Der König war heiter, wenn auch nach dem gestrigen Vergnügen nicht ganz ausgeschlafen. Er teilte Botta mit, der preußische Gesandte in Wien werde die Verhandlungsvorschläge des Königs unterbreiten. Er habe seine Instruktionen. Botta erbleichte. Friedrich hatte ihn beleidigt. Botta fiel aus der Rolle, er konnte sich nicht mehr beherrschen und rief: „Sire, Sie werden das Haus Österreich verderben! Und Sie werden sich mit zugrunde richten!"

„Es hängt alles von der Königin ab", sagte Friedrich unbewegt. „Sie sollte meine Vorschläge annehmen."

Botta sank auf einen Stuhl. Ironisch hielt er dem König vor: „Ihre Truppen, Sire, sind allerdings schön; die unsrigen sehen nicht so schön aus, aber sie haben dem Wolf ins Gesicht geschaut. Ich beschwöre Sie, bedenken Sie, was Sie da unternehmen wollen!"

Den König reizte die Ironie.

„Sie finden meine Truppen schön; ich werde Sie davon überzeugen, daß sie auch gut sind. Jawohl, Euer Exzellenz, es sind passable Truppen und sehr dazu angetan, dem Wolf ins Gesicht zu schauen – oder vielleicht sogar auf den Schweif!"

Botta schluckte die Beleidigung. Abermals versuchte er, den König von seinem Entschluß abzubringen, doch vergeblich. Zutiefst betroffen trat er die Rückreise nach Wien an.

Einige Stunden darauf rief der König den Generalstab zusammen. Er vergewisserte sich, daß alle Abteilungen auf der Linie Frankfurt – Crossen bereitstanden. Der achtundzwanzigjährige Friedrich, der gebildetste Monarch des damaligen Europa, hielt eine Ansprache an die Kommandeure der Regimenter, Bataillone und Schwadronen, an die Generale und Obristen: „Meine Herren, ich unternehme einen Krieg, in welchem ich weiter keine Verbündeten habe als Ihre Tapferkeit und Ihren guten Willen. Meine Sache ist gerecht; meine Hilfsquellen sind in uns selber, und der Ausgang hängt vom Glück ab. Seien Sie allezeit eingedenk des Ruhmes, den Ihre Vorfahren in den Ebenen von Warschau, bei Fehrbellin und auf dem Zuge nach Preußen gewonnen haben. Ihr Schicksal ist in Ihrer Hand; Auszeichnungen und Belohnungen erwarten Sie; Sie sollen sie sich durch tapfere Taten verdienen. Doch was brauche ich Sie zum Ruhme zu reizen? Ist er doch das einzige, was Sie im Auge haben, der einzige Ihrer Bestrebungen würdige Gegenstand. Wir werden Truppen die Stirn bieten, die unter dem Prinzen Eugen im höchsten Ruf standen. Obgleich Prinz Eugen von hinnen ist, so wird doch, indem wir uns mit tapferen Soldaten messen, der Ruhm, sie zu besiegen, um so größer sein. Leben Sie wohl, ziehen Sie. Ich folge Ihnen sogleich auf den Sammelplatz des Ruhmes, der Ihrer wartet."

Am nächsten Tag, vor seinem Aufbruch zum Sammelplatz des Ruhmes, gab der König im Berliner Schloß einen Maskenball. Er lud die Königin ein, den gesamten Hof und alle Truppenkommandeure. Die meisten erschienen entsprechend den Einladungen im Domino.

Abends um acht Uhr erschallten die silbernen Trompeten. Der König und die Königin traten ein. Der erste Tanz.

Es ist etwas Berauschendes, einen Ball bei seinem König in dessen Schloß zu erleben. Lüster erblühen wie mächtiger Flieder, polierter Marmor schimmert hinter antiken Büsten, die Blüte der Vergangenheit blickt auf das Heute. Noch bleiben acht Stunden bis Tagesanbruch. Acht Stunden für den Tanz mit erträumten Partnern, für überraschende Bekanntschaften, für Gespräche. Stille Nischen und Winkel zwischen Säulen und Fenstern. Weiträumige Flure, die weiß-goldene Schönheit des künftigen Todes. Ein letztes Mal schöne Frauengesichter sehen. Sie leuchten aus der blonden Haarflut wie die Sonne aus Morgenwolken. Erhoffte und berauschende Flirts, Berührungen der Hände, Versprechungen für das Morgen, Vorschüsse auf die Ewigkeit, Hoffnung auf einen Besuch im Boudoir morgen früh, auf einen Besuch, der nicht stattfinden wird. Wie klug sind diese jungen Kadetten, Offiziere und Husaren! Welche Vornehmheit strahlen die weißen Perücken aus, die die rosigen Gesichter einrahmen! In wenigen Tagen wird der Tod mit seinem Knochenfinger unter ihnen seine Wahl treffen, wird er über ihre schweißnassen Köpfe springen. Wieviel Stunden bleiben uns, Majestät? Wie viele Male können wir den Blick noch auf das Dekolleté der Gräfin, der Baronin heften? Wie viele werden noch heute nacht zu Liebesgenuß gelangen und die kostbarsten und fruchtbarsten Teile ihres sterblichen Körpers in Händen halten? Wer von euch wird noch heute die makellosen Brüste küssen und ihren von Schweiß und Begierde aufgelösten Puder in sich einsaugen? Welche von euch wird die kampfbereite Waffe der Liebe streicheln und weitere Nächte in Furcht vor ihrer Köstlichkeit dahinsterben? Was gehen uns Prediger, Mutter, Vater, die Moral an? Der Tod hat uns zum Karneval geladen. Er dirigiert unser Menuett.

Der König plauderte bereits eine Stunde in einer Fensternische mit dem englischen Gesandten. Ein junger Offizier notierte später in seinem in weißes Kalbsleder gebundenen Merkbuch:

„Jemand zupfte mich am Domino. Ich sah mich um und bemerkte mit Erstaunen den König, der mich beiseite zog. ‚Sind Ihre Stiefel gefettet, Bielfeld?' – ‚Sire, sie sind es immer zum Dienste Eurer Majestät.' – ‚Gut, Sie müssen übermorgen mit dem Grafen Truchseß nach England reisen. Podewils wird Ihnen das weitere sagen.' Ich erstarrte. Das war wie ein Blitz aus heiterem Himmel. Der König ging in einen anderen Saal, und ich beendete das Menuett mit der Gräfin, der ich vor einer Weile unversehens entschlüpft war."

Am nächsten Morgen, Dienstag, dem 13. Dezember,

Punkt neun Uhr machte sich Friedrich II. zum Frankfurter Sammelplatz auf. Er stellte sich an die Spitze seines Heeres, das gegen die Festung Neiße vorrückte.

Am folgenden Sonntag, ein paar Tage vor Heiligabend, traf Graf Gustav Gotter, persönlicher Gesandter des preußischen Königs, in Wien ein. Er war so gereist, daß er erst zu dem vom König befohlenen Zeitpunkt anlangte. Er sollte die Verhandlungsvorschläge erst dann übergeben, wenn die preußischen Armeen bereits in Schlesien eingerückt waren.

Graf Gotter war in Wien gut bekannt und angesehen. Nach zehn Jahren diplomatischen Dienstes genoß er den Ruf eines tapferen Mannes. Einmal hatte er unter Einsatz seines Lebens eine Nichte des Prinzen Eugen aus der Donau gerettet, als ihr Boot umgeschlagen war.

Der Gesandte erhielt Einlaß in die Burg. Er mußte warten, bis die Messe in der Burgkapelle beendet war. Er überquerte den großen Hof und trat durch das Tor in den schmalen Schweizerhof, den ältesten Teil der Burg. Die Schweizergardisten beobachteten ihn scharf.

Schließlich führte man ihn vor Franz von Lothringen.

Gotter verbeugte sich. Er sagte, er überbringe der ungarischen und böhmischen Königin ein persönliches Schreiben des preußischen Königs. Franz von Lothringen erzitterte. Die Königin könne den Herrn Gesandten nicht empfangen. Sie sei hochschwanger und fühle sich nicht gut.

Maria Theresia, im sechsten Monat der Schwangerschaft, ruhte in einem Sessel hinter der geschlossenen Tür.

„Als Mitregent bin ich bevollmächtigt, im Namen Ihrer Königlichen Majestät zu verhandeln, Herr Graf."

Gotter zog Friedrichs Brief aus dem seidenen Mantel hervor, überreichte ihn jedoch Franz nicht.

„Ich habe eine lange und anstrengende Reise hinter mir. Ich komme in dem aufrichtigen Bestreben, die Monarchie zu retten. In der einen Hand trage ich den

Schutz Ihres Schlesiens und in der anderen die Kaiserkrone für Sie, Großherzog von Toskana."

„Können Sie mir das vielleicht näher erläutern, Herr Graf?"

Franz forderte den preußischen Gesandten durch eine Handbewegung auf, nahe am Fenster Platz zu nehmen.

„Preußen bietet sich Ihnen als treuer Freund an. Mein König ist bereit, Ihnen zu helfen. Wir wissen, in welcher schlimmen Situation Sie sich befinden. Preußen will gemeinsam mit den verbündeten Seemächten mit allen Mitteln die Pragmatische Sanktion verteidigen. Das wird nicht leicht sein. Es wird harter Kämpfe bedürfen."

„Der preußische König wird ein solches Risiko gewiß nicht umsonst auf sich nehmen. Welchen Gegendienst erwartet er?"

Gotter wollte hervorstoßen: Schlesien!, aber er beherrschte sich.

„Mein König gewährt dem Wiener Hof zwei Millionen Gulden."

„Zwei Millionen?"

„In bar, Hoheit."

Franz von Lothringen drehte sich alles im Kopf. Das muß er sogleich Maria Theresia mitteilen.

„Und der Preis, Herr Graf?"

Gotter sah keinen Grund mehr zu zögern.

„Die Abtretung einiger schlesischer Provinzen."

Franz war verwirrt. Mit wem sollte er sich beraten?

„Das Angebot müssen wir überdenken, Graf. Alles erfordert Zeit. Weihnachten steht vor der Tür, und ..."

Erst jetzt überreichte Gotter den Brief seines Souveräns.

„Ich fürchte, wir haben keine Zeit, Hoheit. Schlesien kann keinen einzigen Tag ohne Schutz bleiben. Ihre Nachbarn, Sachsen, Polen ..."

„Sie wollen andeuten, daß Ihre Truppen bereits in Schlesien eingerückt sind?"

Gotter nickte.

„Also ist es doch wahr!"

„Ich begreife Ihre Überraschung, Hoheit. Das Angebot meines Königs ist jedoch großzügig. Noch haben wir die weiteren Punkte nicht behandelt."

„Ich verstehe Sie nicht."

„Lesen Sie den Brief zu Ende, Hoheit."

„Der preußische König schreibt, er werde als brandenburgischer Kurfürst bei der Wahl des Kaisers des Heiligen Römischen Reiches für mich stimmen."

Gotter sah, wie die Hände des Großherzogs zitterten. Friedrichs Brief begann wie unter einem Windstoß zu flattern.

„Sind die paar Herzogtümer nicht die heilige Krone Karls des Großen wert?" flüsterte der Mephisto.

Franz von Lothringen fand nicht die Kraft, sich aus dem Sessel zu erheben. Ein solches Angebot wird einem nur einmal im Leben gemacht. Aber Maria Theresia . . .

„Ihre Truppen stehen wirklich schon in Schlesien?"

„Schicken Sie Ihre schnellsten Kuriere und überzeugen Sie sich selbst. Die Situation ist ernst."

„Ich fürchte, lieber Gotter, solange auch nur ein einziger preußischer Soldat in Schlesien steht, wird die Königin nicht zu Verhandlungen bereit sein."

„In diesem Fall wird mein König den Sachsen und Bayern militärische und Finanzhilfe anbieten."

Plötzlich flog die Tür auf, und die breite Gestalt Maria Theresias wurde sichtbar.

„Hoheit, es ist Zeit zum Mittagessen!" rief sie ihrem Gemahl zu.

Franz folgte ihr ohne ein Wort. Die Tür knallte zu, und von draußen war Maria Theresias laute Stimme zu hören.

Gotter stand auf. Es sah so aus, also ob man Friedrichs Angebot ablehnen werde.

Er wartete bis zum nächsten Tag. Franz von Lothringen versammelte noch am Abend einige Mitglieder der Geheimen Konferenz. Sie lasen sich die fünf Punkte von Friedrichs Vorschlägen durch. Die müde und erregte Maria Theresia war bereits entschlossen. Die Mumien waren gegen den Krieg, gegen jedwede Konfrontation. Die Mehrheit hielt Friedrichs Angebot für vorteilhaft und akzeptabel. Franz saß neben seiner Gemahlin wie auf Nadeln.

Nur Bartenstein lehnte das Angebot schroff ab. Er nannte es Erpressung. Maria Theresia applaudierte ihm. Daraufhin fluchte der böhmische Hofkanzler Philipp Kinský: „Dann geraten wir in die ..." Er benutzte ein fürs Protokoll unpassendes Wort und murmelte etwas von kindischer Ignoranz.

Maria Theresia versuchte das Durcheinander zu überschreien. Mit ihrem hohen Leib erhob sie sich schwerfällig vom Konferenztisch. „Solange ein einziger preußischer Soldat in Schlesien steht, werde ich mit niemandem verhandeln. Das ist mein letztes Wort!"

Am Montag früh wurde Gotter die Entscheidung der Herrscherin mitgeteilt. Er bestieg die bereitstehende Kutsche.

Der Krieg begann. Vierzigtausend Preußen strömten nach Schlesien, das von sechstausend Österreichern verteidigt wurde.

III
ZWEIKÄMPFE

1

Es wehten südliche Winde, und zum erstenmal löste sich der Schnee von den Dächern. Zuerst rutschte er von den Kirchtürmen Trnavas herab, dann von den Schindeldächern der Bürgerhäuser. Die Stubendecken der strohgedeckten Häuser außerhalb der Stadtmauer wurden naß. Die feuchten Flecken auf den Brettern kündigten den Frühling an und zeichneten Karten unbekannter Gebiete auf die berußten Wände.

Ignac Kollár blieb eine Weile vor der Stadtmauer stehen und rang zum letztenmal mit einem Entschluß. Soll er sich nach Nordosten wenden, nach Hlohovec und Leopoldov, die Waag aufwärts bis Trenčín und dann durch den Vlára-Paß nach Mähren? Oder soll er auf dem „böhmischen Weg" über die Kleinen Karpaten nach Holič wandern und von dort durch das Marchtal nach Olmütz? Adam hatte ihm zu dieser zweiten Möglichkeit geraten, obwohl nach der Karte beide Wege gleich lang waren. „So gelangst du eher auf die Reichsstraße von Wien über Brünn nach Schlesien, erwischst eine Postkutsche und kannst dich wie ein Herr fahren lassen." Er hatte den Bruder darauf aufmerksam gemacht, daß das Frühjahr nahte. Der Weg durchs Waagtal wird von Flüchtlingen verstopft sein. Ganze Dörfer ziehen um nach Süden, ins Unterland. Nachts stehlen sie sich aus den Hütten, verlassen den Grund und Boden, ohne Wissen der herrschaftlichen Büttel wandern sie die Waag abwärts. Ganze Familien, Frauen, Kinder, Greise. Sie schlagen sich durch nach Süden, wo sie unbearbeitete fruchtbare Felder erwarten, zerstampft von den Hufen der österreichischen und türkischen Kavalleriepferde. Leere Siedlungen ohne Grundherren, Grafen und Barone. „Wir fangen an, viele zu werden“, sagte Adam Kollár. Jede slowakische Familie hat acht bis zehn Kinder, aber die Grundstücke vergrößern sich nicht, und die Forderungen der Grundherren steigen. Der Herr setzt es sich in den Kopf, die alte Burg umzubauen und sie in ein Barockschloß zu verwandeln, oder ihm fällt ein, sich ein neues Schloß in der Ebene erbauen zu lassen. Die Frontage bei der Herrschaft nehmen zu. Zwei, drei Erwachsene aus der Familie reichen kaum für den Herrendienst aus, und die Kinder schaffen es nicht, das kleine Feld hinter der Hütte zu bearbeiten. Es erhebt sich das Gespenst des Hungers und der Unzufriedenheit.

Doch weit im Süden, am Zusammenfluß von Donau und Theiß, erstreckt sich ein riesiges Dreieck gut befeuchteter Erde, ein Paradies auf Erden. Du säst, und alles wächst von selber. Zuerst flüchten die Protestanten, alle möglichen Reformierten, Lutheraner, Calvinisten. Dort im Süden schert sich keiner drum, wo sie sich ein Kirchlein bauen, niemand reißt es ihnen ein, und niemand weist sie aus der Gemeinde aus. Dort braucht man nicht auf die Jungfrau Maria zu schwören, niemand arretiert die Prediger. Den Andersgläubigen folgen dann auch die Katholiken, denn die Gerüchte melden, daß es sich dort unten wirklich besser atme. Wer arbeitsam ist (und das sind die Slowaken), der erwirbt dort leicht bescheidenen Besitz. Das Getreide ist begehrt, griechische und serbische Händler kaufen es auf, es wird auch nach Österreich ausgeführt. Auch Vieh kann man dort leichter halten, die Weiden sind grenzenlos. Fleisch ist ebenfalls eine gesuchte Ware, es wird gut bezahlt, und Herden bis zu tausend Stück werden über die Grenze Ungarns getrieben und teuer zu Geld gemacht. Hunderte Schlösser, wachsende Städte, neue Gasthäuser brauchen immer mehr Fleisch auf den Tisch.

Ignac Kollár zuckte bei diesen Worten über den Süden zusammen, es gab ihm einen Stich. Ihn lockte es, sich mit den Landsleuten aus der Orava oder aus Liptov auf den Leiterwagen zu schwingen und nach Süden zu fahren. Das Haus des bosnischen Kaufmanns zu suchen und darin hinter den verhängten Fenstern die Frau Zorica. Ach, Ignac, welch törichter Gedanke! Der Krieg ist ausgebrochen, bald würden sie dich als Deserteur einfangen, würden dich Spießruten laufen lassen, und wer weiß, ob du das Ende der Gasse lebend erreichst. Wem nützt ein toter Mann, ein Soldat, ohne Kampf erschlagen? „Ignac, lieber Bruder, sieh zu, da herauszukommen, sonst gehst du zugrunde", hatte ihm der gebildete Bruder Adam zugeredet. Wir armen Bauern können nur im Dienste Gottes oder in königlichen Diensten zu den Höhen des Ruhms aufsteigen. Unsere Knochen sind hart genug, daß wir uns nicht vom Weg abdrängen lassen.

Also auf welchem Weg?

Von einem Hügel drangen Geschrei und Lärm herab. Kinder jauchzten, als sie die Türme von Trnava erblickten. Am Stadtrand wand sich die Schlange der Leiterwagen entlang, erklangen die weichen Laute des Mittelslowakischen.

Mein Gott, wie viele wollen nach Süden! Er wandte den Blick ab. Wie versteinert betrachtete er die Eiszapfen an den Strohdächern. Das Stroh leuchtete in der Sonne wie kostbarer Bernstein. Er hatte Bernsteinringe bei einigen Offizieren gesehen, sie hatten sie türkischen Gefallenen abgezogen.

Er wartete nicht, bis die Versuchung auf Reichweite herankam. Jäh machte er kehrt und schritt nach Nordwesten aus. Er wanderte den Kämmen der Karpaten, dem Smolenicer Schloß der Pálffys, dem Nordwind entgegen.

Der Befehl des Preßburger Obergespans und Burghauptmanns, des Grafen János Pálffy, war klar und unmißverständlich. Der Dragoner Kollár hatte ihn wohl schon dreimal auf den Plätzen Trnavas vernommen, dann auf der Kreuzung in Trstín, dann bei der Schenke in

Jablonica und auf dem Ring in Senica. Die Trommler schrien ihn heiser heraus, die Leute blieben stehen, und die Frauen falteten die Hände. Gott im Himmel, Krieg!

Die Königin hatte den Preßburger Gespan zum Oberkommandierenden der ungarischen Armee ernannt, worauf der alte Pálffy den vierzehn ungarischen Gespanen, vor allem den slowakischen, geschrieben hatte, daß der Feind, der verräterische Preuße, Schlesien überfallen habe und Mähren bedrohe. Die Adelsbereitschaft und die Grenzabteilungen der entsprechenden Komitate sollten sich unverzüglich bewaffnen, sich unter der Aufsicht der königlichen Richter sammeln und marschfertig machen. Wenn die Weisung eintreffe, seien sie verpflichtet, sich umgehend in die Hauptstadt Preßburg zu begeben, von wo aus sie unter Pálffys Führung in den Kampf ziehen würden.

Die Trommler trommelten triumphierend, streckten stolz die Brust heraus (ihnen drohte keine Assentierung) und kosteten die Überraschung der Untertanen aus. Denen lief es kalt über den Rücken. Nach dreißig Jahren wieder Krieg. Werbungen, Einquartierungen, Requirierungen. Verirrte Kompanien und Schwadronen. Deserteure auf Schleichwegen. Die Tochter im Straßengraben mit blutigem Kleid, Trommeln und Trompeten. Nicht Tod, sondern Leiden. Der Tod ist für die Soldaten da, das Leiden für den Bauern. Was ist besser?

Über allem Worte. Marschälle, Fürsten, Obristen, Hauptleute, Kampf für die Freiheit des ungarischen Vaterlands! Gegen die Deutschen! Für den Fürsten! Vivat Rakoczi! Vivat libertas!*

Hinter den Fenstern, verhängt mit dünnem Leder oder Schafhäuten, die die erste Frühlingssonne durchließen, geisterten die Frauen. Sie lehrten ihre Kinder fluchen, wie sie es von den Männern gehört hatten. Was für Worte werden wir jetzt von den gepuderten Gesichtern hören? Für die neue Königin! Gegen den Raub! Was ist

* (lat.) Es lebe die Freiheit!

das, Schlesien? Wo liegt das, und wer wohnt dort? Der Richter ahnt das nur, vielleicht weiß der Herr Pfarrer oder ein Wandermönch mehr. Einen Soldaten frag nicht. Die begrapschen dich und richten dich zugrunde. Der Preuße hat uns Schlesien gestohlen! Na und? Was stehlen uns die Pálffys und Esterházys, die Illesházys und die Batthyánys? Still, Kinder, der Herrgott hört alles. Wo der Herrgott ist? Überall ist er, im Himmel und auf Erden. Auch hier auf dem Ofen? Gewiß, auch auf dem Ofen, Jožko, auch im Stroh, in den Bohnen, in den Lumpen. Auch im Gewehr? Auch dort. Wirst du gleich still sein, du Bankert! Wisch dir die Rotznase! Und warum verdrehst du den Hals wie das Küken hinter der Glucke? Kalt ist dir, mein Vögelchen? Laß gut sein, die Mama gibt dir die Zitze, sie wärmt dich. Sieh an, ein Soldat. Verschwinde vom Fenster, du dummes Ding! Gott behüt uns davor, daß er hier eintritt. Ein feste Burg ... Gott sei Dank, der Soldat hat einen Fuhrmann aus Brezová angehalten, ist unter der Plane seines Wagens verschwunden.

Das Tauwetter bezuckerte die Tannen und Fichten der Kleinen Karpaten. Das Land war still, wie erstarrt. Im Wald waren weder Äxte noch Gespanne zu hören. Die Straße war von Fahrspuren gefurcht, aber der Schnee war weiß, die erfrorenen Zweige der Eichen klirrten. Zweimal mußten sie sich den Weg freischaufeln, und zu Mittag entfachten sie ein Feuer. Mit Schnee kochte sich der Mann aus Brezová in einem Kupferkessel einen Kräutertee. „Verkauf mir den Kessel." – „Das kann ich nicht, Söhnchen. Ohne den kann ich beim Fuhrmannsdienst nicht auskommen." Wird es im Regimentsmagazin Kessel geben? In den Zelten wird man frieren. Wer weiß, wie das Wetter in Schlesien ist!

Ihnen war kalt. Der Fuhrmann sprang auf dem Kutschbock auf und nieder und stimmte ein Liedchen an. Es schwang sich aus dem Dampf, der seinem Mund entquoll, über die Kiefern auf:

„Als ich mußt aus Trnava gehn,
traf ich dort zwei Jungfern schön.
Jungfer zart, was trägst im Schoß?
Gibst's mir nicht, dann lauf ich los!

Soldat, singst du nicht mit? Wenn wir keine Jungfern haben, müssen wir sie uns wenigstens ersingen. Hör zu, ich bring dir's bei. So mußt du einstimmen:

Dem Husaren geht es fein,
ohne Arbeit trinkt er Wein.
Jeden Tag vier Groschen Sold.
Einen für das Liebchen hold.
Für Wein und Brot reicht aus sein Geld,
keinen forcht er auf der Welt
außer seinen Korporal.
Den zu sehen, welche Qual!"

Sie lachten. Ignac stand der Sinn weder nach seinem noch nach einem anderen Korporal.

In Holič auf dem Marktplatz entlohnte er den Fuhrmann und trat in eine Schenke. Mit Appetit verspeiste er einen Gulasch und wurde schnell mit einem zweiten Fuhrmann handelseinig, der nach Vyškov in Mähren wollte. „Mit dem Zollamt müßt Ihr allein ins reine kommen, Herr Soldat." Davor hatte Ignac keine Angst, alle Papiere steckten in der Innentasche seines weißen Waffenrocks. Er bestellte sich einen Glühwein. Ein schmächtiges Mädchen mit neugierigen Augen brachte ihn. Ihre Hände zitterten, der Krug war zu heiß, sie vergoß etwas Glühwein auf dem eichenen Tisch. „Laß, ich mach's selber!" Er kehrte den Helfer heraus und berührte dabei unwillkürlich ihre Hand. Obwohl es noch früh am Nachmittag war, hatte sich das Städtchen verdächtig geleert. Die Leute lugten hinter den Zäunen hervor, hatten die Tore und Fensterläden geschlossen, Schnee vor die Häuser geschaufelt.

In der niedrigen Tür tauchte der Wirt auf, ein kleiner,

blasser Jude mit einem schwarzen, wie mit frischer Farbe aufgemalten Bart. Er stieß auf deutsch hervor: „Wir schließen, Herr Soldat!“

„Warum?“

„Bitte schnell, schnell, zahlen und bitte gehen!“

Ignac schüttelte den Kopf und griff an die Pistole.

Da hüllte sich der Marktplatz in Schneestaub. Ein Schneesturm aus heiterem Himmel? Langgezogene Schreie, stampfende Pferdehufe. In weißen Wolken tanzten teuflische Gestalten in grellroten Mänteln. Tore und Fensterläden knallten zu. Die aus dem Galopp jäh zum Stehen gebrachten Pferde scharrten wütend den Schnee auf dem Platz auf, ein hundertschariger Pflug akkerte die weiße Erde um. Die Pferde rutschten aus, drei rote Gestalten sprangen aus dem Sattel und stapften mit ausgebreiteten Armen über die slowakische Erde, in der einen Hand den Krummsäbel, in der anderen die Pistole. Sie brüllten und schossen um sich herum. Einige Pferde sprangen über wacklige Tore und drangen in die Höfe ein. Dampfwolken beleckten die geduckten Hütten. Säbel stachen in armselige Fenster, die gespannten Schafdärme platzten, die Säbel zeichneten darauf das ewige Symbol des Frauenschoßes.

Das Mädchen im Hintergrund der Schenke kreischte auf, packte Ignac’ Hand. Sie zitterte wie Espenlaub.

„Hab keine Angst! Was ist denn da los?“

„Trencks Panduren!“ hauchte das Mädchen. „Komm, fliehen wir!“

Die erste Hundertschaft Kroaten war schon gestern durch Holič gerast. Die Dörfer und Städtchen längs der March hatten durch Kuriere gemeldet, daß weitere Abteilungen folgten.

Das Mädchen schmiegte sich an Ignac. Er sah ihre hervorquellenden Augen dicht vor sich, die strohblonden Haare kitzelten ihn am Kinn. Der magere Mädchenkörper drängte ihn aus dem Schankraum auf den engen Flur.

„Langsam, verlier doch nicht gleich den Kopf!“

„Komm, ich bitte dich, komm!“

Sie zog Ignac auf den Hof. Aus einem Schrank schnappte sie sich ein Wolltuch und schwang sich auf den Kutschbock eines Kaufmannswagens mit großer Plane. Sie fand eine Peitsche, trieb das Pferd an.

„Was machst du da?“

„Komm, schnell!“

Ihre Hand streckte sich dem Dragoner entgegen. Mit unerwarteter Kraft zog sie ihn zu sich hoch. Er fiel dem Mädchen in den Schoß.

Mit der Deichsel durchbrachen sie das halboffene Tor. Die Pferde wieherten. Scheuend von den Schüssen rasten sie auf dem schmalen Weg hinter dem Garten entlang. Das Mädchen übergab Ignac die Zügel. Mit ihren kleinen Händen zog sie den Soldaten bald auf die eine, bald auf die andere Seite, bis sie aus der Stadt hinausgelangt waren. Dann bogen sie auf die Landstraße ab. Sie hielten auf die March zu.

Jag mich nicht weg, Soldat. Geht es dir vielleicht schlecht mit mir? Ich trete in deine Dienste. Ich will nicht mehr bei dem Wirt dienen und vor den Reisenden der großen Welt zittern. Du wirst mich doch beschützen, Soldat? Dein Säbel ist auch mein Säbel, deine Pistole auch meine Pistole. Den Hut werde ich dir säubern, im Zelt das Lager bereiten, für dich kochen und aufräumen, die Wäsche waschen und flicken. Mach kein finsteres Gesicht, wirst mich ja doch nicht los.

Ignac lag da, die Hände hinterm Kopf. Sie wiegten sich zwischen Ballen Baumwolle und Tuch, verfingen sich in gestreiftem Musselin, Pikee und Barchent. Der Wagen gehörte sicherlich einem Faktor aus der Šaštíner Manufaktur. Mach dir keine Sorgen, Soldat, die verwilderten Panduren des Herrn von Trenck haben den Wagen auf ihrem Marsch nach Schlesien requiriert. Warum sollte ein Bauernmädchen nicht auch einmal die Bequemlichkeiten der Bürger genießen? Noch nie hab ich auf Barchent geliebt. Schade, daß es so kalt ist, sonst wäre uns wohler. Du würdest meinem heißen Blut nicht widerstehen, Soldat.

Sie gab sich ihm in dem schaukelnden Wagen hin. Keine Sorge, die Pferde verlassen die Landstraße nicht, und die führt geradenwegs in das große Olmütz. Auf die Plane fiel der erste Regen, die Tropfen gefroren zu einer Eisschicht. Der Wagen rumpelte in der ausgefahrenen Spur; die zwei Leiber warf es in den dunkelblauen, schwarzen und rosafarbenen Stoffen hin und her. Im Rhythmus der knarrenden Räder stießen sie gegeneinander. Žofka stöhnte und preßte die Zähne zusammen, biß sich auf die Lippen. Schrei, meine Kleine, scheu dich nicht, erleichtere dich. Und Žofka schrie auf, krallte sich in den Soldaten, ihr schmächtiger Körper war wie die Feder am Gewehrverschluß, glatt und gespannt.

Diese Žofka ist keine Schönheit. Ihre achtzehn Jahre vermutet man bei dem mageren Körper kaum. Ihr Gesicht ist blatternarbig, nur die Haare sind schön. Wenn sie sie auflöst, schimmern sie auf dem Barchent. Die Augen sind stets zusammengekniffen, auch wenn sie nicht in die Sonne guckt, der Mund reicht von einem Ohr zum anderen, die schmalen Lippen sind aufgebissen und rissig. Der Hintern wie eine zu sehr geschälte Zwiebel, die Brüstchen wie Frühjahrskohlrabi. Wie hart sie sind, Žofka! Du bist doch wohl nicht bei Verstand, Mädchen? Bist du vielleicht krank? Daß du mich bloß nicht ansteckst! Wie einem Hederichkraut schlag ich dir das Köpfchen ab, merk dir das. Du kannst ja nicht mal kochen. Warum soll ich das nicht können, hab ich nicht dem Wirt Gulasch gekocht? Geh weg mit deinem Gulasch, geh! Und dann, nach einer Weile, nach einer Stunde: Komm zu mir, mein Käferchen, komm! Und Žofka bäumte sich auf, und Ignac Kollár war wohlig ermattet. Zu allen Kämpfen bereit. Mit der da überlebe ich auch Obristen und Generale. Sie näßte seine Bartstoppeln. Er suchte an ihr wenigstens eine weiche und füllige Stelle (die Erinnerung an Zorica: diese wunderbare schwarze südliche Trägheit, alles fließt ineinander), du wirst es nicht bereuen, Soldat. Ich geh mit dir, ich will die Welt sehen. Frühlingswinde wehen, tragen Unruhe heran.

„So wart doch, Käferchen, man wird dich aus dem Lager jagen."

„Hab keine Angst um mich, Soldat. Mich schüttelst du nicht ab."

Das Feldlager hinter Olmütz bezauberte Žofka und brachte Ignac in Wallung. Sie vergaßen die lange Fahrt. So viel Volk und diese Heiterkeit! Žofka kicherte. Solche wie sie gab es hier zu Hunderten. Offiziere mit ihren Familien, mit Ehefrauen und Kindern. Andere mit ihren Liebchen. Sie wohnten im gemeinsamen Zelt. Abends wurde in den Offizierszelten gespielt, gesungen, musiziert. Einige Obristen schleppten ihre Musikanten aus Prag und Wien mit. Drei große Zelte wurden miteinander verbunden, und darin fand ein Feldfasching statt. Die Musiker spielten auf, und bis zum Morgen wurde gehüpft und gesprungen.

Im Vorfeld von Schlesien versammelte Feldmarschall Neipperg alles, was sich im Winter zusammentreiben ließ. Hier standen siebzehn Bataillone Infanterie, acht Abteilungen Grenadiere und dreizehn Regimenter guter österreichischer Reiterei. Als man die von den Hauptleuten gemeldeten Truppenbestände zusammenzählte, kam man auf mehr als fünfzehntausend Mann.

„Wenn der preußische König einen Winterkrieg haben will, dann soll er ihn haben", erklärte Neipperg vor seinem Stab.

Die Soldaten wußten, daß Schlesien verloren war. Von Dezember bis Ende Januar hatte sich die preußische Armee längs der Oder über ganz Schlesien ergossen. Friedrich war siegreich in das von den obersten österreichischen Behörden verlassene Breslau eingezogen. Und dennoch leisteten im Rücken der preußischen Truppen die drei österreichischen Festungen Glogau, Brieg und Neiße weiter Widerstand. Drei nicht gerade kleine Dornen im preußischen Fleisch. Natürlich war es möglich, ihre Besatzungen auszuhungern. Ihr Einnahme verschob der preußische König auf die Kirschblütenzeit. Im Mai wollte er wieder in Potsdam sein und sich anderen Dingen widmen, sagen wir der Baukunst. Der Rest der österreichischen Truppen hatte sich über die schlesische Grenze in die mährischen Winterquartiere zurückgezogen.

Mitte März traf die Nachricht ein, daß Glogau gefallen war. Das beschleunigte Neippergs Entscheidung.

„Wir haben keine Zeit mehr, meine Herren. Bis zum Frühjahr vertreibt uns Fritz aus dem letzten Winkel Schlesiens. Wir müssen handeln."

Bei Olmütz begann ein großes Packen. Die dort versammelten Truppen – Infanteristen, Grenadiere, Reiter, Husaren und slawonische Panduren – wurden ins Altvatergebirge kommandiert. Von dort sollten sie gegen Schlesien vorrücken.

„Wir zerschneiden die Preußen in zwei Hälften. Und kommen Fritz zuvor."

Sie tranken und aßen. Den Soldaten wurde befohlen, auch die Zelte der Dirnen, Schauspielerinnen und Sängerinnen zusammenzupacken. Schlesien ist nicht für immer verloren, versicherten sich die Offiziere gegenseitig. In diesem Frühjahr werden wir's ihnen zeigen!

Ignac Kollár wurde bis zur Erschöpfung für den Kampf gedrillt. Man teilte ihm einen braunen, zu fett gemästeten Fuchswallach zu. Er faßte Pferdegeschirr, Decke, Handgranaten. Ließ die Pistole reparieren, der Hahn paßte nicht richtig ins Zündschloß. Sein Regiment, Nádasdys Husaren, wurde mitsamt der übrigen Reiterei dem General Römer unterstellt. Neben ihnen schlugen die Infanteriebataillone des Generals Göldlein ihre Zelte auf. Göldlein war ein schwerfälliger, blasser Edelmann aus der Schweiz. Er hatte weder seine Frau noch ein Liebchen bei sich. Seine Abende verbrachte er mit Kartenspiel und Apfelschnaps.

„Das Mensch kommt in das Gemeinschaftszelt dort hinten", befahl der Korporal. „Du wirst hier mit Schölzke hausen."

Schölzke war ein schlesischer Bauernbursche, hatte als Tagelöhner an der Oder gearbeitet, konnte gut reiten. Beim Rückzug hatten ihn die Österreicher mitsamt seinem Pferd gefangengenommen. Ihn besuchte regelmäßig eine dicke Polin. Ihr kam es gar nicht in den Sinn, Schölzke zu sagen, er solle sich auch mal die Füße waschen.

„Du mußt mir ein Parfüm besorgen, Žofka . . . Oder ich mache ihn besoffen und zieh ihm die Stiefel aus. Seine Haxen verbuddle ich im Schnee – sollen sie erfrieren, diese Stinker!"

Es blieb nur noch eine letzte Nacht. Die Unteroffiziere der Infanterie stürzten sich auf die ihnen zeitweise zugeteilten Kavalleristen. Sie wollten sie demütigen.

„Willst du den Stock kosten, du Lümmel? Der Dragoner ist Fußsoldat und Reiter zugleich, du Rindvieh! Der Dragoner ist die Blüte der Armee, du faule Sau! Beide Ausbildungen müßt ihr durchmachen, sonst krepiert ihr! . . . Also los und noch einmal! Nieder – kniet! Feuer. Wo kniest du dich hin! Bist du vor dem Altar der Jungfrau Maria? Ja, du altes Schwein, du dort im zweiten Glied! Glaubst du, der Oberst wird dir deinen verfurzten Arsch anheben?"

Ignac lag mit Schölzke auf dem Stroh und nahm weder die Kälte noch die stinkenden Füße wahr. Žofka, Žofinka, mein Käferchen, wo bist du? Schölzke schnarchte schon. Ignac drehte ihn auf die rechte Seite. Er schlüpfte aus dem Zelt, um Ausschau zu halten, ob nicht Žofka in der Nähe war. Sie hatte versprochen, ihm die Socken zu bringen, die sie gestrickt hatte.

Er wartete. Žofka kam nicht. Vor Müdigkeit schlief er ein.

Gegen Morgen weckte ihn die Kälte und das Gekrächze von Krähen. Er steckte den Kopf aus dem Zelt.

Der Himmel dunkel, graue Wolken, es wird schneien. Pfui Teufel.

Auf dem zum Generalszelt führenden Pfad patschten die nassen Stiefel der Ordonnanz. Er führte ein Mädchen mit zusammengekniffenen Augen, in eine grobe Decke gehüllt. Daraus lugten strohblonde Haare hervor. Das Mädchen lallte vor sich hin.

Der Dragoner Ignac Kollár zog rasch den Kopf zurück. Er faßte den Entschluß, den General Göldlein bei der nächsten Gelegenheit umzubringen.

2

Endlich! Ich kann mich bewegen, kann springen und tanzen! Am 13. März ging meine Qual zu Ende, und ich gebar neues Leben. Ich habe einen Sohn, runzlig und lebhaft. Er erfüllt die Säle der Burg mit lautem Geschrei, scheucht den ganzen muffigen Hof auf und stört seine Stille. Schrei nur, mein Söhnchen, schrei! Mag deine Stimme durch die vielhundertjährigen Mauern dringen, mag sie über die Schanzen hallen, sollen sie Freunde und Feinde in aller Welt hören! Wie glücklich ich bin! Wir haben einen Sohn. Jetzt kann geschehen, was da wolle – nichts wird mich mehr zerbrechen. Ich bin jung und stark, durch Gottes Gnade bin ich eine Quelle von Leben. Ich habe einen Thronfolger, und in diesem Frühjahr gibt es keine Macht auf Erden, die mir die freudige Hoffnung rauben könnte.

Wir gaben ihm den Namen Joseph, zum Gedenken an meinen Oheim. Er wird also Joseph der Zweite unseres Hauses sein.

Wie viele Hoffnungen setze ich auf dieses schrumplige Körperchen, und wie viele Ängste quälen mich zugleich! Wenn es wahr ist, daß das Kindlein im Leib der Mutter ihre Freuden und Leiden in sich aufnimmt, dann hat sich im vergangenen Jahr in diesem armen Hascherl genug Trauer angesammelt. Im Januar haben wir die einjährige Karoline begraben. Dann die Nachrichten aus Schlesien. Friedrichs Treubruch hat uns unvorbereitet getroffen. Schlesien haben wir praktisch geräumt, von einigen Garnisonen abgesehen.

Ich habe kaum angefangen zu regieren, und schon muß ich die Sprache des Krieges lernen. Was soll ich als empfindsame Frau tun, wenn ich höre, daß unser Kommandant in Glogau die Vorstädte in Brand stecken ließ, um sich in der Festung halten zu können? Unsere Kommandanten ließen die Vorstädte von Brieg anzünden, ebenso die umliegenden Dörfer bei Neiße, und Friedrichs Landräuber fanden entvölkerte, verödete Siedlungen vor. Soll ich meine Kommandanten tadeln, wo sie doch der Belagerung standhalten? Ist es nicht furchtbar, daß in meinem Namen das Brennen begann, daß Menschen sterben mußten? Habe ich mich vor Weihnachten richtig entschieden? Welche Folgen wird meine Unnachgiebigkeit haben, und was wird mich rechtfertigen? Fragen über Fragen, und ich habe niemanden, dem ich mich anvertrauen kann.

Ich sage mir, daß es die Pflicht eines Herrschers ist, vor Gewalt und Erpressung nicht zurückzuweichen. Das werde ich auch weiterhin so halten. Es gibt für mich keinen anderen Weg, solange ich jung und voller Kraft bin. Ich muß die innere Disziplin erlernen. Ich bin für andere verantwortlich, und von dieser Verantwortung kann mich nur die Ewigkeit freisprechen. Ich bin die Erbin der Rechte unseres Hauses und bin verpflichtet, sie zu verteidigen. Ich darf nichts aufgeben, was ich von den vorhergehenden Generationen geerbt habe. So ungefähr hat es mir der dunkelhäutige Portugiese aus dem niederländischen Statthalterrat gesagt. Mir gefällt dieser Marquis Tarouca mit den dunklen Augen. Sein Verstand hat die Schärfe eines Rasiermessers, und das imponiert mir bei Männern. Ich muß überlegen, was weiter mit ihm wird.

Ich bin in einer Notlage und stimme allem zu. Der Fall Franz Trenck. Er verfolgt mich schon seit einigen

Wochen. Er hat meinem Gemahl an der Kapuzinergruft aufgelauert, wo wir uns vor dem verewigten Vater verneigen. Trenck erwirkte eine Audienz, warf sich mir zu Füßen und versprach Treue und Soldaten. Soldaten? Panduren! Wilde, begnadigte Räuber aus Slawonien, von der Militärgrenze. Er werde sie führen, wohin ich nur wolle. Auch nach Schlesien? Auch nach Schlesien, Euer Majestät. So gab ich ihm die Erlaubnis. Er sammelte in Esseg tausend Mann, warb Heiduckenhauptleute an, einen auf fünfzig Mann, um die Panduren im Zaume zu halten. Als sie durch Wien zogen, flüchteten die Bürger von den Straßen. Ich selber zog die Vorhänge zu. Ich schämte mich. Man bringt mir Berichte über Trencks Gewalttaten, und ich schweige schuldbewußt, denn ich stehe im Kampf.

Die Mumien wackeln mit den Köpfen, aber helfen können sie mir nicht, am wenigsten, wenn sie sich streiten. Ich wollte den alten Marschall Andreas Khevenhüller, den Kommandanten von Wien, zum Oberkommandierenden in Schlesien ernennen. Bartenstein und besonders Kinský waren dagegen. Ob Kinský wegen seines Einflusses auf ihn eifersüchtig ist? Diese lächerlichen alten Knacker! Und mein Franz hat sich auf ihre Seite geschlagen. Einzig und allein Neipperg könne uns zu Siegen in Schlesien verhelfen. Nun, wir werden sehen. Khevenhüller bewacht also jetzt unsere Grenze zu Bayern, damit uns Karl Albert nicht überrascht. Es kommt der Frühling, bald der Sommer. Da ziehen nicht nur die Schwalben zurück, sondern auch die Kanoniere.

Mich verlangt es jetzt so sehr danach, wie eine normale junge Frau zu leben! Mich auszutoben. Es auszunutzen, daß ich gesund und nach der Niederkunft angeblich noch schöner geworden bin. Welche Freude, sich wieder leicht zu bewegen, sich an seinem Körper zu freuen. Während der letzten Fröste habe ich angeordnet, den Hof der Burg mit Wasser zu begießen. Mit den Hofdamen sind wir Schlittschuh gelaufen! Die ersten Frühlingstage erregen mich, locken mich ins Freie. Mir scheint, ich werde Tarouca den Bau von Schönbrunn anvertrauen. Ich brauche etwas Intimes, ein Stück Natur. Die Düsterkeit der Hofburg geht mir auf die Nerven. Ich möchte mich dem Theater, dem Gesang widmen. Möchte spielen. Wann? Wenn ich alt bin?

Unlängst bin ich durch die Burg spaziert. Habe mir alle Räume und ungelüfteten Säle aufsperren lassen. In dem Saal am Michaelerplatz könnte doch ein schönes Theater eingerichtet werden. Als Premiere eine italienische Oper. Bei den Proben werde ich wieder singen. Darin ist mir Franz behilflich. Er liebt Geselligkeit, umschwärmt Damen. Mich wiederum umschwärmen junge ungarische Herren. Alle umschwärmen wir einander. Schade, daß der Fasching schon vorüber ist. Wir müssen Sommerfeste vorbereiten, so wie zu Vaters Lebzeiten. Wie lange sein Tod schon zurückliegt!

Wer gibt mir die einstige Sorglosigkeit wieder, das Leben ohne Verpflichtungen, ohne Armee und Diplomatie? Mir bleibt nichts anderes übrig, als die unfreiwillige Bürde in eine bewußte Mission umzuwandeln. Mich mit ihr zu identifizieren. Mit Energie und Hartnäckigkeit eine Herrscherin der Vernunft, des festen Willens, der Gerechtigkeit zu werden, ein Vorbild für das Reich, eine Hoffnung der Untertanen. Wie schön das klingt, und wie schwer es sich verwirklichen läßt. Schwäche und Unerfahrenheit verwehren es mir, die mir unbekannten Reize des Herrschens auszukosten.

Wenn man mir am Abend die Kinder bringt und wir mit Franz im Familienkreis beisammensitzen, wobei mir der Kopf noch von den Urkunden und Dekreten brummt, wünschte ich, ich könnte mich in eine Landedelfrau auf einem von Wald umgebenen Schloß verwandeln, Bälle und Jagden veranstalten und mich an den Kindern freuen. Gern würde ich vergessen, daß ich jemandem in Europa im Wege stehe, daß man sich an fremden Herrscherhöfen auf meine Kosten amüsiert und Karikaturen von mir zeichnet.

Ich will leben, aufs Pferd springen und durch blühende Wiesen galoppieren, im Gesicht den scharfen Wind spüren, im Körper das junge Blut, und am Ende auf einen jungen Ritter hoffen, der mir aus dem Sattel hilft. Das alles kann und wird sein. Ich bin Königin zweier Reiche, sage ich mir immer wieder. Wenn mir nur die Feinde die Zeit dazu vergönnten.

Mein Vorsatz für dieses Frühjahr: Ich lerne, ungarische Königin zu sein. Das klingt lächerlich. Mein Vater hat sich nicht die Mühe gemacht, ein guter ungarischer und böhmischer König zu sein. Er war zu sehr mit Familieninteressen beschäftigt. Uns fällt es schwer, mit Liebe an Ungarn oder Böhmen zu denken. Seit dem sechzehnten Jahrhundert sitzt unser Geschlecht auch auf diesen zwei Thronen, aber wir haben irgendwie vergessen, daß es um eine für beide Seiten vorteilhafte Verbindung gehen sollte, um die gemeinsame Verteidigung gegen unsere Feinde, vor allem gegen die Türken.

Die Bücher und die Ratgeber belehren mich, daß es anders gekommen ist. Wir sind unwillkommene Träger der Stephans- und der Wenzelskrone. Meinen Vater, meinen Großvater und meinen Urgroßvater haben die Sympathien dieser Länder nicht interessiert. Die Vereinigung der österreichischen Länder mit Ungarn und mit den Ländern der böhmischen Krone wurde nicht als Schicksalsgemeinschaft aufgefaßt, in der gegenseitige Achtung herrschen muß und jeder durch den anderen bereichert wird, sondern als aufgezwungenes Übel. Für unser Haus waren die ungarischen und böhmischen Besitzungen der Herd unablässiger Rebellionen, die Brutstätte des Hasses gegen die Habsburger. Unter freundlichem Lächeln und Etikette verbergen sich schmerzliche Erinnerungen.

Unlängst hat mir der Portugiese Tarouca von der böhmischen protestantischen Rebellion vor einhundert Jahren erzählt. Meine Vorfahren haben mit den aufständischen böhmischen Herren blutig abgerechnet. Mir genügt es, nach dem alten Väterchen Pálffy zu fragen. Was hat er unter meinem Vater getan? János Pálffy war einer der Generale, die den letzten Aufstand der ungarischen Stände gegen uns unbarmherzig niederschlugen. Franz Rákóczi flüchtete an den französischen Hof und starb erst vor kurzem in der Türkei. Er hatte Hunderttausende Anhänger, eine Armee, Geld, gelehrte Berater, Protestanten und Katholiken, er war Herr von Oberungarn. Stadt für Stadt mußte erobert werden, bis wir ihn zur Kapitulation zwangen. Die treuen ungarischen Verbündeten meines Vaters gewannen von den Rebellen Zehntausende Joch Boden, Schlösser, Burgen, Dörfer. Auch das Väterchen Pálffy. Die Archivare in der Hofbibliothek haben mir die Urkunden und ihre Abschriften gezeigt. Der den Habsburgern treue Adel, alle diese berühmten Pálffys, Esterházys, Károlyis, Batthyánys, Erdödys, haben uns große Reichtümer und hohe Würden zu verdanken. Genauer gesagt, dem Verrat an ihren Gefährten, die nach verlorenen Gefechten tot auf den Schlachtfeldern lagen oder nach Polen, nach Frankreich und in die Türkei flüchteten. Ich weiß, die Aufständischen haben irrige Ansichten vertreten, haben für die Freiheit des religiösen Bekenntnisses und die Unabhängigkeit Ungarns gekämpft. Die Strafen waren vielleicht grausam und abschreckend, aber gerecht. Von meinem Standpunkt aus, dem einer Katholikin und einer Habsburgerin, kann ich nicht anders urteilen. Doch diese Erinnerung bleibt Jahrzehnte lebendig und kann auch mich einholen.

Rákóczi erhob sich, da war ich noch nicht auf der Welt. Jetzt hat die Zeit alles geglättet. Aber wer garantiert mir, daß in diesem für mich schwersten Augenblick die ungarischen Magnaten nicht aufstehen, daß sie den Mantel nicht wenden und die Waffen gegen mich erheben werden?

Die Mumien begreifen das nicht, sie verhalten sich gefühllos und arrogant wie eh und je. Kinský begreift es vielleicht, denn er ist ein Tscheche. Seine Familie ist in ähnlicher Weise durch den Verrat am böhmischen Königreich vor hundert Jahren zu Reichtum gelangt. Aber ich muß lernen, diese Frage zu verstehen.

Für mich als junge Frau ist es jetzt schwer, unvoreingenommen die heiteren jungen Pálffys zu betrachten, beide in Wien geboren, mit ihrem schönen Französisch und den gierigen Augen. Sie werden ihre Regimenter ohne Zögern für mich führen. Sie gehören mehr Wien als ihrem alten Vaterland. Aber wenn sie einmal erwachen? Angenehm ist das Geplauder des fünfundzwanzigjährigen Franz Esterházy (wir nennen ihn Quinquin), der in seinem Schloß eine prachtvolle Bibliothek haben soll. Kann ich seine Einladung ignorieren und ihn nicht besuchen? Auch die anderen jungen Herren dieses Geschlechts, die reichen Fürsten Paul und Nikolaus, haben ihre Regimenter, die ich brauche. Schöne und eingebildete Magnaten in meinem Alter. Fürsten nicht nur der Abstammung nach, sondern auch nach ihren Einkünften. Sie halten hof wie Könige. Alle verneigen sich vor mir. Mir ist wohl in ihrer Mitte. Sie sind heiter, witzig und gebildet. Keine Mumien. Ich spiele mit ihnen Karten, später einmal werde ich mit ihnen auf Bällen tanzen und mich amüsieren. Alle werde ich brauchen. Sie symbolisieren gewaltige Summen Geld, und sie haben die höchsten Ämter des einst so widerspenstigen Ungarn inne, dieses unbekannten und geheimnisvollen Landes.

An Regentagen gehe ich in die Hofbibliothek. Zuweilen schließen sich mir die jungen Pálffys an. Sie sagen, sie wollten mich über das ungarische Staatsrecht unterrichten, über die Rechte der Palatine und Reichstage. Sie sind unverbesserlich. Verschlingen mich mit ihren Blikken, verfolgen jede meiner Bewegungen. Bei ihnen vergesse ich, daß ein Schlesien existiert. Ich vergesse, daß ich für sie die Königin sein soll.

Nur für sie?

Gestern habe ich unserem geschickten Medailleur, dem Herrn Matthäus Donner, Modell gesessen. Er entwirft eine Medaille zur Erinnerung daran, daß ich den ungarischen Reichstag einberufen habe. Er arbeitete mit ruhigem Gesicht. Seine Finger kneteten den Ton und sprangen hurtig über mein Profil. So daß mir die Röte ins Gesicht stieg. Da schaute ich lieber auf die Schanzen mit den Schneeresten darauf.

Der Medailleur erzählte, daß unlängst sein Bruder Georg Raphael Donner verstorben sei. Seine Gattin habe sich Geld leihen müssen, um ihn würdig beisetzen zu können. Ich schämte mich, und die Ohnmacht verschloß mir den Mund. Ich scheute mich auszuatmen.

3

Nahe der schlesischen Stadt Brieg, in dem Dorf Pogarell, brannte im Haus des Schulzen die ganze Nacht lang Licht. Ein junger Mann, barhäuptig, in zerknittertem weißem Seidenhemd, schrieb einen Brief.

Pogarell, den 8. April 1741

Mein lieber Jordan. – Wir werden morgen schlagen. Du kennst die Ungewißheit des Kriegs; der respektiert das Leben der Könige nicht mehr als das der Privatleute. Ich weiß nicht, was mir zustoßen mag.

Sollte es aus mit mir sein, so gedenke eines Freundes, der dich allezeit zärtlich geliebt; verlängert der Himmel meine Tage, so werde ich dir übermorgen schreiben, und du wirst von unserem Sieg hören. Adieu, lieber Freund; ich werde dich lieben bis in den Tod.

Frédéric

Bis zum Morgen schloß er kein Auge, wenigstens schien es ihm so. Der Sonntag brach an. Er sollte den Kolonnen der preußischen Armee den Befehl erteilen, sich dem Lager des Generals Neipperg zu nähern. Die österreichische Armee stand den Berichten zufolge zwischen Brieg und Grottkau.

Mit roten Augen blickte er unausgeschlafen hinaus auf die trostlose schlesische Ebene. Es begann heftig zu schneien. Der Himmel breitete, so weit der Blick reichte, eine weiße Decke über die Felder.. Die Stille eines Vorfrühlingssonntags, die Sicht wird schlechter, heute können wir den Kampf nicht beginnen. Dieser verfluchte Himmel. Die preußische Armee wird also auch Sonntag im Lager herumlungern.

Am Montag morgen schneite es nicht mehr. Das ganze Land in Weiß, die Sonne hinter Wolken. Scharfe Luft. Heute setzen wir uns in Marsch gegen Neipperg. Einige Worte aus dem Schulzenhof genügen, und die Trompeten gellen. Das zweite Treffen packt schon die Zelte zusammen.

Neunzehntausend Fußsoldaten und an die fünftausend Reiter formieren sich zu vier Strömen und rücken zu beiden Seiten der zugeschneiten Landstraße nach Norden vor. Sie sind jetzt sieben Meilen von dem Dorf Mollwitz entfernt. Dort irgendwo sollen die Österreicher stehen.

Der preußische Offizier Saldern reibt sich die Augen. Ist das möglich? Ihn verwirrt der weiße Rock. Ist das ein Bäuerlein?

Auf einem Hügel huscht an verschneiten Büschen ein Mensch in der Kleidung eines österreichischen Dragoners vorbei: weißer Waffenrock, dunkle Hose, schwarzer Dreispitz. Er wendet dem Spähtrupp den Rücken zu. Hat kein Pferd. Rennt über den Schnee auf Mollwitz zu.

Saldern spornt sein Pferd und verlegt dem Dragoner den Weg. Der Österreicher hat keinen Säbel, in den Händen hält er ein Bündel. Der Reiter überschüttet ihn mit einer Schneedusche. Er schaut sich um. Herr im Himmel, die Preußen!

Schölzke taumelt und fällt zu Boden. Sich mit der freien Hand stützend, rappelt er sich mühsam auf. Über ihm das Pferd, darauf ein Mann im dunkelblauen preußischen Rock und gelben Hosen. Auf der Brust baumelt ein Metallschild mit einem Wappen.

„Woher und wohin, mein Freund?“

Der Dragoner Schölzke läßt das Bündel in den Schnee fallen und antwortet in Habtachtstellung: „Hier aus dem Dorf, Herr Offizier.“

Ihn umringen preußische Husaren. Bärtige Männer in schwarzen, mit silbernen Schnüren verzierten Dolmanen, in Stiefeln und schwarzen Helmen mit Troddeln dran. Vorn auf den Helmen erblickt Schölzke Totenköpfe mit gekreuzten Gebeinen. Es schnürt ihm die Kehle zu. Ist das vielleicht das gefürchtete Fünfte Regiment? SIEGEN ODER FALLEN. Vorläufig lebt er aber noch.

„Was hast du in dem Bündel?“

Schölzke zögert mit der Antwort: „Wäsche, Herr Leutnant.“

Der Offizier lacht. „Mach das Bündel auf.“

Einer der Husaren hebt mit der Säbelspitze das Bündel des Dragoners auf und hält es Saldern unter die Nase.

„Ich sehne mich nicht danach, an seinen Unterhosen zu schnuppern.“

Der Säbel reißt das Bündel auf. Wirklich guckt daraus etwas Weißes hervor. Alle brechen in dröhnendes Gelächter aus.

Saldern winkt mit dem Degen.

„Das ist mein Heimatdorf.“ Schölzke ermannt sich und zeigt nach hinten. „Ich bin der Tagelöhner Schölzke und habe dort bei dem Herrn Christoph Schönwitz gedient.“

„Und bist nach Hause abgehauen, um dir neue Unterhosen zu holen. Eine feine Armee, alles was recht ist . . .“

„Du wirst ihnen im Kampf fehlen“, brummt ein hochgewachsener Husar. „Dein Glück, Kamerad.“

Der Degen des Offiziers zielt auf den Dragoner im Schnee.

„Wo sind deine Österreicher, Schölzke?“

„In Mollwitz", antwortet der Dragoner, am ganzen Leibe zitternd. „Dort will ich gerade hin."

Der Führer des Aufklärungstrupps strahlt.

„Das wollten wir wissen. Gesegnet seien deine Unterhosen, Schölzke!"

Friedrich tritt neben seinem Pferd von einem Bein aufs andere. Über den Bauernburschen Schölzke freut er sich sehr.

„Keine Angst, Schölzke", sagt er und mustert ihn mit seinen kurzsichtigen Augen. „Jetzt nimm allen Grips zusammen. Gebt ihm ein ordentliches Pferd! . . . Na los, such dir eins aus, damit du bequem reiten kannst. Heute wirst du neben mir reiten."

Und so führt der Bauernbursche Schölzke als guter Patriot den preußischen König mit dessen Kolonne über die heimatliche Erde. Er kennt hier jeden Stein, jede Grube, jeden Baum. Auf dem Kirchturm schlägt es zehn Uhr. Die Preußen können den Marsch auf Mollwitz beginnen.

Feldmarschall Neipperg kämpft im Pfarrhaus von Mollwitz zufrieden mit gebratenen Eiern. Beim Klirren von Gabel und Messer vernimmt er aus der Richtung Brieg die Einschläge von Granaten und das Stampfen von Pferden.

„Was ist los? Schickt eine Husarenstreife nach Brieg!"

Und er setzt sein Frühstück fort.

Auf der Kreuzung zwischen Mollwitz und Grottkau stößt die preußische Kolonne des Obersten Rothenburg auf eine Abteilung österreichischer Husaren. Die roten Hosen der Husaren verschmelzen mit den Flanken der Pferde, die weiße Verbrämung der blauen Kurzpelze mit dem Schnee ringsum. Lediglich die flatternden Mähnen der Pferde, die wehenden roten Ärmel und die Bänder an den Pelzmützen verraten, daß scharf geritten wird.

Halt! Die Husaren sehen die preußische Übermacht.

Die Preußen zwei Meilen vor Mollwitz? Und die österreichische Armee ist noch nicht zum Kampf angetreten!

Die Husaren machen im Galopp kehrt. Jeder beschreibt mit Genuß einen kleinen Kreis. Sie zeichnen zahllose Ringe auf die schlesische Erde, spielen wie Kinder.

Rothenburg spornt sein Pferd, befiehlt seinen Kürassieren, die Österreicher zu verfolgen. Eine Weile jagen sie ihnen nach, dann aber befiehlt der preußische Oberst zu halten. Im 18. Jahrhundert kämpft man nicht, solange nicht beide Seiten Aufstellung genommen haben. Die Offiziere aller Armeen lernen die gleichen unveränderlichen Regeln. Rothenburg weiß, daß er den Kampf nicht beginnen kann, solange sich nicht die ganze Armee in Schlachtordnung formiert hat. Würde er weiterreiten, dann würde die fehlende Kampfbereitschaft der österreichischen Armee deutlich werden.

Hinter der Kreuzung läßt Friedrich seine Armee Aufstellung nehmen. Tschinellen erschallen, Militärkapellen spielen, Trompeten und Kommandos gellen. Das Schema ist klar. In der Mitte die Infanterie, an beiden Flügeln die Reiterei. Sie ist schwächer als die österreichische. Vierhundert Schritt dahinter das zweite Treffen aus schwächer ausgebildeten Soldaten. Wieder die gleiche Aufstellung, an den Flanken die Reiterei. Die Soldaten und Offiziere ergreift ein leichter Schwindel. Die schlimmsten Augenblicke. Stehen. Schulter an Schulter. Das Schmettern der Musik hören und warten. Den eigenen Atem sehen.

Neipperg beendet sein Frühstück und schiebt den geblümten Teller mit den Resten der fetten Rühreier zurück. Aus dem Fenster sieht er die zurückkehrende Husarenstreife und vernimmt Rufe: „Der Feind! Er marschiert auf uns zu!“

„Schnell, den Plan der Schlachtordnung!“

„Was sollen wir tun, Marschall? Antworten Sie, oder wir gehen zugrunde!“

Neipperg steht erschüttert auf, die Serviette noch auf dem weißen Rock.

„Rufen Sie Römer!"

Heute soll ich den Kampf annehmen? Im Schnee? Das widerspricht allen Regeln.

„Verbindungsoffiziere zu mir!"

Die österreichischen Trompeten. Neipperg tritt aus dem Pfarrhaus, ein Adjutant bindet ihm das Mundtuch ab. Es kann gegen elf sein. Die Sonne kriecht hinter den Wolken hervor. Gott sei Dank. Denn das Schrecklichste ist, wenn ein General nicht weiß, wo seine Soldaten stehen, und nicht sieht, was vorgeht. Er verlangt ein Fernrohr. Das ist ein guter Ort für die Schlacht. Nur daß Friedrich mich überrascht hat und ich jetzt in Zeitnot bin. Wie wird es mir gelingen, meine Armee zu versammeln? Laut dem Operationsplan stelle ich den rechten Flügel selber auf. In Neipperg quillt Bitterkeit hoch. Aufstellen wird ihn eigentlich der Generaloberst Browne, der ehemalige Militärkommandant von Schlesien. Er wird am rechten Flügel sein. Den linken Flügel soll der General der Kavallerie Römer aufstellen. Wo zum Teufel ist Römer?

„Den linken Flügel formieren!"

Man muß die in den Dörfern hinter Mollwitz verstreute Reiterei mobilisieren. Die Reiterei muß auf ihrem Platz sein, wenn die Preußen ihr Artilleriefeuer eröffnen. Die österreichische Kavallerie hat ein zahlenmäßiges Übergewicht. Eine hervorragende Reiterei mit einem hervorragenden Kommandeur. Römer ist ein sächsischer Adliger, ein glänzender Reiter, auf ihn ist Verlaß. Das wird meine Walze gegen die angreifende preußische Infanterie sein.

„Wo ist die Infanterie des linken Flügels mit den Dragonerschwadronen? Haben die verschlafen? Verbindungsoffizier zu General Göldlein!"

Die österreichische Infanterie ist schlechter ausgebildet und zahlenmäßig schwächer als die preußische. Deshalb hatte ihr Neipperg in kluger Voraussicht auch einige Dragonerabteilungen unter Göldleins Kommando zugeteilt. Ignac Kollár erbleichte vor Erregung, als er erfuhr, wer seine Einheit befehligen wird.

Jetzt führt der Dragoner Kollár den Verbindungsoffizier (einen jungen österreichischen Kornett, der nach Branntwein stinkt) zu dem General. Kollár hält sich an den General, er weicht nicht aus seiner Nähe, obwohl das Verhör wegen seines Zeltgenossen Schölzke schon beendet ist.

„Zum Teufel mit dem Bauernkerl! Desertiert ist er! Wenn wir ihn schnappen, hängt er! Abtreten!"

Zu Ende sind die glücklichen Zeiten in der geheizten Hütte. Ignac schaffte es noch, Žofka zu sagen: „Wenn es schlimm wird, lauf mit den Schauspielerinnen davon! Um die kümmern sich die hohen Herren!"

Jetzt soll sich also ihre Dragonerschwadron hinter der ersten Welle der armen Infanteristen aufstellen. Die Dragoner binden ihre Pferde an die nahen Erlen. Der Korporal prüft, ob sie genug Granaten haben. „Aufsitzen nur auf Befehl! . . . Und zerschmettert mit den Granaten nicht den Infanteristen im ersten Glied die Schädel! . . . Habt ihr verstanden, Kerls?"

So weit haben wir's also gebracht. Schwere Reiterei, Dragoner, Cheveaulegers. Die beschissenen Infanteristen werden wir von hinten und von den Flanken sichern, damit sie nicht vor den Preußen flüchten.

Eine Kompanie nach der anderen nimmt Aufstellung. Schimpfworte, Geschubse, in einem fort gellen die Trompeten der Infanterie, dröhnen die Trommeln der Dragoner, brüllen die Offiziere. Sie nehmen einen Schluck aus der Feldflasche. Jeder trinkt aus, was er im Dorf gestohlen hat. Kompanien. Aus den Kompanien werden Bataillone. Die Ebene vor Mollwitz füllt sich mit den weißen Karrees der österreichischen Abteilungen. Vor jeder ein Offizier. Wer nicht genug getrunken hat, verzagt.

Ignac wird von Harndrang gequält. Die Dragonerschwadron soll nahe der Mitte des linken Flügels stehen.

Dort wird auch der General Göldlein sein. Ignac unterdrückt sein Bedürfnis. Seine Erregung wächst. Wo ist der Stinker Schölzke? Wie immer er auch gewesen ist – Ignac ist jetzt traurig zumute. Links von ihm steht Pišta, ein Ungar aus Debreczen, er ist furchtbar stolz, daß er eine Muskete hat, eine lächerliche Waffe mit langem Lauf, am Ende komisch erweitert wie eine Trompete. Man lädt sie mit zwölf Bleikugeln. „Tizenkettö", schreit Pišta. „Tizenkettö!" Uns alle überschreit er.

Die Sonne scheint Ignac direkt in die Augen. Wo ist der General Göldlein? Ich muß ihn finden.

Die Sonne blendet für eine Weile auch den Feldmarschall Neipperg. Durchs Fernrohr mustert er sein Heer. Es geht schon auf Mittag, in einem Dorf läuten die Glokken. Ihre Schläge gehen im Geschrei von Tausenden von Menschen und im Gellen der Trompeten unter.

Es scheint mir gelungen zu sein, die Front in einer Breite von zwei Meilen zu entwickeln. Aber den Angriff können wir nicht beginnen. Ich habe nur neunzehn Kanonen, und die Männer rackern sich mit ihnen im Schnee ab. Sie sind immer noch nicht auf ihren Plätzen in der Linie. Der verfluchte Schnee.

Die zwanzigtausend Preußen haben früher als die Österreicher Schlachtordnung bezogen, aber der König ist nicht zufrieden. Schuld ist der General der Kavallerie Schulenburg. Beide Flügel seiner Reiterei schließen die preußische Infanterie in einer zu engen Umarmung ein. Die Infanteristen stehen buchstäblich Kopf an Kopf. Der Alte kann keine Entfernung schätzen, oder er kann nicht zählen. Er ist nicht fähig, seine Truppe in Bewegung zu setzen. Der König greift ein: „Drei Grenadierregimenter auf den rechten Flügel verlegen!"

Die Generale wundern sich. Infanteristen auf den Flügel? Der junge König hat die Militärwissenschaften schlecht studiert. Aber sie führen den Befehl aus. Und es zeigt sich, daß der König richtig entschieden hat. Die infanteristische Front im Zentrum hat sich aufgelockert, die Grenadiere besetzen die Ecke, wo der König zu Recht die größte Gefahr vermutet. Ihnen gegenüber steht nämlich Römers gefürchtete Reiterei.

Bis die Regimenter sich umgruppiert haben, vergeht eine weitere Stunde. Inzwischen verfluchen die Kanoniere den pappigen Schnee. Sie müssen mehr als fünfzehn Geschütze in die Feuerstellungen zerren.

„Stellt auch gegen Römer Kanonen auf!" befiehlt der König.

Es ist schon zwei Uhr nachmittags. Vierzigtausend Mann stehen sich gegenüber, und beiden Fronten knurren die Mägen. Da erteilt Friedrich den Feuerbefehl.

Punkt zwei Uhr donnern dreiundfünfzig preußische Geschütze los. Das Spiel beginnt. Die Marschälle, Generale, Obersten, Korporale und Soldaten wissen, was folgen wird. Jeder Schritt ist hundertmal beschrieben und eingeübt worden. Der Vorhang geht auf. Die weiße Leinwand liegt unter ihren Füßen.

Die preußischen Kanonen schütten ihre Ladung auf den gegnerischen rechten Flügel, auf Römers Reiterabteilungen. Eine wunderbare Sicht, die Sonne scheint den Österreichern in die Gesichter. Hunderte Pferde wiehern mit einem Schlag auf, Tausende Männer brüllen in allen Sprachen. Die schwarzen Finger der Granaten lichten die Reihen der angetretenen Reiterei. Die ersten Leiber fallen, die ersten zerschmetterten Schädel, herausquellenden Eingeweide, die weißlichen Därme von Pferden und Menschen verflechten sich auf einem roten Teppich.

„Stehenbleiben! Nicht von der Stelle!" brüllen die Offiziere.

„Sollen wir wie Meilensteine hier stille stehen und uns alle ohne Schwertstreich erschießen lassen?"

„Sie knallen uns ab wie die Hunde!"

„Um Himmels willen, so rücken wir doch vor!"

Der Dragoner Ignac Kollár ist in diesem Augenblick glücklich. Ihm ist es gelungen, sich unbemerkt zu erleichtern. Mit Pišta zusammen lacht er aus vollem Halse, daß sie nicht am Flügel bei Römer stehen, wohin sie ursprünglich gehörten. Gesegnet sei die Einordnung unter die Infanteristen! Und der General Göldlein steht dreißig Schritt vor mir!

Die Regeln dieses Theaters sehen vor, daß dem Artilleriebeschuß die Attacke der Kavallerie von den Flügeln her folgen soll. Die Infanterie tritt erst am Schluß zum Angriff an. Und weil die Preußen angefangen haben, verspäten sich bei uns alle Operationen, so daß wir noch mindestens ein oder zwei Stunden unseres Lebens sicher sind, mein lieber Ignac und Pišta. Ignac schneuzt sich und überprüft beide Pistolen, die erstarrten Finger gleiten über die Messingbeschläge. Was machen jetzt die Weiber? Sie werden wohl alle plärren. Oder sie haben sich besoffen, diese Schlampen.

Das Geschrei vom Flügel der Reiterei verstummt nicht.

„Los, gehen wir vor!"

Die Husaren sind unzufrieden. Die Pferde bäumen sich auf und rühren mit den Hufen den furchtbaren Brei unter sich durcheinander. Um die Verwundeten kümmert sich noch niemand. Die entstandenen Lücken schließen die Offiziere, indem sie die Linie auseinanderziehen, oder sie füllen sie mit Männern aus dem zweiten Treffen auf. Die Kette darf an keiner Stelle reißen.

„Aushalten! Langsam, Jungs! Sollen sie angreifen!"

Und so beten die sechstausend Ungarn, Österreicher, Tschechen, Kroaten, Slowaken und Serben auf ihren Pferden, daß die Preußen endlich angreifen, damit wir uns vom Fleck rühren können. Beten auch ihre Pferde?

Endlich wirbelt am preußischen rechten Flügel der Schnee auf. Die zehn Reiterschwadronen Schulenburgs stürzen sich in einem Bogen auf den österreichischen Flügel.

„Endlich, ihr Scheißkerle!"

„Vorwärts! Hurra!" brüllt der Baron Römer, und zugleich mit ihm brüllen das gleiche Dutzende von Offizieren.

Die dreißig österreichischen Eskadronen preschen mit blutigen Hufen vorwärts. In der verzweifelten Gemeinschaft des Todes jagen Tausende Reiter dahin, darauf bedacht, den rechten Arm gehörig auszustrecken und den Säbel im richtigen Winkel zu halten. Die Husaren schwingen die Krummsäbel, die Beine arbeiten, sie stoßen den Tieren die Sporen in die Weichen, die scharfe Luft strömt in die Lungen, die Gesichter sind verzerrt vom Wind, vom Alkohol und von der Angst vor dem Zusammenprall. Die bis aufs äußerste aufgepeitschten Leiber reagieren selbsttätig. Nach einer Weile stellen sie fest, daß sie den Preußen überlegen sind. Die preußischen schwarzen Helme erzittern, die silbernen Totenschädel mit den gekreuzten Knochen erstarren, dann versuchen sie kehrtzumachen. Einige harte Zusammenstöße. Im Galopp prallen die feindlichen Paare aufeinander. Dabei fliegen gewöhnlich beide aus dem Sattel. Die Menschenleiber spritzen nach beiden Seiten auseinander.

Bauernsöhne, Leibeigene, Holzfäller ebenso wie Adelssöhnchen mit weichen weißen Händen beobachten einander aus den Augenwinkeln, registrieren ihre wahnsinnige Handfertigkeit. Der ehemalige Leibeigene unterm Strohdach seiner Hütte ... jeden Morgen hacke ich Holz für die kranke Mutter. Ein Klotz nach dem andern, genau in der Mitte durch. Und einen Schädel spalten, was ist das schon für eine Leistung! Aber wie hat sich dieses Herrchen mit der gepuderten Perücke, mit Fingerchen fürs Cembalo, fürs Klavier oder für die Brustwarzen von Marquisen und Kammermädchen diese Kunst angeeignet? Was für ein sauberer Schnitt! Sieh da, der General Römer, ein unbekannter Kornett, auch ein dicker Oberst, alle hauen drein, und sie verstehen's! Was für eine allmenschliche Kunst!

Bei den Preußen bricht am rechten Flügel das Chaos aus. Friedrich selber sprengt herbei. Der alte Schulenburg, die Haare zerzaust, fuchtelt mit der Pistole, seine

Husaren wenden dem Feind den Rücken und galoppieren zur Oder.

„So eine Schande! Schmach und Schande! Sagt doch, warum!"

Schulenburg gewahrt den König, spornt sein Pferd und stürzt sich in den nächsten Knäuel. Nach einer Weile erhält er einen Säbelhieb über das Gesicht.

„Rasch einen Verband!"

Ein paar Fußsoldaten verbinden den General.

„Mir fehlt nichts, verschwindet! Setzt mich aufs Pferd!"

Und wieder wirft er sich den Österreichern entgegen.

Da taucht ein Kürassier mit der Andeutung eines Brustpanzers vor ihm auf. Weißer Rock, lange schwarze Gamaschen. Schulenburg bemerkt noch, daß er keine Mütze trägt, nur ein Kaskett sitzt wie eine Dornenkrone auf den schweißverklebten Haaren. Christus im Himmel . . .

Schulenburgs Schädel zerbirst krachend in zwei Hälften.

Die ihn umringenden Preußen beugen sich entsetzt weg, um nicht vom Gehirn ihres Kommandeurs bespritzt zu werden, und machen wie von Sinnen kehrt. Sie prallen gegen die eigenen Reihen. Die schreckerstarrten Infanteristen begreifen nicht, was da geschieht. Die Hufe der eigenen Reiterei stampfen die preußische Infanterie nieder.

Inzwischen ist Römer bis zu den preußischen Geschützen vorgedrungen. Mit einer Gruppe Husaren gelingt es ihm, dem Feind neun Kanonen abzunehmen.

Es ist klar, daß die preußische Kavallerie erledigt ist. Ihre Reste flüchten vom Schlachtfeld.

Da kracht von der österreichischen Seite die Artillerie los.

Friedrich spornt sein Pferd, er sucht den Marschall Schwerin. Jetzt wird der Angriff der österreichischen Infanterie folgen. Das wird das Ende sein. Meine Front ist zusammengebrochen.

Wo vor einer Weile ein junger Mann im Offiziershut stand, ist der weiße Schnee verschwunden, der Boden hat dunkle Ackererde ausgespien. Verschwunden ist auch der Jüngling. „Mein Vetter ist tot!“ ruft der König. Eine Kanonenkugel hat zuverlässig ihre Wahl getroffen. Tiefbesorgt taucht Schwerin auf.

„Die Schlacht ist verloren, Sire“, überschreit er den Kampfeslärm. „Aber was ist eine verlorene Schlacht im Vergleich zum Verlust des Königs! Ich beschwöre Sie, Majestät, gehen Sie!“ Friedrich hört ihn niedergeschmettert an. „Gehen Sie über die Oder. Bringen Sie sich in Sicherheit, bis dies sich entschieden hat!“

Friedrichs Pferd tänzelt, wirft fast den Reiter ab.

„Verloren“, murmelt der König. Er schaut sich dahin um, wo seine Husaren fortgaloppieren.

„Nehmen Sie eine Gruppe von Reitern mit“, drängt ihn Schwerin.

Friedrich überlegt blitzschnell. Über ihre Köpfe rauscht eine Kanonenkugel. Zum Teufel, was ist mit unserer Artillerie? Sie ist erobert, die Bedienung niedergemacht. Römers Reiter werfen sich auf unsere Infanterie. Wenn sie kehrtmachen, sind sie in einem Bogen bei uns.

Fliehen. Das ist ein vernünftiger Rat, Schwerin. Auf dieser Seite der Oder ist die Hölle los. Auf der anderen Seite herrscht Ruhe, von dort kommen wir notfalls heim nach Brandenburg.

„Ich gehe. Leben Sie wohl, Schwerin!“

„Auf Wiedersehen, Majestät!“

Schwerin wendet sich der Infanterie zu.

Der König und sein Gefolge stehen mit dem Rücken zum Schlachtfeld. Geführt wird der Geleitschutz von einem jungen Leutnant mit verbundener Linken.

„Chevalier de Chasot, schreiben Sie sich das Leben Ihres Königs zugute.“

„Jawohl, Majestät.“

„Wo ist Maupertuis?“ fragt Friedrich mit heiserer Stimme, aber Chasot drängt.

Hinter ihnen verhallen Geschrei und Schüsse.

4

Monsieur Maupertuis, Hofgeometer und Physiker, Reorganisator der Akademie der Wissenschaften zu Berlin, verfluchte den Augenblick, da er dem Befehl des Königs gehorcht hatte und ihm nach Schlesien gefolgt war. Über sein junges, hübsches Gesicht liefen sonderbare Zuckungen.

Er hatte den König bis zum letzten Augenblick begleitet, denn der König bedeutete Sicherheit. Jetzt hatte er ihn jedoch aus den Augen verloren. Maupertuis war ein Bretone, und Kaltblütigkeit gehörte zu seinen Charaktereigenschaften. Mit fünfundzwanzig war er Mitglied der französischen Akademie geworden, hatte England durchreist, sich in Newtons Lehre verliebt, hatte eine wissenschaftliche Expedition zum Polarkreis überlebt und sich von dort zwei Eskimofrauen mitgebracht. Er war Physiker Ludwigs XV. und jetzt Geometer Friedrichs II. Aber Mollwitz übertraf alles bisher Erlebte.

Er band sein Maultier an eine umgestürzte Geschützlafette und kletterte auf den nächsten Baum, einen reichverzweigten Ahorn. Er mußte feststellen, wo sich der König mit seinem Gefolge befand.

Gleich darauf entdeckte er ihn. Der König galoppierte mit einer Reiterschar nach Südosten. Also ihm nach! Und sei es auf dem Maultier!

Er kam nicht einmal dazu, vom Baum herabzusteigen. Unter ihm ertönten ungarische und slowakische Rufe: „Lefele, te dög!“*

„Runter vom Birnbaum, Fritz!“

Er fiel vom Ahorn herunter. In die Hände verwilderter Kerle mit roten Tschakos und blutigen Nasen.

„Was ist, Spion?“

„Nicht Prusse“, versuchte er sich zu verteidigen.

„Ich werd’s dir zeigen, von wegen Prusse!“

Einer der Husaren riß ihm mit einer raschen Bewegung die goldene Uhr aus dem Brustlatz. Der zweite riß

* (ung.) Runter mit dir, du Aas!

an der Halskette des Physikers; er erwürgte ihn dabei fast.

„Warte!"

Ein Kamerad hob mit der Säbelspitze ein Kettenringlein an, und die dünne Kette fiel auseinander.

Sie drehten auch sein Rockfutter um.

„Was hast du noch bei dir? Wo sind die Karten?"

Sie fanden die Karten.

„Ich sage euch, ein Spion ist das."

Dann zogen sie ihm den mit Fuchspelz gefütterten Mantel aus und zerrten ihm die Gamaschen herunter, ebenso die Lackschuhe mit den goldenen Schnallen.

„Auch ein feines Hemd hat er an. Mit Spitzen wie ein Frauenzimmer."

Maupertuis begann zu schreien.

„Ein Offizier! Bitte Offizier! Snell! Parlez-vous français?"

Es fand sich ein österreichischer Kürassieroffizier. Zu Fuß näherte er sich dem Ahorn, denn ihn hatte während des Kampfes ein menschliches Bedürfnis überkommen. Maupertuis stand nur noch in Unterhosen da. Zum Glück hatte er mehrere übereinander an; er war ein abgehärteter Bretone, der selbst den Polarkreis gesund überstanden hatte.

„Was treibt ihr hier, verdammte Bande?"

„Melde gehorsamst, Herr Leutnant, wir haben einen Spion gefangen."

Jetzt legte Maupertuis los. Er hatte jemanden gefunden, der Französisch konnte und eine Ahnung hatte, was Tangens und Kotangens war. Und was ein Hofgeometer.

Der Leutnant zwang einen Ungarn, sein eigenes Hemd auszuziehen, doch Maupertuis wies es zurück.

„Es stinkt", sagte er.

„Nun gut. Folgen Sie mir. Sie sind ein Gefangener, wir werden Sie geradenwegs nach Wien schicken."

Die Husaren wetzten mit wütenden Gesichtern auf ihren Gäulen hin und her.

„Kerls, warum führt ihr nicht eure Befehle aus?!" schnauzte sie der Leutnant an. Mit dem Degen zeigte er nach Südosten. „Dort geht uns der preußische König durch die Lappen. Ihm nach, im Galopp!"

Als er die wilden Burschen los war, befahl er dem weltbekannten Physiker und Mathematiker, vorauszugehen.

Endlich konnte er sich unter den hohen Baum flüchten und die blutbesudelten Hosen bis zu den hohen Gamaschen hinunterlassen.

Die Schar mit dem fliehenden König eilte auf Löwen zu. In diesem Städtchen an einer Biegung der Neiße sollte eine Abteilung des Prinzen Leopold warten und den König auf die andere Seite des Flusses und dann über die Oder in Sicherheit bringen.

Auf den Straßen von Löwen holte sie ein Trupp von Schulenburgs Husaren ein. Sie waren ebenfalls aus Mollwitz geflüchtet. Friedrich konnte sich zu keinem Vorwurf aufraffen. Sie verband die gemeinsame Freude, dem Tod oder zumindest der Gefangenschaft entgangen zu sein. Sie suchten ganz Löwen ab, fanden jedoch keine preußischen Kavalleristen. Der König fluchte. Holte die Karte hervor. Sein Gesicht verfinsterte sich. Nach Süden konnte er sich nicht wenden. Dort waren die Österreicher. Die kostbare Karte. Zauberhafte Kringel. Das blaue Band der Oder führt nach Oppeln. Dort sollte das Regiment La Motte stehen.

„Wir gehen nach Oppeln! Wer folgt seinem König?"

Es meldeten sich neun Reiter, obwohl alle zu Tode erschöpft und verschmutzt waren. Lieber hätten sie gegessen, getrunken, geschlafen.

Oppeln. Dadurch entferne ich mich von Preußen. Aber Schlesien gehört doch mir! Auch in Oppeln liegt eine preußische Besatzung.

Oppeln schien ihnen weit, sehr weit. Die ermatteten Pferde stolperten. Der Schnee lag hier niedriger, verschwand schließlich ganz, überall nur noch Schlamm und Matsch. Zugefrorene Pfützen knackten unter den Pferdehufen wie feine Spiegel. Ihr Herren Philosophen, Voltaire, Maupertuis, das ist ein Abenteuer! Wenn wir das im Salon erzählen . . .

„Halten wir durch, meine Herren?"

„Wir halten durch, Sire."

Chasot und seine Schar waren junge Leute. Es dämmerte schon. Was geschieht bei Mollwitz? Wo ist Schwerin? Wohin flieht er?

Oppeln, Gott sei Dank.

Das Stadttor war geschlossen.

„Wer da?" rief die Schildwache von drinnen.

„Preußen. Ein preußischer Kurier!" antwortete man von draußen.

Friedrich hielt sich im Dunkeln. Zum Glück. Von der Stadtmauer herab wurde auf sie geschossen.

„Weg!" befahl der König. Sie wendeten die Pferde und verschwanden in der finsteren Nacht.

Friedrich hielt sich kaum mehr auf dem Pferd, krampfhaft packte er die Mähne, voller Angst, herunterzufallen.

„Mein Gott, das ist zuviel . . .", seufzte er. Wo war das Regiment La Motte? Erst später erfuhr er, daß Oppeln inzwischen von einer Schwadron österreichischer Husaren besetzt worden war.

„Wohin reiten wir eigentlich?"

„Wir haben keine andere Möglichkeit als zurück nach Löwen. Hier können wir nicht bleiben, die mährische Grenze ist nicht weit."

Die wunderbaren Karten trogen nicht. Also zurück nach Löwen. Auf demselben Wege. Blindlings, fast bewußtlos. Friedrich hat schon die dritte Nacht nicht geschlafen. Den König deckten von beiden Seiten junge Offiziere, die übrigen suchten vorn den Weg. Nach einer Stunde scharfen Ritts waren sie wieder in Löwen. Keinerlei Erkundung. Hoffentlich sind nicht auch hier schon Österreicher eingedrungen. Aber mir ist schon alles egal.

Sie stießen auf eine Mühle. Klopften an. Der Müller und seine Frau waren auf jede Art von Militär gefaßt, auch ihnen war schon alles egal. Chasot bereitete dem König ein Lager. Der Müller wußte nicht, wer bei ihm nächtigte.

Endlich konnte sich Friedrich hinlegen. Überm Kopf die dicken Balken der Mühle und das langsame Knarren des Räderwerks. Er war schon im Begriff, einzuschlafen. Über ihn wachte Chasot. Der junge Offizier, der in Paris einen Menschen im Duell getötet hat, soll jetzt ein Menschenleben beschützen.

„Sire, wir schicken eine Streife in die Stadt. Wir dürfen nichts riskieren."

„Gut, mein Sohn. Schick zwei Freiwillige hin."

Eine halbe Stunde Ruhe. Schlafe ich? Wache ich? König von Preußen, dein erster Kampf ist beendet. Ohne dich. Beim Klappern des Mühlrads hört man Schüsse und Detonationen. Ich weine. Meine schönen Jungen mit den herausgerissenen Gehirnen.

Die Holztreppe der Mühle knarrte. Schwere Stiefel.

„Majestät . . ." Chasot versuchte zu flüstern, aber am Ende stieß er laut hervor: „Majestät, in Löwen erwartet Sie eine Schwadron des Prinzen Leopold . . . Und ein Kurier vom Schlachtfeld sucht Sie: SIEG IN MOLLWITZ!"

„Was ist, bist du verrückt geworden?"

„Jawohl, Sieg!" Chasot warf dem König die Weste zu, den Mantel, suchte seinen Hut.

Der König sprang aus dem Bett, packte den jungen Offizier und küßte ihn. „Also los, gehen wir! Wir fliegen!"

Auf dem Ring von Löwen weckte der Lärm die Witwe Panzner. Noch ganz zerzaust reichte sie dem König Kaffee und ein Stück gebratenes Huhn. Das erste, was er seit dem vorigen Morgen in den Magen bekam.

Mit fettigen Mündern trabten der König und sein Gefolge in den hellen Morgen hinein, um das Schlachtfeld zu besichtigen.

Über seine Flucht schwieg er sein ganzes Leben lang. Auch in seiner Selbstbiographie erwähnte er nichts davon.

Des Königs Abwesenheit hatte niemand bemerkt.

Römers Ballett auf dem schneebedeckten Schlachtfeld war unermüdlich. In weitem Bogen trieb er seine Reiter gegen die preußische Infanterie. Sie griffen aus der Flanke an, dann frontal, machten kehrt, drehten kühne Pirouetten.

Die preußische Infanterie stand. Genauer gesagt, ihre Soldaten taten das, wofür sie die Offiziere in den Monaten und Jahren der vorangegangenen Ausbildung gedrillt hatten. Die Dressur aus den Zeiten des alten Friedrich Wilhelm. Sie standen nebeneinander, in ausgerichteten Reihen, Schulter an Schulter, luden und schossen in Salven. Während das zweite Glied lud, kniete das erste nieder und schoß.

In diesem Regen ungezielter Kugeln sprengten Römers Husaren hin und her. Bereits gelichtet, verschwitzt und erschöpft. Römer munterte sie auf, brüllte, drehte sein Pferd im Kreise. Wenn mich doch Göldleins Infanterie unterstützte! Wenn diese Kerle ihre faulen Ärsche heben und uns helfen würden! Meine Husaren allein schaffen es doch nicht mehr. Diese verdammten Preußen! Wie schnell sie laden und schießen! Wie bringen sie das fertig? Während die Unsrigen zweimal schießen, haben die Preußen fünfmal geladen und geschossen. Unglaublich!

Friedrich war nicht Zeuge des Wunders, das die preußische Infanterie vollbrachte, vor allem die Grenadiere des Hauptmanns Winterfeld. Mit aufgepflanzten Bajonetten warteten sie auf die Husaren. Sie standen wie die Felsblöcke. Vergeblich attackierten die Husaren sie mit Hurra; die hochgewachsenen Grenadiere hielten wie eine lebende Mauer stand. Vier Angriffe von Römers Reiterei schlugen sie ab.

Vier abgeschlagen? Dann wird sie der fünfte niederwalzen. Ihr könnt nicht mehr, Jungs? Ihr müßt. Römer brach plötzlich mitten im Satz die Stimme. Eine Kugel aus dem preußischen Hagel hatte ihn gefunden.

„Der General gefallen!"

Die Kunde flog dahin wie ein giftiger Pfeil. Neipperg nahm das Fernrohr von den Augen. Er rief den Verbindungsoffizier.

„Göldleins Infanterie und die Dragoner vorwärts! Sofort!"

Tausende Infanteristen in Kompanien, Bataillonen und Regimentern des ersten Treffens beginnen auf das Kommando „Vorwärts!" die Hände zu rühren. Sie bekreuzigen sich. Einigen fällt dabei die Granate oder der Karabiner aus der Hand. Mit einem Seufzer schlägt auch das zweite Glied das Kreuz, mit den Händen kitzeln sie dabei die Männer vor sich.

„Zum Donnerwetter, Kerls, so hört schon auf!"

Also los geht's. Mutter Gottes, hilf! ertönt es in allen Sprachen.

Die Offiziere vor den Einheiten schreien gellend, „Vooorwääärts!" Einigen bricht die Stimme, die Füße rutschen aus, aber den ersten Schritt muß man machen.

Noch immer ist es still, nur die Trommeln gehen auf die Nerven. Noch sind keine Kugeln zu hören. Eins-zwei, eins-zwei. Unter den Füßen weißer Schnee, unberührt. Seht ihr, wie gut das geht? Wir sind schon ein paar Schritte gegangen, und nichts ist passiert.

„Erstes Glied, laden . . . Feuer!"

Na prost Mahlzeit, weit haben wir's gebracht! Gegen die Türken da unten, da will ich ja nichts sagen. Aber hier? Gegen Bauern und solche wie wir, sogar die gleiche Sprache brüllen ihre Offiziere. Warum balgen wir uns eigentlich? Hier wird man ja taub.

„Erstes Glied – kniet! Zweites Glied – ladet! Feuer!"

Sie knien sich in den Schnee, dem einen ist das Pulver naß geworden, bei dem anderen funkt der Zündstein nicht. Die Königin hat ein Söhnchen geboren, freut euch, Soldaten! Kämpft heldenhaft! Pfui, in was hab ich mich da gekniet? Scheiße und Därme. Der Infanterist neben Ignac erbricht, das Erbrochene spritzt auf das Gewehr und die Feldflasche. Stinkiger Schleim rinnt über das Bajonett.

„Ich kann nicht, Jungs!"

Man hört ihn nicht mehr. Der arme Pišta. Der Tod hat zu pfeifen begonnen. Unser erhabener Herr. Nur gut, daß ich mich im Kampf gegen den Türken dran gewöhnt habe und nicht im eigenen Gestank mit vollen Hosen dahintappe wie der krummbeinige Kremnitzer vor mir! Gestern hat er gelabert, das Bergwerk sei das Schlimmste. Na siehst du, es gibt noch Schlimmeres.

Wo hab ich meinen Gaul angebunden? Ob ich die Erle wiederfinde, wenn es nötig wird, das Leben zu retten?

So, wieder ein paar Klafter weiter. Die vor uns haben sich hingekniet, und wir sollen schießen. Das sagt sich leicht, aber man kann nicht mal ordentlich laden. Fast zwischen den Fingern zischen die feindlichen Geschosse durch.

Plötzlich fasert die Reihe vor uns auseinander. Die preußischen Salven folgen einander rasch. Das erste Glied ist schon wie ein Kamm mit herausgebrochenen Zinken. Ignac, keiner ist mehr vor dir, nur Göldlein.

Göldlein schreit röchelnd: „Vorwärts! Drauf!", und mit raschem Schritt, gegen die Vorschriften, kühn und gleichgültig marschiert er mit Pistole und Säbel den Preußen entgegen. Wo ist unsere Reiterei, warum deckt sie uns nicht? Ignac Kollár zieht unterm Gürtel die Pistole hervor. Der Pallasch senkt sich zu Boden. Den heb ich mir für einen preußischen Blaurock auf. Für dich hab ich die beste Pistole aufgespart.

Göldlein schaut sich um. Sein faltiges Gesicht dreht sich Ignac zu und lächelt.

„Bravo! Bravo, Dragoner!"

Und er winkt mit dem Säbel zu den Preußen hin. Der Dragoner Ignac Kollár duckt sich hinter ihm. Da pfeifen mit einem Schlag mehrere Kugeln heran. Göldlein reißt es nach hinten um. Seine Hände in den weißen Handschuhen wollen die untergehende Sonne fassen. Sein weißer Rock färbt sich hinten rot von Blut. Ignac beißt die Zähne zusammen. Von der Seite läuft ein Leutnant herbei.

„Der General ist gefallen!"

Ignac schaut sich um. Hinter ihm in der Reihe ist eine Lücke, wie mit der Sense gemäht. Ignac wirft die verräterische Pistole weg und bemüht sich, sie mit dem Stiefel im Schnee zu verscharren. Der Schnee um den heißen Lauf zischt und taut. Zum Glück beugt sich der Leutnant über den General. Zum Leben erweckt er ihn nicht mehr. Göldleins Körper hat mich gerettet, fällt Ignac ein. Wäre der General etwas magerer, dann lebte ich nicht mehr, so wie die drei hinter mir nicht mehr leben. Und ich hab ihn . . .

Links und rechts sind die übrigen Abteilungen vorgegangen. Kugeln zischen. Der Dragoner Ignac liegt im Schnee, blickt auf die Blutflecke und streckt die Hand nach dem Kommandeur aus.

„Hilf mir, wir ziehen ihn nach hinten!" schreit der Leutnant.

Ich hebe den Kopf nicht mehr, denkt Ignac. Ich werde ihn höchstens im Kriechen ziehen.

Ich zieh dich, Göldlein. Bist nur noch ein Stück Fleisch. Wenn es nachts Frost gibt, wirst du gefrieren. Du bist schon ein Nichts, Göldlein. Ich aber lebe. Einmal habe auch ich dir einen Befehl gegeben, General. Brust und Rücken hat dir die schöne Frau gestreichelt. Zärtlicher als alle Sängerinnen und Schauspielerinnen. Gertiger als Žofka. Die knochige weiße Todesgöttin. Ein Apriltod.

Der Leutnant hebt nicht nur den Kopf, sondern auch die Brust. Sogleich sinkt er quer über Göldlein.

Die zwei werde ich nicht mehr ziehen, bei Gott, nicht mehr!

Fünf Stunden schon schießt die preußische Infanterie. Nach Römers Tod verweigern seine Husaren eine sechste Attacke. Sie wenden die Pferde und reiten ins nächste Dorf, um dort zu plündern. Neipperg bemüht sich vergebens, weitere Kavallerie einzusetzen.

Der preußische Marschall Schwerin sitzt auf einem Klappstuhl und sondiert mit dem Adjutanten die Lage. Die Reihen der preußischen Infanterie wogen durcheinander, die Soldaten laufen aus dem Glied, sie suchen Patronen. Die Munitionsvorräte gehen zu Ende. Das könnte die Katastrophe sein. Es darf kein Stillstand eintreten. Keine Pause.

„Die Infanterie vorwärts! Kapelle, Musik!"

Standarten richten sich auf, Trommeln wirbeln. Die preußische Infanterie und die Grenadiere nähern sich in ausgerichteten Reihen den Österreichern. Sie schießen nicht mehr, sondern rücken mit aufgepflanzten Seitengewehren Schritt um Schritt vorwärts.

In den zwei Formationen von armen Teufeln, die sich bei Mollwitz unaufhaltsam einander nähern, wissen alle, was in ein paar Minuten geschehen wird. Gut hat man sie das auf beiden Seiten gelehrt. Wenn sie sich dem Feind auf zehn Schritt genähert haben, wird einer der Offiziere brüllen: „Ins Gefecht!" Dann werden sie ganz nahe aneinandergeraten, die Bajonette müssen sie in Schulterhöhe halten, um mit einer eingeübten Bewegung die Brust des Feindes zu treffen, wenn möglich das Herz zu durchbohren.

„Auf, du Hund!"

Ein unbekannter Oberst stößt mit dem Degen den Dragoner Kollár an und drängt ihn in die nächste Reihe. Einem Toten mit ausgelaufenen Augen reißt er das Bajonett aus dem Leib und drückt es Ignac in die Hand. „Vorwärts!"

Die österreichische Infanterie marschiert mit aufgefüllten Reihen wie bei einer Militärparade vorwärts. Nur noch wenige Meter fehlen bis zu dem schicksalhaften Kommando.

Marschall Neipperg umklammert das Fernrohr, seine Hand zittert, das Bild hüpft. Nein, nein, ohne Reiterei, mit einer unterlegenen Infanterie ohne Kommandeur kann ich hier nichts riskieren. Diese Leute werde ich noch brauchen. Er winkt den Adjutanten zu sich.

„Zum Rückzug blasen! Schnell! Hast du nicht gehört?"

Über dem Schlachtfeld erschallt das bekannte Signal wie Engelstrompeten der Erlösung. Die Österreicher kehren auf Kommando den Preußen den Rücken zu. Die österreichischen Weißröcke laufen mit Freudengeschrei zurück nach Mollwitz. Dort erwarten sie schon die Verbindungsoffiziere. Sie lenken die gesamte zurückweichende Armee gegen Laugwitz und über die Brücke nach Süden gegen Grottkau.

Es ist drei Viertel acht Uhr abends. Im Schnee sind geblieben oder spurlos verschwunden 4328 Soldaten und 223 Offiziere der österreichischen Armee, 4659 preußische Soldaten und 190 preußische Offiziere.

An die Schwester Wilhelmine nach Bayreuth:

Ohlau, den 12. April 1741

Meine teuerste Schwester. – Ich habe die Genugtuung, Euer Liebden zu benachrichtigen, daß wir gestern die Österreicher total geschlagen haben. Sie haben mehr als 5000 Mann an Getöteten, Verwundeten und Gefangenen eingebüßt. Wir haben Prinz Friedrich, Bruder des Markgrafen Karl, General Schulenburg, Wartensleben von den Carabinieren und viele andere Offiziere verloren. Unsere Truppen taten Wunder, und der Erfolg beweist es. Es war eine der härtesten Schlachten, die seit Menschengedenken geschlagen wurden.

Ich bin überzeugt, daß Euer Liebden Teil an diesem Glücke nehmen, und daß Sie nicht an der zärtlichen Liebe zweifeln, mit welcher ich bin, meine teuerste Schwester – ganz der Ihre Frédéric

An den Bruder August Wilhelm:

Möge uns Gott vor einer weiteren blutigen Schlacht wie der bei Mollwitz bewahren. Mir blutet das Herz, wenn ich daran denke.

5

„Seine Hoheit und die Herren Minister erwarten Sie", meldete die Gräfin Fuchs.

Maria Theresia war außer Atem, ihre Wangen brannten.

„Wissen Sie, Fuchsin, was ich für Fortschritte mache?"

„Meine Teuerste, ich glaube, das Reiten übertreiben Sie. Und die unschickliche Kleidung!"

„Ich bin nicht schwanger", wehrte Maria Theresia ab. „Und Reitstunden nehme ich wegen der ungarischen Krönung. Ich darf mich dort nicht blamieren."

„Alles sollte man mit Maßen tun."

„Geben Sie mir etwas zur Jause."

Gierig machte sie sich über das Essen her. Als sie fertig war, fuhr sie sich mit den Fingern durch die zerzausten Haare.

„Ich kann gehen."

Die Hofdamen erschraken. „So? Majestät wollen sich gar nicht umkleiden?"

Maria Theresia trug unter dem Rock Reithosen und kleine sämischlederne Stiefel.

„Sie haben doch gesagt, die Minister erwarten mich, nicht wahr? Ich habe keine Zeit mehr."

Die alte Fuchs schlug nur die Hände zusammen.

Sie stürzte mit einem Lächeln herein wie der Frühlingswind.

„Ich grüße Sie, mein Teurer", wandte sie sich an ihren Mann. „Waren Sie heute nicht in Holič? . . . Seien Sie gegrüßt, meine Herren."

Kinský, Bartenstein und der Hofmarschall Herberstein verbeugten sich, ihre Gesichter hellten sich für einen Augenblick auf.

„Also, was haben wir Neues?"

Als erster ergriff Bartenstein das Wort. „Unangenehme Nachrichten aus Sachsen."

„Heraus damit!"

„Marschall Belle-Isle reist als persönlicher Gesandter des französischen Königs durch Europa. Er hat Berlin besucht und ist jetzt in Dresden."

„Worin sehen Sie eine Gefahr?"

„Der Herzog Belle-Isle ist ein eingefleischter Feind der Habsburger." Wie immer nahm der böhmische Kanzler Kinský kein Blatt vor den Mund. „Einer der Hetzer, die Frankreich in einen Krieg gegen uns treiben wollen. Unsere Mißerfolge in Schlesien haben ihm Trümpfe in die Hand gegeben. Er will Ludwig XV. und den Kardinal Fleury dazu überreden, sich mit Bayern gegen uns zusammenzuschließen."

„Preußen ist nach Mollwitz ein militärischer Faktor von Gewicht geworden", bemerkte Bartenstein.

Franz von Lothringen rutschte auf seinem Stuhl hin und her, meldete sich zu Wort.

„Als Voltaire in Lille die Nachricht von dem preußischen Sieg bei Mollwitz erhielt, ließ er die Premiere seines Stücks ‚Mahomet' unterbrechen. Das Publikum jubelte. Die öffentliche Meinung Frankreichs ist gegen uns."

„Ich pfeife auf die öffentliche Meinung Frankreichs, und noch weniger interessiert mich Voltaire mit seinen gottlosen Stücken."

„‚Mahomet' soll ein prochristliches Stück sein, gegen den Islam, gegen den religiösen Fanatismus . . .", wandte Franz ein.

Maria Theresia lief puterrot an. Sie versuchte, ihren Mann durch ein Lächeln zu entwaffnen. Dann wandte sie sich an Bartenstein: „Kehren wir zu Sachsen zurück. Das ist alles?"

„Nein, Euer Majestät. Von unseren Agenten haben wir unbestätigte Berichte, wonach der Marschall Belle-Isle in Dresden auch über . . . mhm . . . über die Teilung unserer Besitzungen verhandelt hat."

„Da bin ich aber gespannt."

„Preußen will Niederschlesien. Oberschlesien, das vorläufig noch in unserer Hand ist, haben sie Sachsen zugesprochen. Sachsen erhebt aber auch Ansprüche auf Mähren. Oder das östliche Böhmen mit Prag."

„Und was möchte unser lieber Karl Albert? Will er sich nicht am Raub beteiligen?"

„Gerade mit Bayern gibt es Unklarheiten. Karl Albert giert nach der böhmischen Krone, nach dem Besitz von ganz Böhmen und Mähren. Er erhebt auch Ansprüche auf Oberösterreich. Das alles läuft den sächsischen Interessen zuwider."

Maria Theresia schnaubte.

„Da sehen Sie, meine Herren. Ich habe das ganze Frühjahr in der Meinung gelebt, wir hätten in Dresden ehrenhafte Partner. Die Februarvereinbarungen über den Schutz der Pragmatischen Sanktion sind hinfällig. Sachsen hat sein Wort gebrochen, das es dem englischen Georg II. gegeben hat." Sie hob die Stimme. „In Dresden haben wir vereinbart, daß alle Mächte, vor allem England, Rußland und Österreich, Friedrich militärisch zur Achtung vor der Pragmatischen Sanktion zwingen sollen."

„Das war im Februar", sagte Kinský. „Jetzt haben wir Mai."

Maria Theresia trommelte mit den Fäusten auf den Tisch.

„Und das ist Ihnen egal, meine Herren?" platzte sie heraus. „Statt mir Mut zuzusprechen, statt mir zu helfen, kosten Sie meine Qual aus. Ja, so ist es."

Der böhmische Hofkanzler erhob sich geräuschvoll, wischte sich ungezogen die Nase mit dem spitzenbesetzten Ärmel.

„Ich kann ja gehen, wenn ich nicht gebraucht werde", knurrte er.

Der Sessel hörte auf zu knarren. Maria Theresia hob den Kopf.

„Bleiben Sie, Kinský. Verzeihen Sie, ich hab's nicht so gemeint. Es geht doch um Böhmen!"

„Die Einheit der Länder der böhmischen Krone ist für mich Gesetz. Ich bin nicht bereit, bei ihrer Teilung zu assistieren. Majestät wissen das genau." Kinský setzte sich wieder.

„Das wollte ich hören. Ich danke Ihnen, Kinský." Gedankenvoll betrachtete sie ihre Hände auf dem Ebenholztisch mit den silbernen Intarsien, zog sie dann schnell zurück und versteckte sie unter dem Tisch. „Wir sind in ständiger Gefahr. Wenn der Marschall Belle-Isle eine Koalition gegen uns zusammenbringt und sich auch Bayern auf uns stürzt, dann steht unser aller Zukunft auf dem Spiel. Ich hoffe, wir alle sind uns dessen bewußt. Und deshalb ist es notwendig, daß Sie meine Verhandlungen mit den Ungarn erleichtern. Ungarn und seine künftige Haltung entscheidet über Sein oder Nichtsein." Sie musterte die Männer auf der anderen Seite des Tisches. Ihre Wangen flammten immer noch von der Anstrengung der Reitstunde. „Können Sie mir gütigst Ihren hartnäckigen Widerstand gegen die Beschlüsse des ungarischen Reichstags erklären, die ich zu bestätigen gedenke?"

Sie warteten ab, wer als erster sprechen würde. Herberstein begann: „Die ungarischen Stände maßen sich Rechte an, die nur Eurer Majestät zustehen. Alle diese unsinnigen Beschlüsse über einen Palatin, einen Vizekönig mit riesigen Vollmachten, beschneiden die Rechte Eurer Majestät als ungarischer Königin." Er kramte in den Papieren, die vor ihm auf dem Tisch lagen. „Ich zitiere: Die Vollmachten des Palatin, des kroatischen Ban und des Primas von Ungarn werden nicht beschränkt. Diese Ämter sind ausschließlich Angehörigen der natio Hungarica vorbehalten. – Damit sägen wir doch den Ast ab, auf dem wir sitzen!"

„Die ungarischen Herren verhalten sich, als wäre Ungarn ein unabhängiges Königreich, ein gleichberechtigter Partner und nicht ein rebellierendes Land, das in den Zeiten Ihres erlauchten Vaters, des hochseligen Kaisers, geschlagen wurde. Der Friede von Szatmár . . ."

„Habe ich schon gelesen, Bartenstein! Wir sind jetzt nicht am Beginn des Jahrhunderts. Der ungarische Reichstag hat uns zehntausend Soldaten bewilligt! Was sind wir ohne Ungarn? Karl Albert streckt die Hand nach der böhmischen Krone aus. Wollen Sie zulassen, daß ich nicht mehr bin als die Herrscherin Wiens und seiner Vorstädte, meine Herren?"

Franz von Lothringen versuchte seine Gemahlin zu beruhigen.

„Alle erkennen wir die taktische Notwendigkeit an, die ungarischen Magnaten zu gewinnen, ihre Regimenter und ihre Finanzhilfe. Die Herren Minister weisen nur auf einige Beschlüsse des Preßburger Reichstags hin, die unsere Rechte schmälern. Allein schon durch die Tatsache, daß wir hier über Ungarn verhandeln, verstoßen wir gegen die Beschlüsse des Reichstags. Er hat festgesetzt, daß ausschließlich der König im Verein mit den ungarischen Würdenträgern über Ungarn zu entscheiden hat. Es heißt sogar: Der König hört sich den Rat des Primas von Ungarn, des Ban von Kroatien und anderer kirchlicher und weltlicher Würdenträger auch in Angelegenheiten an, die in die Kompetenz des Königs fallen."

„Absurd!"

„Oder: Er respektiert die Gesetzgebung der ungarischen königlichen Hofkanzlei und des Statthalterrats und läßt nicht zu, daß diese Institutionen anderen Ämtern untergeordnet werden ... Das ist doch die Lostrennung von Wien! Und die Finanzen: Der König garantiert die Selbständigkeit der ungarischen königlichen Hofkammer, der die Verwaltung der ungarischen Bergwerke, Salzsiedereien und des weiteren Ärars obliegt."

„Wir verlieren die Kontrolle über das Gold und Silber Oberungarns!" rief Herberstein empört. „Die Finanzen des Hofes, für die ich verantwortlich bin ..."

„Ich an Ihrer Stelle würde schweigen, Graf. Ich werde den Familienschmuck verpfänden müssen, um die benötigten Gelder aufzubringen!"

Die Minister gaben nicht auf. Selbst Franz von Lothringen blieb hartnäckig. Er sagte: „Sie können doch keine Beschlüsse unterzeichnen, laut denen die Donationen des Palatins auch dann Rechtskraft erlangen, wenn die Königin sie nicht genehmigt! Sie können sich nicht verpflichten, zur Festsetzung der Steuern und Militärabgaben den Reichstag einzuberufen. Unser Militärapparat muß elastisch bleiben."

„Wie wahr, Hoheit." Maria Theresia setzte ein ironisches Lächeln auf. „Wann werden Sie begreifen, daß ich die wirkliche Königin Ungarns bin und sein will? Ich werde die Gesetze, die Bräuche, die Freiheiten Ungarns achten. Die Ungarn werden mir aus freiem Willen helfen, nicht gezwungen. Übrigens, einige Beschlüsse des Reichstags könnten auch für uns beispielhaft sein. Sie garantieren die persönliche Freiheit des Bürgers. Anonyme Anzeigen werden nicht berücksichtigt. Wenn der königliche Prokurator jemanden anklagt, muß er den Namen des Klägers anführen. Die Militärbefehlshaber haben keine Vollmacht über zivile Stellen. Die Militärbefehlshaber dürfen weder Steuern noch Mauten erheben."

Die Greise lächelten spöttisch. „Phrasen!" sagte Kinský. „Majestät, glauben Sie, Pálffys Verwalter werden mit den Bauern anders umgehen als unsere?"

„Schade, daß wir ihnen kein gutes Beispiel geben, Kinský. Die Sehnsucht nach Würde und Freiheit sollte uns nicht lächerlich erscheinen, nur weil sie aus Ungarn stammt. Offenbar fassen unsere Militärbefehlshaber die Ungarn nicht mit Glacéhandschuhen an, sonst hätte der ungarische Reichstag nicht so viele Korrekturmaßnahmen erzwungen. Ich will nicht, daß man meine Herrschaft in unseren Ländern mit dem Bajonett identifiziert. Deshalb habe ich dem ungarischen Reichstag versprochen, die Grenzgebiete, das Temesvarer Banat, Syrmien und das untere Slawonien, demnächst einer Zivilverwaltung zu unterstellen. Ich habe zugestimmt, daß sich die Militärkommandeure nicht wie Räuber aufführen dürfen, daß sie keine Steuern eintreiben und keine Requirierungen vornehmen dürfen. Fortan werden ausschließlich dazu beauftragte Kommissare die Militärsteuer in Ungarn eintreiben, und das werden ausschließlich Ungarn sein. Diese Kommissare werden auch die

Werbungen leiten. Sollen sie sich selber damit abquälen. Sollen sie es gerechter tun als unsere Kommandeure."

„Wenn es ihnen gelingt."

„Warum an ihrem guten Willen zweifeln? Wenn sie es schlecht machen, wird die Schande auf ihr Haupt fallen und nicht auf unseres." Sie raffte die Akten zusammen. Draußen dämmerte es. „Es ist Zeit, uns der Familie zu widmen, was meinen die Herren?" Sie erhob sich. „Ich danke Ihnen für Ihre Ratschläge. Nehmen Sie bitte zur Kenntnis, daß ich die meisten Beschlüsse des Preßburger Reichstags bereits unterzeichnet habe und daß sie damit Gesetz geworden sind. Einige werde ich noch vor der Krönung in Preßburg besprechen." Sie zwinkerte schalkhaft. „Und dann nehme ich auch noch ein paar Unterrichtsstunden in der spanischen Hofreitschule, damit ich auf dem Krönungshügel nicht vom Pferd falle. Ich hoffe, Sie alle freuen sich auf die Krönung, meine Herren!"

Vor dem Abendessen ließ sie sich die Schatzkammer aufschließen. Sie entnahm ihr einen Dolch mit goldenem Griff und eingesetzten Diamanten, das Werk eines spanischen Meisters. Sie befahl einem Kammerherrn, aus den kaiserlichen Ställen das schönste Pferd auszuwählen. In eine reichverzierte Kassette legte sie den Dolch und dazu ein eigenhändiges Schreiben an den obersten ungarischen Richter und Truppenbefehlshaber, den Grafen János Pálffy:

Mein lieber Pálffy,

ich sende Ihnen ein kleines Geschenk und dieses Pferd, das nur mein treuester Untertan satteln darf.

Ihre Maria Theresia

Dann ging sie zum Abendessen. Danach trank sie wie gewöhnlich mit ihrem Gemahl Tee, den sie selber einschenkte. Sie lächelte. Angesichts ihrer Freude erhellte sich auch das verschnupfte Gesicht ihres Gatten.

6

In der letzten Juniwoche des Jahres 1741 legte in Wien eine mit roten und grünen Flaggen geschmückte Flottille ab. Sie glitt unterm Devíner Felsen entlang. Die purpurne Sonne beleuchtete die Mauern der Preßburger Burg und den mächtigen Westturm mit den Krönungskleinodien.

Die Schiffe legten nach einem komplizierten Manöver an der Wiese unterhalb des Burghügels an. Auf dem Anger ein großes Zelt mit Flaggen und bunten Bändern. Am Rande der Wiese Massen von Neugierigen aus Preßburg und allen slowakischen und ungarischen Komitaten. Vor ihnen die Fahnen der Fußtruppen und Husaren. Zusammen mit Maria Theresia und ihrem Gemahl schickten sich auch einige österreichische und böhmische Würdenträger an, die Schiffe zu verlassen, aber Posten in roten Pelzwämsern geboten ihnen energisch Halt. Laut der Krönungsordnung mußten der König und die Königin als erste den Boden des Königreichs betreten.

Das Herrscherpaar trug Reisekleidung: Maria Theresia ein leichtes stahlgraues Kleid mit reichen Spitzen und einem durchgeschwitzten hohen weißen Kragen, die Haare frei fallend; Franz, mit strahlendweißer Perücke, einem dunkelblauen Rock mit Spitzenhemd, drei Orden auf der Brust.

Der Primas begrüßte das Herrscherpaar und geleitete es in das Zelt, wo es heiß und stickig war. Im Vorraum waren zwei Vorhänge angebracht, eine Preßburger Dame schob vor Maria Theresia den einen Vorhang zur Seite, Franz wurde in eine zweite Kammer geführt. Fortan durfte er sich offiziell nicht mehr an der Seite seiner Gemahlin zeigen. Maria Theresia wird König von Ungarn sein.

Maria Theresia stürzte an die Porzellanwaschschüssel und benetzte ihr Gesicht. Das Zeltfenster ließ sich nicht öffnen. Hinter den Leinwandwänden traten Tausende

Soldaten von einem Bein aufs andere. Die Kammerfrauen machten sich gemeinsam mit den Preßburger Damen ans Werk. Sie entkleideten Maria Theresia, wuschen ihr den Rücken, parfümierten sie und legten ihr das Krönungsgewand an, ein schönes, aber schweres Kleid. Das Mieder mit Rubinen, Smaragden und Brillanten besetzt. Maria Theresia atmete mühsam.

Freudig erregt trat sie dann aus dem Zelt an die frische Luft. Die goldenen Haare glänzten, der entblößte Brustansatz schimmerte. Hunderte winzige Sonnen strahlten auf dem Busen und dem schlanken Hals. Tausende Soldaten erstarrten. Die ungarischen Herren kniffen die Augen zusammen.

„Domina et rex noster!" begrüßte sie der Palatin, und der Ruf verbreitete sich über das ganze Gelände.

Der Primas hielt eine lateinische Ansprache. Fortan sind wir in einem lateinischen Königreich. Selbst das Tafelwasser muß man auf lateinisch verlangen.

Sie antwortete mit einigen lateinischen Sätzen. Man vernahm ihre ein wenig hohe und scharfe Stimme. (Es klappt. Wo ist Franz? Ja, dort im Hintergrund, zwischen den Hofdamen.)

„Unsere Herrin und unser König!"

Man geleitete sie zu der mit Gold verzierten Kutsche, die einem Schlitten ähnelte. Pferdegetrappel, Staub, Hurra. In diesem Land schreien alle, sie lachen und gestikulieren.

Sie fühlte sich allein in diesem Wirrwarr. An den Stadtmauern entlang fuhr man sie durch das Wiener Tor auf die Burg hoch.

Franz ertrug es nur schwer, daß er so beiseite geschoben wurde. Mit Pálffy hatte man sich über so manches einigen können, aber von einem Mitregenten wollte der Magnat nichts hören. Vergeblich hatten die österreichischen Minister Franz aufgestachelt. Sie fühlten sich unwohl in Preßburg, und Franz war ihnen unterlegen.

Maria Theresia stand stundenlang fest geschnürt in

dem Krönungsgewand an einem Rokokotischchen, die Hand auf einem roten Kissen. Der Preßburger Maler Daniel Schmidelli, Absolvent der Wiener Akademie, mußte sich die Krönungskleinodien dazudenken und sie nach den Skizzen malen. Lebendig hatte er nur die Königin zur Verfügung, und das stets in Anwesenheit ihres Gemahls, Bartensteins, Pálffys, des kleinen Tarouca oder der alten Fuchs. Schmidelli mußte sich beeilen und mühte sich weidlich ab. Der Tag der Krönung naht, wird er es in den zwei Tagen schaffen? Die Kunst der Schneider hatte sich gegen ihn verschworen. Der weite grünliche Rock mit den Hunderten von eingewebten Ornamenten läßt sich noch meistern. Er wird die Muster skizzieren, das übrige im Atelier zu Ende malen. Aber dieses Mieder? Reihen von Perlen hängen wie Tropfen herab, ein schwarzes Schnürleibchen, um den Rand des Ausschnitts Spitzen, auf den Bändern Edelsteine. Die Ärmel aus schwerer Spitze. Um die Schultern der Mantel mit grellrotem Futter. Das Gesicht wird er extra malen. Er traute es sich zu, aber er war aufgeregt. Maria Theresia war es ebenfalls. Wie viele Male wird sie so vor Malern und Medailleuren posieren? Eine gute Übung. Konzentriere dich! Du wirst lernen, ein zartes Lächeln aufzusetzen, nicht die Zähne zu zeigen, nur sachte die Lippen zu öffnen. Die Würde selber, obwohl ich so jung bin. Und die Locken soll mir Schmidelli bis in den Ausschnitt hineinmalen. Warum habe ich im Spiegel ein Doppelkinn? Was soll ich mit dem Hals tun?

Es waren Zeremonien, aber sie waren notwendig. Auf der Burg versammelten sich beide Häuser des Reichstags. Sie erlaubten der Königin, an der Wahl des Palatins teilzunehmen. Natürlich wählten sie Pálffy. Hätten sie ihn jedoch nicht gewählt und einen anderen erkoren, hätte Maria Theresia auch nichts ändern können. Reichstag ist Reichstag. Wie kann ich mir erlauben, mit ihnen nicht auf gutem Fuß zu stehen?

Sie schaute sie an, ließ sie sich vorstellen. Sie nannten

flüsternd ihren Rang und Namen. Merken konnte sie sich nur einige. Jetzt werde ich ein paar Tage mit ihnen beisammen sein. Sie sehen verbissen und streng aus. So viele muß man überzeugen?

Sie saßen im Saal vor ihr, aufgereiht nach altem Brauch. Zuvörderst die Magnaten des Reichstags. Der Palatin Pálffy. Rechts von ihm Purpur und violette Stolen, die Erzbischöfe von Esztergom und Kalocsa, alle übrigen katholischen Bischöfe, die Ordensprälaten, die Erzäbte der Klöster, der Zagreber Großpropst, der Propst von Großwardein, die Generalvikare der Prämonstratenser, der Pauliner und der übrigen Orden.

Links von Pálffy die höchsten weltlichen Würdenträger des Oberhauses: der höchste Landesrichter, der kroatische Ban, der oberste Schatzmeister, die Barone nach dem Alter ihres Geschlechts, der Preßburger Obergespan und Burghauptmann, die zwei Kronwächter und dahinter die Gespane – und Gespanschaften gibt es neunundvierzig. Dann noch die Erbmagnaten, der Metropolit von Karlowitz, die kroatischen Magnaten, die orthodoxen Bischöfe.

Das also sind die hundert Männer, die über Sein oder Nichtsein Ungarns entscheiden. Auch über Sein und Nichtsein der Könige, derer vor allem. Sie arbeiten nicht. Haben hohe Würden inne. Repräsentieren. Für sie arbeiten Kanzleien, Kurien, Kapitel, Untergespane. Wenn wir ihren Besitz zusammenrechneten . . . Nein. Selbst einem Leibniz würde sich alles im Kopf drehen. Sie beherrschen, schätze ich, drei Viertel des Königreichs, vielleicht noch mehr. Was bin ich gegen sie? Und dennoch hängen ihre Würden auch von mir ab.

Auf der anderen Seite des Saals sitzt das Unterhaus. Ein weniger imposantes Bild. Grauer. Weniger goldene Schnallen, bescheidenere Pelzwämser, manche davon schäbig, aber sorgfältig gebürstet, mit Essig blankgerieben. Einige sehen eingeschüchtert aus, der letzte Reichstag fand vor langer Zeit statt, da waren viele der Abgeordneten noch gar nicht auf der Welt. Sie haben von den

Stuhlversammlungen Instruktionen erhalten, wie sie abstimmen sollen. Zuerst werden sie schauen, was die höchsten Herren tun, wofür der Erzbischof, der Großpropst, der Obergespan die Hand heben. Erst dann werden sie sich entscheiden. Nach deren Vorbild.

Dem Unterhaus sitzt der königliche Personal vor und in seiner Abwesenheit der Vizepalatin. In strengen dunklen Gewändern sitzen hier alle Richter der königlichen Tafel, die Protonotare und die vom König und dem Primas ernannten Geschworenen. Neben ihnen der kroatische Protonotar und zwei kroatische Abgeordnete. Hinter ihnen die Ablegaten der Domkapitel, die Ordensäbte und Pröpste, die Ablegaten aller Komitate (je zwei für jedes Komitat), die Abgeordneten der freien königlichen Städte (für jede größere Stadt zwei, für kleinere einer). Zum Schluß die Vertreter der freien Distrikte mit den alten formellen Privilegien aus dem Mittelalter: aus Turopolie, aus dem Dreierdistrikt der Jazygen und Kumanen, aus den sechs Orten des Heiduckendistrikts und aus den Küstenstädten.

Für das Unterhaus spricht der königliche Personal Baron Anton Grassalkovich. Er führt den Vorsitz bei der königlichen Tafel, dem obersten Berufungsgericht Ungarns in allen Zivil- und Strafsachen, auch bei Hochverrat. Ein angenehmer Vierziger mit eiserner Ausdauer. Dem Vernehmen nach ein ehemaliger Bettelknabe, in Klöstern aufgezogen, heute einer der reichsten Männer Ungarns. Er bewundert mich und schmeichelt mir: „Für Ihre Schönheit, Majestät, für Ihr Glück geruhen Sie auch jene Beschlüsse hinzunehmen, die Ihnen jetzt unangenehm erscheinen. Das wird Ihnen hundertfache Zinsen bringen. Wir geben Ihnen zehntausend Soldaten. Wenn der Reichstag auseinandergegangen ist, beginnt die Mobilisierung der Fuß- und Husarenregimenter. Für uns und unsere Herrin und Königin. Gegen Friedrich."

„Aber die Frage der Mitregentschaft meines Gemahls . . ."

„Dafür ist jetzt nicht die passende Zeit, Majestät. Glauben Sie mir. Erst später, nach der Krönung", hat Grassalkovich mit einem breiten Lächeln gesagt.

Was sollte ich tun? Ich gab nach. Unterschrieb alles.

Alle waren von Freude wie trunken. Sie jubelten. Hatten die neue Königin an die Wand gedrückt. Sie glauben, sie haben mich überspielt.

Oder habe ich sie überspielt?

Gut habe ich agiert, aber es war anstrengend. Der längste Tag meines Lebens.

Die Anhöhe vor dem Sankt-Martins-Dom präsentiert sich in zwei Farben: auf der einen Seite schwarz wie bei einem Begräbnis, auf der anderen Seite buntgescheckt, mit vorherrschendem Rot. Auf der einen Seite stehen die Würdenträger der österreichischen Erbländer in strenger schwarzer Kleidung gemäß der spanischen Etikette. Düsteren Blicks und reserviert. Auf der anderen Seite die ungarischen und kroatischen Stände, besonders bunt gekleidet die Magyaren in Pelzwämsern mit goldener Verbrämung, in Dolmanen mit Zobelfell, auf den Köpfen Reiherfedern mit Edelsteinen. Erwartungsvolle, aufgeregte Gesichter.

Über einen roten Teppich führt man Maria Theresia zwischen den zwei Lagern hindurch zur Domtreppe. In den Fenstern dem Dom gegenüber drängen sich die Menschen Kopf an Kopf, geschäftstüchtige Bürger verlangen Miete für den seltenen Anblick.

Kaum hat sie das Spalier durchschritten, beginnt ein Geschiebe und Gestoße, Schimpfworte fliegen hin und her. Ohne Rücksicht auf die Etikette drängen sich beide Lager mit aller Macht in den Dom, stoßen einander beiseite und schwingen drohend die Fäuste. (So eine Schande! Sie verderben mir den schönsten Tag meines Lebens.)

Auf der Vortreppe begrüßt sie der hagere greise Imrich Esterházy, der Primas. Die Orgel braust, der Dom erzittert in den schlanken Pfeilern. In der Sakristei legt man Maria Theresia den ausgeblichenen Krönungsmantel im byzantinischen Stil mit den Abbildern von Heiligen um die Schultern. Laut der Tradition ist es der Mantel des heiligen Stephan. Er riecht nach Naphthalin, ist zerfranst und beschädigt. Vor allem unerträglich schwer, für starke Männer bestimmt, nicht aber für eine Frau. Gedränge, Unruhe, Befehle, Mißverständnisse. Vor der Sakristei sind an Stangen die Landeswappen befestigt. Herolde werden sie an der Spitze des Zuges tragen. Zuerst das Wappen des historischen Regnum Hungariae: weißrote Streifen und das Doppelkreuz auf dem grünen Dreierhügel, das Symbol der ungarischen Ebene und der Flüsse sowie der Slawen im Karpatenbogen. Dann das rot-weiße Schachbrett Kroatiens; die fließende Kelter Slawoniens; die drei gekrönten Löwenhäupter auf blauem Feld – das Wappen Dalmatiens; die sieben roten Burgen auf goldenem Feld und im oberen Teil der schwarze Adler mit Sonne und Mond – das Wappen Siebenbürgens; daneben der Löwe der Kumanen. Im Zug werden auch die Wappen der Länder mitgetragen, die, wenn auch nur kurze Zeit im Mittelalter, von ungarischen Königen beherrscht wurden. Adler, Löwen, Stierköpfe, Kronen, Streifen.

Der Palatin Pálffy trägt auf einem roten Samtkissen die Stephanskrone, der Oberste Landesrichter das Zepter, der kroatische Ban den Reichsapfel, der Hauptmundschenk das Königsschwert.

Die Menschenmenge gerät in Bewegung. Der Erzbischof von Kalocza geleitet die Königin herein und läßt sie auf einem erhöhten Sessel vor dem Altar Platz nehmen. Links zwischen zwei schmalen Fenstern steht der Thron mit dem roten Baldachin. Darauf darf sie sich erst nach der Krönung niederlassen. Der aus Blei gegossene heilige Martin des Bildhauers Donner hoch zu Roß und die zwei überlebensgroßen Engel schauen vom Altar herab. Rechts ist eine kleine Nische, dort sitzt der neugierige Franz.

Die Orgel verstummt. Der Erzbischof von Kalocsa

tritt vor den Primas und sagt auf ungarisch: „Ich fordere Eminenz auf, den erwählten König zu krönen."

„Ist er würdig?" fragt der Erzbischof von Esztergom.

„Er ist es."

Der Primas zählt mit zitternder Stimme auf lateinisch die königlichen Pflichten auf. Die Krönungskleinodien liegen auf dem Altar. Es folgt der Eid. Maria Theresia küßt die Kleinodien, legt die Hände auf das Evangelium und spricht den Text des Eides De deservanda iustitia et pace. Sie hat die Pflicht, Gerechtigkeit und Friede zu wahren. Der Erzbischof von Kalocsa führt sie hinter den Altar. Junge Priester knöpfen mit zitternden Händen den Krönungsmantel auf und nehmen ihn ihr ab. Die weiße Haut der jungen Frau glänzt auf. Den König muß man mit Öl salben, er muß den rechten Unterarm und ein Stück des Rückens zwischen den Schulterblättern entblößen. Das Krönungsgewand trägt diesem Brauch Rechnung. Im Licht der Kerzen und der Vitragen tritt die junge Frau mit dem unbedeckten ovalen Ausschnitt, den entblößten Armen und dem nackten Rücken hinter dem Altar hervor. Ihr ist entsetzlich zumute, sie spürt die entkleidenden Blicke der angeheiterten Würdenträger. Der alte Esterházy netzt den kleinen Finger mit Täuflingsöl. Der gebogene Finger berührt die Haut der Königin an Ellenbogen und Rücken. Rasch zurück hinter den Altar, wieder der Krönungsmantel, dann kann sie für eine Weile im Sessel Platz nehmen.

Nach dem Verlesen des Evangeliums nimmt der Oberstkämmerer das Schwert vom Altar und gürtet mit ihm die Königin. Maria Theresia ist wieder um einige Pfund schwerer. (Jetzt bloß nicht versagen!) Die junge Frau muß sich der Menge zuwenden, das schwere Schwert aus der Scheide ziehen und es nach beiden Seiten schwingen, als Symbol dafür, daß sie den Glauben und das Vaterland schützen wird. Nichts haben sie ihr erlassen. Ganz rot ist sie vor Anstrengung. Beim Ausholen verliert sie fast das Gleichgewicht, hält sich kaum auf den Beinen. Inzwischen ist bereits der Palatin zum Primas auf die höchste Stufe des Hauptaltars getreten und hebt die Krone empor. Die Orgel verstummt. Pálffy ruft der Menge zu: „Wollt ihr, daß die hier anwesende Maria Theresia zum König des Landes gekrönt wird?“

„Wir wollen es!“ rufen alle.

Diese Zeremonie wird dreimal wiederholt.

Maria Theresia kniet bereits, der Palatin setzt ihr gemeinsam mit dem Primas die Krone aufs Haupt. Die blonden Haare verschwinden unter der eisernen Krone mit den byzantinischen Emaillen und den Edelsteinen. (Jetzt ist bis zum Abend dieses schwere Ding mein Los.) In die eine Hand legen sie ihr das Zepter, in die andere den Reichsapfel, und so setzt der Primas sie auf den Thron links vom Altar.

„Vivat rex!“*

„Vivat rex!“

Kanonenschüsse. Te Deum laudamus.** Der österreichischen Erzherzogin stürzen die Tränen aus den Augen. Königin sein!

Jetzt noch die Huldigung der Stände. Die Leute stoßen einander in dem nun einsetzenden Gedränge. Die fleischige Hand der jungen Frau berühren, sich von unten die majestätische Gestalt anschauen. Ein Defilee von Mündern, eine Mischung von Duft und Gestank.

Draußen brennt die Junisonne hernieder. Mit der Krone auf dem Haupt balanciert die Königin zu Fuß durch die Gassen des alten Preßburg zur Franziskanerkirche. Auf dem Rathausturm Trompeter. Ein kurzer Halt bei der Mariensäule. Maria Theresia atmet auf. Gedränge, Geschrei. In die Luft fliegen goldene und silberne Krönungspfennige. Freigebige Herren werfen sie unter die Menge, die Leute stürzen sich aufs Pflaster, grapschen nach dem Geld, raufen sich darum, Getretene stöhnen.

Die Franziskanerkirche ist kühl und dunkel, nur der Raum links vom Altar ist von Kerzen erhellt. Maria The-

* (lat.) Hoch lebe der König!

** (lat.) Dich, Gott, loben wir.

resia kann sich endlich setzen. Der alte Pálffy stellt ihr die Kandidaten vor, und die Königin klopft fünfundvierzig Männern mit dem Schwert je dreimal auf die Schulter, vom klapprigen Greis bis zum schmucken Jüngling. Die Berührung des Schwertes soll aus ihnen Ritter machen, genauer gesagt, Standespersonen mit Besitz und Selbstbewußtsein. Was wird in diesen Männern außer der Erinnerung an das schöne Frauengesicht lebendig bleiben?

Der Tag ist noch immer nicht zu Ende. Die Königin wird, wieder zu Fuß, an den Rand des Marktplatzes zu der neuen Kirche und zum Kloster der Barmherzigen Brüder geführt. Sie besteigt eine Tribüne. Das frische Holz duftet. Edelleute und Bischöfe hoch zu Roß, um besser sehen zu können, wie die Österreicherin ihre Privilegien und Freiheiten beschwören wird. Den König haben wir gekrönt, jetzt kommt die Gegenleistung. Man geleitet sie auf die höchste Stufe. Der ganze Platz sieht sie. Der Primas steht hinter ihr. Alles, was sie vor dem Reichstag unterschrieben hat, wiederholt sie jetzt auf lateinisch vor allen Anwesenden. Das hören auch die gemeinen Soldaten, die Offiziere, die Preßburger Winzer, Schuhmacher, Schmiede, Marktweiber, Schankwirtinnen. Da siehst du's, unser Täubchen, unsere kleine Königin, sie haben dich an die Wand gedrückt, die ewigen Freiheiten der Herren sagst du uns auf, gegen dich und gegen uns. Wieder nur für die einen alles. Als wäre Ungarn einzig und allein Andrássy, Batthyány, Erdödy, Esterházy, Pálffy . . . So ist es, Teure, die Krone ist schwer.

„Vivat rex! Vivat rex! Vivat rex!"

Jetzt stecken sie sie schon in die Kutsche. An der Stadtmauer entlang schaukelt die goldene Karosse wie eine Nußschale. Die Herren zu Pferde, von oben schauen sie auf die Preßburger und Wiener herab, die sich drängen, um die Herrscherin zu sehen. Die Menge bekommt alles: Krönungspfennige, den Duft der Damen, den Schweiß der Herren, die Furze der Pferde und die Pferdeäpfel unter den spitzenbedeckten Hintern.

Noch eine letzte Leibesübung. Am Ufer der Donau, wo die Fähre auf die andere Seite übersetzt, ist der Krönungshügel aufgeschüttet. Den königlich geschmückten Braunen halten zwei Husaren fest. Mit dem Schwert in der Hand und der Krone auf dem Haupt steigt Maria Theresia vorsichtig aus der Kutsche. Der eiserne Reifen sitzt tief auf dem Frauenkopf, preßt die goldblonden Haare zusammen. Ein kurzes Zögern. Man setzt Maria Theresia aufs Pferd. (Wird es mir gelingen?) Sie drückt dem Pferd die Sporen in die Weichen, zieht das Schwert aus der Scheide. Jetzt auf den Hügel reiten, mit den Sporen das Pferd zum Stehen bringen, das Schwert zuerst zur Donau schwingen, dann in die übrigen Himmelsrichtungen. Dabei nicht herunterfallen. Maria Theresia, rot wie ein Krebs, schwer atmend, aber mit dem angelernten Lächeln auf dem Gesicht, meistert fehlerfrei die schwerste Nummer der Preßburger Krönung. Erleichtert trabt sie vom Hügel herab, reicht das Schwert dem ihr zunächst stehenden Pálffy, alle klatschen Beifall.

Im Triumphzug durch die Stadt. Am Fischtor die holzgezimmerte Bühne mit Megnottis Operngesellschaft. Eine Oper von Pergolesi. Die Delegierten freuen sich auf den Abend, auf die Sänger und Sängerinnen. Neugierig sind sie besonders auf die Kastraten. Die Türme Preßburgs. Die Kutsche biegt schon oben zur Burg ein. Ein festliches Mittagsmahl.

Maria Theresia sieht ihren Mann wieder und darf neben ihm sitzen. Auf dem Tisch vor ihr, auf dem Batisttischtuch, zwischen Truthähnen, Rehrücken, Pasteten, Wiesen grünen Salats und Rotkrauts liegen die Krone, das Zepter und der Reichsapfel. Rechts die ungarischen Herren. An alles erinnern sie sie, nichts vergessen sie. Die Österreicher schlucken beklommen. Nicht einmal der Wein aus Preßburg, Bösing und Modra löst ihnen die Zunge.

Der englische Gesandte, Sir Thomas Robinson, schrieb über diesen Tag aus Preßburg nach London:

„Die Königin ist die verkörperte Anmut! Als sie das Schwert erhob, um die vier Teile der Welt herauszufordern, sah man wohl, sie bedurfte nicht dieser Waffe noch einer anderen, um die Herzen derer zu erobern, die sich ihr nahen. Der ehrwürdige Mantel des heiligen Stephan stand ihr so gut wie die reichste Kleidung."

Der gleiche Sir Thomas wird sie ein paar Tage später hier auf der Burg zu überreden versuchen, den Rat des Königs Georg II. zu befolgen und auf eine Kompromißlösung einzugehen, nämlich auf ganz Niederschlesien zu verzichten. Maria Theresia wird schreien, sie werden sich streiten. Schon hat sie sich das Abc des Regierens angeeignet.

Adam Kollár betrachtete voller Bitterkeit die Pelzröcke, die Pferde, die Reiherfedern, ihn betäubte das Hufgestampf der Pferde, die Vivatrufe. Er faßte Maximilian Hell unter, sie wanderten am Donauufer entlang.

„Wessen Königin ist das, Max? Die Königin des Adels", sagte ergrimmt der junge Jesuit. „Sie haben sie mit einer undurchdringlichen Mauer umgeben. Ist das vielleicht das wahre Ungarn, das Vaterland der Magyaren, Slowaken, Kroaten, Deutschen, Serben, Walachen? Kann man aus den von Adligen aller Komitate überfüllten Straßen Preßburgs das wahre Gesicht des Landes herauslesen?" Er blickte hinauf zur Burg. „Es stimmt, ich bete für diese junge Frau, sie möge weise und glücklich herrschen. Das Fest freute mich. Etwas jedoch fehlt mir. Schau auf die Burg. War sie nicht einst Sitz der Könige von Großmähren? Wo sind bei der heutigen Krönung die uralten Symbole unserer Ahnen geblieben? Ungarn ist achthundert Jahre lang nicht nur das Werk des ungarischen Adels, sondern auch der Slowaken gewesen. Sie haben das heutige Oberungarn und Pannonien bewohnt, bevor die Magyaren, die deutschen Kolonisten, die tschechischen Hussiten kamen. Ungarn ist nicht nur ein Königreich der Arpaden, sondern auch der tschechischen, französischen, neapolitanischen, polnischen und österreichischen Herrschergeschlechter! Wie viele ungarische Königinnen kamen aus dem Heiligen Römischen Reich, aus Byzanz, aus der Kiewer Rus! Warum also fragt der Erzbischof von Kalocsa bei der Krönung nur auf ungarisch, ob der König der Krone würdig sei?"

Hell lächelte.

„Ich schätze, das beruht auf den alten Traditionen und Zeremonien, lieber Adam."

„Dann sind sie ungenau. Sie entsprechen nicht der historischen Wahrheit, lieber Freund. Was ist vom Beitrag der Slawen zum gemeinsamen Vaterland in den Zeremonien geblieben? Wohl nur das apostolische Kreuz, das die slawischen Glaubensverkünder aus Byzanz den Fürsten Rastislav und Svätopluk gebracht haben."

„Du quälst dich unnütz. Darauf sollten die bedeutendsten Köpfe unter deinen Slowaken hinweisen. Bekanntlich gibt es aber keinen einflußreichen slowakischen Adel mehr. Zumindest bekennt er sich nicht zu seiner slowakischen Herkunft."

„Das betrübt mich ja gerade. Du hast recht. Es gibt keinen slowakischen Adel. Er ist beim Untergang des Großmährischen Reiches mit untergegangen. Ist in den jahrhundertelangen Kämpfen für die ungarischen Könige umgekommen oder hält es nicht für richtig, seine Herkunft und Muttersprache hochzuhalten. Er ist mit der natio Hungarica verschmolzen. Über dem Lateinischen hat er die Muttersprache vergessen, aber diese Sprache ist keineswegs ungeeignet, erhabene Gedanken auszudrücken."

Hell winkte ab.

„Sei froh, daß ihr keinen eigenen Adel habt. Die Völker brauchen keinen Erbadel, sondern einen Adel des Geistes, den Adel gelehrter Männer. Sie brauchen keine Müßiggänger auf Zehntausenden Joch Boden, sondern arbeitsame Bürger, Handwerker, freie Bauern, Siedler." Er zeigte auf die Burg. „Auf die Könige kommt es nicht an. Auf die Menschen um sie wird es ankommen. Ich glaube, die Zeit der Gelehrsamkeit ist angebrochen, und wir zwei haben diesen Weg gewählt. Quäl dich also nicht wegen der Krönungszeremonien. Das sind Formalitäten. Meinst du, diese junge Person ist so dumm und durchschaut die Komödie nicht?“

Adam Kollár schwieg. Stumm schritt er an der Seite seines Freundes an der Donau entlang. Hell redete auf ihn ein, er solle seine theologischen Studien in Wien beenden. Je eher, desto besser. Adam Kollár hörte nur mit halbem Ohr zu, er konnte den Blick nicht von der Silhouette der Burg im vollen Sonnenglanz abwenden.

Adam Kollár schläft, und doch ist ihm, als wache er. Glocken läuten. Der Krönungszug. Der Zusammenfluß von March und Donau. Der Devíner Felsen. Alle knien nieder und küssen die Steine Mojmírs und Svätopluks. In den Felswänden die symbolischen Gräber der Herrscher Großmährens. Die Preßburger Burg – Brezalauspurc, Bratislava, Poszony. Slowakische Edelleute legen vor dem Eintritt in die Kathedrale des Cyril und Method die Helme ab. Rufe in allen slawischen Sprachen. Abgesandte des böhmischen und des polnischen Königs, der Lausitzer Fürsten, der Wladyken und Herrscher von Kiew, Wladimir, Smolensk, Tschernigow, des Reiches der Slowaken zwischen Donau und Karpaten. Abordnungen der freien Zaren von Serbien, Bulgarien, Bilder der Glaubensverkünder. Ein Gruß vom kroatischen König und der Herren von Dalmatien. Der Weg nach Nitra. Die Burg über der fruchtbaren Ebene des Slowakenreichs. Der Sitz des Method. Der Schwur auf das glagolithische Evangelium. Die Wappen der slowakischen Gaue, Bratislava, Nitra, Trenčín, Tekov, Zvolen, Turiec, Orava, Liptov, Hont, Gemer, Spiš, Šariš, Zemplín ... Wo ist der Adel? Plätze voller Menschen, breite Straßen mit den Namen slowakischer Könige, auf den Plätzen Statuen von Svätopluk, Matúš Čák, Denkmäler gelehrter Männer, Politiker, Lehrer, Prediger. Dieser hat das Volk von der Leibeigenschaft befreit, jener hat dem Volk eine eigene Schriftsprache gegeben, der da ist ein

Held, der im Kampf gegen Eindringlinge gefallen ist. Adam, wo bist du? Hier bin ich, mein Gott. Gott hat es gewagt, auf slowakisch zu sprechen.

Adam, man sucht dich. Wo ist die Krönung, deren Zeremonienmeister du bist?

Ein leises Lüftchen von der Donau her weht den erträumten Krönungszug fort. Die Figuren fallen beim ersten Windstoß um, als seien sie aus Papier ausgeschnitten. Über dem Fluß die Burg. Adam Kollár beobachtet, wie ein Licht nach dem anderen verlöscht. Die Silhouette mit den vier Türmen vor dem ultramarinblauen Himmel. In der Burg leuchtet nur noch ein Fenster. Auf der Burg gibt es keine Adeligen, keine Königin. Keine Perücken und keine Krinolinen. Über die Flure schreiten stille Jünglinge in Priestergewändern.

Du siehst eine einzige schlanke Kerze. Sie erhellt das Wort. Am Anfang war das Wort. Eine einzige Kerze und ein einziges Gesicht reichen aus zur Rettung. Es tagt. Die Sonne steigt über den Steppen des Ostens auf. Im Glanz des neuen Tages sieht man nicht mehr, wer gewacht hat und welches Gesicht unvergeßlich werden soll.

Die Burg wird zur Ruine zerfallen, und die Burg wird wieder aufgebaut. Nichts weißt du, Adam, du ahnst es nur im Traum.

7

Sie schob die blonden Haare von sich. Er war eingeschlafen. Sie versuchte sich aus dem Bett zu stehlen, doch das Rascheln des Baldachinvorhangs weckte den jungen Joseph Lobkowitz auf.

„Ich muß gehen. Es tagt, Herr.“

„Sag du zu mir, schöne Daphne! Erniedrige mich!“ Der Jüngling drehte sich zu Zorica um.

Sie beugte sich über ihn und küßte ihn leicht.

„Es wäre nicht gut, wenn mich der Kammerdiener hier fände.“ Sie erhob sich, schlüpfte in die Pantöffelchen und trat ans Fenster. Über den Gärten ragte die strenge Silhouette der Prager Burg auf, die rötlichen Dächer des Kleinseitner Rings lenkten ihren Blick über die Moldau. Über dem Vyšehrad leuchtete das Morgenrot auf. „Ihr Herr Vater würde zürnen."

Der achtzehnjährige Lobkowitz rieb sich die Augen und schwankte, ob er aus dem warmen Bett aufspringen sollte, Zorica nach.

„Mein Vater steht bei Pilsen und hat offenbar schon angefangen, heldenhaft mit den Bayern zu kämpfen."

Die Gestalt im durchsichtigen Hemd vor dem Fenster erregte ihn. In seinen Ohren rauschte es, in seinen Schläfen pochte das Blut. Er kniete auf dem weichen Lager, faltete die Hände und rezitierte:

„Nymphe, du Kind des Peneus, halt ein! Nicht folg' ich als Feind dir,
Nymphe, halt ein! So fliehet das Lamm vor dem Wolf, vor dem Löwen,
also der Hirsch, vor dem Aar mit zitternder Schwinge die Taube,
jedes vom Feinde gescheucht. Mich nötiget Liebe zu folgen.
Ach, wenn du nur nicht fällst und den Fuß, unwert der Verletzung,
nur nicht ritzet ein Dorn und Schmerz durch mich du erleidest!
Rauh ist der Weg, auf welchem du eilst. Sei mäßig im Laufe –
höre mich – hemme die Flucht! Selbst will ich dir mäßiger folgen.
Wem du gefällst, erforsche doch erst ... Du weißt nicht, Törin, du weißt nicht,
wem du entfliehst ..."

„Hören Sie auf, junger Herr." Sie drehte sich zu ihm um. Der Zauber des Hradschin war geschwunden, die Mauern des Lobkowitz-Palais waren plötzlich zu eng. Jetzt hätte sie rufen sollen: „Vater, ach hilf, wenn Macht euch Strömen gegeben! Wandele diese Gestalt, darin zu sehr ich gefallen!“ So hatte man es sie in dem Wiener Palais vor der Aufführung der griechischen Sage gelehrt, und man hatte sie in das durchsichtige Gewand gekleidet, nicht unähnlich dem, das sie in dieser Nacht trug.

Sie strich mit den Händen über ihren Leib, sah den Jüngling hinter dem roten Vorhang. Seinen zarten, schwachen Körper hatte sie spielen lehren sollen. Die Tränen traten ihr in die Augen. Da war kein Vater, da war kein Fluß, der sie in einen Baum verwandelt hätte.

Ein Vater war da, der fünfundfünfzigjährige Marschall Georg Christian Lobkowitz aus dem Palais an der Augustinergasse in Wien, Glucks Mäzen, Zoricas Wohltäter. Er nähert sich der in einen Baum verwandelten Daphne. Mägde haben Zorica rasch in einen groben, wie Baumrinde gefärbten Stoff gehüllt, in den Busen haben sie ihr Gras und Algen gesteckt, die hochgereckten Arme mit Gras und Moos umhüllt. Der Kammerdiener hat die Kerzen an den Lüstern im Saal entzündet, und Daphne zittert in der Ecke der Bühne, in einen Baum verwandelt, des wunderschönen Körpers beraubt, dieser Versuchung für Apollo. Den Apollo spielte damals in Wien Joseph, einer der Söhne des Marschalls Lobkowitz. Er eilte Zorica zwischen den Büschen im Park nach, in Leidenschaft entbrannt, und Zorica lief in den kleinen Saal, zwischen den Tischen mit den geladenen Gästen des Sommerfestes hindurch (selbst die Monarchin mit ihrem Gemahl soll anwesend gewesen sein, sie hatte jedoch nicht gesehen, wo sie saß), Apollo, der junge Lobkowitz, verfolgte keuchend die Nymphe bis auf die Bühne. Das Holz des Podiums knackte, und da rief Zorica den eingelernten Text: „Vater, ach hilf, wenn Macht euch Strömen gegeben! Wandele diese Gestalt, darin zu sehr ich gefallen!“ Man hatte ihr gesagt, daß der Jüngling sich ihr, der bereits zu einem Baum Gewordenen, nähern, sie an den Armen fassen, mit den Händen bis zu ihren Brüsten gleiten werde, um sich zu überzeugen, ob sie sich wirklich verwandelt habe, daß er ihre in die Blätter des Lorbeers verwandelten Haare streicheln und sagen werde: „Weil du nicht mein kannst werden als Gattin, werde denn mein als Baum. Dich soll nun ständig die Leier, dich soll tragen das Haar, dich ständig der Köcher, o Lorbeer!" Da sollte der Beifall ausbrechen, und er brach auch wirklich aus. Blasse Adlige klatschten und beneideten den Apollo, daß er die verführerische Daphne berühren konnte. Als der Vorhang zuging, erblickte sie über sich das faltige Gesicht des Marschalls Lobkowitz. Er schob seinen Sohn weg. „Genug jetzt, Joseph! Geh dich umziehen!" Und er blieb allein mit Zorica. Mit warmer Hand strich er über den Stamm ihres Baumes. Er streichelte ihr Gesicht, zog widerspenstige Halme aus ihrem Busenausschnitt, fegte zart die Blätter von ihrem Kopf ab und küßte sie auf die kohlschwarzen Haare. „Ich will mit Ihnen sprechen und Ihnen danken. Sie sind nicht nur eine hervorragende Verwalterin der fürstlichen Küche, sondern zweifellos auch die schönste Daphne, die diese Mauern in den letzten Jahren beherbergt haben. Und ich habe ihrer genug gesehen, Zorica." Abends dann im Arbeitszimmer des Marschalls ein Gespräch über griechische Mythologie. Fragen über die Sagenwelt der Südslawen und Italiener, wovon Zorica überhaupt nichts wußte. „Dieser Spitzbube Gluck", flüsterte der Marschall Lobkowitz. „So ein Filou." Er entschuldigte sich. „Ich bin schon etwas älter und vom Ritt erschöpft. Wir ziehen in den Kampf gegen die Bayern. Wir verlassen Wien, Zorica. Ich mit meinen Söhnen. Es scheint, es geht dabei um Prag."

In Wirklichkeit ging es in dieser Nacht um Zorica, das unstreitig schönste lebende Kleinod im Lobkowitz-Palais. Sie hatten es in den letzten Wochen eingehend besichtigt, hatten geprüft, wie sie sich anstellte. Sie frappierte Zoricas Apathie, die Ausbrüche nervösen Lachens nach einigen Gläschen, die Zärtlichkeit zwischen Zornesanfällen, die Trägheit ihrer Bewegungen und die Unzugänglichkeit ihrer Seele. Nein, Zorica war keine

Daphne und ließ ihren schönen Körper nicht in einen Baum und in die immergrünen Blätter des Lorbeers verwandeln. Sie fürchtete sich, wenn man sie verfolgte, zitterte auf der Flucht. Alles hielt sie für natürlich und erträglich. Sie beherrschte das Leben, in der Liebe gab sie sich langsam hin, ohne Lust. Das half ihr, die entflammten Apolls unschädlich zu machen und sich die Frische zu bewahren, sie zu unerhörter Schönheit zu steigern, die mit den Monaten und den durchwachten Nächten wuchs. Der Marschall wurde informiert, als sie sich das Kind nehmen ließ und welches die physiologischen Folgen waren. (Das Kind war offenbar von Hänisch.) Jeder bemerkte die strotzende Schönheit der neuen Hausgenossin. Die ganze Unterwelt der herrschaftlichen Lustbarkeiten, der Durchtriebenheit, der Lakaienscherze und Kammerdienergemeinheiten verband sich nicht zu uneigennütziger Hilfe, sondern zur Solidarität der gemeinsamen Sünde. Der Engelmacherin brauchte sie nicht viel zu bezahlen, die Hälfte ihres Lohns zahlte ein anderer. Wer, das interessierte sie nicht. Schmerzlich fühlte sie, daß ihre einzige Aufgabe jetzt sein werde, so schnell wie möglich den schrecklichen Schnitt auszuliegen, die Wunde in der Tiefe ihres Leibes in das Rot reizender Wangen und die Trauer bezaubernder Augen zu verwandeln. Einmal führte man sie in den ersten Stock in die Gemächer des Marschalls, wo sie auf dessen Geheiß ein Arzt untersuchte. Der Doktor tastete sie mit zugekniffenen Augen ab, er war Priester. Jesuit. Er fragte, ob sie schon Kinder gehabt habe. Angewidert zog er seine Hand weg, gebot ihr auch nicht, sich auszuziehen. „Es scheint, Gott wird Ihnen keine Kinder mehr vergönnen, Sie sündige Seele. Gehen Sie und beten Sie in Reue. Sie können doch beten, meine Tochter?“ Man hatte vergessen, ihm zu sagen, daß sie eine Rechtgläubige war. „Passen Sie auf sich auf, etwas anderes kann ich Ihnen nicht mit auf den Weg geben.“ – „Gelobt sei Jesus Christus.“

Sie weinte ein paar Tage, ging nicht einkaufen, sie

wollte das Palais verlassen und sich an die Front nach Schlesien aufmachen. Ignac wartet doch. Bei dem Gedanken an Ignac trockneten ihre Tränen sofort, ihr Gesicht verhärtete sich. Man hatte sie in einem Stübchen im Souterrain untergebracht. Kammerdiener, Lakaien und Wächter klopften an ihre Tür. Sie wies sie ab. Wenn sie allzu aufdringlich wurden, beschwerte sie sich beim Hofmeister, der die Aufsicht über das gesamte Personal des Palais hatte. Die Diener waren jung und einige auch hübsch. Sie waren aus Kärnten, Mähren und der Steiermark gekommen, gesunde Bauernburschen, berauscht von den Parfüms, vom Geruch der Seidentapeten im ersten Stock, der Unberührbarkeit Ihrer Gnaden, der Gräfin Karoline Henriette von Waldstein, der Gattin des Marschalls, vom Anblick ihrer kostbar gekleideten Besucherinnen und von den Soirees, und nun suchten sie im Erdgeschoß natürliche Beziehungen zu einer natürlichen Frau.

Zorica verschloß sich, hörte auf, die äußeren Stürme wahrzunehmen. Ihr Gesicht nahm einen verträumten Ausdruck an; sie bekam den geistesabwesenden Blick, den sich nur die Gräfinnen und Baroninnen im ersten Stock erlauben durften. Schon weinte sie nicht mehr um Ignac. Wenn sie ihn sähe, würde sie sich ihm hingeben. Zweifellos. Aber sie würde ihn nicht mehr so naiv lieben wie seinerzeit zu Hause. Ignac Kollár, Dragoner in einem der ungarischen Reiterregimenter, wurde allmählich immer weniger existent, wurde zum Symbol für Zoricas Wanderung in den Norden. In den freien Norden, der sie blutiggeschunden hatte. Sie hatte aufgehört, die Frau des Kaufmanns Selim in einer Kleinstadt zu sein, sie verachtete ihre erste Sprosse auf der Lebensleiter. Für die Tochter eines Leibeigenen war es keine niedrige Sprosse gewesen. Wegen eines närrischen Soldaten, eines kleinen Slowaken aus dem Norden, eines guten Zugtiers und Liebhabers, hatte sie sich ins Unbekannte gestürzt. Sie hatte ihr Haus, ihre Gesellschaftsschicht verlassen und war eine Vagabundin des Lebens geworden.

Sie betrachtete ihre Hände. Noch unlängst trugen sie Spuren schwerer Arbeit, waren zerfressen von den Farben in der Kattunfabrik. Nur widerwillig erinnerte sie sich an die Einsamkeit in der Štiavnicaer Schenke und an Anton Hänisch. Mein Gott, wie dicht am Abgrund habe ich gestanden! Welch ein Glück, daß mich der Satan nicht hinuntergestoßen hat! Wie anders sehe ich jetzt aus! Magnaten, ja sogar die Monarchin selbst sehen mir auf der Bühne zu. Die Adligen wären glücklich, wenn sie mich berühren dürften. Eine Freiheit, wie ich sie nie erlebt habe. Die letzten Jahre bin ich über Stock und Stein vorwärts gerast. Ich wäre vielleicht in einem Soldatenzelt als die letzte Lagerhure geendet, verlaust und mit der französischen Krankheit angesteckt. (Der Arzt hat mir versichert, daß alles in Ordnung ist.) Jetzt wohne ich in einem Palast der kaiserlichen Residenzstadt und bin das Ergötzen allerhöchster Kreise.

Sie gab sich keinen Illusionen hin. Sie wußte, daß sie den absoluten Gipfel nicht erreichen konnte, denn sie war nicht von Adel. Bald jedoch stellte sie fest, daß die adlige Abstammung im Bett nichts wert war. Die Damen haben nichts davon, und die hochgeborenen Herren werden gerade bei ihr zu Menschen, heimlich, bei zugezogenen Gardinen. Das begann sie zu erregen. Sie fühlte ihre Macht. Die Erfahrung, daß eine winzige Bewegung, ein Blick oder eine Andeutung genügten, um die Mauer der gesellschaftlichen Ungleichheit zum Einsturz zu bringen, bedeutete für sie einen riesigen Triumph. Sie fühlte sich höher als jene, die sie erniedrigten. Noch hatte man sie nicht darüber belehrt, daß das die Philosophie einer Prostituierten war. Später wird sie das hören, wird sich jedoch dagegen sträuben, wird es nicht glauben. Der Mensch glaubt lieber, daß er zu Höhen aufsteigt, wenn er in Wirklichkeit sinkt. Sie wußte nicht, daß sie durch das Zutun des alten Marschalls in das Bett des jungen Lobkowitz geraten war. Sie ahnte nicht, daß sie die Rolle einer erfahrenen Lehrmeisterin für physiologische Details spielte, welche die Marquisen und Gräfinnen in dem bigotten Habsburgerreich nicht mit Zustimmung der Öffentlichkeit und des Hofes übernehmen konnten, wie es in Paris, London, München, Dresden und Petersburg der Brauch war. Joseph sollte genauso wie Karl, der kleine Philipp, wie Leopold und August Soldat werden. Sie werden Betttrophäen einheimsen, aber auch diplomatische Lorbeeren ernten. Sie müssen an den Kriegen Maria Theresias und Friedrichs teilnehmen. Zum höheren Ruhm des Vaters, der böhmischen Königin und zu ihrem eigenen. Von den Lobkowitz' wird die Hälfte in den Kriegen des folgenden Jahrzehnts fallen. Nein, Zorica. Umsonst hast du es abgelehnt, dem Marschall ins Feld zu folgen. In Wirklichkeit hat sich nichts geändert. Du bist wieder die Trösterin künftiger Soldaten und künftiger Toter geworden. Nur in prunkvollerer Kleidung.

Der Herbst in Prag bezauberte sie. Täglich besorgte sie mit einigen Mägden und der Köchin die Einkäufe. Aus dem Garten des Lobkowitz-Palais führte der Weg am düsteren Spital vorbei in die winklige Gasse, hinter welcher der unvollendete Dom des heiligen Veit aufragte, der Hradschin. Was für Märchengäßchen, im Zickzack verlaufend und mit kleinen Treppen. Wie in einer Theatervorstellung. (Die Erinnerung an Gluck, ob er immer noch in Mailand ist?) Wäre ich Königin, würde ich sogleich aus Wien nach Prag übersiedeln, würde diese grandiose Residenz über der Moldau erneuern und verschönern lassen. Weiter ging es ins Zentrum der Prager Kleinseite, auf den Kleinseitner Ring. In der Mitte der riesige Bau des St.-Nikolaus-Doms, dem bloß noch die Kuppel fehlt, dann das Haus der Jesuiten, die kaiserlich-königliche Kanzlei, hohe, schmale Bürgerhäuser, bunte Giebel, Arkaden, die Schutz vor Sonne und Regen bieten. Ein zauberhafter Irrgarten, Laubengänge der Hoffnung, des Lächelns, der Verführung, des Handels.

Jemand riß sie aus ihren heiteren Träumen. Der verrückte Kerl stieß ihr beinahe den Korb aus der Hand. Ein steifer Herr in schwarzer Kleidung.

„Ergebenster Diener, gnädige Frau. Ich bitte Sie sehr, meine Unaufmerksamkeit zu entschuldigen", sagte er mit einer Verbeugung.

Sie musterte den schwarzen Mantel. Eine Soutane.

„Sie erinnern sich nicht, Gnädige?"

Verständnislos schaute sie ihn an.

„Ich fürchte, Hochwürden ..."

„Wir haben uns in Wien gesehen, am Tag der Huldigung." Er schaute sich um. „Ich bin Pater Gelasius. Gelasius Dobner." Es schien ihm, als beginne sich die Frau zu erinnern. „Wie geht es Ihnen, und was hat Sie in diesen gefährlichen Zeiten nach Prag geführt?"

Zorica betrachtete überrascht den jungen Piaristen. Wien, ach ja, der Wein aus der Fontäne.

„Geht voraus, sucht das Suppengemüse aus." Sie schickte die Mägde weg und wandte sich lächelnd dem Pater zu. „Wieso gefährliche Zeiten?" fragte sie.

Gelasius faßte sie leicht unter und bog mit ihr unter den Arkaden hindurch auf den Ring ein. Hier wimmelte es von Menschen. Vor einem Gebäude hatte sich eine Ansammlung gebildet.

„Haben Sie keine Zeitungen gelesen, meine Dame? Eine furchtbare Geschichte. Vom Rhein rücken die Franzosen vor. Von Süden ziehen die Bayern gegen Prag!"

Zorica lief rot an. „Ich habe es nicht gelesen. Ich kann nicht lesen", gestand sie.

„Entschuldigen Sie bitte. Das macht doch nichts. Ich wollte Sie nicht kränken."

„Ich würde gern lesen lernen. Würden Sie mir helfen?"

Pater Gelasius erblaßte.

„Ich bin hier nur auf Besuch. Mein Vater kränkelt. Ich soll nach Wien auf die Schule zurückkehren. Das Schuljahr hat bereits begonnen."

„Es ist doch Krieg, wie Sie soeben sagten."

„Ja, das heißt ... Ich zeige Ihnen, wo mein hiesiges Kollegium liegt. Einer der armen Studenten würde Ihnen sicherlich gern Unterricht geben."

Sie dachte an den jungen Lobkowitz.

„Lieber einen älteren Lehrer, Hochwürden."

„Natürlich, wie Sie wünschen."

Er zog ein Notizbuch hervor und wollte die Adresse aufschreiben. Doch plötzlich hielt er inne, zerriß das Papier und zerknüllte es in der Hand.

„Könnte mein Lehrer in das Lobkowitz-Palais kommen?"

Gelasius riß überrascht den Mund auf.

„Natürlich, gnädige Frau. Gleich morgen. Wenn uns der Allmächtige gewogen ist und die verbündeten bayrisch-französischen Truppen nicht Unheil über die vier Prager Städte bringen."

Zorica erfaßte Unruhe. Zum Teufel, niemand sagt mir etwas, der junge Fant im Palast sorgt sich nur ums Bett.

„Budweis ist gefallen, die Bayern nähern sich Prag. Die Herren beraten in der kaiserlich-königlichen Kanzlei."

Was bedeutet das alles? Marschall Lobkowitz ist doch angeblich bei Budweis. Ist er geschlagen? Was wird dann aus mir?

Sie lehnte sich an eine kalte Säule. Der Himmel hatte sich bezogen. Was für sonderbar ruhige Augen dieser Pater hat! Sein Körper fürchtet sich, aber sein Geist erhebt ihn hoch über mich, über die ganze Stadt.

„Prag, o Prag du mein, du sollst wieder des Bayern sein", stimmte ein Mann am anderen Ende des Rings an.

Jemand schrie auf. Einige Leute glaubten, sie hätten Kanonendonner gehört. Die Menge vor der kaiserlich-königlichen Kammer geriet in Bewegung und spritzte auseinander in die Laubengänge.

„Gott steh uns bei!" stieß Pater Gelasius hervor. „Wie komme ich zurück nach Wien?"

„Leben Sie wohl, Hochwürden." Zorica rief herrisch

die Mägde herbei. „Sie vergessen nicht, mir den Lehrer zu schicken, ja?"

Sie ließ nur ein Lächeln zurück. Als hätte sie aufgehört, sich zu fürchten. Über den Prager Städten hing das Abenteuer, und Zorica fühlte sich am wohlsten im Vorraum des Unbekannten. Sie war erregt wie ein Soldat vor der Schlacht. Sie sammelte die Mägde und schickte sie in den Lobkowitz-Garten. Dort, zwischen den Bäumen, in der Stille der Lustschlößchen, war der Krieg etwas Undenkbares.

„Könnt ihr nicht das Fenster schließen?" rief einer der böhmischen Herren. Von draußen erschollen skandierende Hochrufe auf den Bayern.

„Seht ihr, auch das Volk hat die historische Stunde begriffen."

„Das Volk! Ihr Herren, macht euch nicht lächerlich!" Die Fenster knallten zu.

„Kurfürst Karl Albert steht vor den Toren Prags, und das böhmische Königreich zögert, ob es die angebotene Freiheit annehmen soll. Böhmen befreit sich vom Joch der Habsburger. Der Weiße Berg wird gerächt, meine Herren!"

„Die bayrischen Truppen stehen schon tief in Oberösterreich. Von Linz nach Wien sind es bloß hundert Meilen. Österreich liegt in Trümmern. Jetzt heißt es handeln!"

„Wir müssen die Begrüßungszeremonien ausarbeiten!"

Graf Johann Arnold Schaffgotsch, seit vielen Jahren Oberstkastellan des böhmischen Königreichs, erhob sich. „Könnten wir nicht Maria Theresia schriftlich ersuchen, uns zu erlauben, Karl Albert zu huldigen?"

Von allen Seiten schallte ihm huronisches Gelächter entgegen.

„Unserer Besitzungen wegen, meine ich." Schaffgotsch ließ sich nicht von seinem Vorschlag abbringen.

„So wartet doch, ihr Herren. Das ist kein schlechter

Gedanke. Laßt uns darüber abstimmen! Es wäre eine Rückversicherung für uns."

Da erhob sich der Landeshauptmann Karel David.

„Meine Herren! Stände der Länder des böhmischen Königreichs! Es liegt an jedem einzelnen von uns, wie er sich entscheidet. Zumindest was unsere Güter betrifft. Wenn ihr um sie fürchtet, nun, dann schreibt der Habsburgerin und ihrem Lothringer. Das ist eure persönliche Angelegenheit. Es ist aber die gemeinsame Sache aller böhmischen Länder, wie sie sich in dieser Stunde verhalten. Was bindet euch an Österreich? Es liegt in Trümmern. Der Hof bereitet sich zur Flucht aus Wien vor. Auch die oberösterreichischen Stände haben der Erzherzogin den Gehorsam aufgekündigt. In Linz haben sie Karl Albert von Bayern gehuldigt. An der Seite der Bayern marschieren die Hilfskorps des mächtigen französischen Königs auf Prag. Meine Herren, so begreifen Sie doch: endlich hat sich die antihabsburgische Koalition in Europa formiert!"

„Sachsen ist von Maria Theresia abgefallen!"

„Die französische Armee unter dem Kommando des Herzogs Broglie hat den Rhein überschritten!"

„Friedrich von Preußen hat die Waffenstillstandsangebote Maria Theresias abgelehnt und will Karl Albert als böhmischen König unterstützen."

Die Blüte des böhmischen Adels, die Vertreter der mächtigsten Geschlechter, die Chotěks, Czernins, Sternbergs, Lažanskýs, Kolovrats, überlegten, was zu tun sei. Den meisten erschien es natürlich, sich mit den Feinden Maria Theresias zu verbünden und die Selbständigkeit des böhmischen Königreichs wiederherzustellen.

„Vergeßt nicht, wie uns Karl VI. bei der Krönung gedemütigt hat."

„Maria Theresia kunkelt mit den Ungarn, aber nach Prag zu reisen hat sie nicht geruht."

Erregte Rufe.

Es fanden sich jedoch auch solche, die dazu rieten, die Dinge gründlicher zu überdenken.

„Haben wir den Inhalt der Vereinbarungen geprüft, die die antihabsburgische Koalition in Nymphenburg und in Frankfurt getroffen hat?“

„Vermutungen, Tratschereien!“

„Wißt ihr nicht, daß um die Länder der böhmischen Krone gefeilscht wird wie auf dem Markt? Karl Albert fordert ganz Böhmen mit dem Königstitel. Sachsen will Mähren und Oberschlesien. Mähren wollen sie zu einem selbständigen Königreich unter sächsischer Herrschaft machen! Ist es nicht verantwortungslos, die Einheit der böhmischen Länder zu zerreißen? Ich beschwöre euch, ihr Herren!“

„Sie reden wie Kinský, Harrach und die ganze Wiener Clique!“

„Ich rede für das ganze tschechische Volk, für Böhmen, Mähren und Schlesien. Ich bin für die staatsrechtliche Einheit der böhmischen Länder!“

„Wie können wir uns sträuben, wenn uns die Herrscher rings um uns aufteilen? Es geht um unser Leben, unsere Güter! Der Franzose und der Bayer stehen vor den Toren Prags. Wir haben keine Zeit mehr!“

In diesem Herbst war wirklich nicht mehr viel Zeit, die Ereignisse überstürzten sich. Ende November schlug Karl Albert sein Feldlager auf dem Plateau des Weißen Berges vor Prag auf. Vom Norden her rückte ein sächsisches Korps auf Prag vor. Drei Tage darauf zogen die verbündeten bayerisch-französischen und die sächsischen Abteilungen in die Straßen Prags ein. Der lächelnde Marschall Belle-Isle reiste an. Drei Viertel von Böhmen mit der Hauptstadt waren in den Händen der Koalition.

Am Tage des heiligen Nikolaus wurde auf dem Hradschin, auf den Plätzen und Gassen der Kleinseite, der Prager Alt- und Neustadt der Aufruf Karl Alberts in deutscher und tschechischer Sprache verlesen. Darin versicherte Karl Albert, von Gottes Gnaden böhmischer König, Herzog von Ober- und Niederbayern und der

Pfalz, Pfalzgraf von Regensburg, Erzherzog von Österreich, Kurfürst des Heiligen Römischen Reiches etc. etc., alle Bewohner der böhmischen Länder seiner allerhöchsten Gnade und erklärte ihnen, warum er nach dem Aussterben der Habsburger im Mannesstamm als einziger das Recht habe, alle obengenannten Titel zu führen.

Einige Tage vor dem Heiligabend des Jahres 1741 rauschte die Orgel des St.-Veits-Doms auf der Prager Burg auf. Vierhundert Vertreter der böhmischen Stände, an ihrer Spitze der Erzbischof von Prag, Graf Manderscheid, leisteten Karl Albert als dem neuen böhmischen König den Treueid. Der Erzbischof stimmte das Te Deum an.

Prag hatte seinen Bayern. Der neue böhmische König benannte den Statthalterrat in Hofdeputation um und bestimmte den Grafen Filip Krakovský von Kolovrat zu ihrem Vorsitzenden. Vom böhmischen Landtag verlangte der neue König „bloß" sechs Millionen Gulden für das erste Halbjahr. Karl Albert bedauerte nur, daß er sich nicht krönen lassen konnte. Die böhmischen Krönungskleinodien lagerten nämlich seit der Niederlage auf dem Weißen Berg in der Schatzkammer der Wiener Hofburg, und Berichte über den Fall Wiens waren bislang noch nicht eingetroffen.

Nach angenehm verbrachten Weihnachten auf dem Hradschin reiste Karl Albert nach Frankfurt am Main. Er langte nach der höchsten Würde. Er wollte römischer Kaiser werden, der Souverän des Reiches, dieses freien Lehensverbandes von Königreichen, Markgrafschaften, Provinzen und Freien Reichsstädten vom Rhein bis zur Weichsel, von der Ostsee bis Norditalien.

8

An den Grafen Philipp Kinský, Böhmischen Oberstkanzler:

Dezember 1741

So ist also Prag verloren, und die Folgen werden noch schlimmer sein, wenn man nicht noch für drei Monate Brot zu schaffen vermag (für die böhmische Armee), denn von Österreich ist nichts zu erhoffen und von Ungarn erst in etwa drei Monaten, und da ist es noch ungewiß. Ja, Kinský, das ist jetzt der Augenblick, wo es gilt, Courage zu haben, das Vaterland und Eure Königin zu retten. Sonst wär ich eine arme Prinzessin. Mein Entschluß ist gefaßt; es heißt, alles aufs Spiel zu setzen, um Böhmen zu retten. Danach richtet Euch und trefft Eure Anstalten. Ich sage nicht, daß ich das Land zugrunde richten will und daß es sich in zwanzig Jahren nicht erholen wird, aber ich will Grund und Boden haben, und es müßten alle meine Armeen, alle Ungarn totgeschlagen werden, bevor ich irgend etwas abtrete. Noch einmal: dies ist der kritische Augenblick; schont das Land nicht; wir müssen es behaupten. Helft mit Euren Leuten, was Ihr könnt, damit der Soldat zufrieden ist und es ihm an nichts fehlt . . . Steht auch meinem armen Mann bei, der sich um seine Truppen und um das Land so abhärmt, der selber sagt, daß die Leute tun, was sie können, und daß einem das Herz weh tut, aber wenn man das Nötige nicht von dem Lande bekommen kann, daß man es nehmen muß. Ihr werdet sagen: ich bin grausam, aber ich weiß auch, daß ich alle Grausamkeiten, die ich jetzt begehen muß, um das Land zu behaupten, einmal hundertfältig werde gutmachen können, und ich werde sie gutmachen, aber für jetzt verschließe ich mein Herz dem Mitleid. Ich vertraue auf Euch; Ihr wißt, daß ich das tue, und wie lieb es mir ist, daß Ihr zu mir haltet, und ich schmeichle mir, daß es nicht vergeblich sein wird und Gott zuletzt seinen Segen geben wird. Ich beklage Euch andere, die ich unglücklich mache; dies ist eine meiner größten Kümmernisse, aber dafür werdet Ihr in mir auch immer ein dankbares Herz finden. Theresia

Ich lag auf dem Bett, knüllte das duftende Laken zusammen, stieß mit den Füßen das Federbett weg, beobachtete, wie es über den Rand der breiten Bettstatt glitt. Mit den Fingern fuhr ich über meine Waden, die Knie und Schenkel, über meinen Körper unter dem leichten Nachtgewand. Ein himmelblaues Wölkchen. Dieses verfluchte Regieren, diese ekelhafte Politik. Also das bin ich. Der holländische Kupferstecher und der englische Karikaturist haben mich getroffen. Eine junge Frau, die ungarische Königin. Allein. Die Enzensberger hab ich weggejagt, die Hieronymus, die Kokořová, die Friz, alle Kammerfrauen und Hofdamen habe ich weggejagt. Eine schöne, wahnsinnige Einsamkeit in Zorn und Raserei. Gegen das Federbett strampeln und im Spiegel gegenüber die Reize der jungen Frau wahrnehmen. Üppig ist sie und verlangend. Eine Königin. Ihr Mann ist irgendwo in Mähren bei Neipperg (soeben ist Friedrich dort eingefallen), mit vornehmer Trägheit und schlecht organisiert er die Verteidigung, mischt sich in die Arbeit der Generale und Marschälle ein. Er hat mich allein gelassen. Ich habe ihn vertrieben. Ich will allein sein. Niemand gibt mir einen Rat. Alle sind widerwärtig. Und sie könnten einer nicht gerade häßlichen Frau dienen. Sudler die!

Wo sind die Flugblätter und Karikaturen? Ich trete euch mit nackten Füßen! Zerknüllte, schneebedeckte, durchnäßte, vergilbte Papiere. Mit meinem Bild. Ja, das bin ich. Als hätten sie mich wirklich nackt vor dem Spiegel gesehen. Wie viele habe ich erregt? Wie widerlich das ist! Die ungarische Königin vor einem Ärztekonsilium. Herausgegeben in London. Maria Theresia, das Kleid aufgeknöpft, erbricht in das Lavoir eines fahrbaren Abortstuhls. Abführmittel und Klistiere für die Königin Ungarns. Vorsitzender des Ärztekonsiliums ist der Kardinal Fleury. „Ruft mir die Friz!“ Die Glocke. Wo ist die

Glocke? „Nein, ich will nichts. Gehen Sie. Ich bin nur zufällig an die Schnur gestoßen. Na, was ist? Ich kann nicht schlafen. Ihnen widerfährt das nicht, Elisabeth?" – „Doch, mir auch, Majestät." – „Ich danke Ihnen, lassen Sie mich allein."

Es ist Nacht. Draußen schneit es. Man sieht nicht einmal das Belvedere. Prinz Eugen. Wenn Eugen von Savoyen lebte! Zu Silvester hat Marschall Khevenhüller mit meiner Armee die Enns überschritten und die Bayern und Franzosen in Linz eingeschlossen. Warum also die Karikaturen, ihr ekelhaften Kreaturen? Hier bin ich. Bin noch nicht von euren Klistieren eingegangen. Kläglich und widerwärtig ist es, zu herrschen. Mich werdet ihr nicht ausziehen, ihr Herren. Nein. Lieber lasse ich Tausende Soldaten sterben. Lieber stelle ich mich selber vor sie nackt in den Schnee, aber die Feinde werden mich nicht ausziehen. (Ihre Finger zitterten, sie zerriß das dicke Papier des holländischen Flugblatts, abscheuliche Zeichnungen, ein Mann auf einem Diwan befreit ihre Brüste aus dem Kleidausschnitt, ein anderer grapscht über ihre Schenkel bis hoch zur Scham.) Und mein in freudiger Überraschung verzogenes Gesicht. So stellen sie mich in Holland dar, aber zu Hilfe kommen sie mir nicht. Allmächtiger Gott, gibt es dich vielleicht gar nicht? Wie konnten Hunderte dieser Pasquills in mein Reich gelangen? Ist es denn statthaft, Könige von Gottes Gnaden zum Hohn und Spott der Fürsten und der geilen Soldknechte nackt auszuziehen? Wer hat erlaubt, mich nackt als Diana zu zeichnen? Die verängstigte ungarische Königin. Mit der einen Hand bedeckt sie die Brüste, mit der anderen die Scham. Und der Kardinal Fleury neben mir. Für diese Sauereien aus den Wiener Straßen lasse ich die Friz einsperren!

Ich liege ausgestreckt auf dem breiten Bett. Der Leichnam einer vierundzwanzigjährigen Frau. Braut der Kälte. Gefangene der Raserei. In Schmerzen und in Glut. In tiefster Erniedrigung. In der Leidenschaft des Zorns. Ich habe niemanden mehr, mit dem ich spielen kann. Mich zieht man vor der ganzen Welt aus. Wo bist du, Unbekannter?

Mein Inneres. Habe ich überhaupt ein Inneres? Einen Keim trage ich in mir. Im vierten Monat. Denk an Preßburg!

In Preßburg war alles anders. Dort haben sie ihr geholfen.

Im September fiel Karl Albert in Österreich ein und besetzte mit Leichtigkeit Linz. Maria Theresia ging mit niemandem zu Rate, sie suchte Zuflucht in Preßburg. Der ungarische Reichstag tagte noch. Sie spielte Theater, oder gab sie ihren echten Gefühlen Ausdruck?

Sie lud die ungarischen Herren in den großen Saal im Westflügel der Burg. Ihren Sessel ließ sie mit schwarzem Tuch überziehen und nahm darauf Platz, ebenfalls ganz in Schwarz gekleidet. Der ungarische Kanzler trug die Gründe vor, derentwegen die Königin sie zwei Monate nach der Krönung zusammengerufen hatte. Hunderte Gesichter blickten erwartungsvoll auf die stattliche Frau. Das schwarze Kleid machte sie schlank. Die hellblonden Haare leuchteten. Die Königin erhob sich aus dem Sessel. „Von allen verlassen, wende ich mich an euch. Ihr seid meine einzige Stütze. Der Thron ist bedroht, und ich bin bedroht, eure Königin. Ich wende mich nicht an euer Mitleid, sondern an eure Waffen. Ich kenne eure Tapferkeit. Ich kenne die militärischen Qualitäten und das Ehrgefühl der Ungarn. Jetzt bitte ich euch für mich und für meine Kinder.“ Tränen. Nur mühsam beendete sie ihre Ansprache. Und da erschollen Rufe: „Leben und Blut für unsere Königin! Vitam et sanguinem pro rege nostro!“ Erhobene Säbel, das Klirren der Klingen. Vivat! Diese Herrscherin lassen wir nicht untergehen!

Ein historischer Augenblick, wie man so sagt. Dutzende Stiche und Bilder haben ihn verewigt, ihn zur Legende gemacht. Der Sieg einer Frau. In dieser Stunde liebte sie diese Männer, alle bis zum letzten, wie arrogant, lärmend, nach Wein und Vieh stinkend sie ihr vorher auch erschienen waren. Auf sie war Verlaß. Leben und Blut! Eine Armee von sechzigtausend Mann aus Ungarn, davon zwanzigtausend Infanteristen. Darüber hinaus hat der Reichstag für ein Jahr fünfzehntausend Soldaten der Adelsbereitschaft aufgeboten und erlaubt, sie außerhalb der Grenzen Ungarns einzusetzen. Maria Theresia ist nicht mehr allein. Mit so vielen Soldaten kann sie den Versuch wagen, ihr Erbe zu retten.

Es fehlte nur wenig, und sie wäre allein geblieben. Es hätte genügt, wenn die stolzen Herren aus den ungarischen Komitaten erklärt hätten, sie pfiffen auf sie. Sagen wir, sie erinnerten sich an Rákóczi und den Aufstand. Rache an Wien. Und jetzt fleht uns die Habsburgerin, die bedrängte Frau, um Hilfe an. Sie weint vor uns.

Hunderte Männer waren dort versammelt, und sie war als Frau allein. Sie gewährten ihr Gnade, und sie hatten dabei ein gutes Gefühl. Für die Zukunft erwarteten sie Zinsen.

Sie blieb dann noch eine Woche in Preßburg. Der Feind steht dicht bei Wien, Preßburg ist sicherer. Hier bin ich wirklich die Königin. Man liebt mich. Man steht für mich ein. Hier verrät man mich nicht wie die oberösterreichischen Stände und die Bürger von Linz, wie die böhmischen Magnaten. Beeilt euch, ihr Herren, sonst ist es zu spät. Ich bin die Eure, und ihr seid die Meinen. Zum Teufel mit den österreichischen Ratgebern, ich bin hier unter euch. Ich amüsiere mich, genieße vielleicht die letzten Wochen meiner Herrschaft. Der goldene Preßburger Herbst. Schneller, meine Herren. Ich brauche die Regimenter wirklich. Gegen Friedrich, gegen Karl Albert, gegen Belle-Isle. Gegen Pilsen, Budweis, Prag, Tschaslau, Znaim.

Auf einem gutbewachten Schiff ließ sie auch ihr halbjähriges Söhnchen nach Preßburg bringen. Auf der Burg zeigte sie sich den ungarischen Herren wieder in einem schlichten grauen Kleid, auf dem Arm trug sie das Kind. Der kleine Joseph greinte, man tratschte, er habe die Mutter bepinkelt. Darauf kam es doch nicht an! Das Bild der zeitgenössischen Madonna verfehlte seine Wirkung nicht. Eine meisterhafte Schauspielerin herrschte über sie. Wieder klirrten Säbel, Degen, Schwerter. Für diese Frau würden sie alles vollbringen.

Infanterieregimenter werden gebildet: aus Vasvár Pálffys Heiduckenregiment, ein Fußregiment aus dem Theißgebiet, das Regiment Forgácz mit Burschen aus der Slowakei, das Regiment Esterházy aus den westungarischen Komitaten, ein Regiment aus der Zips und den slowakischen Bergstädten, das neununddreißigste Regiment Pálffy aus Ungarn und Kroaten, das einundfünfzigste Regiment aus der Slowakei, das zweiundfünfzigste Regiment aus den slowakischen Bergstädten, das Pandurenkorps des Barons Trenck, das walachische Freiwilligenkorps aus Hanaken und Slowaken.

Die legendären Husarenregimenter, das elfte, sechzehnte, siebzehnte, vierundzwanzigste, zweiunddreißigste, fünfunddreißigste, sechsunddreißigste. Tausende Ungarn, Kroaten, Slowaken, Serben, Rumänen, Jazygen, Kumanen, Ruthenen, alle versteckt hinter den Regimentsnamen, die die Namen der Inhaber sind: Nádasdy, Károlyi, Esterházy, Hadik. Ein paar Monate später marschieren sie durch ganz Mitteleuropa. Ganze Familien verbluten. Namenlose und sehr bekannte. Wir lieben die Königin.

Das Regieren ist schrecklich. Wenn sie dir nicht gehorchen, vernichten sie dich. Wenn sie dir gehorchen, vernichtest du sie.

Einige meinen, ich sei gefühllos gewesen. Ich wußte, was ich verlangte. Ich wollte dem Verderben entgehen. Ich bin nicht mehr überzeugt, daß ich richtig gehandelt habe. Den Untertanen, den Bürgern und sogar den Herren kann es egal sein, wer mit der Krone auf dem Haupt über ihnen thront. Es gibt, so scheint's, keinen Unterschied zwischen der Herrschaft eines Ludwig XV., eines August von Sachsen oder eines Karl Albert von Bayern. Die Untertanen hat niemand gefragt. Der Adel hat ohne Zögern seinen bisherigen Souverän verraten, sobald er auf den Straßen die Truppen eines anderen Herrschers erblickte. Es genügte ja schließlich, dem Eindringling zu huldigen, und sie konnten ihre Besitzungen behalten, neue erwerben und sich mit neuen Ämtern schmücken.

Ich kann nicht aufhören, mich zu wundern, warum mir Kinský, Khevenhüller und ganz Ungarn treu geblieben sind. Am Ende habe ich dafür keine andere Erklärung als mich selbst. Ich bin stolz, daß ich sie für mich gewonnen habe. Stolz nur für ein Weilchen. Dann folgen Minuten des Ekels und der Trauer. Ich zittere. Diese Männer, Jünglinge, Greise, halbe Kinder, sie sterben bereits. Sie schließen Prag ein, hungern die Franzosen aus. Rüsten zum Einmarsch in Bayern. Noch viele Male müssen sie gehorchen. Ihr liebt die Königin. Bis wann?

Kinský habe ich in einem verzweifelten Brief versprochen, den Böhmen dereinst Ruhe und Frieden wiederzugeben und sie höher und weiter zu führen. Ich weiß nicht, wie. Aber dieses Bemühen hilft mir, den Wahnsinn zu rechtfertigen, in den die Nachbarn mich hineingetrieben haben. Einmal möchte ich wirklich regieren. Nicht mit dem Schwert, sondern mit dem Pflug, mit Hammer und Maurerkelle (die Freimaurer, ich weiß, auch Franz gehört zu ihnen). Ich brauche nur Zeit. Das schwöre ich. Herrschen ohne aufgezwungene Kriege. Nur so. Ich möchte die Liebe der Menschen erringen. Wieviel Unrecht aber werde ich bis dahin begehen?

Sie schlief auf dem Federbett ein. Wunderschön und müde. Sie möchte geliebt werden. Möchte die Strenge in den Augen verlieren. Sie deckte die Augen zu. Schlafen und träumen. Vom September in Preßburg. Vom Glück. Das Fest auf der Burg. Viel Wein wird getrunken, schwerer Tokajer. Abend. Ein Spiel. Im Zimmer brennt eine einzige Kerze. Die Königin läßt dreiunddreißig Damen versammeln, als Harlekine verkleidet. Die Königin unter ihnen. Wir öffnen die Tür, und dreiunddreißig ebenfalls als Harlekine verkleidete Herren sollen sich jeweils ihre Dame erwählen und mit ihr in den erleuchteten Saal tanzen.

Ein Gemisch von Harlekinen. Die Berührung der Geschlechter. Leises Flüstern. Reizungen. Verflochtene Finger. Der schwere Wein weckt verborgene Sehnsüchte. Den Übermut. Sie atmen einander in die von Masken verhüllten Gesichter, um mit ihrem Atem die Kerze nicht auszulöschen.

Dreiunddreißig Harlekinpaare tanzen im ersten Stock der Burg über dem Spiegel der Donau. Dreiunddreißig Paare voll mutwilliger Neugier, sie prüfen die Partner. Wer ist Königin und wer Hofdame? Sind Sie eine Fürstin oder die kleine Kokořová? Sind Sie Nádasdy oder Pálffy? Und welcher? Sie werden in den Winterkrieg gehen, werden ein Jahr lang Prag belagern, werden an den Rhein ziehen, an die Riviera, gegen Berlin und Lobositz. Meine Damen und Herren, es scheint, wir sind im gleichen Alter. Zwischen zwanzig und dreißig. Die besten Jahre fürs Leben, die passendsten fürs Sterben.

Eine Ähnlichkeit mit dem Ball in Berlin ist da. Zumindest scheinbar. Denn das hier, liebe Harlekine, ist nur eine Damenmarotte, ein Vergnügen der jugendlichen Königin. Es gehört sich nicht, mit Gewalt zu drängen, zu raten und ein Geständnis zu erzwingen. Das Spiel muß als Spiel beendet werden. Der Liebhaber von Büchern und Freund der Musik eines Herrn Gluck kann zugleich eine adlige Dame und die örtlichen Dorfschönheiten lieben. Einem, der seine Waffe lädt und den Säbel meisterlich handhabt, wird alles verziehen. Einer von uns hält die Königin im Arm. Wir geben uns nicht zu erkennen, meine Damen und Herren.

(Ein psychologisches Intermezzo erklärt vieles: Hier fehlt der geliebte Gatte, der glänzende Fabrikant, der Mitregent, der Sammler von Mineralien, Franz Stephan von Lothringen. Er weilt in Holič und Šaštín. Scharrt die zweite oder dritte Million zusammen. Zwischen zwei kriegerischen Aktionen ist er schnell mal abgereist, kontrolliert die Geschäfte, die Farben. Er ist so gut, daß es fast weh tut.)

Wein auf den Lippen, der Kopf müde. Der Saal dreht sich, und mein Körper ruht leicht in Männerarmen. Ich fühle mich gelöst und frei.

Zwei Harlekine, die nicht erkannte Königin und der nicht erkannte Mann, blicken in den Raum, wo sie sich gefunden haben. Die eine Kerze brennt nieder. Die Frau spitzt die Lippen und bläst die Kerze aus. Die zweite Maske kniet nieder, küßt ihre Hand, erhebt sich, gleitet mit den Fingern über ihren Busen, nimmt den Frauenkopf zwischen die Hände und küßt ihn. Zwei Masken rascheln aneinander, Papier kratzt beide Gesichter, aber ihre Münder berühren sich nicht. „Ich will mit Ihnen allein sein, Harlekin, aber ich weiß nicht, was da zu tun ist", flüstert die Frau. „Folgen Sie mir, meine Dame." Sie spürt die Männerhand. Sie treten aus dem dunklen Zimmer, laufen durch den erleuchteten Saal auf die breite Treppe. Ringsum sind überall Harlekine, die dreiunddreißig Paare haben sich in alle Richtungen zerstreut. Füßegetrappel, aus dem Saal erklingt Musik. Eine Tür, ein Flur, wieder eine Tür. Eine Laterne. „Legen wir die Masken ab, edle Dame." – „Nein, mein Herr." – „Vertrauen Sie sich meinen Händen an, Madame?" – „Mit Dankbarkeit, mein lieber Unbekannter." Alles auf französisch. Ein Abenteuer. „In der Maske sehe ich aber nicht, was vor uns ist." – „Sie sind doch ein Mann und Soldat, oder nicht?" Leicht berührt sie mit dem Finger seine Lippen. „Wir müssen durch einen langen Flur gehen." – „Ja, das will ich", sagt die abenteuerlustige Dame. Hand in Hand, der Mann zieht sie.

Ein schmales kleines Zimmer, mit erlesenem Geschmack eingerichtet. An den Wänden Uhren. Aus Porzellan, Keramik, Bronze und Silber. Die Frau kann nicht widerstehen und schiebt den Vorhang am Fenster beiseite. Sie erstarrt. Die Burg ragt über ihnen auf. Sie huscht ans andere Fenster. Die drohende Bastei des Doms.

Der Harlekin tritt von hinten an sie heran, zieht den schwarzen Vorhang zu. Schwarz wie die Polsterung eines Sarges. „Hier herrscht völliges Dunkel, Madame. Ich habe die Maske abgelegt.“ Sie betasten ihre Gesichter und versuchen einander zu erkennen. Die Gesichter genügen ihnen nicht. Sie erkennen zwei Leiber und ihre Liebe. Das genügt ihnen. „Wo bin ich, mein Herr? Sag es mir, Unbekannter!“ – „Im Haus Zum guten Hirten, meine teuerste unbekannte Liebe. Ich bereue keinen Augenblick, keine Sekunde in diesem Liebesnest.“ Den letzten Satz hätte er nicht sagen dürfen. Der Dame mißfällt er. „Mach dich nicht zum Sieger. Ich habe es so gewollt. Wenn ich es nicht gewollt hätte, wäre es nie geschehen.“ Ihre Stimme geht unter im Schlag vieler Uhren.

Gib mich nicht der Zeit, gib mich nicht der Dunkelheit. Sie fanden sich im Schlag der Uhren, in nie gesehenen Glockenspielen. (Auch jetzt, allein im Bett, hört sie das verworrene Konzert der Zeit.) Im Morgengrauen öffnete er ihr die Tür in den Geheimgang und zündete eine Laterne an. Da erkannte er sie, und ihm stockte der Atem. Zitternd verschwand er im Vorraum und eilte mit abgewandtem Gesicht aus dem schmalen Haus.

Das Haus Zum guten Hirten. Vergebliches Warten an einem anderen Nachmittag. Zugezogene Vorhänge.

Jetzt verlangte es sie danach, in Preßburg zu sein. Aus dem Traum von der Nacht der Harlekine weckte sie der Schlag einer der verdammten städtischen Uhren.

„Ruft mir Tarouca!“

„Sehr wohl, Majestät, aber es ist schon nach Mitternacht und . . .“

„Nach Mitternacht? Ich dachte, es sei schon Morgen. Elisabeth, reichen Sie mir die Karten. Dort, Linz und Bayern. Sehen Sie sie nicht? Neben dem Spiegel auf dem Tischchen. Legen Sie sie mir hier aufs Bett. Stauben Sie sie ein bißchen ab, meine Liebe. Ich werde arbeiten.“

„Wünschen nun Majestät den Grafen Tarouca?“

„Nein, Teuerste. Nach Mitternacht nicht mehr. Gehen Sie ... Nein, warten Sie! Wissen Sie, daß der alte Khevenhüller in Linz zehntausend Bayern und Franzosen eingeschlossen hat? Warum zerschmettert er sie nicht?"

Die Hofdame zuckte verschlafen mit den Schultern.

„Auch Prag werde ich einschließen. Zunächst aber erledige ich Linz."

Elisabeth Friz begann zu schwitzen. Das Schlafgemach Maria Theresias war überheizt.

„Alles hängt von einer glücklichen Stunde ab, Elisabeth. Das ganze Leben kann sich in einem einzigen Augenblick verändern, wenn man sich von vernünftigen Überlegungen frei zu machen vermag. Man zerreißt das unsichtbare Netz, und die Gitter rings um einen fallen mit Getöse zusammen. Man ist frei."

„Ich weiß nicht, ob eine schwache Frau dazu fähig ist."

„Warum nicht? Man muß nur diesen Augenblick mit ganzer Kraft wollen. Sagen wir, wie wenn man bei der Niederkunft preßt. Sie haben noch nicht geboren? Gut, ich weiß, ich habe Ihnen die Heirat nicht erlaubt. Sie werden noch warten."

„Ich werde warten, Majestät."

„Gehen Sie schon. Und versuchen Sie zu schlafen. Ich werde noch schreiben."

An den Marschall Ludwig Khevenhüller:

Lieber und getreuer Khevenhüller!

Hier hast Du eine von der ganzen Welt verlassene Königin vor Augen mit ihrem männlichen Erben; was vermeinst Du will aus diesem Kind werden? Sieh, Deine gnädigste Frau erbietet sich Dir als einem getreuen Minister; mit diesem auch ihre ganze Macht, Gewalt und alles, was Unser Reich vermag und enthält. Handle, o Held und getreuer Vasall, wie Du es vor Gott und der Welt zu verantworten Dich getrauest. Nimm die Gerechtigkeit als ein Schild; tue, was Du recht zu tun glaubst; sei blind in der Verurteilung der Meineidigen; folge Deinem in Gott ruhenden Lehrmeister in den unsterblichen Eugenischen Taten und sei versichert, daß Du und Deine Familie zu jetzigen und zu ewigen Zeiten von Unserer Majestät und allen Nachkommen alle Gnaden, Gunst und Dank, von der Welt aber einen Ruhm erlangest. Solches schwören wir Dir bei Unserer Majestät. Lebe und streite wohl!

Maria Theresia

Legende oder Wahrheit? Der alte Khevenhüller rief seine besten Regimenter und alle Offiziere zusammen, stellte das Bildnis Maria Theresias auf und las ihnen den Brief vor. Einmütig vergossen sie Tränen und gerieten in Zorn. Am Tage darauf fielen auf Linz mehr als siebenhundert Artilleriegranaten und Bomben. Am folgenden Tage ergab sich die Besatzung. Khevenhüllers Armee drang mit dem Feldgeschrei in Bayern ein: „Für Maria Theresia!" Während Karl Albert in Frankfurt zum Kaiser gekürt wurde, verlor er sein Stammland, und die Truppen Maria Theresias besetzten München.

So begann das Jahr 1742. Das Jahr der tiefsten Erniedrigung. Die vorübergehende Besetzung Münchens brachte nichts ein. Maria Theresias Herrschaft hing an einem seidenen Faden. Ende Februar besetzte Friedrich ganz Mähren; von Znaim aus bedrohten seine Husaren Wien.

Zum Entsetzen ihrer Ratgeber befahl Maria Theresia den mährischen Hauptleuten, die Bauern zu bewaffnen. Sie appellierte an ihre Gefühle. Die mährischen Bauern überfielen als Partisanen preußische Einheiten. Friedrich zog sich lieber nach Böhmen zurück. Alles schürzte sich um Prag zu einem Knoten.

9

Ignac Kollár schritt über eine blühende Wiese, seine Füße versanken im Gras. Um sein Ohr summte eine Biene, und über seinem Kopf kreiste ein Mückenschwarm. Er stolperte über Maulwurfshügel, beeilte sich, um die weiße Gestalt einzuholen. Sie verschwand im hohen Gras, weit vor ihm, dort, wo die Wiese von Felsen abgeschlossen wurde, über deren Zinnen die Nachmittagssonne hüpfte.

Die weiße Frau lockte ihn zu sich. Er fing an zu rennen. Er trug keine Soldatenstiefel, sondern leichte Filzschuhe, denn darin lief es sich leicht. Der warme Wind wehte ihm Rosenduft in die Nase. Wo sollten hier Rosen herkommen? Ich werde sie für dich pflücken, meine Teure. Er blieb stehen. Aus dem ungemähten Gras ragte die Brust einer jungen Frau, auf ihrer Haut flatterten rote und blaue Bänder, sie flochten sich der Frau in die Haare. Er langte nach dem violett aufgeplusterten Köpfchen einer Kuckucksnelke. Er berührte sie, und die Blütenblätter blieben zwischen seinen Fingern hängen. Sie waren kühl. Er schaute sich um. Auf hohen Stengeln wiegten sich die gelben Köpfchen des Flachses. Daneben kam die blaue Blüte einer Glockenblume zum Vorschein. Unter einem Bergahorn erblickte er im niedrigen Gras die blauen Flecke von Safran, die geneigten Köpfchen der Küchenschelle. Er pflückte Wiesenblumen, und da begann er plötzlich vor Kälte zu zittern. Es fror ihn an den Fingern. Die Blüten brannten vor Frost, zerfielen zu Schneestaub. Er war verzweifelt, rieb die Hände an den Schenkeln und hastete der Frau nach in eine Schlucht. Schon war er ihr nahe, doch seine Hände blieben leer und eiskalt. Die Frau drehte sich um, ihre Brust schwoll, aber ihr Gesicht war das Gesicht des Generals Göldlein, unrasiert und grinsend. In der Hand der Frau erblickte er ein geladenes Terzerol. Von einem Felsen über der Schlucht sprang Žofka mit ihrem mageren Körper herunter, nackt und mit Engelsflügeln. Engelstrompeten erschallten, und Göldlein feuerte die Pistole ab.

Ignac zuckte zusammen und stieß mit dem Kopf an die Zeltleinwand. Trommler liefen durch die Gassen zwischen den Zelten, und Trompeten gellten. Zunächst holten sie die Heizer aus den Zelten. Sie sollten auf den Plätzen des Feldlagers Feuer entfachen. Dann krochen aus den komfortableren Zelten die Offiziere.

Ignac Kollár steckte den Kopf hinaus. Der Himmel ist voller bleierner Wolken. Es wird schneien. Er rieb sich die erstarrten Hände. Lief zum nächsten Feuer. Der Wind blies von Norden. Zum Teufel mit so einem Leben. Werden wir wieder einen Winter in Zelten verbringen?

Prag lag zum Greifen nahe. Auf dem Hradschin sah man die Paläste und die Kirchen. Die dreieckigen Festungsbasteien wirkten wie ausgestorben. Nach den langen Monaten kannten die Soldaten bereits die Namen der einzelnen Basteien. Direkt gegenüber lag die Strahover Bastei, daneben die Spitalsbastei. Rechts die des heiligen Norbert, des heiligen Adalbert, des heiligen Laurentius. Teufel eins, so viele Heilige beschirmen Prag vor seiner gesetzmäßigen Herrscherin! Ist es überhaupt möglich, daß hinter diesen Basteien eine Stadt mit warmen Häusern, geheizten Stuben, sauberen Betten und schmucken Frauen liegt?

Er schleppte feuchtes Holz ans Feuer. Wieder qualmte alles ringsum, es qualmten die Zelte, Röcke, Decken, Hände, Hälse, Köpfe, Gehirne. Die Türme der Prager Städte zeichneten sich wie zum Hohn am Horizont ab, wie eine unwirkliche Theaterkulisse. Dahinter ist nichts. Es gibt kein Leben, keine Fron, es läuten keine Glocken, es sind keine Menschen auf Gassen und Plätzen. Prag kann nicht leben. Lebte es, dann hätte es längst die starrköpfigen Franzosen ausgespien. Schon ein Jahr sind sie in Prag und seit dem Sommer von der Welt abgeschnitten. Uns halten hier nur die verdammten

Offiziere fest. Sie langweilen sich und spielen Krieg. Ein verfluchtes Leben. Žofka ist mir in Schlesien mit einem Deutschen durchgebrannt. Ich kann sie nicht alle erschießen. Von wegen Käferchen! Als Hure hat sie sich entpuppt.

Wenn die Feuer brennen, tauchen die Korporale auf, hinter ihnen die Verwalter der Magazine, Listen in den Händen. Aus den Zelten quellen Hunderte Dragoner, Husaren, Infanteristen, Grenadiere hervor, stellen sich in den vorgeschriebenen Karrees auf, es gibt Geschrei und Gegröle, Gestoße und Geschimpfe. Die tägliche Zählung der Kompanien, Bataillone, Eskadronen, der Pferde und Trosse. Dann traben die geschniegelten Kornetts und Leutnants an, auf den Köpfen prächtige Bärenfellmützen, und hoch zu Roß nehmen sie die Meldungen entgegen, wiederum zählen, einteilen, aufteilen. Die Armee muß man vom Morgengrauen bis zur Abenddämmerung mit etwas beschäftigen, damit sie nicht faulenzt, nicht das große Ziel aus den Augen verliert, die Hauptstadt des böhmischen Königreichs. Die Feststellung der Iststärke ist das erste Abenteuer, bis dann die Zinnbottiche mit heißem Tee geöffnet werden und gefrorenes Brot verteilt wird. Der Appell auf den Lagergassen entscheidet über die Essensportionen. Über Desertionen freuen sich lediglich die Soldaten. Den Unteroffizieren bereiten sie nur Scherereien. Die Leutnants und Obristen schimpfen. Auch wenn die meisten aus Ungarn stammen und in den umliegenden Städten und Dörfern keine Verwandten haben, verschwinden Nacht für Nacht Dutzende Soldaten. Die Vision eines warmen Betts, der Anblick einer eingemummten Frauengestalt jagt sie hinaus in den Frost. Sie fürchten, das Frühjahr nicht zu erleben.

Dann hängt es nur noch von den Korporalen ab, ob mit Hilfe der Zurückgebliebenen die Zahl der Deserteure vertuscht wird und die Abteilung die gleichen Verpflegungsportionen faßt wie gestern. Um das, was übrigbleibt, gibt's Schlägereien, falls die verheimlichten Überschüsse nicht gleich am Morgen in die Töpfe der Korporale und Fouragemeister wandern.

Nach dem Frühstück Abrücken in die Stellungen. Am meisten rackern sich die Artilleristen ab. Die Offiziere befehlen jeden Morgen einen Stellungswechsel der Mörser und Kanonen, um die widerspenstigen Franzosen aus Prag hinauszutreiben. Die Soldaten rennen ohne Widerrede, schinden sich mit den Bronzekanonen ab, spannen Pferde vor. Die Anstrengung vertreibt die Kälte und läßt das Blut schneller durch die Adern strömen.

An einem sonnigen Tag stampften Pferde um neun Uhr morgens auf dem Plateau unterhalb Strahov. Das breite Gesicht des Großherzogs Franz von Lothringen tauchte auf. Er war mit seinem Bruder Karl, dem Marschall Lobkowitz und dem alten Khevenhüller erschienen. Sie hielten auf einem Hügel bei einem Baumstumpf. So entstand eine würdige Gruppe, ein Motiv für Hof- und andere Maler aus Wien und den italienischen Städten. Es lohnte schon, solche historischen Augenblicke zu skizzieren, dann zu Hause auf großformatigen Leinwänden die Schrecken des Krieges darzustellen und sie dem Wiener Hof anzubieten. Wenn die Höflinge Maria Theresias sie nicht kauften, dann fanden sich vielleicht in Dresden oder Paris Interessenten. Die Herren sehen sich gern vor dem Hintergrund bombardierter Städte und der verwischten Karrees angetretener namenloser Helden.

Ignac kämmte seinem Pferd die Mähne, tätschelte die zitternden Flanken und beobachtete aus den Augenwinkeln die hohen Herren. Unter dem Hügel, wo ihr Beobachtungsstand war, zogen Zweiergespanne schwere Geschütze.

Fürst Lobkowitz spähte hinüber zu den Türmen der Loretokirche. Er hielt das Fernrohr ans Auge. Nahe dem Strahover Tor erstreckte sich der gewaltige Komplex des Prämonstratenserklosters. Rechts davon war im Grün das Welsche Spital zu erkennen, und dort zwischen den traurigen nackten Bäumen schimmerte weiß das Lobkowitz-Palais. Davor die Bastei des heiligen Laurentius. In dem Marschall schäumte Zorn auf.

„Die Kanonen zweihundert Schritt vor!“ befahl er dem Ordonnanzoffizier. „Heute versalzen wir ihnen die Suppe!“

Er versuchte im Geiste zu rechnen. Schwer ist es, auf Basteien zu feuern. Verirrte Granaten werden in die Gärten auf dem Hradschin fallen. Auch in den Lobkowitz-Garten. Wenn die Pfuscher nicht gut zielen, zerschieße ich meinen eigenen Palast. Würde der Großherzog die Ratschläge der Marschälle befolgen, könnten wir das Strahover Tor im Frontalangriff erobern. Wir würden Nádasdys Husaren einsetzen. Hier sind Regimenter aus dem ersten schlesischen Feldzug. Sie kämpfen wie die Löwen. Sie würden sich auch auf eins der Prager Tore stürzen. Einmal würden sie durchbrechen.

Natürlich wußte Lobkowitz, daß aus ihm nur der Zorn sprach. Die Lehrbücher des Militärwesens des achtzehnten Jahrhunderts kannten keinen Straßenkampf. Städte wurden belagert. Man mußte sie einschließen, beschießen, beunruhigen. Warten, bis die eingeschlossene Besatzung kapitulierte. Die Belagerten mußte man moralisch zermürben und physisch aushungern. Mit Infanteristen und Pferden konnte man nicht gegen Schanzen anrennen.

„Diese verdammten Franzosen!“ knurrte Khevenhüller. Ein Befehl der Königin hatte ihn aus Bayern abberufen. Die Königin von Böhmen wollte in Prag gekrönt werden.

„Wie könnten wir sie aus der Stadt herauslocken?“

Die Frage des Großherzogs war ein Thema für eine militärische Dissertation. Alle zuckten die Achseln. Die Pferde unter ihnen scharrten ungeduldig auf der böhmischen Erde.

„Mich ergrimmt das“, fuhr Franz von Lothringen fort. „Wir haben drei Armeen rings um Prag. Ein geeignetes

Schlachtfeld würden wir leicht finden. Diese fünftausend armen Teufel Cheverts würden wir binnen einer halben Stunde niederwalzen."

„Gerade deshalb heben die armen Teufel die Nase nicht über die Mauern", entgegnete Khevenhüller.

„Sie haben die Nasen gehoben, und wir haben sie laufen lassen, meine Herren."

„Hoheit meinen vor zehn Tagen?"

„Ja, meine Herren. So ein Leichtsinn! Fünfzehntausend eingeschlossene Franzosen, der vermaledeite Belle-Isle an der Spitze, schlagen sich durch Ihren Ring, und Sie . . . und wir . . ."

„Es war in der Nacht."

„Eben. So eine Unachtsamkeit! Ihre Majestät waren sehr erzürnt", schnarrte Franz.

„Wir hätten sie schon verfolgt", hielt ihm Lobkowitz entgegen. „Aber die Befehle lauteten anders: vor Prag stehen bleiben."

Den Marschällen ging die Besserwisserei des Großherzogs auf die Nerven. Wahrhaftig, wenn die Königin ihren Gemahl wegschickte und selber hier bei uns bliebe, würden wir Prag erobern. Diese Frau wäre fähig, die militärischen Operationen besser zu leiten, denn sie hat angeborenen Mut und Energie. Aber so? Mit jeder strategischen Entscheidung muß man zum Herrn Großherzog Franz eilen, dann zu seinem Bruder Karl, dann nach Wien und wieder zurück. Die Marschälle und Generale sind hier völlig überflüssig.

„Lassen wir den Mut nicht sinken, meine Herren. Wir stehen einen Schritt vor dem Sieg. Chevert hat so viele Verwundete und Kranke, daß er sich in Prag nicht mehr lange halten kann."

„Und deshalb wieder wie gehabt!" rief Khevenhüller. „Um neun Uhr dreißig das Feuer eröffnen!" Er wendete sein Pferd und trabte ins Tal zu den Geschützen.

Sechsunddreißig Mörser und hundert schwere Kanonen begannen ihre Ladung auf Prag zu speien.

Aber das ist doch Unsinn! Lobkowitz drückte es das

Herz ab. Dort vorn sind die Gärten meines Palais. Man muß verhandeln! Laut aber sagte er das nicht.

Es wurde immer schwieriger, Fleisch zu beschaffen. Zorica wartete zunächst das Ende der Kanonade ab. Die Belagerer hörten Punkt zehn Uhr auf. „Die Zehner-Knallerei ist beendet", sagten kichernd die Köche. „Die Herrschaften müssen ihr Déjeuner auf die dritte oder vierte Nachmittagsstunde verlegen", teilte Zorica lächelnd dem Verwalter mit. „Wenn wir irgendwo Fleisch auftreiben, wird nicht vor zwölf gekocht."

Dann gab es überhaupt kein Fleisch mehr. Sie bereiteten Liwanzen, Palatschinken, Knödel, Kartoffelauflauf, Kartoffelplätzchen und ähnliches zu. Zorica hamsterte alles zusammen, was ihr in die Hände fiel. Wäre der Leutnant de Granville nicht gewesen, dann hätte sie nicht einmal Mehl ergattert. Es genügte, daß Zorica nach Art der adligen Damen ihr Dekolleté verschob, und schon war gutes Mehl für Weißbrot aus dem fernen Frankreich da.

Mit einem Versorgungstrupp aus dem Lobkowitz-Palais stieg Zorica vom Kleinseitner Ring durch die Waldsteingasse zum Jesuitengarten an der Moldau hinab. Dort hatten die Franzosen ein Feldlager. Dort wartete der Leutnant Henri de Granville mit Parfüm und Geschwätz über die Sitten der Damen in Versailles und Trianon.

„Seien Sie willkommen, Madame", begrüßte sie mit einer Verbeugung ein schnauzbärtiger Musketier. „Heute gibt es Fleisch, gnädige Frau. Gutes Fleisch!" Er lachte und tätschelte ihr den Hintern. Ohne weiteres ließ er sie durchs Tor.

Hinter der Umzäunung Geschrei und Verwirrung. Sie sprang vor einem Pferd zurück, das auf sie zuraste. Die Franzosen machten Jagd auf zwei Pferde. Schäumende Mäuler, das Wiehern ging in ein Todesröcheln über. Zu dem Haus mit den zwei Soldatenzelten, wo Leutnant de Granville auf sie warten sollte, kam man nicht durch.

Auch Zorica schaffte es nicht bis dorthin. Eine Ohnmacht überkam sie. Der finster dreinblickende Koch fing sie auf, setzte sie auf einen Holzkloben. Vor dem Haus des Leutnants hielten zwei Soldaten eine halbverhungerte Mähre an einem Strick fest. Das Pferd brach auf der gefrorenen Erde zusammen, richtete sich zum Knien auf, da schoß ihm ein dritter Franzose eine Pistolenkugel in den Kopf. Weitere Soldaten sprangen über das im Todeskampf zappelnde Pferd. Der blutige Schlächter mit den sanften Augen hieb das Beil in die Eingeweide. Dampf quoll heraus. Die Innereien. Alle brüllten. Ein Kampf. Blutgeruch. Die Därme schlängelten sich über die Prager Erde wie mäßig gemästete Würmer. Zorica lehnte mit abgewandtem Kopf regungslos an der Schulter des Kochs. Der mußte selber ein paarmal schlucken, um den Brechreiz loszuwerden. Vor dem Leutnant de Granville wogen Soldaten die Pferdeschenkel. Die Waage war an einem richtigen Galgen aufgehängt. Die Franzosen schleppten jeweils zu zweit auf Knüppeln die Fleischbrocken weg, von denen das Blut tropfte. Es sickerte nicht in den gefrorenen Boden des Jesuitengartens ein.

Im Lobkowitz-Palais servierte man an diesem Tag kein Fleisch. Der Koch kündigte Nudeln à la hongroise mit Quark und rotem Paprika an.

„Das französische Korps aus Prag hat sich schon bis Eger durchgeschlagen", meldete man dem Marschall Lobkowitz. Er verspeiste die weihnachtlichen Leckereien und spülte mit erbeutetem französischem Champagner nach, einem Geschenk Khevenhüllers.

Lobkowitz betrachtete nachdenklich seinen ältesten Sohn Adam. Er hatte ihn aus Wien anreisen lassen. Nach dem zwanzigsten Lebensjahr ist es von Nutzen, an einem richtigen Krieg teilzunehmen.

„Das ist eine Leistung, nicht wahr?"

„Eine gewaltige Leistung. Der Marschall Belle-Isle hat den Teufel im Leib. Er hat drei Viertel seiner Armee gerettet!“ Lobkowitz nippte vom Champagner. „Mir scheint, du wirst bald deine Brüder in Prag sehen. Das spüre ich in den Knochen. Chevert wird kapitulieren. Unsere Treue zur Königin wird nicht umsonst sein.“

Am Nachmittag erschien auf dem Strahover Plateau ein französischer Leutnant im weißen Waffenrock. Er schwenkte eine weiße Flagge. Man führte ihn vor den Marschall Lobkowitz. Der Leutnant zog galant den Hut.

„Euer Durchlaucht, ich bin Leutnant Henri de Granville, Offizier des französischen Königs. Ich überbringe Ihnen ein persönliches Schreiben des Kommandanten von Prag.“

Christian Lobkowitz entsiegelte den Brief. Die Unterschrift lautete: „Kommandeur des Großkreuzes des St.-Ludwigs-Ordens, Ritter des königlichen Ordens des Weißen Adlers, Gouverneur von Givet und Charlemont, Generalleutnant der französischen Armee François de Chevert.“ In Wirklichkeit Befehlshaber von nicht ganz viertausend Krüppeln, Verwundeten, von Typhus und Grippe zermürbten Franzosen in den Häusern und Spitälern Prags. Und was bietet er uns an? Die Kapitulation?

„Einen ehrenhaften Frieden“, sagte der Leutnant de Granville. Sein linker Mundwinkel zuckte, als zögen ihn die Fäden eines Puppenspielers auf und ab.

„Doch wohl die Kapitulation, Herr Leutnant?“

„Ich wiederhole, Euer Durchlaucht: einen ehrenhaften Frieden. Den Abzug des Restes unserer Truppen aus Prag.“

Lobkowitz konnte sich eines Lächelns nicht erwehren.

„Haben wir nicht die Rollen verwechselt, Herr Leutnant? Sind nicht vielleicht Sie in Prag die Sieger und die drei Armeen ringsherum die Besiegten?“

„Das Urteil wollen wir der Geschichte überlassen. Die Soldaten meines Kommandeurs sind schon heute die moralischen Sieger.“

„Sparen wir uns leere Worte. Sie wollen sagen, die geschlagene, ausgehungerte, kampfunfähige französische Besatzung kapituliert.“

„Sie kapituliert nicht, Durchlaucht. Sie bricht nur den Kampf ab und fordert ehrenhaften Abzug."

„Das fordern Sie, aber wir müssen nicht darauf eingehen. So ist das." Lobkowitz setzte sich im Sessel zurecht. Unter der schlecht abgedichteten Zeltleinwand zog es ihm an den Beinen. „Wenn wir Ihr Angebot nicht akzeptieren, setzen wir die Belagerung fort. Wir halten noch aus. Wie Sie sehen, verfügen wir über genügend Vorräte. Apropos – möchten Sie von Ihrem Champagner kosten?" Er schenkte ein Kristallglas voll und schob es vor den Franzosen. Dieser nippte und sagte: „Generalleutnant de Chevert schreibt Ihnen, was geschehen soll."

Lobkowitz hörte nicht auf zu lächeln.

„Sie werden den Widerstand fortsetzen. Nachdem sie ihre Pferde abgeschlachtet hat, wird die französische Besatzung wohl zu einer anderen Kost übergehen müssen. Ich will nicht geschmacklos sein, Monsieur. Hunde, Katzen, später ... mhm ... Ratten ..."

„Wir haben dies Getier in den vergangenen Tagen kennengelernt. Weihnachten haben wir in den Kellern, Katakomben und Krypten unter den Prager Palästen, Amtsgebäuden und Kirchen verbracht."

„Unsere wirksame Artillerie ..."

„Durchlaucht irren sich. Wir haben überall Sprengstoff angebracht. Wenn Sie der diesbezüglichen Passage im Brief des Herrn Generalleutnants Aufmerksamkeit widmeten ..."

„Das meinen Sie doch nicht ernst? Falls wir Ihnen den Abzug aus Prag nicht gestatten ..."

„Sprengen wir alle wichtigen Gebäude der Hauptstadt Böhmens in die Luft und stecken obendrein die ganze Stadt in Brand."

Leutnant de Granville trank den Champagner aus und fuhr fort: „Im Falle unseres Abzugs garantiert die ungarische Königin, daß die böhmischen Bürger, die der Armee Seiner Majestät des Königs von Frankreich beigestanden haben, an Leben und Besitz geschont werden und daß ihnen völlige Amnestie gewährt wird."

Der Leutant zog eine große goldene Uhr aus der Westentasche.

„Es ist jetzt halb vier. Ich möchte nicht bei Dunkelheit in die Stadt zurückkehren. Generalleutnant de Chevert erwartet Ihre Entscheidung bis spätestens morgen zehn Uhr. Wenn bis zu dieser Frist Ihre Beauftragten nicht zur Unterzeichnung des Abkommens am Strahover Tor erscheinen, beginnen wir mit den Sprengungen. Als erstes wird der Hradschin in die Luft fliegen."

Er stand auf und verbeugte sich schweigend vor dem Marschall. Lobkowitz war leichenblaß.

„Herr Leutnant", stammelte er, „ich kann bis zu dieser Frist keine so schwerwiegenden Dinge wie eine Amnestie garantieren. Ich muß mich mit der Königin in Verbindung setzen."

Der Leutnant zeigte auf den Tisch des Marschalls.

„Ich bedaure. Alles steht in dem Brief. Ich war zu nichts anderem bevollmächtigt, als ihn zu übergeben, Durchlaucht."

Er trat aus dem Zelt. Auf Befehl des Marschalls geleiteten ihn Husaren bis zum Strahover Tor.

„Die Franzosen ziehen ab!" schrien die Prager. Zorica lief aus dem Palais auf die Straße. Durch die Welsche Gasse zogen Soldaten. Die vor einem Jahr noch lustigen, lachenden Franzosen in den blaßblauen Monturen. Die parfümierten näselnden Offiziere, reizend und rücksichtslos. Jetzt verließ die Stadt ein Bettlerzug. Beinstümpfe mit durchgebluteten Verbänden, statt der Stiefel Fußlappen aus Bettlaken, Teppichen, Decken. Vor die Wagen und Karren waren Soldaten gespannt, denn die Pferde fehlten. Gewehre, Musketen, Säbel waren auf den Troßwagen verladen. Zorica wurde schwarz vor den Augen. Ich soll am Haupteingang des Prämonstratenserklosters warten. Am Tor, Madame Zorica. Keine Angst, ma chère, ich kümmere mich um Sie. In Prag werden die Husaren Maria Theresias eindringen, die werden Sie ausplündern und vergewaltigen, meine Kleine. Vergessen Sie nicht, Leutnant de Granville erwartet Sie. Fragen Sie nur nach mir. Ich kann alles. Reims, Paris, Versailles, Orleans, Dijon sind schöner als Šaštín, Wien, die Kleinseite. Glauben Sie mir. Ich warte bis zum Mittagsläuten.

Sie schaffte es nicht, zu packen. Aus der Küche lief sie in den schmalen Flur, von dem die Lagerräume abgingen.

Die Truppen Maria Theresias begrüßten den Neujahrstag des Jahres 1743 am Ufer der Moldau. Ignac mußte den Zaum des Pferdes gut festhalten; das Tier scheute bei den vielen Petarden. Das Feuerwerk belebte die erschöpften Soldaten. Sie schliefen in den Schulen auf Stroh, sauten die Schulhöfe und Flure ein. Endlich im Warmen! Sie aßen und tranken sich satt, schliefen sich aus. Ignac meldete sich mit Freuden zum Wachdienst in der Stadt. Jetzt waren die Burschen aus Oberungarn, die Slowaken und Ruthenen im Vorteil. Sie konnten sich mit den Pragern verständigen. Wenn mich mein Bruder Adam sähe! Wie großartig ist es, ein Slawe zu sein und die Menschen in dieser Stadt zu verstehen!

Den erschreckten Prager Mädchen sangen sie in die Ohren:

Mädchen werden wir nicht fragen,
lieber unsern Säbel tragen.
Einen prächtigen Säbel ich hab,
den mir meine Königin gab.

Wenn sie zu tief ins Bierglas geguckt hatten, packten sie Trauer und Zorn. Dann schlugen sie mit der Faust auf die Tische und grölten:

Mädel, leg dich nieder,
knöpfe auf das Mieder,
Rock und Hemdchen hoch,
Röckchen hoch und Beine breit,
das ist des Soldaten Freud.

Die Freud dauerte nur zwei Tage, dann wurde Ignac' Bataillon dazu abkommandiert, Cheverts Soldaten nach Eger zu begleiten.

Der Leutnant Henri de Granville setzte Zorica auf einen österreichischen Planwagen mit Mehl-, Salz- und Zuk-kersäcken. Er warf ihr eine Kußhand zu und sprang aufs Pferd. Vor dem Klostereingang erblickte er die hohe Gestalt des Marschalls Lobkowitz.

„Wir danken Ihnen für die Großzügigkeit, Euer Durchlaucht."

Lobkowitz nickte nur müde. Mit einer Handbewegung befahl er dem Adjutanten, abzurücken. Er spornte sein Pferd, nur schnell nach Hause!

Sie ritten an den mit Franzosen vollgeladenen Troßwagen vorbei. Wer hockt denn dort? Was ist das für ein Frauenzimmer?

„He, du dort! Ja, du, was guckst du so ..." Er erkannte Zorica und winkte seinen Adjutanten heran. „Holen Sie die Frau dort von dem Wagen herunter. Das ist keine Französin! Sie hat in meinem Palais gearbeitet, ist ausgerissen!"

Da entdeckte Zorica auf der anderen Seite der Straße einen Reiter im weißen Mantel mit hohem Dreispitz. Mit zwei Schärpen gegürtet, die Muskete auf der Schulter. Auf seinem Pferd thronte er hoch über der Menge.

„Ignac!"

Sie wehrte sich verzweifelt, als der junge Tscheche sie vom Wagen zerrte. Ein Sack Zucker riß auf, der Zucker rann auf den schmutzigen Schnee. Die Franzosen stürzten sich auf das weiße Pulver.

„Ignac! Warte!"

Eine große Hand hielt ihr den Mund zu. „Sie beißt, diese Bestie!" Der Adjutant setzte die zappelnde Frau vor sich aufs Pferd, schlang den einen Arm um ihre Brust, trieb mit der anderen Hand den Gaul an. Der Marschall war schon weit voraus, er ritt zum Hradschin, wo er scharf nach rechts abbog. Durch die aufgewühlten

Gärten und Parks galoppierte er zu seinem Palais. Ein halbes Jahr hatte er seine Söhne nicht gesehen. Diese Wildkatze hatte sie verlassen! Na warte!

Henri de Granville kam zu spät zum Wagen. Seine Mundwinkel zuckten. Suchend schaute er sich um. Von Zorica keine Spur. Er machte eine wegwerfende Handbewegung. Er muß sich beeilen, solche Weiber gibt's zu Hause auch.

Sie passierten das Strahover Tor und traten den langen Marsch gen Westen an, nach Eger. Die Franzosen und die sie begleitenden Soldaten Maria Theresias. Den langen, endlosen Marsch durch Europa.

10

Die treuen tschechischen Greise, Kinský und die Harrachs, waren erregt.

„Majestät, bestehen Sie auf der Krönung am Sonntag, dem zwölften Mai, um sieben Uhr früh? Das ist doch eine Torheit", stieß Kinský hervor.

„Ja, ich bestehe darauf. In Prag gibt es viele Kirchen. Wenn die lieben Prager wirklich so fromm sind, werden sie den ganzen Tag über genug Zeit haben, in die Kirche zu gehen." Sie blickte vom Hradschin auf die Stadt hinab. Eine schöne Stadt. Warum ist sie mir untreu? Und dieses Wort Torheit werde ich Kinský nicht vergessen. „In meinen Augen ist die Krönung eine unumgängliche Formalität, meine Herren." Die Tschechen erstarrten. „Durch die Krönung soll die Schande getilgt werden, die mir Böhmen durch den Treueschwur für Karl Albert zugefügt hat. Andernfalls würde ich nicht darauf bestehen."

„Majestät, an der Eroberung Prags waren auch böhmische Waffen beteiligt. Marschall Lobkowitz, aus einem uralten Geschlecht tschechischer Wladyken . . ."

„Lobkowitz werde ich noch die Leviten lesen, weil er Cheverts Bettlerbande mit Waffen in den Händen aus

Prag hat abziehen lassen. Entgegen meinem ausdrücklichen Befehl. Er hat ihnen sogar Transporthilfe gewährt."

„Offenbar mußte selbst er die Tapferkeit des Gegners anerkennen", flüsterte Harrach.

Maria Theresia warf ihm einen scharfen Blick zu.

„Vom Gegner werden wir andere Dinge lernen. Zum Beispiel, wie die Verwaltung unserer Länder zu organisieren ist, damit wir in den Finanzen und in den Behörden Ordnung bekommen. Wie in Preußen. Übrigens ... Baron Haugwitz wird ebenfalls an der Krönung teilnehmen. Für Schlesien."

„Er wird als Vorsitzender der schlesischen Hofkanzlei geladen."

„Haugwitz hat gute Vorschläge für die Verwaltungsreform. Sie sollten sich mit ihm unterhalten."

„Etwas zu spät, Majestät. Und zu wenig für den Rest von Schlesien."

„Kinský, Kinský! Bissig wie immer ... Ja, durch den Breslauer Frieden haben wir den größten Teil Schlesiens verloren. Aber nicht für immer. Einstweilen brauchen wir jedoch Frieden. Wir müssen uns wieder erholen." Sie ging durch den Saal ans Fenster und öffnete es. „Ich möchte, daß der Prozeß der böhmischen Verräter bis zur Krönung abgeschlossen ist. Daß wir bis dahin unsere Rechnung mit dem böhmischen Adel beglichen haben."

„Wir bitten Eure Majestät, den Groll gegen einen Teil des böhmischen Adels nicht auf das ganze Königreich Böhmen zu übertragen."

Maria Theresia lehnte sich an den Fensterrahmen, vergaß sich und streckte den Bauch heraus. Sie klammerte sich an den Rahmen, um die Beherrschung nicht zu verlieren.

„Das Königreich Böhmen! Und wer kämpft für einen Bestandteil des Königreichs Böhmen, für dieses vermaledeite Schlesien?" Sie schrie es heraus. „Sind das nicht Tausende ungarischer und österreichischer Soldaten, meiner Soldaten? Sind nicht zahllose von ihnen für das

Königreich Böhmen gefallen? Meine Herren, für dieses Volk habe ich genug getan. Aber wo ist seine Hilfe? Wo sind die Böhmen, wo sind Ihre Regimenter? Während ich mit Fremden für die Böhmen kämpfe, kriecht der Prager Erzbischof vor dem Bayern auf dem Bauch! Die höchsten Beamten des Königreichs haben sich von mir losgesagt!"

Sie wandte ihr Gesicht wieder der Stadt zu. Heftig atmete sie die Frühlingsluft ein. In den Gärten und Lustschlößchen unter der Prager Burg blühten die Kirsch- und Apfelbäume. Die Sonne drang in die verlassenen Säle, wenigstens lebten sie für eine Zeit auf.

„Verzeihen Sie, meine Herren. Ich habe mich hinreißen lassen. Bin müde von der langen Reise. Eine geschlagene Woche habe ich mich von Wien bis hierher durchrütteln lassen." Sie trat an die Herren heran und schenkte ihnen einen freundlichen Blick. „Ich möchte Ihnen feierlich versichern, daß ich mich an Böhmen nicht rächen werde. Die beantragten Urteile waren zu streng, ich habe sie gemildert. Es wird keine Hinrichtungen geben."

Kinský warf sich vor der jungen Frau auf die Knie und küßte ihre Hand.

„Schon gut, schon gut." Sie zog die Hand zurück. „Die meisten der erschreckten Herren werden straffrei ausgehen. Einigen nehmen wir ihre hohen Ämter ab. Für eine gewisse Zeit. Und einige will ich nicht in meiner Nähe sehen. Ich hoffe, ich mache ihnen damit eine Freude. Vor allem habe ich kein Verlangen nach Seiner Eminenz, dem Erzbischof von Prag."

„Aber Majestät, wer wird die Krönungszeremonie vollziehen?"

„Sie glauben doch wohl nicht, ich würde mir die Krone von einem Mann aufs Haupt setzen lassen, der vor dem bayrischen Karl Albert das Tedeum gesungen hat?"

„Wer dann?"

„Machen Sie einen Vorschlag."

„Vielleicht der Bischof von Olmütz?"
„Einverstanden."
Die alten Herren waren gerührt.
„Sie sind unsere Herrscherin. Gnädig und großherzig."

Die Minister warteten schon auf dem Flur. Sie blickten hinab auf den großen Hof, tratschten.
„Der Herr Haugwitz ist also der neue Stern. Es macht nichts, daß er der Sohn eines protestantischen sächsischen Generals ist. Wir werden nach dem Muster der Preußen reorganisieren."
„Haben Sie es bemerkt? Sie ist wieder schwanger."
„Dabei hat sie doch erst im vorigen Mai eine Tochter geboren."
„Sie ist jung, was kann man machen?"
„Sie ist mit Tarouca angereist. Der kleine Portugiese führt sich auf, als wäre er Kanzler der ganzen Monarchie."
Die alten Männer kicherten.
„Sie hat ihn bereits zum Präsidenten der holländischen Kanzlei ernannt und hält für ihn den Posten eines leitenden Baumeisters am Wiener Hof bereit."
„Er bestimmt ihr Programm. Er setzt die Audienzen an."
„Tagelang ist sie mit ihm zusammen. Mehr als mit dem Herrn Gemahl."
Sie stiegen die breiten Treppen des Burgpalastes hinab.
„Vor dem Dom muß das Unkraut gejätet werden", sagte heiser der ältere Harrach.
„Aber dem Landeshauptmann David hat sie nicht verziehen. Er kriegt lebenslänglich in der Budíner Festung. Magyaren werden den rebellischen Tschechen bewachen."
„Dieses Herrscherhaus kombiniert das immer so ... Kommen Sie, Sternberg hat uns zum Mittagessen eingeladen."

In der Nacht von Samstag auf Sonntag, den zwölften Mai, konnten sich Hunderte von Adligen und höchsten königlichen Beamten nicht der verdienten Ruhe hingeben. Wenn sie zwischen sechs und sieben Uhr morgens auf dem Platz vor dem Hradschin sein wollten, mußten sie bereits vor fünf Uhr aufstehen. Einige erhoben sich schon um drei oder vier Uhr bei völliger Dunkelheit aus den Betten. Diese verdammten Marotten einer Frau!

Königliche Marotten. Maria Theresia erschien frisch und munter pünktlich um sieben Uhr auf dem Burghof. Makellos gekleidet und hergerichtet, in silbergrauer Robe, barhäuptig. Sarkastisch lächelte sie, musterte die Reihen der Soldaten und die schwarzen Formationen der höchsten Beamten.

Im Veitsdom hatte man in den Seitenschiffen hölzerne Galerien errichtet, damit alle Platz fanden.

Als die Orgel aufbrauste, geleitete man Maria Theresia in die Mitte des Doms. Sie stand über den Gräbern der böhmischen Könige und schaute über die Menschenmenge hinweg. Alle waren sie da, die Treuen und die Schwankenden, die Begnadigten und die ihrer Ämter Enthobenen. Der Klang der Orgel hob ihren Blick empor über den herabwallenden Baldachin, er glitt über die Wappen der böhmischen Länder. (Man hatte das Rot unter dem silbernen doppelschwänzigen Löwen aufgefrischt, das Schachbrett des mährischen Adlers leuchtete, auf gelbem Grund schrie der schwarze schlesische Adler.) Das alles ist nichtig und leer, denn dieser Dom ist noch höher als die Wappen der Königreiche, seine Pfeiler reichen fast bis in den Himmel. Seit dem dreizehnten Jahrhundert wollten seine Baumeister alles auf der Welt übertreffen. Er ist unvollendet, wie alles Mutige unvollendet ist. Es erklang das Tedeum. Die Nachricht vom Sieg Karls von Lothringen über das bayrische Heer ist eingetroffen. Der liebe Schwager hat gesiegt, wenigstens einmal. Wie nichtig das alles ist! Die Wenzelskrone hielt der Bischof von Olmütz, Graf Liechtenstein, über ihrem Haupt. Sie blickte hoch und griff nach der nahen Krone.

Alles war da, die Salbung mit Öl, der Schwur auf das Missale, das Schwert des heiligen Wenzel. Sie saß auf dem Thron mit Zepter und Reichsapfel. Welche Höhe, welch ein Raum über meinem Haupt! Diese Böhmen! Haben einen Dom erbaut, in dem sich selbst die Krönung armselig ausnimmt vor dem Gedanken an die Ewigkeit!

Einem alten Brauch folgend, reichte man ihr draußen vor dem Eingang auf einem roten Kissen mit zwei Gulden darauf einen Laib tschechischen Brotes und ein Fäßchen Wein. Sie lächelte. Gleich darauf wurde Prag von einer Salve aus einhundertfünfzehn Kanonen erschüttert. Dreimal. Sie war zufrieden.

Und dennoch bemerkte sie später: „Die Krone ist da. Ich habe sie mir selber aufs Haupt gesetzt. Sie ist schwerer als die Krone in Preßburg, aber sie sieht aus wie eine Narrenkappe."

Das sagte sie zu Kinský, und ihre Augen blitzten schalkhaft.

Aus Prag reiste sie allzu schnell ab. Sie fühlte sich in Böhmen nicht sicher. Das im Bau befindliche Schönbrunn außerhalb der Mauern Wiens lockte sie. Sie plante ein großartiges türkisches Fest in den Gärten der Sommerresidenz, mit Lampions und Opernaufführungen. Zusammen mit den Hofdamen wird sie sich als Türkin verkleiden.

Franz von Lothringen bog nach Holič ab. Er hatte den Kopf voll mit den Angelegenheiten der neuen Manufaktur für Fayencegeschirr und Steingut. Er schwärmte von hundert Arten neuer Erzeugnisse. Zog Meister aus Frankreich und Lothringen heran.

Sie blieb mit dem Grafen Tarouca beisammen, sehnte sich danach, sich endlich in Ruhe auszuschlafen und nicht regieren zu müssen.

IV

FRIEDLICHE RUHE

1

Adam Kollár stand von seinen Büchern auf, trat vom Tisch zurück und reckte sich. Er blickte durchs Fenster auf den Platz vor der Hofbibliothek. Auf der anderen Straßenseite spazierten Wiener Bürger auf und ab. Er nahm sie nicht wahr.

Auf dem Tisch lagen Bücher und Notizen verstreut. Seine Augen brannten, und er verspürte Hunger. Er wird sich etwas aus der Mensa bringen lassen. Auf die Straße zu gehen hatte er keine Lust. Das Wien von heute, im Jahre des Herrn 1753, störte ihn nur. In Gedanken lebte er ein Jahrtausend früher. Auf dem Tisch lag aufgeschlagen das Buch von Ján Krištof Jordan „Über den Ursprung der Slawen". Der mährische Historiker und Kaiserliche Rat erregte ihn aufs angenehmste. Er hatte sich durch dessen vierbändiges Werk hindurchgefressen und war auf das Kapitel über Pannonien als die Urheimat der Slawen gestoßen. In seinem Merkbuch hatte er Jordans vergleichende Studie über den Text des Vaterunsers in allen slawischen Sprachen eingetragen. Adam Kollár zitterte vor Freude. Laut Jordan ist die slowakische Sprache die reinste unter den slawischen Sprachen, sie ist der slawischen Ursprache am nächsten! Das Land zwischen Donau und Tatra ist vielleicht die Urheimat der Slawen!

Seine Wangen brannten, er kehrte an den Tisch zurück, suchte hastig ein anderes Buch. Wo habe ich es hingetan? Die Geographie. Aha, hier ist es! Er blätterte in dem lateinisch geschriebenen Werk seines Landsmanns Ján Tomka-Sásky „Introductio in geographiem Hungariae antiqui et medii aevi". Einführung in die Geographie Ungarns im Altertum und im Mittelalter. Den kenne ich noch nicht. Jetzt melden sich schon mehrere Nachfolger des Polyhistors Matej Bel zu Wort. Die Völker beißen sich zu ihrem Mark durch, sie forschen nach ihrem Ursprung. Schon ist die slowakisch-tschechische Grammatik des Herrn Pavel Doležal erschienen. Es wird noch einige Jahre, vielleicht eine ganze Generation dauern, dann wird das Slowakische in all seiner Pracht auch in gelehrten Büchern erstrahlen. Schon erscheinen wissenschaftliche Werke in den nationalen Sprachen, auch Zeitschriften. Kollár langte nach dem Almanach in deutscher Sprache „Monatliche Auszüge alt- und neuer gelehrten Sachen", welche die Societas Incognitorum* in Olmütz herausgegeben und Josef Petráš der Hofbibliothek übersandt hatte. So ist es den tschechischen Gelehrten gelungen, die erste wissenschaftliche Zeitschrift herauszubringen! Wie schade, daß nach dem Verschwinden des Herrn Petráš aus Olmütz die Gesellschaft eingegangen ist. Ich muß mit dem Herrn Direktor van Swieten sprechen, muß ihn auf die Frage einer ungarischen gelehrten Gesellschaft hinweisen. So viel Arbeit, so viele Themen in den Büchern aus ganz Europa, und unsere menschlichen Kräfte sind so schwach.

„So, Herr Kollár, hier habe ich den zweiten Band der Enzyklopädie aus Paris! Katalogisieren und dann sofort zurückgeben! Ich behalte ihn mir für die Handbibliothek vor."

„Wir sollten noch mehr Exemplare bestellen, Herr Direktor."

Gerhard van Swieten suchte aus dem Stoß von Neueingängen auf dem Pult neben seinem Arbeitstisch weitere Bücher heraus.

„Hier ist Klopstocks ‚Messias', Lomonossows ‚Russische Sprachwissenschaft', das wird Sie interessieren, die

* (lat.) Gesellschaft [zur Erforschung] des Unbekannten.

neue Nummer der Vossischen Zeitung aus Berlin für den Zeitschriftenlesesaal. Und da ist wieder ein Werk eines Landsmanns von Ihnen." Kollár nahm das Buch in die Hand. „,Compendium Hungariae geographicum'*, von Jozef Bencúr. Ausgezeichnet! Kennen Sie ihn?"

„Ein junger Protestant. Ich glaube, er hat in Jena und Halle studiert. Jetzt hat er die Wahl zwischen Käsmark und Preßburg." Einige Bücher legte van Swieten vor sich hin und streichelte sie mit seinen dicken Fingern.

„Und wie geht es mit unseren Gräzisten voran? Ich habe an der Universität gehört, daß Sie sie mächtig antreiben. So ist es richtig! Ein junger Arzt muß alles auf lateinisch kennen und manches auf griechisch. Nein, protestieren Sie nicht, das Griechische ist für Mediziner nicht so wichtig. Ich bin Ihnen sehr verbunden, lieber Kollár, daß Sie mir in den schwersten Augenblicken geholfen haben. Ich habe zu viel auf dem Hals. Die Kaiserin überträgt mir so viele Aufgaben, daß ich manchmal wirklich nicht weiß, ob wir das alles in einem Menschenleben schaffen werden." Er richtete sich im Sessel auf. „Diese Frau ist unverwüstlich. Sie hat es geschafft, zehn Kinder zu gebären, und dabei denkt sie an alles, angefangen von dem neuen Bodenverzeichnis und dem verbesserten Steuersystem in den Erbländern bis hin zur Gründung einer Militärakademie, der Prägung eines neuen Silbertalers und der Kommission für die Ausarbeitung eines neuen bürgerlichen Gesetzbuchs. Übrigens, lieber Freund, kennen Sie zufällig in Preßburg einen Herrn Landerer?"

„Den kenne ich. Er ist Buchdrucker. Er hat eine schlecht gehende Druckerei gekauft."

„Ihre Majestät hat mir Landerers Gesuch um Herausgabe eines deutschen Almanachs mit ungarischem und slowakischem Resümee übergeben. Was ist das für ein Mensch? Können wir sicher sein, daß es sich nicht um reines Geschäft und Betrug an den Leuten handelt? Solche Kalenderfabrikation schmeckt mir nicht."

* (lat.) Geographisches Kompendium Ungarns.

„Mit Verlaub, Herr Direktor, in Preßburg leben genug gelehrte Männer, slowakische und ungarische, die ein hohes Niveau garantieren. Unter unseren Bedingungen ist für die Bürger ein Kalender in der nationalen Sprache der einzige Erkenntnisquell."

Van Swieten bewegte sich nervös, seine Gedanken liefen sichtbar über die unruhige Stirn. Er schob die Papiere auf dem Tisch durcheinander und griff wieder nach den Büchern.

„Ja, das ist richtig. An den Handwerkern, Produzenten, den Kaufleuten muß uns vor allem gelegen sein. Sie werden die Zukunft unserer Länder prägen. Wir müssen alles tun, um sie zu bilden. Eine Schlüsselfrage ist jetzt für mich das Schulwesen. Die Universitäten. Die müssen wir aus der hundertjährigen Lethargie herausreißen, müssen der Herrschaft des Aristotelismus ein Ende machen. Das ist ein Kampf, Herr Kollár. Ihre ehemaligen Ordensbrüder wehren sich wütend. Doch sie kommen nicht mehr zum Zuge. Die Herrscherin hat begriffen, daß es den Jesuitenpatres – Ehre den seltenen Ausnahmen, wie es Ihr Freund Maximilian Hell und andere naturwissenschaftlich Tätige sind –, daß es denen nicht um die Verteidigung des Glaubens geht, sondern einzig um ihr bequemes Leben und ihre Professuren. Es ist doch schrecklich, was für Unsinn an den hiesigen Universitäten gelehrt wird. In meinem holländischen Vaterland würde man solche Lehrer auspfeifen. Wir fangen bei den Universitäten an. Dann gehen wir niedriger. Nach der Reform der Wiener und der Prager Universität kommt Ihr Trnava dran, Herr Kollár. Das Studium der Philosophie wird von drei auf zwei Jahre verkürzt, es werden ordentliche Lehrbücher unter unserer Aufsicht herausgegeben, vom zweiten Studienjahr an wird Physik vorgetragen, ebenso die anderen Naturwissenschaften."

„In Trnava hat man bereits begonnen, ein Observatorium zu bauen, bis Jahresende soll es unter Dach sein, hat mir Max Hell berichtet. Damit erfüllt sich für ihn ein alter Traum."

„Wir sind die Erfüller von Träumen. Es gibt keine edlere Mission für einen Menschen. Dereinst werden wir stolz darauf sein, in dieser Zeit gelebt zu haben. Sie glauben mir nicht?“ Er beugte sich zu Adam Kollár. „Die Adligen am Hofe sprechen nicht umsonst von einer Revolution. Sie spielen mit diesem Wort, und dabei läuft es ihnen kalt über den Rücken. Montesquieus ‚Vom Geist der Gesetze‘ läßt sie frösteln. Haugwitz’ Reformen, die Trennung von Rechtsprechung und Verwaltung, die Zentralisierung der Behörden in Wien, das sind Schläge gegen die Privilegien der alten Mumien. Aber unsere Träume müssen nach einem Plan verwirklicht werden. Wir gehen Schritt für Schritt voran. Ich traue mir zu, im Verein mit anderen unsere gnädigste Herrscherin von Dingen zu überzeugen, die früheren Generationen in den Donauländern undenkbar erschienen wären.“ Während er sprach, kramte er in den Büchern wie ein Juwelier in kostbaren Schmuckstücken, er spielte mit ihnen und ihren Gedanken. „Hier haben Sie noch einen Landsmann. Johann Andreas Segner, Theorie der hydraulischen Maschine. Herr Segner hat an der Universität Göttingen Fuß gefaßt, die Schrift kommt von dort. Geben Sie sie Ihrem Hell.“

„Sehr gern, Herr Direktor. Hells Bruder in Štiavnica probiert hydraulische und pneumatische Maschinen aus.“

„Jemand hat mir gesagt, daß Segner sein Reaktionsrad in Preßburg erfunden hat.“

„Davon weiß ich nichts, Herr Direktor.“

„Sie müssen jetzt mehr sein als zweiter Kustos der Kaiserlichen und Königlichen Hofbibliothek. Überschreiten Sie Ihre Vollmacht, lieber Kollár. Ich fordere Sie geradezu dazu auf – entlasten Sie mich. Ich gründe jetzt im Stadtkrankenhaus eine Apothekerschule. Begreifen Sie? Die Zeit der Amateurarzneien geht zu Ende . . .“

„Auch die der slowakischen Öl- und Safranhändler?“

„Die auch, mein Freund. Wir werden alles nutzen, was diese strebsamen Leute in Jahrzehnten an Erfahrungen gesammelt haben. Aber die Herstellung von Arzneien kann man nicht mehr dem Zufall überlassen. Sie muß Hand in Hand mit der Entwicklung der ärztlichen Wissenschaft gehen. Apotheker und Arzt müssen sich miteinander beraten, müssen ihre Erfahrungen austauschen." Er sah Kollár an. „Ich erzähle Ihnen hier von Problemen, die auf den ersten Blick nicht mit unserer Bibliothek zusammenhängen. Wir sind aber die Lichtträger. Unser Licht fällt in alle Winkel."

Kollár rutschte unruhig auf seinem Sitz hin und her. „Vielleicht ist jetzt auch die Zeit für den Vorschlag des Physikus Perlitzi gekommen", sagte er leise.

Van Swieten tippte sich an die Stirn. „Ach ja, Perlitzi. Ein wirklich hervorragender Arzt. Ich erinnere mich, der aus Käsmark. Jetzt ist er . . ."

„In Banská Štiavnica, Herr van Swieten."

„Ich erinnere mich: ‚Die heiligen Dinge der Themis Ungarns'. Eine vortreffliche Arbeit! Gerichtsmedizin! Welch unerforschtes Gebiet! Wie könnte ich sie vergessen? Ich werde sie in meine Entwürfe einarbeiten. Allerdings, mit Perlitzis Plan, in Ungarn ein ärztlich-chirurgisches Kollegium zu bilden, müssen wir noch warten. Weder in Pest noch in Štiavnica. Zuerst bringen wir Wien in Ordnung, für Ungarn Trnava. Dort wird die medizinische Fakultät erweitert." Er breitete die Arme aus. „Es geht nicht alles auf einmal, wirklich nicht. Schade, daß unser Freund Mikovíny so plötzlich gestorben ist. Die Kaiserin hat seine Fähigkeiten klug zu nutzen gewußt. Die reinste Maschine. Er hat die staatlichen Gruben bearbeitet, kartiert, Straßen und Brücken gebaut, hat Sümpfe trockengelegt, Flüsse reguliert, Magazine und Pulverfabriken eingerichtet. Die Herrscherin duldet keinen Verzug. Ihre Gedanken will sie sofort verwirklichen. Weibliche Ungeduld. Und das ist gut. Wohin man sieht, überall ist es möglich, etwas zu verbessern. Die Not zu lindern. Dafür zu sorgen, daß die Leute nicht nur auf die Gnade ihres Grundherrn angewiesen sind. Daß sie im Staat Sicherheit finden."

„Ihre ersten Findelhäuser ..."

„Das Lob wollen wir den Ärmsten überlassen, die aus ihrer elenden Umwelt herausgerissen wurden. Nichts werden wir dem Zufall überlassen. Krankheit, Tod, das alles ist nur scheinbar zufällig. Sie sind nicht immer unausweichlich. Man kann mit ihnen kämpfen. Ich werde beweisen, daß die Pathologie eine selbständige Wissenschaft ist. Werde die Ärzte lehren, der Anamnese Aufmerksamkeit zu schenken. Die Chirurgie wird eine Wissenschaft sein und nicht nur eine dem Spott ausgesetzte Metzgerei!" Er seufzte. „Auch auf die Geburten müssen wir unser Augenmerk richten. Ich bin entschlossen, die ersten Schulen für Hebammen zu gründen. Millionen Neugeborene sterben unnötig, lieber Kollár, der Herrgott braucht unsere Hilfe. Er braucht sie sehr, glauben Sie mir."

„Mich brauchen Sie nicht zu überzeugen. Ich komme aus einem Land, in dem die Not sprichwörtlich ist. Und ich bin von dort nicht nur als Kind, sondern auch als erwachsener Mann geflüchtet."

„Das haben Sie richtig gemacht."

„Das glaube ich nicht, Herr Direktor. Wenn ich Sie jetzt so höre, habe ich Lust, diese hehren Räume zu verlassen und ..."

„... in das Meer Ihrer Not einzutauchen. Sie würden darin ertrinken. Das ist nicht unser Weg, Kollár. Während der Jahre in der Nähe unserer Herrscherin habe ich begriffen, daß unser Weg ein anderer sein muß. Denken Sie gut darüber nach, mein junger Freund." Er klopfte an die Wand des Arbeitszimmers. „Dieses prächtige Gebäude grenzt an die Ballsäle der Wiener Burg. Schauen Sie zum Fenster hinaus. Die Bibliothek ist auf Anregung des verstorbenen Kaisers Karl entstanden. Sie ist ein untrennbarer Bestandteil der Residenz der höchsten Staatsmacht. Welch ein Symbol und Programm zugleich! Es ist wahr, unsere Füße versinken im Sumpf von Elend und

Unwissenheit. Mit der Korrektur können wir aber nicht bei den machtlosen Füßen beginnen. Da hilft kein unablässiges Abwischen, kein Säubern nach Art des Sisyphus. Wir müssen am Kopf beginnen! Wenn sich die Dinge oben nicht ändern, wird sich überhaupt nichts ändern."

„Das glaube ich nicht. Wenn alle dort unten . . ."

„Wer ist das – alle, lieber Kollár? Die Millionen Bauern, Handwerker, Händler, Bergleute sind der Nährboden für das Gewürm von Priestern und Adligen. Herrschende gibt es nur sehr wenige, mein Lieber. Bei ihnen muß man beginnen. Das ist der Kopf der heutigen Gesellschaft. Ein mehr oder weniger ungelehrter Kopf. Aber sie können wenigstens lesen und schreiben, sie singen Arien, gehen ins Theater, rezitieren antike Verse. Arbeiten tun für sie andere, und so haben sie Zeit zum Nachdenken. Ja noch mehr, sie lassen uns Brosamen von ihren Reichtümern zukommen. Sie ermöglichen uns, in ihrem Schatten ebenfalls nachzudenken. Scheinbar für ihr Geld. In Wirklichkeit für das Geld des ganzen Landes, wenn man unter diesem Land nicht nur die fünfhundert hochgeborenen Familien und die Handvoll Kardinäle, Erzbischöfe und Äbte versteht, sondern seinen ganzen Reichtum an arbeitenden Händen, an Wiesen, Weiden, Fabriken, Werkstätten, Straßen, Brücken, Gruben. Es ist also unsere moralische Pflicht, nachzudenken und unsere Herren zur Vernunft zu bringen. Das ist der Weg unseres Jahrhunderts."

„Sie gehen ihn, Herr van Swieten. Dessen bin ich mir gewiß."

„Und ich lade auch Sie dazu ein. Sie sind hier in der zentralen Bibliothek des Reiches nicht nur dazu da, sich der unbezähmbaren Freude an Büchern hinzugeben, sondern die Menschheit erwartet von Ihnen, einem hochbegabten jungen Mann, viel mehr. Wir sind der Majestät sehr nahe! Täglich sehen wir den Gipfel der Pyramide. Das verpflichtet. Wir müssen vergessen, woher wir gekommen sind, welchen Völkern wir entstammen, unsere Aufgabe ist der Dienst an der ganzen Menschheit. Wir müssen Baumeister der Welt sein."

„Die Welt setzt sich aber aus unterschiedlichen Völkern und Nationen zusammen. Die werden sich ihrer bewußt, sie suchen ihre Identität."

„Ja, da haben Sie recht. So heißt es in den gelehrten Studien. Aber wo sind diese Nationen? Betreten sie etwa die Bühne der Geschichte? Sind hier nicht nur Dynastien, herrschende Familien? Welche Nation herrscht schon über sich selber, frei und aus eigenem Willen? Die Zeit der Nationen muß erst noch vorbereitet werden, Kollár. Das wird vielleicht der Traum des nächsten Jahrhunderts sein. Wo sind diese Nationen der Welt? Ja, da ist Frankreich, wo ein eingeborenes Herrscherhaus regiert. Vielleicht die einzige geeinte Nation. Da ist England. Mächtig, reif, geeinigt. Aber die Dynastie stammt aus Hannover, ist also deutsch. Das russische Reich wächst. Auf dem Thron machen sich deutsche Zarinnen breit. Und wo sind die anderen Nationen? Mein Volk lebt in den freien verbündeten Provinzen, aber auch in Holland, das den Habsburgern gehört. Dort herrscht die deutsche Sprache vor, ihre Literatur wird in den Himmel gehoben. Und wo ist die deutsche Nation? Dreihundert Fürstentümer, Reichsstädte, bischöfliche Kleinstaaten, österreichische Erbländer. Und sie kämpfen nicht selten gegeneinander. Und wo sind eure Slowenen, Ruthenen, Slowaken, Serben, Walachen? Aus welchen Nationen wollen Sie die Welt erbauen, Herr Adam Kollár? Zuerst muß man vollbringen, was in Frankreich und England vollbracht wurde. Mächtige Staaten errichten, das Haupt stärken, das einzige Oberhaupt. Den Monarchen und seinen Hof. Den Widerstand der Magnaten brechen. Aus den Königen Diener des Fortschritts machen. Das ist die Aufgabe für uns, die aufgeklärten Gebildeten. Das wird weder die Gesellschaft Jesu vollbringen noch Batthyány, weder Esterházy noch Harrach. Das müssen wir vollbringen, wir, die Leute von außen, denn kämen wir aus ihrem Kreis, dann wären wir genau so, wie sie es sind."

„Stehen Sie dazu nicht zu allein?"

„Ich bin nicht allein."

„Und kann man hoffen, daß an den Höfen der künftigen nationalen Königreiche solche Männer wie Sie, van Swieten, wirken? Ist das nicht alles nur ein Traum, geboren im Dämmerlicht unserer Studierzimmer?"

„Männer wie mich gibt's auch an anderen Höfen. Wir sind mehr, als Sie ahnen. Manchmal wissen wir nicht voneinander. Aber viele wissen um die anderen. Zu uns gehören Leute, von denen Sie nie vermuten würden, daß sie sich zu den Grundsätzen der Vernunft bekennen. Möchten Sie sich davon überzeugen? Ich ermögliche Ihnen das gern."

Adam Kollár erbleichte. „Ich ... ich bin aus der Gesellschaft Jesu ausgetreten." Und zögernd fügte er hinzu: „Ich habe auch auf die Weihe verzichtet."

Van Swieten nickte. „Das weiß ich." Er beugte sich zu seinem Kustos. „Gerade deshalb habe ich Sie ja eingestellt. Ja noch mehr, ich habe Sie suchen lassen. Heute kann ich es Ihnen verraten."

„Aber ich würde mich nur ungern wieder binden. An niemanden, an keine Gemeinschaft, und wenn sie die edelsten Ziele verfolgt."

Gerhard van Swieten stand auf und klopfte Adam auf die Schulter.

„Fürchten Sie nichts, mit Gewalt will Sie niemand zum Freimaurer machen. Die Wiener Loge Zu den drei Kanonen oder die Prager Zu den drei Kronen kommt auch ohne Sie aus. Einstweilen ...", fügte er lächelnd hinzu. „Die Logen sind keine neue Religion. Die Mitglieder schwören nur Liebe zu ihren Mitmenschen. Der Beitritt steht selbst den höchsten Würdenträgern offen. Sie würden sich wundern, wem Sie dort begegnen."

Adam Kollár schwieg. Er war verwirrt. Er wußte, Maria Theresia hatte vor einigen Jahren die Wiener Freimaurerloge auseinanderjagen lassen. Es ging das Gerücht, ihr Gatte, der jetzige Kaiser Franz I., habe sich für die Freimaurer eingesetzt, und daraufhin hätten deren Schwierigkeiten aufgehört. Wie sich das mit dem felsenfesten Katholizismus der Herrscherin vertrug, war ihm nicht klar. Van Swieten griente nur. Er reichte dem Kustos ein neues Buch.

„Schauen Sie sich das kleine Werk eines Genfer Bürgers an. Herr Rousseau ist Musikwissenschaftler. Er hat eine neue Art von Notenschrift erfunden."

Adam Kollár las den französischen Titel: „Discours sur les arts et les sciences" – Abhandlung über die Künste und die Wissenschaften.

„Ich bin gespannt auf Ihr Urteil. Mich hat das Buch aufgeregt. Oder besser: schwankend gemacht." Van Swieten reichte dem Kustos die Hand. „Morgen habe ich Geburtstag. Ich lade Sie in die Maiengärten ein. Nein, bringen Sie mir kein Geschenk. Erfreuen Sie mich mit Ihrer Anwesenheit. Und um es nicht zu vergessen: Richten Sie es so ein, daß ab Montag jedermann Zutritt zum Hauptlesesaal hat."

„Ich verstehe nicht, Herr Direktor."

„Die Räume des Hauptlesesaals werden allen offenstehen. Das ist doch klar. Jeder, der von der Straße zu uns kommt, hat das Recht, die Dienste der Hofbibliothek in Anspruch zu nehmen." Adam klappte der Mund auf.

„Ihre Majestät ist damit einverstanden, Kollár!"

„Ich danke", stammelte der Kustos, und sein Herz schlug schneller. Er ging in den Hauptsaal.

2

Er hörte das Dröhnen seiner Absätze auf dem Marmorfußboden des großen Saals. Die Besucher an den Lesetischen hoben erschreckt den Blick von den aufgeschlagenen Seiten. Er schritt durch den riesigen Hauptsaal, an Marmorsäulen vorbei, die hier für die Ewigkeit standen. Statuen blickten mit blinden Augen hinter ihm her. Er hielt sich an den gedachten Strich in der Mitte des ungeheuren Raumes, legte Dutzende von Metern zurück, vernahm nichts als das Echo seiner Schritte.

Sein Blick schweifte in die Runde, er brauchte einen Halt, eine kleine Stütze, eine einzige lebende Blume, einen Lufthauch, einen natürlichen Duft, aber ringsum waren nur die Kolonnade und der hohe, überwölbte Raum, der Himmel war verändert nach dem Bild des Baumeisters, ein neuer, ausgedachter Himmel.

In Adam erzitterte etwas, er fühlte sich winzig, unbedeutend im politischen Zentrum Europas, der Mutter der Kontinente. Ohne Schutz durch Stand und Geld. Ohne den Schutz des Direktors van Swieten und unserer allergnädigsten Herrscherin werde ich dastehen, ein armer, unnützer Mann von fünfunddreißig Jahren aus Terchová, einem engen Tal ohne ein Stück Marmor. Nackt eile ich dahin, im Zickzack auf den schwarzen, grauen und roten Mustern des Marmors. „Ecce sacerdos magnus“* wird nicht vom Chor erdröhnen, niemals werde ich die scharfe Stimme vernehmen: „Si quis habet aliquid contra illos ...“ Wer etwas gegen sie hat, der möge vor Gott und durch Gott kühn vortreten und es sagen! Möge er vortreten ... Adamus Franciscus Kollár.“ – „Adsum.“ – Hier bin ich, hätte ich geantwortet. Aber vor diesen Augenblicken bin ich geflohen. Umsonst bereiteten sie sich darauf vor, mir zu sagen: „Empfange das Joch des Herrn, das Joch des Herrn ist süß, und seine Last ist leicht.“ Du bist kein Priester geworden, Adam. Bist auch kein Mitglied der Gesellschaft Jesu mehr. Du hast das Nest verlassen. Du bist nackt, Adam, beeile dich, du hast keinen Schutz, du bist erneut eingekerkert zwischen Marmorsäulen, nur die Götter wurden ausgetauscht. Herrgott, vergib mir. Ich vergebe dir nicht, Adam. Das Joch ist süß, und seine Last ist leicht. Sie ist nicht leicht, o Herr. Nur ein Jahr lang war ich Diakon, in deinem Dienst, zu Hause, in meinem Vaterland. Und du bist geflohen, Adam. Die Qualen eines nackten

* (lat.) Siehe, der große Priester.

Herzens, Gewissensbisse? Er rieb sich die Hände, jetzt tat es ihm leid, daß er nicht die weißen Seidenhandschuhe spürte, daß die Hände des Greises nicht seine groben, zum Gebet gefalteten Hände umschlossen. „Gelobst du mir und meinen Nachfolgern Ehrerbietung und Gehorsam?“ – „Das gelobe ich.“ – Ich habe es nicht gelobt. Fühlte mich nicht stark genug. Da siehst du's – der Friede des Herrn ist nicht mit dir. Er ist nicht mit dir, er ist nicht mit dieser Kirche, er ist nicht mit diesem Orden. Er ist nicht in Liptovský Svätý Mikuláš. Du hast das Kollegium beendet und solltest dich „im Terrain bewähren ...“ Zahllose Flöße auf der Waag, das Krachen zusammengezimmerten Holzes, das Warten, bis der verschneite Kriváň auftaucht, das freundliche Pfarrhaus in Okoločno. Die lateinische Grammatik, Deklination und Konjugation. Einige verschüchterte Bürgertöchter in der Marienkongregation. Die Einsamkeit der Abende, Kartoffeln mit Schafskäse, und alles wenig gefettet und kalt, ich genieße das Leben eines Jesuiten auf dem Lande. Lerne Hebräisch, mache mich ans Türkische. Die Lektüre der Heiligen Schrift.

Nein. Ich lese Matej Bel, lese Timon. Die Schule hat ein Fenster, durch das man sehen kann. Wie lebten die Vorfahren dieser geduckten und ausgemergelten, nach Branntwein stinkenden Leute? Wenn ich ein slowakisches Wort höre, dann nur Stöhnen und Weinen. Gelegentlich bitten sie mich zu sich, gemeinsam mit dem Kaplan fahre ich in die umliegenden Weiler, in einer Kutsche oder auch nur auf einem Leiterwagen, die verdorbene Luft der Hütten, überheizte Öfen, das Röcheln der Schwindsüchtigen. Arme Dörfer, die Welt der Heiligen: Svätý Ján, Svätá Maria, Svätý Peter, Svätý Mikuláš. Und in Wirklichkeit wenig Heiligkeit, viel Schnaps, zerquetschte Beine, abgerissene Arme, fallende Fichten und Tannen, die Hände zerfressen von Salz, blasse Gesichter, die Pfarrer – katholische und evangelische – einsame Felsen in den Stürmen der Zeiten. Und was kann ich retten, Herr? Seelen, nur Seelen. Was für Seelen? Die Seele Marienas, der Witwe des Ján Vodnár (der rechte Arm an der Schulter weggerissen, der Brustkorb eingedrückt, er starb nach einer Woche, hoffte, das heilige Öl werde ihn retten), schwarze Haare und braune Augen, sie stürzte sich in stummer Verzweiflung auf den Kaplan, dann auf mich, sie brauchte so sehr einen Vater für ihre sechs Kinder, alle noch unter zehn Jahren. Zweimal besuchte ich sie ohne den Kaplan, dann kam ich nicht mehr, um keine Torheit zu begehen, ich wäre sonst unterlegen. Wem? Allem. Sie jagte die Kinder aus der Hütte und sprach und sprach, sanft und hingebungsvoll, sie umwand mich mit den schlichten Worten einer jungen Frau. Was ist aus dir geworden, Mariena, wen hast du mit deinem traurigen Blick und der gebräunten samtweichen Haut eingefangen?

Die Erinnerung an das Schuljahr in Liptov wird vom Geruch des durchschwitzten Leders auf dem Sitz der Postkutsche verdrängt, abgewetztes, glänzendes Leder, von Messerschnitten gekerbt. Die Kutsche rumpelt durchs Waagtal dahin. Der junge Novize muß sich wieder in Wien melden. Man verlangt nach seinen Kenntnissen, die östliche Sprache, die orientalische Akademie. Das Jahr „draußen" unter dem Volk ist zu Ende. Das zerschnittene Leder auf dem Sitz stinkt, die Räder unter ihm knacken. Der alte Franziskaner neben ihm riecht nach Schnaps, dann und wann erwacht er aus seinem Halbschlaf. „Ein Confrater? Gelobt sei . . ." – „In Ewigkeit . . ." Der Franziskaner sieht kräftig aus, doch sein Gesicht ist aschfahl, die Schwindsucht frißt ihn auf. Seine Hände zittern. Adam rückt von ihm ab. Gott verzeih mir, das ist doch ein Mitbruder im Dienste des Herrn. Irgendwo hinter Žilina schauen sie in die trübe Waag, öffnen das Fensterchen. „Sieh nur, wie schön", sagt der alte Franziskaner. „Schreib, Bruder, nichts anderes rettet dich in dieser verkehrten Welt." Lange plaudern sie miteinander. Liptover Kaplane, in Lumpen gekleidete Statuen. Das ist meine Perspektive? Die roten und gelben Lappen an der Jungfrau Maria und dem heiligen Antonius und Franziskus verschleißen, werden zu Staub; der unbekannte alte Franziskaner hustet, daß er fast erstickt. „Bruder, trink lieber Schafmolke statt Schnaps, so entgehst du der Schwindsucht.“ Seine Stimme ist rauh wie Schmirgelpapier. „Du fragst mich, Junge, wie der Dienst am Herrn ist?“ In seinen Augen glimmt ein Feuer, das er jahrzehntelang niedergehalten hat und das nun für eine Weile aufgeflammt ist. „Es wird für dich keine Pastoration geben“, flüstert er Adam zu. „Du wirst davonlaufen wie ich. Wirst dich verpflichten, und das Tollkraut wird in deiner Seele bleiben. An den Abenden wirst du das Brevier mit Tränen netzen. Wenn du kannst, lauf weg von den schrecklichen Schäfchen. Sie werden dich mit ihren Sünden vernichten. Wenn du kannst, studiere weiter, schreib, beschäftige dich mit sonstwas.“ Ich hätte diese Postkutsche nicht besteigen dürfen. Die lange Fahrt von der Tatra bis nach Wien. Die Schrecken der Moraltheologie in der Praxis. Der Franziskaner: „Das Beichtgeheimnis breche ich nicht, ich nenne dir keinen Namen. Ich nenne ihn den montäglichen Salomo. Er hat mich bis zur Schwindsucht gequält, Bruder.“ Adam lauscht der Geschichte aus der Jugend des Mitreisenden.

Durch die Gitter des Beichtstuhls drang Parfümduft zu dem jungen Beichtvater. Es war aber eine Männerstimme, sonor und ungemein angenehm. Der Mann beichtete auf lateinisch, ging dann zum Slowakischen und Ungarischen über. Er artikulierte sorgfältig, der Priester mußte ihn mahnen: „Leiser, leiser!“ Der Parfümierte sagte selbstsicher: „Hinter mir kommt niemand. Am Montag beichten die Bauern nicht, Hochwürden.“ Der Duft nach Blumen des Orients oder aus Paris. „Am Vormittag habe ich zwei Bauern auspeitschen lassen. Sie kamen zu spät zur Fron und widersprachen den Heiducken. Eine schwere Sünde gegen das fünfte Gebot. Den einen habe ich selber mit der Peitsche geschlagen. Übers Gesicht.“ – „Wie viele Male?“ (Stille.) „Dreimal. Ja, dreimal. Dann wurde mir übel.“ (Stille. Dieser Duft!) „Und ich habe die Sünde der Unkeuschheit mit der Gräfin von der Herrschaft begangen ... Ja, verheiratet." – „Wie viele Male haben Sie gesündigt?" – „Zweimal." – „Wann?" (Stille.) „Vorhin, nach dem Mittagessen." (Stille.) Das Joch des Herrn ist nicht leicht. Der junge Franziskaner hielt sich an der schmalen Bank im Beichtstuhl fest und preßte das Pluviale an den Mund, um nicht wie eine reife Garbe aus dem hölzernen Kasten zu fallen. „Zur Strafe beten Sie eine Litanei zu allen Heiligen." (Ein Seufzer hinter dem Gitter.) „Und die armen Bauern entschädigen Sie. Und jetzt bereuen Sie Ihre Sünden." (Er bereute schön und rein, auf lateinisch wie ein vorbildlicher Priester.) „Und ich gelobe, nicht mehr zu sündigen und mich vor jeder Gelegenheit zur Sünde zu hüten." – „Ego te absolvo."* Der Segen. „Geh und sündige hinfort nicht mehr." Das Türchen knallt zu. Dann eine alte Frau. Aber am nächsten Montag wieder der Parfümduft. Den Pater überkam ein leichtes Schwindelgefühl. „Hochwürden, seit der letzten Beichte in der vergangenen Woche habe ich folgende Sünden begangen ... Gegen das fünfte Gebot. Heute um neun Uhr war ich nüchtern, ohne Frühstück, erregt und schlechtgelaunt, ich habe vier Bauern mit Dreschflegeln schlagen lassen, darunter einen jungen Burschen aus ... aus der Umgebung. Selber habe ich ihn mit meinem versilberten Stock geschlagen, mit dem Knauf in Form einer Venus. Ihm schwoll die Haut an, und seine Glieder zitterten, Hochwürden. Ich empfand dabei ein Lustgefühl. Ich weiß, das ist eine schwere Sünde gegen das sechste Gebot. Ich bereue sehr, aber ich hoffe auf die unendliche Barmherzigkeit des ausgepeitschten und gekreuzigten Erlösers." (Seufzer auf beiden Seiten des Gitters.) Was für ein Gesicht hat er? Wer ist das, um Himmels willen? Warum quält er mich? Einer aus der Familie des Untergespans? Warum geht er nicht zu dem Beichtvater auf seinem Schloß? „Dann habe ich noch die Sünde der Unkeuschheit begangen, heute gleich nach dem Mittag-

* (lat.) Ich spreche dich frei.

essen. Ich ließ mich zur Gräfin führen ... den Namen brauche ich wohl nicht zu nennen, nicht wahr? Und in der Bibliothek auf dem Teppich vor dem Kamin ..." Halten Sie inne, mein Sohn, keine Einzelheiten. „Ich habe dreimal Unzucht getrieben. Vollendet und freiwillig. Niederträchtig habe ich die Abwesenheit ihres Gatten ausgenutzt, er ist Ablegat auf dem Stuhlschaftstag. Und ich habe sie mit Worten und Handlungen dazu angestiftet, Hochwürden."

Der montägliche Salomo. Sein Duft umwehte den Beichtvater auch in der dritten Woche. Da wollte er ihm keine Absolution erteilen, ohne sich zuvor zu vergewissern, wer der Mann war. Er erwartete einen Ausbruch. Doch die angenehme Stimme hinter dem Gitter bemerkte nur: „Ich habe schwer gesündigt, ich weiß, Vater, aber auch für mich ist der Herr am Kreuz gestorben. Niemand, selbst der größte Sünder nicht, ist von der Gnade ausgeschlossen." Ein geschliffenes Latein. Er stand auf, schlug das Kreuz und ging davon. „Verstehst du, Bruder, ich scheute mich, aus dem Beichtstuhl zu lugen. Das Beichtgeheimnis bindet uns, also verließ ich lieber jene Gegend und wurde woanders Erzieher. In einem Schloß mit vielen Büchern. Verzeih, wenn ich dir meinen Namen nicht nenne." Du hast dich angesteckt, Adam. Die endlosen Stunden in der schaukelnden Postkutsche. Der jansenistische Irrwahn in der Beichtpraxis. Käme so ein Herrchen zu mir beichten, würde ich mit der Faust ans Gitter schlagen. Nein, Adam, du hast nicht die Geduld, eine solche Last zu tragen.

Zwei weitere Jahre in Wien, bis zum Halse im Hebräischen, Türkischen, Arabischen. Den Hauch anderer Stimmen, anderer Religionen einatmen. Die zarten Kurven einer anderen Schrift enthüllen andere Herzen. Der Koran. Die Sure 61: 1. „Es preiset Allah, was in den Himmeln und was auf Erden ist, und er ist der Mächtige, der Weise. 2. O ihr, die ihr glaubt, warum sprecht ihr, was ihr nicht tut? 3. Großen Haß erzeugt es bei Allah, daß ihr sprecht, was ihr nicht tut ..."

Das zweite Jahr des Theologiestudiums. Das Jahr in Liptov. Die Furcht vor dem hölzernen Gefängnis des Beichtstuhls, die Scheu davor, denen Trost zuzusprechen, die nach dem Gesetz der Menschen keinen Trost verdienen. Adam, mach Schluß! Du änderst nichts. Die Entscheidung wird durch einen dringlichen Brief des Vaters aus Bystrica beschleunigt. Die Mutter ist gestorben, und der Vater bittet um Hilfe. Als Adam seine Absicht äußert, den Orden zu verlassen, wird er zum Provinzial vorgeladen. Pater Theophyl, in Deckung hinter einem großen Tisch. Wie der Direktor van Swieten. Wie die Kaiserin und Königin. Es ist schrecklich, die Beziehung zu Gott und die Ablehnung der Priesterweihe zu erklären, wenn einer der Partner hinter einem riesigen Arbeitstisch sitzt und den Saal beherrscht, während der andere sich überrascht in dem neuen Raum umschaut, seine Verteidigungsfähigkeit beim bloßen Anblick des Platzes zerbricht, auf den er sich nach freundlicher Aufforderung setzen soll. Vor Gott und dem Gesetz gleiche Menschen, aber bei diesem Ritual ist einer von ihnen schon von vornherein im Nachteil. Er muß sich selber künstlich erhöhen und den hinter dem Tisch erniedrigen. Wertvolle Sekunden verrinnen, und die Stimme des Verhörten ist unsicher.

„Vater, die logische Konsequenz wird mein Austritt aus dem Orden sein."

Der Provinzial Pater Theophyl hat hinter der Brille kluge, feine Augen.

„Du hast ein unschätzbares Pfund von Gott erhalten, bist ein Meister der alten Sprachen, in denen die ersten Begriffe von Gottes Glorie und Erscheinung geprägt wurden. Wir möchten, daß du zu Ende studierst. Nach dem Doktorat der Theologie und der Priesterweihe haben wir mit dir weitere Pläne. Wir brauchen dich, mein Sohn." Er beugte sich über den Tisch, neigte den Kopf auf die Höhe des Kruzifixes am rechten Tischrand; das Silber des Corpus und die Ränder der Brille strahlten gleicherweise. „Die Selbstanzeige, du seist Jansenist, erledigt sich durch eine symbolische Strafe. Du mußt deshalb nicht den Orden verlassen. Du hast doch der Kirche absoluten Gehorsam gelobt."

Adam Kollár sah plötzlich die fünfte Sure des Korans vor sich, erst unlängst hatte er sie übersetzt: „91.(89.) Nicht wird Allah euch strafen für ein unbedachtes Wort in euern Eiden; jedoch wird er euch strafen für das, was ihr mit Bedacht beschworen habt." Laut sagte er: „Ich will das Gehorsamkeitsgelöbnis nicht brechen und gedenke es auch in Zukunft nicht zu tun. Aber ich kann nicht im Orden bleiben. Auf diesem Entschluß muß ich bestehen."

„Vor allem mußt du dir den ganzen Umfang deines irrigen Denkens bewußt machen. Trotz des Geständnisses, mit dem du mich überrascht hast, will ich nicht glauben, daß du ein bewußter Bekenner der jansenistischen Irrlehren bist. Vereinzelte Fälle der Beichtpraxis, von denen dir ältere Priester unvorsichtigerweise erzählt haben, haben dich abgeschreckt. Die Hartnäckigkeit der Sünder macht einen eifrigen Priester, besonders einen jungen, ungeduldig. Wir müssen lernen, die Dinge dieser Welt sub specie aeternitatis* zu betrachten, nicht aber aus dem Abstand einiger Wochen. Auch du wirst das lernen, wenn du es nur willst. Mit deinem Eifer und deinen moralischen Ansprüchen können wir vor der Kommission leicht einige deiner Aussprüche vor Kommilitonen rechtfertigen, und deine Strafe wird gelinde sein. Du mußt dich jedoch deutlich von Jansens Wahn distanzieren. Die päpstliche Enzyklika Unigenitus ..."

„Gehorsam werde ich mich ihr als gläubiger Katholik unterordnen, aber wie könnte ich Priester sein, wenn mein Gewissen ..."

„Das Gewissen kann verbogen sein, mein Sohn. Ich möchte dich davon überzeugen, daß du dich zutiefst irrst, wenn du die Lehre der allgemeinen Kirche von der gratia sufficiens, der ausreichenden Gnade, nicht anerkennst."

* (lat.) im Anblick der Ewigkeit.

Adam Kollár schüttelte traurig den Kopf.

„Es gibt keine ausreichende Gnade bei jedem Menschen. Gäbe es sie, dann würden wir nicht solchen Fällen begegnen wie dem, der Gegenstand meines Streits und die Erfahrung Dutzender Priester ist."

„Mein Sohn, das hast du aus dem Pascal!" Pater Theophyl sprang auf, klammerte sich an die Tischkante, dann aber faßte er sich wieder und sank auf den Stuhl zurück. „Bei der Liebe Gottes, mein Sohn, wie könnten wir auf dieser schrecklichen Welt leben ohne die Gewißheit, daß jedem Menschen die Gnade Gottes zuteil wird und er sich höher erheben kann? Bist du dir bewußt, zu welchen pessimistischen Urteilen über den Menschen uns Jansenius, Bajus, du Verger, Pascal führen?"

Dieser Duft, dieser Duft! Er drang auch hinter dem Tisch des Provinzials hervor.

„Der Mensch ist schlecht, Vater. Das wissen Sie genau, Sie sind erfahrener und älter als ich. Der Mensch führt Kriege, raubt und mordet Körper und Geist. Wenn jemand allwöchentlich die gleichen Sünden beichtet, allwöchentlich Besserung gelobt und alles beim alten bleibt – wo ist da die Gnade . . .?" Adam stockte, noch jetzt spürt er den süßen Duft, die Köstlichkeit des Ordens, die Freundlichkeit, mit der man sich feinsinnigen Gebildeten und verdorbenen Adligen naht. „Wo bleibt die allumfassende Gnade? Diese Gnade reicht nicht aus, Vater!" Das schrie er heraus und blieb erschöpft, aller Kraft beraubt, im Sessel sitzen.

„Du lästerst. Nur deine Jugend entschuldigt dich. Du urteilst sehr streng. Denk daran, was Jesus tat, als man ihm eine Sünderin zuführte. Erinnere dich gut, mein Sohn!" Er schlug mit der Hand auf die Bücher, die vor ihm lagen. „Narren seid ihr! Wie wollt ihr leben in dieser Welt? Ihr werft der Gesellschaft Jesu vor, sie bemühe sich, die zeitliche mit der ewigen Ordnung zu versöhnen und die Lehre der Kirche unserer Welt anzupassen. Ja, auch den Königen und Adligen! Niemand aber bedenkt, daß wir das der Kirche zuliebe tun. Wir machen

Kompromisse, um die Lehre auch unter den neuen komplizierten Bedingungen zu bewahren. Die Jansenisten meinen, daß nur die Heiligen das Recht haben, Christen zu sein, nur die Auserwählten, die Prädestinierten."

„Der heilige Augustinus hat geschrieben, daß die Gnade nicht allen Menschen zuteil wird."

„Das hat er geschrieben. Aber welche Gnade? Man muß nicht nur Augustinus lesen, sondern auch Thomas von Aquino, der ihn korrigiert hat. Wer den Augustinus aus dem Kontext reißt, endet wie Luther und Calvin. Bist du dir bewußt, lieber Sohn, daß Jansenius nur einen Schritt von der falschen Lehre der Prädestination entfernt ist? Das gefällt dir? Die Welt geteilt in Auserwählte und nicht Auserwählte, die zum Teufel gehen sollen, in Calvins ewige Hölle? Nein. Die römische Kirche wird solchen Wahn nie zulassen. Niemals wird sie auch nur einem einzigen Gläubigen die Hoffnung rauben, daß er durch die Gnade Erlösung findet. Das wäre roh, unmenschlich, grausam, gotteswidrig. Darauf beharren wir, und wenn sich die ganze Welt, alle Herrscher, Könige, Parlamente, Universitäten gegen die Jesuiten stellen." Er war außer Atem geraten. „Wir brauchen dich, Bruder Adam. Du bist gebildet, und obendrein bist du ein sittlicher Mensch. Du hast ein strenges Gewissen, das nur auf die rechte Bahn gelenkt werden muß."

„Mit dem Glauben kann man nicht feilschen und kalkulieren. Man kann nicht Feuer und Wasser miteinander vermischen. Die Verderbtheit des Adels hat nichts gemein mit Jesus, dem Zimmermann. Ich kann nicht Lumpen die Absolution erteilen, die sich auf Grund einer opportunistischen Glaubensauslegung des Ordens von dem Gedanken einlullen lassen, daß sie nach dem Verlassen des Beichtstuhls im Zustand der Gnade sind, und die in Wirklichkeit die Absolution frevlerisch empfangen und auch so weiterleben und sterben." Seine Stimme brach. „Nein, das werde ich nicht tun. Ganz zu schweigen von den familiären Gründen, der Bitte meines Vaters. Mein Entschluß ist unabänderlich. Ich nehme jede beliebige Strafe auf mich, aber unter diesen Bedingungen kann ich nicht Priester werden."

„Ein undankbares Kuckucksjunges, das das Nest verläßt!" rief der Provinzial erzürnt. Adam Kollár rührte sich nicht.

Der Provinzial winkte ab. „Schade um dich, Kollár. In den nächsten Monaten wird das Leben für dich eine Hölle sein. Du bereitest sie dir selber. Um dich wird ein Skandal entstehen. Du wirst allein bleiben. Vielleicht werden sich unsere Feinde deiner annehmen. Ich glaube nicht, daß das für dich ein großer Trost wäre. Du wirst dich innerlich verzehren, und diese Zeit wirst du dein Leben lang nicht vergessen." Er hielt ihn mit einer leichten Bewegung zurück. „Du kennst die Theologie und das kanonische Recht. Du wirst nicht aufhören, ein Berufener zu sein, selbst wenn du mich heute bespuckst oder mit einem Dolch durchbohrst oder wenn du bei einer Schwarzen Messe vor einer nackten Dirne auf dem Altar gekniet hättest. Du trägst das Zeichen, auch wenn du nicht an seine Kraft glaubst. Jetzt geh und merke dir: Du kannst jederzeit zurückkehren. Dadurch unterscheiden wir uns von den Herren Philosophen und den strengen Richtern unserer Welt, mein Sohn. Ignatius von Loyola war einst Soldat. Bei uns wird nicht geflennt, sondern gekämpft. Wir rechnen auch mit solchen, die nicht mit uns rechnen."

Er war am Ende des großen Saals angekommen. Nach oben zu blicken, Kraft bei der Göttin der Wissenschaft zu suchen, dazu hatte er nicht den Mut. Immer war es ihm beschieden, an der ungünstigeren Seite des Tisches zu stehen.

Er trat aus dem Hauptsaal und wußte nicht, wie er in sein Arbeitszimmer gelangte. Er schwankte zum Fenster, riß es auf und atmete tief ein. Alles ist in Ordnung. Auf den Tisch legte er die Bücher, die er vom Direktor erhalten hatte. Jetzt sitze ich auf der richtigen Seite des Tisches. Auf meiner Seite. Ich arbeite. Fort mit den Erinnerungen. Es ist Mai, Friedenszeit. Maximilian Hell wird Ende der Woche aus Trnava kommen, gemeinsam gehen wir zum Wein. Ein Glas nur in dieser entsetzlichen Strenge, zu der ich mich verurteilt habe, als ich mich befreite. Max Hell weiß das und verurteilt mich nicht.

Er hatte das Mittagessen vergessen, trat zu einem Schränkchen, nahm einen geschliffenen Krug heraus und füllte ein Glas mit Wasser. Es war warm und abgestanden. Dann schlug er Rousseaus Buch auf, und die Zeit stand still. Er leerte das Glas. „Hat der Fortschritt der Wissenschaften und Künste zur Verschlimmerung oder zur Verbesserung der Sitten beigetragen?" Sein Gesicht leuchtete auf. Hätte er sich selbst gesehen, wäre er sich wie ein Heiliger vorgekommen. Hätten ihn andere gesehen, wäre er ihnen nur vorgekommen wie ein dicklicher lächerlicher Narr.

Ein scharfes, klopfendes Geräusch kam näher. Er hörte es durch die dreifach geschlossene Tür. In den letzten Jahren hatte er es gelernt, dieses Geräusch sogleich zu erkennen. Das Klopfen von Holz auf Marmor untermalte eine nie gespielte Melodie. Sein Herz zog sich schmerzhaft zusammen. Er sprang vom Tisch auf und öffnete die Tür.

„Ignac! Mein lieber Bruder! Willkommen!"

Ignac stand vor ihm, verschwitzt, an den Türpfosten gelehnt, er wischte sich den Schweiß von der Stirn.

„Es ist doch wohl nichts passiert?"

Ignac Kollár ließ sich außer Atem und rot vor Anstrengung in den Sessel fallen, das linke Bein streckte er vorsichtig vor. Adam half ihm, legte ihm wie gewöhnlich ein Kissen unter den linken Oberschenkel. Ignac stöhnte.

„Drücken dich die Riemen?" Adam tastete dem Bruder übers Knie.

Die Prothese fiel mit einem dumpfen Geräusch auf den Teppich.

„Das Bein tut mir höllisch weh, ekelhaft! Es ist nicht

da und tut weh, das verdammte Bein! Hast du so was schon gehört?"

„Ich helfe dir, willst du? Morgen bringe ich dich zu Herrn van Swieten. Er wird uns raten, an wen wir uns wenden sollen."

„Eine Entzündung. Ich hab Angst, Adam. Die ganze Nacht hab ich kein Auge zugetan."

„Damit ist nicht zu spaßen. Hältst du denn auch den Stumpf sauber?"

„Das ist es ja gerade. Gestern mußte ich Uniformen und Patronen ausgeben. Die erste Kompanie rückte aus zum Scharfschießen, und der General Daun persönlich kontrollierte, ob bei mir im Magazin Ordnung herrscht. Dabei hab ich allerlei Mist eingeatmet. Alles juckt mich. Ob das Schießpulver vielleicht . . ."

„Alles ist möglich. Du schläfst bei mir. Der Herr Doktor van Swieten wird uns sicherlich einen Rat geben."

Ignac stieß einen Fluch aus. „Da konnte es mir damals bei Budweis auch gleich das ganze Bein wegreißen. Mitsamt dem Gemächte. Das Leben ist mir ohnehin . . ."

Adam Kollár streichelte das Bein des Bruders, zog aber unwillkürlich die Hand von dem in dunkle Haut eingehüllten Stumpf zurück.

„Sprich nicht so. Du hast doch einen Platz. Wie viele können nicht einmal davon träumen, in der neuen königlichen Kadettenanstalt zu dienen. Und wir leben nicht weit voneinander. Zur Wiener Neustadt ist es nur ein Katzensprung. Besuche ich dich nicht regelmäßig? Siehst du mich nicht gern?"

Ignac verzog das Gesicht. „Es reißt und reißt, das Aas. Es beißt wie tausend wildgewordene Ameisen. Über den ganzen Schenkel bis in den Hintern." Er versuchte sich anzuheben. „Ich kann nicht mal richtig sitzen." Seine Augen brannten. „Was mache ich, wenn sie mir auch den Rest des Beins amputieren müssen? Ob sie mich dann noch im Magazin lassen? Wo soll ich dann hin, ein Krüppel?"

Adam richtete sich auf. „Hast du nicht einen Bruder

in der kaiserlichen Burg? Hab ich dir nicht eine gute Stellung beschafft? Ich werde für dich auch eine Pension erwirken."

„Die gibt es nur für Offiziere."

„Keine Angst. Es wird auch für dich eine geben."

„Krepieren werde ich in einem Invalidenheim."

„Das lasse ich nicht zu, mein Bruder."

„Dabei sehe ich täglich, wie vierzehnjährige Bürschlein als Offiziere ausgebildet werden! Nicht zu glauben, wie viele Eltern sich danach drängen, welche Chargen herumlaufen, um ihre Söhnchen in die Kadettenanstalt zu kriegen! Sogar einen Kindergarten haben wir. Vom siebenten Lebensjahr an lassen sie ihre Sprößlinge dort! Das werden andere Offiziere, als es die jetzigen sind. Wenn sich zwei Regimenter an der Front begegneten, wurde in dem einen hü kommandiert und exerziert, im anderen hott, sie konnten sich nicht einmal einigen. Jetzt hat das alles der Daun in die Hand genommen, es soll ein einheitliches Heer geben. Nicht nur einheitlich im Verkrüppeln und Verrecken, sondern auch einheitlich ausgebildet!"

„Vielleicht werden dann nicht mehr so viele Soldaten unnütz sterben, Ignac. Alles geht heute in unseren Zeiten auf neue Art, wissenschaftlich."

Ignac biß die Zähne zusammen, stützte sich auf den Sessel. Die Filigranlehne knackte unter der Hand des Dragoners.

„Adam, es tut grausig weh! Hilf mir!"

Adam dachte nach und sagte dann plötzlich: „Komm, wir gehen gleich zum Doktor van Swieten. Ich klingle dem Diener, er soll uns einen Fiaker rufen."

Er sprach dem Bruder Trost zu, stützte ihn. Sie gingen durch die verlassenen Säle und Arbeitsräume, grüßten die Reinemachefrauen mit ihren nassen Scheuerlappen. Adam erzählte, wie sehr Maria Theresia dem holländischen Arzt vertraute. Dabei verschwieg er, daß die Schwester der Herrscherin unlängst an den Pocken gestorben war, ohne daß van Swieten etwas hatte ausrichten können. Wer könnte dir helfen, wenn nicht der Leibarzt Maria Theresias!

Ignac gab keine Antwort. Er krümmte sich vor Schmerzen. Das Holzbein klapperte durch die Räume der Hofbibliothek. Die Marmorsäulen, die steinernen Bögen, die Regale mit den Büchern und Handschriften des Humanisten Wolfgang Lazius, des Augsburger Patriziers Fugger und des großen Heerführers Prinz Eugen von Savoyen schwiegen teilnahmslos.

3

Im ersten Stock des rechten Flügels von Schönbrunn, neben dem Arbeitszimmer Maria Theresias, saß Graf Tarouca am Tisch und sortierte Schriften. Er blickte auf die Porzellanuhr auf dem Bücherschrank. Sie zeigte wenige Minuten vor halb zehn. Madame läßt sich Zeit, dachte er ärgerlich. Der zerstampfte Rasen des Parks Schönbrunn, die Reste von Lampions und Papiergirlanden verrieten, daß es gestern im Park wieder lustig zugegangen war. Das Sommerpalais schlief noch.

„Guten Tag, Graf. Wie haben Sie geruht?"

Die Hofdame sah nicht eben ausgeschlafen aus. Die Augen blinzelten, sie huschten spöttisch über die kleine Gestalt, von der nur der Kopf hinter den Akten sichtbar war.

„Majestät ist schon wach?"

„Sie war bereits zur Messe. In fünf Minuten erwartet sie Sie."

Tarouca murmelte etwas und blieb am Tisch sitzen. Die Dame verschwand durch die hintere Tür.

Um halb zehn meldete ein Lakai den Herrn Vorsitzenden des Directorium in publicis et cameralibus*, den Grafen Friedrich Haugwitz.

Herein trat freundlich lächelnd ein hochgewachsener Fünfziger mit schmalem Gesicht und kurzgelockter Pe-

* (lat.) Direktorium für öffentliche und Verwaltungsangelegenheiten.

rücke, unterm Arm einen Stoß Akten. Auch er hatte an dem gestrigen Gartenfest nicht teilgenommen. Tarouca begrüßte ihn herzlich. Wären wir zwei nicht, dann würde die Herrscherin zu herrschen vergessen. Haugwitz trieb sie mit seiner perfekten Amtsführung an, und der kleine Portugiese war ihr wandelndes Gewissen.

„Wie ich sehe, waren Sie gestern nicht dabei."

„Nein. Ich habe meinen Stolz."

„Ich war am Anfang da. Hatte etwas zu erledigen, aber nach der Theatervorstellung bin ich gegangen."

„Waren auch die Ungarn anwesend?"

Tarouca nickte und komplimentierte den etwas jüngeren Haugwitz in einen Sessel. „In reichlicher Zahl: die Batthyánys, die Pálffys, die Erdödys, die Nádasdys."

„Dann bekamen gewiß die Karten zu tun. Sie sollten die Tausende, die sie dabei verspielen, lieber der Staatskasse stiften, wenn sie die Herrscherin so lieben, wie sie behaupten."

Tarouca zuckte die Achseln. Mit blitzenden Augen sah er Haugwitz an. „Majestät kann Sie aber vorläufig nicht empfangen."

„Wieso das?"

„Die Audienzen haben noch nicht begonnen. Majestät wünscht mich in einer sehr dringenden Angelegenheit zu sprechen."

„Aber ich habe doch . . ."

„Es ist ein schöner Maientag. Ich empfehle Ihnen, Herr Vorsitzender, ein bißchen durch den Park zu spazieren. Gegen Mittag, so schätze ich, wird Majestät frei sein."

Haugwitz rührte sich nicht. Mich wird dieser Portugiese nicht aus dem Gleichgewicht bringen.

„Ich warte hier, habe Akten bei mir. An die Vorzimmer habe ich mich schon gewöhnt."

Tarouca verschwand hinter der zweiflügeligen Tür. Sie führte in das Arbeitszimmer der Kaiserin und Königin Maria Theresia. Er wußte, daß Haugwitz ihn verfluchte, so wie ihn auch die übrigen Minister, die Räte, ja der ganze Hof verfluchten.

Haugwitz blieb allein. Er vernahm das Ticken der großen weißen Uhr. Taroucas Arroganz war grenzenlos. Zunächst nur Berater der niederländischen Hofkanzlei, war er von der Herrscherin bald zu deren Präsident ernannt worden, und Tarouca verbrachte aus unbekannten Gründen endlose Stunden bei Maria Theresia in der Wiener Hofburg, in Laxenburg und jetzt in dem vollendeten Schönbrunn. Morgens, mittags, abends. Nur an den Festlichkeiten nahm er selten teil. Überraschend wurde er dann Vorsitzender des Obersten Italienischen Rates. Die Hofleute fanden leicht eine Erklärung: Die Herrscherin hat einen Liebhaber. Ein bißchen wunderten sie sich über ihren Geschmack, denn Tarouca war nicht mehr der Jüngste, seine Karriere hatte er als Fünfziger begonnen, er war untersetzt, mit dunklem Gesicht und einer zu großen Nase. Auf den ersten Blick sah er wie ein levantinischer oder jüdischer Hausierer aus. Dann wurde er zum Direktor der Hofbauten ernannt. Er redete in den Umbau der Schlösser hinein, trieb die Vollendung von Schönbrunn voran und belegte die Kaiserin ganze Tage lang mit Beschlag. Sie ließ sich mit ihm in die Parks und Gärten fahren. Schließlich eröffneten sie das Schloßtheater in dem riesigen Park von Laxenburg. Die Leute fingen an, den Portugiesen spöttisch „Direktor der Vergnügungen und der Befriedigung" zu nennen, und hinter seinem Rücken lachte man über ihn oder knirschte machtlos mit den Zähnen, denn seinetwegen erhielt man keine Audienz bei der Herrscherin.

In Haugwitz brandete beleidigter Zorn auf. Zu Recht hielt er sich für einen Günstling der Kaiserin. Er leistete für das Reich eine unschätzbare Arbeit. Er peitschte alle Nerven auf, um die Verwaltungsreform durchzusetzen, die aus dem feudalen Habsburger Doppelstaat einen modernen zentralisierten Staat ohne den Einfluß der böhmischen und österreichischen Stände machen sollte. Maria Theresia setzte auf ihn, der einst die Verwaltung Schlesiens geleitet hatte, große Hoffnungen. Schritt für Schritt hatte er seine Vorstellungen von einer zentralisierten politischen und Finanzverwaltung und die Trennung von Justiz und Verwaltung erprobt, zunächst in dem Österreich verbliebenen Teil Schlesiens, dann in Kärnten und Krain. Vor vier Jahren hatte Maria Theresia auf sein Betreiben hin mit einem Federstrich die böhmische und die österreichische Hofkanzlei aufgelöst und die oberste Exekutivgewalt in einem Direktorium vereinigt. An dessen Spitze stand mit den formalen Würden eines obersten österreichischen und böhmischen Kanzlers der Graf Haugwitz. So war er zum höchsten Beamten des Staates geworden. Seine Reform erstreckte sich allerdings nicht auf die niederländischen und italienischen Besitzungen und natürlich, aus Verfassungsgründen, auch nicht auf Ungarn. Er hatte jedoch den Ständen und dem Adel der österreichischen Erbländer, Böhmens, Mährens und Schlesiens alle Entscheidungsgewalt genommen und sich dadurch den erbitterten Haß des Hofes und der Verfechter der alten staatsrechtlichen Ordnung zugezogen, vor allem den des letzten böhmischen Kanzlers Friedrich Harrach. Die Höflinge und die beleidigten Magnaten nannten Haugwitz einen sächsischen lutheranischen Parvenü, einen preußischen Spion (er verheimlichte nicht, daß er sich Friedrichs gute Administration zum Vorbild genommen hatte). Maria Theresia jedoch bestand auf ihrem Vorsatz.

Und jetzt muß er hier warten, bis Tarouca fertig ist!

„Seien Sie willkommen, lieber Tarouca! Ich weiß, ich weiß. Kaum erblicken Sie mich, fangen Sie auch schon mit Ihrer Predigt an. Also los! Ich verdiene Ihre Vorwürfe, lieber Graf."

Maria Theresia saß am Tisch. Rasch klappte sie den kleinen Spiegel in die Eingeweide des Arbeitstischs zurück. Sie drehte sich zu dem Grafen herum. Tarouca lächelte unwillkürlich. Maria Theresia trug ein schlichtes goldgelbes Kleid. Über die entblößten Schultern hatte sie einen leichten Pelz gelegt. Dessen beide Enden verbanden sich unterhalb des kühnen Ausschnitts. Sie trug eine kurzgelockte Perücke.

„Ich habe es nicht mehr geschafft, mich frisieren zu lassen. Das stört Sie doch nicht?“

Sie schaute Tarouca mit einem langen Blick an. Sie hatte Ringe um die Augen, aber sie war bemüht, sich keine Müdigkeit anmerken zu lassen.

„Majestät, diese ausgelassenen Feste bekommen Ihnen nicht.“

„Ich weiß, Tarouca. Gerade deshalb nehme ich an ihnen teil.“ Sie lachte auf. „Sie haben mir gefehlt. Warum schließen Sie sich so ab? Oder haben Sie eine heimliche Liebe, Graf? Nur keine Angst, mir können Sie sie zeigen. Ich werde gern die Bekanntschaft der Dame machen.“

„Ich habe keine andere Liebe als Ihre Gunst, Majestät, das wissen Sie genau. Ich bin froh, wenn ich meine Pflicht unter allen Umständen erfüllen kann.“

„Auch wenn Ihre Kaiserin und Königin die ganze Nacht durchtanzt, am Morgen dann unausgekleidet ein halbes Stündchen schlummert und danach in die Schloßkapelle zur Frühmesse eilt? Aber in der Arbeit bin ich akkurat, oder nicht?“

Auf der schmalen vergoldeten Kommode tickte geduldig die riesige Uhr mit der Miniaturbühne, ein Geschenk des Landgrafen von Hessen zum zehnten Regierungsjubiläum.

„Majestät, Sie haben mir als Königin befohlen . . .“

„Lieber Graf, ich habe Sie schon mehrmals aufgefordert, mich nicht mit Majestät zu titulieren, sondern mich einfach mit Madame anzusprechen.“

„Verzeihen Sie, Madame . . .“ Er schluckte.

„Fahren Sie fort, lieber Graf.“

„Madame, Sie haben mir vor zehn Jahren befohlen . . .“

Maria Theresia stand hinter ihrem Tisch auf.

„Schon zehn Jahre? Welch schöne Jahre, welch schreckliche Jahre!“

Graf Tarouca erhob sich rasch, ergriff die fleischige Frauenhand, die sich ihm über den Tisch hinweg entgegenstreckte, und küßte sie leicht.

„Sie haben mir befohlen, Sie vor Ihren eigenen Fehlern zu warnen.“

„Im Privatleben, lieber Graf. Und Sie haben als ehrenhafter und kluger Mann gehorcht.“

„Um Ihrem Befehl nachzukommen, Madame, mußte ich Ihren Charakter studieren.“

„Deshalb mußten Sie sehr oft in meiner Nähe sein.“

„Aber wie ist es einzurichten, daß das nicht Neid und Eifersucht erregt? Mir ist es höchst peinlich, davon zu sprechen, Madame, aber Ihr Befehl hat mich in . . .“

„Tarouca, fällt es Ihnen schwer, meine Befehle zu befolgen? Es waren eher Wünsche. Sagen Sie ein Wort, und ich werde Sie, obzwar nur ungern, von dieser unangenehmen Verpflichtung entbinden.“

Tarouca lief rot an und sprang auf. Er faltete die Hände.

„So habe ich es doch nicht gemeint, Madame. Für Sie und für Ihr Wohl bin ich bereit, alles zu erdulden, und seien es die abscheulichsten Verdächtigungen und Demütigungen, wie sie nur die Hirne eifersüchtiger Minister und Höflinge ausbrüten können.“

„Warum erzählen Sie mir also davon?“

Taroucas Gesicht wurde hart. „Weil mein Bemühen mir zuweilen ganz nutzlos erscheint. Meine Anstrengung endet nicht immer mit einem Erfolg.“

Maria Theresia lachte. „Ach so! Nun ja, auch gestern habe ich mich nicht ganz richtig verhalten, Tarouca. Auch gestern nacht nicht. Wirklich nicht. Ich tanze leidenschaftlich gern, verstehen Sie, lieber Graf. Endlich bin ich einmal nicht schwanger, und da habe ich mich ausgetobt.“

„Für wie lange? Für eine Woche oder zwei?“

„Vielleicht nur für zwei Tage, Tarouca.“

„Sie sind grausam zu sich selbst, Madame. Und grausam zu allen, die Sie lieben, achten und gern so haben wollen, wie Sie selber sein wollen."

Maria Theresia spielte mit dem Pelzwerk, das ihr über die Brust in den Schoß fiel. Graf Tarouca, Don Manoel Telles de Menezeo e Castro, ein Sklave von siebenundfünfzig Jahren, dem sie befohlen hatte, Herr über sie zu sein, kniff die Augen zu und atmete schwer.

„Wir haben uns ausgetobt. Ich bin nicht mehr die Jüngste, ich gehe auf die Vierzig, und es war eine wunderbare Maiennacht. Die Allemande läßt den weiblichen Körper zur Geltung kommen. Das Menuett gestattet anmutige Posen und schrittweise die Begegnung der Paare. Das ist ein Tanz für hohe Absätze und Krinolinen. Gott hat die Frühlingsnächte geschaffen, und er verbietet die Freude nicht. Wie gut hat mir das Schäferkostüm gestanden ..."

„Madame, solche Spiele passen nicht zu einer Herrscherin. Verzeihen Sie mir meine Offenheit", sagte Tarouca fast flüsternd. „Es gab Zeiten, da ertrugen Sie meine Bemerkungen mit einer Geduld, die eher dem Kloster als dem Thron ansteht. Verzeihen Sie, wenn ich mich wiederhole, aber ich kann nicht anders. Überwinden Sie auch jetzt Ihr Mißfallen an meiner Person und vermeiden Sie es, Dinge zu tun, vor denen ich Sie warnen muß. Diese Schäferspiele sind schließlich ..."

„Das Hineingucken in eine improvisierte Laube, in der der junge Schäfer sich nachts seiner Liebsten nähert und sie vor Liebe auf dem Bett schmachtet ..."

„Majestät!"

Maria Theresia sprang auf.

„Also was soll's? Nichts ist passiert, Tarouca! Überhaupt nichts! Sie sind nicht mein Beichtvater, das ist Pater Ignaz Müller. Ich habe Sie aufgefordert, mein Erzieher zu sein. Nicht mehr und nicht weniger." Sie setzte sich wieder und rieb sich die müden Augen. „Es stimmt, das ist eine Marotte von mir, ich gebe es zu. Meine Söhne müssen Erzieher haben. Eine Frau von sechsunddreißig auf dem Thron sollte keine mehr brauchen." Traurig sah sie den Portugiesen an. „Keinen. Sind Sie zufrieden? . . . Tarouca, Tarouca, manchmal habe ich keine Lust mehr zu leben."

„Gerade Ihre gelegentlichen Depressionen erfordern . . ."

Maria Theresia stand auf und ging nervös im Arbeitszimmer auf und ab. Als sie über den Teppichrand schritt, hörte sie das Klopfen ihrer Absätze. Sie begann einen Rhythmus zu stampfen. Der kleine Portugiese blieb sitzen. Die hochaufgerichtete, gutgewachsene Frau umkreiste ihn. Sie ist hundertmal schöner als auf den Medaillen, Porträts und den neuen Talern.

„Tadeln Sie mich nur, Graf. Wir haben Dummheiten getrieben. Jean de la main chaude."

Tarouca richtete sich im Sessel auf.

„Auch Sie, Madame?"

„Bin ich denn anders als die Marquisen, Gräfinnen, heiteren Magyarinnen, als die Kinská und meine Hofdamen?"

„Sie wollen sagen . . ."

„Genau so. Der Herr versteckt seinen Kopf im Schoß der Dame und soll erraten, wer ihn aufs Gesäß geschlagen hat."

Tarouca erbleichte. Bei der Vorstellung, daß der Kopf des angetrunkenen Esterházy, Schwarzenberg, Pálffy auf den Knien dieser Frau gelegen haben sollte, fiel er fast in Ohnmacht.

„Warum sind Sie nicht bis zum Morgen geblieben, Tarouca? Vielleicht hätten auch Sie für eine Weile in der Obhut einer Dame geruht."

„Majestät!"

Sie trat zu ihm und streckte ihm die Hand entgegen. Er küßte sie mit trockenen Lippen.

„Verzeihen Sie, Tarouca. Ich brauche wirklich jedes Ihrer Worte." Sie beugte sich zu ihm, spürte, wie Schweißgeruch sich mit dem Duft ihres Parfüms mischte. „Wir arbeiten schon zehn Jahre zusammen, und ich bin Ihnen ungemein verbunden. Tag für Tag machen Sie aus mir einen besseren Menschen. Tarouca, ich bin selbst in diesem Schmutz rein, mit dem wir uns jetzt gegenseitig schrecken. Was ist schließlich passiert? Ein paar Leute vergnügen sich, so wie sich Millionen Dörfler auf samstäglichen Vergnügungen amüsieren. Was gäbe ich dafür, wenn ich einmal an einem dörflichen Fest teilnehmen könnte. Was meinen Sie, wollen wir's nicht einmal in einer Verkleidung versuchen? Ach nein, jeder würde mich erkennen. Das ist das Schreckliche in meiner Stellung, daß einen jedermann kennt. Jeden Schritt beobachtet man, und man schreibt uns Gedanken zu, die wir nicht haben. Fürchten Sie nichts, Tarouca, Gott wird mich beschützen. Ich habe einen Glauben wie eine Tiroler Bäuerin. Ich sehe mich vor!"

„Aber Ihr Beispiel, Madame! Es ist, als würde Ihre Anwesenheit diese Frivolitäten heiligen."

„Soll ich denn etwa eine Keuschheitskommission einsetzen? Die Schauspielerinnen und Sängerinnen aus den Betten unserer Magnaten herausholen und sie an die Grenze eskortieren lassen? Damit mich ganz Europa auslacht?

Da begann die Uhr des hessischen Landgrafen die zehnte Stunde zu schlagen. Beide zuckten zusammen. Gespannt sahen sie zu, wie unter dem Zifferblatt auf der Miniaturbühne mit dem antiken Altar von rechts Maria Theresia im himmelblauen Gewand, von links Kaiser Franz im rot-goldenen Rock erschien und mit ihnen Vertreter der deutschen, böhmischen und ungarischen Stände. Jeder trug eine Krone auf einem Samtkissen. Das Herrscherpaar grüßte mit einer Handbewegung die Versammelten. Die Träger der Kaiserkrone und der zwei Königskronen knieten nieder. Von oben näherte sich der Dämon des Bösen, aber aus den Wolken herab vertrieb ihn der Erzengel Michael mit dem Schwert. Am Himmel erschien Klio, die Muse der Geschichte, und schrieb mit goldenem Griffel auf die Wölkchen „Vivat Franciscus et Theresia". Von beiden Seiten schallten

Trompeten und flogen Engel auf, auf die Häupter der Majestäten senkten sich Lorbeerkränze. Die Inschrift verschwand, die Majestäten winkten mit den Händen, und die Vorstellung war beendet. Die Figuren verschwanden. Der Automat der Mechaniker, der Gebrüder Knaus, war abgelaufen.

Maria Theresia seufzte.

„Im Leben ist alles anders. Oder finden Sie, daß wir auch nur Puppen mit Kränzen auf dem Kopf sind?"

„Nein, Madame. Von Ihnen kann das niemand sagen."

„Ich bezahle Sie für Ihre Aufrichtigkeit, Tarouca. Sie sind mein wandelndes Gewissen, da sollen die anderen tratschen, was sie wollen. Ich gebe Sie nicht auf, aber Sie dürfen mich nie belügen."

„Sie sind keine Puppe. Sie haben viel erreicht. Haben den ererbten Thron verteidigt, haben Ihrem Gemahl die Krone des römischen Kaisers errungen. Sie sind Mutter von zehn Kindern. Jetzt müssen Sie mit Würde herrschen. Damit man Sie nicht nur auf Uhrmacherautomaten oder unwürdigen Vergnügungen liebt und nicht nur jetzt, da Sie eine reife, schöne Frau sind, sondern auch dann, wenn Sie eine kraftlose Greisin sein werden."

„Tarouca, mit Ihrer Rücksichtslosigkeit stimmen Sie mich sentimental. Sollten wir nicht lieber zu arbeiten anfangen?"

Sie schaute auf den Uhrenautomaten aus Hessen. Franz und Maria Theresia.

„Wissen Sie, Graf, daß ich größte Lust hätte, noch heute eine Gräfin aus meinem Reich hinauszuschmeißen? Direkt aus dem Bett?"

Tarouca nickte; in seinem Gesicht zuckte kein Muskel. Kriegte in diesem Augenblick die Gräfin Wilhelmine Auersperg den Schluckauf? Der Graf schaute lieber in das kleine, in roten Samt gebundene Notizbuch.

„Graf Haugwitz bittet, empfangen zu werden, Madame."

Maria Theresia faßte sich.

„Soll eintreten. Wenn ich mich recht erinnere, erwarten wir nach dem Mittagessen Kaunitz aus Paris."

„Jawohl, Majestät."

Ihre Augen brannten.

„Lassen Sie mir Tee bringen."

Sie legte den Pelz ab, es begann warm zu werden. Sie vertiefte sich in die Akten.

Zunächst hörte sie sich Haugwitz an. Sie hörte nur mit halbem Ohr zu, was er von einem protestantischen Pastor aus Oberungarn berichtete, Hudak oder Horak oder wie er hieß. Er war aus Preußen zurückgekehrt. An der Grenze hatte die österreichische Zensur einige protestantische Schriften bei ihm beschlagnahmt. Er behauptete, es handle sich um ein persönliches Geschenk König Friedrichs. Da man ihm die Bücher nicht zurückgab, ließ Friedrich in Breslau die Bibliothek des Jesuitenkollegs schließen und davor Posten aufziehen.

„Eine Delegation der Breslauer Jesuiten ist hier in Wien, Majestät. Der preußische König bleibt bei seiner Entscheidung."

Maria Theresia rieb sich die geröteten Augen und winkte ab.

„Kommen Sie mir nicht mit solchen Bagatellen. Wenn die Bücher wirklich ein Geschenk König Friedrichs waren, soll man sie dem Pastor unverzüglich aushändigen. Und diese Esel von der Zensur müssen wir bald auswechseln. Wegen so einer Lappalie werden wir doch nicht dem Katholizismus in Schlesien Schaden zufügen!"

Höchste Zeit, daß van Swieten die Zensur von den Jesuiten übernimmt. Diese hyperkatholischen Eiferer bereiten einem nur unnötige Scherereien, so wie neulich mit diesem Buch in Raab. Irgendein Tollkopf hatte eine Schrift veröffentlicht, in der er vorschlug, die Protestanten nach alter Art auszurotten – wie im Mittelalter auf dem Scheiterhaufen! Und diese Schrift hatte er der Königin gewidmet. Ein internationaler Skandal! Friedrich intervenierte als Schutzherr der Protestanten. Ich habe das Buch beschlagnahmen lassen, und aus der Traum.

Sie erledigte mit Haugwitz einige dringliche Akten. Dann lehnte sie sich im Sessel zurück, machte ein ernstes Gesicht und legte los: „Lieber Haugwitz, ich weiß nicht, wie es weitergehen soll, denn die Kritik an Ihren Reformen wächst. Ich habe hier eine Meldung, daß sich das administrative Durcheinander vergrößert."

Haugwitz blieb ruhig.

„So eine Neuordnung bringt unausweichlich gewisse Schwierigkeiten mit sich. Wir haben allen ständischen Behörden das Recht entzogen, Steuern und Kontributionen für die Armee einzutreiben. Wir haben neue, vom örtlichen Adel unabhängige Behörden geschaffen. Für jeden Bezirk haben wir einen Bezirkshauptmann ernannt. Und das geht nicht ohne Schwierigkeiten ab. Viele ständische Beamte in den böhmischen und österreichischen Ländern sabotieren offen die neuen Maßnahmen. Majestät, nun, da alle Gelder des Staates in die zentrale Kasse einfließen, müssen wir uns Schritt für Schritt durch den Dschungel hauen, den uns die Jahrhunderte hinterlassen haben. Ich weiß, daß mich die Stände hassen."

„Ich habe Sie unterstützt, und ich stehe weiter hinter Ihnen, Graf. Manchmal aber befürchte ich, daß ich mich in ein riskantes Unternehmen eingelassen habe, als ich Ihre Vorschläge befolgte."

„Majestät, niemand kann bestreiten, daß wir von Grund auf Ordnung in die Staatsfinanzen gebracht haben. Die Staatsschuld hat sich verringert. Allein aus den böhmischen Ländern, also den Ländern der Reformen, gewinnen wir die Hälfte der Einnahmen, die wir benötigen, um eine stehende Armee zu unterhalten."

Maria Theresia seufzte.

„Das erkenne ich an. Wir erholen uns gut von den ersten Kriegen. Ich unterstütze die Reform, weil wir auch im Frieden eine Armee von mindestens hunderttausend

Mann beibehalten müssen. Wieviel Geld braucht man dafür?"

„Vierzehn Millionen Gulden. Und allein aus den böhmischen Ländern erhalten wir sieben Millionen. Das ist doch ein riesiger Erfolg, ein Triumph der neuen Politik!"

„Aber unter welchen Bedingungen? Können wir bis in alle Ewigkeit die böhmischen Bürger und Bauern schröpfen?" Sie breitete die Akten aus. „So viele Beschwerden und Eingaben! Eine Meldung der Untersuchungskommission des Grafen Larisch über die Eintreibung der Kontribution von den Bauern . . ."

„Dank meiner Vorschläge erfahren wir wenigstens von solchen Mängeln. Zum Schutz der Untertanen vor unberechtigter Eintreibung von Kontributionen haben wir in jedem Bezirk Böhmens, Mährens, Schlesiens und Österreichs Sondergerichte und Kommissionen eingerichtet. Ich habe eine neue Kontributionsordnung ausarbeiten lassen. Beendet wird soeben das Verzeichnis des rustikalen Bodens in Böhmen. Wir haben es zu Ehren Eurer Majestät Theresianisches Kataster genannt."

„Gut, gut, Haugwitz. Aber ob sich dadurch die Lage unserer Untertanen verbessert?"

„Wir haben die Grundherren gezwungen, genaue Angaben über den Rustikal zu machen, den Boden, den die Untertanen nutzen und für den sie mit dem Zehnten und mit Fron zahlen. Wir gewinnen so exakte Unterlagen für die gerechte Besteuerung. Sie werden nicht mehr lügen und betrügen können, indem sie bäuerlichen Boden in Herrschaftsboden umwandeln. Wir bereiten eine Katastrierung des Dominikals vor, des Bodens der adligen Grundbesitzer. Dann werden Sie erst sehen, was für ein Sturm des Widerstands losbrechen wird! Wir werden auch den herrschaftlichen Boden besteuern, gezahlt wird auch für Schlösser, bearbeitete herrschaftliche Grundstücke, für Wiesen, Weiden, Wälder, Gärten, Weinberge, Fischteiche, Mühlen, für alle Besitzungen des Adels."

„Ein kühner Plan. Meinen Sie, er wird Ihnen gelingen? Ungarn schließe ich aus. Davon kann man nicht einmal träumen."

„In den österreichischen und böhmischen Ländern fangen wir langsam an. Einen solchen Eingriff können wir jedoch nicht ohne eine starke Zentralgewalt verwirklichen. Die alten Statthaltereien und Ständetage würden derartige Neuerungen mit einem Federstrich aus der Welt schaffen. Ich weiß, meine Widersacher greifen die Verschmelzung der politischen und der finanziellen Belange an. Das seien verschiedenartige Probleme. Das Gegenteil ist wahr. Wie Sie sehen, Majestät, hängt der Aufbau eines aufgeklärten Staates, die Verbesserung der Lage der Untertanen eng mit den Finanzfragen zusammen."

„Und nicht nur der Untertanen, nicht wahr? Wenn wir mehr Steuern von den Bürgern und Handwerkern bekommen wollen, müssen wir ihnen ermöglichen, mehr zu produzieren. Das heißt, wenn wir die Manufakturen fördern, verbessern wir auch die Staatsfinanzen. Habe ich das richtig begriffen?"

Haugwitz nickte. „Wir haben alle Binnenzölle und Mauten in den österreichischen und böhmischen Ländern aufgehoben. Allein in Böhmen habe ich noch unlängst siebenhundert Zollhäuser finanziert. Es bedarf neuer Richtlinien und Erläuterungen. Meine Behörde mit nicht ganz sechzig Beamten reicht dafür nicht aus."

„Wir haben uns viel auf die Schultern geladen: die Finanzen, die Verwaltung von zehn Ländern. Obendrein leiten Sie die Militärkommission, das Kommerzdirektorium, die Münze, den Bergbau. Ich an Ihrer Stelle würde den Verstand verlieren. Vielleicht denken Sie über eine vernünftigere Aufteilung nach. Nur gut, daß Sie die Belange des Gerichtswesens abgegeben haben."

„Die Trennung der Justiz von der gesetzgebenden und der Exekutivgewalt, die Einsetzung einer Obersten Gerichtsbehörde für die böhmischen und österreichischen Länder ist ein glorreiches Denkmal der aufgeklärten Herrschaft Eurer Majestät. Es gibt keine Freiheit, wenn die Justiz nicht von der Legislative und der Exekutive getrennt ist. Wäre die Justiz mit der Exekutive verbunden, dann könnte auch ein Tyrann Richter sein."

Maria Theresia riß die Augen auf. „Aber Haugwitz! Das stammt doch nicht von Ihnen!"

„Nein, Majestät. Das hat Montesquieu in seinem Werk ‚Der Geist der Gesetze' geschrieben", sagte er leise.

„Dazu brauchen wir keinen Herrn Montesquieu, dazu genügt der gesunde Menschenverstand. Wenn ich mich nicht irre, habe ich das Dekret über die Bildung eines Obersten Gerichts unterzeichnet, als wir vom Geist der Gesetze noch nichts wußten. Übrigens – wissen Sie, daß die Jesuitenpatres in der Zensurbehörde dieses Buch auf den Index gesetzt haben?" Sie lächelte. „Ich hätte nicht gedacht, daß ich mich als guter Gesetzgeber bewähren würde."

Haugwitz stand auf und verbeugte sich.

„Also – Sie meinen, es wird gelingen, Graf Haugwitz? In den Erbländern bestimmt. Ein schwieriges Problem bleiben Ungarn und Siebenbürgen. Zwei Hofkanzleien. Die dürfen wir nicht antasten." Sie rang die Hände. „Glauben Sie mir, ich tue alles, um mich mit den ungarischen Ständen gut zu stellen. Aber es geht mit ihnen nicht vorwärts. Auf dem letzten Reichstag habe ich ihnen alles bewilligt. Nach dem Tode des alten Pálffy ist der neue Palatin Ludwig Batthyány. Grassalkovich ist Präsident der ungarischen Hofkammer. Sie stehen mit Leib und Seele hinter mir."

„Aber Geld haben sie keins", versetzte Haugwitz mit einem schiefen Lächeln. „Der Beitrag Ungarns für den Unterhalt der Armee ist nach wie vor unverhältnismäßig klein, verglichen mit den Erbländern."

Maria Theresia geriet in Erregung.

„Aber was soll ich denn tun? Auf dem Reichstag haben sie mir anstelle der verlangten dreieinhalb Millionen

Gulden etwas mehr als drei Millionen genehmigt. Die ungarischen Herren haben mich da bitter enttäuscht. Obendrein haben sie mich mit Beschwerden überhäuft. Stellen Sie sich vor: einhundertelf Klagepunkte haben sie aufgeschrieben, nur um mich zu quälen, ihre angeblich so geliebte Königin! Sie sagen, sie würden für die Armee mit Blut bezahlen. Ich kann es nicht leugnen, in den Schlesischen Kriegen wäre ich ohne die ungarischen Regimenter verloren gewesen. Vielleicht haben sie ein bißchen recht, wenn sie sagen, Böhmen brauche sich nicht zu beklagen. Böhmen zahle jetzt mit Geld für die Zeiten, in denen die ungarischen Truppen zweimal geholfen haben, Prag zu befreien und die Bayern und Preußen aus den böhmischen Ländern zu vertreiben. Was kann ich also den Ungarn vorwerfen? Sie sagen, sie brauchten keine Steuern zu zahlen, denn sie hätten mit Blut bezahlt."

Haugwitz wiegte den Kopf.

„Das ist das größte Problem, Majestät. Wir müssen das stehende Heer konsequent aufbauen. Die Aufwendungen für die Armee wird der Staat aufbringen, nicht aber der ungarische Adel. Seine militärische Bereitschaft müssen wir einschränken und am Ende aufheben. Solange wir nicht auch den ungarischen Adel besteuern, wird sich in diesem Lande nichts ändern." Er holte weitere Berechnungen hervor. „Die ungarischen Magnaten gehören zu den reichsten Europas. Ich habe einige Schätzungen vornehmen lassen. Vorsichtige. Allein der Fürst Esterházy hat eine Jahreseinnahme von siebenhunderttausend Gulden. Das ist soviel wie die gesamte Militärkontribution Siebenbürgens, Majestät!"

„Woher haben Sie diese Zahlen?"

Haugwitz zuckte mit den Achseln und fuhr fort: „Die übrigen haben Einnahmen um die drei- bis vierhunderttausend Gulden jährlich: Grassalkovich, Pálffy, Koháry, Károlyi, Erdödy, Festetics. Über ähnliche Einnahmen verfügt auch der Erzbischof von Esztergom."

Maria Theresia rieb sich die Stirn, ihr Gesicht rötete

sich. Die ganze Nacht war ich mit ihnen beisammen. Jetzt verstehe ich, daß der Einsatz von Tausenden beim Kartenspiel für sie eine Lappalie ist, ebenso wie Einladungen auf ihre Schlösser und rauschende Feste. Hat Tarouca doch recht?

Sie schwieg eine Weile, war plötzlich niedergeschlagen, der Salon drehte sich um sie. Sie flüsterte: „Haben Sie noch etwas Unaufschiebbares, Graf? Ich fühle mich müde."

Haugwitz erhob sich, verbeugte sich schweigend und ging. Er schien zufrieden.

4

Anton Grassalkovich besteuern ... Grassalkovich. Der Name riecht nach Gras und dem slawischen Kroatien. Ein Besuch in Gödöllö. Grassalkovich. Er geht schon auf die Sechzig. Einer der Ersten und Unvergeßlichen. Immer treu. Der erste Reichstag in Preßburg. Die Beredsamkeit eines Cicero. Einer der reichsten Herren meines Reiches. Ist es nicht schön, einen solchen Mann auf den Knien vor mir zu sehen? Kräftig und breit, mit lustigen Augen. Anton Grassalkovich zittert in meiner Nähe. Auch gestern war er da. Ein zufriedenes Lächeln. Er fühlte sich wohl. Er hat das Schönbrunn der Kaiserin übertrumpft. Grassalkovichs Schloß in Gödöllö. Alles hängt von der Atmosphäre ab. Als Hausherr ist er zum Verlieben nett. Ein Fürst à la Machiavelli. Aufgetaucht aus dem Dunkel der Geschichte. Aus der endlosen Ebene, mit zugekniffenen Augen. Die Skythen.

Grassalkovich besteuern ... Kann man eine Erinnerung besteuern, eine bereits nostalgische, denn sie ist schon mehr als zehn Jahre alt? Einer von der ersten Garde. Viele Männer aus meinen wunderschönen Mädchenjahren sind bereits für immer verschwunden. Sie haben ihre Königin verlassen. Es gibt keinen Marschall Khevenhüller mehr. Liebt die Königin! Wo sind die Zeiten, da die Rotröcke des närrischen Trenck gegen die Stadtmauern von Budweis anstürmten? „Maria Theresia! Allah! Allah!" Für immer verstummt ist der streitsüchtige und knurrige Philipp Kinský. Meine Mutter habe ich begraben, die einzige Schwester bereits verloren. Umsonst hat mir Kaunitz aus Holland den Doktor van Swieten geschickt. Er hat Marianne nicht kuriert. Nur nicht allein bleiben! Ich bin erst sechsunddreißig. Noch kann ich nicht allein sein. Noch lieben viele die Königin. Der lächerliche, große Grassalkovich. Er führte mich durch sein von Grund auf umgebautes Schloß. Theater, Reithalle, renovierte Säle. Ehrerbietig schritt er an meiner Seite, und mir fehlte etwas. „Lieber Graf, meinen Sie nicht auch, daß man hier die Bilder vergessen hat?" Er blieb stehen und sagte mit ernsten Augen: „Wahrhaftig, ich habe es auch bemerkt. Ich hielt jedoch kein einziges Bild für würdig, mein Schloß zu schmükken, solange hier nicht ein Porträt meiner Königin hängt." Ein lieber Narr. Umgehend schickte ich ihm mein Bildnis von dem ebenso närrischen Liotard. (Er lief in einem türkischen Gewand durch Wien, ein Rudel Kinder ihm nach.)

Grassalkovich besteuern ... Er gehört doch gar nicht zu ihnen. Was hat er mit den Pálffys und Esterházys gemein? Er kommt aus dem Dunkel des Volkes. Ein kleiner Schreiber aus dem Süden. Den Kopf voller Gesetze. Der Schreiber der armen Leute und der örtlichen Landadligen. Advokat in Budín. In einem prächtigen Salon in Gödöllö verblüfften mich drei irdene Krüge auf einem Ehrenplatz inmitten von Meißner und Sèvres-Porzellan. „Archäologische Stücke, lieber Grassalkovich?" Er lief rot an. „Majestät, in diesen Krügen habe ich als hungernder Student mir und meinem Vater das Mittagessen geholt, heimlich aus der Hintertür der Fünfkirchener Kapuziner. Das ist meine Bettlerarchäologie." Ein Knecht der Edelleute. Heute der Wächter der ungarischen Krone und einer der reichsten Männer des Landes.

Grassalkovich kennt den Wert des Geldes und den

Preis des Adels. Meinem Vater hat er die Baronie zu verdanken. Ich habe Anton Grassalkovich zum Grafen gemacht. Reich hat er sich selber gemacht. Er kaufte in Südungarn Grundstücke auf, die nach der Befreiung vom Türkenjoch verlassen waren, und ließ sie bearbeiten. Im Schloß in Gödöllö hängt eine Karte seiner Güter. Wien am nächsten liegen Komjatice und Ivanka an der Donau, im slowakischen Teil Ungarns. In Gödöllö zeigte er mir seine hundert neuen, für Kolonisten erbauten Häuser. Geschickt ist dieser Grassalkovich. Nicht besteuert. Nicht besteuerbar. Jetzt erbaut er sich ein Sommerpalais vor den Mauern Preßburgs. Nahe Wien. Ich werde ihn dabei unterstützen. Wenigstens symbolisch. Obwohl der Vorsitzende der ungarischen Königlichen Kammer, der Oberherr der königlichen Besitzungen, der Herr der Bergstädte und Salzsiedereien das nicht nötig hat. Salzsiedereien: die Erinnerung an eine sommerliche Schlittenfahrt in Gödöllö. Zuerst Feuerwerk, Springbrunnen mit köstlichem Wein, täglich werden zehn Ochsen am Spieß gebraten, dem Volk wird Geld aus großen Taschen hingeworfen. Tierkämpfe. Niemals habe ich als Ritter verkleidete Bären gesehen, nur bei Grassalkovich. Dann fuhr ein Sechsergespann mit Silberglöckchen vor. Ein vergoldeter Schlitten mitten im Sommer. „Ich lade Sie zu einer sommerlichen Schlittenfahrt ein, Majestät!" Er hüllte mich in rote Pelze, lachend traten wir die Fahrt an. Der Schlitten glitt über die weiße Straße. Von Gödöllö bis Pest hatte er die Straße mit einer dicken Schicht Salz bedecken lassen. Dieser Scherz kostete Anton Grassalkovich eine Jahresproduktion der Salzgruben in Marmaros. Solche Männer sind unbesteuerbar.

Und doch muß ich mich ihnen einmal – ich weiß nicht wann und wie – Auge in Auge entgegenstellen. Wenn ich nicht nur von ihnen, nicht nur von einer Handvoll geliebt sein will.

Die durchwachte Nacht machte sich bemerkbar. Nur auf einen Sprung kehrte sie im Kinderzimmer ein. Die elfjährige Christine und die um ein Jahr jüngere Elisabeth stürzten ihr in die Arme. Das sind heute schon junge, schöne kleine Fräuleins. Maria Theresia hatte die beiden von allen Kindern am liebsten. Sie werden dereinst ihr ganzer Stolz sein, werden auf den großen Thronen Europas sitzen. Ihr Blick suchte die schüchterne siebenjährige Amalie. Die Kleine stand wie leblos über ihren Puppen. Was findet ihr Vater bloß an ihr? Amalie ist am liebsten bei ihm.

„Wo ist Marianne?"

„In der Hofburg, Majestät", antwortete die Kinderfrau.

„Mit dem Kaiser?"

„Seine Majestät haben sie mitgenommen."

Marianne, ihr erstes Kind, hing ebenfalls am Vater. Sie interessieren die schimmernden Steine und die naturwissenschaftlichen Versuche, mit denen sich Franz beschäftigt. Was wird aus Marianne? Kränklich, mickrig, geht gebückt wie eine Bettlerin. Sie liebt mich nicht, dachte die Mutter. Dann ging sie nach nebenan in das kleinere Zimmer, wo in vergoldeten Bettchen die jüngeren Sprößlinge lagen. Die einjährige Karoline weinte verzweifelt, und die zweijährige Josepha betrachtete sie ungerührt. Über sie beugten sich Johanna und Leopold.

„Wir spielen Eheleute", erklärte das fünfjährige Mädchen und ergriff die Hand des älteren Bruders.

„Schämst du dich nicht, als Junge zwischen den Mädchen?" fuhr die Mutter den kleinen Leopold an.

Die Knaben müssen vollkommen sein. Vollkommener als ihr Vater. Viel vollkommener. Sie müssen sich für dieses Reich interessieren. Es sind drei. Von dem sechsjährigen Poldi kann man noch nicht sagen, was aus ihm wird. Karl ist acht Jahre und außerordentlich begabt. Josephs ernstes Gesicht verrät schon allerhand. Den Vater nimmt er nicht allzu ernst. Der Mutter gegenüber verhält er sich ehrerbietig, aber reserviert. In Ordnung. Joseph, der Erstgeborene, ist der Thronfolger. Ihm stehen Stolz und Würde an.

Maria Theresia schritt durch die Flure von Schönbrunn. Joseph hatte sie eigene Zimmer zuweisen lassen, wo alles wie an einem Miniaturherrscherhof eingerichtet war: ein Hofmeister, Kammerherren, Diener. Vom siebenten Lebensjahr an hatte sie Joseph der Obhut von Frauen entzogen. Zum Erzieher und Oberhofmeister des jungen Erzherzogs hatte sie den General Karol Batthyány ernannt, den Bruder des gegenwärtigen ungarischen Palatins. Dafür waren ihr die ungarischen Magnaten dankbar. Sie vergaß jedoch nicht, den Franziskanerpater Weger mit der Aufsicht über den Unterricht zu betrauen. Weger lehrte den Knaben Geschichte, Geographie und Fremdsprachen. Latein lehrte ein Jesuit.

Der ausgediente General Batthyány zuckte zusammen, als die Herrscherin eintrat. Um die Wahrheit zu gestehen – die Erziehung des Thronfolgers war kein solcher Ruheposten, wie er anfangs vermutet hatte. Wenige Tage mit dem zwölfjährigen selbstbewußten Bürschlein, das er ermahnen und zurechtbiegen sollte, ohne dabei seine Persönlichkeit und sein Selbstbewußtsein anzutasten, hatten seine Nerven gründlich zerrüttet. Die Schlachten der schlesischen Kriege erschienen ihm wie ein Kinderspiel, verglichen mit dem unablässigen Kampf mit seinem eigensinnigen Schützling. Dabei war die Kaiserin unbeugsam.

„Also welche Fortschritte machen Sie, General?"

Batthyány lächelte säuerlich.

„Der Knabe ist starrköpfig, Majestät. Eigensinnig und unnachgiebig. Heute zum Beispiel . . ."

Maria Theresia setzte sich.

„Ich weiß, ich weiß. Nur Geduld. Entdecken Sie denn an meinem Sohn keinerlei positive Züge?"

„Verzeihung, Majestät, das habe ich nicht gesagt. Heute zum Beispiel hat er sehr schön den Caesar übersetzt. Ich bemühe mich, den Lateinunterricht mit Beispielen aus dem heutigen Kriegswesen zu verbinden. Caesars Feldzug nach Gallien. Der Erzherzog hat eine ausgesprochene Vorliebe für die realen Gegenstände. Oberstleutnant Brequin lobt seine Leistungen in der Mathematik, der Pater Weger die in Geographie und Geschichte. Schlechter steht es mit Französisch."

„Ein altes Problem. Die Kammerdiener werden fortan mit ihm französisch sprechen, klar?"

„Vorzüglich ist er auch in der Jurisprudenz. Die Staatswissenschaft interessiert ihn sehr. Das ist doch fast unnatürlich für einen Jungen seines Alters."

„Ausgezeichnet, Batthyány. In unserem komplizierten Reich kommt der Thronfolger ohne Rechtskenntnisse nicht aus. Machen Sie so weiter, aber überlasten Sie den Schüler nicht. Am Vormittag anspruchsvollere Fächer, nachmittag leichtere. Ich erwarte, daß er bei den Prüfungen am Monatsende erfolgreich ist."

„Dafür verbürge ich mich, Majestät."

Maria Theresia lächelte wohlwollend und ging zum Mittagessen. Als sie nach dem Kaiser fragte, sagte man ihr, er rüste sich zur Fahrt nach Laxenburg. Der Tag war in der Tat wunderschön. Mai.

Mit umwölkter Stirn aß sie ihre Suppe. Das Alleinsein in wichtigen Augenblicken half ihr, ihre Entscheidung zu fällen. Sobald Kaunitz' Mission in Paris erfolgreich beendet ist, wird sie Bartenstein entlassen und Kaunitz zum Staatskanzler ernennen. Sie wird ihm nicht nur die Außenpolitik anvertrauen, sondern auch die weitere Reform der Staatsverwaltung. Das von Haugwitz begonnene Werk muß vollendet werden. Aber mit großem Elan und einem unverwundbaren Mann, einem Angehörigen des alten einheimischen Adels. Das wird Kaunitz sein, der Mann, auf den sie wartet.

„Ist es Ihnen wirklich gelungen, Graf?"

In seinem schmalen, hageren Gesicht zuckte kein Muskel, obwohl er im stillen seinen Triumph auskostete.

„Ich bringe Ihnen noch nicht den unterschriftsreifen Vertrag, Majestät, aber ich bin überzeugt, daß wir nach einer gewissen Zeit mit Frankreich ein Neutralitätsabkommen schließen werden."

Bewundernd schaute sie ihren französischen Gesandten an. Dieser Mann, Mitglied der Geheimen Konferenz, hatte drei Jahre in Paris verbracht, um zu sondieren, ob Frankreich bereit sei, ein Freund Österreichs zu werden.

Graf Anton Wenzel Kaunitz, aus altem mährischem Adelsgeschlecht, stammte aus dem Troppauer Land und war sechs Jahre älter als die Herrscherin. Er war ein Verstand auf zwei Beinen. Kühl, mit intelligenten Augen, feinsinnig und höflich. Er hört zu, wenn er fühlt, daß sein Gegenüber sich aussprechen will. Er läßt den anderen reden. Sein Gesicht steht im Dienst seines Gehirns. Die Muskeln im Gesicht bewegen sich langsam, ohne Eile. Er beobachtet den Sprechenden mit unaufdringlicher Aufmerksamkeit. Im Gespräch ertappt man ihn nie dabei, daß er nicht zuhört. Er knüpft an einen unvollendeten Satz an, obwohl er im Geiste die Bibliothek seines Gesprächspartners prüft oder dessen Schuhe und den Wert der Zierschnallen abschätzt.

„Halten Sie es nicht für nötig, nach Paris zurückzukehren?"

Kaunitz zögerte.

„Der Aufenthalt in Paris war sehr angenehm. Ich würde jedoch lügen, wenn ich vortäuschte, meine Anwesenheit dort sei weiterhin nötig."

Maria Theresia klatschte in die Hände.

„Die Veränderung der Allianzen ist also Tatsache?"

„Jawohl, Majestät. Der französisch-preußische Vertrag läuft in drei Jahren aus. Dann kommt unsere Zeit."

Seine Sicherheit überwältigte sie.

„Wie haben Sie das geschafft?"

Kaunitz richtete sich auf.

„Durch vernünftige Überlegung. Zunächst mußte ich mich selber überzeugen, dann die anderen. Unsere frühere Orientierung auf die Seemächte, also England und Holland, entspricht nicht den Interessen der Monarchie. Unsere Monarchie ist zu einem mitteleuropäischen Staat geworden. Der Schwerpunkt unseres Reiches liegt in den Donauländern. Die letzten Kriege haben gezeigt, daß über die Geschicke der habsburgischen Besitzungen zwischen Rhein, Weichsel und Donau entschieden wird. England und Holland haben für uns im Binnenland keinerlei Bedeutung. Als Verbündeten müssen wir die stärkste und größte Macht des europäischen Kontinents gewinnen, und das ist Frankreich. Preußen strebt eine Großmachtstellung auf unsere Kosten und auf Kosten aller Nachbarn an: Sachsens, Polens, Frankreichs. Mir ist es gelungen, den französischen Hof davon zu überzeugen, daß Preußens Wachstum eine tödliche Gefahr für Frankreich bedeutet. Dadurch würde das Gleichgewicht in Europa gestört."

Ihm wurde warm, er zog ein mit feiner Spitze gesäumtes seidenes Taschentuch aus der Tasche. Maria Theresia beobachtete ihn neugierig. „Unsere Position können wir nicht vom Stephansdom aus analysieren, sondern nur vom globalen Gesichtspunkt aus. England und Frankreich, die wirtschaftlich und politisch stärksten Staaten, bekämpfen sich schon seit einigen Jahren außerhalb Europas." Kaunitz hob den Zeigefinger wie ein Professor. „Unablässig stoßen sie in Amerika und Indien aneinander. Französisch-Kanada und Louisiana werden durch englische Ansiedlungen vom Meer getrennt. Nach kleineren Scharmützeln sage ich einen offenen Krieg zwischen ihnen um die amerikanischen Kolonien voraus. Das ist der eine Konfliktherd. Der andere zeichnet sich bereits in dem sagenhaften Indien ab. Die Britisch-Ostindische Kompanie und die französischen Garnisonen haben sich in der letzten Zeit erbitterte Gefechte geliefert. Um Madras wird gekämpft. Der ehrgeizige französische Kommandeur Dupleix ist bis nach Aurangabad vorgestoßen . . ." Seine Augen suchten eine Karte Indiens. Er sah jedoch nur rotseidene Tapeten in goldenen Rahmen. „Dupleix hat seinen Schützling zum Vizekönig ausgerufen. Der Südzipfel Indiens befindet sich bereits in französischen Händen."

„Das kann doch England nicht dulden!"

„Natürlich nicht, Majestät. Ein Krieg zwischen England und Frankreich braut sich zusammen. Ich habe den Hof in Versailles davon überzeugt, daß es im Fall eines Krieges im Interesse Frankreichs liegt, wenn zu den zwei Dornen in Asien und Amerika nicht noch ein dritter Dorn in Europa hinzukommt."

„Die preußische Expansion!"

Kaunitz langte mit Genugtuung nach der chinesischen Tasse.

„Frankreich hat kein Interesse an Komplikationen in Europa, besonders nicht in den Ländern des Heiligen Römischen Reiches. Es genügt, wenn wir neutral bleiben. Dadurch decken wir Frankreich den Rücken, und Ludwig XV. ist zufrieden. Und damit eröffnet sich uns die Aussicht, zu einem geeigneten Zeitpunkt Friedrich unser Schlesien zu entreißen!"

Maria Theresias Augen blitzten.

„Lieber Kaunitz, es mag lächerlich klingen – ich möchte Schlesien wiederhaben, aber keinen neuen Krieg führen."

„Majestät haben diesen Ihren Wunsch selber real eingeschätzt", sagte höflich ihr Minister und bevollmächtigter Gesandter. „Den Konflikt würde ich nicht scheuen. Erstens wird er nicht gleich morgen ausbrechen, wir können uns also vorbereiten. Und zweitens: In den letzten Jahren haben wir uns erholt. Falls Majestät mich hier in Wien lassen, werde ich mir erlauben, Pläne für die innere Stärkung des Staates vorzulegen."

„Darauf warte ich, lieber Graf. Ja noch mehr, ich beauftrage Sie damit."

„In Paris habe ich viel gelernt. Im Guten und im Bösen." Er lächelte leicht.

Beide dachten an das gleiche. Maria Theresia war begierig, auch etwas über Versailles zu hören. Mehr, als sie aus den monatlichen Berichten erfahren hatte. Über die Mode, das Theater, die Sitten, den Hof. Und Kaunitz zensurierte im Geiste die Pariser Erlebnisse.

„Ich hoffe, ich habe von Ihnen kein allzu großes

Opfer verlangt, als ich Ihnen erlaubte, sich der Madame Pompadour zu nähern. Sagen Sie, Kaunitz, ist sie wirklich so schön?"

Kaunitz zog eine Pastellzeichnung aus der Mappe und reichte sie der Herrscherin.

Maria Theresia ergriff neugierig den Karton. Das Pastell stellte eine junge Frau mit rundlichem Gesicht dar, sie saß oder lag vielmehr hingegossen auf zwei Sesseln und las einen Brief.

„Das Kind zu ihren Füßen, das ist ihre Tochter?"

„Ja, die kleine Alexandrina."

„Appetitlich. Wem sieht sie wohl ähnlich?"

Sie schwiegen und sahen einander schalkhaft an.

„Die Marquise de Pompadour beginnt sich bereits für Außenpolitik zu interessieren. Sie steht uns nicht unfreundlich gegenüber."

„Alle Ehre, Kaunitz. Und darf ich wissen, woher Sie diese Zeichnung haben?"

„Die Zeichnung des Herrn Gúerin hat mir die Marquise nach einem längeren Tête-à-tête geschenkt." Kaunitz' Augen leuchteten auf. „Damit habe ich in keiner Weise den Unwillen des Königs erregt. Der Hof in Versailles ist tolerant. Das ist die wichtigste Erkenntnis, die ich aus Frankreich mitbringe. Man schilt die Enzyklopädisten, aber ihre Bücher kommen heraus. Zur Zeit ist wieder ein Streit zwischen den Jansenisten und dem Pariser Erzbischof entbrannt. Der Hof amüsiert sich über diesen Zweikampf, obwohl der König offiziell die Kirche und den Papst unterstützt."

„Und die Salons?"

„Die Enzyklopädisten fühlen sich bei den Damen von Adel wie zu Hause."

„Und Sie, Graf?"

„Ich habe mich ebenfalls wohl gefühlt. D'Alembert verkehrt bei Frau du Deffant, Diderot bei Madame d'Epinay und Montesquieu bei Madame Geoffrin."

„Die Enzyklopädisten interessieren mich nicht. Mich interessiert Tratsch aus den Salons."

„Majestät, dort geht es heiter zu, für unser altes Wien geradezu frivol."

„Nur keine Scheu, fahren Sie fort. Womit amüsiert man sich in Gesellschaft?"

Kaunitz zögerte.

„Zum Beispiel mit Frage- und Antwortspielen. Frage: Wer hat das Anziehen erfunden?"

Maria Theresia lachte. „Und die Antwort?"

„Ein Zwerg oder ein Buckliger."

Maria Theresia räusperte sich.

„Darf ich fortfahren? Eine weitere Frage: Ist Ihre Frau Gemahlin mit Ihnen zufrieden?"

„Und was hat man geantwortet?"

„Unterschiedlich. Eine der Antworten hat mir überaus gefallen, Majestät: Wenn er so viel bei ihr läge wie über Büchern, wäre sie zufriedener."

„Und was gibt man in der Oper?"

„Die Promenade der großen Welt findet jeden Abend vor dem Palais Royal statt, wo jetzt eine italienische Operngesellschaft mit großem Erfolg spielt. Die italienische Oper hat Paris erobert."

„Ein weiterer Grund, um sich mit uns zu verbünden."

„Ich sah Pergolesis Oper ‚Die Magd als Herrin', es war ein Genuß. Herr Rousseau ist Anhänger der italienischen Oper geworden. Der Hof hat mich zur Premiere seiner Oper ‚Le devin du village'* eingeladen. Text und Musik stammen von Herrn Rousseau persönlich. Ludwig XV. und Madame Pompadour waren begeistert. Nun stehen diesem Genfer Bürger in Paris alle Türen offen."

Kaunitz überreichte der Herrscherin ein Päckchen.

„Ich habe mir erlaubt, Majestät ein kleines Geschenk mitzubringen."

„Das ist reizend und aufmerksam von Ihnen. Packen Sie es aus."

„Dieses Buch des Herrn Rousseau wird jetzt in Paris mehr gelesen als die Werke der Enzyklopädisten."

* (franz.) Der Dorfwahrsager.

„Atheisten lese ich nicht, Kaunitz."

„Herr Rousseau ist kein Atheist. Das Buch ist die Antwort auf eine Frage, die Majestät sicherlich interessieren: Hat die Entwicklung der Wissenschaften und Künste zum Fortschritt der menschlichen Sitten beigetragen? Die Akademie in Dijon hatte einen Wettbewerb ausgeschrieben. Mit diesem Buch als Antwort auf die gestellte Frage hat Herr Rousseau gewonnen."

„Können Sie mir diese Antwort in zwei Sätzen zusammenfassen?"

Kaunitz sah die Herrscherin an.

„Herr Rousseau behauptet, der Fortschritt der Wissenschaften habe die Menschheit eher verdorben. Die Menschheit verläßt sich allzusehr auf die Wissenschaft. Sie sollte zu den natürlichen Gesetzen und dem ursprünglichen Glück zurückkehren."

Maria Theresias Augen leuchteten zufrieden auf. Sie begann in dem Buch zu blättern.

„Sehr beachtenswert! Von ganzem Herzen danke ich Ihnen für alles. Jetzt erholen Sie sich, am Freitag erwarte ich Sie hier. Um halb zehn wollen Sie sich bitte bei Graf Tarouca melden. Ich habe für Sie ebenfalls ein Geschenk. Eine Überraschung."

„Darf ich wissen, welche?"

„So neugierig? Das ist ein Fehler, Kaunitz." Der Minister neigte den Kopf. Die Herrscherin stand auf. „Sie werden das Dekret in Empfang nehmen, mit dem ich Sie zum Staatskanzler des Reiches und Minister des Auswärtigen ernenne. Nein, nein, danken Sie mir nicht. Ich verbinde mein Geschick mit dem Ihren, und das kann Ihnen noch schweren Verdruß bereiten."

Kaunitz ging hochaufgerichtet hinaus, kühl, als wäre nichts geschehen.

Am selben Tage ließ Maria Theresia Bartenstein aus der Hofburg zu sich rufen und teilte ihm ihre Entscheidung mit. Sie ernannte ihn zum Stellvertreter von Haugwitz im Direktorium und vertraute ihm die Illyrische

Hofkanzlei an. Obendrein sollte er als weiterer Erzieher des jungen Joseph fungieren.

Bartenstein nahm die Entscheidung mit unbewegtem Gesicht auf. Er sah seine Herrscherin wie durch eine Glasscheibe. Ihn rettete das Schreiben. Er beschloß, gleich heute abend mit der Niederschrift seiner Memoiren zu beginnen, und vielleicht würde er für den künftigen Joseph II. auch eine Geschichte Österreichs verfassen.

Kaunitz sollte der mächtigste Mann des Habsburgerreiches werden. In den nächsten Jahren konnten sich alle davon überzeugen.

5

Es sah so aus, als werde der König einen schlechten Tag haben. Er versuchte, auf dem Stuhl (hart, ohne Polsterung) sitzen zu bleiben, um die Tagespost zu erledigen, doch der brennende Schmerz von unten bohrte sich ihm immer hartnäckiger in die Eingeweide. Er verschob das Gewicht von dem einen Oberschenkel auf den anderen, aber umsonst. Scharfe Dolche schnitten ihm in die Gedärme.

Er stand vom Tisch auf und schaute lustlos durch das französische Fenster auf die Terrasse, die sich zum Fluß hinabsenkte. Diese verdammten Hämmorrhoiden. Nichts hilft, weder Salben noch Kamillenbäder. Der ganze untere Teil seines Körpers war wie aus krankem, schwabbeligem Gallert, empfindlich gegen jeden Druck. Schon um fünf Uhr früh war er aufgewacht und hatte sich auf den Marterstuhl gesetzt. Er verfluchte sich selbst, seine Eingeweide. Die unsichtbare Schlange in seinem Inneren rückte Millimeter um Millimeter vor, scheuerte mit ihrem schuppigen Kopf die Darmwände auf, bewegte sich fast nicht, ließ sich gnädig durch die Kraft des Willens vorwärtspressen, streckte sich an Ort und Stelle aus, wollte die widerwärtigen Winkel nicht verlassen. Unersättlich, ihrer Unvernichtbarkeit gewiß, getränkt mit den eigenen Ausscheidungen, ernährt von dem eigenen Körper, ein in eine Schlangenhaut eingenähter Vampir mit kleinen, sägescharfen Zähnen. Sie drehte und wand sich mit widerlichem Entzücken. Jede ihrer Bewegungen rief eine neue Welle von stechenden Schmerzen hervor.

Eine Stunde nach dem Stuhlgang trat gewöhnlich eine Erleichterung ein, er konnte ein bißchen auf und ab gehen und vergessen.

Friedrich kehrte von seinem Spaziergang zurück. Der dumpfe Schmerz hatte nachgelassen. Der alltägliche Kampf mit seinem Körper hatte ihn anfangs beleidigt, aber er scheute sich zuzugeben, daß er sich daran gewöhnt hatte. Vor kurzem war er vierzig geworden. Das Schlafen in Zelten im Herbst und Winter hatte ihm Rheuma beschert, das unregelmäßige Essen auf den Feldzügen Verdauungsbeschwerden. Und die langen Stunden im Sattel, die Tage und Nächte am Schreibtisch hatten ihm Hämmorrhoiden eingebracht. Einen sonderbaren Preis zahlt ein Heerführer und Philosoph für seine Erfolge.

Er lenkte seine Schritte ins Schlafzimmer, ging um das große Prunkbett herum, in dem er nicht schlief. Er schob den Vorhang beiseite. Hinter einem Paravent stand ein schmales Feldbett. Voltaire nannte es „Wildlager". Darauf sielten sich die Hunde des Königs. Er jagte sie herunter, staubte die Decke ab und legte sich für eine Weile hin. Der menschliche Körper ist eine verflucht unzuverlässige Maschine. La Mettrie hat recht. Plötzlich verlangte es ihn danach, sich mit dem lächelnden französischen Arzt mit dem großen Barett zu unterhalten. Friedrich liebte den witzigen Mann. La Mettrie hatte nicht gezaudert, den gesamten Ärztestand des gegenwärtigen Europa auf eine solche Art zu verspotten, daß sein Buch in Frankreich auf Gerichtsbeschluß zerrissen und verbrannt wurde. Diesen Mann mußte er bei sich haben! Und er hatte ihn in Sanssouci einige Jahre bei sich. Ihm gefielen Menschen, die sich vor Sarkasmus nicht scheuten. Er liebte die Übertreibung. Begeistert hatte er La Mettries nächstes Buch „Der Mensch eine Maschine“ gelesen. La Mettrie hat sicherlich recht. Eine Seele existiert in Wirklichkeit nicht, das Denken ist ein Produkt des Gehirns und entsteht einfach und natürlich wie der Dampf über einem Topf kochenden Wassers. Reißen wir dem Menschen den mythologischen Schleier ab, schälen wir ihn aus seiner Haut, dann entdecken wir ein System von Knochen und Muskeln, eine vollkommene Maschine, würdig einer eingehenden Untersuchung. Die Seele verliert sich zwischen zwei Muskeln. Wer leugnet den Einfluß eines mißlungenen Morgenstuhls auf das seelische Gleichgewicht eines Menschen (ob König oder Untertan)?

Leider ist Julien La Mettrie schon zwei Jahre tot. Friedrich selber hat am Grab die Abschiedsrede gehalten. Mein Zirkel in Sanssouci zerfällt langsam und unmerklich. Friedrich zählte in solchen Augenblicken die Seiten der Akten, die ihm die Kabinettssekretäre gebracht hatten, um nicht in Trübsinn zu verfallen. Die Trauer war das Geheimnis des Paravents, niemandem zeigte er sie. Ein Philosoph in Sanssouci muß wirklich sans souci, ohne Sorgen sein, sonst kann er ebensogut den Augen der Welt entschwinden. Aber wohin entschwinden?

Viele sagen von ihm, er sei viel besser als seine Gedanken. Das bezeugen seine Mitarbeiter, die Minister und armen Untertanen. Das gilt nicht für den närrischen Zirkel seiner französischen Soupers in Sanssouci, sondern nur für die Menschen, denen er seine Tage gewidmet hat. Eben doch ein Sieg der natürlichen Menschlichkeit. Die Hämorrhoiden kann man auch durch gute Staatskunst überwinden.

Friedrich erhob sich von dem Bett aus starken Gurten, reckte sich und kehrte ins Arbeitszimmer zurück.

„Ruf Er mir den Sekretär! Und knöpf Er den obersten Knopf zu!“

Der bärtige Grenadier stampfte grätschbeinig auf.

Dienst hatte ein rotwangiger Jüngling. Unter der Perücke lugten rötliche Haare hervor. Das strebsame Söhnchen eines Berliner Handschuhmachers.

„Merk dir, mein Junge: Es gibt keine Unmenschlichkeit, es gibt nur Unverstand."

„Jawohl, Majestät."

„Alle abstrakten Begriffe aus der Moraltheologie gehören auf den Müll. Was moralisch ist, ist zugleich vernünftig. Glaubst du das nicht?"

„Doch, Majestät."

„Über die ewigen moralischen Wahrheiten können wir die Pastoren und Pfaffen predigen lassen. Das Volk ist noch zu wenig gebildet, ja zu dumm, um die Vernünftigkeit der moralischen Prinzipien zu begreifen. Aber einem Souverän muß der Lauf der Welt klar sein." Er hob einen Packen Akten auf. „Das sind Beschwerden von Bauern über ihre abscheuliche Behandlung durch die Herren Grundbesitzer. Ich vergieße keine Krokodilstränen über die Leiden meiner Untertanen, aber mich beleidigt die Unvernunft der Gutsherren. Die schwere Fron der Hörigen bringt dem Gutsherrn offenbar nur wenig Gewinn und bedeutet für den Bauern den völligen Ruin. Man muß ernsthaft untersuchen, ob die Bauern nicht in einem gewissen Umfang von den Fronpflichten befreit werden könnten. Was meinst du?"

„Sie haben recht, Majestät."

Friedrich stand auf, es begann ihn wieder in den Eingeweiden zu jucken.

„Könnte man es nicht so einrichten, daß der Bauer statt der vollen Woche nur höchstens drei Tage in der Woche fronen muß?"

Der Kabinettssekretär schwieg verdutzt. Dann nickte er zögernd.

„Wenn Sie meinen, Majestät . . ."

„Anfangs würde es natürlich Geschrei geben. Aber die vernünftigen, ich wiederhole, die vernünftigen Gutsbesitzer würden nach einer gewissen Zeit mit der Reduzierung der Frondiensttage einverstanden sein. Sie würden nämlich sehen, daß der Bauer nach ein bißchen Ruhe in weniger Tagen genausoviel abarbeitet, ja ich glaube, noch einiges mehr, als er bisher in mehr Tagen geschafft hat ... Machst du dir Notizen? Warum nicht? Dummköpfe mag ich nicht. Du wirst dir die Worte deines Königs merken! Ich verlange von dir, daß du mir morgen, nein, binnen einer Woche einen Vorschlag für eine Instruktion an die Direktion der königlichen Güter über die Herabsetzung der Frondienstpflichten auf vier Tage vorlegst. Hast du verstanden?"

„Jawohl, Majestät."

„Weiter." Friedrich nahm eine weitere Akte zur Hand. „Das Urteil über die Gräfin Geßler. Sechs Jahre Gefängnis. Abgelehnt." Er reichte die Akte dem Sekretär.

„Mit Verlaub, Majestät, auch mir scheint das Urteil zu hart. Sie ist eben doch eine Dame von Adel."

„Bist du verrückt geworden? Zu hart? Für das Verprügeln von Mägden, Schlagen mit dem Schürhaken und Mißbrauch der Dorfmädchen? Das Urteil ist zu milde, die Geßler muß exemplarisch bestraft werden, damit jedem unvernünftigen Edelmann die Lust vergeht, seine Diener zu quälen. An das Gericht zurück. Aber nicht auf die lange Bank schieben. Streng darauf achten, daß meine Richtlinien befolgt werden, wonach jedes, selbst das komplizierteste Gerichtsverfahren spätestens in Jahresfrist beendet werden muß. Bei uns werden sich keine Berge unerledigter Gerichtsakten anhäufen, klar?" Friedrich kehrte an den Tisch zurück. „Was haben wir noch? Den Bericht über den Gesundheitszustand der Arbeiter am Finowkanal urgieren. Ich habe Ärzte hingeschickt. Die Arbeiter sind beim Ausheben des Kanals in dem feuchten Klima krepiert wie die Fliegen. Untersuchen! Die Trockenlegung des unteren Odergebiets geht erfolgreich zu Ende. Wir haben Zehntausende Joch fruchtbaren Bodens gewonnen! Zehntausende glückliche Kolonisten! Das ist kein Sieg eines weinerlichen Humanismus, kein Sieg der Moral, sondern ein Triumph der Vernunft!"

„Zweifellos, Majestät."

„Du stimmst mir zu und weißt nicht, weshalb. Ohne Vernunft, ohne angewandte Wissenschaft wären wir nicht fähig, das Eindringen von Grundwasser zu verhindern. Schon mein Vater hat sich bemüht, dem Elend an der unteren Oder abzuhelfen. Ich mußte den holländischen Ingenieur Haerlem rufen, und er hat gemeinsam mit unserem hervorragenden Mathematiker Euler die Lösung gefunden! Sie rechneten aus, um wieviel der Kanal die Strömungsgeschwindigkeit der Oder erhöhen wird ..." Er winkte ab. „Die Ratio ist mein Gott, mein Junge. Nicht aus Humanität, sondern aus Vernunft ist der brandenburgisch-preußische Staat eine Bastion der religiösen Toleranz. Wieviel Kolonisten habe ich nach Preußen und Pommern gelockt! Sie roden die Wälder, kultivieren den Boden. Flüchtlinge aus Böhmen, der Pfalz, aus Polen, Sachsen und Württemberg. Die katholische Intoleranz hat sie außer Landes getrieben. Bei mir in Preußen können sie Kirchen und Bethäuser bauen, wie sie nur wollen. Auch die Katholiken. Und wenn sich türkische Siedler melden, um das Flußgebiet der Warthe zu kultivieren, baue ich ihnen sogar Moscheen. Na, was guckst du so?"

„Wir haben hier noch weitere Urteile, Majestät!"

Friedrich nahm ein Papier nach dem anderen zur Hand, überflog sie mit seinen kurzsichtigen Augen, schrieb in seinem schlechten Deutsch Bemerkungen an den Rand. Dazwischen brummte er vor sich hin: „Blutschande ... das klingt schrecklich ... mit der eigenen Schwester. Die Liebe zwischen Geschwistern muß ihre Grenzen haben. Todesstrafe? Unsinn." Seine Feder knirschte. „Nein, wegen so was werden wir nicht unser Königreich entvölkern. Zur Blutschande braucht man Mut. Lebenslänglich zur Armee! Dort wird er sich abkühlen!" Er schob die Akte dem Sekretär zu. Über einer weiteren Gerichtsakte grinste er. „Na so was! Der Vater schläft mit der eigenen Tochter? Das nicht! In keinem Fall!" Das Urteil wurde bestätigt. Gegen Väter war er allergisch. „Wir haben ja hier den reinsten Beichtstuhl." Er rümpfte die Nase. „So viel Unrat. Und Amüsement. Die Vollkommenheit des Menschengeschlechts. Die beste aller möglichen Welten. Haha!" Er erbleichte, ihm hob sich der Magen. Eine Weile studierte er die Akte. „Saukerl der! Ein Kavallerist der preußischen Armee, und treibt Sodomie!" Sarkastisch sah er den Sekretär an und sagte nach einer Weile: „Der Kerl ist ein Schwein. Der Tod wäre eine Erlösung für ihn. Zur Infanterie versetzen! . . . Ein weiteres Todesurteil. Unsere Gerichte sind zu freigebig mit der Todesstrafe. Aber wo nehmen die Herren Richter neue Soldaten her? Darüber schreiben sie nicht." Zornig warf er die Akte auf den Tisch. „Irgend so ein Gretchen hat ihre Leibesfrucht abgetrieben. Das ist widerlich und anstrengend. Dafür sollen wir sie hängen? . . . Soll sie ihr Verbrechen durch eine neue Geburt gutmachen!" Er warf die Akte mit der Randnotiz dem Sekretär zu. „Noch etwas? Nichts? Dann geh und erledige alles vorbildlich. Hast du nicht gehört? Laß mich allein. Schick mir die Ordonnanz."

Wie jeden Tag ließ er sich auch heute um elf Uhr vormittags eine Formation der Berliner oder Potsdamer Garnison in Uniform vorführen und weidete sich am Anblick seiner Grenadiere. Die fast zehn Friedensjahre hatten ihn nicht eingeschläfert. Mit unermüdlicher Energie beobachtete er die eingedrillten Bewegungen der Soldaten, ihre Wendungen, Gewehrgriffe, das Niederknien, Laden und Zielen. Er lächelte bei dem Gedanken, wie er den Generalen Angst einjagen würde. Jetzt hatte er ihnen je ein Exemplar der „Allgemeinen Prinzipien des Krieges" zuschicken lassen. Diese Schrift hatte er während seiner Mittagssiesta verfaßt. Er war stolz, das Prinzip der zeitgenössischen Kriegskunst entdeckt zu haben. Er fühlte sich als Newton des Kriegswesens. Die neue militärische Praxis muß sich auf Geschwindigkeit gründen. Nicht nur bei Angriff und Verteidigung, sondern auch bei den anderen Kampfesarten entscheidet das Tempo. Wer schneller ist, gewinnt. Ombrage – Dekkung, Maskierung, jalousie – Beunruhigung des Feindes, und diversion – Zerstreuung und Ablenkung der Aufmerksamkeit – alle diese strategischen Manöver müssen rasch vonstatten gehen.

„In einer Minute müßt ihr sechs Kugeln abfeuern und die siebente laden!" rief der König seinen Grenadieren zu und hielt dabei eine goldene Uhr aus Nürnberg in der Hand.

Der Blick auf die Reihen gesunder Burschen half ihm, die eigenen Gebresten zu vergessen.

Nach dem Mittagessen schlief er nicht, sondern schrieb. Er schrieb viel und über alles. Das Schreiben brachte ihm Erleichterung, er kontrollierte dabei die Geschmeidigkeit seines Geistes. In den Stunden der Nachmittagssiesta entstanden die drei Bände des Werkes des Philosophen von Sanssouci. Er ließ sie in der königlichen Druckerei für die Freunde am Hof und in Europa drukken. Briefe, Bemerkungen über Gelesenes oder Gehörtes. Oder er setzte die „Histoire de mon temps*" fort. Die Mühsal der Herrschaft und der Kriegführung, die Geschichte der schlesischen und der künftigen Kriege, alles wird in gutem Französisch festgehalten werden. Und er schrieb sarkastische Verse, Epigramme. Voltaire sollte sie in eine geschliffene Form bringen. Er weilte volle drei Jahre bei Friedrich. („Es ist wirklich schade, daß so eine gemeine Seele mit solcher Genialität verbunden ist. Er ist entzückend und schadenfroh wie ein Affe. Ich brauche ihn, um mich im Französischen zu üben. Man kann nützliche Dinge selbst von einem Verbrecher lernen. Ich will sein Französisch lernen, an seiner Moral liegt mir den Teufel.")

Voltaire ... Voltaire ... Wieviel Nerven und Unannehmlichkeiten! Er behielt ihn in Potsdam wegen seines Witzes, wegen des Glanzes und wegen der Literatur. Und doch verstand er sich besser mit La Mettrie. Hier im Arbeitszimmer, zwischen den Büchern, schrieben sie ge-

* (franz.) Geschichte meiner Zeit.

meinsam Anmerkungen zur „Geschichte der Kirche“ des Kardinals Fleury. Mit Witz und mit dem Mut von Materialisten und Deisten. Ich bin kein Atheist, pflegte Friedrich zu sagen. Aber ich bin auch kein Christ, präzisierte er es abends in der Rotunde von Sanssouci. Kein Atheist bin ich tagsüber und vor den Staatsbeamten, den Generalen und Richtern. Ich bin ein Deist. Friedrichs Deismus war sein seelischer Luxus, ihn mußte er vor seinen Untertanen verborgen halten.

Er lachte auf. Hier unter dem linken Flügel des Schlosses war er neulich dem jungen Pastor aus Ungarn begegnet, dessentwegen er für einige Zeit die Jesuitenbibliothek in Breslau hatte schließen lassen. Es ist schön, daß Preußen auch für die Länder der Habsburgerin Pastoren erzieht. Sie hat nachgegeben. Alle geben wir am Ende nach, wenn es um die Erhaltung der Prediger für unsere Untertanen geht. Voltaire, Holbach, d'Alembert, La Mettrie sind interessant für uns, aber für die Untertanen sind sie nicht zu gebrauchen. Die würden uns bald den Hals umdrehen und uns mit Knüppeln den Schädel einschlagen. Das Transzendente über uns ist immer noch die sicherste Bremse gegen die Freiheit des Menschen.

Ansonsten trieb er mit diesem Pastor seinen Spott. „Herr . . .“, er hieß Horak oder Hudak, „ich schätze es, daß Sie vor der Rückkehr in Ihr Vaterland Berlin, Potsdam, Sanssouci und mich sehen wollten. Ich habe Ihnen eine Kiste protestantischer Theologie einpacken lassen. In Wien nehmen Sie Logis im besten Gasthaus und lassen es sich gut gehen. Zwei Gulden pro Tag können Sie ausgeben, bis die Bücher eintreffen. Mein Gesandter wird Ihnen Nachricht geben, Sie müssen die Bücher persönlich in Empfang nehmen.“ Der kräftige junge Mann verneigte sich. „Majestät sind sehr gütig. Wie kann ich Euer Majestät danken?“ Der König lächelte bei dem Gedanken, der ihm in diesem Augenblick kam. „Unterziehen Sie sich einer kleinen Prüfung in der Theologie. Am nächsten Sonntag werden Sie in der Hofkapelle eine Predigt über ein Thema halten, das ich Ihnen zuschicke. Eine Improvisation, verstehen Sie?" Der junge Ausländer war einverstanden, er traue sich das zu.

Am Sonntag um zehn Uhr wartete der Pastor in der Sakristei. Der Gottesdienst soll beginnen, aber das Thema des Königs ist noch nicht da. Er bekam es mit der Angst. Wollte schon in die Kapelle treten, als ihm ein abgehetzter Grenadier der Leibwache einen versiegelten Brief überbrachte. Der junge Ungar trat auf die Kanzel. Er musterte das versammelte Publikum. Einige grienten. Er entsiegelte den Brief, darin war ein leeres Blatt Papier. Eine Weile wendete er es in den Händen hin und her, dann holte er tief Luft und legte los. „Da nichts ... dort nichts ... nun, aus dem Nichts hat der Allmächtige die Welt erschaffen ..." Und er hielt eine Predigt, die nicht nur die Offiziere und adligen Herren begeisterte, sondern auch den König.

Friedrich schätzte Leute, die vor seinem Sarkasmus und scharfen Witz nicht zurückschraken. Wie lange das alles schon her war! Die Nachmittage am Schreibtisch mit verblüffenden Einfällen. Einmal hatte er in Voltaires Gesellschaft vorgeschlagen, gemeinsam ein Buch zu schreiben. „Unser philosophisches Wörterbuch. Die Enzyklopädie der Philosophen von Sanssouci." Alle jubelten. Nur Voltaire hielt Wort. Hier im linken Flügel des Schlosses schrieb er bei offenen Türen die ersten Stichworte:

ATHEISMUS: Wieso erscheint eine Gesellschaft von Atheisten unmöglich? Weil man annimmt, daß Menschen, die nicht im Zaume gehalten werden, niemals in einer Gemeinschaft leben können, daß die Gesetze ohnmächtig sind gegen heimliche Verbrechen, daß es eines rächenden Gottes bedarf, der in dieser Welt oder im Jenseits die Bösewichte bestraft, die sich der menschlichen Gerechtigkeit entzogen haben.

SEELE: Das Wort Seele gehört zu den Wörtern, die jeder ausspricht, ohne sie zu verstehen. Wir verstehen nur die Dinge, von denen wir eine Vorstellung haben; von der Seele, vom Geist haben wir keine Vorstellung: also verstehen wir nichts davon.

FANATISMUS: Was soll man einem Menschen entgegenhalten, der sagt, er wolle lieber Gott als den Menschen gehorchen, und daher überzeugt ist, in den Himmel zu kommen, wenn er einem den Hals abschneidet? . . . Fast immer sind es Schurken, die die Fanatiker lenken und ihnen den Dolch in die Hand spielen.

Auf diese und ähnliche Art vergnügten sie sich also. Geist und Weisheit, Trivialität und Oberflächlichkeit. Sie zerstörten den Himmel, doch die Erde unter ihren Füßen tasteten sie nicht an. Drei Jahre lang hatte Friedrich die Möglichkeit, Voltaire zu studieren. Als Voltaires ungetreue Geliebte, die Madame du Châtelet, starb, zögerte der Philosoph nicht, sich drei Jahre lang in Potsdam aushalten zu lassen. Er lud dort seine Freunde und Freundinnen zum Abendessen ein, machte sich über die Raffgier lustig, stahl abends Kerzen im Palais, und der König mußte ihm aus ganz Europa Abführmittel besorgen. Voltaire terrorisierte mit seinen hypochondrischen Einfällen das ganze Schloß, die Oase von Friedrichs Ruhe. „Meine Funktion ist es, nichts zu tun. Ich habe eine Menge freie Zeit. Ein oder zwei Stunden widme ich dem preußischen König, verbessere seine Prosa oder seine Verse. Ich bin sein Grammatiker, nicht sein Kammerherr. Ansonsten gehört mir der ganze Tag, und er endet mit einem angenehmen Abendessen." Hinter seinem Rücken nannte die ganze Gesellschaft Friedrich den „Vater Abt".

Nach dem Vorlesen gab es abends um sieben Uhr in der Rotunde von Sanssouci in der Regel ein Flötenkonzert. Friedrich spielte ein Solo, die übrigen begleiteten ihn oder hörten zu. Alle standen ehrerbietig in einem Halbkreis und freuten sich auf das Abendessen.

„Die Soupers beim König sind ausgezeichnet. Man

debattiert vernünftig, geistvoll, wissenschaftlich, hier herrscht Freiheit. Der König ist die Seele von allem, keinerlei Launen, keine Wolken oder Gewitter. Ich führe hier ein freies und schöpferisches Leben, aber ... aber ... Opern, Theater, Karussells. Abends in Sanssouci, Manöver, Konzerte, Studium, Lektüre, aber ... aber ... Die Stadt Berlin, ausgedehnt, architektonisch viel besser gestaltet als Paris, Paläste, Theater, freundliche Königinnen, entzückende Prinzessinnen, schöne, wohlgewachsene Hofdamen, das Haus der Madame de Tyrconnel stets voller Gäste und oft fast zu voll ..."

Die Abende waren Friedrichs Freude. Hier hatte sich der Zirkel der Freunde von Sanssouci gebildet. Friedrich war glücklich; sein Jugendtraum von einem Kreis freier Seelen hatte sich erfüllt. Frauen hatten hier keinen Zutritt. Die Gesellschaft bestand überwiegend aus Franzosen. Der Marquis d'Argens war der Sohn eines Staatsanwalts aus der Provence, dem Land der Dichter und Troubadoure. Wegen einer Schauspielerin war er aus der Armee desertiert, in der Türkei hatte er mit einer Haremstänzerin geschlafen, in Rom Bilder gemalt, in Württemberg war er im Bett einer verwitweten Herzogin gelandet. Dann der arme La Mettrie. Der Chevalier de Chasot aus der Bretagne, ein Schönling, hatte im Duell einen Gegner getötet und mußte fliehen. Er gab sich als Retter des Königs bei Mollwitz aus. Der Schwan von Padua, Algarotti, bekannt noch aus Rheinsberg, schrieb einen Essay über die Oper. Der geheime Sekretär Darget, der französische Gesandte, der Ire Lord Tyrconnel, ein leidenschaftlicher Esser und Trinker. In dieser exzentrischen Bruderschaft nahm Voltaire bald den ersten Platz ein, und zwischen ihm und dem König sprühten die Funken.

Friedrich hielt Voltaire vor allem für raffgierig und undankbar. Obwohl es dem Philosophen prächtig ging, verwickelte er sich in eine Spekulationsaffäre mit einem Juden namens Hirsch. Ein dummer Prozeß. Ein Betrüger wollte einen Betrüger betrügen. „Dergleichen kompromittierende Verwicklungen sind entehrend, und mit den Talenten des schönsten Geistes von Frankreich überdecken Sie die Flecken nicht, die dieses Betragen auf die Länge Ihrem Rufe aufdrücken würde ...", schrieb Friedrich an Voltaire.

Friedrich biß die Zähne zusammen, wenn er an den hypochondrischen Gast dachte. Ein Jahr hielt er es mit ihm aus. „Man preßt die Orange aus und wirft die Schale weg." Tratschmäuler hinterbrachten Voltaire den Ausspruch des Königs. Daraufhin äußerte sich Voltaire einem beginnenden Dichter gegenüber, der ihn um ein Urteil bat, so: „Ein andermal, lieber Freund. Sie sehen, der König schickt mir seine schmutzige Wäsche zum Waschen. Ihre werde ich erst später waschen."

So begann das Zerwürfnis. Es vertiefte sich durch Voltaires krankhaften Haß gegen Maupertuis, den der König schon vor längerer Zeit zum Präsidenten der preußischen Akademie der Wissenschaften ernannt hatte. Voltaire schrieb gallige Pamphlete gegen den Landsmann. Friedrich selber konzipierte die anonyme Antwort. Es brach ein Krieg der Pamphlete aus. Am Heiligen Abend des Jahres 1752 ließ der König Voltaires Pamphlet „Akakia" öffentlich in Berlin verbrennen. Neujahr 1753 erklärte Voltaire beleidigt, er werde für immer abreisen. Niemand hielt ihn zurück. „Sie können meinen Dienst verlassen, wann Sie wollen; aber bevor Sie abreisen, schicken Sie mir Ihr Bestallungspatent, den Schlüssel (des Kammerherrn), das Kreuz (Pour le mérite) und den Band Gedichte, den ich Ihnen anvertraute, zurück."

Voltaire reiste ab. Über Leipzig und Frankfurt wollte er in das heimatliche Frankreich. Das Buch mit Friedrichs Gedichten gab er jedoch nicht zurück. Boten des Königs folgten ihm nach Leipzig, aber umsonst.

Da packte Friedrich der Zorn auf den französischen „Affen". Er befahl seinem Residenten in Frankfurt, den rücksichtslosen Philosophen festzuhalten und den kostbaren Druck zu beschlagnahmen. Was stand in den Gedichten? Satirische Couplets, Anspielungen und Epigramme auf alle Mitglieder des eigenen Hofes. Unverbindliche, spöttische Spielereien. Nicht für fremde Augen und nicht für die Hände des Pamphletisten Voltaire bestimmt.

Jetzt wartete Friedrich, wie seine Leute in Frankfurt zu Werke gehen würden. Er war traurig, weil er ein weiteres Mitglied seines Zirkels verloren hatte. Der Freundeskreis zerfiel.

Lord Tyrconnel erschlug unter ungeklärten Umständen seinen Arzt und starb bald darauf. Man kann sagen, er fraß sich zu Tode. Dem Sekretär Darget starb die Frau, und er verließ Berlin für immer, ging zurück in sein Vaterland. Langeweile? Leere? Von dem lieben Jungen Knobelsdorff waren die Berliner Oper, das Schloß in Potsdam und das geliebte Sanssouci geblieben. Überall sehe ich dich, mein Freund. Ein guter Architekt muß sich zuerst erniedrigen, damit wir in seinen Bauten dahinschreiten können.

Friedrich stand vom Tisch auf. Er hatte keine Zeile geschrieben. Er trat in den Park hinaus, die stufenförmig angelegten Terrassen führten ihn hinab zur Havel. Er atmete die Feuchtigkeit des Flusses ein. Sie erinnerte ihn an einen Frauenkörper, der rosig und kalt auf einem Porzellanbett zittert. Er schüttelte sich. Wanderte durch den Park, vorgebeugt, die Hände auf dem Rücken. Die Umgebung kam ihm vor wie eine Kulisse, die jemand ständig über eine Bühne schob. Er fühlte sich weder als Bestandteil der Natur noch der Stadt. Er irrte auf den Pfaden des eigenen Denkens dahin und nahm die Stimmen der Menschen und Vögel nicht wahr.

Zum Flötenkonzert kam er zu spät. Unbemerkt schlüpfte er in den Saal. An der Decke wanden sich Nymphen unter Satyren, hüpften Ziegenböcke, Ziegen, Widder und Schafe. Unter ihnen Menschengruppen im gelangweilten Gespräch. Ein gleichgültiges Stimmengewirr hatte sich zwischen Friedrich und der Welt erhoben. Nachts notierte er: „Verlassen unter den Lebenden, ein bekannter Einsiedler in der Gemeinde der Toten."

6

Der Kaiser war aufgeregter als vor einer entscheidenden Schlacht. Sein gesamter naturwissenschaftlicher Stab hatte sich in dem Teil des Schönbrunner Parks versammelt, wo weiß die neue Menagerie durchschimmerte. Der Physiker und Mathematiker Valentin Duval, jetzt Direktor der kaiserlichen Münzsammlung. Neben ihm der knapp fünfundzwanzigjährige Nikolaus Jacquin aus Leiden. Aus Holland hatte ihn van Swieten hergeholt, und seine Aufgabe war es, alle Gewächse des Parks von Schönbrunn entsprechend der neuen Klassifizierung von Linné zu katalogisieren. Neben dem Kaiser Franz I. trippelte der Jesuit und Physiker Pater Joseph Franz, Direktor der Sternwarte des Ordenskollegiums in Wien.

Sie suchten den für das geplante Experiment geeignetsten Platz. Sie eilten über die sternförmigen Wege um den Hauptpavillon. Schließlich schlug Pater Franz vor, sich in dem halbleeren Treibhaus zu etablieren. An den Eingang des Treibhauses schoben sie einen Klapptisch aus ungehobelten Brettern.

„Wir brauchen die Sonne, vor allem ihre direkten Strahlen."

Pater Franz nahm einem Diener den Parabolspiegel ab und stellte ihn so auf, daß die reflektierten Sonnenstrahlen sich auf den Rand des Gartentisches konzentrierten. Nach einer Weile färbte sich der Tischrand schwarz. Die Herren stießen gedämpfte Rufe aus.

„Vortrefflich!"

„Das ist eine Kraft!"

„Die Urkraft!"

Das rief der junge Jacquin. Pater Franz musterte ihn mit einem befremdeten Blick. Jacquin blieb jedoch ruhig und stellte eine Apothekerschale aus Keramik auf den Tisch.

Der Kaiser suchte seine Taschen nach den Gegenständen ab, ohne die das Experiment nicht durchzuführen war.

„Zum Teufel, wo hab ich sie bloß hingesteckt?"

Er zwängte die dicken Finger auch in die engen Taschen der gelben Weste. Dabei fiel ein entsiegelter Brief heraus. Jacquin hob ihn ehrerbietig auf.

„Danke. Das hätte ich fast vergessen. Voltaire ..." Er steckte den Brief zurück in die Tasche. „Erinnern Sie mich im Palast daran."

„Voltaire?" fragte Jacquin erstaunt. „Der große Voltaire selber?"

„Ja. Er hat Unannehmlichkeiten in der Reichsstadt Frankfurt und bittet mich um Hilfe."

„Hat er sich mit Friedrich verzankt?" fragte der Jesuit.

„Es scheint so. Bagatellen. Was Klügeres ist ihm nicht eingefallen, als ausgerechnet mich um Beistand zu ersuchen. Nun, beginnen wir mit unserem Versuch!"

Nach einer Viertelstunde war endlich alles für das Experiment bereit. Die konzentrierten Sonnenstrahlen wurden auf eine Handvoll Diamanten gerichtet. Der Kaiser hatte sie endlich in der Brusttasche gefunden, eingewickelt in ein Spitzentaschentuch.

„Nur gut, daß ich sie nicht im Park verloren habe!"

„Im Kies hätten wir sie lange suchen können", meinte der Herr Duval lachend.

Der Kaiser winkte nur ab. Es hätten sich andere gefunden.

Alle ringsum warteten gespannt, ob es bei der gewaltigen Hitze gelingen würde, die kleinen Diamanten zu schmelzen und aus ihnen einen einzigen großen Kristall zu gewinnen. Pater Franz und vor allem der Kaiser selber hatten das vorausgesagt.

„Ich habe in Schemnitz einige wunderschöne Pyrite gefunden", bemerkte der Kaiser. „Wohin man mich auch führte – überall war ich versucht, mich zu bücken. Unter meinen Füßen lagen Mineralien, ein Stück schöner als das andere."

„Das ist eine vulkanische Gegend, Majestät", erklärte Jacquin.

„Waren Sie schon in Schemnitz?"

„Ja, Majestät, mich hat die dortige Bergbauschule interessiert."

Der Kaiser machte ein geheimnisvolles Gesicht.

„Hätten Sie Lust, dort tätig zu sein?"

„Sehr gern", antwortete der junge Mann. „Eine zauberhafte Gegend. Aber zunächst würde ich lieber ..."

„Keine Sorge. Die Expedition nach Westindien habe ich nicht abgesagt. Als erstes holen Sie mir mit unserem kaiserlichen Gärtner die schönsten Gewächse der Welt für diesen Park."

Jacquin verneigte sich begeistert.

Der Kaiser wandte sich an den Direktor der Sternwarte: „Aus Schemnitz stammt doch auch der von Ihnen hochgelobte Hell? Wie bewährt er sich?"

„Maximilian Hell ist ein hochbegabter und strebsamer junger Priester und Wissenschaftler. Er hat die Sternwarte der Universität Trnava eingerichtet. Voriges Jahr haben wir ihn nach Klausenburg an die dortige Ordenslehranstalt delegiert. Er hat Mathematik und Physik gelehrt und dazu zwei Lehrbücher verfaßt. Außerdem hat er begonnen, in Klausenburg eine Sternwarte einzurichten."

„Sieh mal einer an! Wie alt ist er?"

„Dreiunddreißig, Majestät. Ein unermüdlicher Arbeiter."

„Hat er nicht einen Bruder in Schemnitz?" fragte Jacquin. „Man hat mir dort die hydraulische Maschine eines Herrn Jozef Hell vorgeführt."

Pater Franz lächelte. „Die Hells sind eine Dynastie, lieber Freund. Die hydraulische Maschine des Herrn Jozef haben wir bereits in Schemnitz ausprobiert. Ich habe Hell geholfen, die mathematischen Berechnungen nachzuprüfen. Der Vater der Hells hat alle Schemnitzer Gruben vor einem Wassereinbruch gerettet. Erinnern Sie sich, Majestät?"

Der Kaiser nickte.

„Der alte Kornel Hell war ein Zauberer. Er hat das Aussehen der ganzen Gegend verändert. Ließ ein System künstlicher Seen anlegen, und so gelang es, die Gruben zu entwässern. Und die Umgebung wunderbar zu bewässern. Lieber Pater", wandte er sich an Franz, „ich möchte diesen Maximilian Hell sehr bald kennenlernen. Wenn er mir gefällt, nehme ich ihn in meine Dienste, als Direktor der kaiserlichen Sternwarte."

„Sie sollten uns nicht so berauben, Majestät." Der Physiker schlug die Hände zusammen. „Nächste Woche reise ich wahrscheinlich nach Schemnitz."

„Um auf dem neuen Kalvarienweg zu beten?"

Der Kaiser hatte spöttische Augen, er beobachtete die Diamanten in dem Tiegel.

„Nein, ich will Jozef Hells neue Maschine besichtigen. Es ist eine machina hydraulico-pneumatica, die nicht mehr nach dem Prinzip des Wasserdrucks arbeitet. Als Agens hat er zusammengepreßte Luft verwendet. Das ist eine Sensation!"

„Womit hat er sie zusammengepreßt?"

„Mit Wasser. Das Wasser ist Motor und Pumpe zugleich. Wie ich gehört habe, sind es zwei Druckbehälter aus Messing, mit einem beträchtlichen Höhenunterschied installiert."

„Der physikalische Einfall erklärt alles", sagte Duval. Plötzlich schrie er auf: „Schauen Sie!"

Alle wandten sich dem Glashaus zu.

„Wasser!"

„Es brennt!"

Der junge Jacquin war der Geistesgegenwärtigste. Er sprang zu dem Parabolspiegel auf Rädern und drehte ihn mit einem Griff herum. Auf den Diamanten im Tiegel verkürzten sich die Flammen und erloschen dann.

Der Kaiser beobachtete mit aufgerissenen Augen, wie die kostbaren Diamantenstückchen ihre göttliche Schönheit verloren. In der Schale blieben nur verkohlte Reste zurück.

Die anderen schüttelten ratlos die Köpfe.

„Wo kommt die Kohle her?"

Erregt tauschten sie ihre Vermutungen aus, wobei einer den anderen überschrie. Einige Zeit später entfernte sich die kleine Schar von dem Treibhaus. Der junge Jacquin hatte sich die Hand mit einer Gärtnerschürze umwickelt und trug die erhitzte Schale mit den verkohlten Diamanten wie eine Opfergabe.

„Ist das möglich?“ Dem Kaiser wollte das Wunder nicht aus dem Kopf gehen. „Der unzerstörbare Diamant ist zerstörbar!“

„Er ist nicht zerstörbar, sondern nur veränderbar“, widersprach Pater Franz.

„Der Kosmos ist unzerstörbar“, sagte ein anderer. Sie traten ins mineralogische Kabinett. Der Kaiser war tief enttäuscht und wollte die verkohlten Stückchen wegwerfen. Seine Begleiter hinderten ihn daran und versprachen, das Experiment genauestens zu analysieren.

An Franz I., Frankfurt, den 5. Juni 1753
Kaiser des Heiligen Römischen Reiches

Sire,

ich erlaube mir, mich nicht so sehr an Sie als an den Kaiser als vielmehr an den ehrenhaftesten Mann Europas zu wenden, und dies unter Umständen, die Sie vielleicht in Erstaunen setzen werden und die in mir die geheime Hoffnung erwecken, in Ihnen einen Beschützer zu finden.

Geruhen Euer Kaiserliche Majestät mir zu gestatten, daß ich zunächst erkläre, wie ich auf Drängen des preußischen Königs in einem so vorgeschrittenen Alter mein Vaterland, meine Familie und meine Arbeit verlassen habe. Die beigelegte Kopie seines Briefes, den ich der freundlichen Nachsicht Eurer Kaiserlichen Majestät anzuvertrauen mir erlaube, ist der Beweis dafür.

Nach der Lektüre dieses Briefes des preußischen Königs hätte sich wohl jeder über das gewundert, was soeben auf dessen geheimen Befehl in Frankfurt geschehen war.

Franz I. las Voltaires Brief sehr unkonzentriert, denn ihn beschäftigten immer noch seine verkohlten Diamanten.. In der freien Reichsstadt Frankfurt am Main, also nicht auf dem Territorium Brandenburg-Preußens, hielt ein Agent Friedrichs, ein gewisser Freytag, schon länger als einen Monat den Herrn Voltaire mit dessen Sekretär in einem Gasthaus gefangen. Auch Voltaires Verwandte Madame Denis, die aus Frankreich angereist war, konnte da nicht helfen. Der Grund? Voltaire hatte einen Band Gedichte des preußischen Königs entwendet.

Franz ließ seine Gemahlin zu sich bitten. Dem Kaiser oblagen die Entscheidungen im Bereich der Naturwissenschaften, im zoologischen Garten, im mineralogischen Kabinett, aber er wagte keine Entscheidung in der Causa Voltaire.

„Das hat er verdient!" rief Maria Theresia. „Von ganzem Herzen gönne ich diesem gottlosen Herrn Voltaire noch einen ganzen Haufen weiterer Unannehmlichkeiten. Jahrelang hat er vor dem Ungeheuer Friedrich gegurrt. Jetzt sind sie einander in die Haare geraten. Sollen sie!" Sie schwenkte Voltaires Brief. „Ich hoffe, mein Lieber, Sie gedenken nicht, sich in dieser Sache zu engagieren!"

„Nein. Das heißt . . ."

„Nein. Wir wollen keine Konflikte mit dem preußischen König, solange die neuen Bündnisverpflichtungen nicht gesichert sind, vor allem die mit Frankreich. Endlich ist der Herr Voltaire auf dieser Erdkugel unerwünscht! Dieser charakterlose Tunichtgut!" Mit wutverzerrtem Gesicht las sie aus Voltaires Brief vor: „‚In dieser schweren Lage wirft sich ein beunruhigter, kranker Mensch Eurer Kaiserlichen Majestät mit der flehentlichen Bitte zu Füßen: Geruhen Sie zu befehlen – freilich geheim, worum wir Sie in einer solchen Situation bitten müssen –, daß in der freien Reichsstadt Frankfurt gegen mich nichts Ungesetzliches unternommen werde. Sie könnten Ihrem hiesigen Gesandten die Weisung erteilen, mich in seinen Schutz zu nehmen.' – Das fehlte noch!

‚Eure Kaiserliche Majestät haben viele Mittel, wie man die Gesetzlichkeit im Reich und in Frankreich wahren kann.' – Vom Herrn Voltaire werden wir uns gerade belehren lassen! – ‚Ich glaube nicht, daß wir in einer so unglückseligen Zeit leben, daß ein Herr Freytag in der Krönungsstadt Eurer Kaiserlichen Majestät ungestraft die Freiheit, ja das Leben eines Ausländers antasten darf . . .'"

„Wenn es so ist, wie Voltaire schreibt, dann wäre es vielleicht doch meine Pflicht . . ."

„Haben Sie den Verstand verloren, mein Lieber? Kennen Sie Friedrich nicht? Er spielt mit Voltaire. Quält ihn ein bißchen und läßt ihn dann laufen. Voltaire hat ein Buch nicht zurückgegeben, der Eigentümer will es aber wiederhaben. Das ist eine Privatangelegenheit. Das Reich und den Kaiser geht das nichts an." Sie schaute noch einmal in den Brief. „Mein Gott, dieser perfide Fuchs! Hören Sie nur: ‚Ich möchte, bevor ich sterbe, die glückliche Stunde erleben, da ich zu Ihren Füßen liege.' Ausgerechnet danach sehnen wir uns, nicht wahr? . . . ‚Ihre Königliche Hoheit, die Herzogin von Lothringen, Ihre durchlauchtigste Frau Mutter, hat mich mit ihrer Gunst geehrt . . .' Da hatte sie auch wen! . . . ‚Vielleicht wären auch Sie, Euer Kaiserliche Majestät, so nachsichtig, meinen Wunsch mit nicht allzu großem Unwillen aufzunehmen, vor Ihren Thron zu treten und mich vor Ihnen zu verneigen . . .' Sie werden doch wohl nicht in sentimentale Rührung verfallen, Franz? Solange ich lebe, wird der Herr Voltaire an unseren Ländern nicht einmal schnuppern, geschweige denn sich vor unseren Augen herumsielen. Ach, dieser schamlose Kerl! ‚Geruhen Sie, mir Ihre Güte zu schenken, ich hoffe auf Ihren gerechten Sinn. Ich verbleibe mit tiefster Hochachtung . . . Voltaire, Edelmann im Dienste Seiner Allerchristlichsten Majestät.' Pfui, daß er sich nicht schämt!" Sie warf den Brief auf den Tisch. Das Papier fing sich an den rauhen Mineralien der Platte.

„Wir lassen also das Schreiben unbeantwortet?"

„Erraten, mein Lieber." Die Kaiserin beruhigte sich. „Was für ein Programm haben Sie jetzt?"

Franz zuckte zusammen.

„Ich werde wohl einen Sprung ins Theater machen. Durazzo ruft mich. Herr Gluck probt eine neue Oper, wollen Sie mich nicht begleiten?"

„Nein. Ich bin müde und will mich noch den Kindern widmen. Ich wünsche Ihnen gute Unterhaltung. Sicherlich finden Sie dort auch die Gräfin Auersperg." Ihr Mund verzerrte sich.

„Vielleicht ... ich ... ich weiß nicht."

„In Laxenburg haben die Diener das bereits mitbekommen. Sie sollten Rücksicht auf die Dienerschaft nehmen, wenn schon auf niemand anderen." Sich in den breiten Hüften wiegend, verließ sie das Kabinett. Schön war sie jetzt nicht.

„Führen Sie ihn zu Lilli", brummte Meister Gluck. „Die Mademoiselle Heinisch kann ich nicht freigeben. Ich probe. Und entkorken Sie eine Flasche Champagner. Die singen wie die Hühner. Die reinsten Glucken! Ich werde ihnen schon Beine machen! Na, was ist? Warum sind Sie noch hier?"

Nervös sah er die Garderobiere an. Dann trat er in einer Aufwallung von Mitleid zu ihr. Die Augen der rundlichen Schwarzhaarigen glänzten.

„Hast du getrunken? Sei nicht traurig. Ich weiß, sie anzukleiden und zu sehen, wie sie diesen Hampelmännern in die Arme fallen, das ist nicht angenehm. Keiner beachtet dich, Aspasia?" Er seufzte. „Das waren Zeiten. Da waren wir beide zehn Jahre jünger." Er zog Zorica an sich, strich ihr mit der Hand über den Rücken, spürte die Falten. „Schnür dich nicht so sehr, carissima. Du hast zugenommen. Mußt auf dich achten!"

Zorica umarmte ihn leicht und wollte ihn küssen. Plötzlich erloschen die Augen des Komponisten. Er hob den Arm der Frau hoch.

„Zeig her! Was hast du da?" rief er. Zorica lief rot an.

Gluck berührte den Ausschlag in der Achselhöhle. „Laß mich!" stieß er hervor und schob sie von seinem Schoß herunter. „Warst du schon bei einem Arzt?" Zorica schüttelte den Kopf. „Morgen früh gehst du ins städtische Spital. Hast du verstanden? Das ist ein Befehl des Hofkapellmeisters." Er versuchte zu lächeln. „Und ... und du solltest mit keinem was anfangen. Na ja, hab nicht gleich Angst, ich will nur dein Bestes, Aspasia. Jetzt lauf, damit uns Majestät nicht die ganze Probe umschmeißt."

„Nach Schloßhof nehmen Sie mich mit?" flüsterte sie.

„Das weiß ich noch nicht. Das hängt vom Prinzen Hildburghausen ab – und vom Spital. Also weine nicht, ich habe zu tun."

Der Kaiser drang aber doch zum Kapellmeister vor. Ihn begleiteten zwei Ballettänzerinnen; sie winkten mit Champagnerflaschen.

„Nein, tadeln Sie die lieben Elfen nicht, Maestro!" Franz umarmte Gluck. „Ich suche den Grafen Durazzo."

„Der Herr Direktor ist bereits gegangen, Majestät. Die Dekorationen gefallen ihm nicht. Ich bin ganz aufgebracht. Die Damen singen so schlecht, daß Madame Tesi sie auf der Stelle rauswerfen möchte."

Franz schwankte ein bißchen.

„Wir schmeißen sie raus! Nennen Sie mir die schlechtesten Sängerinnen, ab morgen sind sie nicht mehr am Hoftheater. Zeigen Sie sie mir, ob sie zu was anderem taugen. Wo ist das Fräulein Heinisch?"

Die Tänzerinnen hörten auf zu plappern. Eine trat an Gluck heran und blickte ihm spöttisch in die Augen.

„Die Demoiselle Heinisch probt noch. Ich kann sie auf keinen Fall jetzt freigeben."

Der Kaiser antwortete nicht.

„Und wir genügen Ihnen nicht, Majestät?"

Glucks Augen funkelten. Er zischte der Kleineren ins Ohr: „Haut ab! Presto, presto!* Beide!"

* (ital.) Schnell, schnell!

„Was ist, Maestro?" Der Kaiser setzte sich.

„Ich hab sie nach Champagner geschickt." Gluck beugte sich zu ihm. „Lilli wird Sie begrüßen, ich führe Sie zu ihr."

Franzens Augen verengten sich.

„Lilli? Die mag ich nicht. Sie hat Beinchen wie ein Storch", flüsterte er. „Mimi ist nicht da?"

„Sie war da. Aber sie ist mit Seiner Gnaden dem Kanzler Kaunitz zum Abendessen gegangen."

„So früh?" Franz lachte. „Und wer ist Ihnen geblieben? Fehlen Ihnen nicht zu viele Chinesinnen?"

„Die fehlen mir! Alles fehlt mir. Besonders die Ruhe, Majestät. Wenn das Kaiserpaar zufrieden sein soll . . ."

Franz klopfte Gluck auf die Schulter.

„Aber, lieber Gluck! So viel Bescheidenheit! Ihre Opern vergöttern wir! Es ist an der Zeit, daß Sie endlich auch Wien die Freude bereiten, die Sie Mailand, Neapel, Kopenhagen, Rom gespendet haben. Zweimal hatten Sie eine Premiere in Prag! Nur der Residenzstadt sind Sie untreu. Semiramis, Thetis, Telemachos, Titus . . . und keine Oper in Wien!"

Glucks Gesicht lief rot an. Die Spuren der Blattern zeichneten sich deutlich ab.

„Für Wien möchte ich etwas anderes vorbereiten. Ich überlege noch." Er betrachtete den Kaiser mit der verrutschten Perücke und dem verzerrten fleischigen Mund, atmete den Parfümduft der Ballettratten ein, und seine Nüstern weiteten sich. Nein, wozu sollte ich ihm von meinem Traum erzählen, daß ich aus der Oper etwas anderes machen möchte als ein Potpourri von Tänzen und Arien für die Hofmätressen? Jetzt nicht. Der Kaiser braucht ein Weib. Die Lilli. „Mir hängen die Opern zum Hals heraus, in denen sich angemalte Frauenzimmer in Krämpfen winden und sinnlose Schreie ausstoßen, um die Aufmerksamkeit auf sich zu lenken." Er langte nach der angebrochenen Flasche, nahm ohne Umstände das bereits benutzte Glas, stellte es vor den Kaiser hin und schenkte Champagner ein.

„Sie sind kaiserlicher Hofkapellmeister. Sie können alles!“

„Wir werden sehen, Majestät!“ Gluck stand auf und stieß mit dem Kaiser an. „Gestern war Lilli in ihrem rosafarbenen Trikot entzückend, alles was recht ist!“

Er zog den Kaiser auf den Flur. Sie schritten, die Gläser in der Hand, auf die Garderobe zu. Beide fühlten sich glücklich in der Luft des Theaters. Jeder von ihnen liebte diese Atmosphäre wegen etwas anderem, aber beide erfüllte sie mit Erregung. Der schmale Gang, das Durcheinander der Dekorationen, das Stimmen der Instrumente, Klangfetzen der Oboen, der Geigen, der Trommeln, der Trompeten, Parfüm, schadhafte Stühle, Schweiß, aufgewirbelter Staub, abgerissene Plakate, Leinwand, Rahmen, eine durchbohrte Kulisse, eine Lanze, ein Lampion, Mädchenlachen, eine Glocke, Taue, Schnaps, Kleiderständer, offene Türen, zerfetzte Tapeten, ein entblößter Schenkel, eine vergessene Perücke, ein Halbschuh, Watte, Schminken, schmale Bänke, löchrige Sessel, das gedunsene Gesicht eines Kastraten, ewiges Halbdunkel. Das ist eine andere Welt, und in ihr ist alles möglich.

Lilli bemühte sich, kicherte unablässig, entkleidete sich auf den Wink ihres Herrn. „Wir haben nicht gewußt, daß du solche Brüste hast. Ganz sonderbare. Lang und spitz. Zeig her. Sei nicht vulgär, du weißt, daß wir das nicht mögen.“ Er gebrauchte den pluralis majestatis, als weilte außer ihm mit diesem durchtriebenen Dummerchen noch ein anderer im Zimmer, auf den er diese entzückenden Schweinereien abwälzen konnte, immer die gleichen, nur in Einzelheiten unterschiedlich, je nach der Physiognomie, dem genossenen Wein, dem überreichten Schmuck und dem Tag des Monats. Ein anderer, nicht der mit der Krone Karls des Großen gekrönte Kaiser, der sich ein solches junges, nicht angestecktes oder schon ausgeheiltes Gänschen erlauben konnte. Ein anderer als der fürsorgliche Vater und treue Gatte, das

Vorbild für das verdorbene Europa. Ein anderer, der wahre, freie und heitere Barockmensch, ein bißchen pervers und nekrophil. Schwarze Unterwäsche erregte ihn bis zur Raserei, und Lilli hatte er darüber noch nicht aufgeklärt. Der wahre, befreite Mann, für den die Liebe ein Spiel ist und nichts anderes, denn dahinter ist nichts als das augenblickliche Paar, und erhabene Gedanken läßt man dabei vor der Tür. Der andere tritt manchmal zurück, um den natürlichen Menschen ohne Perücke, ohne Weste, ohne enge Hosen und spitzenbesetzte Unterwäsche nicht zu behindern. Lilli quält sich mit den Schnüren des Korsetts, sie ist ungeduldig, jünger als dieser andere. Er ist tölpisch, aber das ahnt sie nicht. Wir sind nicht tölpisch, nur einer von uns, wir zusammen nicht, wir, wir. Ich nicht. „Na siehst du, meine Kleine, hast sehr lange Beine, wir fürchten, wenn du dich auf das schmale Bett legst, bleiben deine Fersen in der Luft hängen, und wir werden dich so sehen, werden das dumme Detail bemerken. Die Tischler am Hoftheater haben unsinnige Sofas für die Garderoben zusammengezimmert, und du kannst wenig begehrenswert wirken, Lilli, vergiß nicht, wir sind schon vierzig, und das Hinlegen aufs Bett kann nicht identisch sein mit dem Hinlegen in den Sarg. Ich weiß nicht, warum ich fürchte, mir werden dereinst die Füße aus dem Sarg hervorgucken. Gut, Lilli, gut, du bist schamlos, solche Beine, solche Beine. Beweg dich nicht, bleib so. Beweg dich nicht, wir bitten dich. Bleib so. Hörst du, sei nicht verdorben, sei nur eine Liebende. Es genügt . . . genug . . . faß dich nicht an . . . Nein, du hättest dich nicht ganz ausziehen sollen, wir wollen nicht alles, merk es dir, du Dummchen, wir wollen niemals alles. Wir spielen nur. Pfui, du kannst nicht spielen. Wir lassen dich aus der Oper hinauswerfen, Lilli . . . Hör auf uns, Lilli, oder wir gehen augenblicks. Du ziehst uns nicht an. Uns? Geh, verschwinde . . . Du ekelst uns an, Lilli. Du bist widerlich, jung und verdorben, unnatürlich und ohne Freude. Laß, wir ziehen uns selber an. Laß, hast du nicht gehört?“ Sie lachte, und ihr magerer Körper zitterte, sie stopfte sich die langen blonden Haare in den Mund, ihm wurde fast schlecht, sie schmatzte mit den Lippen und hielt sich krampfhaft an ihm fest. Mit ausgestreckten Armen hob sie den schweren Männerkörper über sich, vielleicht wollte sie ihm sagen, daß er impotent sei, aber lieber knabberte sie an ihren Haaren und spuckte feuchte Löckchen aus. Plötzlich entriß er sich ihren Händen, sie hinterließ Spuren an seinen Ellbogen, er stemmte sich gegen den jungen Körper und bemühte sich, ihn vom Sofa zu werfen. Sie begann zu schreien, er hielt ihr den Mund zu, sie biß ihn in die Hand. „Ich will dich nicht schlagen. Hör auf!" Er kniff die Augen zu, es würgte ihn, er hustete, dieser verfluchte Husten, er erinnerte ihn an das Unerinnerbare: damals in der Loge mit Wilhelmine Auersperg. Wie schrecklich! Neben ihm liegt dieses armselige Ding mit den kürbisartigen Brüstchen wie ein zitternder entrindeter Klotz, und er könnte heute abend woanders sein. Mina, verzeihen Sie. Verzeihen Sie, meine Teuerste. „Meine Teuerste." Seine Hand lag auf dem Bauch des Mädchens, er drückte sie auf das Lager, damit sie ihn weiterträumen, in seinen Erinnerungen schwelgen ließ. Wieviel Fuß trennen mich von der kaiserlichen Loge? Der Husten. Er mußte lächeln, und Lilli wußte nicht, warum . . .

Er sah sich mit der Gräfin Auersperg in seiner Loge, deren Vorhänge halb zugezogen waren. Und Wilhelmine lacht nicht, nur ihr Mund ist halb offen. „Sie sind schön, ich werde Ihr Sklave sein." – „Seien Sie kein Sklave, Majestät, seien Sie der Herrscher. Sie herrschen über alles, über die Gewässer und Flüsse, die Luft und die Speicher, die Bäuerinnen und Musen." – „Welch ein Traum! Sie sind bei mir, Sie haben die Einladung in die kaiserliche Loge angenommen." – „Lauschen wir der Musik, Majestät. Lauschen Sie der Musik." Und ihr Schwanenhals ragt über den entblößten Schultern auf wie der Stengel einer Lotosblüte, die Blüte aber spricht und lächelt sanft, ihr Mund ist ein meisterhaft geschmiedetes Schloß, und nur sie selber kann es aufschließen. Er blickt von hinten auf die entblößten Schultern, er erinnerte sich nicht mehr, wie es geschah. Er schob seinen Sessel zurück und küßte sie leicht auf beide Schultern. „Ziehen wir den Vorhang zu." Sie blickte vor sich hin, auf die Bühne schaute sie nicht mehr. Ein Lichtspalt von der Bühne durchschnitt ihr Gesicht, und Franz empfand physischen Schmerz, auch für die reglose Gräfin, er umarmte sie von hinten. Sie wehrte sich nicht, begann aber auch nicht geschmacklos zu zittern, keine Ausbrüche animalischer Unbeherrschtheit. Wilhelmine hat jeden Muskel, jeden Gedanken in der Gewalt, nur allmählich und langsam läßt sie ihren Gefühlen freien Lauf. Wenn sie gibt, gibt sie schrittweise, so wie es ihrer vornehmen Erziehung, ihrer vollkommenen Figur und ihrer Haltung entspricht. Franz hatte sie zum erstenmal bei der Hochzeit seines Bruders in der mit Wandmalereien von Galli-Bibieni ausgeschmückten Reithalle gesehen. Die Gräfin Auersperg schritt über die Marmorellipsen und -blüten wie Christus über die Wellen des Sees Genezareth, wie ein Herr und Fürst, mit einer Grazie, die einen verrückt machen kann, wie Kanzler Kaunitz sagt. Nicht einmal die Französinnen schreiten so, selbst die Nymphen erscheinen einem plötzlich wie Bürgergänschen vor dem Rathaus, die Engel wie fette, watschelnde Enten. Wilhelmine Auersperg ist mit ihrem hocherhobenen Kopf wie ein Schwan, nicht wie ein Pfau mit seiner billigen Buntheit, ihre Gestalt ist vollkommener als die der Venus. Jetzt also, an diesem schicksalhaften Abend, spürte er zwischen seinen Händen ihren Leib, und die Gräfin stieß keine Schreie aus, sie roch nicht nach billigem Parfüm, sie sonderte keinen Schweiß ab. Ihr Körper, nein, sie selber, Mina, beugte sich leicht nach hinten in das Dunkel der Loge. Nein, keine Vulgaritäten, sie tranken nicht und flüsterten keine falschen Geständnisse.

Die Gräfin Auersperg hatte immer noch die Finger

frei, sie spielten vor ihr auf einem unsichtbaren Klavier. Sie gab sich hinter dem Vorhang der Musik hin, und das Theater begann zu beben. Das vergoldete Holz und die Stukkaturen vibrierten, Madame Tesis Stimme drang von der Bühne her unaufhaltsam durch den roten Vorhang. Die zwei in der Loge, getragen von den Wogen der Musik, hörten auf, an die Wirklichkeit zu denken, sie ließen sich von den Wellen der Melodie wiegen. Aus dem Dunkel dröhnten Pauken, schallten Waldhörner. Die Geigenpartien waren Berührungen, die Klarinetten riefen zur Tat, die Violoncelli drängten zur Zärtlichkeit, die Oboen zeichneten die künftige Trauer vor. Keiner wußte, wie lange das alles dauerte. „Das war ein schönes Finale", sagte Mina mit einem Seufzer, „ich möchte es noch einmal erleben." Sie schob den roten Vorhang beiseite, und ihr wunderschöner Hals trug wieder ruhig den herrlichen Kopf. Sie begann zu applaudieren. Sie war graziös, und ich hielt sie auf dem Schoß, unfähig, mich aus der Loge zu beugen, wonnevoll ermattet von ihrer perfekten Leistung. Vorsicht, nur nicht husten. Von da an kam sie noch viele Male in meine Loge, sie wurde immer vollkommener, und die Geschichte unserer Liebe war nicht zufällig die Geschichte der Opernkultur in unserer Residenzstadt.

Jetzt sehnte er sich heftig danach, in seiner Loge zu sitzen oder überhaupt mit der zärtlichen Auersperg zusammenzusein, was Lilli falsch auslegte. Er schob ihre Hand von seinem Körper weg, ihr Parfüm reizte ihn zum Husten. Er stand auf und zog sich allein an, mühte sich fast eine Viertelstunde ab, bis er fertig war. Dann setzte er sich auf einen dreibeinigen Schemel und beschaute sich prüfend im Spiegel. Er verließ die Garderobe. Lilli schniefte. Sie blieb liegen und wartete, bis der Kaiser verschwunden war, dann steckte sie das Schmuckstück aus der mineralogischen Sammlung in ihr Täschchen.

„Nein, wir zürnen dir nicht. Au revoir, chéri!"

Der Lärm im Gang übertönte den Husten des Kaisers.

7

Zorica hatte nur ein einziges Bestreben: jedem zu erklären, daß sie unterwegs und auf der Suche war. Ich bin nur kurze Zeit hier und gehe bald wieder. Ich bin hier nur auf Besuch und kann mich nicht lange aufhalten. Um ihre Mundwinkel zuckte es, und oft schloß sie die Augen, in der Hoffnung, sich woanders zu sehen, nicht gerade dort, wo sie sich gegenwärtig befand.

Die jungen Herren in ihren weißen Kitteln betrachteten sie neugierig. Einigen stockte der Atem, als der Handschuh des Doktors Haen mit einer energischen Bewegung den schillernden Stoff wegschob und der Zeigefinger auf die Innenseite des Schenkels wies. Auf dem weißen Fleisch leuchtete ein rostroter Fleck. Einer der Medizinstudenten verschluckte sich beim Husten. Zorica kreischte auf. „Nein!“

Doktor Haen klopfte mit dem weißbehandschuhten Finger die Geschwulst ab.

„Typische Roseolen und papulae . . .* Steh ordentlich! Laß den Fuß auf dem Hocker, damit alle richtig sehen können . . . Na, was ist? An die Scham hättest du früher denken sollen.“

Zorica wollte schreien, daß sie eine Herrin und keine Magd sei, daß auch ein Doktor Haen, der Direktor des Wiener Spitals, nicht das Recht habe, so mit ihr zu sprechen, doch kein Wort kam aus ihrem Mund. Sie mußte sich beeilen, ich bin unterwegs, und dieser Zirkus hier ist ganz unwesentlich.

„Eindeutig zweites Stadium. Nässend. Condylomata lata.** Die Achselhöhlen haben Sie schon gesehen. Ellbogen, Gelenke, überall sind klare Symptome . . . Dreh dich um! Ja, mit dem Rücken zu uns, hast du nicht gehört? . . . Wir versuchen eine Quecksilberkur. Den Fall werden wir beobachten. Nach unseren Erfahrungen läßt sich auch das zweite Stadium binnen zweier, dreier

* (lat.) Hautflecken und Knötchen.

** (griech.) Breite Feigwarzen.

Jahre kurieren. Na gut . . . Es genügt! Zieh dich an! Dort hinter der Wand!“ Er wandte sich den Studenten zu. „Große psychische Labilität, das ist begreiflich. Wir kontrollieren noch die Temperatur. Appetitlosigkeit, Abmagerung, erhöhte Temperatur, notieren Sie, meine Herren.“ Bleistifte kratzten in schwarzen Merkheften. „Auf Initiative des Herrn Hofrats van Swieten beginnen wir mit der breitangelegten Erforschung zweier Seuchen unserer Zeiten: der Pocken und der Syphilis. Diese Frau hier ist ein Demonstrationsobjekt für das zweite Stadium der Lues.“

Als Zorica sich angezogen hatte, führte sie der Arzt in sein Arbeitszimmer. Er streifte die Handschuhe ab und wusch sich sorgfältig die Hände.

„Du hast dir die morbus gallica eingehandelt. Die französische Krankheit ist die Belohnung für dein leichtsinniges Leben. Aber ich werde dir keine Predigt halten.“ Streng sah er die entsetzte Zorica an. „Hast du mit deinem Mann Verkehr?“

„Ich bin nicht verheiratet.“

„Ach so. Wo arbeitest du?“

„Jetzt im Theater, Herr.“

„Und vorher?“

„Beim Fürsten Lobkowitz.“

Doktor Haen klopfte mit dem Bleistift auf die dicken Bücher, die auf dem Tisch lagen.

„Von jetzt an wage mit niemandem . . . Hast du verstanden? Die Krankheit ist ansteckend. Wenn du nicht gehorchst, lassen wir dich einsperren. Wenn du gehorchst und jeden ersten Montag im Monat herkommst, dann . . . dann wird man sehen. Du kannst dich in einigen Jahren auskurieren, aber mit deinem bisherigen Lebenswandel muß Schluß sein. Und du mußt Geduld haben. Noch etwas: du darfst nur dein eigenes Besteck benutzen, deine eigenen Tassen, Teller, deine eigenen Handtücher. Wasche alles selbst und gib es keinem anderen, denn du steckst jeden an. Hast du verstanden?“

„Ja, Herr.“

„Hast du wirklich niemanden? Vater, Mutter, Verwandte?"

„Ich . . . ich weiß nicht . . . ob sie noch leben."

„Na, weine nicht. Wenn du wieder gesund bist und das Theater für dich bürgt, besorgen wir dir ein Unterkommen. Wie alt bist du?"

„Sechsunddreißig, Herr."

„Kinder hast du nicht?"

„Nein, Herr. Ich bin unfruchtbar."

„Schade um dich. Wenn du fromm bist, solltest du beten. Jeden Tag und jede Stunde. Aber ich . . ." Der dicke Arzt schüttelte sich. „Ich hätte dich am liebsten verdroschen, gründlich und regelmäßig, bis aufs Blut, nur um dich vor der französischen Krankheit zu bewahren. Na, nun geh und schick mir die nächste herein."

Der Karbolgeruch auf dem Flur und die Schar der dort wartenden Frauen, der Schweiß, die nässenden Geschwüre und die billigen Parfüms trieben Zorica ans Fenster, reizten sie zum Erbrechen. Eine der Frauen, eine blutjunge Magd mit rotem, gedunsenem Gesicht, holte aus dem Ausschnitt ein Fläschchen hervor.

„Da, nimm einen Schluck! Keine Angst, du hältst es bis zum Tod aus, Tantchen!" Sie kicherte hysterisch. Schnapsgeruch ging von ihr aus.

Zorica trank, das Gesöff brannte in der Kehle, sie fühlte sich besser.

„Ich hab's eilig", sagte sie und stellte die Flasche auf das staubige Fensterbrett.

Unsicher ging sie den Flur mit den dunkelgrünen ölgestrichenen Wänden entlang. Sie stieg die Treppe hinab. Immer wieder blieb sie stehen. Sie schaute sich um, langte in die Handtasche, suchte etwas zwischen all dem Frauenkram. Der Kopf drohte ihr zu zerspringen. Was suche ich? Etwas sollte ich finden. Ich muß mich beeilen. Muß etwas erledigen. Die französische Krankheit. Wie viele sie doch haben! Selbst Damen von Adel. Das lebendige Silber heilt manches. Jeder hat Flecke. Ich bin nicht schuld. Hab mir die Krankheit geholt. Bei mir ist sie nicht geboren. Sie ist gekommen und wandert, drängt sich zwischen die Menschen, wächst zwischen Seufzern und Ächzen. Warum sieht man diesen scheußlichen Ausschlag nicht im Ausschnitt? Die Flecke sehen aus wie die Schinkenscheiben, die ich in Prag und hier aufgeschnitten habe. Ich muß mich beeilen. Jemanden sollte ich finden. Man hat mir befohlen, etwas zu bestellen. Diese wohlduftenden Jünglinge, Barone, Fürsten, Kammerherren. Zeigen sie die Achselhöhlen und andere verborgene Stellen ihres Körpers? Die schwarze und goldene Gottesmutter. Warum hast du mich nicht gewarnt? Unten bei uns habe ich von so etwas nie gehört. Frau Zorica, das war eine Krankheit der Mägde, niemand sprach von ihr. Hier ist es eine Krankheit der Herren. Ich war unter Herren. In den oberen Etagen, schlimmstenfalls im Erdgeschoß. Jetzt sitze ich in der Patsche. Schluß mit der Liebe. Aber ich suche eben doch etwas. Jemanden. Wie finde ich ihn? Die Stufen sind aus Holz und mit schwarzer Wagenschmiere eingelassen. Der Geruch der Leiterwagen auf unserem Hof. Die weite Ebene, verlassene Dörfer. Temesvar, Arad, wohin ich niemals gelangt bin. Doch, einmal als kleines Mädchen mit dem Vater. Er hat Ochsen verkauft. Der Gestank des Viehs, Stroh mit Mist. Viel habe ich durchwandert, ich bin erst sechsunddreißig. Vorsicht auf den Stufen, sie sind voller Splitter, schwarzer, schmerzender Splitter, darüber schlurfen die Füße der Wiener Armen. Seht sie an, diese Krüppel und Siechen! Ich bin kein Krüppel. Die Schenkel. Die Achselhöhlen.

„Zorica! . . . Zorica! Warte!"

Der Schrei übertönt das Klappern von Holz. Wie einst die alte Mühle an der Mur. Die Mühle. Die Schaufeln.

„Zorica! Siehst du mich nicht?"

Jemand rüttelt sie an der Schulter. Die Mühle ist stehengeblieben. Nur das Wasserrad rauscht im Kopf.

„Zorica, bist du's wirklich? Ja, du bist es! Zorica!"

Auf der Wange spürt sie Bartstoppeln. Ein Soldatendreispitz.

Der Mund, der Atem, Tabak. Sie fährt zurück. Laß mich, keucht sie. Laß mich, um Himmels willen!

Zorica stößt sein Gesicht weg. Ignac sieht sie verständnislos an. Diese Augen sind nicht mehr herrisch, sondern erschreckt wie die eines Rebhuhns vor dem Schuß.

„Zorica! Ich bin's doch! Ignac!"

Zorica schiebt den Mann in der Soldatenmontur von sich, sie schiebt ihn kräftig und angstvoll weg, sie schiebt das begierige, faltige, aber immer noch hübsche Gesicht weg. Die Haut ist versengt, aber immer noch gesund, ohne Flecken und Ausschlag. Sie versucht sich von dem Traum zu befreien. Noch immer möchte sie irgendwohin eilen, etwas erklären, aber der Flur des städtischen Spitals ist unerbittlich. Durch die schmutzigen Fenster scheint die Maiensonne, und in den Lichtstrahlen tanzen Dreiecke von Staub – der wahnsinnige Tanz unbekannter Mikroben.

„Zorica, hör auf! Ich falle!"

Der Mann stützt sich auf die Frau, denn er verliert das Gleichgewicht, er will die Frauenhand wegschieben. In der anderen Hand trägt er eine Tasche und den unvermeidlichen Stock, er schafft es nicht, auf dem einen gesunden Bein das Gleichgewicht zu halten. Zorica drängt ihn verwirrt mit aller Kraft ans Fenster, das Holzbein rutscht aus, Ignac fällt, ihn packt die Angst, er breitet die Arme aus. Zorica gewahrt den Stock, auf dem ölgetränkten Fußboden starrt ihr ein Stumpf entgegen. Warum ist er barfuß, nein, er hat keine Zehen, keine Ferse, nichts. Behobeltes Holz, unten beschmiert, springt Zorica entgegen, die Frau erschrickt. Das Klirren von Glas. Ignac stürzt schwer mit dem Oberkörper ins Fenster, durchschlägt mit dem Kopf die Scheibe, die Scherben fallen aufs Fensterbrett und den schwarzen Fußboden. Aus Hand und Wange rinnt ein dünner Faden Blut.

Das Klirren der Scheibe hat den Schleier zerrissen, die Frau besinnt sich und schreit: „Liebster! Ist dir nichts passiert?"

Sie zieht ihr Taschentuch hervor, eine Weile zögert sie, dann wirft sie es weg. Sie packt den Mann am Arm, reißt mit einer energischen Bewegung einen Fetzen des Ärmels ab.

„Damit wisch dich ab! Nur damit!“

Sie nimmt seinen Kopf zwischen beide Hände, klaubt aus den storren Haaren die Glassplitter heraus. Ignac Kollár hält sich am Fensterrahmen fest, mit dem gesunden Bein sitzt er auf dem Fensterbrett, der linke Stumpf starrt drohend auf Zorica, wie eine frisch gezimmerte Schranke an einer Mautstation. Ignac sieht ihren geistesabwesenden, von Tränen getrübten Blick. Zwei flakkernde Laternen in einem langen nächtlichen Regen.

„So lange suche ich dich schon, Ignac! Das ganze Leben. Ich mußte dich finden.“

Er betrachtet ihr unverändert schönes Gesicht. Das Kinn fester und energischer, die vollen Lippen und die gerade Nase, die ein wenig dicker gewordenen Wangen mit der seidigen Haut (nur ein Ausschlag am rechten Ohr), die immer noch rabenschwarzen Haare hochgekämmt, weiße und grüne Bänder darin. Der wunderschöne, pralle Busen, das kühn enthüllte Besitztum einer reifen Frau, die Hüften ein bißchen breiter. Nein, eine schönere Frau hatte er nie und wird er nie haben.

Er langte nach dem Stock und wollte sich wieder erheben. Die Riemen um den Stumpf spannten sich. Der Krankenhausflur verdunkelte sich. Natürlich, der Schmerz, sonst nichts. Er kniff die Augen zu. Das Dunkel wich nicht. Zorica stand über ihm, den Blick auf den Fußboden geheftet, ihr Kopf zitterte. Ignac Kollár schien es, als ob er mit der Prothese in die zerlaufende Wagenschmiere fiel, als ob er unaufhaltsam tiefer sank und vergebens den Stock nach der erträumten Frau über sich ausstreckte. Er war rot vor Scham.

„Verzeih“, flüsterte er. „Was haben sie bloß mit uns gemacht? Verzeih mir!“ Er weinte über seine Ohnmacht. „Ich liebe dich, Zorica. Sei mir nicht böse. Ich traue mir immer noch viel zu.“

Langsam tasteten sie sich die Treppe hinunter und traten auf die frühlingswarme Gasse. Draußen wischte er sich die Tränen und das Blut aus dem Gesicht, er wollte den blutigen Lappen in ein Kellerfenster werfen, dann aber steckte er ihn in die Tasche. Er stöhnte und schämte sich.

„Halt einen Fiaker an! Keine Angst, Geld hab ich." Eine Weile standen sie auf dem Gehsteig. „Hast du frei?" Er mußte die Frage zweimal wiederholen. „Wo wohnst du?"

Mit dem Droschkenkutscher wurde er rasch einig. Der hielt Zorica für betrunken oder für fieberkrank.

„Rühr mich nicht an!"

Der sechste Stock eines Mietshauses. Es ähnelte dem ärmlichen hohen Haus, wo im dritten Stock der Hofdichter Metastasio und im sechsten der junge Joseph Haydn wohnte. Sie gingen über die Pawlatsche, Bürgerdämchen und alte Klatschbasen spuckten aus. Sogar einen Krüppel schleppt sie heim. Ignac biß vor Schmerzen die Zähne zusammen.

Sie kauten Reste eines Hackbratens und spülten mit säuerlichem Wein nach. Zorica hatte es abgelehnt, ein Wirtshaus aufzusuchen.

„Ich kann nicht weg, ich warte auf Ignac."

„Ich bin doch da, Zorica!"

„Nein, nein, Ignac. Mir ist furchtbar heiß." Sie begann sich aufzuknöpfen. „Rühr mich nicht an! Sie sagen, du steckst dich an. Schau her, was ich hier habe!" Sie warf sich auf das ungemachte Bett. Ignac blieb auf dem wackligen Hocker neben dem Waschständer sitzen.

„Zorica, meine Liebe! Sag mir, was ist passiert?"

„Mir?" Sie zeigte auf die Prothese. „*Dich* haben sie ruiniert, mein Lieber! Überall habe ich dich gesucht. Auch dort im Norden. Oft habe ich mich gewaschen. Auch vor Anton. Ich dachte, das wärst du."

„Was für ein Anton?"

„Weißt du, wir könnten heiraten. Wenn ich nicht die französische Krankheit hätte."

Ignac schüttelte den Kopf.

„Du hast recht, wir könnten nicht heiraten, ich bin doch verheiratet. Der Kaufmann Selim ist bestimmt noch nicht verwitwet."

„Zorica, Liebste! Soll ich dir einen Umschlag machen?"

In dem Zinneimer war noch ein bißchen warmes Wasser.

„Ich muß dir etwas gestehen. Ich hab mal einen Soldaten aus dem Norden geliebt. Ein schöner Bursche war das. Schöner als die Hauptleute und Generale und . . . Er sah dir ähnlich, aber er hatte kein Holzbein. Wer hat dir das angetan, mein Junge?"

Ignac überlegte. Wo hole ich Wasser her? Wen kann ich bitten?

„Damals wollte er mich nicht. Er ist mir davongelaufen." Sie streckte die Arme aus. „Du aber bist nicht weggelaufen. Noch einmal werden wir uns lieben. Wenigstens einmal. Der Arzt hat es mir verboten. Aber nicht mit Ignac."

„Ich nehm dich mit, Zorica! Hörst du? Du wirst dich auskurieren. Ich bitte den Kommandeur und nehme dich zu mir. Warum antwortest du nicht? So antworte doch! Ich bin es, dein Ignac! Meinetwegen ist das alles passiert. Ich bin schuld. Gott hat mich bestraft. Man soll niemals von seiner Liebe weggehen. Niemals. Und wenn es einem zehn Obristen, ein Dutzend Pfarrer, hundert Richter, ein Regiment von Bütteln befehlen! Niemals! Man soll bei der bleiben, bei der man morgens aufgestanden ist."

Das Holzbein klopfte auf den Holzfußboden. „Was haben sie aus uns gemacht, Zorica? Zorica, du willst mich nicht? Du bist immer noch schön." Er verstummte und schaute die Frau im Bett an. „Immer noch unerreichbar. Ich bin nur ein Krüppel, und enden werde ich im Invalidenheim. Ich wollte einmal Offizier werden. Jetzt gebe ich Munition aus, an Herrensöhnchen, die lernen, uns zu kommandieren."

Zorica hörte nicht zu. Sie hielt die Augen geschlossen. Er ergriff ihre Hand. Sie lebte. Die Munition. Er zuckte zusammen. Ist es schon Mittag? Morgen muß ich mit der Kompanie nach Schloßhof zu einer Parade. „Zorica, schläfst du? Ich muß gehen. Aber ich komme wieder, in einer Woche, hörst du? Ich werde dich pflegen. Und ich lasse dir Geld da. Damit du was fürs Krankenhaus hast." Er legte einen neuen Taler auf den Tisch. „Zorica!" Ihr Atem ging heftig. Er wickelte den Taler in einen Lappen und steckte ihn in ihr Täschchen. „Und rufe die Nachbarin, sie soll nach dir schauen und dir Umschläge machen."

„Ignac!"

„Ich muß gehen. Leb wohl, Liebste!"

„Ich beeile mich schon . . ."

Sie drehte sich um, atmete schwer, keuchend.

Sie erwachte von selber. Die untergehende Sonne erleuchtete für ein paar Minuten das einzige Fenster ihrer Stube. Ihr war, als hätte sie Ignac getroffen. Oder war es nur ein Traum? Sie kramte in ihrem Täschchen und fand einen Silbertaler darin. Unter der Waschschüssel lag ein blutiger Hemdfetzen. Ignac. Sie hatte Durst. Ihre Lippen waren wie ausgedörrt. Sie torkelte auf die Pawlatsche. Die Sonne blendete sie. Sie bat die Nachbarin um einen Schluck Wasser. Ein Kichern. Sogar einen Krüppel! Das Klappern der Mühle.

Sie hielt die Silbermünze zwischen den Fingern. Das scharfe Profil der Herrscherin leuchtete darauf. Alles ist wahr. Was haben sie aus uns gemacht? Sie hielt die Münze an den Mund. Atmete ein und spuckte auf den kalten Taler. Ihr wurde leichter, als sie sah, wie sich die üppige Brust der Kaiserin mit ihrem Speichel bedeckte. Ich will dich nicht sehen. Du bist böse und verflucht. Gesund und stark. Fruchtbar, kinderreich. Bist so alt wie ich. Sie spie, daß ihr die Schläfenadern anschwollen.

8

Das Infanteriebataillon, das Prinz Hildburghausen aus Wien für den Besuch des Kaiserpaares nach Schloßhof beordert hatte, näherte sich dem Ziel. Ignac Kollár wurde auf einem Troßwagen mit Petarden und weiteren Requisiten für das geplante Feuerwerk tüchtig durchgerüttelt. „Zu Ehren des erhabenen Herrscherpaares schießen wir zuerst dich in die Luft, Alter!" witzelten seine Gefährten. Ignac aber war nicht nach Lachen zumute. Zum Glück war die Landstraße in einem leidlichen Zustand. Die Herrschaften fuhren häufig auf die umliegenden Schlösser und nach Preßburg, deshalb ließen sie die Straßen auf Staatskosten ausbessern.

Schloßhof lag auf der österreichischen Seite der March, dahinter schimmerten blau die Hügel der Preßburger Kobyla und der Kleinen Karpaten. Der Baumeister Hildebrandt hatte hier für den Prinzen Eugen von Savoyen einen Sommersitz erbaut. Nach dem Tode des Heerführers hatte Prinz Joseph Hildburghausen das Barockschloß erworben. Nur wenige wußten, wo das Fürstentum dieses fünfzigjährigen Herrn lag (es war ein Städtchen bei Meiningen in Thüringen), aber alle wußten, daß er Mitglied des Hofkriegsrats und Eigentümer von Schloßhof war. Von Juni bis Oktober verließ er wie alle, die zur Wiener Kamarilla gehörten, sein Palais in Wien, um seinen Sommersitz zu beziehen und die warme Jahreszeit bei angenehmer Unterhaltung zu verbringen. Er war kein erfolgreicher Heerführer. In Bosnien und im Temeser Gebiet hatte er von den Türken nur Hohn und Spott geerntet. Größten Wert legte er auf sein Schloßorchester. Er freute sich, wenn er anderen Magnaten einen guten tschechischen Geiger oder italienischen Sänger vor der Nase wegschnappen konnte. Seine strategischen Fähigkeiten setzte er bereits seit April dafür ein, Hunderte von Sängern aus den umliegenden Dörfern für die Vorstellung, mit der er das Herrscherpaar bei dessen angekündigtem Besuch verblüffen wollte, zusammenzubringen.

Als die Soldaten der Wiener Garnison und der Militärschule Wiener Neustadt im Hof des Schlosses Waffen und Gepäck abluden, schickte der Prinz sogleich Reiterpatrouillen in die Umgebung. Sie sollten als Brandwachen fungieren. Auf Schloßhof herrschte ein gewaltiges Durcheinander. Dutzende, nein, Hunderte von Bauern wimmelten hier herum. Ignac riß über diese Art der Untertanenpflichten, die er zu Hause nicht erlebt hatte, nur überrascht die Augen auf. Hier war ein ganzes Bataillon Dudelsackpfeifer versammelt. Die Büttel des Prinzen hatten gemeinsam mit dem Hofgeiger, dem Herrn Karl Ditters, aus den umliegenden Dörfern zu beiden Seiten der March alle zusammengetrieben, die Dudelsack spielen konnten: Greise, Jünglinge und solche, die diese Kenntnis nur vortäuschten. Auf einer anderen Wiese ging es zu wie im Märchen. Dort lachten aus vollem Halse Hunderte rotwangiger Mädchen aus den österreichischen Ländern, aber auch aus dem gegenüberliegenden slowakischen Zahorie: Den Prinzen Hildburghausen störte es nicht, daß er die Erntearbeiten auf seinen eigenen Gütern gefährdete. Umsonst hatten die Schaffer und Verwalter ihn angefleht. Bis zur Ernte war es nicht mehr lange hin, aber der Gutsherr versicherte ihnen, daß bei der Ernte keine einzige Hand fehlen würde, daß diese Mädchen ihren Teil noch in der Sommerglut abarbeiten müßten.

Jetzt übten vierzig Leute aus dem Schloß mit den Dorfmädchen und -burschen ein kompliziertes Ballett ein. „Schon vier Wochen rackern wir uns hier ab“, seufzten die verschwitzten Lakaien und die Musiker der Schloßkapelle. „So ein Drill würde uns auch gefallen, ihr Kujone!“ riefen ihnen die Soldaten zu. „Die Mädchen begrapschen und ihnen Tanzschritte und Kapriolen beibringen!“ Ach, wer würde sich da nicht anstrengen! So viele Tage der Freiheit und Freude! Was gehen uns die Klagen der Mütter an, daß die Töchter ihre Ehre verlieren! Der Traum von den Bacchantinnen wird bald verfliegen. Die Woche des kaiserlichen Besuchs geht vorüber, und diese gutgewachsenen Ballettänzerinnen und Satyre werden bei den Erntearbeiten schwitzen, die unbarmherzige Sonne wird sie versengen, und die unbarmherzigen Garben werden kratzen.

Unter der Herrschaft der jungen Kaiserin und Königin war das ganze Gebiet ostwärts von Wien bis zur Korninsel in der Slowakei ein privilegiertes Territorium. Ignac lauschte begierig den Erzählungen der Leute, die bei früheren Vergnügungen des Kaiserhofes dabeigewesen waren. Die aus Laxenburg erzählten von der vorjährigen Weinlese, wo fünfzehn adlige Paare, an der Spitze Maria Theresia und Kaiser Franz, die Bütten mit den Trauben schleppten und den Most preßten. „Stellt euch vor, in unseren Trachten!" Die Burschen aus Esterházys Čeklíš schwärmten von chinesischen Pavillons in Auenwäldern. Am meisten hatten die Untertanen aus der Umgebung des westslowakischen Holič zu erzählen. „Ich saß der Königin gegenüber, und sie selber bot mir Essen auf einem silbernen Teller an. Der Löffel war so schwer, daß ich ihn kaum zu Munde führen konnte." In Holič weilte der Kaiser fast jeden zweiten Tag. Was da alles auf Jagden, Treibjagden und auf Festsoupers geschah, darüber kreisten Legenden. Die erfahrenen Unterhalter der Herren belehrten die Unerfahrenen, sie sollten sich keinesfalls genieren, sollten sich natürlich und stolz geben, denn die Herrschaften wünschten das, wenn sie angeheitert und guter Laune seien. Da hörten sie ungern Klagen, da sähen sie nicht gerne finstere Gesichter. In ihren Augen nimmt sich die Welt aus wie auf den Gemälden in den Spiegelsälen und Galerien. Die Welt der antiken Sagen, des verlorenen Paradieses, die Welt der Bilder eines Fragonard und Boucher, wo im Schatten ausladender Bäume schöne Bäuerinnen Gräfinnen sind und Gräfinnen schöne Bäuerinnen, wo Marquisen sich als nackte Nymphen wiegen und die Hänschen, Janeks, Jeníks und János' Satyrn darstellen und nach erfolgreicher Jagd im Gras mit silbernen Bestecken tafeln dürfen.

Ignac humpelte vor bis zum Schloßteich. Auf beiden Seiten hatte man hölzerne Galerien errichtet. Im Teich waren in regelmäßigen Abständen acht Holzpostamente aufgebaut, mit künstlichen Felsen und Froschköpfen, die mit Bronze gestrichen waren. Diener fuhren auf Booten Bären heran, wirkliche, als Pantaloni verkleidete Bären. Sie zerrten die armen Tiere auf die hölzernen Inselchen und ließen sie dort zurück. Die Bären hockten ermattet da, sie hatten Angst, ins Wasser zu rutschen. Von der anderen Seite ertönte lautes Quieken. Eine zweite Gruppe von Dienern fuhr Wildschweine herbei, die als Colombinen verkleidet waren. Zu weiteren Inselchen brachte man auf Booten zwei als Harlekine angezogene Störche und zwei Bulldoggen.

Ignac betrachtete verstört diese verrückte Welt. Die armen Tiere auf dem Wasser brüllten. Auf dem Rasen neben dem Teich waren sonderbare Puppen aufgestellt, kunstvoll zusammengenäht aus bunten Lappen. Zwischen ihnen rannten die Herrenkinder hin und her, Mädchen mit Löckchen, Knaben in seidenen Hosen und weißen Strümpfen. Sie schrien: „Aha, Leander! Und das ist Pantalon! Nein, das ist Pasquina!“ Sie schrien und warfen die Gestalten aus ihnen unbekannten Geschichten um. Schließlich trugen zwölf starke Bauern paarweise zwei große Käfige mit weißen Gänsen und Enten herbei. In einem dritten waren Schwäne mit wunderschönen Hälsen. Mägde öffneten die Käfige, fingen das Federvieh ein, und die Männer befestigten mit weißen Schnüren jeder Gans, jeder Ente und jedem Schwan eine Puppe auf dem Rücken. Als das Geflügel solcherart präpariert war, fuhr man es unter wildem Lachen und Jauchzen auf Booten zu den einzelnen Pylonen im Teich und steckte es in die „Froschköpfe“, in Wirklichkeit hölzerne Behälter, wo es auf sein Schicksal zu warten hatte.

Ein junger Leutnant rief Ignac Kollár zu sich und teilte ihm zehn Soldaten zu. Er überreichte dem ehemaligen Dragoner eine Skizze des Feuerwerks. Ignac machte sich an die Arbeit. Er saß in einem Sessel nahe am See und dirigierte die Soldaten nach allen Seiten. Er mußte laut schreien, denn die eingesperrten Tiere brüllten, quiekten und gackerten, die Knabenchöre piepsten, die ungestimmten Dudelsäcke wimmerten, die Mädchen lachten, die Musiker des Meisters Gluck stimmten die Instrumente – eine unwirkliche Juliwelt.

Fragmentarische Bemerkungen des Grafen Tarouca: „Sie nennen mich spöttisch Direktor der königlichen Vergnügungen, aber in Wirklichkeit bin ich wütend. Hildburghausens Einfälle auf Schloßhof erscheinen mir kindisch. Der Kaiser war begeistert, das wundert mich nicht. Er war niemals ein hervorragender Kopf (...) Der zwölfjährige Erzherzog Joseph jedoch war verärgert. Karl, Marianne und Christine schienen eher erschreckt als amüsiert. Aber die Herrscherin? Ihre Majestät schien ungemein zufrieden. Sie liebt Trubel und Vergnügungen, daran werde ich nichts ändern. Sie fühlt sich auf dem Höhepunkt. Aber das ist doch alles Täuschung. Auf dem Teich ein Turnier venezianischer Gondolieri. Vier Paar Gondeln tanzen auf dem Wasser eine Art Ballett. Sechsunddreißig junge Bauern, gebräunt von der Feldarbeit, schwitzen zu Ehren der Herrschaften auf den Tribünen. Sie dreschen mit Holzlanzen aufeinander ein und fallen juchzend ins Wasser. Zum Glück kein einziger Ertrunkener. Und dann der ‚Höhepunkt' der fürstlichen Kläglichkeit (er sollte sich lieber um die Reichsarmee kümmern!). Er schwenkt ein weißes Tuch, und auf diesen Wink hin schlagen dörfliche Ritter mit Knüppeln auf die bronzierten Froschköpfe. Ein Wunder der Technik – die Käfige öffnen sich, und aus den Froschmäulern flattern gackernd armselige Enten, Gänse und Schwäne und versuchen, mit den auf ihren Rücken befestigten Puppen zu fliegen. Mir wurde schlecht. Zum Schluß der Endkampf: die als Ritter verkleideten Bauernknechte füllen Holzpistolen mit Wasser und spritzen einander an. Die Herrschaften amüsieren sich prächtig, das Volk jauchzt. Weniger begeistert sind die Bären und Wildschweine. Die Ritter spritzen ihnen Wasser in die Augen, die Tiere beginnen zu brüllen. Dem Ganzen setzt das Schloßorchester die Krone auf, jeder Musikant hat das Recht, beim ‚Angriff' jeden beliebigen Ton hervorzubringen. Die dreitausend Gäste zu beiden Seiten des Teiches johlen vor Begeisterung.

Dann zur Abrundung eine schöne Idylle. Die Tierquäler verschwanden, und auf dem Teich tauchte eine künstliche Insel mit Orangen- und Zitronenbäumchen in Blumenkübeln auf. Ein künstliches Bassin mit weißen Fischen (haben sie sie mit Farbe angestrichen? Gott weiß!). In der Mitte des Bassins die Statue eines Delphins, aus dem Maul spritzt Wasser. Der Parnaß mit dem geflügelten Pegasus. Baron Beust als Gärtner mit vergoldeter Harke und die Sängerin Demoiselle Heinisch mit vergoldetem Kännchen als Gärtnerin. Die besten Geiger der Monarchie (wie Herr Karl Ditters), als Fischer gekleidet, fangen mit silbernen Netzen Fische und werfen sie ins Publikum. Ganz zum Schluß wurde vom Parnaß Gefrorenes serviert, und der Zirkus war beendet."

Tarouca bilanziert die Woche auf Schloßhof folgendermaßen: „Maria Theresia begeistert. Den Kaiser ärgert es, daß Schloßhof nicht ihm gehört. Madame Tesi erhielt von der Kaiserin zwei Armbänder mit den Porträts des Kaiserpaares zwischen Brillanten. Baron Beust eine goldene Tabatière mit Brillanten. Die Damen Heinisch und Starzer Schmuck, jede für etwa einhundertfünfzig Dukaten. Gluck eine goldene Dose, darin hundert Dukaten. An die Dienerschaft und das Forstpersonal wurden eintausendzweihundert Dukaten verteilt.

Der Kaiser befahl dem Hauptschatzmeister, allen Offizieren und Soldaten, die nach Schloßhof abkommandiert worden waren, als außerordentliche Belohnung einen Monatssold auszuzahlen."

Ignac Kollár kam also ebenfalls auf seine Kosten und konnte alles Zorica erzählen. Es war nur nicht klar, ob sie ihn verstand. Ihr Geist hatte sich immer mehr verwirrt, obwohl sie nicht älter war als die Kaiserin und Königin Maria Theresia.

V
AUF DEM GIPFEL

1

Über Wien wehte Südwind. Er brachte Wärme, war ein Vorbote des Frühlings. Der Schnee auf den Schanzen taute und setzte den Kies auf den Fußwegen des kaiserlichen Gartens unter Wasser. Dick eingemummt atmete Maria Theresia voller Freude die frische Luft. Der Kopfschmerz ließ nach, die Windböen umfächelten ihr Gesicht. Sie richtete sich auf, soweit dies das Schreibkästchen erlaubte, das sie um die Schultern gehängt vor der Brust trug. Ihr persönlicher Sekretär, der Freiherr von Koch, hatte recht, draußen ließ sich noch nicht arbeiten, alle Akten würden im Garten herumfliegen. Wie lange schon habe ich keine längere Reise unternommen! Ihre Tage verliefen zwischen der Hofburg im Zentrum Wiens, Schönbrunn, Laxenburg, Holič und Preßburg. Und immer der gleiche Tageslauf: um sechs Uhr aufstehen, die Morgentoilette, Frisieren, Frühmesse in der Kapelle, dann Audienzen und Arbeit, Akten und wieder Akten. Untertanenabgaben, Universität Trnava, Umbau der Preßburger Burg, Dekret über die Bestattung der Toten auf besonderen Friedhöfen außerhalb des Kirchenareals, Pergen in Mainz wegen der Wahl Josephs zum römischen König antreiben, Hochzeitsgeschenk für eine Kammerfrau, Erlässe über die Unterstützung für Kolonisten im Unterland, Gründungsurkunde des ökonomischen Kollegiums in Senec, Erlaubnis, die „Preßburger Zeitung“ in Preßburg herauszugeben, das sechsjährige Wunderkind, den kleinen Wolfi Mozart, auf dem Schloß halten, Statut des Hofrats für den Handel, neue Zollordnung, Bericht der Agenten darüber, was im Boudoir der Fürstin Colloredo vorgeht, Ernennung Esterházys zum Kanzler des neuen St.-Stephan-Ordens, Einrichtung von Kreisarmenhäusern, Verbot des Einbrennens von Schandzeichen auf die Stirn von Verbrechern, Entlassung der Jesuitenpatres aus der Hofzensur, Beschwerde von Bauern aus der Gespanschaft Ödenburg, Bestallungsdekret für Jacquin auf den Lehrstuhl für Chemie und Mineralogie in Štiavnica – Schemnitz, Statut der Hohen Bergbauschule in Schemnitz, Ernennung von Sonnenfels zum Professor für Staatsrecht an der Wiener Universität, dreitausend Gulden als Stipendien für die ersten zwanzig Hörer in Senec, Kondolenzschreiben anläßlich des Todes des polnischen Königs, Belohnung für Gluck für die Oper „Orpheus und Eurydike", Grafentitel für den Untermarschall Andreas Hadik . . . Ein wahres Karussell, zuviel für einen einzigen Kopf.

Schon seit Monaten fühlte sie sich müde. Ihr fehlte ein strenger Freund, der sie gebremst und gestoppt hätte. Tarouca fungiert schon einige Jahre nicht mehr als Sekretär und als Präsident der italienischen Kanzlei, er hat sich zurückgezogen. Der Siebzigjährige ermahnt sie in väterlichen Briefen: „Majestät, schonen Sie sich!" Sie lächelte über seine einstige Empörung angesichts ihrer Lustbarkeiten, Jagden und Tanzvergnügungen. Heute schreibt er ihr: „Machen Sie Ausflüge, Majestät. Die frische Luft wird Ihnen guttun, nehmen Sie an Jagden teil, erholen Sie sich!" Ich muß ihm schreiben, er soll für ein paar Tage nach Schönbrunn kommen. Eigentlich – wozu? Um meiner Jugend zu gedenken? Worüber werde ich mit Tarouca debattieren? Über meine tiefe Unzufriedenheit?

Nervös schritt sie die nassen Parkwege entlang, das Kästchen hüpfte auf ihrem korpulenten Körper. Wie verläuft wohl die Reise des Kaisers und der Söhne nach Frankfurt? Sind sie passend gekleidet? Wie werden die Reichsstände sie begrüßen? Wird es nicht unvorhergesehene Komplikationen geben? Es scheint, daß Friedrich von Preußen sein Wort hält. Brandenburg und Hannover haben dafür gestimmt, daß Joseph, der Sohn der Kaiserin, römischer König und nach dem Tode des Vaters Kaiser des Heiligen Römischen Reiches deutscher Nation wird.

Sie erzitterte, und es war nicht der Wind daran schuld. Der Preis für diese Wahl war furchtbar. Sieben Jahre Krieg. Der Friede von Hubertusburg. Der definitive Verlust Schlesiens. Dumme, rührende Kupferstiche. Die verjüngte Maria Theresia hält mit strahlendem Gesicht den dickeren Friedrich an der Hand, und beide schreiten Engeln mit Friedenspalmen entgegen. In Wirklichkeit habe ich Friedrich nie gesehen, bin ihm niemals begegnet. Niemals habe ich von ihm einen Brief annehmen wollen. Der verbohrte Haß einer Frau? Die Erinnerung eines Mädchens an die erste Demütigung? Tagtäglich hatte sie wegen ihres Hasses auf Friedrich gebeichtet, aber sie konnte sich nicht ändern. Sie beichtete auch, daß sie Tausenden von Menschen Leid bereitet habe. Es war ein Teufelskreis. Wegen des ihr aufgezwungenen Krieges haßte sie den preußischen Herrscher jetzt nur noch mehr.

Der Wind klatschte ihr auf die Wangen. Und was hat sie von diesem lächerlichen Haß? Sie wußte es selber – nur Trauer und Kummer. „Die Rückgewinnung Schlesiens ist eine Chimäre", hatte sie vor zwei Jahren im Staatsrat gesagt. Kaunitz, Haugwitz, der österreichische Kanzler Blümegen, der Marschall Daun, der Herr Borié, alle hatten sie nur die Augen aufgerissen. Kaunitz zog die Stirn kraus. Soll das eine Kritik an unserer gesamten Außenpolitik sein? An meinen Konzeptionen? Nein, nein, korrigierte sie sich. Der Staatsrat setzte seine Beratungen fort. Der Staatskanzler Kaunitz hatte mit kühler Genialität die komplizierte österreichische Maschinerie zu Siegen geführt. Ohne Sentimentalität und falsches Bedauern. „Majestät klagen über die Kriegsschäden? Auf uns fällt keine Schuld", stieß Kaunitz hervor und sah den Marschall Daun an. „Friedrich ließ das Zentrum

Dresdens bis auf die Grundmauern zerschießen und die Kreuzkirche in Trümmer legen. Friedrich ließ einhundert Ratsherren und reiche Bürger in Leipzig als Geiseln einsperren, um einige hunderttausend Taler von der eroberten Stadt zu erpressen. So verhielt er sich in jeder Stadt in Sachsen, ebenso in Böhmen. Warum sollten wir uns da Gewissensbisse machen, Majestät?"

Maria Theresia schüttelte den Kopf. Sie lockerte ihr Tuch. Der Frühlingswind packte ihre einstmals blonden, jetzt bereits ergrauten und gelichteten Haare. Sie zog die Handschuhe aus und steckte sie in das Kästchen zwischen die Akten. Die Handschuhe! Sie lächelte schmerzlich. Hadiks Handschuhe. Welch ein Ruhm! Hadiks Husaren waren zu Beginn des Krieges für vierundzwanzig Stunden in eine Vorstadt von Berlin eingedrungen. Sie hatten sechs preußische Fahnen erbeutet, hatten vom Magistrat zweihundertfünfzehntausend Taler erpreßt und waren in der folgenden Nacht wieder abgezogen. Hadik brachte zwei Dutzend Frauenhandschuhe aus einer Manufaktur in dieser Berliner Vorstadt mit. Als ich ein Paar anprobieren wollte, stellte es sich heraus, daß es lauter linke Handschuhe waren. Der ganze Hof lachte, Hadik auch. Ja, wir waren heiter nach dem Sieg bei Kolín, und Hadik prahlte, er werde Schlesien wiedererobern. Unser gefürchtetes Generalstrio, der alte Marschall Daun und die Generale Laudon und Lacy, maß sich mit Friedrich in Sachsen, der Lausitz, Schlesien und Preußen.

Und dennoch ist das alles – die wunderbaren Nachrichten, wie Friedrich abends bei Kolín aus der Schlacht floh, weil er mehr als ein Drittel seiner Armee verloren hatte, wie Launs Reiterei neunzehn preußische Bataillone niederwalzte, wie Prag von der Einschließung befreit wurde, wie die russischen Verbündeten in Ostpreußen eindrangen, die Siege und Niederlagen, Roßbach, Leuthen, Hochkirch, Kunersdorf, unbekannte Dörfer, jeder Name bedeutet bis zu zwanzigtausend Tote und Verwundete auf beiden Seiten –, ist das alles hohl, überflüssig, unbrauchbar wie Hadiks Handschuhe. Siege? Husarenstreiche. Die Damen in den Salons waren geradezu verzückt, solange sie nicht verschleiert an den Begräbnissen der eigenen Söhne teilnehmen mußten. Ja, es waren Heldentaten. Das Debakel bei Torgau, Ziethens preußische Husaren fegten bei Einbruch der Nacht Lacys Korps mit den Lanzen hinweg. („Gott hat es so gewollt, denn sonst hätte es nicht passieren können, daß diese Affäre so unglücklich endete. Gott ist gerecht, und gegen das Böse gibt es keine Hilfe!" hatte Marschall Daun der Kaiserin geschrieben.) Gott hat es so gewollt. Kann ich Daun zürnen? Ohne ihn würde ich nicht hier herumspazieren. Er hat eine moderne Armee aufgebaut, er hat nach dem liebenswürdigen, aber ewig angeheiterten Karl von Lothringen die Armee unter sein Kommando genommen und zu retten versucht, was zu retten war. Kann ich ihm etwas vorwerfen? Dem Mann, der die Tochter meiner lieben Fuchsin geheiratet hat? Dem Kavalier, der nach beendetem Kampf seinen gefallenen Gegner, den preußischen General Keith, mit Ehrensalut auf dem verbrannten Schlachtfeld bestatten ließ? Kann ich Hadik oder Nádasdy (mit gezogenem Säbel allein hoch zu Roß gegen die preußische Infanterie) zürnen? Alle rings um mich haben ohne Murren ihre Söhne auf die Schlachtfelder geschickt. Der Siebenjährige Krieg ist beendet, und in den Palais der Chotěks, Lobkowitz', Schwarzenbergs, Pálffys, Esterházys fehlen die jungen Männer bei Tisch. Das Maria-Theresia-Großkreuz und der Stephansorden geben ihnen die Söhne nicht zurück. Mit welch schrecklichen blutigen Schuldbriefen bin ich an die Magnaten rings um mich gebunden. Und jetzt will ich sie mitten im Frieden ihrer bisherigen Ungebundenheit und Freiheit berauben, ihre Privilegien und Vollmachten einschränken und von Tausenden Untertanen Beschwerden über ihr schlechtes Verhalten sammeln?

Unter den Windstößen drohte ihr der Kopf zu zerspringen. Aber in die Hofburg wird sie noch nicht zurückkehren. Die Stunde der Wahrheit ist gekommen. Sie ist allein. Ihre Männer sind in Frankfurt, sie wollen die mit Blut errungene Ehrung empfangen. Meine Söhne leben. Den ältesten, Joseph, hat Gott durch den Tod der geliebten Tochter und Frau geprüft, aber Joseph lebt. Er ist gesund und voller Pläne. Begierig, auf neue Art zu regieren. Leopold wird das toskanische Großherzogtum übernehmen. Ein gesunder und entschlossener Bursche. Sie leben. Sie werden ernten, was Daun, Laudon, Lacy, Liechtenstein, Hadik, Hunderte von Obersten, Tausende erschöpfter Soldaten mit Schweiß und Blut errungen haben. Eine Armee von fast zweihunderttausend Mann hat sich für mich, für den Kaiser, für Joseph, Leopold, Ferdinand, Maximilian, für meine Söhne und Töchter geschlagen, denen kein Haar auf dem Kopf gekrümmt wurde, die kein Pulver und keinen Gestank ausgebrannter Kirchen und Hütten gerochen haben.

In was habe ich mich da treiben lassen? Der Siebenjährige Krieg. Eigentlich ein Weltkrieg. England und Preußen gegen Frankreich, Rußland, Sachsen, gegen uns und den Großteil des Reiches. Jedes Jahr neue Feldzüge. Jedes Jahr um die Weihnachtszeit alle Armeen in die Winterquartiere und im Frühjahr wieder in den Kampf. Zehnmal Sachsen, Böhmen, Mähren niedergewalzt. Gekämpft wird vom Rhein bis Ostpreußen. Gekämpft wird in den amerikanischen Kolonien, in Kanada, in Indien. Und das Ergebnis? England gestärkt, Frankreich verliert seine Kolonien in Amerika und Indien. Und wir? Schlesien ist genauso preußisch geblieben wie vor vierzehn Jahren. In was habe ich mich da treiben lassen? Aber Friedrich hat doch angefangen. Ohne Kriegserklärung hat er Sachsen überfallen. Der preußische Gesandte fragte mich zuvor, was unsere Truppen längs der nördlichen Grenzen zu bedeuten hätten. Kaunitz ermutigte mich. Ich antwortete als Souverän, stolz und rücksichtslos, daß das den preußischen König nichts angehe. Obwohl wir uns alle vorbereiteten. Frankreichs Armee war zweihunderttausend Mann stark, etwas kleiner als die unsere. „Sachsen ist wie ein Sack. Wenn man darauf schlägt, kriecht immer etwas heraus", sagte Friedrich. Aus dem Sack kroch ein gesamteuropäischer Krieg heraus, der sieben Jahre dauerte.

Wozu? Was haben wir gewonnen? In Preußen soll eine Wirtschaftskrise ausgebrochen sein. Ganze Heere von Bettlern. Kaunitz teilt mir mit, wir hätten nach dem Krieg eine Staatsschuld von mehr als zweihundert Millionen Gulden. Der preußische König wollte zweimal während des Krieges Selbstmord begehen. (Friedrich an den Bruder des gefallenen Generals Keith: „Unser Feldzug ist beendigt, und es ist auf beiden Seiten nichts damit erzielt worden als der Verlust vieler braver Leute, das Unglück vieler auf immer verkrüppelter armer Soldaten, der Ruin einiger Provinzen, die Verwüstung, Plünderung und der Brand einiger blühender Städte. Das, mein lieber Mylord, sind Taten, welche die Menschheit schaudern machen; traurige Wirkungen der Ruchlosigkeit und des Ehrgeizes gewisser Mächtigen, die alles ihren zügellosen Leidenschaften opfern ...") Diese Worte (Jakob Keith wurde in Schottland geboren) gelangten durch Indiskretion und Hoftratsch rasch aus London nach Wien, und Maria Theresia empfand schwer ihren Stachel. Umsonst versicherten ihr Kaunitz und die Generale, daß Friedrich diese Vorwürfe vor allem auf sich selbst beziehen müsse. Ihr Gewissen war beunruhigt. Wir leben doch nicht im Mittelalter, sondern in der zweiten Hälfte des aufgeklärtesten Jahrhunderts, an der Schwelle ungeahnter Möglichkeiten. Dennoch treiben wir unsere Völker in sinnlose Kriege.

Diese Überlegungen bedrückten sie, und sie mußte sich von der Last befreien. Sie blickte nach Süden, das Gesicht den Winden aussetzend. Der Zorn hatte sie geläutert. Wenn ich noch lebe, gibt Gott mir auch weiterhin eine Chance. Wenn es mir gelungen ist, meine Herrschaft nicht nur zu erhalten, sondern auch zu verbessern, darf ich mich nicht in neue Abenteuer treiben lassen. Ich gehe auf die Fünfzig, bin erhaben über Aventüren und läppische Flirts. Ich bin eine Herrscherin, die Herrschaft ist mir durch Geburt bestimmt, und eine besondere Gleichgültigkeit Gottes hat mich auf dem Thron belassen, obwohl ich den mir anvertrauten Untertanen großes Leid zugefügt habe. Es gibt nur noch zwei Wege: die erhabenen Ziele aufgeben, auf den Thron verzichten und ins Kloster gehen oder aber ausharren, jedoch um hundertachtzig Grad kehrtmachen. Mit dem Rücken zum Wind, mit der Stirn zu meiner Stadt und zu meinem Volk. Den Wind zur leichteren Vorwärtsbewegung ausnutzen. Viel Zeit habe ich nicht mehr. Das Alter warnt mich. Es ist meine letzte Chance. Um mich habe ich alles, was ich brauche: kluge Leute, bereit zu helfen. Sie warten nur auf meine vorbehaltlose Zustimmung.

Eigentlich – was für eine Entscheidung? Es gibt keinen anderen Weg. Die Sonne klomm aus den zerrissenen Wolken. Dieses Jahr muß das Jahr der Wende werden. Das Jahr des Gipfels. Sonst bin ich hier zwischen diesen uralten Mauern eine Fremde. Es sollte doch mit dem Teufel zugehen, wenn dieser Leib nicht durchhielte. Selbst ein dünnes Haar wirft einen Schatten.

„Lieber Kaunitz, bleiben Sie noch ein Weilchen."

Sie wollte ihrem ersten Minister vorschlagen, mit ihr zu Mittag zu speisen. Dann aber erinnerte sie sich daran, wie sich der Staatskanzler mit einer ganzen Garnitur von Spezialzahnstochern und Spiegeln die Zähne zu säubern pflegte, und sie nahm davon Abstand. Sie wird Christine zum Mittagessen rufen.

„Den Verlauf des ungarischen Reichstags dürfen wir nicht dem Zufall überlassen." Maria Theresia setzte die Debatte aus dem Staatsrat fort. „Die Eingliederung Ungarns in das Reformwerk der Monarchie kann und darf man nicht mehr aufschieben. Heute garantiert bereits unsere vereinigte böhmisch-österreichische Hofkanzlei die reibungslose Durchführung unserer Anordnungen in allen Bezirken und Kreisen des westlichen Teils unseres

Reiches. In Siebenbürgen hoffen wir nach der Ernennung Bruckenthals ebenfalls auf große Fortschritte."

Kaunitz lachte. „Warten Sie, bis sich Kardinal Migazzi und alle anderen mit dem Schreckgespenst der Freimaurerei melden."

„Bei mir können sie mit Redereien über Gottlosigkeit nicht landen. Ich komme gerade von der heiligen Messe und fühle mich tausendmal sittenreiner als viele unserer Prälaten." Sie begann in den Akten zu suchen. „Wie haben mir die ungarischen Bischöfe geholfen? Wieviel Geld haben sie auf meine Bitte gesammelt? Hier, Martin Biro, Bischof von Veszprem. Angeblich konnte er nur vierhundert Gulden auftreiben ... Denken Sie, Kaunitz, vierhundert! Dabei betragen die Einkünfte eines einzigen Bistums laut Haugwitz mindestens hunderttausend Gulden! Der Palatin Batthyány hat allen persönliche Briefe geschickt: den Bischöfen, den Obergespanen, den wichtigsten Magnaten. Nach Beendigung des Krieges braucht die Monarchie Geld zur Tilgung der Staatsschuld. Als Königin erniedrige ich mich, schreibe dem Palatin: Ich kann es nicht genug betonen, wie sehr ich das Geld und die Kontribution brauche. Und sie?" Die Kaiserin zitterte vor Zorn. „Sie haben keins! Keinen roten Heller! Siegmund Batthyány erklärt: Schlimme Zeiten, ich kann nichts geben. Graf Forgács geruhte als Bischof von Großwardein nach Waitzen umzuziehen, der Umzug kostete ihn viel Geld. Er kann ebenfalls nichts geben. Baron Sennyey redet sich damit heraus, daß er Schulden hat und die Zinsen bezahlen muß. Harruckern und Leopold Pálffy schreiben einträchtig fast beleidigt: Sie hätten mir schon einmal Geschenke und Anleihen gewährt, jetzt könnten sie nichts geben, ich möge die Landedelleute in den Komitaten bitten! Da sollen also die kleinen Krauter guldenweise spenden, aber die großen Herren wollen keinen Groschen herausrücken! Der Bischof von Fünfkirchen hat zweitausend Gulden geschickt, die gleiche Summe hat er aus den Edelleuten des Komitats herausgepreßt. Eine Schande! Zweitausend! Und wir haben ein jährliches Defizit von zwölf Millionen!"

„So ist also die Aktion der Bittgänge auf der ganzen Linie gescheitert. Das habe ich vorausgesehen."

„Ich habe mir keine Illusionen gemacht, aber doch angenommen, daß diese Magnaten menschliches Empfinden haben würden – wenn schon nicht ein bißchen Liebe zu mir. Ich habe mich geirrt." Mit dröhnenden Schritten ging sie im Arbeitskabinett auf und ab. „Sie hatten recht, Bittgänge sind keine Lösung." Ihre Augen blitzten. „Dem Preßburger Reichstag werde ich einen detaillierten Plan zur Besteuerung des hohen Klerus und des Adels vorlegen, ebenso einen Plan zur Herabsetzung der Hörigenpflichten. Wir haben nichts mehr zu verbergen."

„Majestät, ich muß von einem Frontalangriff abraten. Wir könnten scheitern." Die hohe, schmale Stirn des Kanzlers furchte sich. „Wir sollten versuchen, die einheitliche Front des hohen Klerus und der Magnaten aufzuspalten. Wir werden uns auf die alten Rechte der ungarischen Könige berufen. Alle Argumente haben wir doch beisammen. Hier ist die eingehende Interpretation des Patronatsrechts der ungarischen Könige aus der Feder des Herrn Kollár, verfaßt vor zwei Jahren. Der Heilige Vater hat Eurer Majestät kürzlich den Titel eines apostolischen Königs verliehen."

„Er hat ihn erneuert."

„Ja. Eure Majestät sind also apostolischer König von Ungarn. Und der heilige Stephan ist einst vom Papst ermächtigt worden, Steuern von den Bischöfen und Äbten einzuziehen, von ihnen Soldaten und Dienste zu fordern."

„Sind Sie sich bewußt, Kaunitz, daß das nach Gallikanismus riecht?"

Kaunitz lachte breit.

„Zum Glück stammt das alles von König Stephan her, so daß wir gedeckt sind und nicht einmal der Heilige Stuhl etwas dagegen einwenden kann."

„Aber die ungarische Hofkammer wird Einwände erheben. Stellen Sie sich vor, neulich hat man das Ersuchen des Herrn Kollár abgelehnt, die Archive der Kammer in Preßburg betreten zu dürfen! So eine Frechheit. Er brauche angeblich eine Empfehlung."

„Ein so vertrauenswürdiger Mann am Hofe Eurer Majestät, wie es Adam Kollár ist, braucht keinerlei Bürgschaft."

„So habe ich auch entschieden."

„In Preßburg fürchten sie um ihre Geheimnisse."

„Apropos, Kaunitz – die Expertise des Herrn Kollár für den Staatsrat über die Reichstage und die Gesetzgebung in Ungarn war erstklassig!"

„Auch mich hat seine klare Logik begeistert. Die Studie war ganz auf der These aufgebaut: Je mehr die Besitztümer der Kirche und des Adels wachsen, desto mehr sinkt der Anteil des königlichen Eigentums, desto mehr wird die Stabilität und Einheit des Landes bedroht. Die Schwächung der königlichen Macht war die eigentliche Ursache der Katastrophe von Mohács. Deshalb, so weist Kollár nach, muß der Anteil der königlichen Macht erhöht werden. Das entspricht doch genau unseren Intentionen!"

„Der Preßburger Reichstag, die ganze Öffentlichkeit in Ungarn sollte mit diesen Ansichten vertraut gemacht werden. Dann wären wir unsere Sorgen los."

„Borié hat vor der Abreise nach Frankfurt zur Krönung daran erinnert, daß Kollár ein weiteres Buch über den Ursprung und die Ausübung der gesetzgebenden Macht in kirchlichen Angelegenheiten durch die ungarischen Könige beendet hat."

„Ich weiß von dieser Schrift. Ist sicher nicht zum Schaden. Leider war ich krank und konnte sie nicht lesen."

„Das ist die psychologische Vorbereitung für den Hauptschlag. Ich verfüge über Informationen, wonach ein gewisser Bencúr in Preßburg eine ähnliche Schrift verfaßt hat."

„Dieser gewisse Bencúr ist ein hervorragender Jurist."

Die Kaiserin wiegte den Kopf. „Vor einigen Jahren hat er eine Schrift herausgegeben, in der er nachweist, daß Preußen keinen Anspruch auf Schlesien hat."

Kaunitz ließ sich nicht aus der Ruhe bringen.

„Alle Ehre diesem Bencúr. Er ist Protestant, und die protestantischen Abgeordneten bedienen sich seiner Argumente."

Maria Theresia blieb vor dem Arbeitstisch stehen.

„Damit sind unsere Vorbereitungen für den Reichstag noch nicht beendet. Ich habe nichts dem Zufall überlassen. Was sagen Sie zu Boriés Vorschlägen? Ich habe Expertisen über die Frage der Hörigkeit ausarbeiten lassen."

„Borié schlägt vor, die Pflichten der Hörigen auf den Stand des Jahres 1514 zu reduzieren. Da waren sie viel geringer als heute. In der ersten Phase soll dies System auf den königlichen Besitzungen verwirklicht werden. Wenn es sich dort bewährt, soll es danach in ganz Ungarn eingeführt werden." Maria Theresia blätterte in den Akten. „Festetics und Ballasa schlagen etwas anderes vor: Alle Hörigenpflichten neu festlegen, und zwar nach dem Umfang der Anwesen. Ich glaube, das wäre gerecht."

„In jedem Fall ist es unser Ziel, die Bauern von allzu drückenden Lasten zu befreien. Wenn wir mehr Steuern aus ihnen herausholen wollen, müssen wir ihnen zu Wohlstand verhelfen. Das ist das eigentliche Problem."

„Wenn man das Schaf scheren will, muß man es gut füttern, nicht wahr? Interessant, genau so versuchte mich auch Nikolaus Pálffy zu überzeugen." Sie zeigte auf eine Akte.

„Majestät haben sich an den ehemaligen ungarischen Kanzler gewandt?"

„Warum nicht? Auch wenn wir uns vor zwei Jahren gezankt haben, hat er die Expertise für mich nicht abgelehnt. Ich empfehle Ihnen, Kaunitz, studieren Sie sie gut." Sie faßte sich an den Kopf. „Wir haben uns auf einen schweren Kampf eingelassen. Jeder verfolgt in diesem Spiel seine Interessen. Wir wollen mehr Geld für die königliche Kasse. Der Adel will keine Veränderungen. Die Bauern wollen weniger Lasten. Und schließlich wollen die Komitate Steuern nicht nur für die Staatskasse eintreiben, sondern auch für sich. Ein wahrer Teufelskreis."

„Man muß ihn an einer Stelle durchhauen. Zuerst müssen wir versuchen, den Kirchenbesitz zu besteuern und zugleich die Produktivität der Bauern zu erhöhen."

Nikolaus Pálffy hatte die Königin tatsächlich durch seinen adlerscharfen Blick und sein gründliches Nachdenken über den Zustand Ungarns überrascht. Dieser Sohn des verstorbenen „Väterchens" Pálffy hatte sich nicht auf den Schlachtfeldern Europas getummelt, sondern sich gründlich mit dem Gang des Staatsapparats in Ungarn und Wien vertraut gemacht. Er schlug nicht vor, den Adel zu besteuern, wies jedoch Maria Theresia und den Hof auf andere Quellen hin, aus denen sich Gelder für den Staat schöpfen ließen. Wenn der Boden und die Bauern, die ihn bearbeiteten, die ganze Gesellschaft ernähren sollen, dann muß das Niveau der Landwirtschaft gehoben werden. „Wir müssen den Steuerzahler reicher machen", drängte Pálffy. „Je eher wir ihn aus dem Elend herausziehen, um so reicher werden auch wir sein." Sie sah Pálffy in diesem Arbeitszimmer, an Kaunitz' Platz. „Ungarn ist nicht aus Mangel an Mitteln arm, sondern sein Elend beruht darauf, daß wir die Reichtümer des Landes nicht kennen und nicht ausnutzen. Jedes Land muß entsprechend seiner Eigenart und seinen Traditionen verwaltet werden. Steigern wir also in Ungarn die landwirtschaftliche Produktion, fördern wir die Industrie, dann wächst die Bevölkerung, und Ungarn wird ein kostbares Kleinod unter den Ländern Eurer Majestät." – „Gut, lieber Pálffy, aber wie das bewerkstelligen? Woher das Geld für die Entwicklung der Industrie nehmen?" Nikolaus Pálffy gab sich den Anschein, als dächte er nach, obwohl er schon alles in der Denkschrift dargelegt hatte, die vor der Kaiserin auf dem Tisch lag. „Einen Teil der Gelder werden die Freien Königlichen Städte aufbringen. Pest zahlt der königlichen Kammer dreizehntausend Gulden, aber von den Bürgern nimmt die Stadt jährlich fast fünfzigtausend ein. Budín zahlt zwanzigtausend, aber es nimmt sechzigtausend ein." – „Sagen wir, diese Summen werden für die Entwicklung der Städte, des Handwerks und Handels verwendet. Und was weiter, Graf?" Nikolaus Pálffy blickte seine Königin an, die täglich zur Messe ging, allwöchentlich zur Beichte und zur Kommunion, und sagte: „Eine Quelle ist die hohe Geistlichkeit. Den Klerus zu besteuern ist eine heikle Angelegenheit. Aber Majestät als höchster Kirchenpatron haben das Recht, die Einkünfte des Klerus zu kontrollieren und zu beschneiden." Pálffy flüsterte fast. „Ich reise durchs Land, kenne sie alle. Der Klerus erfüllt auf dem Gebiet der Seelsorge nicht seine Pflicht. Obwohl sich der hohe Klerus in den ehemals türkischen Gebieten enorm bereichert hat, riesige Besitzungen mit den dazugehörigen Einnahmen gewonnen hat, verfügt die Kirche nicht über genug Priester für die Seelsorge. Wie ist das möglich?"

Maria Theresia klangen diese Worte wie die schönste Opernarie in den Ohren. Schon seit Jahren war sie überzeugt, daß die Kirche in ihren Ländern ihre Mission nicht erfüllte. Die Bischöfe und Äbte Hunderter Klöster beschäftigten sich mit allem möglichem, nur nicht mit der Seelsorge und der Erziehung gebildeter Priester. Die Jansenisten hatten recht, wenn sie diesen Zustand kritisierten. Pálffy fuhr fort: „Vielen geht es nur um ihr eigenes Wohlleben, nicht aber um die Verbreitung des Glaubens. Majestät, es ist kein Geheimnis, daß viele Bischöfe trotz ihrer hohen Einkünfte verschuldet sind. Ich fühle mich nicht dazu berufen, zu beurteilen, was hohler Pomp, Verschwendung und was unumgängliche Repräsentation ist."

Maria Theresia sprang auf.

„Sie haben recht. Im Interesse der Wahrheit und der christlichen Gerechtigkeit sollte man kontrollieren, wie die Reichtümer der Kirche verwendet werden! Für kostspielige Orchester, für die prächtigen Paläste der Erzbischöfe! . . . Könnten wir nicht die Prälaten mit einer Jahressteuer belasten, so wie in Holland?"

Nikolaus Pálffy neigte den Kopf. „Meine Worte, Majestät. Die Bischöfe werden sich wehren. Deshalb wäre es angebracht, tiefer anzufangen, in den Abteien und Propsteien, die gibt es ja doch im Überfluß."

„Sie reden wie mein Sohn Joseph. Sicherlich haben Sie recht."

Pálffy kam nun auf die Nichtkatholiken zu sprechen. „Majestät sind apostolischer katholischer König. Die Protestanten sind jedoch ebenfalls arbeitsame Untertanen Eurer Majestät. Die fruchtbarsten Gebiete der großen ungarischen Tiefebene bearbeiten Calvinisten. Die deutschen Bürger unserer freien königlichen Städte sind in ihrer Mehrzahl Lutheraner. Sie sind sehr strebsam. Unterstützen sich gegenseitig. Und sie werden vom Ausland unterstützt. Wir könnten Wunder vollbringen. Aber der katholische Eifer der Grundherren und der Komitatsobrigkeiten schrecken einen großen Teil der Bevölkerung ab. Die Protestanten würden lieber direkt von der Krone abhängig sein. Sie würden uns größeren Nutzen bringen, wenn sie vom Druck der Grundherren befreit würden. Das ist die reine Wahrheit, Majestät."

Maria Theresia schluckte. Erst unlängst hatte sie sich mit dem neuen Primas Barkóczy darüber unterhalten, wie man die Nichtkatholiken in Ungarn zurückdrängen könnte. Über solche Konsequenzen hatte sie sich keine Gedanken gemacht.

Pálffy setzte seine Lektion fort. „Behutsam sollte man auch mit den griechisch-orthodoxen Untertanen verfahren. Niemanden zu lateinischen Zeremonien zwingen."

„Und wer tut das?" fragte erstaunt die Königin.

„Alle Generale, Bischöfe und die Herren der Grenzgebiete. Es handelt sich um die Bewohner von Illyrien, Majestät. Die Südslawen haben ihr Blut für Ungarn und für das Reich, für ganz Westeuropa vergossen, sie haben das Christentum verteidigt. Auf den Reichstagen der vergangenen Jahrzehnte haben wir feierlich verkündet, daß sie sich Belohnung und Würden verdient haben. Diese Versprechen müssen Majestät unbedingt einlösen."

So hatte Nikolaus Pálffy gesprochen. Und Maria Theresia hatte ihm mit weit geöffneten Augen zugehört. Sie hatte ihn nicht hinausgeworfen, im Gegenteil. Sie hatte sich entschlossen, ihn nach dem Reichstag wieder in ihre Dienste zu nehmen.

„Wenn Nikolaus Pálffy vorschlägt, zunächst den Klerus zu besteuern, tut er das nicht aus aufklärerischem Eifer, sondern weil er die Aufmerksamkeit von seinem eigenen Stand, dem hohen Adel, ablenken will." Kaunitz war ein Mann der kühlen Vernunft. „Diese Meinung aus Ungarn können wir als wichtige vertrauliche Information ausnutzen, dürfen sie aber nicht publik machen."

„Damit würden wir Pálffy erledigen. Mit Pálffy habe ich noch einiges vor."

„Uns bleiben also die Schriften der Herren Kollár und Bencúr. Ich glaube, bis zum Sommer können sie die ungarischen Abgeordneten in unserem Sinne beeinflussen."

„Gott geb's." Maria Theresia lächelte. „Einige raten mir, die Reform ohne den Reichstag durchzuführen. Allein auf der Grundlage der Macht eines absolutistischen Souveräns. Wenn ich mich nicht irre", fuhr sie fort, wobei sie Kaunitz einen ironischen Blick zuwarf, „stünde das im Widerspruch zum Geist des Gesellschaftsvertrags. Dieser verlangt, permanent Versammlungen der Vertreter des souveränen Volkes einzuberufen, nicht wahr? Wenn ich mich mit dem ungarischen Reichstag anlege, dann nicht dem Herrn Rousseau zuliebe. Auf die Verfassung habe ich vor Gott geschworen, und diesen Eid will ich nach bestem Gewissen halten."

Kaunitz stand auf und beschaute prüfend seine langen, sorgfältig manikürten Fingernägel.

„Die Abgeordneten des ungarischen Ständetages halten sich zwar für das Volk, aber sie sind es nicht. Sie sind nur eine dünne privilegierte Schicht. So daß ich mich, wenn ich anstelle Eurer Majestät wäre, um derartige Eide nicht allzusehr scheren würde."

„Wenn in Ungarn nur die Bauern, Handwerker und Kaufleute herrschten", erwiderte Maria Theresia und deutete mit der Hand in die Richtung, wo die vorstädtischen Textilmanufakturen lagen, „dann säßen auch Sie nicht hier, lieber Fürst, und sicherlich auch ich nicht. Halten wir uns also an unsere Eide."

2

„Du darfst dich nicht so der Trauer hingeben, meine Teure."

Marie Christine schritt wie leblos hinter der Mutter her; gemeinsam erklommen sie die neue Rokokotreppe im Westflügel der Preßburger Burg. Die Mutter schnaufte, aber sie strahlte. Vor ihnen stieg leichtfüßig der leitende Baumeister der ungarischen Kammer Anton Hillebrandt die Stufen empor, ihnen folgten in respektvoller Entfernung Pacassi und der Bauleiter Römisch. Maria Theresia war begeistert. Die Architekten erklärten ihr, wie sie mit den gotischen Gewölben hatten ringen müssen, wie sie Querwände eingerissen und aus dem halbkreisförmigen schmalen gotischen Treppenhaus diese breite, um vieles leichtere Pracht aus Marmor geschaffen hatten.

„Hier wirst du deinen Ball haben, Maria! Mit Albert!"

Im wunderschönen Gesicht der zweiundzwanzigjährigen Marie Christine regte sich nichts. Die energischen Anstrengungen der Mutter, die plumpe, massive Burg über der Hauptstadt zu vermenschlichen, ihr Freundlichkeit und Leichtigkeit zu verleihen, kamen der Lieblingstochter nichtig und leer wie der Frühlingswind vor. Die Geringschätzung der Tochter entsprang keiner Laune und war auch nicht das Ergebnis einer Verzärtelung, wie es auf den ersten Blick scheinen mochte. Sie fühlte sich aufrichtiger in ihrem Desinteresse als ihre Mutter, die durch fieberhafte Tätigkeit die Wolke des Todes zu vertreiben trachtete. Seit dem vorigen Herbst schwebte sie über ihnen. Marie Christine schritt leichtfüßig durch das erste Stockwerk, sie nahm nur Gesprächsfetzen auf . . . das königliche Oratorium . . . im hinteren Teil der hölzerne Chor . . . Maler schmückten das Innere der Kapelle aus, andere restaurierten die alten Bilder. Stehenbleiben und beten. Nein, stehenbleiben und an Isabella denken.

„Der Südflügel ausschließlich zur Repräsentation."

Er wird mir und Mutter gehören. In der Mitte ein großer Speisesaal, drei Türen führen auf den Balkon. Ausblick auf die Donau. Hierher werde ich allein in den Nächten gehen, auf Isabellas Umarmung warten. Hier, in nächtlicher Stille, zwischen den uralten Mauern, die älter sind als die in Wien, kunstvoll bemalt und mit Stuckgirlanden, Gold und Silber geschmückt, in der Kühle, die vom Fluß her kommt, werde ich auf Isabella warten. Noch eine Berührung. Noch ein Kuß. Sie lebt in der Unterwelt. Sie lebt mit berühmten Liebenden der Geschichte, sie lebt mit Philosophen, sie lacht über die Soldaten und schreibt mir Briefe, sie wiegt sich auf den Wellen des Flusses, auf dunklen Wellen, dunkel wie ihre Haare und ihre Augen. Isabella, die heiße und schöne Geliebte des Todes.

„Hier werden wir uns wohl fühlen, du wirst es sehen!"

Die Gruppe eilte zwischen dem Krönungsturm und den französischen Türen in den großen Speisesaal. Dahinter ein kleiner Audienzsaal und der große Spiegelsaal. Wir haben ihn durch eine Querwand vom Kabinett abgeteilt, Majestät.

„An die Wand sächsisches Porzellan!"

Und an der Wand wird sächsisches Porzellan hängen.

In dem schmalen Hoftrakt des Südflügels eine kleine Rüstkammer, die die Sammlungen von Matthias Corvinus und Karl VI. enthält.

„Dort werden die Beratungen stattfinden!"

Jawohl, Majestät. Ein Tisch in T-Form. Dann die Bibliothek und ein kleines Arbeitszimmer. Wo werde ich sein, Mutter?

„Wo du nur willst, mein Liebes. Der Herr Hillebrandt wird so freundlich sein und den Plan für den Bau des Theresianums beschleunigen. Das dritte Stockwerk des Anbaus wird mit dem ersten Stockwerk der Burg verbunden. Dort wird der Statthalter Ungarns wohnen." Sie beugte sich zu Marie Christine. „Du liebst doch den Prinzen Albert?"

Christine antwortete nicht. Der Ostflügel. In der Mitte ein kleines Billardzimmer.

„An die Wände japanisches Porzellan und Bilder."

„Sehr wohl, Majestät."

„Christine, mein Liebes, trauere nicht. Siehst du, deine Mutter gibt sich nicht der Trauer hin. Das war ein schrecklicher Herbst. Aber wir sind hier. Wir leben, Christine."

Im Nordostturm eine Trinkstube, dahinter ein kleiner Speisesaal. Eine Geheimtreppe zur sala terrena* unter dem Palast.

„Ein großartiger Einfall, findest du nicht auch, Liebste?"

Der Audienzsaal für die Höflinge. Ein Vorsaal mit imposanter Galerie. Die Fürstenetage. Träume, was hier alles sein wird.

„Für dich und deinen Gemahl, Christine."

Marie Christine taten die Füße weh. Die Mutter atmete schwer, aber sie stiegen über die schmale Treppe in die kühle sala terrena hinab. Das Fresko bestellt bei Meister Maulbertsch. Isabella, hier herrscht die Kälte des Todes. Das Fresko wird Engel des Todes darstellen, schöne geschlechtslose Jünglinge. Der große Nordgar-

* (ital.) Saal im Erdgeschoß.

ten. Vier Terrassen. Isabella, deine Briefe verstecke ich im geheimsten Fach meines Sekretärs. Ich taste nach dem Schlüssel. In Wirklichkeit taste ich über meine Brüste, niemand schaut her, alle bewundern den Garten, der gerade angelegt wird. Die Brustwarzen springen hervor. Terrassen, steinerne Treppchen. Die dritte Terrasse von einem kreisförmigen Platz abgeschlossen.

„Ein achtseitiges Wasserbecken mit Fontäne."

Die Bäume nicht vergessen, den Schatten. Hofrat Kempelen. Seine Wasserleitung. Fontänen für den kleinen Garten. Meine liebste Schwester Christine. Wirst du nie unser Geheimnis verraten? Wir sind dem Tode anverlobt, Christine. Wir sündigen durch Liebe. Deine Mutter ist gut, und dennoch hasse ich sie. Das Wasser gewinnen wir aus der Donau. Mit einem Göpelschöpfwerk in das Bassin bei dem alten Brunnen unterhalb des Palastes.

„Dieser Kempelen ist ein Zauberer. Ein Mordskerl!"

Hier wird sich ein Pavillon erheben. Fresken, Apollo in Gesellschaft der Musen darstellend.

„Im kleinen Garten sollen keine Bäume stehen. Dort werden wir uns sonnen. Die alten Mauern niederreißen! Ich will einen schönen Ausblick haben."

Sehr wohl, Majestät. Die Brustwarzen reiben sich an der Wäsche. Isabella hatte eine weiche dunkle Hand. Sich sonnen. Du warst dunkel, Isabella. Ich lege mir deine Briefe auf die Brust und überallhin. Briefe. Noch haftet an ihnen dein Parfüm. Isabella, fühlst du dich wohl bei deinem Geliebten, dem Tod?

„Du ruinierst dich wirklich, Marie Christine, und du ruinierst auch mich. So faß dich doch endlich!" Die Mutter flüsterte, keuchte. „Albert liebt dich. Hörst du? Hab keine Angst, vergeblich stellt sich dein Vater gegen diese Ehe. Irgendwie werden wir das lösen. Meine Liebe, mich verdrießt es sehr, daß du immer noch trauerst. Ich habe Isabella wie meine eigene Tochter geliebt. Aber wir können ihr nicht mehr helfen. Schau her, dein Bruder hat mir aus Frankfurt geschrieben. Er beschreibt die Krönung. Alles ist wunderbar verlaufen. Freust du dich nicht?"

Marie Christine schleppte sich durch die halbfertigen Gärten der Preßburger Burg. Ratlos stand sie vor dem neugestalteten Eingangsportal. Hillebrandt und Pacassi überschrien einander vor Begeisterung, wie es gelungen war, die Masse des Südtrakts aufzulockern.

„Hier wirst du Besuche empfangen! Hier wirst du mich immer erwarten."

„Ja, das werde ich, Mutter."

Einmal wird meine Trauer vergehen. Aber wann?

Wieder traten sie in die Eingangshalle. Über dem Kopf drei miteinander verbundene ovale Kuppeln; der Mutter gefielen sie sehr.

Das kleine Arbeitszimmer im ersten Stock war bereits eingerichtet. Audienzen am laufenden Band. Maria Theresia arbeitete. Josephs Briefe aus Frankfurt. Zu Tränen gerührt durch die Zeremonie in der St.-Bartholomäus-Kirche. Die Mutter hätte geweint, wenn sie gesehen hätte, wie der Schutzkordon auf das Volk auf dem Römer einschlug. Unappetitliche Szenen. „Meine erste Regung nach der Krönung war, nach Wien zu eilen und mich Ihnen zu Füßen zu werfen . . . Seien Sie überzeugt, teure Mutter, daß ich Ihre Befehle mit Freude und Überzeugung erfüllt habe." Weder in der Familie noch bei Hofe liebt man Joseph. Mit Marie Christine verträgt er sich nicht. Sie trennt nur ein einziges Jahr. Joseph ist unergründlich. Grausam und zärtlich. Kalt wie Eis, und dabei hat er Anwandlungen von unbegreiflicher Zärtlichkeit. Geliebt hat er nur einen einzigen Menschen auf der Welt: seine erste Frau Isabella von Parma. Vor der Mutter hat er Angst, den Vater nimmt er nicht ernst. Der Mutter gehorcht er in den grundlegenden Dingen, die ihn zu dem gesteckten Ziel führen. Drei Monate nach dem schrecklichen Herbst trat er ohne Widerrede mit dem Vater die Reise nach Frankfurt an, um für das Haus Habsburg die Kaiserkrone zu sichern. Der gehorsame Joseph. „Meine Lage ist verzweifelt. Mein Herz ist schwer von Trauer, und ich muß eine Bürde tragen, deren Last ich verspüre, ohne ihre Annehmlichkeiten kennengelernt zu haben. Ich liebe die Einsamkeit, wie Sie wissen, und es fällt mir schwer, aus mir herauszugehen, wenn ich einen Menschen nicht zur Genüge kenne: trotzdem muß ich ständig im Mittelpunkt stehen und mich mit dem ersten besten Fremden unterhalten. Obwohl ich Schwierigkeiten habe, mich auszudrücken, wie ich möchte, muß ich den ganzen Tag schwatzen, hübsch gedrechselte Unverbindlichkeiten vorbringen . . . Meine Wahl ging am 27. vor sich, auf den Tag genau vier Monate, nachdem mich die geliebteste Seele verlassen hat. Am 29. mußte ich in der Öffentlichkeit erscheinen, vier Monate, nachdem man mich von dem geliebten Körper getrennt hat! . . . Vergeben Sie mir, teuerste Mutter, daß ich Ihrem zärtlichen Herzen Schmerz bereite, aber haben Sie Mitleid mit einem Sohn, der Ihnen so zärtlich verbunden ist und der tief verzweifelt ist."

Der Schatten des Vorjahres ließ sich in dem frühlingshaften Preßburg nicht vertreiben. Vor einem Jahr war der Typhus umbarmherzig durch Wien galoppiert und auch in die kaiserliche Burg eingedrungen. Die vierzehnjährige Johanna wand sich in Krämpfen. Die schöne, verträumte Isabella von Parma stürzte in ihr Zimmer. Umsonst versuchte man sie hinauszudrängen. Isabella war vom Tode besessen. Ihre Briefe, Notizen, Betrachtungen über den Tod hielten alle für die bloße Marotte eines hochgebildeten Mädchens; sie maßen ihnen keine größere Bedeutung zu als ihren klugen Äußerungen über Philosophie, Wirtschaft oder Liebe. Isabella schrieb Meditationen über den Tod, so wie Pfarrer ihre literarisch ausgefeilten Predigten zwischen einem guten Mittagessen und der Vesper niederschreiben. Jetzt aber stürzte sie sich dem Tod mit Leidenschaft in die Arme. Sie küßte Johanna, umarmte sie. „Ich tausche mit Johanna. Ich werde für sie sterben, und sie wird am Leben bleiben", sagte sie erregt zu ihrem Gatten, schrieb darüber täglich an Marie Christine. „Johanna wird nicht sterben", schrieb sie, als wäre sie Herr über Tod und Leben. Mit der Präzision eines Arztes beschrieb sie den Kampf des Mädchens mit dem Tod. Johanna starb. Isabella blieb am Leben und trug unterm Herzen Josephs zweites Kind. Im Herbst dann drangen nach dem Typhus die Pocken in die Hofburg ein. Da half keine ärztliche Wissenschaft, weder der alte van Swieten noch seine Kollegen von den Universitäten vermochten etwas auszurichten. Es erkrankte Marie Christine, nach ihr die kleine Antoinette und schließlich Isabella. Am dritten Tag kam es zu einer Frühgeburt; Isabella gebar im sechsten Monat ein totes Mädchen. Marie Christine und Marie Antoinette genasen wie durch ein Wunder. Ihre schönen Gesichter glätteten sich wieder. Isabella aber war endlich am Ziel. Leidenschaftliche Briefe an Marie Christine konnte sie nicht mehr schreiben. Mit brennenden Augen wiegte sie sich fünf Tage in der Umarmung des ersehnten Todes. Sie starb in den Armen ihres Mannes.

Das Hinscheiden der extravaganten Isabella erschütterte die ganze Familie. Maria Theresia an Kaunitz: „Wir nähern uns dem tragischen Lebensende eines Engels; ich glaube nicht, daß sie diesen Abend überdauert. All meine Freude, all meine Ruhe stirbt mit dieser reizenden und unvergleichlichen Tochter, die ich Ihnen verdanke . . ." Der kühle und stolze Joseph verlor die Lebenssicherheit. Drei Jahre des Glücks und der Bezauberung durch die schöne Frau waren zu Ende. Sie hatte das Rätsel des Seins verkörpert, sie stand hoch über allen, entzückte sie durch ihre unkonventionelle Haltung, durch ihre fast tollkühne Verwegenheit. „Alles habe ich verloren; meine angebetete Gattin, der Gegenstand meiner ganzen Zärtlichkeit, meine einzige Freundin ist nicht mehr! Sie haben meine Liebe zu ihr gekannt und werden jetzt von dem gleichen Unglück betroffen wie ich: urteilen Sie über meinen Zustand! Aufs tiefste betrübt und niedergedrückt, weiß ich kaum, ob ich noch lebe. Welch schreckliche Trennung, werde ich sie überstehen? Ja gewiß, nur um mein ganzes Leben hindurch unglücklich zu sein." Zwei Wochen danach: „Nie fühle ich mich mehr getröstet, als wenn ich allein in meinem Zimmer bin, das Bildnis meiner geliebten Gattin betrachte und ihre Schriften und Werke durchlese. So meine ich sie oftmals vor mir zu sehen; ich rede mit ihr, und diese Illusion richtet mich auf . . . Die kleinsten Papierstücke, die von ihr herrühren, bewahre ich sorgfältig auf." Und jetzt? „Ich werde mich nie wieder verheiraten, liebste Mutter, es sei denn, um Ihnen meine Liebe zu beweisen. Die letzten Tage haben meine Wunden aufs schmerzlichste wieder aufgerissen. Ich kann meine Tränen nicht zurückhalten, während ich diese Zeilen verfasse, und dies mag Ihnen als Hinweis dienen, wie schwer mich meine Sorgen drücken."

Und doch habe ich gute Kinder, dachte Maria Theresia. Sie spielen ihre Rollen mit eiserner Konsequenz. Zumindest Joseph. Er wird ein würdiger Herrscher werden. Aber wie kann man ihn von den Belastungen und dem Fluch der letzten Monate befreien?

Marie Christine bereitete der Mutter andere Sorgen. Mutters Liebling. Die treueste Freundin von Josephs Gemahlin. Mit neunzehn hatte sie sich in den Prinzen Ludwig von Württemberg verliebt. Ein selbstbewußter junger Mann, erzogen in Berlin und Paris. Freie Sitten. Der Kaiser und die Kaiserin waren sich sofort einig und drängten den jungen Mann aus der Gesellschaft ihrer schönsten Tochter. Marie Christine schloß sich immer enger an Isabella an. Wenn sie sich nicht sahen, schrieben sie sich Briefe, oft mehrere an einem Tage. Am Horizont der bis über beide Ohren verliebte Albert von Teschen. Christine wurde immer schöner. Die Trauer über den Tod Isabellas verlieh ihr einen besonderen Reiz. Albert wurde in der Hofburg festgehalten. Die Mutter bemühte sich, ihn an ihr Haus zu fesseln. Er erhielt die Ernennung zum General der Infanterie, dann zum Gouverneur von Komorn. Der Kaiser war nicht zufrieden mit dem glatten künftigen Schwiegersohn, er mischte die Karten mit dem Fürsten Chablais von Piemont.

Aber die schöne Marie Christine interessierte sich für keinen von beiden. Immer noch hatte sie den Tod Isabellas nicht verwunden.

Ich nehme Christine mit zum Reichstag nach Preßburg, und zugleich richte ich es so ein, daß auch Albert dort ist. Bälle, Theater, neue Palais. Es sind schließlich junge, gesunde Menschen. Alberts Mut wird sicherlich das Seine bewirken.

Sie verfaßte das Namensverzeichnis der ersten Träger des Ritterordens des heiligen Stephan. Bekommen werden den Orden der Primas von Ungarn, der Esztergomer Fürsterzbischof Ferenc Barkóczy, der Palatin Graf Ludwig Batthyány, der ungarische Kanzler Graf Ferenc Esterházy (der liebe Quinquin aus Czekles) und der Vorsitzende der ministeriellen Bankdeputation Graf Hatzfeld für die Erbländer. Die Feier wird Anfang Mai stattfinden. Wo? Hier? Die Säle sind noch nicht fertig. Ich werde sie nach Schönbrunn rufen, damit sie nicht vergessen, daß mit dem Orden die Dienste für Wien belohnt werden. Die Dienste für die Kaiserin und Königin. Vor Beginn des Reichstags im Juni. Ein Kompliment an die ungarischen Magnaten.

Wieder tue ich etwas gegen mein Gewissen, denn schließlich verdient außer Quinquin und Hatzfeld keiner diese Gunst. Eher das Gegenteil.

Vor ihr lagen Beschwerden und Berichte aus den ungarischen Komitaten. Besonders genau las sie, was ihr Batthyánys Leibeigene schrieben. Genauer gesagt: was ein Schreiber oder der örtliche Pfarrer an ihrer Stelle niedergeschrieben hatte:

„Nicht einmal im Wald haben wir Freiheit. Wir trauen uns nicht einmal, ein Stück verdorrtes Holz abzusägen noch das Vieh zu weiden, obwohl der Wald uns gehören soll. Wir können nicht einmal die Axt zur Hand nehmen, gleich nimmt sie uns der Herrschaftsförster weg, und man bestraft uns schwer."

Ein zerknittertes Flugblatt teilte mit:

„Zwanzigtausend Tataren oder Kalmücken verwüsten und zerstören das Land nicht so wie zehntausend Priester und Mönche. Wo die Priester herrschen, dort belügt und betrügt man das Volk . . ."

Meldungen der Gespane:

„Die Leibeigenen der Herrschaft hatten eine Zusammenkunft und vereinbarten, nur 12 Tage im Jahr in der Fron zu arbeiten. Wer mehr arbeitet, den wollen sie erschlagen und an Ort und Stelle begraben, nicht aber erlauben, ihn auf dem Friedhof beizusetzen. Auf der Zusammenkunft beschlossen sie, sich ihre Felder wieder zu nehmen, die sich die Herrschaft angeeignet hat."

Oder:

„Seit dieser Zeit leisten die Leibeigenen nur 1 Tag in der Woche Gespanndienst und 2 Tage Fron ohne Gespann. Sie zahlen die festgesetzten Steuern nicht, leisten auch keine Kontribution, wie es Brauch ist, und allgemein sagt man, daß sie, wenn dieser Zustand nicht rasch beendet wird, überhaupt zu fronen aufhören werden."

„Da sehen Sie, Eminenz. Sie haben Ihre Probleme und ich die meinen."

Sie schob die Briefe und Flugblätter dem Kardinal Migazzi zu. Der sorgfältig gereinigte Purpur glänzte. Das Rot strahlte grell wie geschliffener Rubin, das scharfe Licht stach in die Augen. Christoph Migazzi beschattete sie unwillkürlich mit der schmalen Hand.

Maria Theresia bemühte sich, Ruhe zu bewahren, dem Konflikt auszuweichen, diesen Mann zu beschwichtigen. Eine katholische Herrscherin muß im Auge behalten, daß sie mit dem Bischof von Waitzen spricht, mit dem neuernannten Erzbischof von Wien, dem Primas von Österreich, der unlängst vom Papst den Kardinalshut erhalten hat. Einer von denen, die den Papst wählen. Sie selber hat seine Ernennung zum Erzbischof befürwortet. Jetzt und für immer wird sie eine gehorsame

Tochter der Kirche sein, deren höchster Würdenträger in ihren Ländern der Graf Migazzi ist.

Migazzi überflog aus Höflichkeit einige Beschwerden, die ihm die fleischige Hand der Kaiserin zuschob.

„Verzeihen Sie, Majestät, das Studium dieser Schriften würde sicherlich längere Zeit erfordern. Und außerdem ist es nicht meine Aufgabe, mich mit ausschließlich weltlichen Dingen zu befassen. Ich erlaube mir, mit einer Angelegenheit aus einem wichtigen geistlichen Bereich vor Eure Majestät zu treten, für den die Mutter Kirche und der Herrscher von Gottes Gnaden gemeinsam die Verantwortung tragen. Die Verbreitung des Buches eines Autors, der sich hinter dem Pseudonym Justinus Febronius verbirgt, darf in einem katholischen Land nicht geduldet werden. Dieses Werk mit dem Titel ‚Über den Zustand der Kirche und die gesetzgebende Gewalt des Papstes' greift offen das Primat des römischen Bischofs in der katholischen Kirche an, stellt das Recht der Päpste in Frage, in die kirchlichen Angelegenheiten der einzelnen Länder einzugreifen – mit einem Wort, es erschüttert die Grundlagen einer Tradition von eintausendachthundert Jahren und die Einheit der heiligen apostolischen Kirche. Wir können auf keinen Fall mit dem Standpunkt der Hofzensurkommission übereinstimmen, deren Mitglied ich bin, daß diese Schrift in den Ländern des erhabenen Hauses Eurer Majestät verbreitet werden darf. Die Argumentation des Herrn van Swieten und der übrigen Freimaurer in dieser Kommission steht im Widerspruch zu den Grundprinzipien . . ."

Maria Theresia lehnte sich im Sessel zurück, ihr Doppelkinn verbreiterte sich gefährlich.

„Sie sagen, Febronius sei ein Pseudonym. Können Sie mir verraten, wer sich dahinter versteckt?"

„Gewiß, Majestät. Es ist der Trierer Weihbischof Hontheim."

„Ein Weihbischof?" Sie richtete sich im Sessel auf. „Dann ist doch alles in Ordnung! Kann denn ein Bischof unserer römisch-katholischen Kirche ein Werk schreiben und verbreiten, das im Widerspruch zur Lehre dieser Kirche steht? Haben wir das Recht, das Werk eines Bischofs, also eines Nachfolgers der Apostel, zu verurteilen? Wagen wir da nicht zuviel?"

„Majestät, der Heilige Stuhl hat dieses Werk auf den Index gesetzt. Damit ist alles gesagt."

Maria Theresia verstummte, sie saß wieder reglos im Sessel. Nach einer Weile holte sie Luft und begann: „Vermeiden wir doch große Worte und Epitheta, die zuweilen das Wesen einer Sache vernebeln, Eminenz. Verstecken wir uns nicht hinter schmückenden Beiwörtern und Begriffen, denn es geht um Menschen. Um lebendige Menschen. Für mich stellt sich die Sache so dar: Die Schrift von Febronius wurde von der Kurie verboten. Von der Kurie unseres Heiligen Vaters Clemens XIII." Maria Theresia erhob sich und begann auf und ab zu gehen. „Wir reden jetzt unter vier Augen, Eminenz. Clemens XIII. ist der ehemalige Bischof von Padua, Della Tore di Rezzonico. Wie lange hat das Konklave gedauert, bis man ihn gewählt hat?"

Migazzi zuckte zusammen.

„Lange. Ich erinnere mich nicht mehr genau, aber . . ."

„Dreiundsechzig Tage, Eminenz. Über zwei Monate, mein lieber Migazzi. Niemand wollte Papst werden. Als endlich Rezzonico gewählt war, rief er: ‚In meinen Händen wird die Kirche zugrunde gehen! Ich bin nicht fähig zu herrschen!'"

„Um Gottes willen, Majestät!" Migazzi erbleichte, sein Purpur umschloß nur weiße zerbrechliche Kreide.

„Das Joch Gottes ist schwer, und der ehemalige Bischof von Padua, von dem böse Zungen behaupten, er sei während seiner Pastoration nicht gerade übermäßig erfolgreich gewesen, war sich dessen sehr wohl bewußt."

„Er ist ein außerordentlich empfindsamer Mann, das stimmt, aber . . ."

„Überempfindlich. Häufig hat er Weinanfälle. So labil und zartbesaitet ist der Heilige Vater. Und in der Kurie gibt es sicherlich Leute, die die Empfindlichkeit Seiner

Heiligkeit ausnutzen." Maria Theresia blieb vor einer Vitrine mit sächsischem Porzellan stehen. „Deshalb fühle ich, Herrscherin von Gottes Gnaden, ungarische apostolische Königin, gesalbt mit dem heiligen Öl, mich weder im Geiste noch äußerlich durch die nur vorübergehend gültigen und vielleicht übereilten Entscheidungen einiger verwirrter Herren in der Kurie gebunden, Eminenz. Was ist denn, wenn dieser Febronius zu Recht falsche Praktiken von Beamten der Kurie kritisiert? Sind wir nicht Zeugen ihres unablässigen Eingreifens in die Vollmachten der souveränen und von Gott gesalbten Herrscher Europas? Was, wenn er zu Recht mit Christi Worten auf das heutige Rom hinweist? Gebt dem Kaiser, was des Kaisers ist, und Gott, was Gottes ist. Wir leben im Zeitalter der Aufklärung und der Vernunft. Ich stimme nicht mit den französischen Freidenkern überein, aber ich kann mich nicht vor der gesunden Strömung in der Kirche verschließen, vor dem Bestreben, unserem Herrn besser und aufrichtiger zu dienen. Meinen Sie, Eminenz, bei uns sei in dieser Beziehung alles in Ordnung?" Sie zeigte auf die Beschwerden und Flugblätter. „Sie haben auch das Bistum Waitzen behalten, Eminenz. Sie wissen, in welchem Elend meine Untertanen in Ungarn leben, auch die Menschen Ihres ungarischen Bistums. Sie wissen, welche Einnahmen Sie aus den bischöflichen Besitzungen beziehen und ..."

Migazzis kreidig-weißes Gesicht färbte sich dunkelrot.

„Aber Majestät ... Ich ... ich finde keine Worte ... Ich kann Unterlagen vorlegen, Rechnungsbücher. Ich ... wir ... Sechshunderttausend Gulden habe ich allein für Waitzen in den letzten Jahren ausgegeben, habe die Stadt renovieren lassen ... bitte sehr ... einen neuen Dom habe ich gebaut, ein Seminar, ein Waisenhaus. Ich begreife nicht, warum Majestät ..." Migazzi schnappte nach Luft. „Hunderttausende an Einnahmen. Ja, aber man muß auch die andere Seite sehen. Der Veszpremer Bischof Biró hat neununddreißig alte Pfarrhäuser renovieren und achtundvierzig neue erbauen lassen, hat hundertundzwölf zerstörte Kirchen wiederaufbauen und weitere hundert neu erbauen lassen. Der Fünfkirchner Bischof Klimo hat siebzig Kirchen bauen lassen ..."

„Das gereicht den ungarischen Bischöfen und Ihnen zur Ehre, Eminenz. Aber je mehr wir einnehmen, um so mehr müssen wir unseren Gläubigen zurückgeben. Und nach diesen Beschwerden scheint es, daß die meisten unserer geistlichen Fürsten den ärmsten Menschen meines Reiches zu wenig zurückgeben. Was wären wir ohne die angestrengte Arbeit der Bauern? Was würden wir essen und trinken, womit würden wir uns kleiden?" Sie schwenkte das Flugblatt. „Wie ist es möglich, daß man unsere Priester mit der Tatarenkatastrophe vergleicht, unsere Mönche mit Heuschrecken, die Jesuiten mit Betrügern? Darüber haben Sie sich keine Gedanken gemacht?"

Kardinal Migazzi aus dem Geschlecht der Grafen Sonnenthurm, Absolvent des Kollegiums Germanicum-Hungaricum in Rom, ehemaliger Domherr in Brixen und Trient, auditor Rotae, ehemaliger Gesandter in Spanien, verwandelte sich in eine brennende Fackel, entzündet von der Preßburger Sonne und dem inneren Zorn. Er sprang auf.

„Doch, das haben wir. Sehr viele Gedanken haben wir uns gemacht, Majestät. Unser unwissendes und naives Volk wird von Agitatoren aufgehetzt. Freidenker säen den Samen des Hasses in die unschuldigen Herzen arbeitsamer Menschen. Auch davon wollte ich sprechen. Voller Schmerz beobachte ich, und nicht nur ich, sondern alle Bischöfe der Erbländer, genauso wie unsere Brüder auf den Bischofsstühlen Ungarns, der Primas Barkóczy an ihrer Spitze, daß ...", der Kardinal wollte sich an der Sessellehne festhalten, sie war jedoch zu niedrig, und die knochigen Finger des Kardinals tasteten im leeren Raum, bis sie endlich die Stütze des vergoldeten Holzes fanden, „... voller Schmerz beobachten wir, daß den giftigen Ausdünstungen der Freimaurerei, des Luthertums, der falschen Toleranz dem Bösen gegenüber in unserem geliebten Vaterland immer größerer Raum gewährt wird, daß diese zersetzenden Gedanken beifällig aufgenommen werden . . ." Er stockte.

„Fahren Sie nur fort, Eminenz." Maria Theresia schnaufte. „Beifällig aufgenommen werden am kaiserlichen Hof in Schönbrunn und in der Hofburg, in Preßburg und in Holič. Das wollten Sie doch sagen?"

Kardinal Migazzi neigte den Kopf.

„Aber dafür will ich Beweise, Migazzi. Ich bin eine gläubige praktizierende Katholikin. Mein Beichtvater wird Ihnen das bestätigen, und dasselbe gilt für meinen Hof, für meine ganze Familie. Ich will wissen, wer Ihrer Meinung nach in meiner Umgebung gegen die Interessen der Kirche handelt."

„Beweise?" Migazzis Augen flammten auf. „Bleiben wir bei der Hofzensurkommission. Seit Euer Majestät van Swieten in diese Kommission berufen haben, hat sich dieser Mann mit Freimaurern und Jansenisten umgeben. Nach und nach hat er aus den Zensurbehörden alle Mitglieder der Gesellschaft Jesu verdrängt. Vor vier Jahren war in der Kommission noch ein Jesuit, heute ist kein einziger mehr darin vertreten."

Maria Theresia blieb unbewegt. Mit freundlichem Lächeln fragte sie: „Wer ist der Hauptzensor Ungarns, Eminenz?"

„Der Esztergomer Erzbischof Barkóczy."

„Richtig. Obendrein habe ich ihn zum Protektor der studiorum omnium publicorum* ernannt. Praktisch ist er Herr über alle öffentlichen Schulen Ungarns."

Der Kardinal hob den Blick.

„Nur sind die Machtbefugnisse der ungarischen Zensur beträchtlich eingeschränkt. Was in Wien die Zensur passiert hat, wird automatisch auch in Ungarn zugelassen. Dadurch wird der Erzbischof umgangen."

„Und das halten Sie für falsch? Wien ist schließlich die Hauptstadt meines Reiches. Sind Sie als Österreicher der Meinung, daß das anders sein sollte?"

* (lat.) sämtlicher öffentlicher Studien.

„Das nicht, nur ...“

„Ich will weitere Beweise hören! Warum zögern Sie? Als treue Tochter der Kirche möchte ich gern wissen, worin ich fehle.“

Magazzi kam auf den heikelsten Punkt zu sprechen.

„Man sagt ... es heißt ... Majestät umgeben sich mit Leuten, die kein gutes Verhältnis zur Gesellschaft Jesu haben.“

„Ich umgebe mich mit Exjesuiten, ich verstehe. Herr Kollár und andere. Ein kleiner Bibliothekar wird doch wohl nicht unsere Kirche bedrohen, Eminenz.“

„Aber die Ansichten, die er in seinen Büchern vertritt, ähneln auffallend denen von Febronius.“

Maria Theresia wehrte ab: „Von Febronius will ich nichts mehr hören. Zu diesem Thema werden wir nicht zurückkehren.“

„Auch einige Ernennungen ... Sonnenfels ... Unserer Ansicht nach gehören solche Leute nicht an die Wiener Universität. Majestät haben ihn vor kurzem zum Professor ernannt. Aber er ist doch Jude“, sagte Migazzi mit einem Seufzer.

„Da erzählen Sie mir keine Neuigkeit. Ich weiß, daß sein Vater Rabbiner war. Aber er wurde schon als Kind getauft, und bereits in Nikolsburg ist er zum katholischen Glauben übergetreten. Seinen Traktat über die heilige Kommunion haben Sie gelesen? Nein? Schade.“

„Aber Sonnenfels' Ansichten über das Recht, seine aufrührerischen Vorlesungen, seine Forderung, daß man Verbrecher schützen solle ...“

„Das muß ich präzisieren, Eminenz. Sonnenfels will nur die Folterung der Verbrecher abschaffen ... Nun, darin hat er nicht meine Sympathie, denn Mörder und andere Verbrecher sollten wir nicht bedauern. Herr Sonnenfels hat jedoch an dem neuen Strafgesetzbuch mitgearbeitet. Das ist eine nützliche Arbeit, die niemandem Schaden zufügt.“ Die Kaiserin hielt in ihrer Wanderung durchs Arbeitszimmer inne. Sie hatte ihre Ruhe zurückgewonnen und setzte sich nun wieder an den Tisch. „Und was liegt Ihnen noch am Herzen, Eminenz?“

Kardinal Migazzi zögerte ein wenig, aber schließlich raffte er sich auf. „Majestät haben das Problem der Jesuiten angedeutet. Ich weiß, viele Angehörige des Ordens sind in ihrem Eifer übers Ziel hinausgeschossen. Aber die furchtbare Schmach, die den Jesuiten in mehreren Ländern zugefügt wurde, auch in solchen, deren Herrscher Eurer Majestät freundschaftlich verbunden sind, erfüllen alle Gläubigen mit Sorge.“

„Konkret, Kardinal.“

„Ich denke an Frankreich. An die Schandprozesse gegen die Mitglieder der Gesellschaft Jesu. An die Haßkampagne des Marquis Choiseul, von dem bekannt ist, daß er sich nicht gerade durch Sittenstrenge auszeichnet.“

„Ach, was Sie nicht sagen! Erzählen Sie mir ein bißchen Tratsch. Welche Marquise hat ihm nicht widerstanden? Und was hat das mit unserem Thema zu tun?“

„Der Erste Minister des unchristlichen französischen Königs, der ein so ausschweifendes Leben führt, hat nicht das Recht, die Gesellschaft Jesu zu verurteilen.“

„Wenn er der Erste Minister ist, hat ihm der König vielleicht dieses Recht gegeben. Soweit ich informiert bin, war der Pater Lavalette ein Wucherer. Seine Schulden sollte der Orden bezahlen. Deshalb kam es zum Prozeß. Lieber Kardinal, meinen Sie, so etwas sei in Ordnung? Warum hat das Pariser Parlament entschieden, die Gesellschaft Jesu handle den kirchlichen und weltlichen Gesetzen zuwider, sie sei bemüht, offen und heimlich die Herrschaft im Lande zu erringen? Welcher König würde derartige Anschläge gegen seine Macht dulden?“

„Wären wir nur ebenso streng gegen andere geheime Gesellschaften, Majestät! Die Jesuiten wurden nach und nach aus Frankreich ausgewiesen. Es wäre die moralische Pflicht ...“

Maria Theresia schüttelte den Kopf.

„Auf keinen Fall. Die Königin von Ungarn und Böhmen, ja nicht einmal die österreichische Erzherzogin könnte die Edikte des französischen Königs aufheben."

„Wenn aber die Regierung Eurer Majestät wenigstens formell ihre Beunruhigung ausspräche . . ."

„Kommt nicht in Betracht. Der Orden hat seine Schwierigkeiten selber verschuldet."

„Uns blutet das Herz, wenn wir sehen, wie die Gesellschaft Jesu gerade in den katholischen Ländern Westeuropas gedemütigt und geschmäht wird. Ich erinnere an das schändliche Vorgehen Portugals, wo Pombal Hunderte Jesuiten auf ein Schiff verladen ließ und aufs offene Meer hinaustrieb. Neapel, Spanien . . ."

Maria Theresia erhob sich erneut.

„Da sehen Sie, Eminenz. Gerade deshalb müssen wir eingehende Überlegungen anstellen. Ist nicht vielleicht für den Klerus und die Orden die Zeit gekommen, sich vor allem der Seelsorge, der Vertiefung des religiösen Lebens nicht nur der Untertanen, sondern auch der Könige zu widmen? Die Zeit für die Diener der Kirche, sich mit den Seelen der Menschen zu befassen und nicht mit dem Zusammenraffen von Besitz und dem Politikastern an Königshöfen? Denn es gibt keinen anderen Weg, Kardinal, merken Sie sich das: Entweder die Kirche ändert sich, oder sie wird zugrunde gehen. Wenn Sie bei dieser ersten Alternative helfen wollen, werde ich Ihr Verbündeter sein. Ich versichere Sie dessen aus aufrichtigem mütterlichem Herzen."

Verwirrt blickte der Kardinal in das feiste Gesicht mit dem Doppelkinn. Mit einer Verbeugung und einem Seufzer verließ er den Audienzsaal. Sein Purpur stach leuchtend von dem weißen Marmor der neuen Treppe im Westflügel der Preßburger Burg ab – ein Symbol der Widersprüche, die in seinem Herzen und in den Herzen der ihm Gleichgestellten lebten.

3

Adam Kollár stieß die liederlich herumliegenden Eimer im Flur des Mietshauses mit dem Fuß beiseite und stieg langsam hinauf in den zweiten Stock. Hinter sich ließ er den Gestank nach Kehricht und Abfällen. Herr Winterholler kümmert sich nicht sonderlich um sein Haus. Auch die Mieter sind nicht die Ordentlichsten. Er zog an der seidenen Schnur, und Nanette in weißer Schürze kam ihm aufmachen. Es roch nach ausgebratenem Fett.

„Der Herr wird sich freuen", sagte Nanette und half Kollár aus dem Mantel. „Wir haben aus Kremnica vom Herrn Bruder Brimsen bekommen."

„Dann gibt es also Haluschken? Ausgezeichnet, Nanette." Adam Kollár entledigte sich der Perücke und fuhr sich mit den Fingern durch das gelichtete Haar. „Ob sie unserem Gast schmecken werden? Sie haben doch nicht vergessen, daß wir Besuch erwarten? Pater Dobner aus Prag hat sich angemeldet."

„Keine Sorge, ich habe noch ein anderes Gericht vorbereitet." Sie zeigte in die Küche.

„Der Onkel ist gekommen! Lieber Onkel!" Aus der Küche kam ein zehnjähriges Mädchen gelaufen, die Tochter der Frau Nanette.

„Regine, du schläfst noch nicht?"

„Ohne den Herrn schläft sie nie ein." Nanette lief rot an. „Sie sagt, nur der Herr kennt die schönsten Märchen aus den vielen Büchern."

Regine machte vor Kollár einen Knicks und wartete, bis er sich zu ihr herabbeugte und sie auf die Stirn küßte.

„Was gibt es sonst Neues?"

„Der Herr Tršťanský war da. Er ist gerade aus Bystrica wiedergekommen. Sein Brief liegt im Arbeitszimmer."

Adam Kollár zog die Schuhe aus und schritt gemächlich in weichen türkischen Pantoffeln in sein Arbeitszimmer. Er freute sich, zu Hause zu sein, in der geräumigen Wohnung zwischen Büchern, und die Illusion eines wirklichen Heims auszukosten, in das auch Nanette mit ihrer Regine gehörte.

Adam Kollár, Erster Kustos der kaiserlichen Hofbibliothek mit einem Jahressalär von zweitausend Gulden, hatte erst unlängst diese Wohnung am Stock-im-Eisen-Platz im Zentrum der Stadt gemietet, nur ein paar Straßen von der Burg entfernt. Aus einem Fenster erblickte man den grauen Steinberg des Stephansdoms, des Gesellschafters seiner Nachmittage und Nächte. Das Haus des Herrn Winterholler stand in nächster Nähe des Doms. Bis zur Bibliothek in der Hofburg hatte es Kollár nur ein paar Schritte zu Fuß, durch die Spiegel- oder die Dorotheengasse, nahe den Kapuzinern. Die Wohnung war noch nicht komplett eingerichtet, einige Räume standen noch leer. Die größte Aufmerksamkeit widmete er dem Arbeitszimmer mit dem riesigen Bücherschrank und dem angrenzenden Zimmer, das man hochtrabend Salon nannte. Dort trafen sich an den Abenden Interessenten für die ungarische literarische Gesellschaft und einige Freunde und Bekannte aus Preßburg, Jozef Bencúr, Štefan Beňovský und andere. Hier versammelten sich auch einmal in der Woche junge Männer aus allen Teilen der Monarchie, und Kollár hielt ihnen Vorträge über Diplomatie, Geschichte, die Grundlagen des Archivwesens und der Bibliothekswissenschaft. Diese Abende waren für die Teilnehmer und Kollár selbst Feiertage. Er lief zwischen den Regalen hin und her, zog verschiedene Erstdrucke, Dokumente, Privilegien- und Schenkungsurkunden, Genealogien von Familien, Artikel, Reichstagsbeschlüsse und Dekrete heraus, verblüffte die jungen Zuhörer mit seiner Kenntnis der Geschichte Ungarns, Siebenbürgens, der Türkei, der Kirchen, der Bistümer und Abteien. Das Arbeitszimmer war Adams Hoheitsgebiet. Fremde durften dort nur mit seiner Genehmigung eintreten und auch dann nur einige Schritte von der Tür zu den Sofas neben dem breiten Rokokoschreibtisch gehen. Niemand wagte, die Bücher und Handschriften anzurühren. Das Reinemachen beschränkte sich auf den Gang von der Tür zum Arbeitstisch. Nanette wußte genau, daß sie in den Stößen von Papieren, Büchern und Dokumenten nicht kramen durfte. Sie durfte sie nur nach dem abendlichen Vortrag vom Salon zurück ins Arbeitszimmer tragen. Dort legte sie sie auf den Fußboden, und das übrige war Sache des Hausherrn.

Nanette hatte sich mit diesen Anordnungen abgefunden, obwohl sie ihr bei einem sechsundvierzigjährigen gesunden Mann wunderlich erschienen. Den einzigen Fehler sah sie in seinem unbeugsamen Junggesellentum, aber daran konnte sie nichts ändern.

Nanette, das heißt Anna Maria Vatzes, die Witwe eines österreichischen Offiziers, trug sich mit einer gewissen Steifheit. Sie erschien geschlechtslos, so daß der Hausherr niemals in die geringste Versuchung geriet. An ihrem Zimmer am Ende des langen Korridors mit den dunklen Schränken ging er achtlos und ohne schnelleres Herzklopfen vorbei, wobei er darauf achtete, nicht mit den Pantoffeln in den geschickt zugeschnittenen Flickenteppichen hängenzubleiben.

„Damit ich es nicht vergesse", sagte Nanette, die ihm gefolgt war, „Zorica war auch hier. Sie hat eine Weile auf den Herrn gewartet und ist dann gegangen." Nanette atmete erleichtert auf.

„Sie ist gegangen? Sie haben sie doch nicht etwa fortgejagt?" wandte sich Kollár streng an Nanette.

Nanette hob die mehlbestaubten Finger.

„Nein, das würde ich mir nie erlauben, das schwöre ich." Sie zeigte auf die abgeschabten Stühle im Korridor. „Hier habe ich sie sitzen lassen. Hinein habe ich sie nicht gelassen."

„Sie sind zu hart zu dem armen Geschöpf. Ich habe Ihnen doch gesagt, daß sie wieder gesund ist. Wir brauchen keine Angst zu haben."

„Die und gesund? Heilige Jungfrau, was die mir vorgeschwatzt hat! Als wäre sie beschwipst. Meiner Seel, nicht ein bißchen habe ich verstanden."

Adam kehrte ins Arbeitszimmer zurück. Zorica! Wenigstens einmal im Monat tauchte sie als lebende und furchtbare Erinnerung an Ignac auf. Ignac hatte sie seinerzeit dem Bruder zugeführt. Gemeinsam hatten sie versucht, der Ärmsten zu helfen. Mit Hilfe van Swietens und anderer Bekannter an der medizinischen Fakultät, mit Hilfe von Büchern und gelehrten Studien hatten sie gegen die abscheuliche Krankheit gekämpft, gegen alles, was Zorica in den Abgrund gestürzt hatte. Die letzten Jahre hatte es den Anschein gehabt, als sei der Zersetzungsprozeß zum Halt gekommen; die Geschwüre verschwanden, die Krankheit schien zu weichen. Nur ihr Geist verdunkelte sich immer mehr. Untätigkeit und Ziellosigkeit zerstörten ihre Lebenskraft. Adam Kollár trug einen Teil dieser Last. Der einbeinige Bruder und die verunstaltete Zorica, dieses unglückliche Paar am Rand der Gesellschaft, durften ihn nur in seiner Wohnung besuchen, niemals in den Räumen der Hofburg. Der Erste Kustos, beinahe Hofrat, durfte nichts riskieren. Er verbarg ihre Schande, als wäre es die seine, dann und wann half er ihnen mit Geld oder einem Ratschlag, aber mehr konnte er nicht tun, oder er wollte es nicht. Und doch liebte er Ignac als sein älteres Ego, deshalb ärgerte es ihn, daß Ignac nicht ein bißchen Glück und Erfolg errungen hatte. Wäre der ehemalige Dragoner gesund gewesen, dann hätte er für ihn vielleicht eine Schulzenstelle in der heimatlichen Gegend oder eine Anstellung beim Komitatsamt erwirken können. Die Veteranen sind auf den Dörfern neben den Pfarrern die einzigen, die lesen und schreiben können, die deutsche Sprache beherrschen und ein paar für die Amtsführung notwendige lateinische Brocken kennen. So viel Arbeit wartete auf jeden welterfahrenen Mann in den bevorstehenden Jahren des allgemeinen Aufschwungs. Aber wer würde einen einbeinigen und auch seelisch verkrüppelten kleinen Soldaten als Autorität akzeptieren, der obendrein an ein halbverrücktes Frauenzimmer gebunden war? Wer würde die Flamme im Herzen eines Mannes entfachen, der mit fünfzig nicht mehr leben, sondern nur noch sterben wollte, und das nach Möglichkeit mit den geringsten Schmerzen, denn sein Horizont war von Einsamkeit und Hoffnungslosigkeit verdüstert, und er hatte den Glauben an Gott wie an die Welt verloren.

Adam Kollár nahm vom Wandbord Ignac' reichverzierte türkische Pfeife, die man ihm vor zwei Jahren aus Schweidnitz zugeschickt hatte. Die Kehle schnürte sich ihm zu. Mein guter Ignac lebt nicht mehr, und diese unwürdige Zorica atmet noch und torkelt durch die Welt. In diesem Augenblick kochte in ihm der Zorn, er haßte das immer noch herausfordernde Gesicht der schwarzen Frau aus dem Banat (die Pfeife dürfte sie ihm wohl dort unten im Süden geschenkt haben, als sie sich kennenlernten), dieses Gesicht, das eine Karte unbekannter Länder des menschlichen Inneren war, der geheimen Sehnsüchte und des unsinnigen Liebens, des unvernünftigen Risikos und des geschwächten Willens, der Wollust zu widerstehen. Ignac wäre nicht wieder in den Krieg gezogen, gäbe es dieses Unglücksweib nicht. Eine Nacht vor zwei Jahren; Ignac klopft an die Tür und weint. Zorica war zwei Tage nicht zu Hause gewesen und erst gegen Morgen zurückgekehrt, besudelt und betrunken. Geschändet und bespuckt war diese ihm nicht angetraute Frau meines Bruders Ignac. Diese Nacht genügte, und Ignac ließ sich beim Korps des Generals Laudon anwerben, zog mit Munition von einer Festung im Norden Böhmens zur anderen in diesem verfluchten Schlesien. Ein Ort namens Schweidnitz. Eine verirrte Kanonenkugel (auf Friedrichs Kanonen stand eingegossen ULTIMA RATIO REGIS*). Laudons Korps verlor durch dieses Geschoß das Munitionslager, man fand nur noch die Fundamente. Den Lagerhalter fand man überhaupt nicht. Adam streichelte die Intarsie auf dem duftenden Holz. Vielleicht ist das überhaupt nicht die Pfeife meines Ignac. Wer weiß, was sie mir geschickt haben. Aber aus dem Tschibuk steigt der vertraute Geruch,

* (lat.) Das letzte Argument des Königs.

dieser männliche Duft. Die Nüstern beben. Als lebte Ignac noch und wäre nicht ein paar Monate vor Kriegsende zu Staub zerfallen. Er ist hier, ist immer noch hier, der arme, arme Ignac. Seine Güte ist unvernichtbar, wisse das, du Theologe Adam František Kollár. Seine Seele ist ewig, wisse das, du arme Sünderin Zorica Hodvábna. Du hast ihn nicht vernichtet.

Zorica konnte jedoch nicht die gegenteilige Wahrheit ihres Lebens aussprechen, daß nämlich Ignac *sie* vernichtet hatte. Mit seiner ersten Liebe und seinem sinnlosen Tod. Als Adam sie eines späten Abends in seine Wohnung am Stock-im-Eisen-Platz bestellte und ihr in Gegenwart von Anna Maria Vatzes, ebenfalls Kriegerwitwe, mitteilte, daß Ignac am 9. Oktober bei der Eroberung einer Stadt namens Schweidnitz umgekommen war, da grinste Zorica Hodvábna nur. Dann begannen ihre mächtige Brust, die weißen, starken Arme, die Hüften und der Hintern zu zittern, nicht vor Schluchzen, sondern in einem diabolischen Lachen. Nanette stürzte aus dem Salon und kreischte: „Schmeißt sie 'naus!" Adam schossen die Tränen in die Augen. Als sich Zorica beruhigt hatte, befahl er, ihr auf dem Korridor neben der Truhe mit der schmutzigen Wäsche ein Lager zu bereiten. Am Morgen warf Nanette die Laken in den Kehricht. Adam beriet sich mit ihm bekannten Ärzten. Geisteskrankheiten seien ein noch unerforschtes Gebiet. Ein Wechsel des Milieus sei heilsam. Und Arbeit. Auch die Kaiserin hatte ein Dekret erlassen, daß die Bauern ihre Kinder von klein auf Wolle und Baumwolle spinnen lehren sollten. Adam wollte Zorica im Haushalt beschäftigen, Nanette lehnte das jedoch brüsk ab. „Entweder ich oder diese kranke Vagabundin!" Adam brachte Zorica in einem der neuen Asyle unter, die auf Vorschlag van Swietens und auf Befehl der Kaiserin in leerstehenden kleinen Palais eingerichtet worden waren. Ihr Zustand besserte sich jedoch nicht, im Gegenteil.

Zorica existierte als das schlechte Gewissen der Zeit. Als Korrektiv der großen Aufgaben, an die Adam Kollár heranging. Einmal im Monat tauchte sie mit lachendem Gesicht vor seiner Tür auf. Die großen grünen Augen waren getrübt. Adam Kollár überlegte schon, ob es nicht das Beste wäre, das unglückliche Wesen mit einer Schar neuer Kolonisten ins Unterland zu schicken. In die Sonne, den starken Wind, zur Arbeit. Dorthin, wo sie der Heimat nahe war.

Gelasius Dobner, der ehemalige Präfekt der Piaristenanstalt in Prag, jetzt Erzieher des Sohnes des Fürsten Mansfeld, verschmähte die Brimsenhaluschken nicht, sondern tat sich sogar eine doppelte Portion auf.

„Was wären wir für Slawen, wenn wir nicht die schmackhaften Speisen unseres erfinderischen Volkes essen würden? Köstlich! Wäre uns dieses Gericht bekannt gewesen, dann hätte ich meine Zöglinge während der preußischen Belagerung besser gefüttert!" Er lächelte Nanette zu.

Dobner berichtete, wie es ihm gelungen war, die Piaristenanstalt im Jahre 57 vor der Zerstörung zu bewahren. Die Schule hatte er gerettet, aber seine wertvolle Münzsammlung eingebüßt.

Als die beiden Männer zu Abend gegessen hatten, begann die Debatte. Auf Kollárs Frage, wie die vereinigte böhmische und österreichische Hofkanzlei funktioniere, lobte Dobner erneut den Oberstkanzler Rudolf Chotěk. In Böhmen würden Gewerbe und Bildung aufblühen.

„Ein Wunder, daß Sie am Leben geblieben sind, Herr Bruder", meinte Adam lachend. „Fast sind Sie den Urvätern Čech und Lech zum Opfer gefallen. Von den Preußen drohte Ihnen weniger Gefahr! Es ist erstaunlich, welcher Grimm in einigen Leuten erwacht, wenn man ihre Legenden und Mythen antastet. Ich hatte wirklich gefürchtet, man werde Sie nach dem Erscheinen des ersten Bandes der Böhmischen Annalen totschlagen!"

„Nun ja, sanft ist man nicht mit mir verfahren. Die tschechische gebildete Öffentlichkeit kann mir bis heute nicht verzeihen, daß ich den Urvater Čech als eine Erfindung bezeichnet habe, Schreiberlinge haben mich mit Schmutz beworfen, bezahlt wurden sie von patriotischen Adligen. Ich erkenne an, sie haben es in guter Absicht getan, aber die historische Wahrheit kann man nicht durch Bestechung vertuschen, da mögen die Absichten noch so ehrenhaft sein! Gerade die Liebe zum Vaterland und zur Wissenschaft zwingt den Historiker, alle Ungenauigkeiten und Legenden aus der Welt zu schaffen. So schützt er sein Volk am besten vor dem Spott des Auslands. Das und nichts anderes war meine Absicht bei der kritischen Herausgabe der Böhmischen Annalen von Václav Hájek von Libočany. Und ich verspreche Ihnen, Bruder, daß ich in meinem Bemühen nicht nachlassen werde. Ich habe mich in die böhmische Geschichte verbissen wie eine Zecke. Dabei gehe ich gründlich vor, schürfe tief. Ich habe eine Sammlung historischer Quellen vorbereitet. Bin durch Dutzende Schloßarchive gekrochen. Es wird Jahrzehnte dauern, bis wir alle Quellenmaterialien herausgegeben haben. Dann werden auch meine Gegner die neue Wahrheit anerkennen müssen. Ihr Widerstand betrübt mich, spornt mich aber auch an." Er schlürfte den guten Kaffee an dem kleinen Tisch neben dem Bücherschrank. „Ich habe meine ganze Karriere über Bord geworfen, den Posten des Anstaltspräfekten aufgegeben. Ich mache den Erzieher eines Fürstensöhnchens, nur um mehr Zeit zu haben und unabhängig zu sein. Ich bewundere Sie, verehrter Freund, daß Sie es schaffen, historische Arbeiten zu verfassen und zugleich öffentlich tätig zu sein."

„Wir müssen es einfach schaffen."

„Passen Sie auf, mein Freund, daß das übertriebene Bemühen, das Heute zu verbessern, Sie nicht ins Unglück stürzt. Wir könnten Sie so für das Morgen verlieren."

Adam Kollár lachte verlegen. Wissen sie also auch schon in Prag von meinen beiden jüngsten Schriften? Dobner ist Piarist. Tritt nicht auch er blind für die weltliche Macht der Kirche ein?

„Meine Darlegungen, wie schädlich sich die überzogene weltliche Macht der höchsten kirchlichen Würdenträger auswirkt, haben nur ein einziges Ziel: unsere fromme und glaubensstarke Herrscherin in ihrem Bemühen zu unterstützen, die Lage der Allerärmsten zu verbessern. Das ist mein einziges Motiv, und es steht in Übereinstimmung mit der christlichen Nächstenliebe. Es ist geradezu unglaublich, mit welcher Leidenschaft sich fast alle großen Herren in Ungarn gegen meine Bemühungen gewandt haben."

„Ich kenne die Verhältnisse in Ihrem Vaterland nicht, aber ich zweifle nicht an Ihren edlen Absichten. Allerdings würde ich Ihre Pläne lieber ohne große und für manche gefährliche Erklärungen verwirklicht sehen. Ich lerne aus den Erfahrungen meines Ordens: er hat durch geduldige Kleinarbeit viel für die Hebung des Bildungsniveaus auch der unvermögenden Schichten getan."

Adam Kollár nickte.

„Zweifellos. Die Lehrstühle an dem neuen Kollegium der ökonomisch-kameralistischen Wissenschaften in Senec hat die Herrscherin Piaristen anvertraut. Sie haben sich einen guten Namen gemacht, indem sie das Schwergewicht auf die realen Fächer legten. Sie sehen, die Gründung des Kollegiums ist ein großer Erfolg. Das wird *die* Schule für junge Staatsbeamte und Techniker werden. Für solche, die sich nicht fruchtlos mit den Finessen der Moraltheologie herumschlagen, sondern sich die doppelte Buchführung, grundlegende Kenntnisse in der Landwirtschaft, die Landvermessungsgeometrie, die Kartographie, das technische Zeichnen aneignen. Für Männer, welche die königlichen Besitzungen in einen besseren Zustand bringen und Straßen, Brücken, Mühlen, Manufakturen bauen sollen. Sie können sich nicht vorstellen, wie es in meinem Vaterland an solchen nüchternen und realistischen Männern mangelt. Die guten Absichten des Herrscherhofes werden in den ungarischen Komitaten sabotiert. Dort führen Prahlhänse, Maulhelden, Besserwisser und Trinker das Wort. Der circulus vitiosus muß durchbrochen werden. Der Reichtum, den die Menschen und der Boden darstellen, wird nicht ausgenutzt."

„Wir brauchen die Moral und die Ökonomie", ergänzte Dobner. „Sie sind Historiker und Jurist, lieber Kollár. Unser Vaterland erwartet von Ihnen gerade auf diesem Gebiet ein großes Werk."

Adam Kollár dachte nach und schüttelte dann energisch den Kopf.

„Nein, ich teile mich nicht. Ich werde mich ganz und im Ganzen hingeben. Immer und überall, wo es nötig sein wird und wo es mir meine Herrscherin befiehlt. Sie nennen es einen Fehler und ängstigen sich um mich. Auch ich habe Angst. Glauben Sie nicht, mir sei leicht ums Herz. Zu Beginn des Sommers wird in Preßburg der Reichstag abgehalten. Vielleicht werden Sie sogar in Prag von mir hören. Ich werde durch einen bescheidenen Beitrag mithelfen, daß dieser Reichstag eine historische Wende zum Besseren einleitet. Es gibt Augenblicke in der Geschichte der Völker, da es nötig ist, mitten in den Strom zu steigen. Geradenwegs in den Fluß, obwohl die Gefahr droht, daß die Strömung einen mitreißt oder daß man untergeht. Kann sein, Sie fühlen nicht so wie ich. Der Fluß der lebendigen Geschichte zieht mich in seine unbekannten Wellen und Stromschnellen."

In Adam Kollárs Augen flammte eine Leidenschaft auf, die Gelasius Dobner fremd war. Dobner sah vor sich die noch nicht erschienenen Bände der Monumenta historica Bohemica. Er empfand sich als Baumeister der Fundamente, auch ohne riskante Sprünge in die Gewässer der gegenwärtigen Politik. Ihn trieb die Angst an, er könnte diese Bestandsaufnahme der Geschichte des tschechischen Volkes nicht vollenden. Verwundert betrachtete er seinen Gastgeber, der als Slowake eine ähnliche Pflicht gegenüber seinem Volk in Ungarn hatte.

Adam Kollár aber saß gedankenverloren lächelnd im Sessel. Eine schwere Last wurde ihm auferlegt, und keiner von beiden wußte, ob er sie tragen konnte. Weder er noch sein Besucher.

4

Mitten in der Nacht erwachte er. Er breitete die Arme aus und warf dabei ein Buch vom Nachttisch. Das Geräusch des Aufschlags erschreckte ihn. Er versuchte sich zu erinnern, wo er sich befand, wo das Bett war, wo die Wand und wo das Tischchen mit der Lampe. Er richtete sich im Bett auf und verbarg das Gesicht in den Händen. Er spürte geradezu, wie ihm das Wasser über die Haare rann, wie seine Stirn feucht wurde. Ihn überrieselte es kalt. Irgendwo klirrten Ketten. Er erstarrte im Bett, blickte zur Zimmerdecke empor. Die Stuckornamente waren trocken und unversehrt. Hier ist kein Wasser, hier ist kein Regen. Wieder ein Pochen. Dutzende unsichtbare Finger trommelten an die Fensterscheibe.

Der Wind rüttelte an den Fensterrahmen. Der Aprilregen prasselte heftig gegen die Scheiben. Ununterbrochen rumorten die Regenfluten. Das ist alles draußen, versuchte er sich zu beruhigen. In der Wohnung ist es still und ruhig, und es ist Nacht.

Er richtete sich auf, schlüpfte in die Pantoffeln und tappte mit unsicheren Schritten zum Fenster. Auf dem Straßenpflaster rasselte eine Kutsche vorbei. Er erblickte sie an der Straßenecke, sie bog auf den Graben ein. Ihm war, als hörte er ein ausgelassenes Gelächter. Eine weiße Hand streckte sich aus dem Kutschenfenster. Man kehrte von einem Ball heim. Aus der Oper. Von einem Rendezvous in einer gemieteten Wohnung. Aus einem Gasthof. Aus den Schenken der Vestalinnen. Unbekannte Männer fahren ihre kichernde Beute in die Betten. Durchnäßte Gewänder kleben an erhitzten Leibern. Die Begierde verdunstet. Der Regen der Urwälder. Dampf steigt auf. Der Geruch nach Moschus. Eine weitere Kutsche. Der Diener reglos auf dem Kutschbock wie eine schwarze Marmorstatue. Charons fahren die Reisenden über die unterirdischen Flüsse. Die Fürsten lernen es, im Regen zu lieben. Beilager auf Kutschensitzen im Rhythmus der Pferdehufe.

Dann trat Stille ein. Er wartete auf eine weitere Kutsche. Auf ein verirrtes Tier. Einen vergessenen Menschen. Die Regengüsse übertönten alles. Das Wasser spritzte vom Pflaster hoch, prallte ab von den grauen Katzenköpfen. Keine Kutsche. Kein Mensch. Nur die hochspringenden Stiletts des Wassers. Der ganze Platz wie das nasse Bett eines Fakirs.

Ihn überkam die Angst, weil er allein und weil er wach war. Er zog sich vom Fenster zurück. Hoffte auf die Stille des Schlafzimmers. Aber die Wohnung war in Aufruhr. Die Fenster in den Kammern bebten. Die schlecht verkitteten Scheiben klirrten. Über die Decke spazierte ein unbekanntes Geschöpf. Halboffene Türen knallten. Dicht neben ihm tropfte Blut herab. Er erstarrte. Ließ den Fensterrahmen los und lauschte. Deutlich hörte er, wie Blut tropfte. Wieder Stille. Er erschrak. Wollte die Lampe anzünden. Er brauchte nur zwei Schritte bis zum Nachttischchen, bis zur Nische mit dem Bett.

Er ließ sich auf die Knie nieder. Er ist wirklich allein, und dennoch steht jemand hinter ihm und mißt mit Blut die Zeit. Wie lange habe ich nicht gebetet? Eine Woche? Einen Monat? Seine Zeit war zwischen zwei Tropfen bemessen. Schon hatte er sich an den Lärm der nächtlichen Welt gewöhnt, an den Ansturm von Geistern, Gnomen, Hexen und Teufeln. Niemals hatte er an sie geglaubt. Auch an den Teufel nicht. Zumindest am Tage nicht. Gott kann hier sein. Verborgen. Gesucht und suchend. Fern von den geschwungenen Marmoraltären. Aber Gott ist gut, er konnte keinen Teufel schaffen. Was verfolgt mich also?

Ein Tropfen fiel dicht neben ihm nieder. Furchtsam stützte er sich mit der einen Hand auf die glatten roten Fußbodendielen und streckte die andere unter dem Fensterrahmen hoch. Er hätte gelächelt, wenn es ihm seine erstarrten Muskeln erlaubt hätten. Unter dem hölzernen Rahmen zeichnete sich ein dunkler Fleck ab. Auf allen vieren kroch er zum Fenster. Mit dem Knie spürte er die

Nässe des Fußbodens. Er tastete mit der Hand unters Fensterbrett. Die Fingerkuppen berührten Wasserkügelchen. Ein weiterer Tropfen wird nicht mehr herabfallen. Er fuhr mit der Hand über den nassen Fleck unterm Fenster. Das Haus des Herrn Winterholler läßt bei heftigem Regen Wasser durch. Besonders unter den schlecht gedichteten Fenstern.

Nach dieser exakten Feststellung fühlte er sich nicht erleichtert. Er saß auf dem Fußboden. Die Silhouette des allgegenwärtigen Domes war verschwunden. Er betrachtete die Welt vom Fußboden aus. Am anderen Ende des Zimmers lag neben dem Bett das Buch. Mit herausgefallenen Seiten. Das Buch aus der kaiserlichen Druckerei des Herrn Trattner. De originibus . . . Einhundertdreiundsiebzig Seiten im Oktavformat. Mit Register. Über den Ursprung und den ununterbrochenen Gebrauch der gesetzgebenden Gewalt der apostolischen ungarischen Könige in kirchlichen Angelegenheiten. Geschrieben von Adam František Kollár aus Banská Bystrica in Ungarn.

Die Schlafzimmertür öffnete sich langsam, knarrend. Das Unsichtbare trat vorsichtig herein. Adam Kollár saß auf dem Fußboden, im Nachthemd, die Nachtmütze auf dem Kopf, und wartete, wer ihn erschlagen würde. Niemand erschlug ihn. Noch nicht in dieser Nacht. Von seinem neuesten Buch trennten ihn vier Spannen. Auf Knien näherte er sich dem eigenen Werk. Es leuchtete im Dunkel mit seinen aufgeschlagenen Seiten. Ein Vogel mit gebrochenen Flügeln. Je näher er ihm kam, desto mehr wuchs seine Beklemmung. Hier sind nur zwei. Er und sein weißer Vogel. Ein verdammter Tropfen klatschte wieder auf den Boden. Es ist nur gewöhnliches Wasser, Adam Kollár. Taufwasser, es wird nicht mit der Freimaurerkelle geschöpft. Zur Hoffnung, Adam František Kollár. Der Erbauer der Welt. Die Welt hat dich verlassen. Die Gesellen und Meister achten nicht auf nächtliche Ängste. Sie fürchten sich nachts nicht, Adam. Er prüfte den rechten Winkel zwischen dem Fensterrahmen und der Nische unter dem Fenster. Der nasse Fleck verbreitete sich wie eine unheilbare Krankheit. Wann wirst du das Winkelmaß bekommen, Bruder Adam? Wo sind die Gesetzmäßigkeiten des menschlichen Geistes, seine Meßbarkeit und Rationalität? Wann wirst du ein Meister der Loge? Erhebe dich von der Erde und fürchte dich nicht, o Mensch. Das ist nur ein Frühlingsgewitter und eine durchnäßte Wand unter dem Fenster im Schlafzimmer. Nichts anderes. Halte deinen Schlüssel fest. Wir schließen das Paradies auf Erden auf.

Der glatte lackierte Fußboden des Schlafzimmers kühlte. Der Regen hinterm Fenster hörte nicht auf. Wo sind die Brüder vom unsichtbaren Bund? Er wird von Kerzen geblendet. Kann die Gesichter der Fürsten, Barone, Diplomaten, Ärzte nicht erkennen. Einen Schreiber machen sie aus dir, Bruder. Du wirst ihren Traum von der Bruderschaft der Welt protokollieren. (In Kutschen lassen sie sich durch die Nacht fahren. Die Loge hindert sie daran nicht. Nur du lebst wie ein Mönch. Ein Pietist, ein Jansenist.) Was fürchtest du, du Sokrates aus Banská Bystrica? Du gehörst zu der mächtigsten Gemeinschaft der Welt. Bist ein Nachfolger der anonymen Baumeister gewaltiger Kathedralen. (Der Schatten des Stephansdoms. Der Schatten des Preßburger Doms. Des Veitsdoms in Prag. Des Kaschauer Doms. Des Kölner Doms. Es schwimmt das Schiff von Notre-Dame.) Kronprinzen, Fürsten und Äbte reichen dir die Hand. Zur Hoffnung. Wir glauben an Gott. Aber wir glauben auch an die Menschheit. An die allmächtige, befreite Menschheit. Das Klappern der Werkzeuge. Die gegürtete Schürze.

Morgen sollen mir die Maurer den Fenstereinsatz ausbessern. Das werden keine Freimaurer sein, nur ganz gewöhnliche Burschen aus den niederösterreichischen Dörfern, aus den Vorstädten Wiens oder aus Zahorie.

Er berührte sein Buch. Zögernd nahm er es in die Hand und legte es wieder hin. Ihn verlangte es danach, zu beten. Zu dem ewigen Gott. Nicht zum Gott der Jesuiten, Jansenisten, Freimaurer, Libertiner, sondern nur zum Gott der Frühjahrsgewitter, zum Gott der Maria Magdalena, zum Beschützer der Armen, zum Gott der Täler von Terchová und Staré Hory, der Waag und des Hron, zum Herrgott der Morgendämmerung und des Morgentaus, zum Gott der Gräser und der zerzausten Tannen. Zum Herrn der aufgeschichteten Strohschober, der Schafsmolke und der Frühgeburten in ärmlichen Hütten. Wenn bloß dieser scheußliche Regen aufhörte und die Einsamkeit der Wiener Wohnung verschwände!

Er saß auf dem groben Teppich vor dem Bett, umschloß mit den Fingern sein jüngstes Buch und bemühte sich, der Furcht Herr zu werden. Es gelang ihm nicht. Niemand war bei ihm. Niemand klopfte an, und niemand trat durch die vom Sturm gerüttelte Tür. Niemand kam durch die klappernden Fensterläden. Sie ließen ihn allein mit seinem Buch, das bereits durch die Lande flog. Sein Latein lesen Hunderte von Adligen, Äbten, Bischöfen, Generalen. Sie blättern die Seiten um, und es gibt keine Kraft mehr, die den schrecklichen Ansturm aufhalten könnte. Wäre es das einzige Exemplar, hätten es nicht die gewaltigen Druckerpressen des Herrn Trattner vervielfältigt, dann hätte er „De originibus . . ."* aus dem Fenster hinaus auf den regennassen Platz geworfen, damit die Natur diesen Beweis für seine Hoffart und Verwegenheit aus der Welt schaffe, damit die wilden Regenfluten das armselige Papier durchweichten und auflösten. Soll doch das Blut von den Buchseiten auf die Katzenköpfe vor dem Stephansdom spritzen, soll doch barmherziger Regen das Rot mit den übrigen Farben der Nacht wegwaschen, soll er die alte Leidenschaft, die Sehnsucht nach Gerechtigkeit auslaugen und entfärben. In die Gossen und Kanäle wird nur schmutziges Wasser fließen. Worauf habe ich mich eingelassen, ich kleiner Slowake, Sohn eines Bauern, eines Dorfkantors? Wozu predige ich den Mächtigen dieser Welt? Bin ich denn

* (lat.) Über den Ursprung . . .

berufen, über die Schwächen des Königreichs Ungarn zu urteilen? In welche Lage hat mich mein hoffärtiger Verstand gebracht! Wie konnte ich eine Kritik aus den Händen geben, die nicht einmal die Kaiserin und Königin selber wagt? Bin ich nicht ein naiver Dummkopf, den die Herrscherin für ihre Ziele ausnutzt?

Er lehnte den Kopf an das Seitenbrett des Bettes, nahm das Buch bald in die eine Hand, bald in die andere. Ein Wort würde jetzt genügen, ein Flüstern. Ein Streicheln, ein aufmunterndes Lächeln – und die Angst dieser Nacht würde verfliegen. Er saß auf den Dielen, wie geduckt vor den Kugeln des Lebens. Er fürchtete sich und durfte sich das auch eingestehen, denn er war allein, und niemand wußte von seiner Angst. Er hätte fliehen können, aber er wußte nicht, wohin. Das Buch war nicht mehr zurückzuholen. Ich habe es geschrieben und mit Erlaubnis des Hofes in die Welt geschickt. Er griff sich an die verschwitzte Stirn. Ja, es stimmt, ich habe gegen alle Herren Ungarns geschrieben. Für alle Armen Ungarns. Aber *was* hast du geschrieben? Welche Arznei schlägst du vor? Ist das wirklich deine Arznei?

Es ist auch meine Arznei – gleichermaßen belasten, auch die Reichen besteuern. Aber was weiter? Ist es richtig, daß du ganz auf die Kaiserin gesetzt hast?

Unsere Kaiserin und Königin Maria Theresia ist uns eine gute Herrscherin und Mutter. Ich liebe die Königin. Und vertraue ihr vorbehaltlos. Ja, ich habe auf sie gesetzt und schäme mich dessen nicht.

Du bist ehrgeizig, Adam. Diese Frau hat aus Ruhmgier und dynastischen Interessen zuliebe Tausende von Menschen zugrunde gerichtet. Auch deinen Bruder. Sie ist die Königin. Sie ist keine Verkörperung des Ideals der Gleichheit und der Volksherrschaft der alten Griechen, auch nicht der Gleichheit der Urchristen. Wodurch unterscheidet sie sich vom preußischen, englischen, französischen König? Die Könige sind Geschwüre an den Leibern der Völker. Mit den Königen willst du dich verbünden, um den Armen und Unterdrückten zu helfen? Du bist lächerlich. Oder ein Speichellecker und Karrierist, Kollár.

Noch ist die Zeit der Armen nicht gekommen. Zuerst müssen sie sich bilden, um sich zu befreien. Sie werden vielleicht nach Jahrhunderten lernen zu herrschen. Da ich aber nicht gegen die tausendköpfige Hydra des Adels kämpfen kann, nutze ich die Könige aus, um gegen den Adel aufzutreten und so dem Volk zu helfen. Wie hat es Sonnenfels ausgedrückt? „Der Herrscher soll ein Führer und Beschützer des Volkes sein, er hat das Recht, alles zu tun, was das Wohlergehen der Menschen in dem ihm anvertrauten Staat sichert." Es gibt keinen anderen Weg.

Nehmen wir an, du hast recht. Warum aber läßt ausgerechnet du dich auf einen solchen Kampf ein, du armseliger Bibliothekar, Schleppenträger des Hofes? Leitet dich nicht die ordinäre Sehnsucht, dich hervorzutun und den Großen zu schmeicheln? Warum wagen diesen Kampf nicht Mächtigere, als du es bist?

Ich bin es nicht allein, der etwas wagt. Da gibt es mehr Männer. Auf der ganzen Welt. Auch bei uns in Ungarn. Dieser Bencúr aus Preßburg . . .

Bencúr aus Preßburg . . . (Lachen.) Du bist ein Dummkopf, Adam Kollár aus Banská Bystrica.

Er gab keine Antwort mehr. Wie zerschlagen stand er auf, legte das Buch auf das Nachttischchen. Setzte sich aufs Bett. Der Regen hörte nicht auf. Ihn überrieselte es kalt. Er schlüpfte unter das Federbett. Eine Weile starrte er auf den dunklen Fleck unterm Fenster. Dann schloß er die ermüdeten Augen. Die laut hallenden Glockenschläge vom Dom drangen durch die Regenwände. Adam kuschelte sich in die Federn, aber er fühlte, daß es vor der Zeit kein Entrinnen gab.

5

Juraj Richvaldský, der Preßburger Hauptdekan und nächste Gehilfe des Primas Barkóczy, verließ die Propstei und schritt auf das erzbischöfliche Sommerpalais zu. Die Sonne ging bereits hinter der Burg unter. Die engen Gassen der Altstadt lagen im Schatten. Überall wimmelte es von Menschen. Der Reichstag bewirkte, daß die Stadt förmlich kopfstand. Seit dem Veni sancte* im Martinsdom, mit dem die Verhandlungen eröffnet worden waren, überschwemmten Preßburg nicht nur die Abgeordneten aus allen Teilen Ungarns, sondern auch das halbe offizielle Wien war hierher umgezogen. Auf dem Schiff, das die Königin, ihre ältesten Söhne Joseph und Leopold und ihre Lieblingstöchter in die Stadt gebracht hatte, war ein beträchtlicher Teil des Hofes mit angereist. Am Fischertor, an der Stadtgrenze, hatte der Preßburger Bürgermeister die Königin begrüßt und ihr die Stadtschlüssel ausgehändigt. Der Burghauptmann hatte ihr die Schlüssel der renovierten Burg übergeben. Maria Theresia sah zufrieden aus, sie lächelte erfreut. Alle ungarischen Würdenträger hatten den neuen höchsten Orden des Reiches, den St.-Stephans-Orden, erhalten. Seit dem ersten Abend auf der Burg war die Königin nicht zum Verschnaufen gekommen. Durch die Gassen Preßburgs liefen Eilboten, sie trugen Einladungen zu festlichen Diners, Abendessen, Opernaufführungen aus. Einmal auf die Burg in die renovierten Säle im ersten Stock, ein andermal zum Präsidenten der ungarischen Kammer Grassalkovich in sein neues Palais hinter den Mauern der Altstadt, in das Čeklíser Schloß zu Esterházy, zum Erzbischof Barkóczy nach Podunajská Biskupice oder in sein Sommerpalais am Nordrand Preßburgs. Kutschen fuhren hin und her, alle lachten und amüsierten sich. Dieser Reichstag nach so vielen Jahren war zu einem Treffen der großen Herren aus dem ganzen Lande geworden. Preßburg platzte

* (lat.) Komm, heiliger Geist.

aus allen Nähten. Die Gasthäuser waren überfüllt. Am Abend war in den engen Gassen der Altstadt kein Durchkommen.

Der Dekan gelangte vom Domplatz in die Lange Gasse. Von Widerwillen erfüllt, drängte er sich zwischen den Leuten durch, gegen ihn stießen Serben mit Gefrorenem, Honighändler mit Körben, auf dem Pflaster war Wein vergossen, der unter den Toren ausgeschenkt wurde. Die rechte Seite der Langen Gasse strahlte von weißen und gelben Palästen. Es gehörte seit Jahren zum guten Ton, daß jeder Reiche in Preßburg sein Palais hatte, als Stützpunkt für Ausflüge nach Wien und für einen freudevollen Aufenthalt während der Reichstage. Über den Toren prangten die steinernen Wappen der Csákys, Keglevichs, Erdödys und Pálffys.

Der Dekan Richvaldský bog in die Venturgasse ein. Er passierte das verwüstete Gebäude der Academia Istropolitana; er wollte zum Palais der ungarischen Kammer, wo die Sitzungen des Reichstags stattfanden. Vor dem Palais der Pálffys umging er eine Gruppe von Gaffern. Bürgertöchter standen neugierig vor dem mächtigen Tor in Erwartung der Herrschaften. Sicherlich ein Konzert. Da ist doch wohl nicht der Herr Leopold Mozart mit seinem Wunderknaben eingetroffen? Weihnachten vor zwei Jahren war ganz Preßburg angesichts des einzigartigen Wolfi vor Entzücken dahingeschmolzen. Er hatte versprochen wiederzukommen, man brauche es bloß dem Vater zu schreiben.

Richvaldský wollte rasch durch das Michaeler Tor hinter die Stadtmauern gelangen. Das fiel ihm nicht leicht. Aus der Schlossergasse und der Basteigasse erschallte Gesang, es roch nach Wein und Parfüms. Geschminkte Frauenzimmer nahmen den geistlichen Stand des Domherrn nicht zur Kenntnis. Ein angeheitertes Mädchen mit schwarzen Augen sang mit gellender Stimme:

Werd nicht hüten deine Ziegen,
wenn ich kann kein Küßchen kriegen.

Ein Priester braucht wohl Schmalz, ja Schmalz,
sonst bricht er sich den jungen Hals, ja Hals.
Ich will nicht beim Liebsten schlafen,
sonst wird mich der Teufel strafen.

Nicht einmal die Heiducken konnten sie zum Schweigen bringen. Alle waren beschwipst. In der Dämmerung schwoll das wüste Gelächter immer mehr an.

Der Dekan wurde puterrot und hastete durch das Tor. Hinter den Stadtmauern, nahe der Dreifaltigkeitskirche, stimmten Studenten auf der Vortreppe ihr Liedchen an:

Bist du der Pater Guardian, dann lies das Pater noster,
schau nicht die leichten Mädchen an, geh lieber in ein Kloster.

Einer der Studenten küßte eine rotgesichtige Magd und fuhr fort:

Du armes Lieb, kannst nicht ins Kloster mit,
allein dort schmachte ich als armer Eremit.
Wenn das Brevier ich les bei Kerzenlicht,
dann denk ich an dein weißes Angesicht.

Der Dekan Richvaldský war ein Slowake aus Bardejov, er verstand die Texte sehr wohl. Aufgebracht rannte er auf die Studenten zu und drohte ihnen mit dem Stock, doch sie flohen lachend nach allen Seiten.

Er ging am Grassalkovich-Palais vorbei und bog nach links zum Sommersitz des Primas Barkóczy ab. Aufatmend knöpfte er den Rock auf und wischte mit dem Taschentuch den innen verschwitzten Kragen ab. Ein Domherr geleitete ihn in den ersten Stock und bat ihn, im Vorraum des Arbeitszimmers Platz zu nehmen. Drinnen fand offenbar eine erregte Diskussion statt. Der Dekan erkannte die tiefe, kehlige Stimme des alten Palatins Batthyány und den scharfen Tenor seines Herrn, des

Erzbischofs Barkóczy. Die improvisierte Beratung war offenbar im vollen Gange.

Ihr Initiator war der Primas Barkóczy. Er hatte sie sogleich einberufen, als eine Deputation des Reichstags von der Burg zurückgekehrt war, wo sie die Vorschläge der Königin für den bevorstehenden Reichstag entgegengenommen hatte. Anfangs schien alles in bester Ordnung zu sein. Es herrschte eine ausgezeichnete Stimmung. Die Königin lud alle Deputierten in die renovierte Schloßkapelle ein. Gebete für den Erfolg des Reichstags. Von dort in den Audienzsaal. Zum Thron ließ sich Maria Theresia vom Fürsten Schwarzenberg führen. Graf Grassalkovich trug das königliche Schwert und Bischof Keglevich das apostolische Kreuz. Maria Theresia setzte sich, trug auf lateinisch die vorbereitete Thronrede vor, sie war ein einziges Lächeln. Daraufhin erhob sich der Oberstkanzler der ungarischen Hofkanzlei in Wien, der Liebling der Königin, Quinquin, alias Graf Nikolaus Esterházy, und verlas die Vorschläge, deren Behandlung die Königin wünschte. Und da verging der Deputation das Lachen. „Der Krieg hat gezeigt, daß nur ein Land mit einem in der Kriegskunst gut ausgebildeten stehenden Heer siegen kann. Eine disziplinierte Armee und eine volle Staatskasse sind zwei Voraussetzungen für den Sieg. Die erfolgreiche Verteidigung des Landes macht es erforderlich, die Steuern zu erhöhen und die Adelsbereitschaft zu reorganisieren, die in der bisherigen Form den neuen Bedürfnissen nicht mehr genügt.“ Der Kanzler las mit zittriger Stimme die weiteren Vorschläge vor. Die Adelsbereitschaft müsse in eine ständige Armee verwandelt werden, die vom ungarischen Adel durch direkte Steuern unterhalten werden solle. Zur Deckung der wachsenden Staatsschuld sei es notwendig, daß der Reichstag eine Erhöhung der Militärkontribution um mindestens eine Million Gulden beschließe. Ungarn solle insgesamt 4,2 Millionen aufbringen. Durch den Audienzsaal ging ein Raunen, halblaute Bemerkungen waren zu hören. Das Lächeln verschwand aus dem Gesicht Maria Theresias, aber auch aus den Augen der ungarischen Deputation. Der Kanzler begründete mit ausdrucksloser Stimme, als schämte er sich selber, die Forderungen der Herrscherin. Während des letzten Krieges habe in den Ländern der böhmischen Krone jedes Anwesen der Untertanen mit durchschnittlich 66 Gulden zu den Kriegskosten beigetragen, während die Bewohner Ungarns nicht einmal die Hälfte dieser Summe beigesteuert hätten. Dieser Zustand sei nicht länger tragbar. Ihre Majestät sei sich dessen bewußt, daß ihre Forderungen nicht gering seien, aber man müsse die Kriegsschäden beseitigen, die Staatsschuld ausgleichen, um an das große Programm der allseitigen Entwicklung des Reiches unter friedlichen Bedingungen herangehen zu können. Die allergnädigste Königin wünsche, daß sich auch die Länder der ungarischen Krone und ihre geliebten und geschätzten ungarischen Stände an dem wohltätigen Werk voll beteiligten. Die Königin wünsche ferner, daß eine gerechtere Festlegung der Hörigenpflichten verhandelt werde, damit sich die Lage der Bauern im ganzen ungarischen Königreich verbessere.

Umsonst schallten Fanfaren und Trompeten am Ende der Beratung durch die Säle der Burg, umsonst wurden die uralten Schilde aufgerichtet und die Fahnen der neuen Heldenregimenter aus den letzten Kriegen entrollt, umsonst blitzten auf der Brust vieler Herren Großkreuze und Orden – die Gesichter waren wie versteinert. Von der Burg kehrte die Deputation aufgebracht in das neue Palais der ungarischen Kammer zurück, erfüllt von einem einzigen Gedanken: Man muß rasch etwas tun, denn Maria Theresia ruiniert uns. Das ist der Anfang vom Ende.

Der alte Palatin Batthyány war sehr erregt. Vergeblich bemühte sich sein Sohn Jozef, der als Erzbischof von Kalocsa ebenfalls am Reichstag teilnahm, ihn zu beruhigen. Die Bemerkung des Sohnes, man müsse die Vorschläge der Königin sorgfältig prüfen, denn in Ungarn könne man nicht bis in alle Ewigkeit weiter so herrschen wie bisher, versetzte den Palatin in noch größere Erregung. „Sie hat geschworen! Geschworen auf die ungarische Verfassung! Auf die Rechte der Stände, der Geistlichkeit und des Adels! Das kann sie nicht verlangen. Nein! Ich als Palatin und Vorsitzender des Oberhauses des Reichstags kann diese Vorschläge nicht unterstützen. Niemals!“

Der Primas Barkóczy war gleich von der Burg aus in die Propstei geeilt und hatte ein langes Gespräch mit Juraj Richvaldský geführt. Sie kannten sich noch vom gemeinsamen Wirken in der Zips, wo der jetzige Primas Propst gewesen war. Richvaldský verdankte Barkóczy seine Studien und war seinem Vorgesetzten später in das Bistum Nitra gefolgt. Als die Herrscherin Barkóczy mit dem Einverständnis Roms zum Erzbischof von Esztergom berufen hatte, in das höchste Kirchenamt Ungarns, wurde der Domherr Richvaldský die rechte Hand des Primas. Während der Erzbischof mit der Rekonstruktion der Esztergomer Burg und Plänen für die Errichtung eines Priesterseminars oder mit der Übersetzung der Predigten Massillons aus dem Französischen beschäftigt war, sammelte Richvaldský in Preßburg wichtige Informationen für ihn und diente ihm als Verbindungsmann.

Der Primas war bleich. Der Fünfzigjährige zitterte am ganzen Leibe. „Ich bin in einer prekären Lage“, flüsterte er Richvaldský zu. „Der Reichstag wird die Vorschläge der Königin ablehnen. Ich bin der Herrscherin verbunden. Sie hat angedeutet, daß sie meine Unterstützung erwartet. Aber ich . . . ich kann sie ihr nicht geben. Diese Vorschläge sind einfach unannehmbar. Aus ihnen weht der Wind der Destruktion. Sie greifen die Grundfesten der Gesellschaft an.“ Er wischte sich den kalten Schweiß von der Stirn. Der Domherr ließ eisgekühlten Kakao bringen, die neueste Mode der europäischen Salons und Kaffeehäuser. „Ich habe Sie darauf aufmerksam gemacht,

Eminenz. Der heutige Tag auf der Burg hat mir recht gegeben. Das ist der Geist von Kollárs Buch." Kollárs jüngste Schrift „De originibus" lag neben dem silbernen Kruzifix auf einem Berg von Papier.

„Die Formulierungen, ganze Sätze aus den königlichen Vorschlägen für den Reichstag, zum Beispiel die Angriffe gegen die bisherige Form der Adelsbereitschaft, stimmen fast überein mit den entsprechenden Passagen in Kollárs Buch." Der Primas nahm Kollárs Schrift zur Hand. „Auch mir schien es so." Er sah den Dekan mit prüfendem Blick an. „Mein Sohn, Sie haben das Buch durchstudiert?" Richvaldský nickte. Die müden Augen des Primas leuchteten auf. „Ich habe eine Idee, die uns retten und die Verhandlungen des Reichstags in eine ganz andere Richtung lenken wird." Er ließ sich in das Sommerpalais fahren und bat zum Abend den Palatin und Grassalkovich zu sich.

„Die Übereinstimmung der königlichen Vorschläge mit Kollárs Pasquill steht außer Zweifel", knurrte der Palatin Batthyány. „Die Frage ist nur, wer der wahre Urheber ist. Wer hat die Königin aufgehetzt? Kollár, Kaunitz und andere Freimaurer?"

„Kollár, bestimmt Kollár", murmelte Grassalkovich. „Vor einiger Zeit wollte er in den Archiven der ungarischen Kammer herumstöbern. Ich habe versucht, ihn daran zu hindern."

„Und wenn nun das Gegenteil der Fall ist? Wenn Kollár diese Abscheulichkeiten auf Geheiß von Kaunitz und mit Billigung der Königin verfaßt hat?"

„Das ist nicht ausgeschlossen. Maria Theresia will sich decken und hat einen bedeutungslosen Schreiberling benutzt!" rief der Palatin.

Da ergriff der Primas Barkóczy das Wort: „Meine Herren, kostbare Zeit vergeht. Beide Kammern des Reichstags müssen morgen die königlichen Vorschläge zu erörtern beginnen. Wenn wir zulassen, daß vor dem ganzen Volk über die Herabsetzung der Hörigenpflichten, die Besteuerung des Adels und der Geistlichkeit verhandelt wird, dann werden wir zu Totengräbern des Landes."

„Zu unseren eigenen Totengräbern!"

„Das dürfen wir nicht zulassen! Die beste Verteidigung ist der Angriff. Wir, die Repräsentanten der heiligen Kirche im Königreich Ungarn –" er sah den Dekan Richvaldský an, der bescheiden in einer Ecke des Raumes saß und bereits die zweite Tasse Kakao schlürfte – „wir sind verpflichtet, die Reinheit des Glaubens und der Sitten zu hüten. Wir dürfen keinen Angriff auf die Fundamente unserer ungarischen Gesellschaft zulassen. Sie haben die Propositionen der Königin gehört. Wir haben auch das Pamphlet des Herrn Kollár studiert." Der Primas lächelte. „Die königlichen Vorschläge können wir nicht ohne langwierige Verhandlungen ablehnen. Wir können nicht die Königin persönlich angreifen. Wir können jedoch einen gewissen Herrn Kollár angreifen, den böswilligen Autor einer Schandschrift, die sich gegen die ungarischen Freiheiten wendet, die das ganze ungarische Königreich beleidigt."

„Wir müssen ihn angreifen, Eminenz!" rief der Palatin. „Sonst können wir vor den edelsten Geschlechtern Ungarns nicht bestehen!"

Anton Grassalkovich richtete seinen massigen Körper auf.

„Falls ich Sie richtig verstanden habe, Eminenz, schlagen Sie vor, gleich morgen in beiden Häusern des Reichstags eine Klage gegen Kollárs Schrift einzubringen?"

„Ja, Herr Graf."

„Damit schieben wir die Erörterung der königlichen Vorschläge auf."

„Und machen sie vielleicht überhaupt unmöglich!" Der Palatin hatte begriffen.

„Sind wir darauf vorbereitet? Rasches Handeln tut not."

Der Primas hatte seine gesunde Farbe wiedergewonnen und wies auf den Hauptdekan von Preßburg.

„Der hochwürdige Herr Richvaldský hat die Klage bereits ausgearbeitet. Darin hat er die lügnerischen Behauptungen des Wiener Renegaten Kollár in Fetzen gerissen! Es genügt, ein paar Passagen aus Kollárs Schrift vorzulesen, dann wendet sich der Zorn des Reichstags gegen den Frechling!"

„Und damit auch gegen die königlichen Vorschläge!"

Der Dekan bat ums Wort. Eine Geste des Primas gestattete ihm, vor den höchsten Würdenträgern des Landes zu sprechen.

„Die Argumente in den königlichen Vorschlägen, der Angriff auf die Adelsbereitschaft und Kollárs häretische Attacken auf die Vollmachten der kirchlichen Würdenträger fügen sich logisch ineinander. Das ist ein mit Bedacht aufgeführter Bau. Es genügt jedoch, einen Ziegelstein herauszureißen, dann fällt die ganze Konstruktion dem Autor auf den Kopf."

„Und auch seinen Inspiratoren!" stieß der Palatin hervor.

„Die Grundidee von Kollárs Konzeption läßt sich in einem Satz zusammenfassen." Der Domherr blätterte in Kollárs Buch. „Der Autor hat sie am Schluß selber folgendermaßen formuliert: ‚In meinem Buch versuche ich nachzuweisen, daß die ungarischen Könige das Recht haben, Gesetze in kirchlichen Angelegenheiten nicht auf Grund der Erlaubnis und der Vollmachten zu erlassen, die ihnen die Päpste gegeben haben, sondern kraft der königlichen Funktion, d. h. kraft des Rechtes der höchsten Majestät, und unsere Könige haben nie auf dieses Recht verzichtet.' Dieser raffinierte Satz betont die Vollmacht unserer Könige. Nach außen hin scheint er patriotisch zu sein. In Wirklichkeit ist er zutiefst antikirchlich, denn er stellt die königliche Macht in kirchlichen Angelegenheiten über die Macht des Heiligen Stuhls, über die Macht des römischen Papstes."

„Das läßt sich doch sehr schön attackieren, Eminenz!"

Richvaldský fuhr fort: „Diese Theorie Kollárs, die er, nebenbei bemerkt, recht geschickt durch viele Beispiele aus der Geschichte zu beweisen versucht, als unsere Könige wirklich souverän über viele kirchliche Dinge entschieden, kann für uns schreckliche Konsequenzen haben. Wenn nämlich der König die absolute Macht hat, kann er von sich aus auch andere Gesetze erlassen. Wenn er die Prälaten besteuern kann, kann er auch den Adel besteuern ..."

„Damit ist die Katze aus dem Sack! Die königlichen Vorschläge!"

„Ja, edle Herren, Kollár hat sich in dieser scheinbar juristischen Schrift im Eifer der Argumentation zahlreiche Beleidigungen der Kirche und des Adels zuschulden kommen lassen. Ich zitiere: ‚Die Kirche Gottes muß ein getreues Abbild Christi sein, dessen Herrschaft nicht von dieser Welt war. Ein Abbild Christi, der lehrt, daß man dem Kaiser geben müsse, was des Kaisers ist, und Gott, was Gottes ist. Des Meisters unwürdig sind solche Schüler, die in ihrem Eifer in die von Gott den Herrschern verliehenen Rechte eingreifen!'"

„Eine Schande! Derlei Schriften erscheinen unter der Wiener Hofzensur!"

„Die Inspiration ist offensichtlich", sagte der Primas. „Fahren Sie fort, Hochwürden!"

„Ich zitiere einen anderen Abschnitt: ‚Die Kriege mit Frankreich und Preußen erforderten Infanterie- und Husareneinheiten mit hoher militärischer Disziplin. Wir erlebten Beispiele unglaublicher Tapferkeit. Ihre für das Wohl des Reiches und die Würde der Krone unverzichtbare ständige Unterhaltung hat die Staatskasse erschöpft. Unsere Kaiserin sieht sich deshalb gezwungen, ihren Untertanen höhere Steuern aufzuerlegen. Das ist nötig, da alle Reichen der Abführung der benötigten Steuern ausweichen, da sie, gedeckt durch uralte Privilegien, die unglücklichen Bauern zwingen, ein Vielfaches an Abgaben zu zahlen, obwohl dem Bauern nichts gehört als sein elendes Leben, das keinen Groschen wert ist ...'"

„Mir stockt der Atem!“
„Eine Gemeinheit!“
„Eine Beleidigung!“
Niemanden brauchte man länger zu überzeugen. Nach dieser Beratung wird in den nächsten Tagen im Reichstag ein kühnes Spiel beginnen, in dem es um alles geht. Entweder überspielen sie Maria Theresia, oder es kommt zu einem Zerwürfnis, das die Fundamente Ungarns und des ganzen Reiches bedroht. Sie waren zu allem entschlossen.

Richvaldský erbot sich, eine anonyme Antwortschrift auf die Kollárschen Theorien zu verfassen. Diese Schrift muß noch während der Dauer des Reichstags in die Hände aller Abgeordneten gelangen. Sie wird das Wissen um die ungarische Verfassung und die uralten Rechte der ungarischen Stände auch gegenüber dem König vertiefen.

„Meine Herren, das Haydnkonzert sollten wir deshalb nicht versäumen“, mahnte Graf Grassalkovich. „Esterházy hat mir Haydn nur mit Hängen und Würgen ausgeliehen. In einer Stunde erwarte ich Sie in meinem Palais.“

Am Konzert nahm auch die Kaiserin mit ihren Töchtern teil. Die blendend schöne Marie Christine an der Seite des sächsischen Prinzen Albert stellte sie allen jungen ungarischen Edelleuten vor. Die künftige Gattin des ungarischen Statthalters sollte die Herzen des Adels gewinnen.

Maria Theresia lächelte dem alten Batthyány und Grassalkovich aufmunternd zu. Noch ahnte sie nichts.

6

Am 9. Juli 1764 brach in den Räumen der ungarischen Kammer in der Michaeler Gasse ein wahrer Sturm aus. Im Unterhaus, wo die Vertreter des mittleren Adels, des Landadels und der Freien Königlichen Städte saßen, trat gleich am Morgen ein Vertreter der Komitate an der Theiß auf. Er zeigte den Abgeordneten Kollárs Buch, brandmarkte es als eine kollektive Beleidigung und forderte im Namen des Unterhauses vom Autor Satisfaktion. Der Vorsitzende des Hauses, der königliche Personal Baron Franz Koller, versuchte den Fall aus den Verhandlungen auszuklammern und die Versammlung zu bewegen, über die königlichen Vorschläge zu debattieren. Erregte Proteste wurden laut.

„Meine Herren, lassen Sie sich nicht von Leidenschaften hinreißen!“ rief Koller vom Präsidiumstisch. „Über die Ansichten des Herrn Kollár kann man diskutieren. Es ist jedoch nicht die Aufgabe des Reichstags, über dieses Buch zu verhandeln!“

„Der Autor ist ein Verräter! Er beleidigt die ungarischen Stände!“

Der Vorsitzende gab nicht auf. „Das Buch des Herrn Kollár ist eine Privatangelegenheit des Autors. Kollár hat sein Buch weder an die allergnädigste Herrscherin noch an den ungarischen Palatin adressiert. Unser Haus hat keinen Grund, sich mit dieser Schrift zu beschäftigen, obzwar man gewiß die Herausgabe dieses Buches bedauern muß.“

Der Sturm legte sich jedoch nicht. Die Mehrheit des Hauses forderte, das Oberhaus auf Kollárs Schrift aufmerksam zu machen und dessen Standpunkt einzuholen.

„Soll ich das so verstehen, daß das ehrenwerte Haus es ablehnt, zunächst über die königlichen Vorschläge zu verhandeln?“

Es gab Beifall und Zurufe: „Richtig verstanden, Herr Bruder!“

„Aber dieses Vorgehen beleidigt die Majestät, ehrenwerte Abgeordnete!“

In den Bänken brodelte es, im Saal war es heiß.

„Wir fühlen uns beleidigt! Wir, die ungarischen Stände!“

Im Oberhaus hatten der Palatin Batthyány, der Primas

Barkóczy und der Präsident der ungarischen Kammer Grassalkovich den Boden bereits vorbereitet. Sogleich wurde eine Resolution gefaßt. „Selbiger Kollár macht sich einer niederträchtigen Auslegung der Gesetze des Landes schuldig, tastet seine Privilegien an und wagt es, durch Beleidigungen der ungarischen Regierung Haß zwischen Volk und Herrscherin zu entfachen." Adam Kollár aus Wien ziehe auch die königliche Majestät in den Streit hinein und „erweckt in seinem Buch den Anschein, als billige die Königin seine niederträchtige Handlungsweise". Das war ein Spiel mit hohem Einsatz, und der Palatin war weiß wie die Wand des Sitzungssaals. Das Oberhaus schlug vor, den Fall Kollár der allergnädigsten Königin zur Prüfung vorzulegen.

Das wahnsinnige Karussell drehte sich auf vollen Touren. Die heißen Julitage und der genossene Wein verstärkten das Gefühl der Kränkung. Zwischen den beiden Häusern des Reichstags wanderten Sonderboten hin und her; Ober- und Unterhaus übermittelten sich gegenseitig ihre Standpunkte und hetzten einander noch mehr auf.

„Wir fordern öffentliche Satisfaktion!"

„Das Buch muß man verbrennen!"

„Den Autor aus dem Lande jagen!"

Am nächsten Tag verhandelten beide Häuser abermals über das Buch. Die höchsten Würdenträger des Landes, der Palatin und der Primas, hielten sich zurück. Sie leiteten die Verhandlungen, ohne selbst ihre Meinung zu äußern. Das Dilemma wurde immer größer. Sie waren sich bewußt, daß sie sich auf eine riskante Partie eingelassen hatten. Die Mehrheit des Reichstags wünschte die Behandlung der Vorschläge Maria Theresias zu verschieben. Alle waren sich bewußt, aber niemand sprach es aus, daß man mit Kollárs Buch die ganze Konzeption der absoluten königlichen Macht zerschlagen mußte, die alle mit Reformen bedrohte. Beide Häuser beschlossen, eine gemeinsame elfköpfige Kommission zu bilden. Diese sollte Kollárs Werk eingehend analysieren, das nach den Worten des Palatin-Sohnes, des jungen Erzbischofs von

Kalocsa Jozef Batthyány, „die Privilegien und Rechte der Nation in Zweifel zu ziehen versucht" und „den Samen der Zwietracht zwischen der Kaiserin und den Ständen sät" (Beifall).

Nach einer knappen Woche legte der Vorsitzende der außerordentlichen Kommission, der Bischof Ján Gustini Zubohlavský, aus der Orava gebürtig, beiden Häusern das Gutachten über Kollárs Buch vor. Die Kommission hatte darin mehr als dreißig Beleidigungen der Kirche, des Adels und der Grundherren gefunden, mit einem Wort, des ganzen edlen ungarischen Vaterlands.

Gustini las Passagen aus dem Buch vor, die den Herren in den Ohren gellten. Sie überschrien einander, sprangen auf und schimpften.

„‚Unwürdig des Meisters sind solche Schüler, die sich nicht scheuen, einen Keil zwischen Herrscher und Untertanen zu treiben, zum unermeßlichen Schaden der christlichen Staaten und der Kirche Gottes, wofür man zahlreiche Beispiele anführen kann.' (Dieser Gesinnungslump!) ‚Niemand kann mich jedoch beschuldigen, ich wolle in irgendeiner Weise die Autorität der Päpste in Ungarn untergraben. Eine derartige gottlose Verblendung ist mir fremd' und meine Schriften sind frei davon . . .' (Dieser Heuchler!) ‚Ich kenne sehr wohl die Grenzen zwischen Kirche und Staat. Diese Grenzen werden jedoch von Menschen schwachen Geistes verwischt, die vermeinen, die erlauchten Könige sollten nur Puppen in den Händen der Priester sein.' (Ungeheuerlich! Und was bist du? Wessen Puppe?) Meine Herren, beruhigen Sie sich! Nun folgt ein Abschnitt aus dem Artikel gegen die Adelsbereitschaft und die angeblich ungleichmäßige Verteilung der Lasten: ‚Das ist die wirkliche Ursache, warum unsere Untertanen lieber sonstwo in der Welt leben möchten als in ihrem Vaterland. Ich frage, wen es freut, in einem Lande zu leben und Kinder zu zeugen, in dem die öffentlichen Lasten ungleichmäßig verteilt sind, in dem sich die Reichen alle Gewinne des Landes aneignen und die Lasten auf den unglücklichen Bauern und das ärmste Volk abwälzen, gegen Recht und Gerechtigkeit, gegen die heiligsten Gesetze unseres Königreichs?'" (Hören Sie auf, Eminenz! Genug der Beweise! Er hetzt gegen die Obrigkeit! Vaterlandsverräter! Wir sind also Tyrannen? Wir werden's dir zeigen!)

Der Beschluß des Reichstags war kurz. Das Buch des Adam František Kollár, herausgegeben von der kaiserlichen Druckerei in Wien, beleidigt die ungarischen Gesetze und alle Stände der ungarischen Nation. Es wiegelt die Untertanen gegen die Grundherren auf und den Herrscher gegen die Stände. Es ist durch und durch schädlich und verbrecherisch, wovon das beiliegende Dokument zeugt.

Und alles wurde der Königin auf die Preßburger Burg geschickt.

Die Ereignisse überrumpelten Maria Theresia. Der Reichstag hatte seine Arbeit eigentlich noch gar nicht begonnen, und schon war das offene Zerwürfnis da. Sie schickte Joseph, Leopold und Albert auf eine Rundreise durch die Bergstädte. Kaiser Franz weilte nicht in Preßburg. Er wird sich wohl in Holič mit Fayencefiguren amüsieren, Mineralien sortieren, sich scharfsinnige Einrichtungen zur Großhaltung von Enten vorführen lassen oder der Gräfin Auersperg den Hof machen. Maria Theresia war ratlos. Die Hitze quälte sie und verstärkte ihre Unsicherheit. Nach einem weiteren Tag ergebnislosen Grübelns befahl sie, die Kutsche einzuspannen, und verließ gegen Abend Preßburg.

In Schönbrunn auf der offenen Terrasse, fern von den ungarischen Herren, fühlte sie sich sicherer. Sie ließ den Kanzler Kaunitz und den Hofrat Borié zu sich bitten.

„Wie kommen wir aus dieser Zwangslage heraus?" Sie schwenkte Adam Kollárs unglückseliges Buch. „Haben Sie es gelesen?" wandte sie sich an Borié. „Es enthält wirklich scharfe Formulierungen."

Borié wies darauf hin, daß zur Zeit, als der Druck genehmigt wurde, die Herrscherin krank gewesen sei. Er selber habe den Inhalt des Buches nicht für gefährlich gehalten. Es handle sich schließlich um eine juristische Schrift.

„Eine juristische Schrift ... Sie sehen, was für einen Aufruhr sie ausgelöst hat! Die ganze Arbeit eines Jahres, all unsere Expertisen, die Pläne zur Reduzierung der Frondienste, alle meine Vorschläge sind in Gefahr! Der Reichstag wird nicht mit der Beratung darüber beginnen, bevor wir nicht mit Kollár ins reine gekommen sind."

Sie blickte die Mitglieder des Staatsrats an und wartete auf einen klugen Rat. Der Standpunkt des Fürsten Kaunitz überraschte sie.

„Ein unglückseliger Umstand, daß Kollárs Buch vor Beginn des Reichstags erschienen ist."

„Und wann hätte es erscheinen sollen?" Sie sprang auf. „Nach dem Reichstag? Wir wissen alle recht gut, was wir damit bezweckt haben."

„Nicht nach dem Reichstag, Majestät. Der Herr Kollár hätte mit der Veröffentlichung warten können. Er hätte die Schrift nur der Majestät und den Mitgliedern des Staatsrats vorlegen sollen, eventuell ausgewählten Persönlichkeiten in Ungarn."

Maria Theresia lachte. „Meinen Sie, die ungarischen Herren hätten anders reagiert? Das bezweifle ich." Sie winkte ab. „Nun, geschehen ist geschehen. Jetzt aber raten Sie mir, wie weiter. Was soll ich tun? Soll ich den Reichstag auflösen? Oder soll ich den armen Kollár den empörten ungarischen Abgeordneten ausliefern? Damit sie ihn, gottbewahre, mitsamt seinem Buch verbrennen?"

„Nein, Majestät, weder das eine noch das andere." Kaunitz schüttelte den Kopf. „Herr Kollár ist ein gelehrter Mann und hat sich um den Thron verdient gemacht. Wir können seine Kenntnisse auf dem Gebiet des ungarischen Staatsrechts und der Kirchengeschichte nicht entbehren. Und mit seinen Ansichten identifizieren wir uns in allen Fragen. Würden wir öffentlich diese Ansichten verurteilen oder uns von ihnen distanzieren, würden wir uns selber und unsere Bemühungen um die Verbesserung des Zustands des Reiches aufgeben." Kaunitz dachte nach. Sein schmaler, asketischer Mund verriet nicht, wie rasch er seine Gedanken für die Herrscherin ordnete. „Die Situation ist tatsächlich prekär." Er streckte die schlanken, mit Ringen von Pariser Juwelieren geschmückten Finger aus, gestikulierend wie ein Professor auf dem Katheder. „Wir müssen zwischen zwei Konstanten eine Lösung finden. Eine davon ist das Prinzip, daß Majestät unter keinen Umständen auf die absoluten königlichen Rechte in Ungarn verzichten dürfen. Keinerlei Beschwerden und Ersuchen des Reichstags dürfen Majestät von dem Reformwerk abbringen oder dieses zum Stillstand bringen."

„Einverstanden. Und die zweite Konstante?"

„Majestät sollten einen ernsten Konflikt mit der hohen Geistlichkeit und den Magnaten in Ungarn unter allen Umständen vermeiden und ebenso einen Konflikt mit der römischen Kurie."

Maria Theresia lachte nervös auf.

„Lieber Fürst! Diese zwei Konstanten schließen sich doch nach den Gesetzen der Logik gegenseitig aus!"

„Die neue Ordnung müssen wir so vorbereiten, daß wir im Rahmen dieser Konstanten bleiben. Ich bin nämlich überzeugt, daß die Zeit für uns arbeitet. Die Zeit wird auch diese Konstanten ändern. Wir müssen geduldig sein, dann werden wir erfolgreich manövrieren und unser Ziel erreichen."

Maria Theresias Gesicht blieb angespannt.

„Gut, gut! Genug der Worte, Fürst! Ich frage Sie abermals: Was soll ich jetzt tun?" Sie breitete auf dem Gartentischchen die Materialien der Reichstagskommission und Kollárs Buch aus. „Wie winde ich mich da heraus?"

Der Kanzler Kaunitz schwieg. Eingehend beschaute er seine gut manikürten Finger und legte dann seine Meinung dar: „Ich empfehle Majestät, dem ungarischen Kanzler Esterházy einen persönlichen Brief zu schreiben, er solle mit sofortiger Wirkung den Verkauf von Kollárs Buch verbieten, und zwar bis zur gründlichen Überprüfung seines Inhalts. Ich denke da besonders an die Beschuldigung betreffs der antireligiösen Ansichten, die meiner Meinung nach völlig gegenstandslos sind. Diese Überprüfung dürfte Kollár ohne weiteres überstehen."

Maria Theresia seufzte.

„Ferner empfehle ich, beharrlich die Ansicht zu verbreiten und durchzusetzen, daß der Herr Adam František Kollár sein Werk als Privatmann und Wissenschaftler geschrieben hat, in keinerlei Korrespondenz mit dem Staatsrat und schon gar nicht mit der Person Eurer Majestät."

„Wer wird uns das glauben?"

Kaunitz zuckte mit den Schultern.

„Und schließlich sollte der Herr Kollár schleunigst eine Replik auf die Einwände der Reichstagskommission verfassen. Er ist der Autor, soll er sich also verteidigen. Es geht um seine Haut, soll er sich also bemühen."

Maria Theresia knüllte ihr Musselintuch zusammen.

„Wissen Sie, Kaunitz . . . Ich kann mich nicht dazu entschließen. Das wäre hart gegen Kollár. Wie wird es der Ärmste aufnehmen?"

„Um ihn habe ich keine Sorge", sagte Borié. „Kollár ist eine harte slowakische Natur. Er wird kämpfen."

„Ich sehe keine andere Möglichkeit, Majestät. Die Urteile und Schlußfolgerungen der Reichstagskommission sind zu scharf und zu gefährlich. Es ist unmöglich, sie zu ignorieren, sie müssen widerlegt werden. In ihrem gehässigen Eifer haben sie dort alles Mögliche zusammengeschrieben. Haben Expertisen von der Rechtsakademie in Erlau und vom Esztergomer Erzbischof eingeholt. Sie haben Kollár zum Häretiker und Jansenisten gestempelt. Andere reihen ihn unter die protestantischen Moralisten ein, werfen ihn in einen Topf mit Hobbes, ja sogar mit Machiavelli. Manche beschuldigen ihn sogar des Atheismus."

„Wer hätte eine solche Reaktion erwartet?“ sagte Maria Theresia mit einem Seufzer. „Migazzi hat mir ebenfalls ein Gutachten geschickt. Ein Graus. Ich habe es Kollár zustellen lassen, soll er sich dazu äußern.“

„Der Primas Barkóczy hat mir sein persönliches Gutachten geschickt. Er zählt darin einundsechzig Sünden des lieben Kollár auf. Am schmerzlichsten haben sie die Sätze über die schlechte Behandlung der Untertanen berührt. Kollár zeichne die Grundherren ‚in seiner absurden Ungerechtigkeit und Unehrenhaftigkeit als intolerante Tyrannen‘.“

„Die Ausführungen zeugen von tiefer Beunruhigung“, bemerkte Borié. „Ich halte es für meine Pflicht, Eure Majestät darüber zu informieren, daß die Garnisonskommandanten an der Militärgrenze, die nach Wien zurückkehren, aus den südlichen ungarischen Komitaten Anzeichen von Unruhen melden. In den Dörfern im Donaugebiet sollen die Bauern Frondienste während der Erntezeit verweigert haben. In den Komitatsämtern und den Pfarreien häufen sich die Beschwerden über unmenschliche Behandlung. Ein weiterer Aufschub der Urbarreform kann Aufstände auslösen, die ...“

Maria Theresia, die mit wachsender Aufmerksamkeit zugehört hatte, lächelte jetzt zu aller Erstaunen.

„Aufstände, sagen Sie?“ Sie klatschte in die Hände. „Das würde ich diesen Herren gönnen.“ Sie wandte sich Kaunitz zu. „Von jetzt an werden Sie mir regelmäßig alle Informationen über Bewegungen in der Bauernschaft in den ungarischen Komitaten vorlegen. Die Beschwerden und Vorwürfe unserer Untertanen werden wir sorgfältig prüfen und im Auge behalten. Sie werden willkommenes Material bei der Behandlung der Urbarreform in Preßburg sein.“

„Zunächst müssen wir jedoch den Reichstag drängen, über die Urbarien zu verhandeln. Nach diesem fatalen Vorspiel mit Kollár ist das sicher keine leichte Aufgabe.“

Maria Theresia zwinkerte dem Kanzler fröhlich zu.

„Nun ja, wir werden auf unsere königlichen Rechte

nicht verzichten – so wie Sie uns geraten haben, Fürst. Als Liebhaber guter Musik wissen wir, daß über den Erfolg einer Komposition das Finale entscheidet, nicht wahr, meine Herren? Was sagen Sie zu der neuesten Symphonie des Herrn Joseph Haydn?"

In der Wohnung gegenüber dem Stephansdom brannte Licht. Die Fenster waren in die Sommernacht hinein geöffnet. Adam Kollár hatte die Berichte über den Verlauf des Reichstags schon am nächsten Tage erhalten. Als er erfuhr, daß der junge Erzbischof von Kalocsa, Jozef Batthyány, den man für einen Neuerungen zugetanen Mann hielt, ebenfalls gegen das Buch Stellung genommen hatte, schrieb er ihm einen ehrerbietigen Brief. Er bat ihn darin um seine Vermittlung im Streit mit dem Reichstag. Der Erzbischof antwortete umgehend. Niedergeschlagen las Kollár die kühlen Zeilen: „Die geschmähten Herren werden sich wohl nur schwerlich mit Ihren Erklärungen und Rechtfertigungen zufriedengeben ... Die beleidigte Autorität und die angegriffene Ehre rufen nach Genugtuung." Zum Schluß empfahl der Erzbischof dem Autor, er solle dem Reichstag eine bescheidene, reuige Erklärung unterbreiten, was ihn bewogen habe, ein solches Buch zu schreiben. Erst dann werde der Erzbischof tun, was „erlaubt und möglich" sei.

Inzwischen hatte Kollár aus der Hofburg den Hinweis erhalten, er solle eine Verteidigung seiner unglückseligen Schrift verfassen und sie als der inkriminierte Autor direkt an den ungarischen Reichstag schicken.

Vier Tage waren in fieberhafter Geschäftigkeit vergangen. Kollár hatte sich in der Hofbibliothek einen Kurzurlaub erbeten und schrieb nun wie im Rausch die größte Verteidigung seines Lebens: „Apologie des Adam František Kollár, gerichtet an Ihre Majestät und den Reichstag des Ungarischen Königreichs, betreffend das Buch ‚Über den Ursprung ...'". Er begann zerknirscht und demütig, sprach sein Bedauern darüber aus, daß er solche Unannehmlichkeiten verursacht und eine solche Empörung ausgelöst habe. Hätte er das vorhergesehen, hätte er sein Werk niemals in die Welt hinausgeschickt. Dann analysierte er eingehend alle Einwände, die man gegen seine Ausführungen erhoben hatte. Er ging von Punkt zu Punkt, von Seite zu Seite vor. Dabei merkte er gar nicht, wie sich der Fluß seiner Gedanken veränderte. Der Text riß ihn mit, die alten Gedankengänge erwachten zu neuem Leben. Er blätterte wieder in seinem Buch, und eine unbekannte Kraft führte ihm die Feder. Er nahm die Mückenschwärme im Zimmer und den Gestank der in den Kerzenflammen verbrannten Insekten nicht wahr, seine Gedanken überflogen den Stephansplatz, den Graben, die Residenzstadt, flogen gen Osten in die alte Heimat. Er vergaß, daß er bereuen und demütig bitten sollte. Die Zeilen, die er aufs Papier warf, stützten seine Argumentation. Statt seine Thesen zu widerrufen, wappnete er sie mit neuer Kraft. Er saß gebeugt über dem Papier, nur dann und wann trat er wie im Traum ans offene Fenster und atmete die warme Luft ein. Er saß geduckt, aber seine Zeilen waren schnurgerade. Er fühlte, wie er sich vor sich selber aufrichtete, wie er die alte Sicherheit und Würde zurückgewann. Schon schrieb er als selbstbewußter Wissenschaftler, der über schlagende Argumente verfügte, wobei er sich auf Autoritäten der gebildeten Öffentlichkeit Europas berufen konnte. Er schrieb, das Elaborat der Reichstagskommission ermangle der kritischen Tiefe, welche die europäische Wissenschaft auszeichne. Er fühlte, daß er sich selbst übertraf. „Wenn ich etwas Unangenehmes geschrieben habe, so möge man das nicht mir ankreiden, sondern der Wahrheit und den Gesetzen, deren Stimme ständig frei erklingen sollte." Er bekannte, ein ungarischer Patriot zu sein, sein engeres und weiteres Vaterland zu lieben. Er bringe dem Volk Ungarns, das den Franzosen gleichkomme, was das Alter und die Erhabenheit seiner Gesetze betreffe, seine Huldigung dar. Zum

Abschluß erklärte er, er werde, falls man ihn verurteile, nicht um Gnade bitten, sondern, obwohl unschuldig, die Strafe der Verbannung auf sich nehmen.

Erschöpft, mit Ringen unter den Augen, schickte er am 29. Juli die Apologie an den Reichstag in Preßburg. Einen Tag darauf erließ die Kaiserin und Königin die Weisung, mit Rücksicht auf gewisse Zweifel religiösen Charakters die Einfuhr des Buches von Adam František Kollár nach Ungarn bis zur gründlichen Überprüfung zu verbieten. Die ungarische Hofkanzlei in Wien übermittelte den königlichen Erlaß an den Statthalterrat in Preßburg, und dieser versandte eiligst Rundschreiben in alle Komitate. Die Beamten in den Komitaten, aufgeschreckt durch Unruhen in der Bauernschaft, verschärften aus eigenem Antrieb den königlichen Erlaß. In den Städten, Schlössern und Dorfpfarreien wurden auch die bereits verkauften Exemplare des gefährlichen Buches beschlagnahmt.

Adam Kollár nahm dies alles auf, als träumte er. Er war auf das Schlimmste gefaßt, war fest überzeugt, er werde die geliebte Bibliothek verlassen müssen. Vorläufig blieb jedoch alles still. Einem Freund schrieb er nach Prešov: „Wer weiß, mein Lieber, ob nicht im nächsten Jahrhundert Menschen geboren werden, die meine Lehre billigen, deren Schüler jedoch nicht auf ihr Wohl trinken werden?“

Die Flämmchen des Optimismus erloschen jedoch bald. Ende August erfuhr Kollár, daß auf Grund der Gutachten aus Ungarn der Heilige Stuhl in Rom sein Werk auf den Index verbotener Bücher gesetzt hatte. Ihn erfaßte Trauer. Jeder Tag drohte ihn mit seiner stehenden Luft zu ersticken. Ihn quälte das schreckliche Gefühl, er stehe im Zentrum der Aufmerksamkeit mächtiger Kräfte, er bewege sich am Rande eines Abgrunds. Er fürchtete, er werde nicht durchhalten. Das Ende des gefährlichen Spiels war nicht abzusehen. Inbrünstig betete er, aber er hatte keine Hoffnung, daß seine Gebete weiter als bis zu seiner Wohnungstür gelangten. Er fühlte sich verraten und verlassen.

Maria Theresia kehrte Ende August mit Kaiser Franz und dem Kanzler Kaunitz nach Preßburg zurück. Sie tat, als wäre nichts geschehen. Man mußte um jeden Preis erreichen, daß der Reichstag seine Arbeit fortsetzte und über die Reformvorschläge verhandelte. Maria Theresia versuchte zu retten, was zu retten war. Auf der Preßburger Burg verteilte sie feierlich weitere St.-Stephans-Orden an die größten Schmäher von Kollárs Buch. Sie begab sich nach Budín, trieb Hillebrandt beim Bau des neuen königlichen Schlosses zur Eile an. Das gefiel den Ungarn. Unterwegs machte sie in Waitzen Station, nahm an der Hochzeit von Migazzis Nichte teil. Die Neuvermählten beschenkte sie mit Brillanten. Migazzi strahlte, Prinz Albert veranstaltete Kriegsspiele auf der Donau, abends gab es Feuerwerk. Die Königin tat, als wäre nichts geschehen. Die feierliche Eröffnung einer Erziehungsanstalt, benannt nach Maria Theresia. Nachmittag Fischzug auf der Donau. Migazzi drückte sie ein mit Smaragden und Diamanten besetztes Pektorale in die Hand.

Ende August berichtete der päpstliche Nuntius aus Wien nach Rom, daß der Herr Adam Kollár, beträte er ungarisches Gebiet, seines Lebens nicht sicher sei. Der Erste Kustos der Hofbibliothek bewegte sich also vorsichtig innerhalb eines Gebiets, das von drei Wiener Straßen begrenzt wurde: zwischen der Hofburg und dem Haus des Herrn Winterholler.

Inzwischen kehrte die Herrscherin mit ihrem Gefolge aus Waitzen über Raab nach Preßburg zurück. Sie ließ aus Wien ein italienisches Opernensemble kommen. Preßburg amüsierte sich wie nie zuvor. Was wird der Reichstag tun?

Anfang September beschlossen die Reichstagsabgeordneten, als ersten Punkt die Gesuche und Beschwerden der Stände aus ganz Ungarn zu behandeln.

7

„Hoheit, höher sollten wir vielleicht nicht steigen!"

Joseph knöpfte den schwarzen Samtkragen auf, krempelte die schwarzen Manschetten um, atmete tief durch und blickte geringschätzig hinunter. Dort schnauften auf dem Felsenpfad die übrigen: sein jüngerer Bruder Leopold, der Herzog Albert von Sachsen, noch weiter unten der Inhaber eines Lehrstuhls der königlichen Bergakademie, der Herr Jacquin. Und hinter ihnen klommen mühsam die Schemnitzer Ratsherren empor, an ihrer Spitze der dicke Kammergraf.

„Wir steigen noch höher", erklärte Joseph unnachgiebig, obwohl er selber keine große Lust mehr dazu verspürte. Man hatte ihnen einen Spaziergang zur unlängst errichteten Staumauer Klinger empfohlen, auf einem mit Tannen und Fichten gesäumten Zickzackweg. Als sie an dem künstlichen See vorbeigingen, dem Wasserreservoir für die Schemnitzer Gruben, zeigte Joseph auf den Berg über ihnen. „Von dort könnte sich ein schöner Ausblick bieten", rief Leopold auf französisch. Er winkte mit dem Skizzenblock und schlug dem älteren Bruder vor, den steilen Hang hinaufzuklimmen. Die anderen sahen einander resigniert an und folgten schweigend den Spuren der Erzherzöge.

Es war Ende Juli, der Himmel wolkenlos. Die Sonne neigte sich langsam im Westen. Die Nadelwälder rings um die Stadt filterten die Sonnenglut, verwandelten sie in angenehme Wärme mit dem Duft nach Harz, Heidelbeeren und Moos. Solange sie unter Tannen dahinschritten, fühlten sie sich wie in einer Kathedrale. Jetzt aber trieb sie der Erzherzog Joseph den kahlen Hang hinauf, auf die Horná Roveň. Der kunstgerecht angelegte, den halben Berg umspannende Pfad führte jeweils in Serpentinen um vulkanische Felsen oder ausgebrochene Wurzelstöcke. Diesen Pfad aus der Bergmannssiedlung in die Stadt im Tal hatten Hunderte von derben Sohlen in dunklen Morgenstunden ausgetreten. Jahrhunderte waren sie hier entlanggegangen. Das Grün und das Unkraut waren verschwunden, aber noch immer war der Pfad mit scharfkantigen Brocken vulkanischen Gesteins besät.

Keuchend kletterte die kleine Schar hoch und höher, immer wieder ruhte sie in einer Biegung oder auf einer Plattform aus, begeisterte sich an dem Ausblick auf die dunkelgrüne reglose Fläche des Stausees tief unten. Die Natur läßt sich verändern, sann Joseph. Das System der Schemnitzer künstlichen Seen, der „Teiche", wie man sie nannte, hatte Matej Kornel Hell bereits Ende des vorigen Jahrhunderts entworfen. Es bewies die Kraft des menschlichen Geistes. Die Zweckmäßigkeit hatte der Landschaft keinen Abbruch getan, sondern sie im Gegenteil veredelt. Der junge Leopold war ebenfalls begeistert. Hastig skizzierte er in seinem Block die langgezogene Form eines kleinen Teiches. Um wieviel wunderbarer ist es, die Landschaft mit reizvollen Gebäuden zu schmücken, neue Seen zu schaffen und Sammelgräben zu ziehen, als sie in Kriegen zu vernichten und niederzubrennen!

Der Ausflug in die slowakische Berggegend freute die drei jungen Besucher vom Wiener Hof. Kremnitz, Neusohl und Schemnitz hießen sie mit allem Pomp willkommen. Das verdankten sie der Anwesenheit des Erzherzogs Joseph, des frischgekrönten römischen Königs, des Erben des Habsburgerreichs. Die Freien Königlichen Städte wollten ihm ihre Ergebenheit beweisen; ihre Vertreter hofften, sich damit die Gunst des Wiener Hofes zu erhalten.

Der junge römische König antwortete auf die blumigen Begrüßungsreden in lateinischer Sprache fast widerwillig, mit steinernem Gesicht. Er antwortete zumeist auf deutsch. Die Bürger bemerkten überrascht, daß die jungen Herren vom Hof untereinander französisch, mit den Bürgern und Bergleuten aber deutsch sprachen. Das gefiel ihnen. Die Manieren des jungen Thronfolgers, seines Bruders und des künftigen Schwagers signalisierten einen neuen zwangloseren Stil. Er äußerte sich in Kleinigkeiten: in der bescheidenen Kleidung, dem Ignorieren der Etikette, dem aufmerksamen Anhören der Meinung auch von Leuten, die keineswegs hochgeboren waren, und besonders in dem noch nie dagewesenen Interesse für Fachfragen. Die jungen Erzherzöge lebten auf. Hier waren sie in ihrem Element. Für Joseph war der Ausflug nach Oberungarn eine willkommene Ruhepause nach den hohlen und anstrengenden Zeremonien in Frankfurt. Endlich war er allein, ohne die Eltern, nur mit seinem Bruder und mit dem künftigen Schwager.

Albert zeigte keine sonderliche Begeisterung. Der Ärmste war verliebt, anscheinend ziemlich hoffnungslos. Er wußte noch nicht, wie sein Kampf um die zauberhafte Christine enden würde. Sie weilte in diesen Stunden auf dem Reichstag in Preßburg, eilte wie die anderen von einem Ball zum anderen, besuchte das Theater des Herrn Turbilius im Grünen Haus. Scharen von ungarischen Adligen umschwärmten sie. Albert litt an den Abenden, wagte jedoch nicht, sich vor Joseph zu beklagen, und noch weniger, seine Verliebtheit zu offenbaren. Er wollte nicht an Josephs frische Wunde rühren. Und Joseph war sowieso am liebsten allein.

Am glücklichsten war der junge Leopold. Ernst, mit ruhigen Augen, für seine siebzehn Jahre fast zu würdevoll. Ein hervorragender Schüler, ein offener Kopf, voll von den revolutionierenden Ansichten seines Erziehers, des Juristen Martini. Doktor Martini machte den beiden jungen Erzherzögen nachdrücklich klar, wie erhaben ihre Mission sei, lehrte sie, die Probleme ihrer künftigen Herrschaft mit allem Ernst anzugehen, skizzierte ihnen in verführerischen Bildern, wie Herrscher ihre Länder verändern könnten und müßten.

Jetzt also waren sie auf Reisen, machten sich mit den Landschaften und den Menschen ihres künftigen Reiches bekannt. Joseph sog die neuen Eindrücke in sich ein, beobachtete mit Wohlgefallen die Begeisterung seines Bruders. Leopold hatte Notizbuch und Skizzenblock bei sich. Er führte ein Tagebuch und fertigte Skizzen von Kremnitz und Schemnitz an. Man führte sie auf den neuen Kreuzweg. Joseph blieb auf dem scharfen Grat des Vulkankegels stehen, wo die dreitürmige neue Kirche für die deutschen Gläubigen weiß durch die Bäume schimmerte. Sein schmales Gesicht blieb unbewegt, er äußerte kein Wort des Lobes. „Wenn Sie sähen, Hoheit, was hier geschieht, wenn Wallfahrt ist", rief begeistert der Pfarrer. „Das kann ich mir vorstellen", murmelte Joseph mürrisch. Einmal werde ich all diesen Wallfahrtsrummel verbieten. In den Bergstädten könnte man die Gelder wahrlich zweckmäßiger verwenden als für pseudomystische Metamorphosen von Vulkanbergen. Schemnitz braucht Feuermaschinen, hydraulische Maschinen, Schöpfwerke und Erbstollen, um seine Schätze schneller und billiger fördern zu können, mit geringerer Mühe für die Bergleute. Dem Dechant sagte er das nicht, aber abends sprach er darüber mit seinem Bruder Leopold. Leopold stimmte ihm zu. Albert von Sachsen schwieg.

Leopold zeichnete verbesserte Variationen der Feuermaschinen des Engländers Isaac Potter, der in Neusohl gestorben war. Seine Maschinen arbeiteten hier, man hatte sie ihnen in Betrieb vorgeführt. Die Söhne des Kaisers debattierten leidenschaftlich mit Jacquin, ob das ursprüngliche Prinzip Newcomes besser sei oder das Druckluftschöpfwerk des jungen Jozef Karol Hell. Hell war ihr hiesiger Abgott. Sie sprangen um ihn herum, lauschten seinen Erklärungen, Leopold zeichnete Hells neuestes Wunder ab, eine pneumatische Maschine. Die Besucher aus Preßburg standen stundenlang bei dem Maschinisten am Rande des Dreifaltigkeitsstollens. Sie beobachteten, wie zum Umschöpfen von Hunderten Maß Wasser trotz großen Höhenunterschieds zwei Maschinisten genügten, die sich miteinander durch geschickt angebrachte Glöckchen verständigten, wie geheimnisvolle Hähne sich öffneten und das unter Druck stehende Wasser freigaben, dann solche mit unter Druck stehender Luft. Die Eingeweide der Schemnitzer Hügel erzitterten. Der bärtige Maschinist erlaubte Leopold, beim zweiten Mal die Zuleitungen zu öffnen. Der junge Herr betätigte die Messinghebel und -hähne, unter seiner Berührung rauschte das Wasser in der Tiefe auf, es entstand ein Unterdruck, und die wohlberechneten Kräfte begannen zu wirken. In Josephs Gesicht zuckte kein Muskel, aber ihn erfüllte Zufriedenheit. Uns werden keine Kreuzwege mehr ändern. Auch die Mutter wird uns nicht verändern. Das hier ist eine andere Welt als die der kaiserlichen Hofburg. Hier, fern von Wien, im Schoß der heidnischen Natur der slowakischen Wälder, arbeiten selbstbewußte, geschickte Menschen, sie scheren sich nicht um Intrigen, Flugblätter, Hoftratsch. Sie bauen Schöpfmaschinen, lernen Mathematik, Mechanik, Hydraulik. Wie wenig wissen wir von unserm Reich!

„Ich werde reisen", sagte Joseph und stützte sich freundschaftlich auf den jüngeren Bruder. Als erste gelangten sie auf den Gipfel und hielten auf einer kleinen Wiese inne. Leopold machte einen begeisterten Sprung und riß den Bruder mit, sie rannten über das Bergplateau. Am anderen Rand blickte man auf die Kulisse des Tals, auf verstreute Bergmannshütten, auf Tannen und Fördertürme. Auf die barockisierten Mützchen der mittelalterlichen Kirchen.

Als auch die Einheimischen hochgeklommen waren, belehrten sie die Erzherzöge, daß der geschwungene Rücken auf der anderen Seite der Sitno sei, der höchste Punkt der Schemnitzer Berge.

„Laut einer alten Legende schlafen im Innern des Sitno Ritter, und die werden dem hiesigen Volk zu Hilfe kommen, wenn die Not am größten ist."

Joseph lächelte. „Ist das schon einmal geschehen?"

Der stämmige Ringbürger ließ sich nicht aus der Ruhe bringen. „Während des Tatareneinfalls hat sich das Volk aus der ganzen Gegend auf dem Gipfel des Sitno in Sicherheit gebracht. In den Zeiten der Türkenangriffe brannten auf dem Sitno Wachfeuer. Sie signalisierten das Nahen türkischer Truppen. Bei klarem Wetter sieht man vom Sitno bis nach Budín."

„Also haben die Legenden eigentlich eine reale Grundlage, nicht wahr? Wir sollten dafür sorgen, daß auch über uns dereinst Legenden entstehen. Und über die technischen Errungenschaften unserer Zeit. Etwa über den Erbstollen, den ihr nach Kaiser Franz benannt habt."

Leopold klappte den Skizzenblock auf und zeichnete den Gipfel des Sitno.

Joseph kehrte dem Sitno den Rücken zu und betrachtete wieder den künstlichen See unter ihnen. Die Sonne stand tief. Sie strahlte auf die wellige Landschaft um Schemnitz mit der kunstvoll komponierten Architektur herab. Alles bekam scharfe Konturen wie eine Theaterkulisse. Die Heimat schöpferischer Menschen. Die Natur in Harmonie mit dem Herrn über die Natur. Joseph spürte im Herzen einen sanften Schmerz. Er hätte gern den grandiosen Eindruck dieser Landschaft mit jemand geteilt, aber an seiner Seite fehlte der ihm nächste Mensch. Der Schmerz über die schöne, fremde Einsamkeit. Er stand reglos da. Windstille. Jemand trat in seinem Rücken von einem Bein aufs andere. Das könnte Isabella sein. Er zog den bitter-schönen Augenblick in die Länge. Träumerei. Hier könnte ich schreiben. In dieser sonderbaren dunkelgrünen und blauen Landschaft. Kein Blatt bewegt sich an den Büschen, keine Tannennadel fällt zu Boden, kein Kiefernzapfen.

Die Aufforderung zum Essen riß ihn aus seinen Gedanken. Ohne ein Wort kaute er die dargebotenen Speisen, wischte sich den Mund ab und reichte dem Kammergrafen die Serviette; dieser warf sie angewidert einem Diener zu, einem alten Bergmann in Festtracht.

„Sie können gehen, meine Herren. Ich folge Ihnen langsam. Nein, keine Angst, ich hole Sie ein." Er zeigte auf das Ende der Wiese. Dort begann der Fußweg hinunter zum Klinger.

Alle brachen in die gewiesene Richtung auf, stiegen bergab zum See. Albert interessierte sich für die kunstvolle Ausführung der Ehrenmedaillen, die an Absolventen der hiesigen Bergakademie verliehen wurden. Jacquins Französisch klang über den Bergen wie das Piepsen eines exotischen Vogels.

Nur Leopold nahm nichts wahr. Er saß auf einem Baumstumpf und zeichnete, bis ihn Joseph leicht hochzog. Endlich waren sie auf dem Plateau allein.

„Wir müssen viel reisen, Bruder. Wer die Welt regieren will, muß sie kennen. Sie mit eigenen Augen sehen. Sie betasten und beschnuppern." Joseph spazierte mit Leopold auf der Lichtung zwischen den Tannen im Kreise. Erst jetzt gewahrte er die Kapelle im Dämmer der Bäume. „Schau nur! Fang bloß nicht an, sie zu zeichnen. Man hat mir gesagt, hier veranstalte man heidnische Maifeste. Vor der Mutter Gottes . . ."

Leopold spürte den Drang, zu springen und zu hüpfen, über die Wiese zu laufen. Er hatte jedoch den großen, traurigen Bruder neben sich.

„Komm, wir beten für Karl."

Joseph blieb stehen.

„Hast du schon gebetet?"

„Ja." Er lächelte Leopold zu. „Alles muß man sparsam tun." Er faßte den Bruder um die Schulter. „Ich beneide dich. Bald wirst du herrschen. Freust du dich nicht? Dank Karls Tod wirst du Großherzog von Toskana."

Leopold errötete. „Und ich bekomme die für unseren Bruder bestimmte Frau."

„Marie Louise ist eine Tochter des spanischen Königs. Du weißt sehr wohl, daß Spanien lange Jahre das Kleinod des Hauses Habsburg war, bis wir uns die spanische Krone von den Bourbonen entreißen ließen. Jetzt rückt uns durch deine bourbonische Braut die spanische Krone wieder näher. Unsere Mutter überlegt gründlich. Sie ist weitblickend. Wir müssen ihr gehorchen, auch wenn es uns schwerfällt."

„Mir fällt es nicht schwer", flüsterte Leopold.

„Du mußt dich aufs Regieren freuen. Versprich mir, daß du deinen eigenen Weg gehen wirst. Unseren neuen Weg."

„Du brauchst mich nicht zu überzeugen."

„Du mußt unbarmherzig sein." Joseph zeigte auf das Land zu ihren Füßen. „Weißt du, daß hier vor dreißig Jahren Montesquieu auf Besuch war? Er beschrieb auch die hiesigen neuen Maschinen. Ich bin sehr froh, hier zu sein. Eine Woche sind wir schon auf Reisen. Ich brauche dir nichts zu erklären. Du hast gesehen, wie unsere Untertanen leben. Schau dir die Hütten der Bergleute von Kremnitz und Schemnitz an! Sie hausen mit den Kindern, der Schwiegermutter und der Ziege in einer einzigen Stube. Und wir bauen ihnen Kreuzwege und Kalvarienberge! Die Ratsherren scheuen sich, uns diese Bergmannshütten zu zeigen, denn uns würde sich der Magen heben. Weißt du, Bruder, wenn ich Herrscher bin, dann lasse ich diese Hütten aufsperren. Ich zwinge unsere Parasiten am Hof und die Baumeister unserer Palais, ihre gepuderten Nasen da hineinzustecken."

„Die ‚Rêveries', Bruder, du hast doch die ‚Träumereien' vor fünf Jahren geschrieben, als du so alt warst, wie ich jetzt bin! Worte, so scharf wie ein Blitz. Entschlossener Kampf gegen die Standesprivilegien des Adels und des Klerus! Den Untertanen kann nur ein aufgeklärter Herrscher mit unbeschränkter Macht das Glück bringen . . ."

„Merk dir das gut: mit unbeschränkter Macht!"

„. . . die er zum Wohle der Bürger gebraucht." Leopold packte seine Papiere zusammen, und sie gingen langsam zu dem steinigen Pfad. „Hab ich es mir gut gemerkt?"

„Ja. Jetzt mußt du unsere Träumereien in die Tat umsetzen, wohin dich auch das Leben stellt. In Toskana. Du wirst es dort gut haben. Wirst im Windschatten sein. Mutter und Vater werden sich nicht sonderlich um dich kümmern. Sie werden dir freie Hand lassen." Bei einer zerzausten Kiefer hielt er Leopold fest. „Sag mal, bewunderst du unseren Vater?"

„Ja, ich bewundere ihn. Er ist außerordentlich praktisch. Hilft die Staatsschuld verringern. Wäre Vater nicht, dann könnte sich unsere Frau Mutter in ökonomischen Fragen auf niemand verlassen."

„Das mag sein. Aber ich bewundere Vater nicht. Er herrscht nicht. In Wirklichkeit ist er nicht Kaiser. Er ist weder Soldat noch Stratege. Und noch weniger ist das unser unglücklicher Onkel. Diese verfluchten Kriege hätten ganz anders ausgehen können."

Leopold erbleichte und schaute sich um.

„Was redest du da? Unser Vater hält die gesamten Finanzen des Reiches und unserer Familie zusammen. Weißt du nicht, daß seine Besitzungen, die Manufakturen in Holič und Šaštín, und die Besitztümer der böhmischen Hofkammer, die er persönlich verwaltet, unserem Haus Millionen einbringen? Mutter hat von zwölf Millionen gesprochen. Ist das nicht mehr als kurzlebige Erfolge in Kriegen? Ich fürchte, du tust Vater unrecht."

Joseph schüttelte den Kopf. „Er ist verschwenderisch und herrscht nicht. Ja, er könnte ein glänzender Finanzminister oder Bankier sein. Er kauft und verkauft Aktien an den Börsen von Amsterdam, London, Genua und Venedig."

„Das ist doch keine Sünde! Er braucht Geld. Viel Geld. Was hat er auf seinen Besitzungen nicht alles getan zur Hebung der Landwirtschaft! Er setzte neue Methoden im Weinbau, im Fischfang, in der Forstwirtschaft durch. Wie könnte er sonst die Fachleute aus Lothringen, Toskana, Venetien, Savoyen bezahlen? Die Architekten, Wissenschaftler, Mineralogen? Maximilian Hell hat er zum Direktor der Wiener Sternwarte ernannt. Er finanziert Expeditionen nach Südamerika und sogar zum Nördlichen Polarkreis!" Leopold blickte verzweifelt auf die im Abendlicht verlöschende Natur. „Du tust unserem Vater unrecht!"

„Dennoch meine ich, er ist verschwenderisch. Wirft

das Geld unter . . ." Joseph winkte ab. „Komm. Wir müssen anders sein. Fühlst du nicht, was wir alles versäumt haben? Aus den Fenstern der Hofburg, aus den Gärten von Schönbrunn, aus den Parks von Laxenburg kann man den wirklichen Zustand unseres Reiches nicht erkennen. Ich habe mich entschlossen, alle unsere Länder zu bereisen. Ich brenne vor Ungeduld. Will zeigen, was man alles leisten kann. Noch stehen wir am Beginn eines langen Weges. Unsere gute Mutter hat ihn betreten. Aber sie ist zu vorsichtig. Sie zögert. Läßt sich leicht beeinflussen."

„Bislang war das nicht von Schaden, sondern von Nutzen."

„Bislang. Doch das genügt nicht. Mutter macht Winkelzüge und schwankt zwischen Nichtstuern hin und her. Statt ihnen zu sagen, was sie denkt. Überleg doch nur, dieser ganze Zirkus mit den ungarischen Reichstagen. Mit den Reformen kommen wir nicht voran, wenn wir sie immerfort fragen, ob wir damit freundlicherweise beginnen dürfen. Ein aufgeklärter Herrscher darf nicht auf die Meinung vorsintflutlicher Stände, auf Reichstage und Parlamente Rücksicht nehmen. Ich . . ." Er stockte. In den Augen des jüngeren Bruders las er Ablehnung. Warum lieben sie mich nicht? Er erinnerte sich an die Vorwürfe der Mutter. „Ich werde ohne Reichstage herrschen. Das schwöre ich bei diesen tiefen Gewässern. Ich werde ändern, was ich für vernünftig halte: in der Kirche, in der Staatsverwaltung, in der Armee. Ich werde mich nicht vor den Vertretern der zwei privilegierten Stände erniedrigen! Das ist doch lächerlich! Fragt vielleicht der Räuber den Wanderer, ob er ihm freundlicherweise den Rock mit einer Tasche voller Dukaten abnehmen darf? Wartet er vielleicht auf die Zustimmung des Wanderers?" Er lachte auf.

„Ist denn der Herrscher ein Räuber?"

Joseph blieb stehen, wartete, bis Leopold neben ihm stand, und sah ihn streng an.

„Bruder, du weißt sehr wohl, wer die Räuber in den

Erbländern und in Ungarn sind. Von ihnen muß man nehmen. Hart und unbarmherzig."

„In diesem Sinne hast du recht, aber deine Härte macht mich betroffen."

Sie schritten bereits am See entlang und blieben jetzt auf dem Damm stehen.

„Siehst du einen anderen Weg?" Joseph ergriff die Hand des Bruders. „Weichheit und Schlamperei sind ein Zeichen für den Verfall einer Gesellschaft. Schau hin! Diesen Pfad haben die Menschen hier in den Hang gehauen. Nicht mit Butter oder einem Holzlöffel. Mit eisernen Hacken. Vielleicht mußten sie die größten Felsen wegsprengen. Wege kann man nicht mit dem Parfüm von Salondamen bahnen."

Der Pfad verschwand hinter der Biegung; links standen zwei nackte Tannen im unwirklichen Schein der erlöschenden Sonne. Da sprang rechts von ihnen eine Gestalt auf. Sie zuckten zusammen.

„Albert!"

„Haben wir euch also doch eingeholt!"

Sie lachten und umarmten sich.

Joseph wurde ernst, blickte in das Gesicht mit dem vorspringenden Kinn.

„So schön ist es hier, und mir ist traurig zumute", sagte Albert. „Euch nicht, Freunde?"

Leopold trat an seine Seite, aber Joseph blieb regungslos stehen, sah den künftigen Schwager streng an. Albert hielt dem Blick stand, verstand jedoch seine Härte nicht.

Albert, der sächsische Prinz. Verliebt in die Schwester Marie Christine.

Joseph schritt allein auf dem von Fichten und Tannen gesäumten Fußweg dahin. Mit einemmal haßte er sie alle. Seine weinerlichen, widerwärtigen Schwestern, mit denen er allabendlich den Familientee einnehmen mußte. Seinen verweichlichten krämerhaften Vater mit seinen Damen, Geliebten, Börsen und dem süßlichen Lächeln auf dem schwammigen Gesicht. Leopold, der bald herrschen und die kaiserliche Burg verlassen durfte. Daun, Laudon, Lacy, alle diese Generale, die über die europäischen Schlachtfelder hinweggefegt sind und ihm, Joseph, nichts übriggelassen haben, nichts für den Ruhm und für neue Konzeptionen. Die aufgeblasenen, lärmenden ungarischen Herren, alle diese Esterházys, Pálffys, Nádasdys, Batthyánys, die durch Altäre, Säbel, Bischofsmitras und Betten miteinander verbundenen Familien. Die eingeschüchterten und dabei raffgierigen österreichischen Herren, die Liechtensteins, Schwarzenbergs, die Tschechen und alle Slawen, dieses zänkische und neidische Pack. Er fürchtete die Rückkehr nach Wien, nach Preßburg, auf den unfähigen Reichstag, ihm waren all diese Orchester, Karussells, Festlichkeiten zuwider, der Gestank der Fasanerien und Pferdeställe, die Sägespäne in der Spanischen Hofreitschule, die Parfüms, die hohen Frisuren, die Pomaden, die schmutzigen Kämme und schweißigen Strumpfbänder, die Arzneien und durchgeschwitzten Federbetten. Die Schweißflekken in den Achselhöhlen der Mutter, ihr Doppelkinn, ihr schwerer Atem und ihre senilen Ermahnungen, das Kästchen mit den Akten und Schreibfedern, die in ihren fetten Fingern konzentrierte Herrschaft, diese Winkelzüge zwischen Migazzi und Barkóczy, zwischen van Swieten und Sonnenfels, Martini und Kollár. Das Manövrieren zwischen den Jesuiten und Jansenisten, zwischen Kaunitz und Haugwitz.

Er schritt allein auf dem Weg zwischen dunklen Bäumen dahin. Unter ihm lag die Stadt, die ihm unbekannt gewesen war und die er kennengelernt hatte. Niemand war an seiner Seite. Die anderen waren weit vorn, sie schwatzten, droschen leeres Stroh, drechselten Schmeicheleien, erzählten Halbwahrheiten und Tratsch, aus denen Legenden und Mythen hervorwachsen würden. Seine junge, bereits knochige, wenig trainierte, schwächliche Hand faßte in die Luft des Sommerabends, ins Leere. Über jeden Schritt, den er zurückblieb, freute er sich. Jede Sekunde, die ihn von den anderen trennte, war ihm ein Gewinn. Ihn umringten die schlanken Stämme, deren Runzeln in der zunehmenden Dämmerung nicht mehr zu erkennen waren. Isabella kam ihm entgegen, schwarz und wahnsinnig. Er wollte sich auf die Frau zubewegen, aber die Beine gehorchten ihm nicht. Er wartete auf einen Rat seiner Sinne, auf einen Befehl seines Hirns, denn er besaß nichts mehr und wußte, daß er bis zum Ende seines Lebens nichts besitzen würde, obwohl er erst dreiundzwanzig Jahre alt war, maßvoll und ohne Leidenschaften lebte und auch weiterhin so leben würde, um sich gesund zu erhalten. Der Mensch ist auch eine Maschine, und diese Maschine gehört ihm nicht mehr. Sie gehört ihm schon lange nicht mehr, seit dem November des vorigen Jahres. Damals hatte er begonnen, seinen Körper, sich selbst und andere zu verachten. Das Schrecklichste war, daß er aufgehört hat, Frauen zu vertrauen. Er lehnte sich an den nächsten Stamm, tastete mit den Fingern, bis er eine glatte, harzfreie Stelle fand. Er wollte die Festtracht nicht beschmutzen, die ihm die Herren von Schemnitz und eine Deputation von Bergleuten geschenkt hatten: schwarze Mütze, weißes Hemd, rote Weste, schwarze Hose. Farben, wie Isabella sie liebte, denn es gibt keine passenderen Farben für die Bergestiefen und für den Frauenschoß, für Nachtschichten, aber auch für nächtliche Geständnisse. Albert, du dummer, naiver Albert! Du wirst mit meiner schönen Schwester schlafen. Der reizenden blonden Frau mit der hohen Frisur, verträumt und frisch, mit großen, zärtlichen Augen. Sei glücklich, daß du nicht alles weißt. Preise deine Unwissenheit, bete, daß du dereinst dahingehst, ohne die Wahrheit erkannt zu haben. Mir hat der Herrgott diese Gnade nicht vergönnt. Ich könnte es dem Leben verzeihen, daß es mich nicht mit den Geheimnissen des anderen Geschlechts bekannt gemacht hat, daß es mich keusch und unberührt ließ wie den jungen Leopold, den verstorbenen Karl, den für den geistlichen Stand bestimmten Maximilian. Die süße Italienerin aus Parma aber wurde in meinem neunzehnten Jahr mein Eigentum. Mein körperliches Eigentum. Erst später stellte ich fest, daß man mit jemandem wunderbare Augenblicke im Bett verbringen kann, in der Meinung, einander unendlich nahe zu sein, ohne zu ahnen, daß das geliebte Wesen mit seinem Geist meilenweit von einem entfernt ist, unerreichbar. Undurchdringlich. Ich drang ein, aber ich drang nicht durch. Ich schwöre, es waren köstliche Stunden. Isabella führte mich leicht und natürlich in die Liebesspiele ein, mit der Gelöstheit freier Menschen. Ich verlor Scham und Scheu, freute mich an uns beiden, was mir heute bereits unglaubhaft und unwiederholbar erscheint. Isabella. Meine Lehrerin des Lebens. Die Lehrerin des Todes. Meisterin und Totengräberin der Liebe. Ich könnte mir verzeihen, daß ich beim Begräbnis echte Tränen vergoß und am ganzen Leibe zitterte wie Espenlaub. Daß ich verzweifelte, traurige Briefe schrieb und den erkalteten Körper der schönsten Frau spürte, die die meine war. Das war sie. Meine zögernden Finger, noch unlängst Instrumente der Erregung, glitten über die dunkle Haut, die so glatt war wie die dunklen Seen dieser Landschaft. Die Fingerkuppen begegneten plötzlich der Kühle polierten Marmors. Die Glieder und Formen, die einst gehorsam die uralten Liebesspiele spielten, sind jetzt erstarrt, versteinert. Sie sind noch schön, aber sie tragen bereits verborgen die Zeichen des Zerfalls. Das alles bleibt noch im Rahmen der urewigen menschlichen Erfahrung. Wir Menschen des achtzehnten Jahrhunderts, fürsorglich gefüttert mit Essays, Predigten, Meditationen, Liedern, Trauermessen, Requiems, sind theoretisch gut genug auf die Wonnen und Qualen des Sterbens vorbereitet, auf das Knarren der sich öffnenden Tür zur Ewigkeit. Noch Voltaire stellte sich diesen Augenblick so vor: „Zum Vater unter die Erde gehe ich / in diese unbekannte Welt. / Freunde, so lebt denn wohl, / meine Bahn ist abgeschlossen. / Bedauert mich nicht. Vergebens jubelt niemand, / daß mir das Requiem gespielt wird ..." Die Erfahrung lehrt uns, daß man unversehens nicht nur an der Pest sterben kann, sondern auch an Lungenentzündung, Typhus und Pokken. Fieberanfällen steht man hilflos gegenüber. Täglich kann man seine nächsten und geliebtesten Menschen im Beisein von Ärzten und Priestern verlieren, die die letzte Ölung spenden. Nach einigen Monaten kommt man dahinter, daß der individuelle Schmerz ein allgemeiner ist, die Zeit mildert ihn, dann und wann erneuert sie ihn. Da wird ein großer Kampf mit dem eigenen Gewissen geführt, und es gewinnt der, der es rasch lernt, das Gestern zu vergessen und sich dem Morgen zu öffnen.

Doch ich kann mir jenen Abend in meinem Zimmer nicht verzeihen, umgeben von den Gegenständen, die der Geliebten gehörten, der nicht mehr Existierenden. Es war so feierlich wie eine zelebrierte Messe mit Weihrauch, einem Chor von Bischöfen, Priestern, Diakonen und Ministranten, als ich die Hinterlassenschaften meiner Isabella berührte. Jedes von ihrem Schal, ihrem Schnupftuch aufgewirbelte Stäubchen, ihr Parfüm und noch mehr ihre Schrift auf unterschiedlichem Papier, auf handgeschöpftem Bütten wie in den allergewöhnlichsten Heften mit strengen schwarzen Umschlägen, verhalfen mir zur ersehnten Reise in die Seele der Geliebten, zum gnädig gewährten Aufenthalt im Reich ihres Geistes. Welche geistige Spannweite in dieser jungen Frau! Anmerkungen, Notizen. Über Handelspolitik. Über das Naturrecht. Meditation über einen guten Tod. Charakteristiken der Familienmitglieder, Respekt und Furcht vor meiner Mutter, die Einschätzung meines Vaters. Allwissenheit. Als hätte sie nicht einen schönen Körper gehabt, sondern nur Intuition. Über die Gräfin Auersperg. Porträts der Ratgeber. Verblüfft las ich die Aufzeichnungen meiner zarten Italienerin. Die Expedition in Schubladen, teuer durch ihre stille Unordnung – ich wartete, daß sie ins Zimmer träte und mich von hinten umarmte. Sorgfältig gespitzte Bleistifte, eine Batterie von Federhaltern und Stahlfedern, Tiegel mit Kosmetik, Bänder.

Sie verschlangen sich unter meinen ungeduldigen Fingern. Briefe.

Schon verfluche ich nur dich, Marie Christine, meine Schwester. Ich hasse dich, mich ekeln deine weitgeöffneten klimpernden Augen, deine vollkommene Schönheit, dein schlanker, ebenmäßiger Körper. Briefe und Konzepte von Briefen. Abgeschickte und nicht abgeschickte Briefe. Mit zitternden Händen öffnete ich einen nach dem anderen, alle adressiert an die allerliebste und teuerste Marie Christine. „Glaube mir, daß meine größte, ja ich kann wohl sagen, meine einzige Glückseligkeit darin besteht, Dich zu sehen und mit Dir zu sein. Niemals werden weder Himmel noch Erde, weder die Abwesenheit noch irgend jemand meine Denkweise in dieser Beziehung zu ändern imstande sein." Schwüre ewiger Liebe und Treue. Und die angehimmelte Marie Christine antwortet. Gedämpft und verwirrt, aber sie antwortet. Sie erwidert die Neigung durch Neigung. Albert, Albert ... Zweihundert Briefe in drei Jahren zwischen Isabella und Christine. Dabei waren sie fast täglich beisammen. Durch die Nacht flogen Schwüre und wahnsinnige Beteuerungen. „Da bin ich wieder, allzu grausame Schwester ... Ich kann in dieser Unruhe nicht leben, an nichts vermag ich zu denken, als daß ich verliebt bin wie ein Narr; wenn ich nur wüßte, warum? Denn Deine Unbarmherzigkeit ist so groß, daß man Dich nicht lieben sollte, doch kann man sich dessen nicht erwehren, wenn man Dich kennt." Unter mir klafften die Abgründe der Hölle auf. Darin wälzen sich zwei nach außen hin engelhafte und liebenswerte weibliche Wesen, kaum gereifte Mädchen und künftige Mütter. Sie tappten in dem heißen Bad umher, das ihre Leiber von Tag zu Tag, von Woche zu Woche verbrannte. In meinem verwirrten Sinn stellte ich mir alle ihre Handlungen vor. Wenn sie dem kalten Papier solche Bekenntnisse anvertrauten, was gab es dann an Vertraulichkeiten, Liebkosungen, Küssen und Umarmungen? Die Briefe Isabellas an meine Schwester gaben mir die Antwort, furchtbar durch ihre Wahrhaftigkeit, die Antwort auf die Frage des ganzen Hofes, unser aller Frage. Was trieb meine Isabella, die Mutter meines Kindes, die mir ihre Liebe schenkte und außerdem einem Geschöpf, das sich meine Schwester nennt, so unaufhaltsam zum Tode? Der Untergang zog sie an wie ein Magnet, sie sehnte sich nach dem Nichts, um ihre Liebe abzuschütteln. Isabella hatte die Logik einer unstatthaften, vernichtenden körperlichen Begierde erkannt. Sie konnte vor der übrigen Welt so wenig bestehen wie vor mir, und so flüchtete sie sich in die Umarmung des Todes.

An jenem Abend stürzte ich wie von Sinnen aus meiner Suite. Ich trommelte an die Tür meiner schönen Schwester. Sie saß vor dem Toilettentisch und schminkte sich. Ihre freifallenden blonden Haare flossen fast bis zu den Hüften und Schenkeln. Albert, keinen jungfräulichen Hüften und Schenkeln. Albert, du naiver, armer Junge. Sie sah und erkannte in meinen Händen das gemeinsame Werk des Verderbens. Ein gedämpfter Aufschrei. Sie stammelte, sie habe Isabella einen großen Teil der Briefe zurückgegeben, sie habe sie nicht bei sich haben wollen, schon damals sei sie entsetzt und erschrokken gewesen. Sie schwatzte etwas von unschuldiger Zuneigung, von Mädchenschwärmerei. „Mein Bruder, verzeih mir. Sie war es, sie. Sie wollte täglich bei mir sein." Hier in diesem Zimmer, sicher vor dem Argwohn der Kammerfrauen und des ganzen Hofes. „Ich wollte sie retten, verstehst du das nicht? Ich habe mich für dich eingesetzt, habe Isabella immer wieder aufgefordert, nicht mehr mit dem Tode zu kokettieren. Du hast sie nicht gekannt. Du bist kalt und gefühllos. Du bist schuldig!" Die letzten Worte schrie sie heraus, warf sich aufs Bett und zerwühlte die Kissen. Ich nahm die Briefe an mich und ließ Christine schwören, bis zum Tode zu schweigen. Dann kehrte ich in die Zelle zurück, in der vor Stunden nicht Isabella, sondern die Liebe gestorben war.

Von Stund an veränderte sich alles. Ich hatte eine schreckliche Waffe gewonnen.

Wenn ich Verlangen nach einer Frau empfinde, wenn mir zufällig, und sei es auch nur für eine kurze Weile, eine gefällt und mein unvorsichtiger Blick mit Wohlgefallen auf ihr ruht, dann hole ich abends aus der gut verschlossenen Schublade einige dieser zweihundert Briefe hervor, dieser Beweise weiblichen Treubruchs. Das wird meine einzige Wehr sein, die Rache für das Grausen. Ich kann dem Leben nicht verzeihen, was es mir angetan hat. Mir, einem schuldlosen und ehrenhaften Mann, dem künftigen aufgeklärten Herrscher, dem ersten Bürger dieses Staates.

Er hörte Rufe vom Stadttor. Leopolds dünne Stimme. Joseph löste sich von dem Baumstamm, an dem er lehnte, atmete tief durch und lief im leichten Soldatentrab hangabwärts, am Friedhof vorbei zum Stadttor. Den scharfen Steinen wich er im Zickzack aus. Er war sich sicher, daß er an diese schmerzlichen Dinge nicht mehr denken würde. Er wußte nun, daß Liebe etwas Flüchtiges ist und daß sie nichts löst, daß sie nur eine gefährliche Passion, aber kein Lebensprogramm ist.

8

Maria Theresia saß in der Theaterloge und verfolgte nur mit halbem Auge die Geschehnisse auf der Bühne. Aufmerksam schaute sie hingegen auf die zwei Köpfe vor ihr, verfolgte jede ihrer Bewegungen und wartete auf jede Bemerkung. Kaiser Franz widmete sich mit dem Opernglas den Göttinnen und Nymphen, die Sorgen seiner Frau erregten ihn nicht.

Joseph saß unbeweglich neben seiner neuen Frau. Ihn schien die Geschichte zu interessieren, wie Telemachos, der Sohn des Odysseus, seine Mutter Penelope während der Abwesenheit des Gatten vor ihren Freiern zu schützen versucht. Die Arien des Telemachos gefielen dem Publikum. Josephs Seelenzustand ermöglichte es ihm, sich in den jungen, unerfahrenen Telemachos einzufühlen. War es Absicht, daß man zur Hochzeit des Thronfolgers mit Maria Josepha von Bayern die ältere Gluckoper „Telemachos" aufführte? In der geschichtlichen Rückschau sieht alles wie Absicht aus.

Joseph brauchte sich nicht dazu zu zwingen, den Blick auf die Bühne zu richten. Von der ersten Stunde an war er überzeugt, daß die bayrische Prinzessin, seit einer Woche seine zweite Gemahlin, keinerlei Aufmerksamkeit wert war. Der erste Anblick hatte ihm genügt. Er hatte sich notiert: „Ihr Alter von sechsundzwanzig Jahren, der Umstand, daß sie die Blattern gehabt hat, eine Krankheit, an die ich mich nur mit Schauder erinnere, eine, vor der mir graut. Eine kleine und dicke Gestalt ohne jugendlichen Reiz, Bläschen und rote Flecke im Gesicht, häßliche Zähne ..." Umsonst hatte sich der ganze Hof bemüht, aus der Hochzeit des römischen Königs ein Ereignis zu machen, umsonst hatten sich vor einer Woche in Schönbrunn Marie Antoinette im Kostüm der Flora und die Brüder Maximilian und Ferdinand als Amors im Ballett des alten Metastasio und des Herrn Gluck produziert. Der Titel des Balletts wirkte auf Joseph wie Hohn: Triumph der Liebe!

Maria Theresia hatte ein schlechtes Gewissen, und am Tage vor der erzwungenen Hochzeit gestand sie ihrer Lieblingstochter Christine, ihr sei bewußt, welches Unrecht sie dem Sohn angetan habe.

„Den armen Joseph mußte ich gegen meine Überzeugung und meinen Gefühlen zum Trotz dazu zwingen. Ich muß dir sagen, meine Liebe, daß er es nur mir zuliebe getan hat. Kannst du dir vorstellen, in welche Lage ich ihn damit gebracht habe? ... Bemüht euch, mir zu helfen, meine Kinder." Marie Christine jedoch schwieg nur, an Joseph band sie nichts. „Das Schlimmste ist, daß man Gewissensbisse hat und sich dennoch in der Öffentlichkeit glücklich und zufrieden stellen muß. Mein

Herz steht nicht im Einklang mit meinem Verstand, Christine. Ich muß mir größte Mühe geben, diese Hochzeit gut zu überstehen.“

Christine lächelte unergründlich. Sie konnte zufrieden sein. Die Verbindung mit Albert und seine zarte Liebe hatten nach und nach die dunklen Barrieren überwunden, von denen der sächsische Bewerber nichts ahnte. Die Preßburger Burg wurde immer wohnlicher. Die Mutter hatte beschlossen, daß das junge Paar, sobald der Kaiser seinen Widerstand aufgegeben hatte, nach Preßburg umziehen und das Patronat über Ungarn übernehmen solle. Die Pläne für den schönen Anbau an den Osttrakt der Burg waren verwirklicht worden. Christine und Albert würden im Theresianum wohnen, dem neuen Palais des Herrn Hillebrandt.

Auch für die übrigen Kinder waren die künftigen Rollen schon festgelegt. Leopold wird die um zwei Jahre ältere spanische Prinzessin heiraten und in die Toskana gehen. Marie Antoinette ist erst zehn. Wenn die Pocken sie nicht verunstalten, setzt die Mutter große Hoffnungen in sie. Die Konzeption des Staatskanzlers Kaunitz soll mit einem Triumph gekrönt werden. Die französischen Bourbonen, einst Feinde, im letzten Krieg aber bereits Verbündete Österreichs, sollen ins Habsburger Bett gezogen werden, an die Seite des Mädchens, dessen Schönheit sich nur mit der Christines vergleichen läßt. Der Tod der Madame Pompadour hat Maria Theresia etwas erschreckt, aber Starhemberg hat sie beruhigt. Der österreichische Gesandte hat in Paris von Kaunitz hervorragende Verbindungen geerbt. Das Vorhaben mit der kleinen Antoinette muß gelingen, der Dauphin wächst heran.

Nach seiner Heirat zu Beginn des Jahres 1765 befaßte sich der Thronfolger mit den Problemen der Armee. Er versuchte, seine Ideen hinsichtlich ihrer Modernisierung durchzusetzen. Daun, Liechtenstein, Lacy, Hadik und weitere Generale fanden Gefallen an ihm. Er war trokken und kühl, rational und konsequent. Über Joseph konnten die Generale ihre Forderungen und Ansichten der kaiserlichen Burg übermitteln, denn die Kaiserin war mehr mit inneren Problemen beschäftigt. Joseph war ein guter Beobachter. Er fand bald heraus, wie beim Regieren improvisiert wurde, wie großzügig seine Mutter in großen Dingen war und wie kleinlich in kleinen. Trotz der Einrichtung einer vereinigten böhmischen und ungarisch-österreichischen Hofkanzlei (Kaunitz' Reform), der Trennung der Staatsfinanzen von den Armeeangelegenheiten, trotz der regelmäßigen Beratungen des Staatsrats, den mit eiserner Hand Fürst Kaunitz steuerte, brachte der persönliche Stil Maria Theresias viel Unruhe in die Regierungsgeschäfte. Sie wollte über alles informiert sein, ließ sich fast alle Post vorlegen, entschied definitiv über die unterschiedlichsten Dinge. Zumeist glücklich und mit der genialen Intuition, die sie so bewundernswert machte. Sie vertraute den Menschen um sich. In ihrer langen Regierungszeit hatte sie gelernt zu vertrauen. Sie zögerte nicht, den Preßburger Sonderling Kempelen ins Banat zu schicken, wo er die Staatsverwaltung reorganisieren sollte. Sie beließ Kollár in der kaiserlichen Bibliothek und schützte ihn, ernannte den Freimaurer Bruckenthal zum Kanzler Siebenbürgens, zahlte dem Protestanten Bencúr eine Rente für sein Buch, das ähnliche Gedanken wie das Buch Kollárs enthielt. Sie fürchtete sich nicht. Übertrug den Menschen ihrer Umgebung schwierige Aufgaben, hörte sich dann geduldig ihre Meldungen an oder studierte bis in die Nacht hinein ihre umfangreichen Berichte. Sie verfitzte sich oft in der Materie, war oft überlastet, doch die Fäden ließ sie nicht aus den Händen.

Ja, sie war vertrauensvoll und mutig. Joseph und anderen schien sie in manchen Fällen fast unbegreiflich leichtsinnig. Sie hatte plötzliche Anfälle von Freigebigkeit. Zögerte nicht, Kaunitz hunderttausend Gulden in die Hand zu drücken und ihm ein Palais unweit der Hofburg zu schenken. Der ganze Hof stöhnte auf, als sie den böhmischen Oberstkanzler Chotěk mit dreihunderttausend Gulden bedachte. „Bauen Sie sich dafür ein schönes Palais. Sie haben es sich verdient." Niemand wagte ihr Vorwürfe zu machen, selbst ihr Gemahl nicht. Franz hatte kein reines Gewissen. Es war ein öffentliches Geheimnis, daß er Wilhelmine Auersperg in Laxenburg eine Gartenvilla à la Boucher gekauft hatte. Die französischen Sitten und Stile waren in ganz Europa in Mode. Die reizende Gräfin ließ sich ihre Kapricen lächelnd von der Majestät bezahlen, einem der geschicktesten Finanzmänner Europas, der dank seiner Frau Kaiser war.

Joseph hatte ein undurchdringliches, kaltes Gesicht. Er erschreckte damit nicht nur seine Geschwister, sondern auch und vor allem die Mutter. Seine Augen verrieten seine Meinung über den ganzen Hof. Ihn empörte der Regierungsstil der Mutter. Er mißbilligte das allzu große Vertrauen, das die Kaiserin so vielen Menschen rings um sich entgegenbrachte. Er verbarg sein Entsetzen über die sinnlose Vergeudung von Geldern nicht. Er konnte nicht begreifen, daß Maria Theresia nicht hinter den Magnaten zurückstehen wollte, die sie umgaben. Fürst Nikolaus Esterházy ließ schon das dritte Jahr die Sümpfe am Neusiedler See trockenlegen und dort den Boden für eine Residenz vorbereiten; er wollte mit Schönbrunn konkurrieren, ja vielleicht sogar mit Versailles. Man nannte ihn kriecherisch (oder bewundernd) Niccolo Eszterházy, Il Magnifico. Auf solche Weise verpaßten die Magnaten der Kaiserin Maria Theresia laufend Ohrfeigen. Sie zeigten ihr ihre ungebrochene, ja stetig wachsende Macht.

Joseph empfand derartige Demonstrationen als Beleidigung seiner „Rêveries". Sie waren eines aufgeklärten Herrschers unwürdig. Joseph wußte, daß er anders regieren würde. Er wird ohne Prunk und Prachtentfaltung herrschen. Ohne Liebe wird er seine Untertanen glücklich machen. Dazu genügen Verstand und Willen. Nichts anderes ist vonnöten.

Einstweilen konnte Joseph am Stand der Dinge nichts

ändern. Er war Telemachos. Wartete auf die große Schicksalsaufgabe. Nur mit dem Unterschied, daß er nicht seinen Vater retten würde, sondern eher seine Mutter. Sie schien die einzige Frau zu sein, die er noch anerkannte.

Ein paar Wochen nach der Hochzeit war der Hof entsetzt, wie sich Joseph seiner neuen Gemahlin gegenüber verhielt. Er überließ sie einfach sich selbst, gönnte ihr keinen freundlichen Blick. Schloß sie aus seinen Tagen und Nächten aus.

Christine prophezeite der Mutter mit maliziösem Lächeln: „Mama, wenn ich Josephs Frau wäre und er würde sich mir gegenüber so verhalten, dann würde ich mich am erstbesten Baum im Schönbrunner Park aufhängen." Die Mutter schwieg, lief rot an.

Der Blick des alten, einst so schönen Palatins Batthyány folgte besorgt dem massigen Frauenkörper. Maria Theresia stampfte durch den weißen Salon des linken Flügels von Schönbrunn, dabei stieß sie unkontrollierte Schreie aus. Der Primas Barkóczy trat ans Fenster; er fühlte, wie ihn Unwohlsein überkam.

„Jawohl, ich habe den ungarischen Reichstag aufgelöst! Und was haben Sie erwartet? Ich hätte es bereits voriges Jahr im September tun sollen. Ich sei nicht zum Abschluß des Reichstags erschienen? Wozu? Sagen Sie mir, meine Herren, wozu? Sollte ich mich noch bedanken für das Dreivierteljahr unaufhörlicher Obstruktionen, grober Beleidigungen der Königin? Was haben die ungarischen Stände erwartet? Daß ich vor ihnen auf die Knie falle? Daß ich sie zu den widerwärtigen, gehässigen Pamphleten beglückwünsche, die mich seit September belehren, daß ich ohne die Stände keine souveräne Herrscherin bin . . ."

„Majestät, mit Verlaub, es handelt sich um juristische Formulierungen. Die Krone des heiligen Stephan ist die Quelle der Macht des Königs und der Stände. Nur beide zusammen . . ."

„Hören Sie auf, Graf Batthyány! Hören Sie auf, mich zu belehren! Ich habe die berühmte ‚Vexatio'* gut durchstudiert, und sie hat mir, meiner Seel, nichts bewiesen! Einzig und allein die Tatsache, daß auch Sie, die höchsten Repräsentanten Ungarns, im stillen oder offen mit dem anonymen Autor übereinstimmen ..."

Batthyány lief puterrot an. „Majestät glauben doch wohl nicht ..."

„Nichts glaube ich, meine Herren. Mir genügt die Wirklichkeit der letzten Monate." Sie warf dem Palatin einen funkelnden Blick zu. „Sie haben mich enttäuscht. In tiefster Seele haben Sie mich gekränkt, meine Herren." Barkóczy am Fenster begann zu zittern. „Vor dem Reichstag haben Sie mich Ihrer Unterstützung versichert. Sie haben mich aufgefordert, den Reichstag endlich einzuberufen. Aber es ist nur bei Versprechungen geblieben."

„Mit unaussprechlichem Schmerz ..."

Maria Theresia griff mit ihren dicken Händen einen unsichtbaren Feind an und jagte ihn durch den Salon. Sie rannte im Kreis herum wie eine Löwin im Käfig. Alles an ihr bebte. Beide Männer wandten den Blick ab. Die Szene war geschmacklos, der Anblick abstoßend.

„Mit unaussprechlichem Schmerz", wiederholte sie höhnisch. „Mit unaussprechlichem Schmerz und mit Bedauern hat der Reichstag die von der Königin geforderte Steuererhöhung abgelehnt. Unsere Untertanen seien durch die langen Kriege verarmt. Durch Naturkatastrophen. Sie haben vergessen, hinzuzufügen, daß sie besonders durch die unchristliche Raffgier der ungarischen Grundherren verarmt sind, durch die Raffgier von Ihnen allen. Ja, was schauen Sie so? Lesen Sie nicht die Berichte aus den Komitaten des Unterlandes, Herr Palatin? Wissen Sie nichts von den Beschwerden, in denen Dutzende der berühmten Oratoren des Vaterlands – wie Sie sich gegenseitig lobhudlerisch genannt haben – namentlich aufgeführt und mit den Sündern und Zöllnern des

* (lat.) Beschwerlichkeit.

Neuen Testaments gleichgesetzt werden? Ihr glorreicher Reichstag hat mich Mitte September mit Dutzenden Beschwerden überhäuft, welch schreckliches Unrecht ich begehe, indem ich die ungarischen Freiheiten antaste! Das Spiel ist aber noch nicht beendet, meine Herren! Die Zeit wird kommen, da werde ich Sie mit den Beschwerden von Dutzenden Dörfern, von Hunderten und Tausenden Ihrer Leibeigenen bekannt machen. Ja, das werde ich als Katholikin mit wehem Herzen tun, denn, Eminenz, über Ihre Verwalter und Schaffer beschweren sich unsere Ärmsten ebenfalls. Unsere Steuerzahler."

Sie blieb mitten im Salon stehen, denn sie bekam keine Luft mehr. Das Asthma begann sie zu quälen. Sie wollte zum offenen Fenster, an dem jedoch bereits der Erzbischof schnaufte; sie ging zögernd einen Schritt nach vorn, preßte die Hand auf den wogenden Busen.

„Wenn Sie ein Herz für Ihre Bauern haben, warum haben Sie es dann zweimal, ich wiederhole, zweimal trotz meines ausdrücklichen königlichen Wunsches abgelehnt, über die Ersetzung der Adelsbereitschaft durch Geldabgaben zu verhandeln? Warum will die reichste Schicht Ungarns nicht zur Finanzierung der Armee beitragen, warum soll das nur Sache der Bauern sein? Wie lange noch kann man diese Schafe scheren? Bis auf die nackte Haut? Wo bleibt Ihre christliche Liebe, wo bleibt die Gerechtigkeit? Hat die im ungarischen Haus kein Wohnrecht?"

Der alte Batthyány zitterte vor Erregung. „Majestät sind zu Unrecht ungehalten. Der Reichstag hat doch am Ende drei Millionen neunhunderttausend Gulden an Steuern bewilligt. Alle Abgeordneten haben ein Maximum an Bereitschaft bewiesen."

„Ein Maximum an Bereitschaft? Graf Batthyány, wollen Sie mich mit aller Gewalt in Rage bringen? Wann hat man mir das bewilligt? Nachdem ich auf die Erörterung von Veränderungen in der Adelsbereitschaft verzichtet habe. In der Grundfrage bin ich zurückgewichen ...

Dann erst haben mir die ungarischen Stände einen Knochen hingeworfen!“

„Majestät sind gereizt, und ein erregter Sinn ist niemals ein guter Ratgeber“, knurrte Batthyány. „Solche Gesten wie das Verbrennen der ‚Vexatio‘ durch den Henker auf dem Preßburger Hauptring tragen nicht zur Beliebtheit Eurer Majestät bei.“

Maria Theresias Gesicht nahm eine noch dunklere Färbung an, sie bebte vor Zorn. „Wieder die ‚Vexatio‘! Von diesem schmutzigen Pamphlet will ich nichts mehr hören. Bis heute ist der Verfasser nicht ermittelt worden, obwohl ich der Statthalterei den ausdrücklichen Befehl dazu gegeben habe. Wie ist es möglich, daß sich unter den Abgeordneten ein ‚hochgelehrter‘ Autor verstecken kann, der die staatsrechtlichen Formulierungen perfekt beherrscht? War das vielleicht irgendein Bettler aus Blumenau? Eine Landstreicherin aus Engerau? Sollte ich vielleicht die ‚Vexatio‘ in Bronze gießen und dem Anonymus auf dem Hauptring ein Standbild errichten lassen? Ich weiß sehr wohl, daß der Autor von den ungarischen Abgeordneten gedeckt wird. Von den gleichen, die sich nicht zu beschließen scheuten, daß die läppischen hunderttausend Gulden, die ich für die Unterhaltung der ungarischen Leibgarde in Wien, Ihrer Garde, mit Ihren Söhnen, verlangt habe, aus den Steuern der Bauern genommen werden sollen! Eine Schande ist das, ihr Herren, eine Schande vor der ganzen Welt! Dann brauchen Sie sich aber nicht zu wundern, wenn Ihre Bauern die Frondienste verweigern!“

Maria Theresia trat an den Primas heran. „Ist Ihnen übel, Eminenz? Ich lasse Wasser bringen, sagen Sie es nur!“ Sie öffnete das mittlere Fenster, beugte sich hinaus und atmete tief ein. Der Blick auf den grünen Park beruhigte sie ein wenig. Sie drehte sich wieder um. „Vor Gott habe ich ein reines Gewissen. Ich bin mit den besten Absichten zum Reichstag nach Preßburg gekommen. Zuerst die aufgebauschte Affäre mit Kollár, dann im September die Ablehnung all meiner Vorschläge und nur Klagen und Beschwerden. Zu Recht bin ich empört. Nur mein erlauchter kaiserlicher Gemahl und Fürst Kaunitz haben mir meine Absicht ausgeredet, den Reichstag sofort aufzulösen. Ich gebe zu, ich habe Preßburg in hellem Zorn verlassen. Nach Neujahr habe ich die ungarischen Stände in einem freundlichen Brief gebeten, für das Wohl des Volkes Sorge zu tragen. Schließlich hatten sie selber dessen Lage als traurig und untragbar geschildert. Ich habe den Abgeordneten ans Herz gelegt, dem Volke Ungarns Erleichterung zu verschaffen, das würde auch das Gewissen der Königin erleichtern. Ich hatte gehofft, der Reichstag werde endlich die Vorschläge des Hofs betreffs einer gerechten Neuordnung der Leibeigenenpflichten, des Urbariums, behandeln. Der königliche Personal Koller hat im Unterhaus ebenfalls darauf gedrungen. Und das Ergebnis?"

„Das Problem des Urbariums ist sehr kompliziert. Nach ungarischem Recht ist die Beziehung zwischen Bauer und Grundherr eine privatrechtliche Beziehung, und der Staat, das heißt also auch der König, haben nicht das Recht . . ."

„Da sehen Sie!" Maria Theresia sprang auf und wurde wieder laut. „Nach ungarischem Recht . . . Danke bestens für so ein Recht! In einem fort die gleiche Starrköpfigkeit! Für mich und für jeden gesund denkenden Menschen und Christen ist die Beziehung zwischen Bauer und Grundherr eine ganz und gar nicht private, sondern eine öffentliche Beziehung. Eine, die den ganzen Staat und mich, die Königin des Landes, interessiert! Denn mich als den Souverän sollen und werden – hören Sie gut zu – sollen und werden alle Armen anrufen, denen die Grundherren Unrecht zufügen, denen unmenschliche Dienste abverlangt, deren Felder widerrechtlich umgepflügt werden, die man nicht in die Wälder läßt, denen man den Fischfang verwehrt! Keine ungarischen Gesetze und Reichstage werden mir dieses Herrscherrecht nehmen!"

„Ich erlaube mir zu bemerken, daß Majestät in Ihrer

Erregung sich vielleicht nicht bewußt sind, was Sie sagen", ließ sich vom Fenster her Barkóczy mit leiser Stimme vernehmen. „Gewiß, Übergriffe kommen vor. Die adligen Berufungsgerichte und die Komitate befassen sich damit. Aber die Leibeigenen, die niedersten und ungebildetsten Schichten zu Zorn und Rachsucht aufzustacheln, das dürfte schreckliche Folgen für das Land und auch für den König haben. In Hunderttausenden Bauern würden die wildesten Leidenschaften und Triebe erwachen. Sie würden unterschiedslos das ganze Land verheeren."

Maria Theresia nickte.

„Eben darum, damit es nicht dazu kommt, habe ich den Reichstag ersucht, über die Urbarpflichten zu verhandeln und sie durch Gesetz einheitlich festzulegen. Umsonst habe ich gebettelt. Seit Neujahr, also volle drei Monate, wird nur geschwatzt. Man macht Winkelzüge, sucht nach juristischen Gründen, doch die Arbeit ist keinen Fußbreit vorangekommen." Sie schürzte die Lippen. „Ich habe bereits die Geduld verloren. Wem nicht zu raten ist, dem ist auch nicht zu helfen. Die Zeit eilt dahin, das Land ist in Bewegung. Ich wäre eine schlechte Herrscherin, wenn ich mich nicht auch für meine ärmsten und unwissendsten Kinder verantwortlich fühlte. Ich habe einen Entschluß gefaßt, und der Verlauf dieses fatalen Reichstags hat mich darin nur bestärkt: Ich werde meinen Weg gehen. Wenn die Stände dabei nicht mitarbeiten, werde ich von meiner höchsten Vollmacht Gebrauch machen. Zum Wohl der Menschen. Einen anderen Weg sehe ich nicht." Sie musterte die beiden Würdenträger. „Es verdrießt mich nur sehr, daß ich mich gerade in Ihnen getäuscht habe, in der Blüte des ungarischen Adels und in der höchsten Geistlichkeit. Nein, bitte keine Erklärungen mehr! Ein schlechtes Beispiel haben Sie Ihrem Land und den anderen Ländern der Monarchie gegeben. Ich habe die Liebe zu den Völkern Ungarns immer im Herzen getragen. Wenn aber in Zukunft Ungarn nicht mehr mein gehätscheltes Lieblingskind sein wird, dann trägt vor Gott und der Geschichte nicht die Königin die Schuld daran, sondern jemand anderes. Dann, meine Herren, werden keine Klagen über ungerechte Zölle mehr helfen, noch Redereien über Wien, das angeblich das arme Ungarn aussaugt."

Sie wollte noch etwas sagen, aber sie winkte ab, verließ ohne ein weiteres Wort den weißen Salon und schritt mit dem keuchenden Atem einer Asthmatikerin durch die lange Galerie. Helden antiker Legenden sahen ihr nach, und verträumte Damen in Krinolinen hüpften durch üppiges dunkelgrünes Gebüsch.

Den scharfen, beklemmenden Schmerz am Herzen spürte sie erst nach drei Monaten, als man ihr die Nachricht überbrachte, daß der Primas Barkóczy nicht mehr unter den Lebenden weilte. Bei einem Spaziergang im Park seines Sommerpalais in Preßburg war er plötzlich zusammengebrochen und einem Herzschlag erlegen. Seine klugen vorwurfsvollen Augen in dem weißen Gesicht waren in dem Schönbrunner Salon mit seinen weißlackierten Wänden lebendig geblieben. Fortan mied die Kaiserin den weißen Salon und ging lieber durch das ovale chinesische Zimmer.

Einen Vorschlag, wer zum neuen Esztergomer Erzbischof ernannt werden sollte, reichte sie in Rom nicht ein. Der Sessel des ungarischen Primas blieb lange Jahre unbesetzt.

9

Mit Befriedigung atmete sie die kühle Luft der Kapuzinergruft ein. Sie erschrak vor sich selber. In dem dunklen Gewölbe unter der Kapuzinerkirche fühlte sie sich geborgen. Sie war in der Gesellschaft von Toten. Nur durch ein Wunder war sie ihrem Schicksal bisher entgangen. Zuweilen zweifelte sie, ob sie überhaupt noch in der wirklichen Welt lebte. Die hohen Sarkophage mit den gemeißelten Statuen darauf bargen die Toten ihres Hauses, und manchmal unterschied sie sich von ihnen durch nichts als die physischen Funktionen. Dem treuen Tarouca hatte sie zu Neujahr geschrieben: „Ich lebe hier wie ein Tier. Ich habe keinerlei Gefühle und keinerlei Urteil, vergesse alles. Ich gehe spät schlafen und bin den ganzen Tag nicht fähig, etwas zu tun. Ich denke an nichts. Mein Zustand ist schrecklich. Nur wenn ich einen älteren Bekannten treffe, lebe ich für eine gewisse Zeit auf. Ich wünsche Ihnen mehr Glück, als ich es in meinem Leben hatte."

Dort draußen, oben auf den Straßen Wiens, herrscht eine Art Schattenleben. Die Leute bewegen sich ohne erkennbaren Sinn und ohne Verbindung mit ihr. Schon vor zwei Jahren hat sie sich von ihnen getrennt, hat in ihrem Inneren geforscht, was ihr noch geblieben ist. Sie war über sich selber entsetzt. Sie wollte ihren fünfzigsten Geburtstag feiern. Der Hof, die Minister und die Familie wollten sie ehren. Sie ersannen eine Dramaturgie von Festlichkeiten, suchten Opern aus, projektierten Feuerwerke zu Ehren der großen Einsamen. Gott (oder der Satan?) entschied jedoch anders. Er hauchte die Kaiserin und Königin mit todbringendem Atem an, berührte mit unsichtbarer Hand ihre Nächsten. Alle lebten in Furcht. Fieber, verunstaltete Gesichter, das waren nur die äußeren Zeichen des übernatürlichen Grauens. Als hätte nichts einen Wert, nur die gemeißelten Statuen auf den Sarkophagen. Die Gebete verwandelten sich in Dankgebete für einen schnellen Tod. Die Hoffnung verflüchtigte sich, verbrannte wie Papier. Die Menschen zerbrachen wie jahrhundertealte verwitterte Latten, sie barsten unter dem Gewicht eines einzigen Seufzers. Sie zerfielen.

Es gab so viele Todesfälle, daß sie darin nicht mehr nur eine Strafe Gottes sehen konnte. War ich so schlecht und habe ich so viel Leid bereitet? Welch eine schreckliche Buchführung! Die Eintragungen in dem riesigen Buch mehrten sich, die Begräbnissummen ließen sich nicht mehr kontrollieren. In ihren schlaflosen Nächten sprangen sie hinter den Ornaten und dem mit dem Parfüm des Todes gemischten Weihrauchduft hervor, ein immer wiederkehrender Hinweis darauf, daß wir nur unterwegs sind und daß die Krypta erst das wirkliche Heim ist. Das wirkliche, aber nicht das endgültige, von Gott bestimmte. Sie litt unter Schwindelanfällen, wartete auf das todbringende Fieber. Die Veränderlichkeit der Welt war ermüdend, nicht einmal der Tod bot Sicherheit. Hinter seinen Toren warteten unbekannte Strafgerichte und das niemals endende Zappeln der Seele in ihren eigenen Netzen.

Um sich sah sie das Verderben, die gelichteten Kampfreihen wie nach einer großen Schlacht.

Im Stephansdom erklang bei den Festgottesdiensten das Tedeum. Die Menschen in den Bänken wandten sich ihr zu. Vor dem Eingang begrüßte man sie mit Rufen. Jünglinge schwenkten Fahnen vor der fetten Frau im schwarzen Schleier, die wie eine Mastente watschelte. Sie war sich bewußt, daß sie nicht vom Leben träumte, sondern wirklich lebte, wenn auch schwer atmend, daß ihre Augen sie nicht trogen. Bin ich nicht allein? Nein, Scharen einfacher Menschen, Mägde, Frühaufsteher, Gesellen aus den Werkstätten und Läden, Botenjungen, Büttel und Diener aus den Palais, Bürgerfrauen beim Morgeneinkauf, Viehhändler aus dem Unterland, Leineweber aus der Orava, ein paar Eckensteher und fröstelnde kleine Diebe, sie winken und rufen das alte Vivat! Da bist du. Die Mutter ist da. Vielleicht wird aus ihr dereinst eine wirkliche Mutter. Hurra, sie ist wieder gesund!

Maria Theresia lebte also, aber ihren Fünfzigsten hatte sie nicht gefeiert. Wien wurde von einer Pockenepidemie heimgesucht. Als erste nahm sich der Tod die verängstigte zweite Frau Josephs II. Die junge Kaiserin lag im Sterben, und Joseph sah nicht einmal nach ihr. Maria Theresia pflegte die Unglückliche und steckte sich dabei an. Nicht einmal zum Begräbnis seiner Frau erschien Joseph. Dann die Kapuzinergruft. Josephs Tochter, mit dem König von Neapel verlobt, starb einen Monat nach der Verlobung. Angeblich hatte sie sich den Todeskeim aus dem noch nicht geschlossenen Sarg der jungen Kaiserin geholt. Maria Theresia mußte sich Vorwürfe machen, täglich hatte sie sie in die Unterwelt der Gruft geführt, vor die Krypta des Schwiegervaters. Die schöne, leichtsinnige Elisabeth kam mit dem Leben davon, aber die Pocken hatten tiefe Narben in ihr Gesicht gerissen. Ihr Schicksal ist besiegelt. Sie wird sitzenbleiben, mit der wunderlichen Marianne zusammen wird sie das verhaßte Pflegerinnenduo der Mutter bilden. Das Duo der Stickerinnen und Leserinnen der frommen Schriften des Kardinals Noille, dieses „Pascals ohne Stil". Auch die schöne Herrin der Preßburger Burg Marie Christine ist trotz der glücklichen Ehe mit Albert dem Leid nicht entgangen. Sie liegt nach der Niederkunft in Fieberkrämpfen. Ihr Kind ist gleich gestorben, die junge Mutter hat wie durch ein Wunder überlebt. Maria Theresia schrieb an Tarouca: „Noch ein solcher Schlag, und ich entsage dem Thron. Ich gehe in ein Kloster." Tarouca: „Nein, Majestät. Das Leben muß man auf dem Posten zu Ende bringen, den wir uns errungen haben. Das Feld zu räumen ist nicht die Art Eurer Majestät."

Sie bleibt also. Der Wiener Fasching läuft auf vollen Touren. Auf der neuen Marmortreppe der Preßburger Burg begrüßt die genesene Marie Christine die Ballgäste. Die Mutter schließt sich an den Abenden in ihrem Kabinett ein. Die Dienerschaft und die Kammerfrauen betreten nur mit Widerwillen das Arbeitszimmer, das alle das Kabinett der Toten nennen. Dort thront Kaiser Franz mit fleischigem Gesicht, gesund und heiter, in Lebensgröße und in der Uniform, die er in Innsbruck getragen hat. Am Morgen oder am Abend kniet die Witwe Maria Theresia mit geistesabwesendem Blick und herabhängender Unterlippe vor dem Ölbild nieder, setzt sich dann nach einer Weile an den Tisch und schreibt einen ihrer ungezählten Briefe: „Während die Gesellschaft im Saal ist, bin ich schon allein in meinem mit grauem Stoff ausgeschlagenen und nur von zwei Kerzen erleuchteten

Zimmer. In einem düsteren Zimmer. Doch ich fühle mich wohl. Alles, was auch nur einen Schatten von Glück wirft, betrübt und erregt mich. Nur das Dunkel tut mir gut." Die gesundeten Mitglieder der Familie erscheinen auf Bällen, Ohrringe und Halsbänder strahlen, die Mutter hat all ihren Schmuck an sie verteilt und trägt nur schmucklose dunkle Kleider. Die knöpft sie bis zum Hals zu, ein dichter Schleier filtert das Licht der Welt. Die Töchter schimmern bleich, Wachsgesichter eines Panoptikums. Die Kaiserwitwe hat dem ganzen Hof verboten, Rouge, Schminke und Parfüms zu verwenden. Erbleicht sind die Hofdamen, sie haben ihren Glanz verloren. Die ausländischen Gesandten kommentieren voll Ironie die Anordnungen der Herrscherin. Sie berichten von kühnen Aristokratinnen, die trotz des Verbots die Gesellschaft mit Schmuck blenden, deren Münder rot leuchten und deren Frisuren zu Türmchen wachsen, wie sie nur in Versailles üblich sind. Zu ihnen gehört auch die Gräfin Auersperg. „Ist das möglich, daß man nicht einmal Herrin seines eigenen Gesichts sein darf?" schrie sie. „Das Gesicht habe ich von Gott erhalten, nicht vom Staat."

Sie rebelliert mit ihrer nicht welkenden Schönheit. Ihre schelmischen Augen aber sind von Sorgen verschleiert. Der Tod des Kaisers kann auch ihr Tod am kaiserlichen Hof sein. Auch sie hat den toten Kaiser geliebt, auf ihre Art. Vielleicht mehr als die Kaiserin. Jetzt bewahrt Wilhelmine die Würde einer gereiften Frau, die weiß, daß sie sich eine solche Beziehung niemals mehr erlauben darf. Die Chronisten, Schreiber, Archivare, Journalisten notieren alles. Wien ist nicht Paris. In einer Gesellschaft, in der kontrolliert wird, ob jeder bei Hofe rechtzeitig die Osterbeichte abgelegt hat, duldet man keinen Treubruch.

Das krampfhafte Weinen Maria Theresias im Zimmer des Innsbrucker Schlosses in der Nacht des 18. August 1765, ihre Stummheit und der wahnsinnige Blick, mit dem sie jeden hinausjagte, der sich ihr näherte, kündigten eine große Veränderung an. Ihr Schmerz gewann Gestalt in einem Ritual. Maria Theresia überwand eigentlich nie den Schock beim Anblick des kraftlosen Körpers Franz Stephans in den Armen seines Sohnes Joseph. Sie bemühte sich, ihren Schmerz zu materialisieren. Gleich am Morgen befahl sie der Kammerfrau, ihr die langen Haare abzuschneiden. Sie verwarf Schminken, Schmuck, Zierat, Farben, außer zweien: Schwarz und Grau. Die Menschen um sie hatten Verständnis für ihren Schmerz. Weniger Verständnis hatten sie für das wunderliche Gebaren der Herrscherin. Der Raum, in dem der Kaiser gestorben war, mußte in eine Kapelle verwandelt werden. Über der Stelle, wo er zusammengebrochen war, wurde eine Marmortafel angebracht. Am Ufer des Inn, wo man den Leichnam auf das Schiff nach Wien getragen hatte, befahl sie ein Denkmal zu errichten. Die Umstände des plötzlichen Hinscheidens ihres Gemahls merkte sie sich mit einer Verbissenheit, die nicht nur der Liebe entsprang. Ihr Selbstvertrauen schwand, obwohl es keinen vernünftigen Grund dafür gab. Maria Theresia war eine erfahrene Frau, Mutter und Herrscherin, noch nicht ganz fünfzig. Es war, als wollte sie sich wieder in das unerfahrene Mädchen verwandeln, das sie gewesen war, als sie Franz kennenlernte.

Der Tod des Kaisers kam wirklich überraschend. Der gesamte Hof weilte anläßlich der Hochzeit des jungen Leopold mit der blauäugigen spanischen Infantin in Innsbruck. Der Bräutigam hatte seine Braut aus Bozen über den Brennerpaß geholt. Er hatte seine Kräfte überschätzt. In den verschneiten Alpenpässen hatte er sich eine Grippe geholt. Mit Fieber überstand er die Hochzeitszeremonie; am Ende packte man ihn ins Bett. Diagnose: Brustfellentzündung. Pech. Die Hochzeitsfeierlichkeiten gingen jedoch weiter. Abends gab es im Schloßtheater eine Vorstellung, und danach sollte im Schloß das Festbankett stattfinden. Franz strahlte. Wie immer war er, der Mittelpunkt der Gesellschaft, witzig, bieder, sportlich, widerstandsfähig infolge der Jagden aller Art. Doch am Abend zuvor hatte ihn eine leichte Übelkeit überkommen. Am Morgen war er ein wenig länger liegengeblieben. Im Theater wieder ein Schwindelanfall. Nach dem zweiten Akt beschloß er, sich vor dem festlichen Abend noch etwas auszuruhen. Joseph begleitete ihn. Auf dem Verbindungsgang zwischen dem Theater und dem Schloß brach der Kaiser zusammen. Maria Theresia eilte herbei. Er lebte nicht mehr.

Wenn sie sich an jedem achtzehnten Tag im Monat in der Kapuzinergruft diese Augenblicke vergegenwärtigte, wurde sie sich eines weiteren Faktums bewußt: In jenen Tagen war das Land herrscherlos gewesen. Hätte das ein äußerer Feind ausgenutzt ... oder die Bauernhaufen in den Donaugebieten, diese erbitterten Agitatoren, mit denen sie neulich in Schönbrunn gesprochen hatte ... Joseph war durch den Tod des Vaters Kaiser, aber die ganze Familie, der gesamte Hof war einige Tage lang ratlos. Schicksalsschläge entbehren oft nicht der Tragikomik. Maria Theresia beruhigte sich nach ein paar Tagen und begann nach dem Testament zu suchen; sie wußte, daß es eins gab. Nach langem Kramen in allen Schubladen mit ihren Geheimnissen (Joseph hatte Angst, eine Lebenserfahrung genügte ihm) fand man das Testament.

Die Serie der Todesfälle ging weiter. Es starb der alte Bartenstein. Es starb der Palatin Batthyány, wenige Monate nach dem Primas (den Stich spürte sie gar nicht, obzwar ganz Preßburg, Budín, Esztergom behaupteten, der arme Greis sei vor Kummer über die Ungnade der Königin gestorben). Ihr war alles gleich. Kaunitz und Joseph schlugen vor, und Maria Theresia stimmte zu: kein Reichstag, keine Wahl eines neuen Vizekönigs. Ungarn wird vom Statthalter verwaltet, und das wird Albert von Sachsen sein. Sie unterschrieb das Dekret, in dem sie Joseph II. zu ihrem Mitregenten in Ungarn und Böhmen ernannte. Der Tod wütete weiter. Haugwitz starb, ein paar Wochen darauf Marschall Daun. Joseph kümmerte sich um die Armee. Er schlug General Lacy als Oberkommandierenden vor. Andreas Hadik wird Vorsitzender des Hofkriegsrats. Die österreichische adlige Creme in Wien ist entsetzt. Ein ungarischer Offizier an der Spitze des höchsten Reichsamts? Maria Theresia vertraute dem Abkömmling einer slowakischen Landedelmannsfamilie, und Joseph II. hörte nicht auf Redereien.

Monate vergingen. Man konnte die Regierungsgeschäfte nicht länger liegenlassen. Maria Theresia behielt ihre neuen nekrophilen Schrullen bei. Viele aus ihrer Umgebung begriffen, daß gerade sie es ihr ermöglichten, sich aufzuraffen, Sicherheit und Entschlossenheit wiederzugewinnen. Sie konnte und wollte Joseph nicht alle Entscheidungen überlassen. Das wünschte niemand. Der neue Mitregent war allseits unbeliebt. In den Hofkreisen wird er es bis an sein Lebensende bleiben. Sie fürchten seinen harten Charakter. Maria Theresia war eine sehr aufmerksame Mutter, sie wußte, worum es ging. Sie bemühte sich, wieder in die alten Geleise einzubiegen.

Es mußte über das Erbe entschieden werden. Joseph war überrascht. Der Vater hatte ihm testamentarisch praktisch sein gesamtes Barvermögen vermacht, fast achtzehn Millionen Gulden. Eine unerwartete, schwindelerregende Summe. Die Kaiserin und der junge Kaiser dachten sich eine Lösung aus, die von einem hohen Maß an Verantwortungsgefühl zeugte. Den Großteil der Erbschaft (sie stammte aus den Gütern in Böhmen), zwölf Millionen, übergaben sie der Staatskasse. So wurde es möglich, die Zinsen für die Staatsschuld zu begleichen. (Peinliche Streitereien mit Leopold, der für sein Toskana ebenfalls zwei Millionen forderte, was Joseph jedoch ablehnte.) Nicht ganz ein Drittel (fast sechs Millionen) wurden in den neu eingerichteten Familienfonds eingebracht. Klugerweise wurde diese Summe in Immobilien angelegt, und die Mutter kaufte dem Sohn davon Teschen, Holič, Šaštín und Schloßhof. Maria Theresia dachte an ihre zahlreichen Kinder und deren Nachkommenschaft. Gebt dem Staat, was des Staates ist, und der Familie, was der Familie ist. Mit dieser Entscheidung eilte sie dem damaligen Europa voraus. Einem Ludwig XV. oder einer Katharina der Großen kam es gar nicht in den Sinn, zwischen den Geldern des Staates und ihrem persönlichen Eigentum zu unterscheiden. Der verschwenderische Umgang der französischen Könige mit Staatsgeldern für persönliche Lustbarkeiten, irrsinnige Feste, luxuriöse Paläste führte ein Vierteljahrhundert später zur Französischen Revolution. Maria Theresia und Joseph schienen das zu ahnen.

Die Witwe ließ sich vor allem von ihrer mütterlichen Intuition leiten. Sie war vereinsamt und gealtert, sie hatte ihre weiblichen Reize verloren, und wenn sie noch welche besaß, so stellte sie sie fortan bewußt nicht mehr heraus. Sie hatte ihre große Ersatzrolle gefunden: Sie versuchte, andere zu verstehen und ihnen eine Mutter zu sein. Diese Rolle gefiel ihr, und sie meisterte darin weitere Lebensprobleme.

Die Trauer hatte sie geläutert. Die Frau Maria Theresia gewann nun eine andere, für viele annehmbare Gestalt. Sie wurde wieder Gegenstand der Bewunderung: als Mutter. Die mütterliche Majestät.

Vor der Abreise aus Innsbruck suchte sie Wilhelmine Auersperg auf. Die Gräfin erbleichte. Die dicke Witwe musterte sie lange und flüsterte dann: „Wir haben beide viel verloren, meine Teure." Hinter dem dichten Schleier prüfte sie die kalte Schönheit der jungen Frau. Nach einer Weile ging sie schwer atmend. Der Auersperg ließ sie die Summe auszahlen, die Franz ihr versprochen hatte.

Abends konnte sie sich im Kabinett des Toten einschließen, aber am Morgen mußte sie herrschen. Beunruhigende Meldungen und Beschwerden aus Ungarn häuften sich. Sie war besorgt. Sie weigerte sich, Zusammenhänge zwischen der zeitweiligen Schwächung der Zentralgewalt und den Unruhen in den ungarischen Komitaten zu sehen, aber sie blieb wachsam. Die Kunde von dem gescheiterten Preßburger Reichstag war in die Komitate, Städte und Dörfer gedrungen. Die Schulzen und Dorfpfarrer mußten auf neugierige Fragen der Bauern antworten. Warum ist die Königin mit unseren Herren in Streit geraten? Man konnte der Antwort nicht ausweichen. In Dutzenden Dörfern, auf Meierhöfen und Adelsgütern blühten Hoffnungen auf. Von Mund zu Mund wanderte die Kunde von der gerechten „Frau Königin“. Die große Mutter will für ihre ärmsten Untertanen die Herabsetzung der Frondienste erkämpfen und packt die Herren am Hals. Briefe über Briefe erreichten sie.

„Wegen der großen Herrenfron, der Gespanndienste, die wir Tag für Tag verrichten mußten, haben alle Bauern ihren Grund und Boden verlassen und sind weggezogen“, schrieben Untertanen aus Cífer. Aus Polom teilten sie mit: „Wir können nicht weiterleben wegen der unerträglichen ägyptischen Pharaonenfron. Sie macht es uns unmöglich, selber auch nur ein Körnchen auszusäen. Wir müssen auf ein Wunder hoffen und wissen nicht, ob wir nicht zugrunde gehen werden.“

Untertanen aus dem Komitat Zala schrieben: „Die Ländereien Seiner Erlaucht des Herrn Grafen haben sich sehr vergrößert, und wir müssen darauf viel mehr und viel länger arbeiten als vorher. Von Johannis bis zum Stephanstag müssen wir jeden Tag einen Wagen und einen Mann zur Ernte, zur Heumahd, zum Einfahren stellen, so daß wir in den acht Wochen, da es am dringlichsten ist, keinen einzigen Tag haben, an dem wir nicht auf dem Herrenland fronen müssen.“

Diese Beschwerden wurden in Wien als Argumente für die Einführung eines Urbariums gesammelt. Die Herrscherin gab sie an Festetics weiter, er solle sich mit den Arbeiten beeilen. Aber es blieb nicht bei Signalen. Eine Woche vor seinem Tode hatte der Palatin Batthyány der Herrscherin einen Bericht geschickt:

„Bauern, von Agitatoren und Verschwörern aufgehetzt, griffen den Bürgermeister, den Notar und andere Amtspersonen an. Dann trugen sie aus dem Schulzenhaus die Gemeindetruhe mit allen Urkunden hinaus, verlangten die Aufhebung der Unterordnung unter das Amt und forderten schließlich auf einer großen Volksversammlung mit viel Geschrei, alle Verträge müßten aufgehoben und ihre Freiheiten und vermeintlichen Rechte erneuert werden."

Während Maria Theresia zwischen den Särgen in der Gruft umhertappte, entbrannte hinter ihrem Rücken ein heftiger Streit. Vom Wiener Hof wurde den aufgeschreckten Komitatsbeamten keinerlei Hilfe zuteil. Das Geschrei um die Bauernrebellionen hielt man für einen Trick Batthyánys und der ungarischen Magnaten. Diese hingegen verbreiteten das Gerücht, die Kaiserin selber und der junge Kaiser würden die Bauern aufstacheln. Als der alte Batthyány gestorben war, gab es in Ungarn keinen hohen Vertreter der Krone mehr, der Auge in Auge mit der Kaiserin gesprochen hätte. In Preßburg und Wien trafen Berichte über neue Unruhen ein. Besorgt hörte sich Maria Theresia die Meldungen der Offiziere an, die von der Militärgrenze zurückgekehrt waren.

„Abends haben wir gesehen, wie sich die Bauern im Dorf zusammenrotteten. Sie schleppten den Schulzen herbei und zwangen ihn, jedem Dorfbewohner den Schwur abzunehmen, im Kampf auszuharren und nicht zu weichen."

„Und niemand ist eingeschritten? Der Lehrer, der Pfarrer?"

„Eingeschritten? Sie schleppten auch den Lehrer heran, auch er sagte die Eidesworte auf. Der Pfarrer war am Abend in die Gärten geflüchtet."

„Um worum ging es in dem Eid?"

„Sie werden keinen Tag mehr fronen. Wer protestierte, den zogen sie bis zum Gürtel aus und schlugen ihn. Das haben wir mit eigenen Augen gesehen."

„Und Sie sind nicht eingeschritten?"

Der Major und der Hauptmann stutzten. „Ohne Befehl, Majestät?"

Maria Theresia dachte kurz nach. „Richtig. Fahren Sie fort!"

„Wer zu spät zu der Versammlung kam, der wurde ebenfalls verdroschen. Bis zum Mittag hatten sich auf dem Dorfanger an die zweihundert Mann versammelt. An den Dorfausgängen stellten sie Wachen auf. Sie wählten einen Korporal, offenbar einen Veteran. Dann schleppten sie einen großen behauenen Balken an. Sie hieben ihre Äxte hinein und stellten sich mit großen Ochsenziemern drum herum. Bis zum Abend war ihre Zahl auf fünfhundert angewachsen. Sie wollten zum Schloß ziehen."

„Und weiter?"

Die Offiziere schluckten. „Wir haben es nicht abgewartet. Sind nach Wien geeilt."

„Der königliche Kommissar hat mir bislang nichts Derartiges gemeldet."

„Mit Verlaub, Majestät, den Kommissaren glauben sie nicht."

„Und wem glauben sie?"

Die Offiziere sahen einander ratlos an und stießen dann hervor: „Nur Eurer Majestät."

Die Offiziere hatten nicht gelogen. Auf Maria Theresias Tisch lag eine Meldung aus dem Komitat Somogy: „Die meisten Bauern werden keinen einzigen Tag mehr fronen, denn sie haben Angst vor den anderen. Sie sagen, sie fassen keine Arbeit an, solange sich nicht die Welt zum Besseren wendet und solange nicht der allergnädigste Befehl Ihrer Majestät eintrifft, wie viele Tage sie zu fronen haben."

Maria Theresia war ratlos. Wo liegt die Wahrheit? Droht wirklich eine so große Gefahr? Vor einigen Jahren hatte sie ohne Zaudern eine Armee nach Siebenbürgen geschickt, um dort die aufrührerischen Bauern zur Räson zu bringen. In einem Brief an die alte Freundin, die Gräfin Enzenberg, schrieb sie:

„. . . um diesen Tag zu feiern, habe ich heute meine Garderobe verteilen lassen. Was mir bleibt und was ich mit Ungeduld erwarte, ist meine Aufbahrung. Denn in meinem Sterbekleid werde ich vereint sein mit dem einzigen Gegenstand meiner Liebe, den mein Herz in dieser Welt gekannt hat und der allein Sinn und Ziel all meines Tuns war. Das Unglück hat Einfluß auf meine ganzen Organe – Gedächtnis, Gesicht, Gehör, Unterscheidungsvermögen, alles beginnt zu versagen. Das macht mich erst recht mutlos, da ich glaubte, nur dadurch Erleichterung zu finden, daß ich mich mehr als je auf die Arbeit warf, um von ihr betäubt zu werden und keine Zeit zu haben, an meinen Jammer zu denken."

Am Morgen empfing sie eine Delegation von Untertanen. Über den Mosaikboden von Schönbrunn schurrten die Füße ungarischer Bauern. Sie standen mit gesenkten Köpfen vor der guten Königin und bedauerten sie, weil sie in Trauer war. Dann begann ein hagerer Mann mit verschwitztem Schopf in gebrochenem Deutsch zu reden. Statt des rechten Armes hatte er einen Stumpf. Ein Korporal aus dem zweiten schlesischen Krieg. Also, allergnädigste Herrin:

„Voriges Jahr bei der Ernte merkte eine schwangere Frau, daß ihre schwere Stunde kam. Sie ging vom Feld heimwärts. Unterwegs begegnete ihr unser Herr Verwalter. Er ließ sie mit der zweischwänzigen Karbatsche zurückjagen. Das beschwöre ich bei der heiligen Mutter Gottes, so wie wir alle demütig hier stehen, unsere erlauchte allergnädigste Herrin. So sehr haben sie sie geschlagen, ein Wunder, daß sie ihr nicht das Kind unterm Herzen totgeschlagen haben." Ein zustimmendes Brummen unterstützte seine Anklage. „Wahrhaftig, noch heute sieht man's dem Kindchen an, wie es ausgepeitscht wurde, noch bevor es auf die Welt kam. Auch der Vater von Terika war dabei, und er hat den Herrn Verwalter gebettelt, hat sich in die Stoppeln gekniet, die Hosen voller Löcher, die Knie ganz blutig, bitte, bitte, hat er für die Tochter gefleht. Der Herr Verwalter hat sie losgelassen, aber hat befohlen, den alten Balogh bis aufs Blut zu peitschen. Der Feri hier hat ihm selber die Striemen mit Leinöl eingeschmiert, möge der Gekreuzigte unser Zeuge sein, so wahr wir hier stehen."

„Wer ist euer Herr?" fragte heiser die schwarzgekleidete Königin.

„Seine Erlaucht der Herr Graf György Teleki, melde gehorsamst, unsere allergnädigste Frau Königin."

Aus dem Südwesten Ungarns kehrte der Hofrat Anton Brunswick zurück. Er sollte die Beschwerden der Untertanen prüfen und ein objektives Bild der Verhältnisse geben. Das Bild war niederschmetternd. Eine Klage glich der anderen. Das Ausmaß der Fronpflichten würde man generell regeln müssen.

„Festetics' Urbariumsplan für jedes einzelne Komitat ist irreal", äußerte Maria Theresia ihre Zweifel.

„Sie wundern sich, Mama? Festetics ist Großgrundbesitzer, er hat kein Interesse an einer radikalen Lösung", gab Joseph zu bedenken.

Aus Böhmen ließ Maria Theresia den Hofrat Anton Raab kommen und ersuchte ihn, einen Plan über einheitliche Fronpflichten in ganz Ungarn auszuarbeiten. Alles oder nichts!

„Beeilen Sie sich! Wir brauchen das Urbarium."

Abends schrieb sie einen langen Brief an den Ungarn, dem sie noch vertraute, an den klugen Nikolaus Pálffy. Er hatte den ihm angebotenen Posten des ungarischen Oberstkanzlers angenommen. Er würde der einzige zuverlässige Mitstreiter für die Urbarreform sein.

„Bei mir war eine sechzehnköpfige Deputation von Bauern unter der Führung von ‚Aufhetzern'. Hätten sie solche bösen Absichten, wären sie nicht zu uns gekommen. Mich plagt wirklich das Gewissen, wenn ich sehe, wie schlecht man mit diesen Armen umgeht und wie sie ihre schreckliche Lage vorführen. Welches Gewicht, welchen Wahrheitsgehalt haben die Meldungen aus den Komitaten, wenn es so viele gegenteilige Beweise gibt? Ich will nicht gegen das Gesetz handeln, ich liebe die Nation und bin ihr dankbar. Aber wenn man will, daß ich Königin bleibe, muß man den Armen gegenüber ebenso gerecht sein wie den Reichen gegenüber. Ich muß der Stimme meines Gewissens folgen. Wegen einiger Magnaten und adliger Herren kann ich nicht gegen mein Gewissen handeln. Jetzt kenne ich bereits die Ursache des Übels. Ich kann nicht mehr vortäuschen, daß ich meine Prinzipien mit denen der ungarischen Verfassung vereinen wollte. Die Anstrengung vieler Monate und Jahre ist zunichte geworden, und für alles zahlen die Armen. Ich mußte den Reichstag beenden. Ich habe meine Unzufriedenheit nicht verhehlt. Ich habe mich entschlossen, von nun an anders zu handeln. Ich bin für das allgemeine Wohl verantwortlich, und Privatinteressen werden mich daran nicht hindern. Ich kenne Ihren Eifer und gebe Ihnen Gelegenheit, neue Beweise dafür zu liefern. Ich will dem Vaterland Gutes tun und Ungarn wieder das gleiche Vertrauen schenken wie einst."

Sie gewann Verbündete in den höchsten Kreisen, denn die Ereignisse begannen sich zu überstürzen. In Ozoro drangen die Bauern ins Schloß ein, verprügelten den Verwalter, die Heiducken und Soldaten. Im Komitat Tolna verwüsteten vierhundert Bauern den Herrenbesitz. In Fünfkirchen drangen dreitausend Untertanen aus der Umgebung in die Stadt ein und versuchten Häftlinge zu befreien. In Söttör mußte der Fürst Esterházy vor Frauen flüchten, die das Schloß überfielen und die Abschaffung des Zehnten forderten.

An den guten Absichten der „Aufhetzer" begann Maria Theresia bereits zu zweifeln. Auch an den Anführungszeichen. Esterházys Schlösser im Soproner Komitat sind nur einen Steinwurf von Wien entfernt.

Wieder traten Fachkommissionen zusammen. Joseph mußte täglich etwas dazulernen.

„Das Urbarium sofort für ausgesuchte Komitate verkünden?"

„Ja."

„Warum? Schließlich . . ."

„Weil es notwendig ist. Lesen Sie! Haben Sie schon

erlebt, meine Herren, daß man Sie auszieht und auspeitscht?"

„Nein."

„Wollen Sie vor dem Pöbel fliehen?"

„Nein."

„Dann gehen Sie an die Arbeit."

„Die Armee setzen wir nicht ein?"

Maria Theresia zögerte. „Nein." Dann nickte sie Joseph zu. „Zeigen Sie mir gütigst die Karte."

Flatternde Finger fuhren über den ganzen Südwesten Ungarns.

„Die Unruhen haben auf sechs Komitate übergegriffen: Baranya, Tolna, Somogy, Zala, Vas und Sopron."

„Fast die Hälfte von Niederungarn. Schauen Sie, alle Komitate grenzen an unsere Erbländer. Wenn der Brand auf Österreich überspringt . . ."

Maria Theresia blickte auf die weite Fläche des aufrührerischen Gebiets. Es begann unterhalb Wiens und endete an der Militärgrenze in Kroatien.

„Nein. Die Armee noch nicht. Wir schreiben einen scharfen Warnbrief. Ein persönliches Rundschreiben der Königin. In allen Sprachen der Völker Ungarns. Herr Kollár in der Bibliothek wird die Übersetzung besorgen."

„Friedliche Beilegung der Streitigkeiten bis zur endgültigen gesamtungarischen Korrektur der Urbarpflichten . . . Wer dieses Verbot bricht, wird den königlichen Zorn zu spüren bekommen . . . er wird zu fünf oder zehn Jahren oder lebenslänglicher Haft verurteilt und bei großem Ärgernis mit einem grausamen Tode bestraft."

Die Drohungen gelangten offenbar gar nicht bis in die Aufstandsgebiete, denn einige Wochen später las Maria Theresia folgenden Bericht:

„Die Bauern haben die herrschaftlichen Wiesen gemäht und das Heu für sich behalten. Denen, die vernünftiger sind und der Obrigkeit gehorchen wollen, drohen die Rebellen öffentlich, ihnen die Häuser anzuzünden und sie in das größte Elend zu stürzen. Die nach bisherigem Brauch gewählten oder bestätigten Dorfschulzen werden von den Aufrührern abgesetzt und nach Gutdünken durch andere ersetzt. Gutsschaffer und andere herrschaftliche Diener schlagen und verletzen sie."

Es war unwahrscheinlich, daß die Bauern des südwestlichen Ungarn den Gesellschaftsvertrag des Herrn Rousseau gelesen hatten. Und dennoch verwirklichten sie ihre eigene Republik. Man durfte nicht mehr zögern.

Zwei Tage vor Silvester des Jahres 1766 erließ die Königin von Ungarn das Dekret über die Einführung eines einheitlichen Urbariums in den sechs aufrührerischen Grenzkomitaten.

Einen knappen Monat danach, im Januar des folgenden Jahres, kam das Urbarpatent für das ganze ungarische Königreich heraus. Es hatte zehn Artikel. Den slowakischen Wortlaut hatte Adam František Kollár verfaßt. „Erster Punkt: Was hat man unter einem Untertanen- oder Bauernhaus zu verstehen . . ."

Den ungarischen Bauern genügten anderthalb Jahre, um von der Königin ein Urbarium zu erkämpfen, das die ungarischen Herren auf ihrem Reichstag hatten vom Tisch fegen wollen. Das nennt man: die verlorene Ehre wiedergewinnen.

In Wien kämpften andere gegen Peitsche und Folter. Der unermüdliche Josef Sonnenfels ließ sich in den juristischen Kabinetten Wiens auf einen langjährigen Kampf um die Abschaffung der Folter ein. In dem Entwurf des neuen Strafgesetzbuches sah man immer noch die Anwendung der Folter bei Verhören vor. Sein Vorschlag wurde abgelehnt. Maria Theresia resignierte.

„Soll diese Sache der Kaiser entscheiden. Er hat die Rechte studiert und kann ohne Konsultation mit mir eine Entscheidung treffen. Ich verstehe mich nicht auf juristische Winkelzüge."

Diese Bemerkung war der Beginn des Sieges über Migazzi und Chotěk. Sie gab Joseph II. und den Liberalen freie Hand.

Jedenfalls war auf dem Papier alles für ein besseres Leben vorbereitet. Nach Meinung vieler machte die Beglückung der Völker von oben erfolgreiche Fortschritte.

VI
ABENDDÄMMERUNG UND MORGENRÖTE

1

„Deiner Reise nach Polen kann ich nicht zustimmen. Ich habe gewußt, daß du sie vorbereitest. Du hieltest es nicht für nötig, dich mir anzuvertrauen, aber daran bin ich schon gewöhnt."

„Mutter, ich habe die Vollmachten . . ."

Maria Theresia sah Joseph an und bemühte sich, ruhig zu bleiben.

„Du bist starrsinnig. Ich nehme das als einen Fakt hin, aber du bereitest mir damit großen Kummer. Diese ständigen Reisen nehmen dich allzusehr in Anspruch, sie ermüden dich, du widmest ihnen deine besten Tage. Mir aber verkürzt du die wenige Zeit, die mir noch bleibt, und das erfüllt mich mit Bitterkeit. Es wäre mir lieber, wenn du helfen würdest, die Länder, die du durchreist hast, in besserer Ordnung zu erhalten."

„Sie erkennen also an, daß meine Reisen nicht umsonst sind?"

Maria Theresia schüttelte den Kopf.

„Es ist unmöglich, daß du auf zweimonatigen Reisen, selbst bei deinem Scharfsinn, die Probleme gründlich kennenlernst und die richtige Lösung findest. Du spielst den Grafen Falkenstein, vergnügst dich inkognito, erlebst sonderbare Abenteuer, aber das alles ist eines Herrschers nicht würdig. Was willst du eigentlich in Polen sehen? Dort herrscht das Chaos. Die Polen halten uns für Eindringlinge, sie werden nicht aufrichtig sein. Ich wiederhole, die Reise nach Polen ist sinnlos. Ein diplomatischer Fehler. Bist du dir bewußt, zu welch heiklem Zeitpunkt du dich nach Galizien begeben willst? Weder die Zarin noch der preußische König haben bislang die annektierten Gebiete besucht. Sollen wir die ersten sein? Die polnische Teilung war ein Bubenstück."

„Ihr negativer Standpunkt zur polnischen Frage ist mir bekannt. Durch Wiederholungen verlieren wir nur Zeit."

„Das stimmt nicht, mein Sohn. Im Verein mit Kaunitz hast du mich in die größte Schande meiner dreiunddreißigjährigen Regierungszeit manövriert. Wir, die katholischen Monarchen, beteiligen uns wie gierige Geier an der Teilung des geschwächten Polen, und das unter Mitwirkung des preußischen Königs, des geschworenen Feindes unseres Hauses! Wie kann ich da zufrieden sein? Ich bin allergisch gegen jede Erwähnung Polens. Ganz Europa beobachtet uns."

„Ganz Europa beobachtet andere Dinge. Zum Beispiel, warum meine Schwester Marie Antoinette in Versailles nicht schwanger wird. Oder . . . warum sie sich vor den königlichen Mätressen erniedrigt, etwa der Dubarry. Auf Ihren Befehl hin."

Maria Theresia sprang auf und griff sich ans Herz.

„Beleidigen, das kannst du. Von Anfang an wußte ich, daß du ein Herz aus Stein hast, aber ich habe nicht geahnt, daß es so voller Groll und Roheit deinen Nächsten gegenüber ist."

„Verzeihen Sie", erwiderte Joseph. „Ich habe Sie lieb, teure Mutter, auch wenn ich mich Ihnen nicht zu Füßen werfe und Sie nicht täglich küsse und Ihnen schmeichlerische Briefe schreibe. Ich stelle meine Gefühle nicht zur Schau. Ich wollte mit meiner Bemerkung nur auf die Widersprüche in Ihrem politischen Verhalten hinweisen. Auf der einen Seite beurteilen Sie die internationalen Beziehungen nach den Gesetzen der Moral, auf der anderen Seite ziehen Sie in geringer politischer Weitsicht die Moral nicht in Betracht. Ich schätze Ihr Werk hoch, das Sie in dreißig Regierungsjahren geschaffen haben, es wird mir in vielem ein Beispiel sein. Aber mein

Maß wird stets das gleiche sein. Trotz des Greinens und der Meinung der Leute."

„Erscheint es dir nicht grausam, meine Zustimmung zu verlangen, wenn du alte Wunden aufreißt? Du willst nach Polen reisen. Ständig rechnest du mit meiner nachgiebigen Zärtlichkeit und Verzeihung. Täglich fügst du mir neue Schmerzen zu, und ich halte das nicht mehr lange aus. Ich habe so viele Sorgen, und du läßt mich allein. Bliebest du bei mir, dann würde sich alles leichter lösen lassen. Dein Platz ist bei mir und nicht irgendwo in den Karpaten."

Joseph zwang sich zu einem Lächeln.

„Ich gehe und komme wieder. Wie so oft vorher. Sagen Sie selbst – war meine Reise durch Böhmen nicht von Nutzen? Habe ich Sie nicht über die verzweifelte Lage der Bauern in Böhmen und Mähren unterrichtet? Als allein reisender Graf Falkenstein habe ich in zufälligen Gesprächen auf Landstraßen oder in dunklen Wirtshäusern mehr erfahren als der Oberstkanzler des böhmischen Königreichs."

„Du tust dem Fürsten Fürstenberg unrecht. In seinem Bericht hat er die Lage der Bauernschaft klar und deutlich beschrieben."

„Das Bauernvolk ist nach seinen Worten faul, unwirtschaftlich und halb tierisch."

„Ja. Er hat auch die Ursache dafür genannt, und in diesem Punkt stimmen wir alle überein. Schuld an der Verwilderung des Volkes ist die Raffgier des örtlichen Adels. Wir wissen schon, wo man anpacken muß. Uns erwartet eine ähnliche schwere Prüfung wie bei dem ungarischen Urbarium. Mich schreckt das schon im vorhinein. Statt Dank zu ernten, erhalte ich aus den oberungarischen Komitaten Meldungen über Rebellionen. Die Komitatsbeamten sabotieren das Urbarium, aber auch die Untertanen. Ich bin ratlos."

„Offenbar ist das Urbarium nicht präzise genug. Wir sind auf halbem Wege stehengeblieben."

„Und du verreist lieber und läßt mich bis über beide Ohren in Problemen stecken."

„Liebe Mutter, genau das Gegenteil ist der Fall. Ich will Problemen vorbeugen. Kennen Sie die geheime Denkschrift des Herrn Kollár über die künftige Stellung des Klerus, des Adels und der Bauernschaft in Galizien?" Er holte eine Ledermappe hervor. „Kaunitz hat sie an mich weitergeleitet. Eine sehr beachtliche Arbeit. Kollár schreibt unumwunden: Was den polnischen und ukrainischen Adel betrifft, so muß meiner bescheidenen Meinung nach die Stellung des Adels so oder so verändert werden, denn sie ist ein schädliches Überbleibsel der verdorbenen feudalen Struktur. Kollár schlägt vor, den Adel zu besteuern, die Ämter auch mit Leuten von niederer Geburt zu besetzen, die Leibeigenschaft abzuschaffen und ein liberales Urbarium einzuführen. Mutter, in den neuerworbenen polnischen Gebieten können wir für das Volk mehr tun als irgendwo anders. Ich will die Verhältnisse dort mit eigenen Augen sehen, dann werden wir die richtige Entscheidung treffen."

Maria Theresia wiegte nur den Kopf.

„Das Wohl der neuerworbenen Gebiete. So begründet gewöhnlich jeder Aggressor den begangenen Rechtsbruch."

„Ich hatte gedacht, Kollár genieße Ihr Vertrauen. Unsere ganze Argumentation vor der europäischen Öffentlichkeit beruht auf Argumenten aus den Gutachten von Rosenthal, Kollár und Bencúr. Sie haben sich große Mühe gegeben und alle historischen und juristischen Gründe für die Ansprüche der ungarischen Krone auf die angeschlossenen polnischen Gebiete ausgegraben."

„Kollár und die anderen genießen mein Vertrauen. Leider" – sie seufzte – „haben sie allzu überzeugend, allzu eifrig die Rechtmäßigkeit der Annexion, die mein Herz nicht billigt, nachgewiesen. Aber da ist nichts mehr zu ändern." Streng sah sie den Sohn an. „Du weißt, was man über mich in den europäischen Salons sagt? Sie weint und greint, aber sie nimmt . . . So eine Schande habt ihr über mich gebracht. Was wird man über deine Reise nach Polen erzählen?"

„Liebe Mutter, Sie haben mich gelehrt, mich nicht um die Meinung der Leute zu kümmern. Diese sentimentalen Gewissensqualen begreife ich wirklich nicht. Sie wissen sehr gut, daß das Grundmotiv bei der Teilung Polens die Sorge der europäischen Mächte war, Rußland könne durch einen siegreichen Krieg gegen die Türken zu stark werden. Auf dem polnischen Thron sitzt Poniatowski, ein Liebhaber der Zarin. Der Rest Polens ist ein Spielzeug in der Hand der Zarin. Indem wir in Polen eingerückt sind, haben wir die Grenze Rußlands weiter von uns entfernt. Hätten wir bei der Teilung nicht mitgemacht, dann hätten sich Rußland und Preußen noch größere Stücke angeeignet."

Maria Theresia konnte sich eines Lächelns nicht erwehren.

„Deiner Meinung nach sind wir niemals Verbrecher. Wir sind immer im Recht. Nun ja, das ist die Philosophie deiner Freunde: Friedrichs von Preußen und Katharinas der Zweiten. Und ihrer Freunde, der aufgeklärten Gelehrten, etwa der Herren Voltaire, d'Alembert, Helvetius. Aber hinter all der philosophischen Vergoldung, dem eleganten Stil, dem schönen Französisch steckt nichts als die erwachte Raffgier des niedriggeborenen Parvenüs, die Gefräßigkeit des jungen Bürgers. Sie haben den Duft von Versailles, Sanssouci, Peterhof gerochen, und er hat ihnen behagt. Statt des Adels möchten nun sie herrschen. Das übrige sind Worte, nichts als Worte. Gott muß man vertreiben, damit es keinen höheren Richter gibt. Jeder braucht sich nur noch vor sich selber zu verantworten. Die Eigenliebe soll der einzige Wert sein. Wo soll das hinführen? Als Mutter beobachte ich voller Schrecken, wie du dich vom praktischen Christentum entfernst, wie du dich von raffinierten Theorien blenden läßt. Ich bin nicht gegen Reformen. Ich selber habe sie eingeleitet. Als Christin, aus Nächstenliebe, nicht aus Eigenliebe. Verzeih, daß ich dir eine solche

Predigt halte. Ich habe darüber auch deinem jüngsten Bruder Maximilian geschrieben. Und ich schäme mich meiner Frömmelei nicht. Der alte van Swieten hat mich deswegen auch schon getadelt. Ich weiß, hinter meinem Rücken lächelt ihr über mich, du, Kaunitz, Martini, Sonnenfels und Gott weiß welche Freimaurer und Illuministen. Ich weiß von allen Logen und Geheimgesellschaften. Sie schießen aus dem Boden wie Pilze nach dem Regen. Ich dulde sie, solange Menschen darin Kraft für den Dienst am Nächsten und für edle Ziele finden. Manchmal erscheint mir jedoch die ganze aufklärerische Begeisterung wie das Dreschen von leerem Stroh. Worin haben wir den Menschen verbessert? Daran wird euer Fortschritt gemessen werden. Und diesem Maß weicht ihr aus."

Die Mutter saß in dem breiten Sessel. Hinter den Fenstern die schön beschnittenen Rondells des Schönbrunner Parks, Kempelens Wasserspeier und Springbrunnen. Nach einer kurzen Pause fuhr sie fort: „Kein einziger der Philosophen ist mit gutem Beispiel vorangegangen. Keiner hat auf seine Besitztümer und auf großen Glanz verzichtet, im Gegenteil, alle wurden sie Parasiten an Königshöfen. Und ihr Leben? Wenn ich sähe, daß diese neuen Wissenschaftler und Philosophen vertrauenswürdiger in ihrer Lebensführung und glücklicher in ihren Taten wären, könntet ihr mich des Vorurteils bezichtigen, daß ich mich um keinen Preis von ihnen bezaubern lassen will. Die alltägliche Erfahrung hat mich vom Gegenteil überzeugt. Diese scheinbar starken Geister erweisen sich beim geringsten Mißerfolg als schwach, ratlos und kleinmütig. Sie sind schlechte Väter, Söhne, Gatten, Minister, Generale, Bürger. Warum? Sie haben keinen Boden unter den Füßen. Ihre ganze Philosophie ist Eigenliebe. Und das ist eine zu schwache Maschine für den Antrieb wirklich großer Ideen zur Veränderung der Welt. Wie kann man die Welt verändern, ohne sich selber zu verändern?"

Joseph hörte schweigend zu. An einigen Stellen hätte

er aufschreien, protestieren mögen. Die Mutter darauf hinweisen, daß sie sich widersprach. Ist sie nicht selber ein lebendes Beispiel für Unbeständigkeit und Unentschlossenheit? Leidet sie nicht täglich unter Depressionen? Was für ein Glücksideal will sie anbieten? Gewissensqualen in den Nächten, Hunderte Briefe an die Söhne und Töchter in ganz Europa mit allen möglichen Ratschlägen? Krankhafte Bindung an die Toten? Verbitterung und Erstarrung? Nein, nein! Kaiser Joseph ist ein Dreißiger in voller Manneskraft. In seinem Alter ist Friedrich von Preußen der Große geworden und hat Europa begeistert! Joseph ist gezwungen, sich stundenlang solche Predigten anzuhören, stundenlang solche Briefe zu lesen. Aber was kann man daran ändern? Mit der Mutter wird es immer schwerer. Das komplizierte Räderwerk des Herrschens stockt immer wieder, verlangsamt sich und kompliziert sich noch mehr. Die Mitregentschaft ist ein Kompromiß. Es ist ein öffentliches Geheimnis, daß das offizielle Wien gespalten ist. Die Tratschweiber beiderlei Geschlechts am Hofe und die Gesandten konstruieren zwei gegensätzliche Lager. Auf der einen Seite die alternde, depressive Maria Theresia und hinter ihr die konservativen Kräfte: Kardinal Migazzi mit der ganzen kirchlichen Hierarchie; der böhmische Oberstkanzler Chotěk; die Ultramontanen. Auf der anderen Seite die „Aufgeklärten": Kaiser Joseph; der Staatskanzler Kaunitz; Raab; van Swietens Sohn; Sonnenfels; die Freimaurer; die Gottlosen.

Joseph wußte genau, daß diese Teilung nicht der Wirklichkeit entsprach, denn ein Schema kann die Kompliziertheit des Lebens nicht erfassen. Beide Lager waren sich näher, als es auf den ersten Blick schien. Beide Gruppen gehörten einer privilegierten Schicht an, sie lenkten den Staat und waren bei jedem Schritt aufeinander angewiesen. Joseph war vor allem ein Habsburger, Mitglied der Herrscherfamilie, Sohn seiner Mutter.

In der Praxis waren die Kräfte ein wenig anders verteilt. Mutter und Sohn nahmen oft gegensätzliche Positionen ein. Sie probierten aus, wer wieviel erträgt, wer zurückweicht. Maria Theresia vertraute guten Ratgebern, und das waren Ratgeber aus dem anderen Lager. In den weltanschaulichen Grundfragen aber war sie unbeugsam, besonders was die religiöse Toleranz betraf. Das Seelenheil der Protestanten ist in Gefahr, und deshalb ist es Menschenpflicht, die Protestanten mit Liebe für den katholischen Glauben zu gewinnen.

Kaiser Joseph war voller Ambitionen. Mitregent war er in einer Zeit tiefsten Friedens geworden. Er hat keine Gelegenheit, kriegerische Lorbeeren zu ernten. Die Mutter hat ihm jedoch die Sorge um die Armee übertragen. Sich in die Fragen der Innenpolitik einzumischen, erlaubt sie ihm nicht. Die Mutter ist verletzt, wenn sie merkt, wie sehr ihr Sohn den preußischen Friedrich bewundert. Joseph ist mit dem König schon zweimal zusammengetroffen. Zum ersten Mal vor vier Jahren in dem schlesischen Neiße. Er kehrte bezaubert zurück. „Dieser Mann ist ein Genie und ein großartiger Gesprächspartner", bekannte er.

Der Dritte im Spiel ist der Staatskanzler Kaunitz. Das Zünglein an der Waage in der Auseinandersetzung zwischen Mutter und Sohn. Er versucht, Joseph von seiner unkritischen Bewunderung für Friedrich abzubringen. Vergeblich bemüht er sich, den jungen Kaiser die Kunst der Diplomatie zu lehren. Wenig sagen und seine Ansichten nicht kundtun. Altersmäßig ist Kaunitz Maria Theresia nahe, weltanschaulich neigt er Joseph zu. Dabei brauchen beide, Mutter und Sohn, täglich Kaunitz' Erfahrung, seinen riesigen außenpolitischen Überblick, seinen kühlen Verstand. Auf wessen Seite sich Kaunitz stellt, der hat gewonnen.

Die Teilung Polens hat dieses Trio fast gesprengt. Kaunitz ergriff Josephs Partei und befürwortete die österreichische Beteiligung. Maria Theresia versuchte in langen Gesprächen und mehrseitigen Briefen, Kaunitz auf ihre Seite zu ziehen. Vergeblich. Sie drohten sich gegenseitig mit Rücktritt. Maria Theresia schwor hoch und heilig, sie werde, falls es zur Teilung Polens komme, dem Thron entsagen und in ein Kloster eintreten.

Sie entsagte nicht und blieb. Zur Abwechslung drohte Kaunitz mit seinem Rücktritt. Ihn verdroß das komplizierte Ringelspiel, das Lavieren zwischen zwei Herrschern. Maria Theresia wollte davon jedoch nichts hören.

„Ich will und kann nicht genehmigen, was Sie wünschen", schrieb sie an Kaunitz, „und muß es daher ignorieren. Hingegen erwarte ich von Ihrer Anhänglichkeit und selbst Freundschaft, daß Sie mich in meiner peinlichen Lage nicht im Stich lassen werden; sehen wir zu, ob es nicht doch noch ein Mittel gibt, den Staat zu retten, damit die 33 Jahre mühevollen, treuen Dienstes, den wir beide zusammen geleistet haben, nicht verloren sind; und wenn es kein Mittel mehr gibt, quittieren wir zusammen, anders nicht, und zählen Sie auf meine Freundschaft, Achtung und Dankbarkeit, so wie ich auf Ihre Anhänglichkeit rechne."

Kaunitz, nur wenig älter als Maria Theresia, verstand es, mit seiner Herrscherin umzugehen. Er ließ sich überreden. Und blieb. Er war die Seele dieses Tandems, sein rationaler Kern. Er konnte das Werk nicht gegenläufigen Kräften überlassen.

Maria Theresia hielt das Schweigen des Sohnes für Zustimmung. Joseph saß regungslos da, sein gläserner Blick war auf die Gärten gerichtet. Der Arme, sicher denkt er über die Worte der Mutter nach. Vielleicht habe ich ihn überzeugt. Ihr Gesicht hellte sich auf.

„Wenn du schon reisen willst, dann tu's lieber im Sommer", schlug sie vor. „Damit du nicht noch krank wirst. Im Herbst sei dann wieder bei mir. In Kürze lassen wir das Breve des Heiligen Vaters über die Auflösung der Gesellschaft Jesu in unseren Ländern verkünden. Wir müssen uns gut vorbereiten. Das gibt eine Menge Probleme. Das ganze Schulwesen wird davon betroffen. Was machen wir mit den Ordensmitgliedern? Wem sollen ihre Schulen gehören? Wie wird die richtige

Erziehung der Jugend gesichert? Ich weiß, ihr alle seid über die Entscheidung Roms begeistert, aber ..."

Joseph lächelte ironisch.

„Jetzt sehen Sie, daß mein Eingreifen beim Konklave richtig war."

Maria Theresia faßte sich an den Kopf.

„Erinnere mich nicht daran! Das Konklave beeinflussen!"

„Alle haben das getan, Mutter. Frankreich hat fünf ihm genehme Kardinäle benannt. Jeden von ihnen würde es als Papst anerkennen. Sie erinnern sich: der französische König hat gedroht, falls die Wahl auf keinen seiner Kandidaten falle, werde er den zum Haupt der allgemeinen Kirche Gekürten nicht als Papst anerkennen, sondern nur als Bischof von Rom."

„Mich graust's, wenn ich das nur höre."

„Gut, daß ich mit Leopold in den Quirinal gereist bin. Nach der ersten Abstimmung erhielt der Kardinal Chigi die meisten Stimmen. Darauf stand der Kardinal Orsini auf und legte im Namen des Königs von Neapel Protest ein. Warum sollten wir anders handeln als die Bourbonen und nicht ebenfalls unsere Interessen verteidigen? Dieser Ganganelli erweist sich als guter Papst. Er ist von niederer Abstammung. Sein Vater zimmerte Tische, und sein Neffe spielt in Schenken zum Tanz auf. Dieser Papst wird Gott sei Dank kein Liebling des römischen Adels und der Jesuiten sein."

Maria Theresia lief rot an und atmete schwer.

„Es ist schrecklich, daß ich Zeitgenossin solcher Ereignisse sein muß. Die Bourbonen haben mit ihrem Ultimatum gegen die Jesuiten den vorigen Papst in den Tod getrieben. Schlägt denn da niemandem das Gewissen?"

Joseph winkte ab.

„Jetzt kehrt Ruhe ein. Clemens XIV. hat den unvermeidlichen Schritt getan. Einer mußte ihn tun. Sie werden sehen, das trägt auch zur Reinigung der Religion von weltlicher Oberflächlichkeit bei. Mutter, Sie waren selbst einmal gegen die Praktiken der Jesuiten."

„Ja, als sie auf gemeine Art gegen die Jansenisten kämpften. Aber heute? Ich weiß nicht ... Ich fürchte mich vor der Erschütterung, die das auslösen wird. Wir haben hier Hunderte ordentliche Mitglieder dieses Ordens. Professoren, Wissenschaftler, Physiker, Astronomen. Sollen wir sie etwa verjagen? Ich habe gehört, daß dein Friedrich und die russische Zarin den Jesuiten Asyl in ihren Ländern anbieten. Sie haben begriffen, daß die Patres in der pädagogischen Arbeit Hervorragendes leisten."

„Nichts hindert uns daran, die ehemaligen Jesuiten, soweit sie zur loyalen Mitarbeit bereit sind, in die Laienschulen zu übernehmen."

Ihre Augen leuchteten auf. Ihr war etwas eingefallen. In allem muß man eine höhere Absicht sehen. Wie wär's, wenn die Auflösung der Gesellschaft Jesu uns die Gelegenheit bietet, das Schulsystem in unseren Ländern von Grund auf zu ändern? Von den niedersten Schulen bis zu den Universitäten? Ein alter Jugendtraum könnte verwirklicht werden.

Ich muß das alles gründlich durchdenken.

Mit unschuldiger Miene sagte sie zum Sohn: „Bereite dich auf die Reise vor! Paß auf dich auf. Versprich nicht zu viel und komm gesund wieder!"

Sie küßte ihn leicht auf die Stirn, und Joseph verließ den Raum mit dem Schritt eines Siegers.

Die Kammerfrau Baronin Grass führte Adam František Kollár herein. Nach dem Tode van Swietens war er praktisch der Direktor der kaiserlichen Hofbibliothek. Er wartete nur noch auf das Bestallungsdekret.

Der neue Direktor war blaß, seine massige Gestalt gebeugt. Die Herrscherin musterte ihn aufmerksam, und ihre Sympathie wuchs noch.

„Zunächst mein aufrichtiges Beileid, Herr Kollár." Sie streckte ihm die Hand entgegen. Kollár küßte sie. „Baronin Grass hat mir ausführlich berichtet, welches Unglück Sie getroffen hat. Der unerwartete Tod Ihrer jungen

Frau ist eine schmerzliche Prüfung. Ich hoffe, das Neugeborene ist gesund?"

„Jawohl, Majestät."

„Die Baronin hat Ihnen mitgeteilt, daß Sie von mir jährlich zweihundert Gulden für die Erziehung Ihrer Tochter erhalten werden. Es hat mich aufrichtig gerührt, daß Sie die Kleine auf den Namen Theresia getauft haben."

„Ich weiß nicht, wie ich meine tiefe Dankbarkeit Eurer Majestät gegenüber ausdrücken soll. Es ist mir eine hohe Ehre ..."

Maria Theresia wehrte ab.

„Sie haben so viel für uns getan, daß es überflüssig ist, darüber ein Wort zu verlieren. Seine Kaiserliche Majestät lobt Ihre Denkschrift über Galizien. Sie waren stets ein eifriger ..." Sie hielt inne, wollte eigentlich sagen: zu eifriger, aber sie unterließ es. „Sie waren stets ein eifriger Vollstrecker unserer Wünsche und Befehle. Ich gedenke Sie zum Hofrat zu ernennen. Natürlich mit der entsprechenden Honorierung."

„Majestät, ich weiß wirklich nicht ..."

Die scharfen Augen der Kaiserin prüften das Aussehen des Mannes vor ihr.

„Wie alt sind Sie, Kollár?"

„Fünfundfünfzig, Majestät."

Sie nickte. Er ist ein Jahr jünger als ich.

„Sie müssen sich halten. Die beste Arznei gegen Schicksalsschläge ist Arbeit. Neue Probleme. Das weiß ich aus eigener Erfahrung."

Sie nahm eine in grünen Samt gebundene Mappe vom Tisch auf.

„Lesen Sie!"

Adam Kollár nahm mit unsicheren Händen den Erlaß Clemens' XIV. entgegen, datiert vom 21. Juli 1773. Erregt las er die lateinischen Sätze. „Es ist das uralte Recht und die Praxis des römischen Heiligen Stuhls, einen Orden zu verändern oder aufzulösen, dessen Ziele sich geändert oder überlebt haben. Gegen die Gesellschaft Jesu, die unsere Vorgänger zur Verbreitung der Glaubenswahrheit gegründet haben, wurden nach einer gewissen Zeit Beschwerden erhoben. Die Ordensmitglieder fingen Streit untereinander an, mit anderen Orden, mit weltlichen Fürsten, mit theologischen Fakultäten, mit den erlauchten Bischöfen, ja sogar mit Herrschern von Gottes Gnaden. Die Ordensmitglieder haben in vielen Ländern große Reichtümer angehäuft. Statt den christlichen Glauben und die christlichen Sitten zu verbreiten, mischen sie sich in ausschließlich weltliche Dinge ein. In den Missionen machen sie, statt Gottes Wort zu verkünden, von der Kirche mißbilligte Gewohnheiten heimisch und weichen vor Einflüssen des Heidentums zurück. Beschwerden über die Ordensmitglieder sind bereits bei unseren Vorgängern, Seiner Heiligkeit Sixtus V., Paul V., Innocenz XI., Benedikt XIII. und Benedikt XIV. eingegangen. Unter dem ruhmreichen Pontifikat unseres Vorgängers, des Heiligen Vaters Clemens XIII., entstand Unruhe in Frankreich, Spanien und Portugal, im Königreich Neapel und in Sizilien. Die christlichen Herrscher dieser Länder ersuchten um die Auflösung des Ordens. Wir, Clemens XIV., Bischof von Rom, Papst der heiligen apostolischen Kirche, Pontifex maximus, Patriarch des Westens, Primas Italiens, Diener der Diener Gottes, durchdrungen vom Heiligen Geist und geleitet von der Verpflichtung, Ruhe und Eintracht in der Kirche zu bewahren, überzeugt davon, daß die Gesellschaft Jesu keine Früchte und keinen Nutzen gemäß der Absicht ihres Begründers mehr erbringen kann ... lösen die genannte Gesellschaft auf, und zwar mit allen ihren Würden, Ämtern, Häusern, Schulen, Kollegien und allen Besitztümern."

Maria Theresia wartete die Wirkung ab. Adam Kollár war blaß, seine Lippen zitterten unmerklich. In seinem Gesicht war keine Spur von Triumph zu lesen, eher das Gegenteil.

„Man erzählt, der Heilige Vater sei bei der Unterzeichnung des Breve ohnmächtig geworden ... Sie bekunden keine besondere Freude, Kollár." Sie streckte die Hand nach der grünen Mappe aus. „Der Ordensgeneral hat erklärt, er werde sich der Entscheidung des Heiligen Vaters fügen. Mir als treue Katholikin bleibt ebenfalls nichts anderes übrig. Jetzt müssen wir überlegen, was mit den Schulen, Internaten und Kollegien des Ordens geschehen soll." Sie dachte laut nach. „Das ist ein riesiges Kapital. Mir scheint, wir sollten es in einem einzigen Studienfonds konzentrieren. Ich habe vor, eine Studienkommission zu ernennen. Sie wird die allgemeine Reform des Schulwesens in unserem Reich vorbereiten. Ich rechne mit Ihrer Mitgliedschaft in der Kommission. Haben Sie Einwände, Kollár?"

„Nein, Majestät."

„Bauen Sie auf Gott, mein Freund. Sie dürfen den Mut nicht sinken lassen. Wir brauchen Ihren Verstand ... Stimmt es, daß Sie an der Geschichte des ungarischen Rechts arbeiten, wie Sie mir seinerzeit versprochen haben?"

„Das tue ich, Majestät. Ich wage nur nicht, damit ans Licht der Öffentlichkeit zu treten, um nicht überflüssige Polemiken auszulösen und dem Ansehen des Herrscherhauses zu schaden."

„Richtig, Kollár. Neulich habe ich Ihnen durch die Baronin Grass eine Beschwerde ungarischer Protestanten zur Stellungnahme übersandt. Ich möchte auf keinen Fall aus Unkenntnis gegen ungarische Gesetze verstoßen. Haben Sie es sich angeschaut?"

„Ich schicke Ihnen mein Gutachten durch die Frau Baronin zu. Wenn Majestät meine Meinung hören wollen, so wage ich zu sagen, daß es auf der Welt keine Regierung gab und gibt, die für ewige Zeiten die einstmals erlassenen Gesetze und Anordnungen einhalten könnte."

„Sie wollen sagen, die ungarischen Gesetze bevorzugen die Katholiken und benachteiligen die Protestanten? Das wäre in Ordnung."

Adam Kollár hob zaghaft den Kopf.

„Die ungarischen Gesetze betreffs der Protestanten sind vom heutigen Gesichtspunkt aus unnötig, ja schädlich. Sie sondern die Hälfte der begabtesten Bürger aus dem Leben des Landes aus. Sie versperren ihnen den Zugang zu öffentlichen Ämtern. Viele Protestanten wandern lieber in den unwirtlichen Norden, nach Preußen aus, um weiterer Verfolgung zu entgehen."

„Was höre ich da, Kollár! Sie sind Katholik, wenn ich mich nicht irre. Oder irre ich mich?"

„Toleranz sollte der Grundsatz jedes christlichen Herrschers sein."

„Das werden Sie in Ihrer Denkschrift so formulieren?"

Kollár nickte.

„Oder noch schärfer? Ja? Sie sind mutiger beim Schreiben als im persönlichen Umgang." Die Kaiserin seufzte. „Toleranz. Ein schönes Wort. Aber Toleranz dem Bösen gegenüber ist sündhaft und auch für den Betroffenen schädlich."

„Wenn Majestät erlauben – meiner Ansicht nach ist der Herrscher weder ein Seelenhirt noch ein Missionar. Wenn der Untertan loyal ist, sollte sein Glaubensbekenntnis kein Hindernis für ihn sein. Der Protestant Jozef Bencúr, mein Landsmann, verteidigt zum Beispiel in seinen Schriften wirksam und voller Liebe zum gemeinsamen Vaterland die Rechte Eurer Majestät. Ein König sollte nicht zögern, die treuen Untertanen der Krone ohne Rücksicht auf ihren Glauben unter seinen Schutz zu nehmen."

„Um Bencúr brauchen Sie sich nicht zu sorgen. Ihm ist reicher Lohn zuteil geworden. Der Kaiser hat dafür gesorgt, daß seine Schrift ins Deutsche und ins Französische übersetzt wurde." Sie wiegte den Kopf. „Sie entpuppen sich als ein Verteidiger der Protestanten, Sie, Kollár! Übertreiben Sie nicht ein wenig? Unsere ungarischen Protestanten verhalten sich nicht gerade freundlich gegen ihren jungen Dichter, der in meiner Leibgarde dient. Apropos – sind die literarischen Früchte des Herrn Bessenyei wirklich so gut?"

„Ich habe an meinem Urteil nichts zu ändern, Majestät. Bessenyei ist ein begabter junger Mann."

„Nun ja, was weiß ich! Er hat mir eine schöne Widmung geschrieben. Ich weiß nur nicht, worum es in der Tragödie des Agis geht."

Kollár erklärte bereitwillig: „Die Fürsten Agis und Kelombrotes wollen bei König Leonidas die Abschaffung der harten Besteuerung des Volkes erwirken. Sie wenden sich gegen die Übergriffe der Reichen."

„Sieh mal an, dieser Bessenyei ... Die bösen Könige ..."

„Nein, im Gegenteil! Die Opposition und der Hof bemühen sich, die Liebe eines zufriedenen Volkes zu gewinnen. Zum Schluß begnadigt der König den Agis. Das Vorhaben ist geglückt. Es handelt sich eher um die Apologie eines aufgeklärten Herrschers."

„Wir können also zufrieden sein? Ich habe gehört, unser lieber Bessenyei hat die Leibgarde verlassen. Hatte er denn dort keine Zeit zum Schreiben?"

„Das ist nicht der Grund. Er hat kurz nacheinander vier Bücher herausgebracht. Aber seine körperliche Beschaffenheit ... wie soll ich es ausdrücken ... György Bessenyei ist sehr dick, für den Soldatendienst ungeeignet."

„Ein dicker junger Mann?" Sie forschte in ihrem Gedächtnis. „Warten Sie, war er nicht bei dem Fest auf Esterháza?"

Kollár nickte.

„Er schrieb darüber das Tagebuch in Versen: ‚Lustbarkeiten auf Esterháza'."

„Dann habe ich doch kein so schlechtes Gedächtnis ... Und jetzt gehen Sie. Ich lasse Sie bald zur Arbeit rufen." Sie streckte ihm die Hand hin. „Schicken Sie mir Baronin Grass herein."

Er verneigte sich tief und schritt rückwärts, gemäß der Etikette, zu der zweiflügeligen Tür.

Lustbarkeiten auf Esterháza. Was ist hier das Dauerndere? Der durchdringende Klang der Blasinstrumente im ersten Satz, die gedämpften Mollkontraste, die Spielerei mit Echos? Das besänftigende Adagio der Geigen und die episodischen Oboen und Waldhörner? Die Triopassage der Geigen treibt uns vorwärts in den Septemberabend, und niemand weiß, was das Schönste ist, die neue Symphonie in C-Dur des Vizekapellmeisters Herrn Joseph Haydn, genannt nach Maria Theresia, oder die einhundertsechsundzwanzig Zimmer des Schlosses, das Operntheater, das Puppentheater, die Logen und Foyers voller Bilder, Sofas, Kamine, Spiegel, Uhren? Die vielen Joch trockengelegter Sümpfe, der feuchte Hauch vom Neusiedler See? Zehn Millionen Gulden, verwandelt in das neue Versailles des Fürsten Nikolaus Esterházy? Die pomphafte Freude und jauchzende Bewegung des abschließenden Allegretto? Haydns freudige Improvisation am Schluß oder das kleinere Palais für die Gäste, das achtzigtausend Gulden gekostet hat? Eine Bagatelle für den Fürsten Esterházy. Das Lächeln der Kaiserin und das stille Sinnen der Witwe im Dämmer des Parks. Das spielerische Menuett, beschwert durch Pauken und Trompeten. Zu deinem Ruhm, Kaiserin. Unsere Vergnügungen und Tänze haben bereits die Würde des Alters.

Dieses Bürschlein habe ich einmal auf der Mauer unter der Hofburg ausgeschimpft und an den Ohren gezogen, als er noch Sängerknabe im Stephansdom war? Ja, Majestät, das war ich, dieses sonderbare Gemisch aus deutschem, ungarischem und slowakischem Blut, ich, der emsige Komponist. Ein stiller Vizekapellmeister. Einhundertfünfzig Mann stark ist die Leibwache des Fürsten (blaue Röcke, rote Hosen), französische Gärten, Kaiserin und Königin, fühle dich nicht gedemütigt. Der Vizekapellmeister ist nur zu Lebzeiten ein Fürstendiener. Das Palais ist nur zu Lebzeiten der Fürsten ein Fürstenpalais. Beide werden ihre Herren überleben.

Vielleicht hat man Ihnen, Majestät, Auszüge aus dem Vertrag mit dem Hausangestellten, dem Vizekapellmeister gezeigt:

„Wird er Joseph Haydn als ein Haus-Officier angesehen und gehalten werden. Darum hegen Sr. Hochfürstl. Durchlaucht zu ihme das gnädige vertrauen, das er sich also, wie es einem Ehrliebenden Haus-Officier bei einer fürstlichen Hoff-stadt wohl anstehet, nüchtern und mit dene nachgesetzten Musicis nicht Brutal, sondern mit glimpf und arth bescheiden, ruhig, ehrlich, aufzuführen wissen wird, haupt-sächlich, wann vor der Hohen Herrschaft eine Musique gemacht wird, solle er Vice-Capel-Meister samt denen subordinirten in Uniform und nicht nur er Joseph Heyden selbst sauber erscheinen, sondern auch alle andere von ihme dependirende dahin anhalten, das sie der ihnen hinausgegebenen Instruction zufolge, in weißen Strümpfen, weißer Wäsche, eingepudert, und entweder in Zopf, oder Har-Beutel ... Auf allmaligen Befehl Sr. Hochfürstl. Durchlaucht solle er Vice-Capel-Meister verbunden seyn, solche Musicalien zu componiren, was vor eine Hochdieselbe verlangen werden, sothanne neue Composition mit niemanden zu communiciren, viel weniger abschreiben zu lassen, sondern für Ihro Durchlaucht eintzig, und allein vorzubehalten, vorzüglich ohne vorwissen, und gnädiger erlaubnuß für niemanden andern nicht zu componiren. Wird er Joseph Heyden alltäglich ... vor und nach-Mittag in der Antichambre erscheinen und sich melden lassen, allda die Hochfürstl. Ordre ob eine Musique seyn solle? abwarthen, alsdann aber nach erhaltenem Befehl, solchen denen andern Musicis zu wissen machen ..."

Nikolaus Esterházy hatte ein selbstsicheres Lächeln aufgesetzt. Er war schon bei Jahren. Er hatte festgestellt, daß ein Bajonettangriff auf preußische Reiterei keinen ewigen Ruhm bedeutet. Lieber einen guten Vertrag mit dem Vizekapellmeister schließen. Er hatte erkannt, daß sich ein Aristokrat dadurch vor dem Vergessenwerden rettet, daß er ein Genie beschäftigt.

Maria Theresia waren von alledem am meisten die kühnen Waldhörner, die Oboen und die Kombination von Pauken und Trompeten im Gedächtnis geblieben.

Sie hatte geglaubt, dies geschehe zu ihren Ehren, und war für eine Weile glücklich gewesen. Die Menschen vermochten sich gegenseitig himmlische Freuden zu bereiten, aber sie fühlte, daß das jetzt schon eine kostbare Seltenheit war.

2

Der Rektor des Piaristenkollegiums in Prag Gelasius Dobner mußte wohl schon zum drittenmal im Leben die interessanten Arbeiten über die böhmische Geschichte unterbrechen und sich mit den Ereignissen rings um sich beschäftigen. Das tat er ohne jede Begeisterung. Er hatte sich in die kritische Auseinandersetzung mit der böhmischen Geschichte vertieft. Zwischen den Büchern in den Archiven der Adligen fühlte er sich wohler als an der frischen Märzluft. Seine Bemühungen hatten bereits öffentliche Anerkennung gefunden. Er hatte eine ganze Generation tschechischer Historiker erzogen. Sein Lieblingsschüler war der junge Martin Pelcl, Bibliothekar beim Grafen Nostitz. Pelcls Werk in deutscher Sprache „Kurzgefaßte Geschichte der Böhmen" hatte in die Salons der Adligen, aber auch in die Häuser der vermögenderen Bürger Eingang gefunden.

Jetzt lag vor Pater Gelasius ein noch nicht durchstudiertes Buch auf dem Tisch. Er hatte es unlängst in der Buchhandlung des Herrn Mangold am Kleinen Ring in der Prager Altstadt gekauft. Das lateinische Pamphlet des Jesuiten Bohuslav Balbín „Dissertatio apologetica pro lingua slavonica"* war bereits hundert Jahre alt. Sein Autor hatte es damals nicht zu veröffentlichen gewagt. Im Jahre 1775 gelangte jedoch Martin Pelcl zu dem Schluß, daß Balbíns Werk jetzt eine positive Aufgabe erfüllen könnte. Die Herren am königlichen Landesgubernium, an der Spitze der Fürst Fürstenberg, waren anderer Meinung. In den Salons wurde verbreitet, daß der

* (lat.) Verteidigungsschrift über die slowakische Sprache.

längst verstorbene tschechische Jesuit Balbín in der heutigen Situation den Haß auf die deutsch sprechenden Bürger des böhmischen Königreichs schüre, daß er gegen den Hof und die Minister hetze, die uralten Träume von einem selbständigen tschechischen Königreich wiedererwecke. Balbín ist tot, aber sein Adept Martin Pelcl kann sich Unannehmlichkeiten einhandeln. Er ist Dobners Schüler. Grund genug für Befürchtungen.

Prag war gegen Ende der Regierungszeit Maria Theresias keine heitere Stadt und kein Beispiel vorbehaltloser Ergebenheit. Jeder erkannte die Güte der Kaiserin an, aber wie konnte man die zahllosen Unbilden vergessen, die ihre Herrschaft Prag und dem ganzen Land beschert hatte? Die Straßen Prags boten auch jetzt kein schönes Bild. Die Spuren der preußischen Belagerung im Siebenjährigen Krieg waren noch nicht restlos beseitigt. Ruinen starrten in den Frühjahrshimmel. Das Stadtinnere hatte man durch rasch hochgezogene Mietshäuser verschandelt. Der Roßmarkt, der Graben, die Heinrichsgasse, die Pflastergasse, den Poříč säumten alte Häuser mit zerschossenen Fassaden. Gehsteige gab es nicht. Auf der Kleinseite waren Paläste emporgewachsen, aber sie konnten den tristen Gesamteindruck der Stadt nicht wesentlich verbessern. Die Beziehung der Tschechen zur Herrscherin hatte der junge Pelcl mit den Sätzen charakterisiert: „Zweifellos ist Maria Theresia eine der besten Frauen, die je auf einem Königsthron saßen. Aber schon in ihrer Jugend hat man sie mit Haß gegen die Tschechen geimpft, und uns gegenüber hat sie sich stets wie eine Stiefmutter verhalten. Die Tschechen haben ihre Großherzigkeit und Güte nicht genossen."

Dobner ärgerte diese Bemerkung. Persönlich konnte er sich über die Herrscherin nicht beklagen. Erst unlängst hatte er eine Jahresrente von zweihundert Gulden und eine reichhaltige Büchersendung als Geschenk der Kaiserin erhalten. Unter dem Schutzschild der Herrscherin war Dobner ein Vertrauensmann der Bischöfe. Seine

Verdienste um die Geschichtsschreibung und Pädagogik wurden von der Obrigkeit gebührend gewürdigt.

Die kritische Haltung seines Schülers schrieb Dobner dem Milieu beim Grafen Nostitz zu. Das gebildete Prag jener Tage sammelte sich um zwei Salons. Im Salon Zum weißen Lamm auf der Kleinseite herrschte die Fürstin Marie Fürstenberg, geborene Sternberg. Seiner schönen Gemahlin verdankte es Fürstenberg, daß er im alten böhmischen Adel gesellschaftlich heimisch geworden war. Doch nach wie vor sahen ihn viele als einen von Wien eingesetzten Beamten an. Klatschmäuler behaupteten, die Reize der Fürstin Fürstenberg hätten auch den jungen Kaiser Joseph bezaubert, was schon der Rede wert war. Wenn der Mitregent sich in Prag aufhielt, versäumte er nie, den Fürstenbergschen Salon mit seinem Besuch zu beehren.

Fürstenberg bezog ein Jahresgehalt von zwanzigtausend Gulden und besaß ein prosperierendes Eisenwerk auf seinem Gut in Křivoklát. Er war das Muster eines modernen Unternehmers, unbelastet von den Vorurteilen des alten böhmischen Adels. Vor drei Jahren hatte er den Wiener Hof durch eine Denkschrift über die Lage der böhmischen Leibeigenen für sich gewonnen. Er hatte darin kein Blatt vor den Mund genommen. Auf seiner Inspektionsreise durch Böhmen als Graf von Falkenstein hatte Joseph II. dieses unerfreuliche Bild bestätigt gefunden. Fürstenberg hatte gedonnert: „Die verhaßten Ketten der Leibeigenschaft fesseln den böhmischen Bauern an den Grund und Boden wie an einen Marterpfahl, an dem er unter tausenderlei Vorwänden ausgepeitscht wird. Für ein einziges Vergehen, durch das er das Mißfallen der Obrigkeit oder ihrer Beamten erregt, büßt er sein ganzes Leben lang. Der arme böhmische Bauer haßt deshalb nicht nur das Grundeigentum, sondern auch sein Leben. Das ist die Lösung des traurigen Rätsels, warum der arme Bauersmann so geduldig, so erstaunlich ruhig, ja so oft freudig stirbt.“

Unbekannt, woher dem Fürsten dieses Wissen kam.

Daß aber gestorben wurde, und zwar in Massen, war schreckliche Wirklichkeit. Während einer Hungersnot in Böhmen kamen mehr als eine Viertelmillion Menschen um. Natürlich nicht in den Adelssalons, sondern in den böhmischen Dörfern. Die Hungersnot, Fürstenbergs und Josephs Berichte bewogen Maria Theresia, die böhmischen Stände zu drängen, sie sollten die Urbarreform schnellstens durchführen. Das bereits aus Ungarn bekannte Karussell begann sich zu drehen.

Der andere Salon befand sich im Palais Nostitz. Graf Franz Anton Nostitz gehörte zu jenen deutsch erzogenen tschechischen Adligen, die dem Absolutismus des Wiener Hofes bewußtes Tschechentum entgegenstellen wollten. Dieser Teil des Adels träumte von neuem Ruhm der böhmischen Stände im Königreich. Begeistert begrüßten sie die Entdeckung der ruhmreichen Vergangenheit Böhmens. Unter dem deutschen Überzug kam das tschechische Nationalgefühl zum Vorschein. Wen hätte es nicht gefreut, als Graf František Kinský zur Verteidigung der tschechischen Sprache in die Schranken trat. „Ich gestehe, daß ich als treuer Nachkomme von Slawen ein Vorurteil geerbt habe. Wenn die Muttersprache der Franzosen das Französische und die der Deutschen das Deutsche ist, dann muß für einen Tschechen die Muttersprache das Tschechische sein."

Dobner zog zu den Nostitz' auch die riesige Bibliothek, eine unerschöpfliche Quelle für wissenschaftliche Arbeiten. Nostitz hatte an der Leipziger Universität studiert. Auf seinem Schloß wurde der erste Blitzableiter in Böhmen installiert; er hatte seine Kinder impfen lassen, hatte die Prager Freimaurerloge bei der Einrichtung des ersten Prager Waisenhauses unterstützt – mit einem Wort, er war ein aufgeklärter Herr. In seinem Kreis bewegte sich auch der Naturwissenschaftler Ignaz Born, der einige Zeit an der Bergakademie in Banská Štiavnica gewirkt hatte und jetzt in Wien tätig war, Organisator der Privaten Gelehrten Gesellschaft. Die Gruppe um Nostitz begann soeben in deutscher Sprache die „Porträts tschechischer Gelehrter und Künstler“ herauszugeben. Sie wollte die deutsch sprechenden Tschechen an die ruhmreiche Vergangenheit der tschechischen Gebildeten in den Zeiten vor der Schlacht auf dem Weißen Berge erinnern. Den Habsburgern und dem Fürstenbergschen Salon kamen diese Erinnerungen sicher nicht sehr gelegen.

Beide Salons wetteiferten darin, prominente Gäste zu gewinnen, sie tratschten übereinander, waren aufeinander eifersüchtig. Ende März 1775 wurden jedoch beide Adelslager von einem Ereignis überrascht, das selbst den emsigen Gelasius Dobner zwang, das Grübeln über die alte Geschichte aufzuschieben. Er wurde Zeuge einer Rebellion.

Um den Namenstag des heiligen Josef (was sicherlich kein Zufall war) begann es im mittleren und südlichen Böhmen unter den Bauern zu brodeln. Die Kunde davon drang rasch bis zur Hauptstadt. Von Hradec her, über Boleslav, Bydžov, Časlav, Chrudim und Kouřim zogen Bauernhaufen auf Prag. Sie marschierten geordnet, oft unter dem Kommando der örtlichen Schulzen. Sie fühlten sich nicht als Rebellen.

> Dem Kaiser wollt es nicht gelingen,
> die böhmischen Herren zu bezwingen.
> Darum begann er zu rebellieren
> und tät jetzt mit uns marschieren . . .

Entsetzt vernahm das aufgeklärte und adlige Prag diese neuen Verse und mit noch größerem Entsetzen die Berichte über ein Bauerngubernium, das heißt eine Bauernregierung, an deren Spitze Antonín Nývlt stand, Schultheiß im Dorf Rtyně bei Náchod, nebenbei auch Schankwirt und außerdem Vetter des Pfarrers. Er hatte die Sache des Urbariums in die eigenen Hände genommen, hatte sich mit den Schulzen der umliegenden Gemeinden zusammengetan und die Korrekturen der Fronpflichten niedergeschrieben. Nein, das Bauerngubernium hatte die Fron nicht aufgehoben, das wäre gegen die Reform der Kaiserin und Königin gewesen. Es reduzierte die Fronpflichten nur auf ein Minimum. Die Pläne für die neue Ordnung hatte es vervielfältigt und an die benachbarten Delegationen versandt. Dann verbreitete sich das Gerücht, in Wien sei ein „Goldenes Patent" über die Befreiung der Leibeigenen erlassen worden, die Herren verheimlichten das jedoch dem Volk. Die Frühjahrsluft war von Hoffnung erfüllt, es kursierten aufregende Gerüchte, Josephs überraschende Besuche auf dem böhmischen flachen Lande (am häufigsten bei Manövern oder inkognito als Graf Falkenstein) erweckten in Tausenden verelendeten Bauern große Hoffnungen. Er ist eben doch ein guter, menschlicher Kaiser. Zögert nicht, mit einfachen Bauern zu sprechen, scheut sich nicht vor dem Pflug (den Pflug, mit dem er einst zwei Furchen pflügte, halten die Dörfler wie eine Reliquie in Ehren), und er erkämpft für uns die Freiheit. Trotz des Widerstands der böhmischen Herren. Der Zorn der Bauern richtete sich gegen Prag. Flugblätter über eine Freiwilligenarmee der Bauern wurden verbreitet: „Auf die Stimme der großen Glocke hin rüste dich mit Brot für drei Tage aus, sei Tag und Nacht bereit!" Es formierten sich bewaffnete Abteilungen von zwanzig, dreißig, ja oft hundert Mann. Sie strömten durchs Elbegebiet, von Dorf zu Dorf, von Stadt zu Stadt. Sie drangen in die Ämter und Kreishauptmannschaften ein, suchten nach dem geheimen Patent über die Aufhebung der Fron. „Gebt uns das Patent, edler Herr, sonst wird's schlimm." Sie warfen Amtsschreiber in die Dorfteiche, jagten Gutsschaffer in die Felder. In einem Dorf zogen sie die Frau des Schaffers nackt aus, tauchten sie in ein Faß mit Wagenschmiere und überschütteten sie mit Federn, geteert und gefedert ... Ein junger Bursche aus Přivlaka forderte im Schloß in Jesenné von der Frau Baronin einen Kuß. Wenn er ihn bekäme, würden die Aufständischen dem Schloß nichts antun. Er kriegte seinen

Kuß und hielt Wort ... Durch die böhmischen Lande schallte das Bauernvaterunser, in einem saftigen Tschechisch, von dem ein Graf Kinský nicht zu träumen wagte:

Sieh her, wie man uns plagt ... Vater unser
mit Peitschen man uns schlagt,
Lieber Kaiser, guter Mann ... der du bist
schau es dir nur selber an.
Das ist nicht der Wille dein,
o Herrgott, sollst uns gnädig sein ... im Himmel
Sieh, wir flehen voller Pein,
du sollst unser König sein!

In der Nacht vom 23. auf den 24. März drangen die Bauern bis Libeň vor und strömten weiter in die Prager Stadt. Es waren an die zweitausend Mann. In Gruppen aufgeteilt, verwüsteten sie die Häuser der Juden. Der Kreishauptmann von Poděbrady eruierte den Weg, auf dem die Bauern nach Prag gezogen waren, an Hand der Beschwerden der Schankwirte in den Dörfern, denen die Aufständischen das genossene Bier nicht bezahlt hatten.

Prag war jedoch schon vorbereitet, besonders die Armee. Sie hatte Befehl, kein Blut zu vergießen. Am Morgen traten die Regimenter vor der Invalidenkaserne an.

Fürst Fürstenberg drängte sich nicht in den Vordergrund. Den Aufständischen sollten der Rat des königlichen Guberniums Graf Nostitz und der General Wied entgegentreten, gefolgt von Pater Dobner.

Etwa fünfhundert Bauern ließen sich auf das Gelände vor der Invalidenkaserne locken. Den Prager Herren war sogleich leichter ums Herz. Auf der einen Seite der Fluß, auf der anderen die langen Mauern der Kaserne, an den Flanken ebene Felder ohne Gebüsch und Wald. Ein Entkommen war unmöglich.

Im Morgengrauen machte sich Graf Nostitz auf, um mit den Bauernführern zu verhandeln.

„Waffen weg!“ schrien die Soldaten.

Der Bauernhaufen sah sich von Grenadieren und Reitern umstellt. Die Säbel blitzten im Frühlicht. Ein Teil des Haufens wogte auf, versuchte nach beiden Seiten in den Morgennebel zu fliehen.

„Ich rufe euch auf, Leute! Sagt mir, warum kommt ihr in die Hauptstadt, und in solcher Zahl?"

„Wir wollen zum Landesgubernium. Wir suchen das Patent und die Freiheit."

Einer der Bauern langte unter seinen Kittel.

„Halt!" Ein Offizier stürzte sich auf ihn. „Was hast du da?"

Der unbekannte Führer der Aufständischen stieß zwischen den Zähnen hervor: „Eine Karbatsche für solche Herrenknechte wie dich!"

Sie warfen ihn zu Boden. Graf Nostitz erbleichte. Revoltierendes Pack, Gesindel.

General Wied hatte seine Befehle schon vorher erteilt. Fünfhundert Fußsoldaten und hundert Reiter schlossen die Reste der Bauern wie in einem Käfig ein. Die Aufständischen warfen die Sensen, Knüppel, Dreschflegel weg, einige knieten sich ins betaute Gras, flehten um Gnade. Nur wenigen gelang es zu flüchten. Die übrigen wurden von den Soldaten gefangengenommen und in die Invalidenkaserne getrieben. Dort jammerten sie in den Fluren, zusammengepfercht wie Schlachtvieh. Später erschienen die Kommissare des Landesguberniums und begannen mit den Verhören: Wer sind die Führer, die Anstifter? Wer ist nur ein Verführter? Name, woher, wessen Höriger. Aus welcher Gemeinde, welchem Kreis.

Graf Nostitz atmete auf und setzte sich zum Mittagessen. Heute bestand nicht die Gefahr, daß man ihm die Fenster seines Palais einschlug, wie bei den Hungerrevolten vor drei Jahren. Gelasius Dobner kehrte in großer Verwirrung in sein Kollegium zurück. Es ist Freitag, er muß den Unterrichtstag vorbereiten. Am Abend wird er seine Erkenntnisse aus der neuesten Geschichte niederschreiben.

Vier Tage danach wurde vor der Invalidenkaserne der

erste Rebell gehenkt. Gelasius Dobner zählte acht Kanonen mit Bedienung in der Runde, die Richtstätte umstanden zwei Reihen Infanterie. Der Verurteilte war ein großer, gutgewachsener Mann. Er hatte sein Sonntagsgewand angelegt, als ginge er zur Messe. Auf dem Weg zur Hinrichtung klagte er laut. Hinter ihm schwankte seine Frau mit drei Kindern, das vierte war unterwegs. Herzzerreißende Szenen spielten sich ab, doch alles Jammern war umsonst.

Ein Soldat befestigte auf der Brust des Verurteilten einen Zettel mit der Aufschrift: AUFRÜHRER DES BAUERNVOLKS UND RÄUBER. Der runde Bauernhut fiel in das Gras unter dem Galgen. Anwesend war auch Pater Dobner.

An den folgenden Tagen wurden weitere sieben Bauern hingerichtet. Vier davon trugen den Namen Josef. Fürst Fürstenberg, Generalmajor Wallis, Graf Nostitz, General Wied und die ganze böhmische Obrigkeit glaubten, das Ihre getan zu haben. Sie irrten sich.

Am 31. März überbrachte ein Bote aus Wien dem Vorsitzenden des Böhmischen Landesguberniums, dem Fürsten Fürstenberg, einen scharfen Tadel wegen der falschen, viel zu harten Art, wie er die Bauernunruhen unterdrückt hatte. Einen ähnlichen Tadel mußte der Landesmilitärkommandant General Wied einstecken. Umsonst verteidigten sich die beiden und übertrieben die Gefahren des Aufstands. Wien bemühte sich, die Ereignisse zu vertuschen. Joseph weilte zur Zeit der Rebellion gerade auf Reisen in Italien, hatte also keine Gelegenheit zu Kontakten mit den Aufständischen. Maria Theresia wünschte auch aus diplomatischen Gründen keine Sensationen im Reich, die man mit dem Aufruhr in den amerikanischen Kolonien oder dem Aufstand Pugatschows in Rußland hätte vergleichen können.

Eine Woche darauf erließ die Kaiserin und böhmische Königin eine Amnestie für alle Aufständischen, die nach Hause zurückzukehren bereit waren und Gehorsam gelobten. Die untersuchungführenden Kommissare mußten ihre Tätigkeit sogleich einstellen. Aus den Gefängnissen wurden auf kaiserlichen Befehl alle Verhafteten freigelassen, außer den nachweislichen Anführern der Rebellion. Diese sollten von einem Sondergericht in Prag abgeurteilt werden.

In Prag rang man die Hände. Einer fragte den anderen, ob die Herrscherin in Schönbrunn nicht vielleicht den Verstand verloren habe. Aus den Gefängnissen wurden Hunderte Verhaftete freigelassen, als Wegzehrung erhielten sie Peitschenhiebe. Fürstenberg wußte nicht, was er tun sollte. Nach langem Hin und Her ließ er die zwei Führer des Bauernguberniums, den Agitator Kolísek und den Schankwirt Antonín Nývlt, wegen Hochverrats zum Tode verurteilen. Das Oberste Gericht milderte diese Strafe, und die Kaiserin schrieb auf das Gerichtsurteil:

„Ich hebe die vom Obersten Gericht verfügte Strafe des Auspeitschens für Nývlt und die Mitangeklagten auf."

Den böhmischen Herren standen die Haare zu Berge, als sie weiterlasen:

„Das delegierte Gericht verdient einen Tadel, weil es bei Nývlt keine mildernden Umstände in Betracht gezogen und ohne weiteres die Todesstrafe über ihn verhängt hat, was in der jetzigen Situation unangebracht ist."

Der Dorfschulze und Schankwirt Nývlt wurde zu drei Jahren Zwangsarbeit für die Obrigkeit verurteilt.

Nach dem Aufstand duldete Maria Theresia in Böhmen keine Ausflüchte seitens der böhmischen Stände mehr. Sie hatte triftige Argumente zur Hand. Die Ernte war beendet, und am 18. August kam das vierzigseitige Fronpatent für das böhmische Königreich heraus, gedruckt in der kaiserlich-königlichen Druckerei in Prag. Dem Generalmajor Wallis, von Herkunft ein Ire, der die Aktionen gegen die Aufständischen geleitet hatte, wurde die Ehre zuteil, durch Böhmen zu reisen und in

Anwesenheit der Bezirkshauptleute vor versammeltem Volk das Patent vorzulesen. Auf tschechisch.

Im Herbst des gleichen Jahres schenkte der Wirt Nývlt schon wieder in seinem Heimatdorf Bier aus, und vor Freude ließ er unmittelbar neben der Kirche eine Statue des Johann von Nepomuk errichten.

3

Eintragung im Gästebuch des Hotels: Comte de Falkenstein, Autriche. Der Hotelier in Straßburg prüfte das schmale, im Profil konvexe Gesicht des Mannes zwischen dreißig und vierzig. Abgeschabte Kleidung, grüner Rock mit goldenen Knöpfen, roter Kragen. Der Rock schien an den Ellbogen gestopft zu sein.

Graf Falkenstein lächelte ironisch und begab sich auf sein Zimmer. Wie viele Male hatte man ihn schon so gemustert! Er reizte gern die Leute und weckte ihre Neugier. Er streckte die langen Glieder, ließ das bescheidene Gepäck aus der Kutsche heraufbringen. Wieder auf Reisen. Hinterm Fenster der Karosse die Reichsstädte, Lothringen, Frankreich. Er war um die Kathedrale in Reims herumgeschritten; sie schien ihm verwahrlost. Die barbarische Gotik mochte er nicht. Hier wurden die französischen Könige gekrönt. Wenn Mutter, Gott behüte, sterben sollte, werde ich mich nicht krönen lassen. Graf Falkenstein wird auch ohne Krönung und Eid König von Ungarn und Böhmen sein.

Lange Stunden hatte er in den weichen Polstern der Kutsche vor sich hin gedöst, dann und wann zu einem Buch gegriffen. Enttäuscht las er den erfolgreichen Briefroman des Herrn Goethe aus Frankfurt. Auf dem Umschlag der deutschen Ausgabe war ein junger Mann vor einem Spiegel und einer Kerze abgebildet. „Dieser Spiegel wirft das Licht der Kerze zurück und entzündet wie ein Brennglas das Feuer in den Herzen der europäischen Jugend", sagten Enthusiasten wie Sonnenfels. Im

Herzen des Grafen Falkenstein entflammte kein Brand. Er erkannte die Brillanz des Stils an, die Lebensechtheit des Porträts eines jungen Bürgers. Aber diese blinde Leidenschaft, diese Spielereien mit dem Revolver und am Ende der Selbstmord ... Nein. Das ist nicht die Art des Grafen Falkenstein. Die Tiefen der Liebe lassen sich nicht mit den Tiefen der Macht vergleichen. Es ist schön, daß die jungen Leute am Ende des Jahrhunderts einander begierig das deutsche Buch leihen, daß man in Wien beginnt, deutsche Theaterstücke zu besuchen. Dank Sonnenfels. Wir brauchen beharrliche Menschen. Schluß mit den lateinischen Fesseln! Umsonst haben Migazzi und Chotěk unserem Sonnenfels verboten, im Inland zu publizieren; er hat seine Schrift über die Abschaffung der Folter in Zürich erscheinen lassen. Und hat sie der Kaiserin untergeschoben. Vor seinen Argumenten ist sie zurückgewichen; die Folter wurde durch Dekret im ganzen Reich verboten, aber nicht in Ungarn.

Das Gerüttel der Karosse, der Staub der Landstraßen, Getreideschläge, Kastanienalleen. Erinnerungen des Grafen Falkenstein. Ungarn. In Ungarn versteht man weder Deutsch noch Französisch. Sie wollen es nicht verstehen. In welchem Komitat ist mir das widerfahren? Es begrüßen mich die versammelten örtlichen Adligen. Sie legen auf lateinisch los. Extra Hungariam non est vita ...* Nichts erkennen sie an. Aber die Zeit wird kommen, da ich auch mit euch abrechne! „Video vestes pulchras, frisuram gallicam, sed rationem nullam." Ich sehe schöne Gewänder, französische Frisuren, aber keine Vernunft, habe ich ihnen gesagt. Sie standen verdattert da. Dann sprach ich sie auf deutsch an. Unglückliche Gesichter – sie hatten nichts verstanden. Ich hasse diese aufgeblasenen ungarischen Adligen. Sie verstehen keinen Witz. Ehre den Ausnahmen. Meine Würdenträger müssen sich an Spott gewöhnen. „Exzellenz sind Nachfolger der Apostel?" Der neue Bischof von Eger bejaht. „Nun, die Apostel haben aber nicht in solchem Luxus gelebt." Der

* (lat.) Außerhalb Ungarns kann man nicht leben.

Bischof schluckt und schweigt. Tags darauf läßt er mir eine dürftige Speise servieren, wie für die Dienerschaft. „Soll das ein Witz sein?“ – „Nein, Majestät. Gestern haben Sie beim Grafen Esterházy gespeist, heute beim Nachfolger der Apostel.“ So vergnügten wir uns. Ich schätze nur Menschen, die sich nicht aus dem Gleichgewicht bringen lassen. Ich zog ihn weiter auf. „Was ist das für ein Tier im Wappen der Esterházys?“ – „Ein goldener Greif, Majestät.“ – „Wo zum Teufel leben solche Tiere?“ – „Dort, wo doppelköpfige Adler leben, Majestät.“ So kämpfen sie gegen uns Habsburger.

Werde ich auch auf der Reise durch Frankreich überraschende Abenteuer erleben? Ich reise inkognito, aber die französische Regierung weiß genau, wer dieser Graf Falkenstein ist und mit welcher delikaten Mission er kommt. Diesmal werde ich Mutter Freude machen. Mutter. Malerische Felder um mittelalterliche Mauern. Wann sind wir in Paris? Wer wird mich hier ansprechen wie jene Bäuerin in Siebenbürgen? Sie wollte, glaube ich, Befreiung vom Militärdienst für ihren Sohn. In holprigem Deutsch wünschte sie mir Gesundheit. „Und was macht die Frau Mutter? Erfreut sie sich guter Gesundheit?“ Diese einfache Frau damals in den Karpatenpässen versetzte mich in beste Laune. Die Frau Mutter. In den zehn Jahren, da ich Kaiser bin, hat mich noch niemand gefragt, wie es meiner Mutter geht.

Graf Falkenstein freut sich auf jede Reise. Unbekannte Gasthäuser. Schenken. Nachtlager. Fragwürdige Hotels. Geheimnisse der Nächte. Man verleumdet ihn. Beflissene Historiker in den Diensten des Grafen Nostitz verbreiten über ihn, er sei Syphilitiker und lasse sich jede Nacht eine andere Frau ins Bett bringen. Casanova oder Falkenstein? Die Wirklichkeit ist immer prosaischer. Das Stubenmädchen damals in Kaschau hat mir wirklich gefallen. Ich hatte mein Gepäck abgestellt, setzte mich an den Tisch und begann mich zu rasieren. Das Stubenmädchen raschelte hinter mir mit den Rökken. Sie beobachtete mich. „Gnädiger Herr, bitte, Sie haben gesagt, Sie sind von weit her, aus Wien. Stehen Sie in den Diensten des Kaisers? In welcher Eigenschaft?" Ein reizendes Seelchen, ein entzückendes Figürchen. Ich sagte also: „Herzchen, manchmal rasiere ich den Kaiser." Ein Kichern, und sie schlug die Tür zu. Die Reisen des Grafen Falkenstein. Die einfachen Menschen lieben mich, die hochgeborenen hassen mich.

Die Mutter. Die Karosse rumpelt gen Westen. Ein milder Juni. Regenschauer vom Atlantik. Die frische neue Luft einatmen, die aus Amerika herüberkommt. Diese Männer, Jefferson und Franklin, sie haben von ihrem Standpunkt aus recht. Mein Beruf jedoch zwingt mich, Royalist zu sein. Haha. Auf den Polstern der Kutsche die Briefe der Mutter. Vorwürfe. Einen Vierzigjährigen kannst du nicht mehr nach deinem Wunsch umformen, Mutter. Briefe auf die Reise, Briefe während der Reise. Sonderkuriere. Damit ich auch auf Reisen nicht ganz frei bin. Damit ich nicht in Hoffart verfalle.

„Zwischen uns waltet ein großer Unstern; mit dem besten Willen verstehen wir uns nicht. Es ist möglich, daß ich vom Schmerz zu niedergeschlagen bin, um das Vertrauen und diese Offenherzigkeit mir gegenüber zu erkennen, die ich zu verdienen geglaubt hätte ... Ich darf wohl sagen, daß ich mich seit sechsunddreißig Jahren nur mit Ihnen beschäftigt habe. Sechsundzwanzig davon sind glücklich gewesen, was ich von der Gegenwart nicht mehr sagen kann, da ich den allzu gelockerten Grundsätzen in Religion und Sitten nie werde zustimmen können. Sie zeigen zu große Abneigung gegen alle alten Gebräuche und die ganze Geistlichkeit sowie zu freie Grundsätze in Moral und Sitten. Ihre mißliche Lage beunruhigt mein Herz mit vollem Recht und läßt mich für die Zukunft zittern ... Sie mögen mir glauben, daß mein Herz mehr als betrübt ist, wenn ich sehe, wie wenig das Ihre damit im Einklang ist und wie sehr Sie an Ihren alten Vorurteilen hängen. Mögen Sie auf diesem

Wege glücklicher werden, als ich es bin. Ihre liebende Mutter."

Die Mutter, die Mutter. Die Karosse trägt ihn durch Frankreich, entfernt ihn von ihr. Sie ist nicht allgegenwärtig und wird sich nicht mehr ändern.

Die neue französische Königin empfing den Bruder sehr herzlich. Sie führte ihn durch Versailles, plapperte über die Gärten, zeigte ihm das kleine Trianon, ist es nicht entzückend, was sagst du? Das da ist das Belvedere, das wird ein Tempel der Liebe, eine Kolonnade. Sie warf sich ihm in die Arme, küßte ihn wie in alten Zeiten. Sie ist befreit, dachte Joseph, viel freier, als ich es mir nach ihren Briefen vorstellen konnte. Marie Antoinette ist zu einer Schönheit herangewachsen. Sie hat zwar kein so ebenmäßiges Gesicht wie Christine, aber sie gibt sich fröhlich und ungezwungen. Und kleidet sich erlesen. Tag für Tag mit dem impotenten königlichen Gatten, das zwingt sie, unablässig die Aufmerksamkeit auf sich zu ziehen, um sich selber ihre weibliche Anziehungskraft zu beweisen.

„Nein, nein." Joseph schob sie beiseite. Ihn reizte die Schar junger Leute, die ihnen durch den Park folgten. Sie sprangen hinter Fontänen hervor, tauchten hinter Büschen auf, kletterten auf Nymphen, schrien am Apollo-Bassin herum. „Beobachten sie dich?"

Marie Antoinette lachte.

„Ach wo! Ich habe vor niemandem Angst. Die Pariser vergöttern mich. Das ganze Volk liebt mich! . . . Dort sind meine Freunde. Ich stelle sie dir vor, ja?"

Graf Falkenstein musterte die „Freunde" verächtlich. Halbkammerfrauen, Halbkokotten, Schauspielerinnen, Dichterlinge, reich gewordene Bürgersöhnchen, kleine Grafen, Mimen und Abenteurer. Mit einem Wort – Tagediebe.

„Können wir denn, zum Teufel, nicht mal allein sein in diesem verdammten Versailles?"

„Warum regst du dich so auf, Brüderchen?“

Ihr Lachen erstarrte. Das Spiel gelingt nicht. Joseph kann man nicht überspielen. Auch die Mutter nicht. Niemanden in Wien. Das strenge, beschränkte Wien. Dort versteht man die französische Königin nicht. Dieser gemeine Mercy d'Argenteau. Nach außen hin Gesandter, in Wirklichkeit Spion, Zuträger von Klatsch.

Sie liefen zum linken Flügel des Palais. Marie Antoinette führte den Bruder über die Treppe der Königin ins erste Stockwerk.

„Also laß hören, Joseph.“ Sie warf sich auf das Sofa im Adelszimmer. Von den grünen Tapeten sah sie das große Porträt des toten Ludwigs XV. an. An der Decke umringten Merkur lauter kluge Frauen: Sappho, Penelope, Aspasia ...

„Lies zuerst Mutters Brief.“

Mit offensichtlicher Unlust vertiefte sie sich in das Schreiben. Sie machte sich keine Illusionen.

„Wo ist das gute, so weiche, so hingebungsvolle Herz der Erzherzogin Marie Antoinette? Ich sehe dort nur Intrige, kleinlichen Haß, Spott und Hämischkeit; eine Intrige, in der eine Pompadour, eine Dubarry hätte ihre Rolle spielen können, aber nicht eine Prinzessin, und zwar eine große Prinzessin aus dem Hause Habsburg-Lothringen voll Güte und Takt. Immer hat mich Dein rascher Erfolg und alles, was Dich umschmeichelt, seit diesem Winter, in dem Du Dich in die Vergnügungen und lächerlichen Moden und Aufmachungen geworfen hast, erzittern lassen. Diese Hetzjagd von Vergnügen zu Vergnügen ohne den König, obwohl Du weißt, daß es ihn nicht freut und daß er nur aus reiner Nachgiebigkeit Dich begleitet oder sie duldet, all das ließ mich in meinen früheren Briefen meine berechtigte Unruhe äußern ... Dein Glück kann nur zu rasch enden und Dich durch Dein eigenes Verschulden ins größte Unglück stürzen, und dies alles nur infolge jener furchtbaren Vergnügungssucht, die Dir keine ernste Beschäftigung gönnt ... Eines Tages wirst Du das einsehen, aber zu spät. Ich hoffe, diesen Augenblick nicht erleben zu müssen, und bitte Gott, so rasch als möglich meine Tage zu beschließen, weil ich Dir nicht mehr nützlich sein kann, weil ich es nicht ertragen könnte, mein Kind zu verlieren und unglücklich zu sehen, das ich zärtlich bis zu meinem letzten Augenblick lieben werde."

In den Augen der Tochter flackerte Angst auf. Sie war zu jung, als daß die geheimnisvolle Prophezeiung sie nicht berührt hätte. Dennoch sagte sie laut: „Mutter dramatisiert. Wie immer in der letzten Zeit."

„Diesmal bin ich nicht dieser Meinung."

„Mein Gott, der eine etwas ausgelassenere Karneval!"

„Du weißt genau, Antoinette, daß es sich nicht nur um den Karneval handelt."

„Hältst du mir eine Predigt? Du willst der freidenkerischste Herrscher Europas sein?"

„Jetzt geht es nicht um Moral, sondern um deinen Thron. Mutter hat dir das unmißverständlich geschrieben."

Marie Antoinette richtete sich die Korsage und sprang plötzlich vom Sofa auf.

„Was wollt ihr eigentlich von mir? Ich bin zweiundzwanzig. Und ich bin kein Püppchen aus Sèvres-Porzellan! Ich will leben! Le pauvre homme ist impotent ..." Sie brach in Schluchzen aus. „Alle wißt ihr es. Ganz Europa weiß es ..."

„Le pauvre homme? So nennt man den Souverän des ältesten Königreichs Europas?" Joseph hob die Stimme. „Der arme Kerl! Diese Worte hast du auch in einem Brief an einen alten Diplomaten gebraucht. Bist du noch bei Sinnen? Wie kannst du solche Ausdrücke dem Papier anvertrauen?!"

Marie Antoinettes Gesicht überzog sich mit roten Flecken.

„Und was ist er dann? Mutter hat es mir selber geschrieben. Er hat einen physiologischen Fehler. Ich kann hundertmal Königin sein und mich hundertmal bemühen ..."

„Hör auf!"

Plötzlich tat ihm die Schwester leid. Sie kann nicht dafür. An allem ist nur die Mutter schuld. Warum hat sie die Erziehung ihrer Tochter so vernachlässigt? Antoinette ist dumm, leichtsinnig, impulsiv.

„Ich gehe zu ihm. Deshalb bin ich ja gekommen. Er ist jung wie du. Ich werde ihm klarmachen, daß eine Operation unbedingt nötig ist. Du wirst sehen, in dieser Hinsicht kommt alles bald in Ordnung." Marie Antoinette sah den Bruder an, doch in ihren Augen blitzte keine Freude auf. „Aber du mußt deinen Umgang und deine Aufführung radikal ändern, meine Liebe."

„Also auch das wißt ihr ...", flüsterte sie. „Dieser Mercy ... Ein gutes und anständiges Geschlecht!" rief sie. „Ein wunderbares Geschlecht, dieses Haus Habsburg! Ihr bespitzelt mich, legt im Staatsrat vor diesen senilen Greisen mein Innerstes bloß! Danke schön! Danke, liebe Mama! Ich danke auch dir, mein fürsorglicher Bruder! Also mit wem soll ich mich deiner Ansicht nach hinlegen? Mit einem Minister? Mit Turgot? Mit dem Kardinal? Oder mit dem alten Voltaire? Damit die Sache niveauvoll bleibt? ... Mein armer Fersen." Sie weinte. „Alles wissen sie. Niemals entkommt man ihnen. Eine verfluchte Welt ... Ein ekelhaftes Jahrhundert ... Wenn ich nicht regieren will, ist es falsch. Wenn ich regieren will, mich in die Politik einmische, nennt ihr das Intrigen und überschüttet mich mit Vorwürfen! Was also soll ich tun? ...

Joseph sah die Schwester verächtlich an. Jetzt erschien sie ihm auch nicht mehr schön.

„Du hast ja wohl den Verstand verloren ... Hör auf! Führst dich auf wie die letzte Blumenhändlerin aus den Pariser Straßen!"

Er lehnte die Unterbringung in Versailles ab. Graf Falkenstein ließ sich für die Nacht nach Paris fahren und logierte sich im ersten besten Hotel ein.

„Was für ein Graf Falkenstein! ... Majestät, welche Ehre! Ich heiße Sie in meinem Pariser Reich willkommen. Hier unter den Fenstern des Palais Royal ist ganz Paris, und Paris ist die Welt. Das habe nicht ich gesagt, der dumme und lärmende Gluck, sondern ein anderer. Seien Sie mir willkommen, Majestät ... Einen Platz kann ich Ihnen nicht anbieten. Wir proben gerade die „Armida". Text von Quinandt. Ursprünglich für Lully geschrieben. Aber ich habe mich darauf gestürzt. Wie es ausfallen wird, weiß ich nicht. Aber ich habe keine Angst. Es ist schön von Ihnen, Majestät, daß Sie mich besuchen. Der Königin bin ich zu großem Dank verpflichtet, daß sie mich hergeholt hat. Sie ist eine dankbare Schülerin. Fast jeden Abend besucht sie die Oper. Und sie macht für mich Reklame ... Herrgott im Himmel, war das ein Krieg! Schlimmer als mit dem alten Fritz. Mein dreijähriger Krieg. Gluck gegen die Italiener. Die ‚Iphigenie auf Aulis' war ein großer Sieg. Ich will mich nicht loben, aber es war nicht nur ein Krieg der Geigenbogen, Blasinstrumente, Klarinetten und Pauken. Es war ein Krieg der Damen. Hohe Frisuren, höchste Kontakte. Mich unterstützten die österreichische Prinzessin und der Dauphin. Die Italiener unterstützte Madame Dubarry. Sie holte Verstärkungen heran. Piccini persönlich eilte nach Paris. Um dem armen Gluck den Garaus zu machen, dem Träger des Ordens vom Goldenen Sporn, dem Günstling der Päpste, der erlauchten Maria Theresia und des Kaisers Joseph des Zweiten! Piccini hin, Piccini her – meine Iphigenie hat gesiegt. Gott sei Dank hat nach dem Tode des alten Königs die Dubarry ausgespielt ... Ich darf mich rühmen, Majestät, Pardon, Graf Falkenstein, meine Arien singen bereits die Mädchen aus dem Hause der Madame Justina und der Madame Gourdan. Selbstverständlich können Sie bei der Probe zuschauen. Ich habe hier ein paar schmucke Französinnen, sie sind nur etwas klein geraten. Zwitschernde Vögelchen. Bitte sehr, hier in der Ecke. Und los geht's, meine Damen, los geht's, meine Herren, wir fangen mit dem zweiten Bild an. Wieder wie zu Hause!"

In der Nacht ein Streifzug durch die Salons. Die Damen führen den Grafen Falkenstein zu den Sektierern. So nennt Voltaire spöttisch die Physiokraten, die etwas langweiligen, ernsten, feierlichen und stets dozierenden Schüler des Chirurgen Quesnay. Das ökonomische Tableau. Die Entwicklung der Gesellschaft auf einem Tableau. Graf, das müssen Sie kennenlernen. Das müssen Sie sich anhören. Wir haben die Naturgesetze entdeckt, die die menschliche Gesellschaft beherrschen. Gesetz Nummer eins: das Recht auf Eigentum. Gesetz Nummer zwei: freier Wettbewerb. Heilige Freiheit. Jeder verfolgt seine eigenen Interessen, dabei geht es der ganzen Gesellschaft gut. Die Gesellschaft ist ein Organismus und beruht auf dem Boden. Monsieur Turgot wird es Ihnen erklären.

Monsieur Turgot ist verbittert, denn er ist schon seit einem Jahr nicht mehr Finanzminister. „Die adligen Schmarotzer am königlichen Hof haben mich vertrieben. Versailles ist ein Geschwür am Körper Frankreichs, und heute schon prophezeie ich Ihnen, Graf, daß dieses Geschwür bald aufplatzen und sich der Eiter in ihre Kehlen ergießen wird. Denn es gibt nur zwei Klassen, mein Herr: die ausgehaltene Klasse und die produktive Klasse. Die ausgehaltene Klasse, das sind wir alle, die wir nicht mit dem Boden arbeiten. Tut mir leid, Herr Graf, auch Sie. Auch Madame la Marquise, auch der Herr Abbé, auch Mademoiselle Mirabelle. Natürlich auch ich. Die produktive Klasse bestellt den Boden, sie zwingt ihn, uns zu dienen. Nur der Boden ist fähig, den Überschuß hervorzubringen, den uns die Natur als Geschenk über den Lohn hinaus bietet. Verstehen Sie, mein Herr? Sie gewinnen aus dem Boden mehr, als Sie an Arbeit in ihn hineingesteckt haben. Ich habe das einfachste Gesetz der Ökonomie entdeckt. Als mich der junge König Ludwig XVI. zum Minister machte, habe ich zunächst alle Beschränkungen im Getreidehandel aufgehoben. Ich habe die Zünfte aufgelöst. Habe das erste und heiligste Gesetz verkündet: Arbeite und unternehme dort, wo es dir gefällt, wo es für dich am günstigsten ist. Das sind die Prinzipien der natürlichen Ordnung, wie Sie selber anerkennen werden.

Hören Sie nicht auf diese Damen, sie lieben uns, weil sie uns nicht verstehen. Warum es mir nicht gelungen ist, den Zustand Frankreichs zu verbessern? Urteilen Sie selbst, lieber Graf. Ich habe eine politische Reform des Staates angekündigt. Die politischen Rechte sollten von Eigentum und Kapital abhängig sein. Wer Kapital hat und den Wohlstand des Landes vermehrt, der sollte auch größere Rechte haben. Wer keinen Besitz hat, ist unfähig. Es kommt nicht darauf an, ob das ein Clochard von der Straße ist oder einer von denen, die in Versailles, Trianon, Fontainebleau herumschwarwenzeln. Das sind Parasiten, sie ruinieren die Staatsfinanzen. Wer nicht vom Boden oder von Werkstätten lebt, ist überflüssig. Ich meine, vom ökonomischen Gesichtspunkt aus gesehen. Und so hat man auch mich überflüssig gemacht. Man hat den jungen König gegen mich aufgehetzt und mich in die Wüste geschickt. Hierher, in die Salons, wo ich die Sintflut prophezeie."

Nächte in den Salons. Angebote, an einer Schwarzen Messe teilzunehmen. Mich verlangt es nach einer Schwarzen Messe immer nach Liebe, Graf, um das Entsetzen zu vergessen. Glauben Sie ihr nicht, Graf, die Schwarzen Messen sind verboten. Aber nicht doch! Zwar wird auf dem Altar kein Säugling mehr geschlachtet, doch die nackte Madeleine liegt immer noch auf dem Altar, der Satanspriester spendet den Segen und verteilt die Hostien, schwarz wie die Vagina der Göttin. Hören Sie nicht auf sie. Sind Sie ein Swedenborgianer? Haben Sie Visionen? Hören Sie Stimmen aus dem Kosmos? Gott ist nicht in den Kirchen, sondern in den Sternen, in den Butterwecken und den Mineralien. Er leidet eingekerkert in der Materie. Hören Sie sein Wimmern?

Ich habe es gesehen, rief Turgot. Allein die Gardisten des Königs in Versailles kosten jährlich acht Millionen, die livrierten königlichen Pferdeknechte eine halbe Million. Dazu die Köche, Pagen, Sänger, Feldschere, Notenschreiber. Zweiundsechzig Herolde und Schwertträger. Der Inspektor für Kalb- und Schweinefleisch, der Inspektor der Perücken, der Verkoster von Pökelfleisch, der Revisor des Baumaterials, der Buchhalter für Heu, aber auch Ganz- und Viertelankleider des Königs, ein Kammerherr, der ihm nur Mantel und Stock reicht, ein anderer, der ihm das Halstuch bringt und bindet. Zwei königliche Leibstuhlträger in Samtgewändern, den Degen an der Hüfte. Jeden Morgen tragen sie den Leibstuhl hinaus, und jeder bezieht dafür zwanzigtausend Francs pro Jahr. Für den König und seine Familie leben und arbeiten in Versailles achtzigtausend Menschen, lieber Herr. Ich habe eine Statistik anfertigen lassen. In Paris hat man einhundertzwanzigtausend Bettler gezählt. Was ist, teure Marquise? Wie hält die Frisur? Sind Sie sich bewußt, daß man für Ihre Frisur zwei Pfund Pomade braucht, drei Pfund Haarpulver, drei Fläschchen Lavendelwasser, sechzig Blumen, fünf Schachteln Puder, sechs Pölsterchen, zwanzig Federn, drei Rollen farbige Bänder und zweihundert Haarnadeln?

Apropos Nadeln. Haben Sie schon Adam Smiths Apotheose der Herstellung von Stecknadeln gelesen? „An Enquiry into the Nature and Causes of the Wealth of Nations“. Eine Neuheit vom vorigen Jahr. Bereits fünf Auflagen. Wünschen Sie die deutsche oder die französische Übersetzung? Die Bibel der neuen Naturordnung. Freie Menschen sollen ungehindert produzieren und ihre Produkte ungehindert austauschen. Nutzen wir den Egoismus der Menschen aus, und machen wir ihn zu einer Quelle des Glücks! Ist das nicht schön! Von genialer Einfachheit? „Das Mittagessen erwarten wir nicht von der Freundlichkeit des Metzgers, Bierbrauers oder Bäckers, sondern von ihrem Streben nach eigenem Nutzen. Wir appellieren nicht an ihre Menschlichkeit, sondern an ihre Eigenliebe, wir erzählen ihnen nicht von unseren Bedürfnissen, sondern von ihrem Nutzen." Vor zehn Jahren ist dieser schottische Professor der Logik und Moralphilosophie auch durch unsere Salons gegangen, zu den hiesigen Physiokraten.

Also sagen Sie mir endlich, wie das mit der Stecknadel ist! Hören wir also die Apotheose der Herstellung von Stecknadeln aus der Feder von Adam Smith, zur Zeit Zollkommissar in Edinburgh!

Den Grafen von Falkenstein fährt ein Fiaker durch die Pariser Nacht ins Hotel. Seine Schwester ist in der tiefen Nacht ebenfalls unauffindbar. (Der linke Flügel von Versailles und das Kleine Trianon schweigen.) In den Ohren hallen ihm die Sätze aus dem Buch nach, das man ihm geschenkt hat. Er sieht sie vor sich wie ein Gedicht:

Der eine Arbeiter zieht den Draht,
ein anderer streckt ihn,
ein dritter schneidet ihn ab,
ein vierter spitzt ihn zu,
ein fünfter schleift ihn am oberen Ende,
damit der Knopf aufgesetzt werden kann.
Die Anfertigung des Knopfes macht wiederum
zwei oder drei verschiedene Tätigkeiten erforderlich:
Das Ansetzen desselben
ist eine Arbeit für sich,
das Weißglühen der Nadeln ebenso,
ja sogar das Einwickeln der Nadeln in Papier
bildet eine selbständige Arbeit.
Auf diese Weise zerfällt die schwierige Aufgabe,
eine Stecknadel herzustellen,
in etwa achtzehn verschiedene Teilarbeiten,
die in manchen Fabriken von
verschiedenen Händen ausgeführt werden,
während in anderen zuweilen
zwei oder drei derselben
von einem Arbeiter allein besorgt werden.

(Finale): Ich habe eine kleine Manufaktur dieser Art gesehen, in der nur zehn Mann beschäftigt waren und folglich einige zwei oder drei verschiedene Arbeiten übernehmen mußten. Obgleich sie arm und infolgedessen mit den nötigen Maschinen nur ungenügend versehen waren, konnten sie doch, wenn sie sich tüchtig daranhielten, an einem Tag zusammen etwa zwölf Pfund Stecknadeln anfertigen. Ein Pfund enthält über viertausend Nadeln mittlerer Größe. Diese zehn Arbeiter konnten demnach täglich über achtundvierzigtausend Nadeln herstellen.

Die Karosse mit dem Grafen rollt bereits nach Süden, fährt über Dijon, Chalon. Frankreich ist groß, endlos. In den Salons hat man ihm empfohlen, auf der Rückkehr durch die Schweiz bei Voltaire einzukehren.

Der schlanke Graf ist nervös. Er möchte so rasch wie möglich fort. Ihn treiben innere Stimmen an: Nur weg! Nur weg! Die Pferdehufe zerbröseln die Erde Frankreichs. In der welligen Landschaft erschreckt ihn der Schatten von Paris und Versailles. Voller Unruhe betrachtet er die zerstückelten Felder und die ausgedehnten Obstgärten. Hinter efeubewachsenen Mauern erstrecken sich Parks mit drohenden Kastanien, mit Schloßtürmchen zwischen den Zweigen. Versteckte kleine Seen, antike Tempel, feurige Pferde unter den Schenkeln von Marquisen. Nur weg! Nur weg! Sind wir noch in Frankreich? Welch unschuldige Landschaft! Ihre Stille ist unheilverkündend.

Das Kutschenfenster wird geschlossen, der Vorhang zugezogen. Die Pferde schnauben, der Kutscher hüllt sich in den wasserdichten Mantel. Tee und Kaffee in angeschlagenem Porzellan. Donner kracht durch die Täler, erschreckt die Schweizer Kantone. Der eingekerkerte Gott wehklagt, seine eisigen Tränen rinnen über die Fensterscheiben, tropfen durch die undichten Stellen, die Leinwand des Daches wird immer schwerer. Kälte.

Einsame Wanderer. Schmale, steinige Wege. Im Regen knirschen die Bremsen der Karosse. Erhitztes Holz kämpft miteinander. Der Graf bedeckt sich unwillkürlich den Kopf, ein rücksichtsloser Blitz erleuchtet das Innere der Kutsche und zielt nach der frierenden Gestalt auf den ledernen Polstern zwischen Plaids und Büchern. Warte, halt an! Nein, fahr weiter! Nur weg . . . Die Räder rumpeln, es vergeht also doch Zeit. Nur weg! Die Pferde können nicht mehr? Dann im Schritt, aber nur weg! Fort, weiter! Ins Tal. Die Wolken reißen auf, die Pfützen trocknen. Schneller, Kutscher, jetzt geht's schon!

Den Grafen treibt ein einziger Gedanke an: Rasch nach Hause! Kuriere und Depeschen. In Mähren sind Tausende Untertanen zu den Protestanten übergetreten und wandern nach dem Norden aus. Die Mutter läßt sich nichts sagen. Toleranz. Über jeden Tropfen Bauernschweiß werden wir Rechenschaft ablegen müssen, jedes barsche Wort wird ein Hammerschlag. Nur schnell! Ein bißchen Zeit bleibt uns noch. Wieviel? Ein Jahr, zwei? Zehn Jahre?

Schweiz, Ferney. Treib die Pferde an, Kutscher! Schneller! Die Sonne kriecht zaghaft aus den Wolken, verfolgt die Dörfler in ihren Trachten. Schnell, schnell! Hast du nicht gehört?! Vergeblich avisiert d'Alembert dem Philosophen Josephs Besuch. Voltaire wartet umsonst, eingemummt in eine gelbe Decke. Der Graf von Falkenstein hat in Ferney nicht einmal anhalten lassen.

Erst hinter dem geschnitzten Marterl am Ende des Dorfes atmet er auf. Zu Ende sind die harmlosen Spiele, das literarische Geschwätz in den Salons und Spiegelsälen. Candide hat nicht recht, noch ist nicht alles verloren. Die Welt muß gerettet werden, und die Menschen kann man noch glücklich machen. Selbst gegen ihren Willen. Ich werde das tun, sobald ich nur freie Hand habe. Ich werde warten, aber viel Zeit bleibt uns nicht mehr.

4

Die sonst so leise und belegte Stimme der Baronin klang heute kräftig und sehr angenehm. Die ganze Gesellschaft verstummte.

„Und jetzt bitte ich Sie, die Gläser zu erheben zu Ehren meines lieben Freundes, des Freiherrn Adam František Kollár!" Der Kristallpokal mit Champagner darin funkelte in ihrer Hand. „Jetzt schon de Keresztény! ... Hier ist die Wappen- und Donationsurkunde unserer allergnädigsten Herrscherin!"

„Hurra!"

„Vivat!"

Adam Kollár erbebte, nur mühsam hielt er die beiden Urkunden in den zitternden Händen.

„Ich bin ja so froh, mein lieber Freund", flüsterte ihm Theresia Grass zu und schmiegte sich leicht an ihn. Ihr teures Parfüm umwehte ihn. „Jahrelang habe ich auf diesen Augenblick gewartet. Nein, achten Sie nicht auf meine Augen. Tränen – vor Rührung und vom Champagner!" Sie lachte. „Heute werden wir oft auf Ihre Gesundheit trinken."

Sie löste sich von ihm und überließ ihn weiteren Gratulanten. Das war die engste Gesellschaft der Baronin Grass: Frau Josephine Gutenberg, die zweite Kammerfrau Maria Theresias, und die jungen ungarischen Dichter aus der königlichen Leibgarde – Sandor Baróczi und György Bessenyei.

Der dreißigjährige Bessenyei schüttelte Kollár die Hand. Die seine war feist und weich wie sein ganzer Körper.

„Wozu so viele Worte?" sagte er auf deutsch zu ihm. „Sie wissen selber am besten, wie sehr ich Ihnen verbunden bin, Ihnen und der Baronin."

Die Baronin war in Hochstimmung. Sie hatte ihre Gäste nach dem Kammerkonzert im Hauptsaal der Hofbibliothek zum Mittagessen in ihr Haus geladen. Solche Konzerte fanden dank der Initiative des Bibliotheksdirektors an jedem Sonntagvormittag statt.

Die Baronin Grass leerte ihr Glas und gebot dem Dienstmädchen, die Apéritifs zu servieren.

„Nur mit dem Sliwowitz sparsamer, Freunde, wenn ihr mich wirklich liebt", bat sie kokett. „Der Geruch des Sliwowitz überdeckt selbst die besten Pariser Parfüms. Bedienen Sie sich lieber mit Kognak."

„Ich möchte aber einen Sliwowitz", murrte Bessenyei.

„Ihr meine liebsten Freunde!" rief die Baronin und drängte sich zwischen die Herren. Sie legte ihnen die weißen Hände auf die Schultern. „Sagen Sie selbst, Sandor, sind wir nicht eigentlich eine ideale Familie? Der Herr Kollár de Keresztény könnte schon längst mein mich liebender Gatte sein. Aber der Wissenschaft zuliebe weist er meine Anträge immer wieder ab. Und den György habe ich von dem Augenblick an, da er aus Ihrer Pußta in der Kaserne der Leibgarde auftauchte, als meinen Adoptivsohn betrachtet. Haben wir nicht schöne Jahre miteinander verlebt?"

„Wir haben uns das düstere fremde Wien verschönert, wie wir nur konnten", sagte Baróczi.

„Nicht einverstanden!" Bessenyei entwand sich den Armen der Baronin. „Es waren schreckliche Zeiten. Elf Jahre habe ich gerackert wie ein Ackergaul. Ich bin nach Wien gekommen und hatte nur ein Ziel im Sinn: Ich muß lernen und alles ringsum in mich aufnehmen, sonst gehe ich zugrunde. Und von Stund an habe ich mich gequält und quäle mich bis heute."

„Das sieht man dir aber nicht an, György!" sagte Baróczi, auf Bessenyeis Korpulenz anspielend.

„Laßt ihn in Ruhe, den Ärmsten! Wir haben ihn schon genug geärgert. Meine Herren, ich bin stolz auf Sie. Sie haben in Wien unverwischbare Spuren hinterlassen. Und nicht nur in Wien. Im Leben Ihrer Völker, im Leben Ihres geliebten Vaterlandes. Ist es nicht wunderbar, daß ehrgeizige unbekannte Jünglinge in die Hauptstadt kommen und sich hier einen hervorragenden Platz im Geistesleben erkämpfen?“

„Nicht nur im Geistesleben“, bemerkte Frau Gutenberg. „Herr Kollár steht bei Ihrer Majestät bereits in höherer Gunst als wir oder der Kanzler Kaunitz.“

„Wie können wir da mithalten? Herr Kollár ist eine wandelnde Enzyklopädie des kaiserlichen Hofes! Wie oft muß ich zu Ihnen in die Bibliothek eilen . . .“

„Bedauern Sie es?“

„Nicht im geringsten, mein lieber, guter Freund. Ich bin auch nicht eifersüchtig.“

„Auch ich nicht, teure Baronin . . . Auch wenn ich Grund hätte.“ Kollár zeigte auf die beiden Ungarn.

„Nur keine Leidenschaften, kein schäumendes Blut, keine ungarischen Bräuche, meine Herren! . . . Lieber Freund, wie haben Sie neulich zu unserer Herrscherin gesagt: ‚Wir Ungarn sind infolge unseres Nationalcharakters sehr schlechte Schmeichler. Neid, Egoismus, Ehrgeiz und das Verlangen nach schrankenloser Freiheit sind unsere Nationalfehler.‘ Habe ich mir Ihre Worte gut gemerkt? Eine treffende Charakteristik – was meinen Sie, meine Herren?“

„Ich freue mich, daß sich Herr Kollár unserer Nation zugehörig fühlt“, sagte Baróczi.

„Ich scheue mich nur, die Grenze Ungarns zu überschreiten. Meine Affäre haben viele noch nicht vergessen.“

„Fürchten Sie nichts, lieber Kollár. Jetzt haben Sie die Erlaubnis direkt von der Königin. Wann laden Sie uns auf Ihren Besitz ein?“

Kollár winkte ab.

„Da würden Sie enttäuscht sein. Ich muß erst alles in Ordnung bringen.“

„Wo liegt eigentlich dieses Keresztény?“

„Nicht weit, im Soproner Komitat.“

Beim Mittagessen brachte Bessenyei einen Toast auf Kollár aus, und dann begann eine Debatte über die Notwendigkeit der Wissenschaft.

„Die Wissenschaft ist eins der wichtigsten Instrumente für den Wohlstand eines Volkes. Je weiter verbreitet die Wissenschaft ist, um so glücklicher ist das Land. Der Schlüssel zur Wissenschaft ist die Sprache. Die heimatliche Sprache jedes Landes, denn die Mehrheit eines Volkes hat nicht die Möglichkeit, viele Sprachen zu erlernen. Die Vervollkommnung der Muttersprache ist also die Hauptaufgabe eines Volkes", sagte Bessenyei.

„Bravo!"

„Lieber György", mischte sich Kollár in das Gespräch, „wir Alten sind in manchen Dingen konservativ. Als ich jung war, begeisterte ich mich auch für die Volkssprachen. Jetzt neige ich einer anderen Meinung zu, was die Sprache der Wissenschaft betrifft. Das Lateinische ist nach wie vor die festeste Grundlage. Auf lateinisch können sich die Wissenschaftler der verschiedenen Nationen miteinander verständigen."

„Die Entwicklung überholt Sie, lieber Kollár. Nicht einmal Wien gibt Ihnen recht. Die deutschen Wissenschaftler verzichten auf Latein. Wissen Sie, daß die Kenntnis des Französischen mich dazu angeregt hat, Gedichte auf ungarisch zu schreiben? Unlängst hat Sandor in Wien zwei Bücher herausgegeben, die ‚Moralischen Erzählungen' von Marmontal und die ‚Ethischen Briefe' nach Dusch. Durch seine Übersetzung hat er uns gezeigt, daß das Ungarische dem Französischen an Eleganz und Präzision nicht nachsteht. Er hat auch Kazinczy von den Qualitäten der ungarischen Sprache überzeugt. Warum sollten wir also nicht auch eine wissenschaftliche Phraseologie aufbauen?"

Kollár zuckte mit den Schultern.

„Vielleicht haben Sie recht. Auch die tschechischen Gelehrten publizieren bereits in lebenden Sprachen, tschechisch oder deutsch. Aber für mich und meine Generation bleibt das Lateinische der Inbegriff klassischer Vollkommenheit und wissenschaftlicher Genauigkeit."

„Aber meine Herren, wozu der Streit! Das Essen wird kalt!"

Die Baronin setzte sich zu Kollár, die Gutenberg auf die andere Seite der Tafel zwischen die beiden Dichter.

„Seien Sie nicht traurig, Adam. Die Erhebung in den Adelsstand sollte der glücklichste Tag Ihres Lebens sein . . . Entspannen Sie sich, freuen Sie sich! Vergessen Sie die letzten fünf Jahre. Den Tod Ihrer Frau Regine und der kleinen Theresia müssen Sie einmal verschmerzen. Auch ich habe einst meinen geliebten Gatten verloren."

„Gewisse Dinge schmerzen noch nach Jahren."

„Sie schmerzen uns beide gemeinsam, mein Lieber." Sie beugte sich zu ihm. „Wären wir zehn Jahre jünger . . . Ach nein. Ich bin heute sentimental gestimmt." Sie griff nach dem Weinglas. „Auf unsere Freundschaft!"

„Ich weiß, daß die Donationsurkunden und alles . . ."

„Nein, danken Sie mir nicht. Ein Mann wie Sie, Kollár, braucht keine Kammerfrauen, um in die Nähe des Throns zu gelangen. Ich helfe Ihnen in Kleinigkeiten. So wie auch Sie mir helfen. Ihre uneigennützige Haltung Bessenyei gegenüber werde ich nie vergessen. Diesem jungen Mann muß man helfen. Ein Talent. Stellen Sie sich vor, allein in diesem Jahr hat er bereits drei Bücher herausgegeben. Dabei haben wir erst Mai. Weitere drei sind schon in der Druckerei. Sechs Werke in einem Jahr! In seinem plumpen Körper verbergen sich Kraft und Hartnäckigkeit. Wissen Sie, daß er die Konversion in Betracht zieht? In dem Durcheinander um die Verstaatlichung der Schulen haben sich die Protestanten von ihm losgesagt . . . er steht ohne finanzielle Mittel da."

Kollár schwieg. Die Tafelrunde hatte das Dessert verspeist. Theresia Grass erhob sich und bat die Gäste in den Salon.

„Wer wünscht Kakao und wer Kaffee? – Sie rauchen nicht, gelt? . . . Setzen wir uns hierher. Lassen wir sie."

Sie schlürfte den Kakao, ihre weißen Haare schimmerten von Puder. Kollár überlegte. Hat mich die Baronin wirklich gern, oder bin ich nur ihr Hofnarr, der Helfer dieser jungen ungarischen Bohemiens? Ich habe mir die delikate Kunst gesellschaftlicher Beziehungen und die Geheimnisse der Salons immer noch nicht angeeignet. Unsinn. Jetzt kurz vor sechzig?

„Ich weiß, mein Lieber, daß Sie so manches verdrießt und quält. Aber den Adelstitel nimmt Ihnen niemand mehr. Glauben Sie mir, das andere ließ sich nicht verhindern, obwohl ich mir alle Mühe gegeben habe."

„Die ‚Ratio educationis'* ohne mich? Da sollte ich nicht verbittert sein?"

„Ohne Sie? Sie wissen selber, daß das nicht wahr ist. Tršťanský ist nur eine vorgeschobene Figur. Er war ja doch Ihr langjähriger Mitarbeiter. Ihr Sekretär. Sie haben ihn zu dem gemacht, was er ist."

„Nicht ganz ... Doch lassen wir das. Vor drei Jahren habe ich als Mitglied der Hofstudienkommission irgendwo einen Fehler gemacht, ich weiß nicht, wo. Ich war damals überarbeitet. Die Kaiserin bombardierte mich mit immer neuen Aufträgen, ich mußte einen Entwurf nach dem anderen ausarbeiten. Dann starb meine Regine, dann die Kleine ... Etwas habe ich damals verpatzt."

„Nichts haben Sie verpatzt, mein Lieber. Man hat Sie einfach überspielt. Glauben Sie, der Kardinal Migazzi oder der Abt Müller würden einem ehemaligen Jesuiten wie Ihnen die Stange halten? Einem verheirateten dazu ... Entschuldigen Sie, aber so war das doch. Am Ende haben der Kaiser und die Kaiserin weder Ihren Entwurf über die Reform der Gymnasien noch den des Piaristen Gracián Marx angenommen. Davon stirbt man nicht. Sie sind immer noch ein geschätzter Ratgeber des Hofes. Es vergeht kein Tag, an dem ich nicht höre: Lassen Sie es Kollár lesen ... Soll sich Kollár dazu äußern ... Ist das nicht schön?"

Kollár lächelte gequält.

* (lat.) Erziehungslehre.

„Aber der junge van Swieten wurde Präfekt der Hofbibliothek.“

Theresia Grass umarmte ihn leicht.

„Mein närrischer Freund! Die Kaiserin hat doch erklärt, es handle sich nur um eine Formalität. Ihre Rechte als Bibliotheksdirektor bleiben unangetastet ... Wie empfindlich ihr Männer doch seid! Ich kann Ihnen verraten, daß Sie als Kandidat für das Amt des Obersthofmeisters der Hofburg im Gespräch waren.“

„Im Gespräch waren ...“ Er seufzte. „Nur gut, daß ich meine Arbeit und Sie habe.“

Die Baronin schob die leeren Tassen beiseite und erhob sich. Kollár half ihr, ihre Hände trafen sich.

Mit leichtem Schritt ging sie nach nebenan in den Salon. Die offenstehende zweiflügelige Tür rahmte die schlanke Frauengestalt ein. Von hinten hätte niemand vermutet, daß sie schon über fünfzig war. Die Liebe des späten Herbstes. Morgen sehe ich sie wieder auf dem vertrauten Flur und in dem vertrauten Vorsaal der Burg.

Er entschuldigte sich, er werde zu Hause von Gratulanten erwartet. Als er auf die Straße trat, erfaßte ihn Trauer. Er schritt allein dahin, unterm Arm die beiden Röhren mit der Wappen- und der Donationsurkunde.

Zunächst kriegte er sich mit dem alten Freund Hell in die Haare. Noch im Korridor ging dieser auf Kollár los: „Da hast du jetzt auch Hörige? Warum schweigst du? Zeig her! Dreißig Hörigenfamilien, zwei Armbauern und dreißig Gutsknechte. Und wieviel Tage müssen die Dorfarmen von Keresztény für ihren Herrn Frondienste leisten?“ Kollár riß dem Astronomen die Donationsurkunde aus der Hand. „Hör zu, Adam, wo liegt dieses Keresztény? Ein passender Name für einen aufgeklärten Slowaken.“ Beiden war der Wein bereits zu Kopf gestiegen. Adam wollte zu der übrigen Gesellschaft ins Speisezimmer gehen, aber Hell ließ ihn nicht. Seine Augen glänzten vom Wein. „Hast du nicht gesagt, das sei ehemaliger Jesuitenbesitz? Ja? Das ist dir also gelungen ...

Na, was soll's, hast eben einen anderen Weg gewählt. Ich bin bis zu seinem gewaltsamen Ende Mitglied des Ordens geblieben. Und habe mich nicht gescheut, mit Šajnovics zusammen auch beim Schein des Nordlichts in Vardö zwischen den Beobachtungen durchs Fernrohr die Messe zu lesen. Pflicht ist Pflicht, lieber Adam. Man hat dir etwas geschenkt, was dem Orden gehört. Aber sonst schämst du dich nicht, was?"

„Hör auf, Max."

„Du hast so viele Verbindungen, so viele Verdienste. Du bist aus dem Orden ausgetreten, als dafür noch keine Notwendigkeit bestand. Für welche Ziele nutzt du deine Verdienste und Kontakte aus? Ach ja, das alles steht schwarz auf weiß in der Donationsurkunde. Die zweiunddreißig Jahre Dienst in der Bibliothek streitet dir niemand ab. Auch nicht deinen Ruhm als Herausgeber bedeutender wissenschaftlicher Werke. Aha ... Hier sind die Dienste aufgeführt, die du der Kaiserin geleistet hast. Die Verteidigung der Ansprüche der Krone auf einige dalmatinische Inseln. Die Begründung für die Rückgabe der dreizehn Zipser Städte ... Sieh mal einer an ... Die Korrektur der Nordgrenze zu Polen, die Begründung der Ansprüche der Krone auf Galizien und das Gebiet Wladymir. Adam Kollár, Ratgeber der Kaiserin, bist du stolz darauf, daß du mitgeholfen hast, unseren nördlichen Nachbarn zugrunde zu richten? In wessen Namen? Ist Polen protestantisch, häretisch? Wohnen dort Mohammedaner, Buddhisten, Shintoisten, andere Heiden? Ich habe einen sitzen, Adam, habe mit deinen Landsleuten gebechert, bis du aus der Hofburg zurückgekehrt bist ... Wir warten hier auf dich. Natürlich, gesellschaftliche Verbindungen gehen vor. Und wozu nutzt du sie, Kollár? Begonnen hast du als Wissenschaftler, aber wie wirst du enden? Als Grundherr eines ungarischen Dorfes. Der verängstigte Pfarrer schreibt dir, er hoffe, du werdest die Dorfbewohner ebensogut behandeln wie der vorige Herr. Dazu war es nötig, den Orden zu verlassen? Sich in den Kampf gegen den ungarischen

Adel zu stürzen? Würdest du jetzt auch gegen dich schreiben, Freiherr Adam Kollár? Meine Aufgabe ist es, die Sterne zu berühren. Im Kosmos zu forschen. Und du hast, berauscht von der Macht der Kaiserin, es gewagt, Rom die Stirn zu bieten. Und was hast du erreicht mit deinem Juristengeschwätz über die absoluten Rechte eines weltlichen Herrschers?" Er wedelte mit den Urkunden. „Das da!" stieß er hervor. „Und was gibst du der Wissenschaft als Entschädigung für den Verrat an der Wissenschaft? Nichts. Du hast dich nicht einmal für meinen Vorschlag eingesetzt, eine Akademie der Wissenschaften zu gründen. Ich bin ergrimmt, Kollár, und ich bin verbittert. Ich beschimpfe dich und werde damit nie aufhören. Du hast lange nicht gebeichtet. Eine Gewissenserforschung würde dir nicht schaden."

Adam Kollár blickte verzweifelt den alten Freund an. „Das war alles ganz anders. Deinen Vorschlag, eine Reichsakademie der Wissenschaften zu gründen, hat die ungarische Kanzlei abgelehnt. Es ist kein Geld da, Max." Ich kann ihm doch nicht sagen, was ich von der Baronin Grass gehört habe. Maria Theresia hat erklärt, wir würden uns vor der ganzen Welt lächerlich machen, wenn wir eine Akademie der Wissenschaften mit drei Exjesuiten, obendrein aus Ungarn, und nur einem einzigen Chemiker gründen würden – sie meinte damit Jacquin. Diesen Abbé Hell halte sie nicht für fähig, einen neuen brauchbaren Vorschlag auszuarbeiten, hat die Herrscherin hinzugefügt. Wo er doch so viele andere Sorgen habe. „Zunächst war es nötig, das ganze Schulsystem zu ordnen, lieber Freund. Von den Grundschulen über die Gymnasien bis zu den Akademien und Universitäten."

Hell grinste nur. „Aber dich haben sie dabei übergangen, Kollár. Die ‚Ratio educationis' ist ein großartiges System. Alle Achtung. Das erste in Europa. Aber ausgearbeitet haben es Jüngere als du. Ürmenyi und dein Schüler Tršťanský. Und andere. Den Felbinger hat sich die Kaiserin aus Preußen ausgeliehen. So ist das. Alle stolziert ihr nur würdevoll umher, schwatzt in den Kommissionen, doch die wahre Opferbereitschaft, die Lust zum Risiko, die ist euch längst abhanden gekommen. Auch dir, Adam."

„Wir werden eben älter, Maximilian. Und du, worüber beklagst du dich? Daß dir die Kaiserin eine großartige Expedition hinter den Polarkreis ermöglicht hat und du den Durchgang der Venus durch die Sonnenscheibe beobachten, darüber Bücher schreiben, die hervorragenden Ephemeriden herausgeben konntest? Ist dir nach der Auflösung des Ordens auch nur ein Haar gekrümmt worden? Du bist Direktor des Wiener Observatoriums geblieben. Sie haben es nur der Universität angegliedert. Du weißt selber, wieviel Sternwarten du gegründet und aufgebaut hast, in Ungarn, in Siebenbürgen. Verbittert? Lächerlich. Mitglied der Akademien von Bologna, Paris, London! Du lebst ohne Sorgen, streitest dich mit den wissenschaftlichen Gegnern in Frankreich, und auf meiner Feier giftest du mich an, beleidigst mich, machst mir ungerechte Vorwürfe . . . Komm, lassen wir den unnützen Streit, gehen wir zu den anderen. Ich muß mich um sie kümmern, bin ja schließlich der Gastgeber."

„Der Gastgeber!" wiederholte Hell ironisch.

Der Morgen dämmerte. Der Freiherr Adam Kollár saß allein über den Resten seines Ruhms. Zerrissene Servietten, halbgeleerte Gläser, säuerlicher Geruch. Im Osten tagte es. Nun ja, der Gipfel einer Karriere. Bei uns zu Hause tagt es. Ex oriente lux.* Er saß auf einem der vielen Stühle. Im Morgengrauen, der einzige Gast im eigenen Speisezimmer.

Schon wußte er fast alles über sich. Jeder von uns ist vor allem ein Erforscher seiner selbst. Andere Expeditionen existieren nicht. Es ist leichter, einen Menschen zu erschlagen, als den eigenen Gedanken zu zerschlagen. Leichter ist es, die Verdunkelung der Venus zu beobachten als die der eigenen Seele. Leichter ist es, einem anderen zu glauben als sich selbst.

* (lat.) Aus dem Osten [kommt] das Licht.

Leichter ist es, sich auf der Straße einer fremden Stadt erschlagen zu lassen, als allein mit sich im Morgengrauen zu leben. Sich einzugestehen, daß man, um die Beherrschten zu befreien, sich den Herrschenden zugesellen muß.

Alle ringsum haben recht. Ehrabschneider, Neider, Patrioten, die Kaiserin und der Kaiser, Kaunitz und Migazzi, Voltaire und Pascal. Der verborgene Gott. Die Paarung Regines mit dem Fünfziger. Die sonderbare Heirat. Theresia Grass. Die zwei Monate alte Tochter. Der kleine Sarg. Die verratene slowakische Literatur. Der tote und niemals gerächte Ignac. Das lateinische Gedicht auf den Wolgafluß: „Auf den Wellenkämmen hast du Minerven getragen." Diese Minerva ließ ihren Gatten ermorden. Den Zaren. Alles ist wahr. Die Gedanken sind verkäuflich. Die Vernunft ist verkäuflich. Die Sehnsucht nach Karriere. Viertausend Gulden Jahresgehalt. Andere haben zwanzigtausend. Achtzehn Millionen. Er hat geschrieben: „Wir Ungarn." Er hat auch geschrieben: „Wenn jemand wie ich von Abstammung Slowake ist." Alles ist wahr. Annales turcici.* Die persische Anthologie. Das ist er. In zwei Jahren wird er porträtiert werden. Rundes Gesicht, energisches Kinn, Perücke, Halstuch. Sich leicht dem Publikum zuneigend. Ein gutaussehender Mann. Im Rücken Regale mit Büchern, auf einem Tischchen Instrumente zum Morden: Schreibzeug. Ein Ölbild von Josef Hauzinger aus Wien.

Er hat nichts mehr zu verlieren. Aus dem slowakischen Elend hat er sich herausgearbeitet. Diese Pest zeichnet andere. Die haben auch mit ihm gelebt, nicht wahr? Er hat auch für sie gearbeitet. Hat sich für sie geirrt. Als erwachsener Mann hat er keinen Pflug mehr angefaßt und keine Hacke mehr in der Hand gehalten. Aber er war kein Schmarotzer. Auch mit dem Wappen ist er es nicht geworden. Er hat nichts mehr zu verlieren, er ist zur Genüge verurteilt.

Jetzt kann er schon mit der Arbeit fortfahren. Acht

* (lat.) Türkische Jahrbücher.

Bände Kommentare zu einem gewissen Peter Lambeck. Das zweite Buch Kommentare über die kaiserliche Bibliothek. Verzeichnisse griechischer Handschriften über das Recht, die Theologie, die ärztliche Kunst. Analysen von Legenden. Die Geschichte der Hofbibliothek. Sich anderen hinzugeben ist der höchste Liebesbeweis. Sechsundvierzig Foliobände. Das reicht zur Absolution aus. Abschriften historischer Urkunden. Das große ungarische Diplomatarium. Für die heutigen Slowaken, Ungarn, Kroaten, Ukrainer, Slowenen, Dalmatiner, Rumänen, Deutschen. Berge von Donationsurkunden und Genealogien. Die adlige Abkunft seiner Eltern ist nicht belegt, aber Maria Theresia fiel darauf herein, wenigstens darin hat er sie eingeholt. De Keresztény. Und dabei war es ihm so zuwider, ein Herr zu sein.

Fürchten wir nicht um ihn. Er wird seine Herrscherin um drei Jahre überleben.

Ergo vale*, Adam František Kollár, vale!

5

Ihr Gesang hallte durch die Nacht, die über dem Dorf lag, wehte über die Ebenen des Unterlands wie der Wind über verschneite Flächen. Die älteren Leute hatten sich an die langgezogenen Melodien gewöhnt; der Frauengesang über dem nächtlichen Dorf kam ihnen so natürlich vor wie das wilde Gebell der Hunde und das Quaken der Frösche im Sumpf. Nur die neuen Ansiedler fuhren verstört hoch, warfen die groben Decken beiseite, spähten durchs Fenster auf die mondbeschienene Landschaft. Mit dem Gefühl, eine Sünde begangen zu haben, unterbrachen sie das Liebesspiel; die Frauen bedeckten ihre verschwitzten Brüste, die Männerhände erstarrten auf halbem Wege zu den kräftigen Schenkeln. Im ersten Schreck erschien ihnen der unerwartete Gesang wie eine Warnung des Himmels. Rasch überprüften

* (lat.) Also lebe wohl.

sie die Vergehen der letzten Tage, verdrängten die unzüchtigen Bilder und Vorstellungen, die Sünden wider das sechste und das neunte Gebot.

Wenn sie sich wieder gefaßt hatten, kehrten sie langsam in ihre Betten zurück und versuchten die erkaltete Leidenschaft wieder zu entfachen, doch die klagende Melodie legte sich lähmend über sie. Einige drehten sich resigniert um, das Bett knarrte, sie zogen sich die Decke oder das Federbett über den Kopf, um den Gesang nicht mehr hören zu müssen. Andere versuchten mit halbgeschlossenen Augen zu vergessen, nicht hinzuhören. Sie hofften, die Schinderei des Tages sei ermüdend genug, den verfluchten Gesang wegzuzaubern und sie in Schlaf versinken zu lassen. Andere wieder, vor allem Männer, bewegten die ausgedörrten Lippen, schluckten den Speichel, spuckten die ersten Flüche aus. Am Ende vernahmen sie in der Stube die eigene heisere Stimme, rohe Worte, wilde Verwünschungen, Äußerungen des Zorns und der Ohnmacht.

Die älteren Bewohner des Dorfes stellten resigniert fest, daß die Bewohnerin des Pfarrschuppens am unteren Ende des Dorfes noch lebte, sich unter dem halbverdorrten Nußbaum wiegte und dann und wann krampfhaft seinen rissigen Stamm umarmte. Aus den nächstgelegenen Hütten beobachteten sie sie dabei, die Nasen an die Fensterscheiben gedrückt. Andere öffneten die Fensterläden, um sich zu vergewissern, ob die Verwirrte nicht endlich Gottes Frieden gefunden habe. Trotz aller Gebete und Weihen hatte sich ihr Zustand nicht gebessert, war ihre Stimme nicht geschwächt. Sie wird die Pilgerin ihrer Nächte bleiben, bis zu ihrem unabsehbaren Ende.

Erfahrenere legten sich erst schlafen, wenn das Wimmern vom unteren Dorfende verstummte. Sie schlurften über den Hof, prüften die Riegel und Schlösser, visitierten auf Soldatenart den ganzen Hof vom Vorgarten bis zum Stall mit dem unruhigen Vieh darin. Sie atmeten den Gestank nach Gülle, Mist und verfaultem Laub ein.

Beim Schein des Mondes prüften sie den aufgeschichteten Kompost und häufelten mit der Mistgabel die abgerutschte Seite an. Sie beruhigten die grunzenden Schweine, richteten das unter dem Schuppendach aufgeschichtete Brennholz, stolperten fluchend über die Schüsseln mit dem Futter für die Gänse, Enten und Hühner, stellten sie an die Stallwand.

Zum Schluß standen sie hinten an der Jauchengrube, schlossen das in den Gemüsegarten führende Türchen und ließen den Blick weit über die Felder schweifen. Sie versuchten zu erkennen, ob Vögel an den Ähren pickten und Hasen den Salat und Kohl anknabberten. Gierig sogen sie den Duft der umgepflügten Erde ein. In solchen Augenblicken der Ruhe und Entspannung überkam viele ein Glücksgefühl, das sie sich nicht zu erklären vermochten. Nach all den Jahren war der Gesang der Verwirrten ein Bestandteil dieses Glücksgefühls geworden, so daß es ihnen zeitweise schien, als liebten sie diese Frau.

Solche Augenblicke waren immer kurz wie die Bewegung eines Schmetterlingsflügels. Mit dem Wiedereintritt ins Haus zerfielen sie zu Staub. Auf dem Weg vom hinteren Zaun zur Hüttentür konnte man noch die Ohren spitzen und versuchen, den Sinn des Liedes zu erfassen, das da gesungen wurde.

Diese Mühe war jedoch vergebens. Es war ein Lied in einer unbekannten Sprache, vielleicht konnte man sie nicht einmal Sprache nennen, vielleicht war es nur ein Geflecht von Tönen und zusammenhanglosen Vokalen. Einigen schien es, als unterschieden sie bekannte kroatische und slowakische Wörter, hin und wieder auch ein ungarisches Wort. So hört doch! Ein anderer hörte etwas Rumänisches heraus, ein dritter erkannte türkische Laute, ein vierter winkte ab; er glaubte die uralte Sprache der Zigeuner zu vernehmen. Der Gesang der Verwirrten gewann magische Kraft. Bei vielen löste er ähnliche Empfindungen aus wie die lateinischen Responsorien beim sonntäglichen Hochamt oder gar wie die strengen Anrufungen Christi in der nächtlichen Auferstehungszeremonie am Karsamstag. Hier aber klagte eine Frau, die keine Mutter war.

Vor vielen Jahren hatte man sie zusammen mit anderen Kolonisten ins Dorf gebracht. Gefunden hatte man sie auf einer staubigen Kreuzung zweier ausgefahrener Wege tief drunten im Unterland. Das ebenmäßige Gesicht war mit Staub bedeckt. Er war darauf eingetrocknet wie eine Theatermaske, von der Sonne, dem Wind und dem Wasser aus den Brunnen verödeter Gutshöfe festgebacken. Man lud sie auf einen Wagen, verband die Wunden an den einst zarten Füßen, legte Klettenblätter auf und schmierte sie mit Mixturen der Öl- und Safranhändler ein. Sie redete deutsch auf sie ein und zog aus dem Brustlatz Papiere. Man führte sie zum Pfarrer, einem jungen gebildeten Landedelmann aus Zahorie, der die Kolonisten hinunter ins ungarisch-kroatische Grenzgebiet führte. Juraj Papánek las überrascht die Urkunde der Besiedlungskommission aus Wien. Sie erlaubte der freien Frau Zorica Selyemová das Betreten Ungarns und den Aufenthalt im Banat „zum Zwecke der Suche ihres Geburtsorts und der Kultivierung der neuerworbenen Gebiete“. Die fünfzigjährige Frau in den zerschlissenen und verdreckten Kleidern wies noch Spuren ehemaliger Schönheit auf. Das Gespräch mit ihr förderte nichts zutage. Sie wechselte immer wieder vom Deutschen ins Kroatische und stimmte unvermittelt so etwas wie ein Schlafliedchen an, ein andermal wieder hörte es sich an wie eine Opernarie. Unter dem strengen Blick des Pfarrers und Führers der Kolonistengruppe erschrak sie, kicherte und rannte zwischen den Wagen hin und her. Sie lugte unter die Planen, kramte in den Bündeln, öffnete Truhen, vergoß das mit Mühe gewonnene Wasser, weckte die Kinder auf, die unter den Planen schliefen, und erregte so den Zorn der Kolonisten. „Eine Verwirrte!“ rief eine Bäuerin, und der Name blieb ihr. „Habt keine

Angst, sie ist harmlos", beruhigte Papánek seine Pfarrkinder.

Nur auf seine Fürsprache hin nahmen sie sie in ihren Kreis auf. Er erinnerte sie an das Gebot der Barmherzigkeit, sie dürften ihr neues Leben nicht durch mangelnde Nächstenliebe gefährden. Sie wollten allerdings nicht ins Banat, sondern nach Fünfkirchen, doch darauf kam es nicht an. Papánek hoffte insgeheim, Zorica werde ihm bei der Einrichtung des Pfarrhauses helfen und Arbeiten im Haushalt verrichten. Die geistesgestörte Zorica wusch alles, was man ihr aus den Wagen ringsherum brachte. Wenn sie die Wäsche zwischen Bäumen aufhängte, summte sie fremdartige Melodien. Es gab aber auch Tage, an denen sie gar nichts tat, nur stumm auf einem Leiterwagen saß und stumpf in den aufgewirbelten Staub starrte. In den Rastpausen ging sie in dem versengten Gras im Kreis herum oder irrte in den Ruinen verlassener Meierhöfe umher. Sie öffnete den Mund, faltete mit Gesten, die einstige Grazie verrieten, die Hände und verneigte sich vor den verwirrten Bauern. Die Kinder flüchteten kreischend vor ihr ins Gebüsch.

Anfangs fürchtete man sich vor ihr. Nachts unter den schweren Planen murrten und knurrten die Kolonisten über den unvernünftigen Pfarrer, weil er die Verrückte aufgenommen hatte. Vielleicht war sie eine Hexe, über die dunkle Kräfte Macht hatten. Andere wiesen darauf hin, daß sie mit städtischen Krankheiten angesteckt sein könnte, und drohten, sie würden sie eines Nachts in die Pußta hinausjagen, soll sie doch ihre eigenen Wege gehen! Sollen sich doch andere ihrer annehmen, warum gerade wir! Sie wird uns die Kinder verhexen! Ihr habt doch gesehen, wie sie mit ihren Spinnenfingern die kleinen Gesichter abtastet wie der blinde Bettler am Kirchentor.

Aber sie wurden sie nicht los. Sie scheuten sich, ihren gelehrten Pfarrer zu erzürnen. Sie könnten um ein fruchtbares Dorf kommen und die zahlreichen Vorteile einbüßen, die er als Führer der Gruppe für sie erwirkt hatte. Geduldig hatten sie die Mühsal der langen Wanderschaft in der Hoffnung ertragen, daß einmal der Tag kommen werde, an dem Juraj Papánek sagte: „Schaut hin, Leute, wir sind an Ort und Stelle. Hier sind wir jetzt zu Hause. Hier lassen wir uns nieder." Er wird für sie unlesbare Karten und Aufzeichnungen hervorholen, wird nach den Skizzen die Grundstücke aufteilen und jeden Streit darum unterbinden. Die Ungehorsamen wird er in der Sonntagspredigt zurechtweisen. Und sie werden sich endlich an die Arbeit machen. Sie werden Lehm stechen und Ziegel stampfen. Die Frauen und Kinder werden die Ziegel an die Bauplätze tragen, und die erträumten Häuser werden emporwachsen.

Tausende arbeitsamer Menschen, ruiniert durch den korrumpierten Adel, strömten aus den slowakischen Komitaten Oberungarns nach Süden ins Unterland. Wochenlange Strapazen, bis sie endlich an dem ihnen zugewiesenen Ort eintrafen. Nach der Vertreibung der Türken warteten im Süden Ungarns verlassene Dörfer, Meierhöfe, Güter, Äcker auf neues Leben. Neureiche wie Grassalkovich und andere hatten vor Jahren wüstliegende Felder und verödete Dörfer für einen Pappenstiel aufgekauft. Sie hatten gesundes Vieh eingeführt, das auf endlosen Flächen weidete. Wien und die Erbländer brauchten Fleisch. Westeuropa brauchte Fleisch. Die Wiener Metzger bereicherten sich an den Herden, die von ungarischen Aufkäufern, serbischen oder armenischen Händlern quer durch die ungarische Tiefebene vor die Tore Wiens getrieben wurden. Das Blut von Tausenden geschlachteten Tieren verwandelte sich in Gold- und Silbermünzen, diese in Paläste und Husarenregimenter und diese wieder in Blut.

Die Ökonomen in Wien stellten rasch fest, daß Ungarn die Kornkammer des ganzen Reiches werden konnte. Wozu braucht Ungarn Manufakturen und Werkstätten? Der Boden ist die einzige Quelle des Reichtums, man darf ihn nicht brachliegen lassen. Aus freiwilligen Übersiedlungen ins Unterland wurde eine wohlüberlegte Politik. Baron Johann Harruckern, Besitzer menschenleerer Gebiete in Südungarn, holte aus dem Norden die ersten Unzufriedenen zu sich. Zuerst Ungarn, dann auch Slowaken. Sie pflügten Tausende Joch brachliegender Erde um.

Mit den Slowaken kamen auch Angehörige anderer Völker. Die kaiserlichen Kommissare Maria Theresias wanderten durchs deutsche Reich. In Frankfurt, in Regensburg, in Köln am Rhein hängten sie verlockende Plakate aus, riefen auf zur Besiedlung der südlichen Gebiete Ungarns. Jeder Kolonist aus dem Reich konnte dort für zweihundert Gulden ein fertiges Haus erwerben, dazu Leiterwagen, Pflug und Egge, vier Ochsen, zwei Pferde, vier Kühe und drei Kälber. In das Gelobte Land Südungarn kamen sogar Ansiedler, die in Metz, Besançon, Luxemburg, ja selbst in Paris angeworben worden waren. Hier war freie Luft, Weite, nicht die Enge von Gebirgstälern.

Im Verlauf dieser großen Bewegung gelangte mit slowakischen Ansiedlern auch Juraj Papánek nach dem Süden. Tagsüber fungierte er für seine Mitbürger als Arzt, Schreiber, Berater, Einkäufer, Dolmetscher, Richter. Abends setzte er sich an den Tisch, blätterte in historischen Werken, lernte Latein. Mehrmals begab er sich nach Fünfkirchen, stöberte dort in Bibliotheken. In diesem jungen wissenschaftlichen Zentrum Ungarns war unlängst der erste Band der Geschichte der pannonischen Kirche von Stephan Salagius erschienen. Papánek las sich voller Eifer in den Folianten ein und fühlte, wie ihn Zorn übermannte. Nein, das war alles ganz anders. Es mußte anders gewesen sein! Der große König Svätopluk hatte das Königreich der Slowaken nicht den Magyaren für ein gut gesatteltes Pferd verkauft! Es war undenkbar, daß die alten Kelten, Quaden, Markomannen, die auf dem Territorium der Slowaken lebten, nicht slawischer Abstammung waren!

Während der folgenden Jahre entstand in dunklen Nächten in dem verlassenen Dorf eine lateinische Apologie aus der Feder Juraj Papáneks. Es scheint fast unbegreiflich, mit welcher Inbrunst sich Menschen wie er mit Fragen herumschlugen, die ihrem täglichen Leben so fern lagen, mit welcher fast krankhaften Leidenschaft sie sich auf Expeditionen in eine tausendjährige Epoche begaben! Wie sie auf jedes lateinische Wort des Gegners lauerten! Sie stritten miteinander noch in dem für alle Gebildeten verständlichen Latein. Doch der Ungar Salagius und der slowakische Dorfpfarrer Papánek beobachteten, wie sich aus der Masse der Leibeigenen, Handwerker und Kaufleute Menschen erhoben, die ihrer Muttersprache Aufmerksamkeit schenkten und sich als Slowaken, Ungarn, Illyrer, Deutsche bezeichneten. Was ging da vor? Vor ihren Augen erwachten die Nationen.

Juraj Papánek sagte von sich, er sei „von Geburt Slowake, von Erziehung Deutscher, dem Stand nach Ungar und durch sein Amt Illyrer“. Auf den südlichen Ebenen empfand er die Verbundenheit der Slawen ganz Europas. Die Erfolge der slowakischen und kroatischen Ansiedler erfüllten ihn mit Stolz. Ihn begeisterten die eigene Zeit und ihre Taten.

Er braucht noch ein Jahr, dann ist das Buch beendet. Es wird gute dreihundert Seiten zählen. Er wird es nach Fünfkirchen bringen und die sich ergebenden Polemiken nicht fürchten. Ihm scheint, er weiß genug von der Geschichte seines Volkes.

Er ist noch jung, ihn schreckt es nicht, daß er in diesem abgelegenen Dorf leben muß. Er vertraut seiner Feder. Er liebt das geschriebene Wort, und Erkenntnis macht ihn glücklich. Er hat ein ruhiges Gewissen.

Er hat ein ruhiges Gewissen, obwohl er sich im Fall der Zorica Hodvábna als schwach erwiesen hat. Ihr Wehklagen und ihr Gesang verlangsamten die Entstehung des lateinischen Werkes und verschlimmerten seine Schlaflosigkeit. Der alternden Zorica fielen immer häufiger Teller aus den Händen, ihre Füße waren von den Scherben aufgeschnitten. Die Nachbarn, an ihrer Spitze der Kirchendiener, verlangten von ihm, er solle die Verwirrte aus dem Pfarrhaus verbannen. Man wisse sowieso nicht, welchen Glaubens sie sei. Gebete kämen nicht aus ihrem Munde, nur unverständliches Lallen. Ein paar Wochen lang hatte er widerstanden. Die Pfarrkinder nutzten jedoch eine seiner Fahrten nach Fünfkirchen aus, um Zorica in dem Schuppen am Dorfrand einzuquartieren. Dort wurde das Heu für die Pfarrei aufbewahrt, doch der Glöckner Arnošt machte seinen Schuppen gleich neben dem Pfarrhaus dafür frei. Der Pfarrer war sehr erbost nach seiner Rückkehr. „Wer wird dort im Winter heizen? Sie selbst würde doch alles in Brand stecken ... Wollt ihr sie denn umbringen, ihr Leute mit den grausamen Herzen?" Sie versicherten ihm, Anna, die Frau des jüngeren Debnár, werde den Schuppen heizen, sie habe keine Kinder und deshalb genug Zeit.

Der Herr Pfarrer beruhigte sich und machte sich abends wie üblich daran, sein Werk durchzukorrigieren. Über dem Dorf schwebte Zoricas klagendes Lied. Heute klang ihre Stimme heiserer als sonst. Juraj Papánek wurde nervös. In diesem Augenblick verfluchte er die südlichen Ebenen. Ihn verlangte es danach, die alte Heimat zu sehen, die Wälder der Karpaten, die vom Schreiben ermüdeten Hände in einen kalten Bergbach zu tauchen. Er legte den Kopf in die Hände und träumte.

Plötzlich schreckte er auf. Der hohe Ton war abgerissen.

Da liefen viele aus ihren Häusern hinaus in die kalte Nacht, zum Pfarrschuppen.

Als erste langte die kinderlose Anna Debnárová dort an. Sie versuchte Zoricas Arme zu lösen, die den zernarbten Nußbaumstamm umschlangen. Der kräftige Glöckner mußte ihr helfen.

Zorica wurde am Zaun des neuen Friedhofs begraben. Entsprechend einem Dekret des Kaisers Joseph hüllte man den Leichnam in Leinwand, legte ihn in eine Grube, schüttete ungelöschten Kalk darüber und füllte die Grube mit Erde.

In der Nacht darauf vernahmen viele ein Wimmern. Einige schworen hoch und heilig, sie hätten es auch in den folgenden drei Nächten gehört. In der vierten Nacht begab sich der Pfarrer im dunklen Mantel mit dem Weihwedel zum Zaun des Friedhofs. Heimlich vollzog er eine verkürzte kirchliche Zeremonie und segnete das Grab.

6

Es ist Mittwoch, der 29. November 1780, gegen neun Uhr abends. Der Regen prasselt gegen die Fensterscheiben. Im Leopoldflügel der Hofburg brennt seit Tagen bis tief in die Nacht hinein Licht. Van Swietens Schüler und Nachfolger, der Leibarzt Doktor Störck, der Beichtvater Ignaz Müller und alle Kinder Maria Theresias, Joseph im Vordergrund, sind Zeugen des Endes. Es ist nicht mehr die Zeit für gegenseitige Vorwürfe. Die dreiundsechzigjährige Mutter hätte nicht an jenem regnerischen Herbsttag zu Marie Christine zur Jagd fahren dürfen. Zu Allerseelen hätte sie nicht lange Stunden in der eisigen Kapuzinergruft verbringen sollen. Die Familie und die Ärzte hätten sich mehr um sie kümmern müssen. Noch vor Wochen hatte sie an Marie Christine nach Preßburg geschrieben:

„Meine liebe Tochter,

die Nacht war gut, und ich hielt mich bis um 10 Uhr morgens für genesen, aber seitdem ist der Husten, die Beklemmung wiedergekommen, sogar ein bißchen schlimmer geworden, so daß ich den heutigen Tag höchst unbehaglich und nachdenklich verbracht habe. Was Ihre Mitteilungen über Kempelen betrifft, so wird er überall gut tun; nur seiner Gesundheit wegen war ich in der letzten Zeit besorgt; es ist sehr wesentlich, daß die Frau bei ihm ist. Morgen werde ich es als vollendete Tatsache dem Kaiser sagen. Was den Titel Baron betrifft, so hängt er von ihm ab."

Einen Tag später hatte sie Marie Christine wissen lassen:

„Ihr freundliches Anerbieten habe ich vorausgesehen; Sie wissen aber, daß ich eine böse Kranke bin und gern allein bleibe. Wollen Sie uns aber hier einen kurzen Besuch machen, der Ihre Dispositionen nicht stört, so werden Sie mit offenen Armen aufgenommen."

Doch schon vor fünf Tagen hatten sich alle Kinder eingefunden. Die Mutter verlangte von dem Abt Müller die Letzte Ölung. Sie quälte sich zwei Tage lang. „Sind das schon die letzten Krämpfe?" – „Noch nicht", stammelte Doktor Störck. „Also habe ich das Schlimmste noch vor mir." Er nickte. Versuchte, ihr Beruhigungsmittel zu verabreichen. Sie lehnte ab. Nachmittags wollte sie nicht schlummern, obwohl alle ringsum sie darum baten. „Ich will sehen, wie der Tod kommt."

Zwei Minuten nach neun Uhr abends fühlte Joseph II., wie Schultern und Kopf der Mutter erstarrten. Das Röcheln hörte auf, der letzte Krampf löste sich. Sie atmete nicht mehr.

Ich will sehen, wie der Tod kommt. (Maria Theresia wollte atmen, sie dachte, die Fenster seien geschlossen, obwohl sie weit offenstanden. Schwerfällig erhob sie sich aus dem Sessel und schwankte zum Sofa. Als sie darauf niedersank, versuchte Joseph ihr zu helfen. „Euer Majestät liegen schlecht." Sie antwortete: „Ja. Aber gut genug, um zu sterben.")

Nun bin ich also tot, und die Stunde der Abrechnung ist gekommen. Volle vierzig Jahre und einen Monat habe ich über Millionen geherrscht. Jetzt ist das Ende da.

Ich bin tot. Das ist nur eine Variation des Satzes: Ich werde gerichtet.

Sie taucht ein in das weiße Dunkel. Die Beine gehorchen ihr nicht mehr, sie sinkt hinab wie in einen Sumpf, verliert den Boden unter den Füßen, den Boden der Paläste, der kiesbestreuten Wege, der Teppiche. Sie breitet die Arme aus, will sich an etwas festhalten, aber ringsherum ist nur weißes Dunkel. Sie ist nicht zum erstenmal allein, doch zum erstenmal ohne die realen Abzeichen ihrer Macht und die Gewißheit ihrer Existenz. Sie sieht sich selber, sieht ihre Armseligkeit auf dem Wege, der kein Weg ist. Kälte packt sie, kriecht durch den schwarzen Mantel, das schwere schwarze Tuch, setzt sich auf den Wangen fest, dringt in die Fingerspitzen, in die Brust, in die Hüften ein, tastet den einst so schönen Körper ab, lugt in die Achselhöhlen und in die geheimsten Öffnungen. Der Körper ist zur Last geworden, es wäre das Beste, ihn wegzuwerfen, doch dazu reichen die Kräfte nicht aus. Die schwarze verlassene Frau, eigentlich nur ihr unförmiger Schatten, zittert wie im Sturm, wie von einer unbekannten Hand in den Nebel geschleudert. Eine einzige Frage quält sie: Wohin falle ich? Wo halte ich inne? Denn es sollen Stätten der Ruhe existieren, Buchten der Hoffnung auf der Wanderung des Sterbens. So haben es die Bücher verheißen, die heilige Stille vor dem Altar, die einer Ohnmacht nahe schwindelnde Freude, wenn die Zunge die zarte Hostie berührt, die Einsamkeit in der hintersten Bank der menschenleeren Kathedrale. Doch die grausame Verwandlung vollzieht sich ohne Zeugen. Den Tod erlebt jeder nur einmal, ohne die Möglichkeit, dieses Erlebnis mit anderen zu teilen. Ein Bericht darüber wird nicht geliefert. Die schwarze verlassene Frau hatte Noille, Pascal, Le Torneaux, Nicole gelesen, sie hatte ihre Eltern, die Schwester, die Hälfte ihrer Kinder, den Gatten und die besten Freunde zu Grabe getragen. Erst vor einigen Sekunden hat sie sich auf die unvermeidliche Wanderung begeben, gewappnet mit aller irdischen Rüstung einer vornehmen Europäerin an der Neige des achtzehnten Jahrhunderts, und jetzt verliert sie ihre Sicherheit, denn alles ist anders, und die einzige Erkenntnis ist die ihrer Wehrlosigkeit.

Das ist kein Sturz in Dunkel und Schwärze. Mit der schwarzen Nacht wird der Mensch fertig. Der erste große Erfolg des Menschen, die Kunst, Feuer zu entfachen, hat dem Dunkel seinen Schrecken genommen. Im Dunkel kann man das Licht sehen. In der Schwärze sind Farben sichtbar, jede von ihnen kann eine Überraschung sein. Die Tote erkennt, daß der wirkliche Feind des Menschen das uferlose, unabsehbare Grau ist, veränderlich, mit Weiß gemischt, feucht, mit Kälte getränkt, ein undurchdringlicher Nebel.

Die hervorquellenden Augen forschen mühsam in den grauweißen Ballungen, suchen nach Anzeichen und Andeutungen, aber sie sehen nichts. Vielleicht hatten sie dort unten in dem Saal mit den französischen Fenstern schon lange aufgehört, Augen zu sein. Hier oben, hoch im freien Raum, wollen sich die Augen noch nicht ergeben. Als gehorsame Diener wollen sie ihrer Besitzerin einen letzten Dienst erweisen, denn im Augenblick des Sterbens materialisieren sich die Wünsche eines Menschen jenseits der Grenzen von Zeit und Raum und gewähren ihm den Genuß der letzten Vorstellung. Des Schlußbildes. Die schwarze dicke Frau, noch nicht sehr weit von Wien entfernt, schaut jetzt mit bereits getrübtem Blick um sich. Und siehe da, eine unsichtbare Hand, offenbar die eines Engels, zerreißt den Vorhang des großen Puppentheaters. Die tote Frau erblickt in der von Wolkenrändern gesäumten Lücke buntfarbige Menschen auf einer weiten Ebene. Sie scheinen zu schlafen. Sie schlafen wirklich, liegen regungslos, wie tot in den Raum geworfen. Sie stören die Ordnung der aufgestellten Karrees und Schlachtreihen, die aussehen, als hätte Daun oder Laudon sie gezeichnet. Ihr Schlaf erweist sich als Täuschung, denn Menschen liegen gewöhnlich nicht mit durchschnittener Kehle da, mit herausgerissenen Gedärmen, mit geplatztem Gehirn, in mit Schnee und Blut gemischten Exkrementen, kreuz und quer über ihren Kameraden, auf den Spitzen von Bajonetten. Pardonnez, das sind nicht Laudons Karrees, die Fläche ist verschneit, das sind noch lineare Formationen, die Schlachtordnung des Marschalls Neipperg bei Mollwitz. Im Augenblick des Todes von Herrschern arbeiten die himmlischen Rechenmaschinen: dort liegen an Toten und Schwerverwundeten 4551 Österreicher und 5849 Preußen. Die Preußen haben gesiegt. (Daher das Sprichwort: Große Siege kosten viele Leben.) Insgesamt 10400 Gefallene. Chotusice 11110, Žár 11355, Lobositz 6918, Prag 27900, Kolín 22900. Welch unappetitliche Buchführung! Und dazu muß man noch Roßbach, Breslau, Leuthen, Hochkirch, Kunersdorf, Liegnitz, Torgau rechnen ... Die Schlesischen Kriege, der Siebenjährige Krieg ... Mindestens siebzigtausend Tote, hundertdreißigtausend Verwundete, Gefangene und Deserteure. Geteilt durch zwei: auf Friedrich und die schwarze dicke Frau entfallen je ... Friedrich stirbt noch nicht. Teilen wir also durch drei, vier, sollen auch Ludwig XV., Georg II. und Georg III., Katharina II. daran teilhaben ... Fürchte dich nicht, treue Seele, verloren im weißen Theater der Ewigkeit. Einige haben ihre Vorstellung bereits zu Ende gespielt. Und die noch leben, können sich auf etwas gefaßt machen!

Mein Gott, mindestens siebzigtausend Tote, mindestens hunderttausend Verkrüppelte, das ist eine halbe Million unglücklicher Familien, Witwen, Landstreicher, geistesverwirrter Zoricas, die künftig die Arbeitshäuser, Waisenhäuser, Siechenhäuser, Invalidenheime bevölkern werden ... Wofür sind die siebzigtausend gestorben? Für die Freiheit? Für Gott? Für ihre Familien? Gegen die Unterdrückung? In Selbstwehr? Die armen, nichtaufgeklärten Toten aufgeklärter Könige! Der Herrgott, der Feind des Herrn Voltaire (vor zwei Jahren ließ er ihn bei seinem qualvollen Sterben den eigenen Urin trinken), läßt sich das himmlische Mahl schmecken. Philosophen werden schuldig durch ihren sonderbaren Humanismus. Ausgebreitet werden Voltaires Briefe, in denen er Friedrich anstachelt und vor Begeisterung über dessen Siege ganz aus dem Häuschen ist, in denen er Katharina der Großen schmeichelt, die Pugatschow und Zehntausende Leibeigene massakrieren ließ. (Hier wehrt sich Maria Theresia sogleich, schwenkt den Brief an den Sohn Maximilian: „Diese ganze Philosophie ist ein Unglück, ich kann Ihnen das nicht oft genug sagen . . . Halten Sie fest an den Lehren, die Ihnen in Ihrer Jugend zuteil wurden und die bisher an unserem Hofe befolgt worden sind.“)

Der weiße Nebel bevölkert sich, Gesichter tauchen auf, die Gesichter längst Verstorbener und noch Lebender. Berater und Anstachler, solche, die das Gewissen zu beruhigen, und solche, die es einzuschläfern trachteten. Geschrei und Zank brechen aus, Federn kratzen, Briefe fliegen zwischen den Wolken hin und her. Wer weiß, ob den Herrn des Weltalls diese mit dynastischen Interessen und der Notwendigkeit der Selbstverteidigung gerechtfertigten Nichtigkeiten überhaupt interessieren. Mein Gott, du hast die Herrscher zugelassen, wer soll jetzt die Risiken tragen? Ein Herrscher hat die Macht über andere Menschen von Gott (wenn die Zeit so ist) oder durch die Zustimmung anderer (in einer anderen Zeit). Der Ursprung der Macht ist uninteressant für die in Kriegen Gefallenen. Sie sind ausgelöscht, gleichgültig, ob sie nun für einen König von Gottes Gnaden, für einen Führer, der sich auf die Vorsehung beruft, oder für einen Präsidenten mit Parlamentsmehrheit gestorben sind. Die erste und älteste Anklage ist die der Toten. Aber die folgenden zwanzig Friedensjahre, rechnen die nicht? Zwanzig Jahre von insgesamt vierzig! Was ist das schon für ein Verdienst, du gute Seele? Dein Gegner und Partner Friedrich wird noch sechs Jahre leben, und wenn er sich nicht wieder in einen Krieg stürzt, wird er für die Ewigkeit einen besseren Prozentsatz gewinnen. Nicht durch eigenes Verdienst, arme Seele. Da schöpft die bereits erkaltete körperlose Frau frischen Mut. In diesem Augenblick geht es um alles. Ihre Seele bäumt sich auf, frei von dem übermäßigen Gewicht des schlaffen, durch Asthma, Rheumatismus und Bluthochdruck ruinierten Leibes. Das Engelstheater der Novembernacht hat endlich Akteure. Jemandem ist an etwas gelegen. Verteidigung wird verlangt. Anteilnahme an der Sache wird erwartet.

Das Gewicht von zehntausend Toten ist schrecklich. Die einstige Herrscherin muß deshalb die Verdienste der letzten zwei Jahre in die Waagschale werfen. Schneefelder werden in diesem ungewollten Gerichtsverfahren wieder eine bedeutsame Rolle spielen. Tausende Soldaten der österreichischen Armee unter dem Kommando Josephs II. und seines jungen Bruders Maximilian (des späteren Erzbischofs von Köln) graben, statt zu kämpfen, bei Náchod und anderswo in Böhmen verzweifelt in tief verschneiten Kartoffeläckern. Mit blutigen, froststarren Fingern (was eine reizvolle Farbmischung ergibt, die die französischen Modeblätter aus dem Jahre 1778 als hellrosa oder auch als „Nonnenbäuchlein“ bezeichnen, zuweilen übergehend in die Schattierung „Nymphenschenkel“) graben sie die böhmische Erde auf, und wenn das nicht gelingt, benutzen sie mit Erlaubnis der Herren Korporale die Bajonette, um die Kartoffeln herauszuholen. Viele Kartoffeln für die Armee, die hungernd und frierend den Kampf um das bayrische Erbe führt. Die Soldaten, erheitert über diese in den neuen Dienstvorschriften der k. k. Armee nicht vorhergesehene Veränderung, nennen den Feldzug den Kartoffelkrieg, und unter dieser Bezeichnung wird er in die historischen Werke des folgenden Jahrhunderts eingehen.

Die Frau in Schwarz geht diesmal aus der Anklage unbeschadet hervor. (Falls wir sie nicht der schlechten Erziehung ihres Sohnes beschuldigen wollen.) In dem aufgeklärten Jahrhundert entstehen Kriege gewöhnlich infolge des Todes eines Herrschers. (Das hat eine gewisse Logik.) Diesmal starb der bayrische Kurfürst, und Joseph II. marschierte auf Einladung eines seiner Erben ohne weitere Umstände in Bayern ein. Der alte Friedrich im Norden wurde hellhörig. Er mobilisierte die beleidigten Reichsfürsten. Was erlauben sich die Habsburger da?! Endlich ist ein anderer der Aggressor, nicht Brandenburg-Preußen. Im Frühjahr 1778 stehen bereits starke Armeen auf beiden Seiten des Erz- und des Riesengebirges. Die tote Maria Theresia hält ihrem Sohn einen Brief vom März unter die Nase: „Es handelt sich um nichts Geringeres als um den Sturz unseres Hauses und der Monarchie, ja sogar um eine völlige Umwälzung in Europa. Kein Opfer ist zu groß, um dieses Unglück noch rechtzeitig zu verhüten. Bereitwillig werde ich mich zu allem herbeilassen, selbst zur Erniedrigung meines Namens. Man mag mich albern, schwach und kleinmütig schelten, nichts soll mich hindern, Europa aus dieser gefährlichen Lage zu befreien ... Wenn der Krieg ausbricht, dann zählt in nichts mehr auf mich. Ich werde mich nach Tirol zurückziehen, um dort meine Tage in größter Einsamkeit zu beenden und mich mit nichts anderem mehr zu beschäftigen, als das traurige Los meines Hauses und meiner Völker zu beweinen und zu trachten, mein unglückliches Leben christlich zu beschließen ..."

Der Krieg brach aus, im Juli fiel Friedrich in Böhmen ein. Noch keine Schlacht, keine Toten. Joseph hat keine militärische Erfahrung, und Friedrich ist ein mißgelaunter Mann von sechzig Jahren mit einer demoralisierten Armee. Maria Theresia zog sich nicht in ein Kloster zurück, sondern verfiel in jugendliche Unbesonnenheit. Hinter dem Rücken ihrer Söhne verhandelte sie mit Friedrich schriftlich über den Frieden. Joseph bereitete sie in einem Brief auf das Friedensangebot vor: „Verrennen Sie sich nicht, seien Sie großzügig und geben Sie der Ruhe und dem Frieden den Vorzug vor Ihrem Ehrgeiz ... Ich schreibe Ihnen keinerlei Bedingungen vor, wenn nur Friede wird."

Sie mobilisierte ganz Europa. Frankreich und Rußland boten sich auf ihr Drängen als Vermittler an. Es dauerte ein paar Monate, bis die Dinge in Gang kamen. In Böhmen trieben sich den ganzen Winter hindurch zwei feindliche frierende Armeen herum. Sie kämpften nicht, sie plünderten. Als sie in den Dörfern nichts mehr fanden, stürzten sie sich auf die Kartoffeläcker. Dieser sonderbare Krieg endete mit dem Teschener Frieden, der an Maria Theresias Geburtstag, am 13. Mai 1779, unterzeichnet wurde. „Ich bin überglücklich", schrieb sie. „Man weiß, daß ich für Friedrich keine besondere Vorliebe habe. Doch ich muß ihm Gerechtigkeit widerfahren lassen und anerkennen, daß er edel gehandelt hat. Er hat mir versprochen, zu vernünftigen Bedingungen Frieden zu schließen, und er hat sein Wort gehalten. Für mich ist es eine unaussprechliche Freude, daß ich ein großes Blutvergießen verhindert habe."

Die Verteidigung wird akzeptiert? Es scheint, das ist ein würdiges Ende für die Karriere einer ehemaligen Herrscherin. Das Tedeum ist am Platze, umsonst machen Kaunitz und Joseph saure Gesichter.

Der Weg durch die grauen Tiefen endet jedoch noch nicht. Die Frau in Schwarz taumelt durch endlose Räume. Sie rechnet. Überlegt, ob siebzigtausend durch ihr Verdienst nicht Getötete siebzigtausend Getötete aufwiegen, so daß ihr persönliches Herrscherkonto ausgeglichen ist. Im Rauschen der materialisierten Kälte gelangt sie zu der Ansicht, daß Gott eine solche Algebra nicht betreibt. Das Böse ist ein Mangel an pflichtgemäßer Vollkommenheit, verkündet ein Prinzip der Moraltheologie. Die Tote nimmt zu Recht an, daß der höchste Richter mit diesen Prinzipien vertraut ist. Zumindest in der Theorie. Das Aufziehen der Vorhänge erfreut die Frau auf dem Prüfstand. Ihre Seele jubelt vor Freude mit dem protestantischen Bischof Felbinger, dem Pater Gracián Marx, dem Hofrat Kollár, dem Baron Kressl, dem

Kardinal Migazzi und dem Abt Müller (allesamt Mitglieder der Hofstudienkommission), auch mit Tršťanský und Ürmenyi. Sie sieht, wie die Dorflehrer in ihrem Reich voller Lust die sechs- bis achtjährigen Kinder verhauen, weil sie sich weigern, von Ostern bis Ende September die Sommerschule zu besuchen; sie verhauen die Acht- bis Zwölfjährigen, die verpflichtet sind, vom 1. Dezember bis Ende März in die Winterschule zu gehen, während sie in der übrigen Zeit den Eltern bei den Feldarbeiten helfen. Erfreulich sind auch die Bilder, wenn das Militär ein Tiroler Dorf umzingelt, weil die Eltern sich gegen die Schulpflicht ihrer Kinder sträuben und die neue Schule boykottieren. Joseph nennt das prägnant „die aufgezwungene Aufklärung". Aber es hat Erfolg. Die Methoden des Herrn Rousseau sind zwar humaner und demokratischer, jedoch in der Praxis ohne Wirkung. Während die dicke Frau in Schwarz als erste in Europa die allgemeine Grundschule ins Leben gerufen hat, ohne Rücksicht auf den sozialen Stand der Eltern, und die Möglichkeiten der Mittelschulbildung erweitert hat. (In der Slowakei gibt es im Jahre 1766 zwei Universitäten – Trnava und Košice, vier Lyzeen, zwei königliche Fachakademien – Banská Štiavnica und Senec, einundzwanzig katholische und neunzehn evangelische Gymnasien, nach Auflösung des Jesuitenordens viele verstaatlicht oder städtischer Aufsicht unterstellt.) Die „Ratio educationis" ordnet an, in den Volksschulen Ungarns solle in der jeweiligen Volkssprache unterrichtet werden, so daß sieben Sprachen in Gebrauch sind: Ungarisch, Deutsch, Slowakisch, Kroatisch, Ruthenisch, Serbisch und Rumänisch. An den Mittelschulen wird außer Latein das Deutsche empfohlen. Es werden nicht nur die humanistischen Fächer gelehrt, sondern auch Geometrie, Naturkunde, Physik, Kurzschrift, doppelte Buchführung, Zeitungslektüre (!) und Leibesübungen (nach Möglichkeit in der freien Natur), es lebe Rousseau!

Die Novembernacht ist nicht so hoffnungslos. An die

Wolken sind Dekrete geheftet, die man in den Komitaten, Bezirken und Kreisen verflucht, obwohl ihr Inhalt durchaus vernünftig ist: die Sterblichkeit soll nach Komitaten untersucht werden, die Bettler sind zu erfassen, in jedem Kreis ist ein Armenhaus einzurichten, alle Brunnen sind zu desinfizieren (Anleitung beigefügt), verboten werden Leichenschmäuse, die Toten sind binnen zweier Tage zu begraben (die Slawen rebellieren), alle Krypten in den Kirchen sollen beseitigt, die Kenntnisse der Hebammen amtlich überprüft werden. Jedes Komitat muß die Versorgung der Kranken und Invaliden sichern (die Versorgung der Häftlinge ist eine gesonderte Rubrik), jedes Komitat muß mindestens ein Waisenhaus haben, der einzige Sohn in einer Familie darf nicht gemustert werden, die Zelte der Zigeuner sind abzubrechen, die Zigeuner sind in feste Behausungen einzuquartieren, die Ärzte müssen kontrolliert werden, ob sie während des vierundzwanzigstündigen Bereitschaftsdienstes in der angegebenen Wohnung sind, Besserungsanstalten sind einzurichten, auch für die Damen des ältesten Gewerbes ... Und diese gesegnete Bürokratie, die wunderbare Evidenz, alles entstanden in der Regierungszeit unserer gepriesenen Toten: periodische Volkszählung, Numerierung der Häuser und Straßen (schön der Reihe nach, die geraden Ziffern auf der einen, die ungeraden auf der anderen Seite), Evidenz der Rekruten, der Reservisten, der Handwerker, der Kaufleute, der Prostituierten. Spezialisierte Behörden, amtiert wird im Amt und nicht in der Wohnung, der Beamte wird vom Staat bezahlt und nicht vom örtlichen Grafen, Referenten, Vorsteher, Untervorsteher. Postdienst, jeder Kreis muß für die Landstraßen auf seinem Gebiet sorgen, Straßendirektionen, Pflanzung von Obstbäumen längs der Straßen, Banknoten, Statistiken, Topographie der Kreise, Bezirke und Komitate, alles wird vermessen und kartiert, Grundbücher, Urbarien. Raabisation, das heißt, auf allen ehemaligen Jesuiten- und königlichen Besitzungen in den Erbländern können die

Bauern Boden kaufen und ihre Pflichten in Geld ableisten, es entstehen die ersten Sparkassen und Börsen, es gibt weniger Feiertage, weniger Wallfahrten (Gott wird es begreifen, die Bischöfe weniger), in der Armee werden die Perücken, das Pudern und Frisieren abgeschafft.

Der moderne Staat des 18. Jahrhunderts ist sehr kompliziert. Komplizierter als das Leben. Er nimmt immer mehr auf sich, verfitzt sich in den eigenen Auflagen und Korrekturen. Zwischen Herrscher und Volk existiert eine breite Schicht von Nichtstuern, die man gegen tüchtige Leute auswechseln muß, dann würde einem aufgeklärten Herrscher das Sterben leichter fallen. Die Gesichter der höchsten unter ihnen (Fürstenberg, Kinský, Batthyány, die Esterházys) werden morgen noch weißer sein als ihre gepuderten Köpfe. Jahrelang haben sie der armen Frau in Schwarz Knüppel in den Weg geworfen. Ihr Tod wird sie furchtbar erschrecken. Sie werden zittern bei dem Gedanken, wie Kaiser Joseph mit ihnen umspringen wird. Es gibt keine besonderen Gründe dafür, daß die Tote sich von ihnen einzeln verabschiedet.

Hier ist das Zeugnis eines unvoreingenommenen Mannes, des Gotthold Ephraim Lessing. Er ist aus dem aufgeklärten Berlin geflohen. „Sagen Sie mir von Ihrer Berlinischen Freiheit zu denken und zu schreiben ja nichts. Sie reduziert sich einzig und allein auf die Freiheit, gegen die Religion so viel Sottisen zu Markte zu bringen, als man will. Und dieser Freiheit muß sich der rechtliche Mann nun bald zu bedienen schämen. Lassen Sie es aber doch einmal einen in Berlin versuchen, über andere Dinge so frei zu schreiben, als Sonnenfels in Wien geschrieben hat; lassen Sie es ihn versuchen, dem vornehmen Hofpöbel so die Wahrheit zu sagen, als dieser sie ihm gesagt hat.“ Durch Kaunitz hatte sie Lessing nach Schönbrunn rufen lassen. „Wie waren Sie mit der Premiere der ‚Emilia Galotti‘ im Hoftheater zufrieden?“ Lessing musterte die mütterliche Majestät. Ach, Herr Lessing, haben Sie Nachsicht mit Maria Theresia. „Ich weiß wohl, daß es bei uns mit dem guten Geschmack nicht recht fort will. Ich habe alles getan, was meine Einsichten und Kräfte erlaubten. Aber oft denke ich, ich sei nur ein Frauenzimmer, und eine Frau kann in solchen Dingen nicht viel ausrichten."

Geblieben sind uns noch die Musikanten. Die Fürsprache von Genies ist für Herrscher sehr wesentlich. Gluck, Haydn, Mozart. Ihre Gesichter huschen in dem grauen Gestöber vorbei. Gluck kämpft mit dem nächtlichen Paris, Haydn schläft jetzt, um am Morgen ausgeruht im Vorzimmer Seiner Fürstlichen Gnaden anklopfen zu können, und der junge Mozart ist beleidigt, denn die Frau in Schwarz hat ihn die ganze Zeit wie ein Spielzeug behandelt. Er genoß nicht die Ehre, in ihren Diensten zu stehen, und der Salzburger Erzbischof ... schade um jedes Wort. Und überhaupt – wozu hier Musik? Gerichte tagen in gespannter Stille. Beim Sterben rauscht es im Kopf und dröhnt es in den Ohren. Symphonien machen den Beginn der Wanderung ins Unbekannte nicht angenehmer, das ist erst der nichtaufgeklärten Zeit zwei Jahrhunderte später vorbehalten.

Die Seele der ehemaligen Herrscherin, erfüllt mit Bildern aus dem eigenen Leben, diesem ein für allemal geschriebenen und unkorrigierbaren Buch, drängt sich durch die Klippen des Jenseits und fällt in die Unendlichkeit. „Mein Gott, ich trage eine große Sünde vor der Welt: Von Anfang bis Ende habe ich aufrichtig an Dich geglaubt. Jetzt bleibt mir die Hoffnung." Die Stimmung bessert sich, das Schlimmste hat sie vielleicht schon hinter sich. Das Urteil wird vorbereitet, eigentlich liegt es schon bereit. Längst fertig. Schon vor der Geburt. Nicht dank des Prinzips der Prädestination, sondern nur dank der göttlichen Allwissenheit, die weiß, wie sich der Mensch mit freiem Willen im Leben verhalten, welche Möglichkeiten er wählen wird. Wesentlich ist, daß das Urteil nur unter vier Augen mitgeteilt wird. Der Allerhöchste entblößt sich in Freundlichkeit, und „wir sehen ihn nicht wie im Spiegel, sondern von Angesicht zu Angesicht". So daß wir anderen einstweilen nichts sehen werden.

Die Frau in Schwarz nimmt das Urteil mannhaft auf. Ähnlich mannhaft hat sie sich in schwierigen Situationen ihres irdischen Lebens verhalten. Wenn sie in Fesseln sein wird, dann nur für ein Weilchen, denn in dem Reich, in das sie eingeht, sind die Jahrhunderte nur Augenblicke.

Jetzt überschreitet sie mit dem Urteil bereits die Grenzen von Raum und Zeit, ledig ihres fetten Leibes, ledig der schwarzen Gewänder, des Schleiers, des Rheumatismus und des Asthmas. Die Nebel verschwinden, die milchigen Wolken tauen weg wie Frühjahrsschnee, die Konturen werden schärfer, eine wunderschöne buntfarbige und vieldimensionale Welt erscheint, und sie verändert sich auf Geheiß der befreiten Sinne. Wie einfach ist diese auf Erden nie erfundene Maschine der Zeit! Wir müssen nur sterben, dann wissen wir alles.

Zuerst betrachtete sie flüchtig ihr Jahrhundert, vertrieb die Hölle der Kriege, wandte sich von der Schwarzen Messe ab, beschaute sich die Philosophen und Wüstlinge, Casanova, wie er sich mit seinen Memoiren in der gräflichen Bibliothek in Dux abquälte, die Dutzende von Liebhabern, die ihr angedichtet wurden, das hagere Gesicht des Marquis de Sade. Sie verletzte das Briefgeheimnis, um zu lesen, was der alte Fritz von Preußen kurz nach ihrem Tode an d'Alembert schrieb: „Ich trauerte über den Tod der Königin. Sie hat ihrem Thron und ihrem Haus Ehre gemacht. Ich habe gegen sie Kriege geführt, aber niemals war ich ihr Feind." Sie errötete fast. Der alte Schmeichler. Daß ich ihn nie gesehen habe ...

Vorsichtig blickte sie nach vorn. Die Revolution in Frankreich, Antoinette fährt auf dem Henkerkarren durch die johlende Menge, Karoline in Neapel schläft mit Acton und treibt es im Bett mit der Lady Hamilton, Joseph II. widerruft gedemütigt alle seine Reformen. Sie sah die ganze menschliche Schwäche ihrer Kinder und weinte.

Ihr wurde die Gnade zuteil, auch in die Zeiten der konstitutionellen Monarchien, Republiken und parlamentarischen Demokratien schauen zu dürfen. Sie sah den Sturz ihres Hauses und den Zerfall des mühsam zusammengepappten Reiches. Sie erblickte die neuen Landkarten mit den Republiken ihrer freien Völker. In der Hofburg amtierte der Präsident in Krawatte, auf den Fängen des Doppeladlers sah sie Hammer, Sichel und eine gesprengte Kette. Der zweischwänzige böhmische Löwe war ohne Krone, die Wappen der neuen Republiken zeigen Ähren, Wachtfeuer, Hammer, Zirkel. Unbekannte Herrscher, Präsidenten und Vorsitzende niederer Abstammung. Sie erriet, daß Königinnen kein Objekt der Liebe mehr waren, eher Schauspielerinnen und Sängerinnen in gewissen schwarzen Kästen. Das Fortdauern der Ehe schrieb sie irrigerweise der eigenartigen Andacht zu, zu der sich die Familien allabendlich vor den bläulich schimmernden Kästen versammelten. Überrascht registrierte sie die Zunahme von Religionskriegen und den vergeblichen Kampf gegen den Verfall der Landstraßen sowie den Mangel an Trinkwasser in einigen mitteleuropäischen Ländern.

Für eine Weile bedauerte sie, daß niemand sie mehr als Herrscherin bewundern oder bemitleiden wird. Sie wußte aus eigener Erfahrung, daß der größte Feind eines Herrschers die Vereinsamung ist und daß der, der sich mit ihr abfindet, vielleicht nicht aufhört, Mensch zu sein, wohl aber aufhört, ein guter Herrscher zu sein. Denn alles, was wir haben, einschließlich unseres Lebens, ist uns nur zur Nutznießung anvertraut, und niemals sind wir nur uns selber verantwortlich. Wir sind keine Richter, obwohl wir es gern sein wollen. Sie erkannte, daß mehr als alles andere die Macht über andere Menschen, die Herrschaft über die Gesellschaft, gerichtet wird.

Und jetzt, wenige Minuten nach neun Uhr abends, ist schon alles still, und der Novembernebel legt sich über Wien. Der Verblichenen schwindelt von dem Taumeln in den Höhen. Unter sich sieht sie die Lichter der Stadt. Sie glaubt, daß sie jetzt endlich zum Himmel emporschwebt, zu Kants gestirntem Himmel. In Wirklichkeit sinkt sie hinab, in die Straßen und Häuser der wachenden Stadt, geht ein in die Herzen der Menschen, in deren Tiefen sich eine Hoffnung verbirgt, deren Keim vielleicht nur das Lächeln der unvergänglichen Mutter ist.

INHALT

1. Auflage 1988

Einbandgestaltung Gloria Lajer
Typographie Peter Friederici
Karl-Marx-Werk, Graphischer Großbetrieb, Pößneck V 15/30
Printed in the German Democratic Republic
Lizenznummer 301. 120/173/88
Bestellnummer 613 702 9
01850

ISBN 3-351-01198-9